15世紀ブルゴーニュの財政

15世紀ブルゴーニュの財政

―― 財政基盤・通貨政策・管理機構 ――

金尾健美著

知泉書館

はじめに

　「15世紀」「ブルゴーニュ」「財政」と3つのキー・ワードを並べただけのシンプルな題名だが，副題を併せれば，これで本書の内容を言い尽くしている。要するに数百年前のどこか外国の地方財政を論じている，ということを御理解頂ければ十分であるが，それを主題とする一書を刊行しようとする著者の意図は分からないかもしれない。と言うよりも，これだけで凡その内容を予想できる読者はごく限られているだろう。

　ブルゴーニュがボルドーと並ぶフランスの一大ワイン産地であることは御存知の方も多かろう，と書けば，醸造業を主産業とする地方の財政問題か，と思われるかもしれない。当たらずといえども遠からず，である。この豊かな土地を支配した貴族をブルゴーニュ公と言うが，その歴史は古く，歴代のフランス王家と深くかかわり，王国政治を左右する人物を何度も輩出した。14世紀半ばから続いた「英仏百年戦争」は侵攻したイングランド側が優勢で，フランス側は圧倒され続けた。特に1390年代からは精神疾患を抱えた国王シャルル6世の下で，宮廷貴族の権力闘争があからさまになり，フランス社会は混迷を極めた。まさにこの時期に，この混乱を生み出した当事者として，そしてフランス王国の筆頭貴族として，権勢を誇った一族がヴァロワ・ブルゴーニュ公家である。この一族は野心溢れる大貴族として王国政治の混乱を巧みに生き抜き，しかも幾つもの領土を手にし，豪奢な宮廷を営んだ。彼らの行動を支えた源泉を明らかにしたい。これが著者の目的である。

　本書は特に3代めフィリップ（ル・ボンと呼ばれる）を取り上げ，彼の活動資金の供給元であり，繁栄の原点と言えるブルゴーニュ公領の経営を分析することを主たる内容としている。

目　次

はじめに ……………………………………………………………………… v

序　文 ………………………………………………………………………… 3
 1. ブルゴーニュの自然環境 ………………………………………………… 4
 2. ブルグント王国からカペ家親王領へ …………………………………… 5
 3. ヴァロワ・ブルゴーニュ公の誕生 ……………………………………… 9
 4. ヴァロワ・ブルゴーニュ公の北方政策 ………………………………… 12
 5. ヴァロワ家初期の国王財政 ……………………………………………… 19
 6. 本書の主題 ………………………………………………………………… 24

第1部　財　源

第1章　ブルゴーニュ公領の地代と税 ……………………………………… 31
 1. 収入管理の概況 …………………………………………………………… 32
 2. バイイ管区——収入構成とその変化 …………………………………… 34
  (1) シャロレ——分析モデルの提示 …………………………………… 35
  (2) ディジョン——行政都市の圧力 …………………………………… 56
  (3) シャティヨン・ラ・モンターニュ——軍事の引力 ……………… 66
  (4) オータン——財務機構の祖型 ……………………………………… 76
  (5) オーソワ——変動モデル …………………………………………… 89
  (6) シャロン・スュル・ソーヌ——活力の温存 ……………………… 97
 3. シャテルニー——収入構成とその変化 ………………………………… 111
 4. 変動の分析と記述 ………………………………………………………… 119
  (1) 管区内変動の比較 …………………………………………………… 119
  (2) 変動要因の分析 ……………………………………………………… 129

(3) 変動の総合的記述……………………………………132
　5. 小　括……………………………………………………134

第2章　御用金と借入金…………………………………………137
　1. 御用金徴収の概況………………………………………140
　2. 徴収と統括の実際………………………………………146
　3. 配分方法の推定…………………………………………159
　　(1) 24分法……………………………………………………159
　　(2) 世帯調査…………………………………………………163
　　(3) 負担者の心情……………………………………………170
　4. 借入金の分析……………………………………………173
　　(1) ブルゴーニュ公の借入金………………………………173
　　(2) 勘定役の借入金…………………………………………179
　　(3) 還付の事実………………………………………………181
　5. 小　括……………………………………………………182

第3章　領邦収入勘定……………………………………………185
　1. 領邦収入勘定の概要……………………………………186
　2. 勘定機構の構築…………………………………………196
　　(1) 階層性……………………………………………………197
　　(2) ネットワーク……………………………………………199
　3. 予算と決算………………………………………………203
　4. 小　括……………………………………………………210

第2部　貨　幣

第4章　造幣の実際………………………………………………215
　1. 造幣所所有権の帰趨……………………………………216
　2. ディジョン造幣所………………………………………226
　　(1) 「ドニエ」の用法………………………………………226
　　(2) 製造能力と利益…………………………………………231
　3. 原材料の調達……………………………………………246

4. 小　括 …………………………………………………………………… 248

第5章　銀市場と規制 ……………………………………………………… 251
　1. 銀需要と市場動向 ………………………………………………………… 252
　2. 両替規制 …………………………………………………………………… 260
　3. 両替規制の系譜 …………………………………………………………… 272
　4. 両替の地位 ………………………………………………………………… 277
　5. 小　括 ……………………………………………………………………… 279

第6章　貨幣政策の転換 …………………………………………………… 281
　1. 銀徴発令とその実際 ……………………………………………………… 282
　　(1) パリの割当と徴収 …………………………………………………… 283
　　(2) ブルゴーニュの割当と徴収 ………………………………………… 285
　　(3) 銀2分の1マールの価値 …………………………………………… 296
　2. 銀の転用と方針転換 ……………………………………………………… 298
　3. 転換期の混乱と訴訟 ……………………………………………………… 304
　　(1) 史料 …………………………………………………………………… 304
　　(2) 判事，検察，被告 …………………………………………………… 306
　　(3) 訴訟の争点 …………………………………………………………… 310
　　(4) 事実の検証 …………………………………………………………… 312
　　(5) 資金要請 ……………………………………………………………… 318
　4. 小　括 ……………………………………………………………………… 320

第3部　人と組織

第7章　財務管理機構 ……………………………………………………… 325
　1. ディジョン会計院と領邦統治 …………………………………………… 326
　2. 移動する「中央政府」…………………………………………………… 335
　3. 人の動き …………………………………………………………………… 351
　4. 小　括 ……………………………………………………………………… 358

目 次

結　論 …………………………………………………………………… 361

おわりに ………………………………………………………………… 371

付　録

史料（和訳） ………………………………………………………… 375
  1. ジャン・ピュッセルのオータン管区付き勘定役への就任辞令
     （1421 年 12 月 22 日付）………………………………………… 375
  2. オータン管区内集落の戸数減少に伴う地代徴収額の調整の件
     （1428 年 4 月 17 日付）………………………………………… 377
  3. 臨時課税令（1422 年 6 月 27 日付）………………………………… 378
  4. 御用金徴収簿の前文（1433 年 8 月 11 日付と 10 月 28 日付）………… 380
  5. ディジョン造幣所に関する覚書（1436 年頃）……………………… 384
  6. ディジョン造幣所の会計（1419 年 11 月 6 日から 1420 年 2 月 1 日）… 390
  7. 1420 年夏の銀市場と各地の造幣所の動向を伝える業務書簡
     （1420 年 12 月 10 日付）………………………………………… 390
  8. ブルゴーニュ両替規制令（1421 年 1 月 10 日付と 1423 年 2 月 27 日付）
     ………………………………………………………………… 395
  9. オーソワ管区の銀徴収記録簿の前文（1421 年 8 月 18 日付）……… 402
  10. 銀徴収の指図書（1421 年 10 月頃）……………………………… 405
  11. ブルゴーニュ領邦収入勘定役ジャン・フレニョの訴訟記録
     （1432 年 4 月 25 日から 1433 年 5 月 27 日）…………………… 407
  12. トゥルノワ切り上げに伴う諸契約の清算方法（1421 年 12 月 15 日付）
     ………………………………………………………………… 420

史料（原文） ………………………………………………………… 425

地図（ブルゴーニュ公領とその周辺） ……………………………… 484
原語対照表 …………………………………………………………… 485
文献目録 ……………………………………………………………… 487

索　引 …………………………………………………… 517
欧文要旨 ………………………………………………… 529
欧文目次 ………………………………………………… 539

図表目次

系図1　ボゾン家と初期ブルゴーニュ公（9-10世紀） ………………… 7
系図2　フランドル伯女マルグリット関係図 ………………………… 11
系図3　ブルゴーニュ公家，フランドル伯家，ブラバン公家および
　　　　リュクサンブール家 ………………………………………… 13

図1-1　地代の納期と通常会計の年度 ………………………………… 60
図1-2　散逸史料復元の考え方 ………………………………………… 72
図1-3　地代の納期とヴィエリ会計の年度 …………………………… 84
図2-1　緊急時の御用金徴収と記帳 …………………………………… 152
図2-2　緊急時の御用金徴収と借入 …………………………………… 174
図3-1　収入役の職位階層性のイメージ ……………………………… 197
図3-2　領邦勘定概念図 ………………………………………………… 198
図5-1　貨幣の製造と流通 ……………………………………………… 269
図7-1　ディジョン会計院の形成 ……………………………………… 329
図7-2　ブルゴーニュ公の財務機構概念図（1360年代の原型）…… 331
図7-3　ブルゴーニュ公の財務機構概念図（1370-80年代の再編）… 332
図7-4　ブルゴーニュ公の財務機構概念図（完成型）……………… 334
図7-5　ブルゴーニュ公の支配概念図 ………………………………… 336

グラフ1-1　オータン管区とシャロン管区の間接税 ………………… 87
グラフ1-2　オータン管区とオーソワ管区の収入 …………………… 93
グラフ1-3　管区通常収入 ……………………………………………… 122
グラフ1-4　商品12ドニエ税 …………………………………………… 124
グラフ1-5　ブドウ酒8分の1税 ………………………………………… 125
グラフ1-6　管区の収入合計 …………………………………………… 128
グラフ1-7　管区の収入合計（指数表示）…………………………… 129
グラフ1-8　ブドウ収穫日 ……………………………………………… 130
グラフ1-9　3管区の収入合計 ………………………………………… 134

図表目次　　　　　　　　　　　　　　xiii

グラフ4-1　ディジョン造幣所の銀購入価格 …………………………… 248

表1-1　シャロレ管区の収入　1419-43年 ………………………………… 36
表1-2　ジャコ・トゥイヨンの通常会計1429年（現物納の部）………… 38
表1-3　ジャコ・トゥイヨンの通常会計1429年（貨幣納の部）………… 43
表1-4　ジャコ・トゥイヨンの通常会計1429年（現物納入品売却の部）… 44
表1-5　ジャコ・トゥイヨンの通常会計1429年（収入総計の部）……… 45
表1-6　1419年，29年，および39年の収入比較 ………………………… 47
表1-7　1440年前後の穀物価格の比較 …………………………………… 50
表1-8　ギヨ・ジラール第5会計とジャコ・トゥイヨン第3会計 ……… 52
表1-9　ディジョン管区の収入　1419-43年 ……………………………… 57
表1-10　ディジョン管区のグリュエリ（木材と魚の売却額）…………… 64
表1-11　シャティヨン管区の収入　1419-43年 ………………………… 67
表1-12　散逸史料の復元　1430年 ………………………………………… 73
表1-13　オータン管区の収入　1419-43年 ……………………………… 77
表1-14　オータン管区の現物売却単価と司法収入 ……………………… 81
表1-15　オーソワ管区の収入　1419-43年 ……………………………… 90
表1-16　シャロン管区の収入　1419-43年 ……………………………… 98
表1-17　シャロン管区の城区収入 ………………………………………… 101
表1-18　シャロン年市出店税の一覧 ……………………………………… 104
表1-19　シャロン管区のグリュエリ収入構成 …………………………… 109
表1-20　ボーヌ，ポマール，およびヴォルネィの収入　1419-43年 …… 112
表1-21　固定地代表 ………………………………………………………… 116
表1-22　各管区の収入 ……………………………………………………… 120
表1-23　オータン，シャロンおよびディジョン管区の収入合計 ……… 126
表2-1　ブルゴーニュ公領の御用金と借入金　1419-43年 ……………… 142
表2-2　ブルゴーニュ地方の御用金と借入金　1433-38年 ……………… 148
表2-3　1435年と36年の御用金の徴収配分 ……………………………… 160
表2-4　シャロンとディジョンの世帯調査結果の比較 ………………… 166
表2-5　1436年の借入 ……………………………………………………… 175
表3-1　1419-43年のブルゴーニュ領邦総収入 …………………………… 194付
表3-2　各管区の貢献度　1427-40年 ……………………………………… 194
表3-3　1426年ブルゴーニュの収入見込み概要 ………………………… 206
表3-4　見積りと実績の相違 ……………………………………………… 209
表4-1　ディジョン造幣所での銀貨製造状況　1417-35年 ……………… 234

表 4-2　ディジョン造幣所での金貨製造状況　1417-38 年 …………………… 238
表 4-3　銀貨 1 枚当たりの王銀含有量と製造枚数 …………………………… 242
表 5-1　ブルゴーニュ両替規制令の比較 ……………………………………… 262
表 6-1　パリの負担者数 ………………………………………………………… 283
表 6-2　パリの銀徴収の実際 …………………………………………………… 284
表 6-3　負担割当額の分布 ……………………………………………………… 290
表 6-4　取消と免除の分布および徴収状況 …………………………………… 293
表 7-1　1426 年家政規定令による人員配置…………………………………… 339
表 7-2　家政団の詳細 …………………………………………………………… 340
表 7-3　ブルゴーニュ公統括勘定役ギィ・ギルボー第 9 会計（1427 年）………… 349
表 7-4　1426 年頃の財務担当者………………………………………………… 353

15世紀ブルゴーニュの財政
——財政基盤・通貨政策・管理機構——

序　文

　「はじめに」に書いたように，本書は第3代ヴァロワ・ブルゴーニュ Valois Bourgogne 公フィリップ・ル・ボン Philippe le Bon（位 1419-67 年）の財政とその前提となる彼の所領収益，間接税収，および造幣益を解明したものであり，それ以外の内容は含まない。つまり同時代の西欧政治，商業と金融業，社会経済生活，芸術生産については言及していない[1]。この問題設定に納得される読者には，この序文の大半は不要と思われる。最終節の「本書の主題」へ進んで頂きたい。逆に西欧中世後期の政治史，財政史，あるいはそもそもブルゴーニュ地方について，不案内な読者は引き続き序文全体を一読して頂きたい。そうすれば，本書全体を読解するための様々な知見と本書執筆の意図を正確に理解して頂けると思う。
　まずブルゴーニュと呼ばれる土地について。それは何処にあり，どのような所か，その名は何に因むのか，簡単に言及しておきたい。次いで，その「ブルゴーニュ」を巡る歴史を述べることになるが，やや古い時代から繙くつもりである。奇妙な言い方になるが，「ブルゴーニュ」とい

　1）同時代のフランス社会全般に関する記述としては BOVE, Boris; *Le Temps de la Guerre de Cent Ans 1328-1453*, Belin, 2009. これは最新の CORNETTE, Joël, BIGET, Jean-Louis, et ROUSSO, Henry dir.; *Histoire de France*, 13 vols., 2009-2012. の一冊である。一般向けのシリーズであるが，バランスがよく，原史料への言及も適切であり，図版も多い。政治史として定評があるのは JONES, Michael ed.; *The New Cambridge Medieval History* t. VI, Cambridge, 2000 et ALLMAND, Christopher ed.; *The New Camb. Med. H.* t. VII, Cambridge, 1998. 邦語では城戸毅『百年戦争』刀水書房 2010 年と朝治啓三，渡辺節夫，加藤玄 編『中世英仏関係史 1066-1500』創元社 2012 年が明快な知見を提供する。ブルゴーニュ公史を近世ハプスブルク史の前史と理解するなら，大津留厚，水野博子，他編『ハプスブルク史研究入門——歴史のラビリンスへの招待』昭和堂 2013 年がよい。

う名が指示する実際の地理空間は時代によってかなり異なっているからである。このような，やや漫然とした話題を提供した後に，「ブルゴーニュ公」の歴史に取り組んでいこうと思う。本書に直結する問題として，10世紀末以来のフランス・カペ王家とブルゴーニュ公家との繋がり，14世紀にヴァロワ家の人物がフランス王位に「選ばれた」事情，15世紀前半にフランス王家とブルゴーニュ公家が対立し，ひいてはその対立が王国の枠組みを越えて，フランス王家とハプスブルク家の対立という形で継承されていく経緯。こうした幾つかの事件群に，くどくならない程度に言及しておきたいと思う。つまりここでは，まず本書が論及対象とするブルゴーニュ公を西欧中・近世政治史の中に位置づけることを目的とし，次いで西洋中世史において財政を扱う意義をいくつか事例をあげながら説明していきたい。現在では，多くの研究者が様々なテーマを追求しているが，それでも，なお日本においては，財政史は充実した研究分野であるとは言い難いと思われるからである。

1. ブルゴーニュの自然環境

　現在のブルゴーニュ地方はフランス中東部に位置する。セーヌ川上流の都市シャティヨンを北端とし，そのシャティヨンのほぼ真南180kmに位置するマコンを南端とする盾形の土地である。マコンの真西にはシャロル地方（シャロレ）があり，その北西方向にヌヴェール地方（ニヴェルネ）がある。ヌヴェールはかつては自立した伯領であり，厳密に言えば，ブルゴーニュには含まれないが，自然環境としては一体をなしていると見るべきであり，ヌヴェールの西を北西方向に流れるロワール川をブルゴーニュ地方の西境界線と考えよう。さて，ヌヴェールから真東に，シャティヨン―マコンの南北中心線を越えて，140kmほど戻ると，ゆったりと南へ流れ下るソーヌ川に達する。この川が教義のブルゴーニュ，つまり公領，の東側境界線を画す。したがってブルゴーニュは南面を除くと，セーヌ，ロワール，そしてソーヌと三本の河川で囲まれた土地である。ブルゴーニュ北西部，シャティヨンとヌヴェールの間には，まずアルマンソン川がセーヌ川に並行して北西方向に流れる。そ

れを北側から南へ渡って来るとモルヴァン丘陵が広がる。これは標高数百メートルの緩やかな起伏をなす丘陵地帯で，最高点でも900メートル程度，鬱蒼たる森林地帯を形成し，豊かな水系とともに多様な自然環境を作り出している。しかし居住と農耕に重きを置けば，当然ながら平野部に利があり，都市，城区，集落はこの土地の東半分に集中する。ディジョン，シャロン，そしてマコンといった主要都市はいずれも東部のソーヌ川至近に位置する（p. 484 地図参照）。

ソーヌ川はブルゴーニュの北東100kmほど離れた所に源を発してこの地に流れ込み，主邑ディジョンの東25kmほどの所で南へ向きを変え，両岸に緩やかな傾斜，「黄金の丘」を形作りながら，十分な用水を供給し，やがてマコンの南でローヌ川に注ぎこむ。ソーヌの東，ラインに到るまでの間，南をジュラ山地とヌーシャテル湖に区切られた約140km四方の土地，これがブルゴーニュ伯領ないしフランシュ・コンテと呼ばれる土地である。古くから岩塩を産出することで知られ，集落はサランやドールなど西南部に集中している。一言でいえば，広義のブルゴーニュ地方，つまり公領と伯領とを合わせた土地，とはソーヌ川流域の盆地とその周辺である。

気候は典型的な内陸型で，夏季は乾燥した晴天が続く。日中の気温は摂氏30度を超えることが多く，時には激しい夕立に見舞われる。曇天の冷夏もないではないが，総じて夏らしい青空が続くと考えてよい。冬季は夜間でも零下10度を下回ることは稀である。日照状態は様々で，雨天，曇天が続くこともあれば，冷たい乾燥した晴天が続くこともある。ともかく，ヨーロッパ全体からすれば，比較的過ごしやすい穏やかな気候であり，農業をするにも牧畜をするにも無理がなく，豊かな生産を保証する環境であると言えよう。ブドウ栽培と醸造業は今なおこの土地の主要産業であり，富の源泉である。

2. ブルグント王国からカペ家親王領へ

ブルゴーニュ（ブルグンディア）という地名がブルグント族にちなむことは周知のとおりであるが，5世紀，彼らが実際に定住し，建国した

土地はレマン湖からヌーシャテルにかけての一帯，つまり現在のスイスに相当する土地で，現在のブルゴーニュ地方から見ると，かなり東方に位置している[2]。500 年，メロヴィング家 Mérovingien フランク王クロドヴェクス Clodovechus（クローヴィス Clovis 位 481-11）はグントバルト Gondebaud（位 c.480-516）にブルグント王位を認めたが，クローヴィスの次子クロドミール Clodomir（オルレアン Orléans 分王位 511-24）と末子クロテール 1 世 Clothaire1 世（スワッソン Soissons 分王位 511-，フランク王位 558-61）は 523 年以降，執拗にブルグント攻撃を続けた。グントバルトとその子ジギスムント Sigismond（位 516-23）は王国の版図をプロヴァンス Provence に達するまでに拡大したが，534 年，フランク王国との戦いに敗れ，その支配下に入った。561 年にクロテール 1 世が死去すると，フランク王国は三分される。そのうちのオルレアン分王国が首都をロワール沿いのオルレアンからソーヌ沿いのシャロンに移し，ブルグント分王国と改称した。この分王国の版図が後世のブルゴーニュ地方にほぼ相当すると考えてよい[3]。

　フランク王国では 751 年にクーデターが勃発し，王朝が交代した。その新王朝たるカロリング朝 Carolingien の末期，ルイ（ルードヴィヒ）敬虔帝 Louis le Pieux の 4 子ロテール Lothaire，ピピン Pepin およびその子ピピン 2 世，ルイ Louis，シャルル Charles は帝国の相続を巡って激闘を続けた。841 年 6 月 25 日のフォントノワ Fontenoy の戦いはよく知られている。勝敗の帰趨は判然としないが，ロテールとピピン 2 世が敗走し，ルイとシャルルが追撃したとされるので[4]，後者が優勢だったのだろう。ともかく，この戦いでフランク王国の多くの青年戦士が死亡し，王国の戦力が著しく低下したことは事実と考えられる。戦後，ピピン 2 世は消息を絶ってしまうが，兄弟 3 人ロテール，ルイ，シャルルの間で，改めて帝国の総資産を綿密に調査し，それを可能な限り平等に分割しようとする合意に達した。これが 843 年のヴェルダン Verdun 条約であり，そ

---

2) FAVROD, Justin; *Les Burgondes. Un royaume oublié au coeur de l' Europe*. 3° éd, Lausanne, 2005.

3) LEBECQ, Stéphane; *Les origines franques V°-IX° siècle. Nouvelle histoire de la France médiévale* t. 1, Paris, 1990. pp. 45-90 et 105-119.

4) NITHARE; *Histoire des fils de Louis le Pieux*. éd. par Philippe LAUER et revues par Sophie GLANSDORFF, Paris 2012. Livre II, 10.

の結果，ブルゴーニュはソーヌ・ローヌ Saône-Rhone 川を境にして東西に二分されることになった[5]。

877年10月6日，西フランク王シャルル Charles le Chauve が死去すると，ブルゴーニュの支配者として名乗りを上げたのはシャルルの姻族で宮廷の重鎮たるボゾン Boson であった。彼は879年10月15日，ブルゴーニュの聖職者たちの信任を得て，ブルゴーニュ王に選出される（位879-87）。しかし彼もまた実弟リシャール判官公 Richard le Justicier（？-921）と対立し，実質的に支配したのはブルゴーニュと言うよりも，その南，プロヴァンス地方からサヴォワにかけての一帯とソーヌ東岸（後のブルゴーニュ伯領）であり，かつてのブルゴーニュ分王国は僅かにその南端を含む程度であった。それゆえ，ボゾンの王国をプロヴァンス王国あるいはアルル王国と呼ぶこともある。彼が首都としたのはリヨンの南50kmほどに位置するヴィエンヌ Vienne であった。彼が887年に死去すると，その王国は二分された（系図1参照）。プロヴァンスは実子ルイ Louis l'Aveugle（890-928？）が継承する。900年にはイタリアに侵攻し，一時は皇帝を名乗るが，905年イタリア王ベレンガル Berengar に破れ，生きながらえたものの，視力を奪われ，僅か二代で王国は消滅した。ルイの子シャルル・コンスタンティン Charles-Constantin はヴィエンヌ

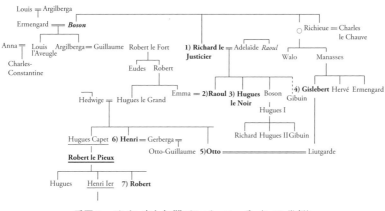

系図1　ボゾン家と初期ブルゴーニュ公（9-10世紀）

---

5) NELSON, Janet; The Frankish kingdoms, 814-898: the West. in McKITTERICK, Rosamond ed.; *The New Cambridge Medieval History t. I,. c.700-c.900*, Cambridge, 1995. pp. 110-141.

伯に過ぎず[6]，王を名乗ることはなかった。他方，東部ブルゴーニュはボゾンの実弟リシャールの義弟ラウール Raoul（ルドルフ Rudolf，オーセール Auxerre 伯コンラッド 2 世 Conrade II の息）が王位を継承し（位 888-912），以後，その子ラウール 2 世 Raoul II（位 912-37），孫コンラート Conrad（位 937-93），曾孫ラウール 3 世 Raoul III（位 993-1032）と四世代にわたって王位を継承し，西フランク王からも東フランク（ドイツ）王からも独立を保ったが，1034 年にはドイツ皇帝の宗主権を認め，その支配下に入った。この時を境にブルゴーニュ王国は地上から消滅し，以後，ブルゴーニュ王を名乗る者は二度と現れなかった[7]。

　他方，リシャール自身が支配したソーヌ以西の土地，これこそ本書が扱うブルゴーニュ公領に相当する地理空間である。ただし彼が本拠としたのはオータン Autun であったから，9 世紀から 10 世紀にかけてはブルゴーニュの政治的中心は現在よりもずっと西方に寄っていたことになる。ディジョンなど東部の都市が成長し，政治的中心となるのはカペ期に入ってから，およそ 11 世紀以降，である。

　ボゾンがブルゴーニュ王となる前に，どのような称号を得ていたか不明だが，ブルゴーニュ西部（本来の公領）で公を名乗ったのはこのリシャールが最初とされる（系図 1 参照。系図の中の番号は公位継承順を示す）。彼は西フランク王シャルル単純 Charles le Simple の治世（898-922）前半，言わば王国防衛隊長として常に対ノルマン戦争の先頭に立ち，諸侯から篤い信頼を得ていた。彼がヌーストリア Neustria のロベール Robert とポワトゥー Poutou 伯ギヨーム Guillaume を誘って，911 年 7 月 20 日，シャルトル Chartres でノルマンに大きな打撃を与えたことはよく知られている。リシャール死後は，その 2 子ラウール Raoul（位 923-36）とユーグ Hugues le Noir（位 936-52）が順にブルゴーニュ公位を継承した。次いでリシャールの甥の子ジルベール Gislebert（位 952-56），その娘婿オットー Otto（956-65），その実弟アンリ Henri（位 965-1002）と相続されるが，このアンリ死後は，その甥で西フランク王

---

　6) 西フランク王ラウール Raoul（位 923-36 リシャールの息）は 931 年になって，このヴィエンヌ伯称号を認めた。ちなみに 928 年から 31 年まではヴェルマンドワ Vermandois 伯エリベール Heribert がこのヴィエンヌ伯位を保持した。

　7) BOUCHARD, Constance Brittain; "Burgundy and Provence, 879-1032." in REUTER, Timothy ed., *The NCMH t. III, c.900-c.1024*, Cambridge, 1999. pp. 328-345.

ロベール敬虔 Robert le Pieux（位 997-1031），すなわち王ユーグ・カペ Hugues Capet（位 987-97）の長子が公領を相続した。なおこのロベールは上記ブルゴーニュ王ラウール3世の妹ベルト Berthe と結婚している[8]。

このようにブルゴーニュ公領は一度カペ王権に接収されるが，1031年ロベール死後，改めて封土とされ，同名の末子ロベール（位 1032-76）に授与された。以後，12代にわたり，このロベールの子孫が公位を継承していくことになる。歴代のブルゴーニュ公はこのように王家の血筋を引くがゆえに，同輩貴族の筆頭格として常に王国政治に深く関与した。1328年カペ家のシャルル4世 Charles IV 亡き後，同年4月2日，ヴァロワ Valois 家のフィリップ Philippe が6世としてフランス王位に就任するにあたっては，ブルゴーニュ公ウード4世 Eudes IV（位 1315-49）が貴族集会で重要な役割を果たしたとされる。彼の妹ジャンヌ Jeanne はフィリップと1313年に結婚している。このように，フィリップが貴族によって「選出された」ことがヴァロワ初期の政策に，ブルゴーニュ公を始めとする大貴族と高等法院派の意向が強く反映していたことを理解させる[9]。

3. ヴァロワ・ブルゴーニュ公の誕生

第12代カペ・ブルゴーニュ公フィリップ・ド・ルーヴル Philippe de Rouvres（位 1349-61）はアルトワ Artois 伯フィリップ（1323-46 ブルゴーニュ公ウード4世の息子）とジャンヌ・ドーヴェルニュ Jeanne d'Auvergne（1326-60）との間に1346年に出生した。母ジャンヌは1346年に夫フィリップと死別し，1350年にフランス王ジャン2世 Jean II（位 1350-64）と再婚した。この時からフランス王ジャン2世はこの幼少で病弱のブルゴーニュ公の摂政[10]として実質的にブルゴーニュ公領を統治した。とこ

---

8) DUNBABIN, Jean; West Francia: the kingdom. in REUTER, Timothy ed., *The NCMH t. III*, Cambridge, 1999. pp. 372-397.

9) HENNEMAN, John Bell; *Royal Taxation in Fourteenth Century France. The development of war financing 1322-1356*, Princeton 1971. 会計院派と高等法院派の対立については pp. 31-34. フィリップ6世即位の事情と治世初期の政策については pp. 80-90.

10) 正確には摂政 régent ではなく，ブルゴーニュ総督 Gouverneur de Bourgogne と称した。

ろが 1356 年 9 月 19 日のポワティエ Poitier の戦いでジャンが捕虜となると，妃（幼公フィリップの実母）ジャンヌが摂政に就任した。幼公フィリップは 1357 年に 11 歳でフランドル Flandre 伯ルイ・ド・マール Louis de Male の一人娘マルグリット Marguerite（1350-1405）と婚姻するが，継嗣ないままに 1361 年に死去した。かくしてカペ・ブルゴーニュ公家が断絶したため，同年，ブルゴーニュ公領は王領に編入された（本書第 4 章を参照）。

1363 年 9 月 6 日，王ジャン 2 世は親王領 apanage として末子フィリップ・ル・アルディ Philippe le Hardi にブルゴーニュ公領を授与した[11]。ヴァロワ・ブルゴーニュ時代の幕開けである。翌 64 年 4 月 18 日ジャン 2 世は死去したが，同年 5 月 17 日ジャンの長子シャルル Charles がフランス王として即位し，シャルル 5 世となる。6 月 2 日，彼は父たる先王ジャン 2 世がルイ Louis，ジャン Jean，フィリップの兄弟たちに授けた親王領をそのまま認証した[12]。

1361 年ブルゴーニュ公フィリップ・ド・ルーヴルが死去したとき，公妃マルグリットは 11 歳であった（以下，系図 2 参照）。彼女は先にも述べたように，フランドル伯ルイ・ド・マール（位 1346-84）の一人娘

---

11) こうして始まるヴァロワ家ブルゴーニュ公を扱った史書は枚挙に暇ない。ここでは代表的な通史だけを挙げるが，まず Dom PLANCHER, Urban; *Histoire générale et particulière de Bourgogne, avec des notes, des dissertations et les preuves justificatives*, 4 tomes, Dijon, 1739. Réimp. Paris, 1974.（これはブルグント時代から書き起こした古いタイプの史書であるが，革命期に散逸してしまった史料の紹介を含み，その意味では貴重である）19 世紀に入ると，BARANTE, Amable-Guillaume-Prosper Brugière, baron de,; *Histoire des ducs de Bourgogne de la maison de Valois, 1364-1477*, 13 vols, Paris, 1824-1826. の通史があり，よく知られた MICHELET, Jules; *Histoire de France*, 6 vols, Paris, 1833-1844. や Ernest Lavisse の編纂した *Histoire de France depuis les origines jusqu'à la Révolution*, 9 tomes en 18 vols, Paris, 1900-11.（中世後期の記述担当は COVILLE, A. と PETIT-DUTAILLIS, Ch.）が続き，その延長上に CALMETTE, Joseph; *Les Grands Ducs de Bourgogne*, Paris, 1949. がある。ここまでを言わば古典的作品群と考える。1960 年代に入って，ブルゴーニュ公史も大きく変わった。VAUGHAN, Richard; *Philip the Bold*, London, 1962. New ed. 2002. Id.; *John the Fearless*, London, 1966. New ed. 2002. Id.; *Philip the Good*, London, 1970. New ed. 2002. Id.; *Charles the Bold*, London, 1973. New ed. 2002. この 4 部作は学術書の性格と史書のそれとを高い次元でバランスさせた傑作であり，先行研究の成果を広く取り入れた総合的記述である。その結果，このヴォーンの 4 部作以前の著作はひどく古びたものになった。それ以降では SCHNERB, Bertrand; *L'Etat bourguignon*, Paris, 1999. を挙げる。

12) 父王 Jean が末子 Philippe に賦与した Bourgogne 親王領授与状と Charles V の認証は LE MIRE, Aubert; *Donationum belgicarum libri II*, Anvers, 1629. p.364. および DU MONT, Jean; *Corps Universel Diplomatique du Droit des gens*, t. III-1, Amsterdam, 1726, pp. 46-49. に収録されている。

序文

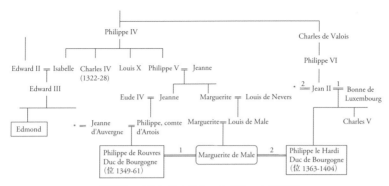

系図2　フランドル伯女マルグリット関係図

であったから，その全所領の相続権者であった。1361年の時点で相続対象となるのはフランドルの他はレーテル Rhetel 伯領とヌヴェール Nevers 伯領だけである。しかし伯ルイの母マルグリットはフランス王フィリップ5世（位1316-22）の娘で，アルトワ Artois 伯とブルゴーニュ伯を兼任していたから，この2つの伯位と伯領がいずれはルイを経て孫娘マルグリットに相続されることは明らかであった。実際，伯ルイの母マルグリットは1382年に他界し，ルイはアルトワ伯・伯領を相続する[13]。このような事情があったので，寡婦となったフランドル伯の一人娘マルグリットの婚約は西欧の権力者にとって重要な関心事となった。イングランド王エドワード3世 Edward III（位1327-77）は1361年暮れにはフランドル伯との交渉を開始し，64年10月19日に四男エドモンド・ラングリィ Edmund Langley とマルグリットとの婚姻を約定した。

ところが第198代教皇ウルバヌス5世 Urbanus V（位1362-70）は1364年12月，先代インノケンティウス6世 Innocentius VI（位1352-62）が発給した婚姻に関わる許認可をすべて無効とし，1365年1月16日，特にエドモンドとマルグリットの婚姻は近親を理由に許可発給を拒否した。10月末にはランス Reims およびケンブリッジ Cambridge の大司教を通じてイングランド王に婚姻禁止を通告し，66年8月にそれを再通告した。しかし翌67年3月，ブルゴーニュ公フィリップ・ル・アルディとマルグリットの婚姻は許可。同年11月これを再確認すると同時に，エドモ

13）ブルゴーニュ伯位は1362年1月15日に封主ドイツ皇帝カール4世 Karl IV がフィリップ・ル・アルディ Philippe le Hardi に授与した。

ンドとマルグリットが婚約交渉中に交わした誓約があれば、それを破棄・解消することを認めた。エドモンドはフランス王フィリップ 4 世 Philippe IV の曾孫であるが、フィリップ・ル・アルディはフィリップ 4 世の弟シャルル Charles の曾孫であるから、確かに 1 親等遠い。しかしマルグリットとその初婚相手フィリップ・ド・ルーヴルはいずれも王フィリップ 5 世の曾孫であるから、近親を理由とするなら、この最初のフィリップ・ド・ルーヴルとマルグリットとの婚姻を禁じていて然るべきである。つまりこの教皇決定は政治的であった。

　フランス王シャルル 5 世とフランドル伯ルイの交渉がいつ始まったか定かではないが、両者は 1369 年 4 月 12 日に全 23 条に及ぶ婚姻契約を合意・約定し、6 月 19 日にブリュージュ Bruges で式を挙げた[14]。この政治的成功は計り知れぬ意味をもった。イングランド王家ではなく、フランス王家が近い将来フランドルとアルトワを領有することを確実にしたのであり、フィリップ・ル・アルディ個人としても、ブルゴーニュ公領・伯領という豊かな農業地帯に加えてフランドル・アルトワ伯領という商工業と金融業の活発な土地を相続する権利を確実にしたのである。

4. ヴァロワ・ブルゴーニュ公の北方政策

　フィリップ・ル・アルディは自身が北方の雄たるフランドル伯の息女と婚姻しただけでなく、息子たちも北方貴族と結婚させた（系図 3 参照）。1385 年、長女マルグリット（1374 生）はエノー Hainaut 伯、ホーラント Hollande 伯、ゼーラント Zélande 伯を兼ねるヴィッテルスバッハ Wittelsbach 家のギヨーム Guillaume と、長子ジャン Jean（1371 生）はそのギヨームの妹マルグリットと結婚させ、二重婚姻同盟を結んだ。次女カトリーヌ Catherine（1378 生）はオーストリア公レオポルト Léopold と 1393 年に結婚させた。次男アントワーヌ Antoine（1384 生）は 1403 年にルクセンブルク Luxemburg 家のジャンヌ Jeanne と結婚し、このジャンヌが 1407 年に死去すると、09 年、やはりルクセンブルク家のイザベ

---

14) Marguerite 再婚交渉に関しては DILLER, Georges T. (éd.); *Chroniques de Jean Froissart, Livre I, d'après Manuscrit d'Amiens 486*, t. III, Genève 1992. pp. 479-480.

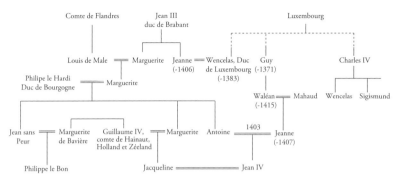

系図3 ブルゴーニュ公家，フランドル伯家，ブラバン公家およびルクセンブルク家

ル Isabelle と再婚した。

　このようにブルゴーニュ公の婚姻政策は明らかに北方を指向しているが，これはフランス王家の外交政策というよりも，公フィリップ自身が北方への勢力拡大ないし関係強化を目指していた結果であると理解される。フランス王シャルル5世は1380年9月16日に没した。同年11月4日，王位を継承したのは5世の子6世であるが，その時，彼は12歳で未成年であったから摂政がつく。つまり6世自身が王国政治を主導することはできなかったはずである。彼は1388年11月になって，ようやく親政を開始するが，その4年後の92年8月に精神病を発症したため，再度，摂政に政権を委ねることになった。その摂政とは5世の弟，つまり6世の叔父，ブルゴーニュ公フィリップであった。したがってブルゴーニュ公の婚姻政策に王自身が介入し，自身の意向を表明し，何らかの方向付けを行ったとは考えにくい。さらに付け加えるなら，1385年，王シャルル6世にヴィッテルスバッハ Wittelsbach 家のイザボー・ド・バヴィエール Isabeau de Bavière を仲介したのはブルゴーニュ公であった。

　フィリップ・ル・アルディの北方重視政策は長子ジャン・サン・プールにも継承された。妹マルグリットと三伯ギヨームとの間に誕生したジャクリーヌ Jacqueline を，弟アントワーヌの息子，ブラバン Brabant 公ジャンに仲介し，1418年に二人を結婚させたのはブルゴーニュ公ジャン自身である。

　もっとも北方政治は早々に長男のフィリップ・ル・ボンに委ね，ジャ

ン自身はパリの政争に明け暮れた。1407年11月23日，王国支配の実権をめぐって対立していたオルレアン公ルイを葬ったことはこの時期の重要な事件である[15]。その結果，あまりに強大な権力者となったブルゴーニュ公に反対する勢力すなわちアルマニャック Armagnac 派が集結し，やがて王太子（後のシャルル7世）を引き入れ，王国を二分する派閥抗争の時代を迎えることになる。1418年夏，ジャンがアルマニャックを粛清すると，ブルゴーニュ公に対抗できる勢力は事実上王太子ひとりになり，まさにその王太子によって，翌19年9月，ジャンは自身が引き起こした暗殺事件の報いを受けた[16]。ジャンの長子フィリップ・ル・ボンは王国に背を向けて，1420年，イングランドとの同盟をトロワ条約で約し，それを担保として，さらに北方へ目を向けることになった。

　歴代ブルゴーニュ公の北方重視政策は1420年代になって，つまり第3代フィリップ・ル・ボンの治世になって，一挙に開花した。まず，ナミュール Namur 伯領の購入である。伯ジャン3世 Jean III (-1429) は隣接するリエージュ Liège 司教との長年の抗争によって財政難に陥っていた上に，後嗣がなかったため，伯領の所有に拘泥しなかった。そこで1420年，フィリップはブラバン公領の南側に隣接するこの伯領を132,000エキュ（内25,000エキュは即金）で購入すると契約。翌1421年6月，彼は当地の三部会を召集し，ジャン死後はナミュール伯領の所有権がフィリップ自身に移行することに同意を得た。実際，この合意は1429年，ジャン死去によって実現している[17]。

　次いで，フランドルの東側に隣接するブラバン公領の相続である。1419年9月，フィリップがブルゴーニュ公位に就いた時点でのブラバン公はフィリップの従兄ジャン4世 Jean IV であった。1427年にジャンが死去すると，その弟フィリップ・ド・サン・ポル Philippe de St. Pol が

---

15) GUENEE, Bernard; *Un meurtre, une société. L'assassinat du duc d'Orléans 23 novembre 1407*, Paris, 1992. 佐藤彰一，畑奈保美訳『オルレアン大公暗殺——中世フランスの政治文化』岩波書店 2010年。

16) VAUGHAN, R.; *John the Fearless*, London, 1966. New ed. 2002. pp. 263-286. SCHENERB, Bertrand; *Jean sans peur*, Paris, 2005. pp. 671-689.

17) VAUGHAN, Richard; *Philip the Good*, London, 1970. New ed. 2002. pp. 29-53. およびヴォーンの記述を敷衍した城戸毅『百年戦争』pp. 256-262.

公領を相続する。そのフィリップ・ド・サン・ポルが 1430 年に死去すると，ブルゴーニュ公フィリップ・ル・ボンが当地の三部会の同意を得て相続した。

　最後に，エノー，ホーラント，ゼーラントの三伯領の相続である。1417 年，当主ギヨーム 4 世 Guillaume IV が没すると，この三伯の相続を巡ってギヨームの娘ジャクリーヌ Jacqueline と弟（ジャクリーヌの叔父）たるリエージュ司教ジャン Jean が争った。上で述べたように，ジャクリーヌは 1418 年にブルゴーニュ公ジャン・サン・プールの仲介でブラバン公ジャンと結婚していたが，彼は病弱で，叔父ジャンと戦うよりも，妥協しようとする態度を示した。ジャクリーヌはそれに不満で，一向に相続問題に埒が明かないと，1421 年ロンドンへ亡命し，ヘンリー 5 世 Henry V とベッドフォード Bedford 公ジョン John の弟グロスター Gloucetr 公ハンフリー Humphrey と二重結婚をした。この三伯相続問題と，ジャクリーヌの結婚問題と，二つの問題が錯綜して，1410 年代末からの北方政局は複雑な経緯を辿った。フィリップ・ル・ボンは当初はジャクリーヌとジャンの結婚の仲介をした父ジャン・サン・プールの代理として，あるいは二人の従兄として，対立の調停者として介入したが，1424 年に元リエージュ司教ジャンがフィリップを相続人として指名し，25 年に死去すると，フィリップは三伯領の相続を巡って直接ジャクリーヌと争うことになった。結局，1428 年 1 月 9 日，教皇マルティヌス 5 世 Martinus V が改めてジャクリーヌとジャン 4 世の最初の婚姻のみが正当かつ有効と言明し，ハンフリーもそれに同意した。同 28 年 7 月 3 日のデルフト Delft 条約にジャクリーヌが調印し，彼女は三伯領を相続するが，以後，結婚を認められず，そのために彼女はフィリップ・ル・ボンを相続人とすることを承認した。1433 年 4 月，ジャクリーヌがこの条約に違反したことが判明したために，フィリップは三伯領を相続した。こうして，ブルゴーニュ公フィリップはフランドルから東北方面へ勢力を拡大し，低地地方の大半の土地を支配下に置くことになった。

　ところで，フランドルからブラバンを経てホーラントに到る一帯はかなりコンパクトな空間であるが，「低地地方」と言う表現で，ひとまとめにすることが無意味なほど錯綜した社会である。支配者の交代劇だけ

が歴史ではない。この土地の，この社会の総合的歴史を描くことは容易ではない[18]。多様な伝統と複雑に絡み合った利害関係をなかなか清算できない土地にあっては，フランス王家出身のフランドル伯，ブラバン公，…＝ブルゴーニュ公など，新たな面倒を持ち込む歓迎されざる余所者でしかないだろう。そもそも初代ヴァロワ・ブルゴーニュ公フィリップ・ル・アルディの義父ルイ・ド・マールが伯位にあり，なお存命中であった時代，1382年11月，フランス軍はウェストローズベックでガン（ヘント）の貴族アルテフェルト率いるフランドル反乱軍を撃破し，ガンやブリュージュで多数を処刑したが，この戦争と戦後処理を実質的に指揮したのは初代ブルゴーニュ公フィリップであった。しかし1436年から38年にかけて，窮地に追い詰められたのは逆に第3代ブルゴーニュ公フィリップであった。きっかけは軍事費捻出のための臨時課税とそれに対する反乱であった。フランドル諸都市では，それぞれの事件を風化させぬように集団の記憶として伝えようとするから，同じような儀礼がそこかしこで繰り返される。もちろん誇らしい戦勝パレードだけではなく，屈辱に塗れた敗北の果てに，贖罪と隷従の儀式を強要されたこともあった。つまり歴史を三人称で語るのではなく，一人称複数で再演し，他者に見せつけもすれば，構成メンバーの帰属意識を再認するプロセスでもある，という政治文化が根付いている。これはミステール（神秘劇）と同一の構造を持つ。

　かくしてブルゴーニュ公は北方の征服と訓育に長い時間を費やし，多大なエネルギーを注ぎ込む。その結果，彼らを描く歴史書は北方の叙述に多くのページを費やすことになる。研究者は北方征服の詳細とその活動資金の調達，さらに近年は政治的・社会的儀礼の実際[19]，を解明することに主眼を置く。ヴァロワ・ブルゴーニュ公の歴史とはフランス同輩貴族の北方征服の歴史，あるいは低地地方を舞台とするフランス貴族の

---

18) 例えば PREVENIER, Walter & BLOCKMANS, Wim; *Les Pays-Bas bourguignons*, Anvers, 1983. et la traduction anglaise, Cambridge, 1986. やや古くなったが，この社会の優れた総合的叙述である。

19) LECUPPRE-DESJARDIN, Elodie éd.; *La ville des cérémonies. Essai sur la communication politique dans les anciens Pays-Bas bourguignons. Studies in European Urban History 4*, Turnhout, 2004. および DELIGNE, Chloé et BILLEN, Claire éds.; *Voisinages, coexistences, apporpriations. Groupes sociaux et territoires urbains. Studies in European Urban history 10*, Turnhout 2007.

武勇伝であり,フランス中東部に位置するブルゴーニュ地方の歴史とは別物であるように見える。

ブルゴーニュ公領は 1477 年,第 4 代ブルゴーニュ公シャルル・ル・テメレール Charles le Téméraire(位 1467-77,フィリップ・ル・ボンの嫡子)死後,フランス王ルイ 11 世 Louis XI(位 1461-83)に接収された。この事情は親王領の法規定(相続権者の範囲)とその適用という面だけでなく,ブルターニュの併合とともに,中世世界から近世世界への転換期におけるフランス主権国家の形成という大きな問題の一環として論じなければならない[20]。他方,フランドルとブラバン,およびそれ以北の土地はブルゴーニュ公シャルル・ル・テメレールの一女マリー Marie の個人資産(嫁資)として 1482 年にハプスブルク家にもたらされた。渦中にあったマリーと白馬の騎士マクシミリアン Maximilien とのロマンスは微笑ましいエピソードであるが,この婚姻によって,同時に,負の遺産つまりフランス・ヴァロワ家ルイ 11 世とブルゴーニュ公家マリーとの対立,あるいは遡ってシャルル 6 世の弟オルレアン公の暗殺以来の両家の対立もハプスブルク家にもたらされることになった。ハプスブルク家がこの敵対関係を継承したことこそ,近世ヨーロッパ国際政治の基本構図を決定した主要因である。

さて,ヴァロワ家の四世代,100 年を超える歴史を語る間,著者はこれまでブルゴーニュ地方に関しては一切言及していない。この間,ブルゴーニュ地方では何があったろう。この輝かしい一族にその名に因む称号を与えただけで,「公国史[21]」ないし「連邦史」の舞台となったこと

---

20) 親王領の法規定(男子相続人のみが相続可)が 1470 年代になお実効力を持っていたのか判然としない。古典的著作はこの点に疑問を持たないが,1477 年 1 月にルイ 11 世がブルゴーニュに遠征軍を派遣し,同地の軍事征服を実施したうえで,79 年 7 月にディジョン Dijon とヴェズレイ Vézelay を歴訪し,ブルゴーニュ公領を王権が接収したことを明示し,既成事実化したことは,シャルルの一子マリーは当然としても,結局,王自身も親王領規定を疑問視していたからではないのか。

21) SCHNERB, B. など多くのフランス系研究者はブルゴーニュ公支配領域に対して,14 世紀の段階から「ブルゴーニュ公国」L'Etat bourguignon という表現を使用している。しかし 1435 年アラス条約以降ならともかく,フランス王の封臣が自身の宗主権下に多様で自立性の高い諸領邦を置いたというだけで,その集合体を「国家」と呼ぶのは躊躇われる。著者は「ブルゴーニュ連邦」L'Union bourguignonne が適切と思うが,「公国」という言い方が一般化しつつあるので,あえて異を唱えなかった。なお STEIN, Robert; Regional Chronicles in a composite monarchy, in *Publication du Centre Européen d'Etudes bourguignonnes (XIVe-XVIe siècles)* no.54,

はついぞなかった，と考えるべきなのか。つまりヴァロワ・ブルゴーニュ公家の歴史とブルゴーニュ地方の歴史は，それぞれ出発点だけは重なり合っているものの，その後は接点がなく，別々の道を辿ったと理解することになるのだろうか。ブルゴーニュ地方はフランク王国時代はともかく，このヴァロワ期に関する限り，郷土史家のローカルな研究対象に過ぎず，西ヨーロッパ史の枠組みの中では，あえて取り上げるまでもないと考えるべきなのか[22]。そうだろうか。ブルゴーニュ公自身にとっても，ブルゴーニュ地方は補助的な重みしか持たないのか。14-15 世紀のブルゴーニュ地方の社会を解明し，詳細に論じたとしても，あるいはブルゴーニュ公の統治システムの起源とその展開を整理し，明快な筋道を示したとしても，その結果として手にする知見はあくまでもローカルな意味しか持ちえず，研究史に新しい展望を開くことはないのか。この二重の素朴な疑問ないし違和感に明快な解答を与える論考はなかった[23]。

Neuchâtel, 2014, pp. 7-23. も同様の疑問を表明している。ELLIOTT, John H.; A Europe of Composite Monarchies in *Past & Present*, No. 137, Oxford, 1992, pp. 48-71. は Bourgogne にも論及し，その現実を正確に把握しているだろうが，それでも多様性を内包する集合体を表現するのに王国 Monarchy や国家 State という用語を使用している。要するに，BOONE, Marc が言うように，適当な用語がないのである（2015.3.17 東京での講演）。

22) ブリュッセル自由大学に本拠を置く「ブルゴーニュ研究ヨーロッパセンター Centre Européen d'Etudes bourguignonnes」の中心的メンバーであるコーシー CAUCHIES, Jean-Marie, ブロックマンス BLOCKMANS, Wim, ボーネ BOONE, Marc, ドイツ歴史研究所 Institut historique Allemand のパリ支所長を務めたパラヴィッチーニ PARAVICCINI, Werner も，このような立場であろうと思う。ブルゴーニュ公史は言わば「彼らの歴史」であるから，当然であるとは言える。またベルギーの学術出版社 Brepols から刊行されているシリーズ Studies in European Urban History (1100-1800) はボーネが編集代表を務め，すでに 30 冊を超える優れた論集を上梓しているが，明らかに「彼らの歴史」を中心テーマとしていて，「ブルゴーニュ時代」を扱う場合も対象地域は圧倒的に北方である。

23) 現在のブルゴーニュ大学で中心となる研究者が誰なのか，よく分からない。おそらく二系統あるのではないかと思われる。まずブルゴーニュ社会経済史分野で傑出した業績を残したデュボワ DUBOIS, Henri を中心とする人々がいる。何人か若い研究者を指導していたが，その中から誰が次世代をリードしていくのか，今のところ判然としないし，デュボワ自身，パリを活動の本拠としていた（2012 年 5 月死去）。パリでの彼の後継者はシュネルブ SCHNERB, B. であろう。上記のブルゴーニュ研究センターを含めて，様々な場で精力的に活動している。リシャール RICHARD, Jean は健在であるが，アカデミー会員としての立場があり，大学で後進の指導に当たっているのか，はっきりしない。ともかく文献史学の伝統が消滅している訳ではないが，活気があるのはもう一つの流れ，つまり UMR 5594（そのテーマは「ブルゴーニュとフランス東部における考古学と文化と社会」）を率いるサパン SAPIN, Christian を中心とする考古学グループである。石器時代から近代まで，史料よりは遺物に基づいて，長い時間枠を設定してブルゴーニュ地方を研究している。特にオーセール Auxerre の

それならば自ら解答を探し求める以外にない。これが本書に先立つ十余年に及ぶ調査研究に手を染めることになった動機である。

　歴代のブルゴーニュ公がブルゴーニュ地方を不在にしたことの意味はひとつしかない。自身が立ち寄る必要がなく，在地の管理組織に任せきりで構わない。つまり裏切られることはない，という確信であろうが，それは十分に証明されているであろうか。その証明が必要とすれば，二つの点から検証すればよいと思う。まず正義が十全にかつ透明に執行されているか，つまり訴訟の適法性が十分に確保されているか，と言う点を確認すればよいだろう。特に争点が宗主たるブルゴーニュ公自身の利害に関わる場合に，納得できる結果となっているか。この点を明らかにすればよい。今ひとつは資金援助要請，例えば御用金に対して誠実な対応が見られるか，つまり宗主に対して知行地として十分な貢献をしているか，という点が明らかになればよかろう。北方の歴史は課税と反乱の繰り返しである。御用金要請に対して，北方の人々はほぼ例外なく反乱で応えた。その反乱の多くは鎮圧されて制裁金（罰金と賠償金）が科されるが，この措置に対して再度反乱がおきる。いちいち例は挙げないが，この解決の糸口がつかめない堂々巡りが北方の歴史の核心であると言うこともできよう。ところが，ブルゴーニュ地方では資金拠出要請に対する反乱がない。信じられないほど協力的なのである。この南北の相違をどのように説明するか。それゆえに財政の解明が重要な意味を持つと思われる。

5. ヴァロワ家初期の国王財政

　ヴァロワ初代の王フィリップ6世（位 1328-50）はカペ末期の王たち，つまりフィリップ4世（位 1285-1314）の子たち，の課税政策を踏襲し，財政構造を変革することはなかった，あるいは，できなかった。対イングランド戦争が確実視される場合は，戦争代納金 subside の徴収

サン・テティエンヌ Saint Etienne 教会のクリプト遺構発掘では優れた業績を挙げた。彼らの年次報告（第1号は1996年）はオーセールに本拠を置く中世研究センター Centre d'études médiévales が刊行している。

を目指し，それを身分制集会に諮り，合意が成立すれば，各地に王役人を派遣して，住民代表と具体的な交渉を行わせた．平和時，つまり王に直接税徴収の口実がない時には，何らかの科料を徴収することを目論んだ．例えば 1325 年にシャルル 4 世のもとで始まり，継続的に実施されてきた国王封土の実情調査がある．その調査結果に基づき，封主たる王に無許可で譲渡ないし売却されていることが判明した土地に関しては，保有者に相当額の科料 amortissement が科され，実際に徴収された．また地方役人の勤務状況を執拗に調査し，その不正を暴露し，科料を徴収することも継続的に実施され，場合によっては戦争代納金や御用金の徴収と，罰金の徴収と，いずれかを市町村の代表者自身に選択させるということさえ行った．同じ頃，イタリア系貸金業者，いわゆるロンバルドの業務実態を調査し，1331 年と翌 32 年には王国中の利付貸付をすべて破棄させ，帳消しを命じた．負債者は利子の支払いを免除されたが，元金はロンバルドに返済するのではなく，国庫に納入することを要求された．国王会計院の記録によれば，その額は 31 年には 12 万リーヴル・パリジに達した．その直後，この方式はユダヤに対しても適用された．貸金業者の側から見れば，利子はもとより，貸付金まで没収されたことになる[24]．

さらに王は様々な特権を売却することもあった．ラーン Laon 地方では，「飛び越し訴訟 appel volage（領主裁判を経ずに国王裁判に臨む訴訟手続き）」を廃止する代わりに，つまり審級制度の中で領主裁判を必須とする代わりに，1 世帯当たり 2 スーの竈税徴収を承認させた[25]．

南仏カルカソンヌでは，毛織物の取扱い量に比例する税制 gabelle des draps を採用するか，取扱い免許 haut passage の認可・更新料を徴収する旧来の方式を継続するか，いずれを選ぶかを巡って，つまり付加価値が高く，外国製品に比べて十分な競争力のある産品に対する課税方式を巡って，地元の人々自身の意見が割れた[26]．

このように，各地の実情に応じて，各地の住民と交渉をして，合意の成立を見た後に，はじめて課税することが普通であった．王がこのよう

---

24) HENNEMAN, J. B; *Royal Taxation*, p. 82.
25) HENNEMAN, J. B; *Royal Taxation*, p. 83.
26) HENNEMAN, J. B; *Royal Taxation*, p. 84.

な煩瑣な方式を取らざるを得なかった理由は，ひとつには造幣収入の激減がある。1329年3月の身分制集会で通貨の貶質を停止し，同年12月，翌1330年春，と二度に分けて通貨価値の引き上げを約束したので，王フィリップは先王シャルル4世のような通貨発行利益を手にすることはできなかった[27]。無論，国庫収入という点から見れば，由々しき事態である。しかし，より根本的には，王国全域に共通する単一の算定方式に基づく租税徴収制度が確立していなかったがためである。政策推進の財源を求め，その立場から，金額だけに注目して，税収も罰金収入も区別の要なし，と考えるのは支配・統治を担う者のアグレッシヴな発想であろう。納税者たる被支配者の側からすれば，課税の目的，徴収額そして徴収方式に合理性を求め，納得することができなければ，合意は論外と考えるのが当然であった。「万人に関わる問題は万人の同意を要す Quod omnes tangit ab omnibus approbetur」という法諺は，本来，代表原理を表現していたはずであるが[28]，14世紀に広く知られるようになると，課税合理性を表現していると理解され，課税反対のスローガンとして利用された[29]。しかし，そうすると容易に想像されるように，収入規模を事前に確定することはもとより，納入期日も科目ごと，地方ごとに異なるのが当然となろう。ある科目の税は固定された地代のように，毎年定期的に徴収されるものなのか，それとも臨時なのか。臨時とすれば，その徴収はいつ始まり，いつ終わるのか。臨時であれば，様々な理由による延納があろうから，単年度で完了することはまずあり得ない。つまり今年度，あるいは次年度，一体どれほどの収入が見込めるのか，予測し，概算し，予算を立てることは非常に困難であったろう。ひとことで言えば，国家財政は著しく不安定であったが，その理由は政策立案者の無能にあるのではなく，また執行する官僚の懈怠にあるのでもなく，旧来の社会慣習の踏襲という構造化された問題にあったと言えよう。

---

27) HENNEMAN, J. B; *Royal Taxation*, p. 81.
28) POST, Gains; *Studies in medieval legal thought. Public law and the state, 1100-1322*, Princeton, 1964 & reed. 1992. pp. 163-238.
29) HENNEMAN, J. B; *Royal Taxation*, pp. 23-24.

財政史という観点からすれば[30]，ブルゴーニュ公史はかなり豊かな研究蓄積を誇っているし[31]，部分的ではあるが，刊行された史料もあり[32]，

---

30) 14-15世紀のフランスに限定するが，まず REY, Maurice ; *Le Domaine du roi et les finances extraordinaires sous Charles VI, 1388-1413*, Paris, 1965. Id.; *Les finances royales sous Charles VI. Les causes du déficit, 1388-1413*, Paris, 1965. HENNEMAN, J.B.; *Royal Taxation in Fourteenth-Century France: The Captivity and Ransom of John II, 1356-1370*, Philadelphia, 1976. Id.: *Royal Taxation in Fourteenth-Century France:The Development of War Financing, 1322-1356*, Princeton, 1971. が代表的モノグラフィーとして挙げられる。教科書的には FAVIER, Jean: *Finance & fiscalité au bas Moyen Age*, Paris, 1971. がある。それ以外では様々なテーマの論集が数多く出版されている。GENET, Jean-Philippe & LE MENE, M. éds.; *Genèse de l'Etat Moderne. Prélèvement et Redistribution. Actes du Colloques de Fontevraud 1984*, Paris, 1987. BONNEY, Richard; *Economic Systems and State Finance*, in series: BLOCKMANS, W. & GENET, Jean-Philippe general eds.: *The Origins of the modern state in Europe 13th to 18th centuries. Theme B*, Oxford, 1995. KERHERVE, Jean & RIGAUDIERE, Albert dir.; *Finances, pouvoirs et mémoire. Hommages à Jean Favier*, Paris, 1999. CONTAMINE, Philippe, KERHERVE, Jean et RIGAUDIERE, Arbert éds.; *L'Impôt au Moyen Age. L'impôt public et le prélèvement seigneurial, fin XIIe-début XVIe siècle. Colloque tenu à Bercy, les 14, 15 et 16 juin 2000, t. I: Le droit d'imposer, t. II: Les espaces fiscaux, t. III: Les techniques*, Paris, 2002. が近年の大きな収穫である。CASSARD, Jean-Christophe, COATIVY, Yves, GALLICE, Alain & LE PAGE, Dominique dir.; *Le Prince, l'argent, les hommes au Moyen Age. Mélanges offerts à Jean Kerhervé*, PU de Rennes, 2008. LEVELEUX-TEIXEIRA, C., ROUSSELET-PIMONT, A., BONIN, P., & GARNIER, F. dir.; *Le Gouvernement des communautés politiques à la fin du Moyen Age. Entre puissance et négociation: Villes, Finances, Etat. Actes du colloque en l'honneur d'Albert Rigaudière, les 6, 7 & 8 novembre 2008*, Paris, 2011.

31) かなり古いが MOLLAT, Michel ; Recherche sur les finances des ducs Valois de Bourgogne, in *Revue Historique*, t. 219 (1958), pp. 285-321. がブルゴーニュ公4代の財政に関する古典的理解を作り上げた。上記のヴォーン Vaughan, R. の4部作も，それぞれの巻で世代ごとの財務行政機構を詳論している（ただし彼はフランドルのリーヴル・パリジとフランスのそれとが異なることに気付かなかったようである *John the Fearless*, new ed, pp. 103-120.）。古い研究は実質的にヴォーンの4部作に吸収されていると考えて構わない。上記の註30に挙げた論集には必ず，ブルゴーニュに関わる論文が収録されている。なお Lassalmonie, J.-Fr. が Le plus riche prince d'Occident? in PARAVICINI, Wener dir.; *La cour de Bourgogne et l'Europe*, Ostfildern, 2013, pp. 63-82. で上記 Mollat の見解を批判的に検討し，新たな知見を提供している。財政史と深くかかわる貨幣史の分野では DUMAS-DUBOURG, Françoise ; *Le Monnayage des ducs de Bourgogne. Séminaire de Numismatique Marcel Hoc. Numismatica Louaniensa 8*, Louvain-la-Neuve, 1988. があり，カペ期も含む緻密で水準の高い研究書である。

32) CHAMPEAUX, Ernest; *Les Ordonnances des Ducs de Bourgogne sur l'administration de la justice du Duché. Avec une introduction sur les origines du Parlement de Bourgogne*, Dijon, 1908 et Réimp. à Genève, 1978. BONNENFANT, Paul dir. BARTIER, John et Van NIEUWENHUYSEN, Andrée eds.; *Ordonnances de Philippe le Hardi, de Marguerite de Male et de Jean sans Peur 1381-1419*, 2 tomes, Bruxelles, 1965-1974. MOLLAT, Michel et FAUREAU, Robert. éds.; *Comptes généraux de l'Etat Bourguignon entre 1416 et 1420*, 5 vols, Paris, 1965-1976. Recueil de huit comptes inédits : les 7° et 8° comptes de Jean de Noident (Archives Départementales de la Côte-d'Or B. 1601 et B. 1603), le 1° compte de Guy Guilbaut (A.D. du Nord B. 1920), les 2°, 3° et 4° comptes de Jean Fraignot (A.D. de la Côte-d'Or B. 1594, B. 1598 et B. 1606) et les 1° et 2° comptes de Berthelemi le Vooght (A.D. du Nord, B. 4090 et B. 4091). および PARAVICINI, Werner dir., GREVE, Anke et LEBAILLY, Émilie eds.; *Comptes de l'argentier de Charles le*

各地の文書館目録とは別に行き届いた史料・文献案内も存在する[33]。中でも初代ブルゴーニュ公フィリップ・ル・アルディ（位1363-1404）の晩年20年間に焦点を合わせたファン・ニュウェンハイゼンの一連の研究は称賛に値するもので，学ぶところ大であった[34]。

　第2代ジャンは治世も短く（位1404-19年），史料状況も芳しくない。ところが第3代フィリップ・ル・ボンの50年に及ばんとする治世（位1419-67年）は十分な史料が現存しているにもかかわらず，その財政を主題とする論考は意外に少ない。特にその治世前半，1420年代から30年代にかけては断片的で，例えば北方での通貨政策[35]，1445年の歳入見積もり[36]，予算作成習慣の成立[37]，租税徴収の定着[38]を扱ったものがあるが，全体像を提示するものはない。財源を安定させるには何をすれ

Téméraire duc de Bourgogne, 4 vols, Paris, 2001-2009. (v.1: Année 1468, B. 2068 des Archives départementales du Nord à Lille, v.2: Année 1469, CC. 1924 des Archeives Générales du Royaume à Bruxelles, v.3: Année 1470, CC. 1925 des AGR, éds. par Valérie BESSEY, Véronique FLAMMANG et Émilie LEBAILLY, v.4: Rôles mensuels et fragments des années 1471-1475 conservés aux ADN, éds. par Sébastien HAMEL et Valérie BESSEY.)

33) BAUTIER, Robert-Henri & SORNAY, Janine éds.; *Les Sources de l'histoire économique et sociale au Moyen Age, 2: Les Etats de la maison de Bourgogne*, 2 vols, Paris, 2001.

34) Van NIEUWENHUYSEN, Andrée; Comptes de la recette générale de toutes les finances. Rapport établi à la suite du dépouillement du compte du 1er juin 1383 au 1er juin 1384. (Arch. Dépt., de la Côte-d'Or B. 1461), in *Bulletin de la Commission Royale d'Histoire*, CXXVI (1960) 1er liv. pp. xxvii-xxxi. Id.; L'organisation financière des Etats du duc de Bourgogne, Philippe le Hardi, in *Recherches sur l'Histoire des Finances Publiques en Belgique*, t.1, pp. 215-247, Bruxelles. 1967. Id.; Documents relatifs à la Gestion des finances de Philippe le Hardi, duc de Bourgogne et comte de Flandre (1384-1404), in *Bull. Comm. Roy. His.*, CXLVI (1980), pp. 69-312. Id.; *Les Finances du Duc de Bourgogne, Philippe le Hardi (1384-1404). Economie et Politique*, Bruxelles, 1984. Id.; *Les Finances du Duc de Bourgogne, Philippe le Hardi (1384-1404). Le montant des ressources*, Bruxelles, 1990. また RAUZIER, Jean; *Finances et Gestion d'une principauté au XIV° siècle. Le Duché de Bourgogne de Philippe le Hardi (1364-1384)*, Paris, 1996. Id.; *La Bourgogne au XIV° siècle. Fiscalité, population, économie*, Dijon, 2009.

35) SPUFFORD, Peter; *Monetary Problems and Policies in the Burgundian Netherlands 1433-1496*, Leiden, 1970.

36) ARNOULD, Maurice A.; Une estimation des Revenus et des dépenses de Philippe le Bon en 1445, in *Recherches sur l'histoire des finances publiques en Belgique*, t. III, Bruxelles, 1974. pp. 131-219. この論考を読めば，ブルゴーニュ地方の貢献度が非常に高いことが確認できる。

37) SORNAY, Janine; Les Etats prévisionnels des finances ducales au temps de Philippe le Bon, in *109° Congrès national des Sociétés Savantes. Dijon 1984. Section d'Histoire médiévale et Philologie. t. II Etudes Bourguignonnes. Finances et vie économique dans la Bourgogne médiévale*, Paris, 1987.

38) DUBOIS, Henri; Naissance de la fiscalité dans un Etat princier au Moyen Age: l'exemple de la Bourgogne, in *Genèse de l'Etat Moderne. Prélèvement et Redistribution. Actes du Colloques de Fontevraud, 1984*, éd. par GENET, Jean-Philippe & LE MENE, M. Paris, 1987.

ばいいのか，その具体策を模索したのがこの時期であり，その後の領邦経営を理解する上で非常に重要な時期であると思われる。通貨発行の面ではフランス王と協調して，1410年代末から20年代初頭にかけては極端なインフレ政策を是として貶質操作を継続し，大量の低品位貨幣を発行していたが，1422年には一挙に品位を4倍も引き上げて，デフレ政策に転じた。こうした通貨政策の極端な変更は明確な目的を持つ政策として，つまり敵対勢力を弱体化させる経済戦争として，政治史の中で論及されることはあるが，ごく普通の意味での経済的効果をもう少し論じるべきであろう。

6. 本書の主題

　専門研究者にとっては常識に属すかもしれないが，ブルゴーニュ公史とその研究状況の概要を以上のように理解し，やや手薄と思われる部分を補強すること，これが本書の目的である。冒頭に記したように，具体的にはフィリップ・ル・ボンの治世前半，1419年から四半世紀に時間枠を設定し，ブルゴーニュ地方，特に公領を対象地域とした。この時期の，この土地の経営を詳細にすること，つまりどのような収入をどれほど得ていたか，他の領邦に比べて多いのか少ないのか，それがどのように変化したか，あるいはしなかったか，ひたすら定量的に現実を理解しようとしたのが第1部（第1章から第3章まで）の主題である。

　しかし変化を追う場合，重要な問題に直面する。四半世紀の間に通貨はどのように変動したのか，あるいはしなかったのか。変動があるとすれば，それは何らかの波及効果を期待する政策だったのか，それとも市場で形成された合意に動かされたのか。収入も支出も当然ながら通貨単位で表現される。その秤量基準としての単位の変動を正確に理解することは当然であろう。通貨は交換，蓄蔵，価値表象，と三機能を持つが，15世紀の貨幣はそれ自体が貴金属商品であることを忘れてはならない。造幣と発行は発行者に利益をもたらす一種の事業であり，貨幣の品位は三機能の十全な遂行という面だけでなく，利益取得の面でも重要な意味を持つ。こうして15世紀の貨幣を様々な面から論じ，結局，ブルゴー

ニュ公は貨幣に対してどのような態度をとろうとしたのか，それを明らかにすることが第2部（第4章から第6章まで）の内容になる。

最後に言及するのは組織機構と人倫である。各地で地代や税を徴収し，それを中央に送るシステム，その動きを監視するメタ・システム，そしてそれらを滞りなく動かす人々はどのような構成であったか。その説明が第3部（第7章）である。

このように本書の内容を予告すると，それはそれで納得されるであろうが，同時に，ある種の違和感を抱かれるかもしれない。著者は「財政」という語彙をきちんと理解していないのではないか，と。ある社団の収入実態を分析することは必要だろうが，それは財政論の補助的ないし予備的議論にすぎない，と。個人であれ，法人であれ，あるいは地方であれ，国家であれ，住宅の購入，生産設備の増強，橋梁や港湾の建設，あるいは戦争遂行を前提とする軍備増強など，会計主体が明確な目的を実現するために具体的な支出を予定していて，その確実な出費を税なり借入なり，いかなる手段で賄うかという選択，例えば金融機関からの一括借り入れと30年の返済といった具体案，このような支出充当プランないしそのための議論を財政 finances と言うのではないか，と。本書はブルゴーニュ公の収入構造を分析しようとしているが，その前提として，まずは支出分析があって然るべきではないか。これは極めて正当な疑問ないし反論であり，その重要性には些かの疑念もないが，この議論は政策論へ向かい，結局は所与の政治状況の下での支出の妥当性を論じることになろう。著者はその議論に先立ち，政府が依って立つ社会の基礎的な活力を定量的に明らかにしたいと考えている。ブルゴーニュ公の政策を支える資金供給能力を分析するための基礎データを提供するために，彼の領邦経営の実情をまず明らかにしたい。これが本書の主眼であり，資金要請の正当性や妥当性は論じない。それは政治哲学ないし経営哲学の問題である。

このような目的を達成するために，著者は文書館に遺された会計史料をひたすら閲読し，データを整理するという陳腐な方法に頼った。それ以外の方法は思いつかなかったからである。実際の調査は2003年度に所属先大学から在外研究を認められ，1年間ディジョン（コート・ドール県庁所在地）に滞在した時に始まる。この時にブルゴーニュ公領の6

つのバイイ管区の会計史料を中心として，1420 年代の状況をある程度は理解することができ，それを史料紹介という形で所属先の大学紀要に発表していった[39]。すぐに一書にまとめる自信がなかったからである。ところがデータ整理と発表を続けるうちに，奇妙なことに気付いた。対象時期の終わり頃，つまり 30 年前後に変化が現れるのである。その変化が何を意味するのか，もう少し調査を継続しようと考えて科研費を申請したところ，幸いにも 2006 年度から 2009 年度までの 4 年計画を認められたので[40]，対象時期を 40 年代初めまで拡大し，ほぼ四半世紀分のデータを収拾することができ，またそのデータを分析して，自分なりに納得できる結論に達したと思う。ところが，このように調査・研究を継続した結果，古い論文[41]には訂正すべき箇所がある，はっきり言えば，事実誤認があると痛感することにもなった。機会を設けて，現実の正確な理解を公表しなければならない。これが一冊の書物という形で調査・分析の成果を上梓しようと決断するにいたった経緯である。

　本書は，主題から想像されるように，大量の図表を利用するが，そのすべては著者が原史料を解読して入手したデータを整理し，独自に作成したものである。原史料から読みとったデータはよく普及している市販の表計算ソフトを利用して整理した[42]。

---

39) 拙稿「ヴァロワ・ブルゴーニュ公フィリップ・ル・ボンの財政(2)――書簡が語る通貨政策」『川村学園女子大学研究紀要』第 17 巻第 1 号 2006 年 pp. 1-28.「同(3)――二つの両替規制令」『川村・研究紀要』第 18 巻第 1 号 2007 年 pp. 1-38.「同(4)――1421 年の銀徴収記録」『川村・研究紀要』第 19 巻第 1 号 2008 年 pp. 15-43.「同(5)――ブルゴーニュ収入役ジャン・フレニョの訴訟」『川村・研究紀要』第 20 巻第 1 号 2009 年 pp. 1-51.「同(6)――1420-30 年代のブルゴーニュ公領税収動向」『川村・研究紀要』第 21 巻第 1 号 2010 年 pp. 79-102.「同(7)――御用金と借入金」『川村・研究紀要』第 22 巻第 2 号 2011 年 pp. 207-223. これらはネット上で全文を公開している。本書の第 1 章は「財政(6)」を，第 2 章は「財政(7)」を，第 5 章は「財政(2)」と「財政(3)」を，さらに第 6 章は「財政(4)」と「財政(5)」を基にしているが，いずれも粗データをまとめた図表と引用を除き，かなりの加筆訂正を施し，また訳語の統一を図った。

40) 平成 18 年度-21 年度 科学研究費補助金 基盤研究(C)一般「ヴァロワ家ブルゴーニュ公フィリップ・ル・ボンの金融と財政（課題番号 18520570）」この成果報告は冊子にはしていないが，ネット上で公開している。http://kaken.nii.ac.jp/pdf/2010/seika/jsps/32514/18520570seika.pdf

41) 拙稿「ヴァロワ・ブルゴーニュ公フィリップ・ル・ボンの財政(1)――1420 年代の収入構造。マクロの視点から」『川村学園女子大学研究紀要』第 9 巻第 1 号 1998 年 pp. 39-75.

42) 依拠したデータはすべて本書に添付する心算であったが，諸般の事情で取りやめた。今後，何らかの形で公開し，多くの研究者が自由に利用できるようにしたいと考えている。

本書の典拠として提示すべき未刊行史料は，ごく短いものを除き，巻末にまとめた。その校定も著者自身が行った。最善を尽くした心算であるが，やはり不都合や誤謬があるかもしれない。校定の具体的方針は巻末に示した。

第 1 部
財　源

第1章
ブルゴーニュ公領の地代と税

　　ブルゴーニュ公領と伯領の収入と支出を管理する職を「ブルゴーニュ領邦収入勘定役」と呼ぶ。その歴代の担当者が残した収入勘定 Comptes de Recettes générales du Duché et du Comté de Bourgogne はよく保存されているが[1]、収入の部は各バイイ管区[2]付き収入勘定役から、あるいはシャトラン[3]から、あるいはまた御用金特別勘定役から、それぞれ受領した金額と日付を淡々と記録しているだけで、それ以外のことは記載されていない。ブルゴーニュ公の財源がどのようなものであったか、その現実を理解するには、公領を構成する6バイイ管区や多くのシャテルニーの収入と支出を分析することが必須となる[4]。つまりバイイ管区やシャテルニーといった会計主体の残した収入記録から丹念にデータを読み取り、

---

　　1) フィリップ・ル・ボンの治世と、その前後に限って言えば、まずジャン・フレニョ Jehan Fraignot が10期（1415年から27年）、マイウ・ルニョー Mahieu Regnault が12期（1427-38年）、ルイ・ド・ヴィザン Louis de Visen が2期（1439-40年）、その弟ジャン・ド・ヴィザン Jehan de Visen が17期（1441-57年）勤め、さらにユグナン・ド・ファルタン Huguenin de Faletans が8期（1458-65年）、ピエール・ル・カルボニエ Pierre le Carbonnier が2期（1465-66年）、ジャン・ドリュエ Jehan Druet も2期（1466-68年）続けた。この50余年間に及ぶ領邦勘定の記録のうち、散逸したのは実にジャン・フレニョの第6会計（1422年）1期分のみである。

　　2) 本来は司法職であるバイイ bailli が管轄する区域であるが、地代や間接税の徴収単位としてもそのまま利用された。もちろん、この場合のバイイとはブルゴーニュ公の配下であり、国王バイイではない。

　　3) シャテルニーの場合は特定勘定役が配置されず、シャトラン自身が地代徴収を担当し、帳簿を作成するのが一般的であった。

　　4) 2003年度の在外研究と2006-09年度の科研費（課題番号18520570）による研究である。なおシャテルニーは公領だけでも50ほどあるので、ディジョンないしシャロンの周辺、つまり公領の東半分に点在し、大型で代表的と見なし得るものをいくつか選んだ。

検討し，そこから財務の現実を再構成することが最初の課題となる。

　本章ではバイイ管区ごとの収入の実情を詳細にすることを主目的とし，各管区をまとまりのある活動主体，ないし社団として扱う。つまり領邦を全体と捉え，その構成要素たる諸部分として見る視点は取らない。したがってブルゴーニュ領邦勘定（全体）に対して，各管区（部分）がどの程度の貢献をしているか，どのような重要度をもっているか，といった問題は本章では扱わず，第3章で扱う。

1. 収入管理の概況

　バイイ管区の通常収入 Recettes ordinaires すなわち地代などの定常収入を管理する管区付き勘定役は商品12ドニエ税，ブドウ酒8分の1税，および塩蔵出し税 grenier à sel, の3種の間接税を併せて管理するのが一般的であった。商品12ドニエ税とは売価1リーヴル（＝240ドニエ）に対して12ドニエ（つまり販売価格の5％）を徴収する付加価値税であり，ブドウ酒8分の1税とは字義通り売価の8分の1，つまり12.5％を徴収する酒税である。しかしこれらの税収は本来は王税であって，ブルゴーニュ公は徴収を代理しているという観念が残るのか，通常（収入）勘定会計には含まれず，それぞれ別会計を構成し，帳簿も別個に作成された。12ドニエ税と塩蔵出し税は1月1日に始まり12月31日に終了する1年間を1会計年度としたが，ブドウ酒税は，10月1日から翌年9月30日までを1会計年度とした[5]。いずれも入札制で，商品ごと，およびプレヴォ区ごとに年初に競争入札を行い，最高値をつけた者が管区収入勘定役と契約し，年度末までに当初予定の金額を当該税収として引き渡す。つまり管区勘定役が商人や一般消費者からこの間接税を徴収するわけではない。

　各帳簿の残存・保存状況には相当の格差がある。塩蔵出し税の記録はどの管区でもほとんど伝来していない。しかし管区の通常収入は数年ごとに担当者の累積収支残高の現況を確定し，記録するので，その記載か

---

5) シャロレ管区ではいずれも11月1日から翌年10月31日までを年度とした。

第1章　ブルゴーニュ公領の地代と税　　　　　　　　　　　　　　　33

ら間接的にその存在を確認できる。この蔵出し税の管理・徴収を通常収入の勘定役とは異なる人物が担当する場合，その徴収額は管区の通常勘定役を介さず，直接に領邦勘定 Recettes generales に引き渡されるので，領邦収入勘定にはその受領記録が残る。また 12 ドニエ税やブドウ酒税の帳簿は，オータン管区とシャロン管区ではほぼ完全に伝来しているが，シャティヨン（ラ・モンターニュ）管区やオーソワ管区では多くが廃棄された。現存する帳簿の中にも，「切り刻まれた」という表現がぴったりする冊子が散見され，たまたま廃棄処分を免れたものがそのまま保存されていると推測される。これらは閲覧できるが，そこから系列データを読み取ることは著しく困難である。このような事実を踏まえると，どの時点で実施されたか言明はできないが，この 12 ドニエ税とブドウ酒 8 分の 1 税の帳簿は「散逸」したのではなく，数年間保管された後に定期的に「廃棄」される習慣になっていたのだろうと理解される。

　水・森林資源の利用税の記録と理解されるグリュエリー Gruerie 会計[6]はやはりバイイ管区ごとに取りまとめられたが，通常収入の管理者とは別人が担当するのが一般的であった。これも 1 月から 12 月までを会計年度とした。取り扱う額は通常勘定会計に比べると格段に小さくなり，しかも記載方法が未整理で，一貫性を欠く。

　さらに御用金 aides の徴収記録が 1430 年代に入ると急増する。臨時税であるから，ブルゴーニュ公の認可状によって特別徴収役が任命されるのが本来のあり方であろう。実際，オータンでは通常収入勘定役とは別人が徴収業務に当たっている。しかしシャロンやシャティヨンでは管区付き勘定役が兼務することが多かった。金銭も現物も様々な単位系が錯綜しているので，それらを正確に管理できる能吏は限定されたのだろう。したがって多くは各バイイ管区に少なくとも二人の常任勘定役，つまり「通常収入」会計と 12 ドニエ税とブドウ酒 8 分の 1 税を管理する者，別に水・森林税を管理する者が配置されていたが，すべてを一人が管理している場合もあったと要約できる。

　各バイイ管区の収入管理システムを横断的に，かつ法規的に説明すれ

　　6）ブルゴーニュ伯領を対象とした研究であるが，GRESSER, Pierre; *La Gruerie du Comté de Bourgogne aux XIVe et XVe siècles*, Turnhout, 2004. はすぐれたモノグラフィーで，多くを教えられたが，著者は定量分析には興味を持たなかったようである。

ば，このようになるのだが，これではおよそ具体的なイメージが喚起されない。農民であれ，都市民であれ，その生業に関わりなく，彼らが負担する地代や税の具体的な納付内容を知るには，帳簿の記載をそのままに示すことが最良であると思う。そこで，まずブルゴーニュ地方の典型と考えられる管区の1年分の通常収入勘定を取り上げ，それを多少整理して提示し，その後，比較の視点から各管区の特徴を述べるという順序をとりたいと思う。

なおバイイ管区の収入記録は緩やかに推移する農村世界の財貨の生産と流通の記録であるから，中央の政治に敏感に反応するわけではない。したがってブルゴーニュ公の治世を区切りとすることに意味を認めがたいと主張することはできるが[7]，議論を進める上で，何らかの基準を導入して時間を区切らざるを得ない。百年，二百年，といった時間枠で調査・研究を進めることはひとりの研究者の力量を超える。公フィリップ・ル・ボンの治世は48年間（1419-67年）に及ぶが，その半分ほど，つまりフィリップが公位を継承した1419年前後から四半世紀，25年間ほどを目安として1443年前後までを採りあげることにした。目安であり，格別の理由はない。これくらいの幅をとって観察・分析すれば，気候変動や通貨変動の影響を考慮しても，信頼性の高い議論ができるであろうという見込みにすぎない。

2. バイイ管区——収入構成とその変化

ブルゴーニュ公領は本来5つのバイイ管区を擁していた。北からシャティヨン・スュル・セーヌ Chatillon-sur-Seine（ラ・モンターニュ La Montagne とも呼ぶ）管区，オーソワ Auxois，少し東へずれてディジョン Dijon，その南にシャロン・スュル・ソーヌ Chalon-sur-Saône，その西側，つまりオーソワの南側にオータン Autun 管区がある。1390年に南西端に隣接する旧シャロレ Charolais 伯領を併合し，以後，これを6つめのバイイ管区とした。その西隣ヌヴェール Nevers 伯領もブルゴーニュ公

---

[7] 実際，領邦収入勘定役をはじめ，各バイイ管区の収入勘定役はブルゴーニュ公の世代交代があっても，それを理由として，交代することは無い。

第 1 章　ブルゴーニュ公領の地代と税　　　　35

の支配下にあるが、シャロレと違い、財務管理の面では別扱いにされていた。これらの管区のうち、シャティヨンとオーソワはそれぞれ城塞都市を中心とし、空間的広がりとしては比較的小型の管区である。オータンは古い歴史を持つ司教座都市を中心とし、ディジョンはもちろん行政都市、シャロンは年市で知られた商業都市を中心とする管区であった。ところがシャロレはそのような特記事項がない、性格付けに困るごく平凡な農村地帯と言えよう。それゆえに、このシャロレ管区こそブルゴーニュ地方を代表すると考えて、その通常収入記録を採りあげ、そもそも帳簿には何が記載されているのか、この点を明らかにすれば、ブルゴーニュ農民の負担が理解される。何よりも日常を分析することから始めたいと思う。

(1) シャロレ——分析モデルの提示

表 1-1 に示すようにシャロレ管区の通常収入記録は実は散逸したものが多い。遡って 1410 年代半ばから見直すと、この時期に現存しているのは 1416 年（ADCO B3919[8]）と 1419 年（B3921-1）の計 2 年分だけである。1420 年代では 20 年（1 月から 5 月末 B3923 と 6 月から年末まで B3924）、21 年（10-12 月の 3 ヶ月分のみ B3925）、29 年（B3929）の 2 年 3 ヶ月分に限られる。30 年代では 33 年までの 4 年分が散逸し、現存するのは 34 年以降の帳簿である。ただし 34 年（B3931）、36 年（B3934）、37 年（B3936-1）の 3 年分の帳簿は現存していて、閲覧もできるが、保存状態が劣悪で数値データの読み取りが著しく困難な葉が多い。38 年以降の帳簿は良好な状態で保存されている。このようにシャロレ管区の通常収入勘定記録の保存状況を概観すると、フィリップの治世初期の財政を明らかにするという本書の目的からすれば、意欲がそがれるが、実は捨てがたい詳細さを備えているので、何よりもその詳細さを大切にしたいと思う[9]。

---

　8)　本書では ADCO を Archives départementales de la Côte-d'Or à Dijon の略号として使用する。本書ではこのコート・ドール県立公文書館 B 系列以外の原史料はほとんど使用しないので、ADCO B**** あるいは単に B**** という表記法で典拠を示す。数年分の帳簿をまとめて合本とし、それにひとつの分類番号が振られている場合、ハイフンで下位番号を続けた。
　9)　よく知られているように、財と金銭の移動は対人記載である。厳密な意味での会計基準は存在していないから、帳簿の記載方法は徴収担当者の裁量範囲内にあっただろうが、

表1-1　シャロレ管区

年		1419	1420	1421	1422	1423	1424	1425	1426	1427	1428	1429
通常	現物売却	610	1,437	228								444
	収入合計	2,011	2,834	997								1,372
	領邦勘定へ	918	1,647	760			*3,015*	*1,986*	*1,034*	*1,400*	*1,400*	1,350
	支出合計	1,938	2,740	913								1,886
	差引											
	典拠	B3921-1[1]	B3923[3] B3924[4]	B3925[7]			B1625[12]	B1628	B1631	B1635	B1639	B3929
12ドニエ税 1/8税	収入合計	960	1,156	1,331.5	1,413.5	676	1,052	1,057.5		1,075	887	837
	収入合計	378	496	506.5	497	313	438	467.5		416	301	296
	領邦勘定へ	896	1,150	0				960				
	支出合計	1,148	1,241	366	50	46	62	1,103		66	59	56
	差引											
	典拠	B3922-1[2]	B3922-2[5] B3922-3[6]	B3922-4[8] B3926-1[9]	B3926-2[10]	B3926-3[11]	B3926-4	B3926-5		B3928-1	B3928-2	B3928-3
グリュエリ	収入合計								276		290	120
	領邦勘定へ						*88*	*15*	226	*120*	145	20
	支出合計								305		281	142
	差引											
	典拠						B1625	B1628	B3927-1	B1635	B3927-2	B3927-3

注1) イタリックの数値は領邦勘定の記載による。
注2) H.U.= Hors d'Usage（史料自体は現存しているが，紙葉の欠落や損傷により判読不能の場合）
1) 16£10st/marc d'argent
2) 1419/1/1 から 10/31 まで 10 ヶ月
3) 1420/1/1 から 5/31 まで 5 ヶ月
4) 1420/6/1 から 12/31 まで 7 ヶ月
5) 1419/11/1 から 20/4/30 まで 6 ヶ月。計算値は修正。
6) 1420/5/1 から 10/30 まで 6 ヶ月
7) 1421/10/1 から 12/31 まで 3 ヶ月。計算貨幣は 5d/gros
8) 1420/11/1 から 21/8/31 まで 10 ヶ月。弱貨。
9) 1421/9/1 から 10/31 まで 2 ヶ月。弱貨。

　さて，通貨が安定する1420年代後半以降の記録の中から，保存状態の良い1429年の帳簿（B3929）を取り上げて，その記載内容を確認したい。全体は大きく3部からなる。第1は収入の部，第2は支出の部，

徴収・記帳担当者が交替しても，記載法は踏襲されていったように思われる。シャロレの場合，1419年から21年まではジャン・ピュッセル Jean Pucelle なる者が収入勘定を担当した。彼はその後オータンの収入役となるが，どの土地でも非常に詳細で信頼できる記録を残した。彼の転出後，1421年から25年までシャロレで通常収入勘定を担当したのは Guyot Girard ギヨ・ジラールなる人物。26年から35年までジャコ・トゥイヨン Jacquot Touillon が担当，その後36年からアントワーヌ・ド・ボーリュー Antoine de Beaulieu が担当するが，いずれもほぼ同様のスタイルで，詳細な記録を残した。

第 1 章　ブルゴーニュ公領の地代と税　　　　　　　　　　　　　　　　　37

の収入　1419-43 年

1430	1431	1432	1433	1434	1435	1436	1437	1438	1439	1440	1441	1442	1443
					334	H.U.	H.U.	995	375	257	199	252	213
1,979	722			1,305	1,633			2,074	1,642	1,215	1,491	1,480	1,379
				0	1,275			1,831	1,200	1,160	1,480	1,360	1,595
				468	1,649			3,207	2,217	1,803	2,272	2,143	2,581
					-16				-574	-587	-781	-663	-1,202
B1645	B1647			B3931[13]	B3932	B3934	B3936-1[5]	B3936-2	B3938-1	B3938-2[6] B3940[17]	B3941	B3942	B3945[18]
904	578	944	910	846	746	812	965	910	913	741	788	808	886
304	260	358	314	285	312	312	292	209	209	228	236	242	247
38	62	63	59	162	62	60	56	63	52	60	59	66	84
					1,084	1,201	1,059	1,071		909	965	984	1,051
B3928-4	B3928-5	B3928-6	B3928-7	B3928-8	B3928-9	B3935-1	B3935-2	B3935-3	B3939-1	B3939-2[6] B3939-3[17]	B3939-4	B3943-1	B3943-2
170	56	245	104	38	304	333	107	224	282	145	297	240	98
103	0	131	65		190	110	60	102	65	40	160	70	0
148	54	269	145	74	229	268	90	181	196	104	199	153	27
				36	75	65	16	43	86	41	98	87	70
B3927-4	B3930-1	B3930-2	B3930-3	B3933-1[4]	B3933-2	B3933-3	B3933-4	B3937-1	B3937-2	B3937-3	B3937-4	B3944-1	B3944-2

10)　当初 2 ヶ月は弱貨で勘定されたが，すべてを 2.5d/gros の強・良貨に換算して表示。
11)　8 月末までの 10 ヶ月間は 5niquez を 10dt で勘定されたが，すべてを 6niquez を 10dt（ou12doubles/gros）とする貨幣に換算して表示。
12)　23 年と 24 年の 2 年分を記載。1600 番台の史料は RGB である。
13)　損傷が激しく，判読困難。RG への記載 2 件（800£ と 690£）はいずれも抹消されているのでゼロとした。
14)　9 ヶ月（4-12 月）
15)　1-8 葉のみ現存。
16)　8 ヶ月
17)　4 ヶ月
18)　現物売却額に計算ミス。収入合計額は 1443 程度のはず。

1440 年の詳細

460	755	1,215
460	700	1,160
638	1,165	1,803
-178	-409	-587
B3938-2[16]	B3940[17]	(合計額)

　そして第 3 は過去数年分の信用と負債の残高を確定した決算の部である。このうち本章で問題にする収入の部のみを，史料の記載順に従って現物収納の部，貨幣収納の部，現物収納品売却の部，受領総額の部に四分し，それぞれやや簡略化して表にまとめた。つまり表 1-2 から表 1-5 までは言わば史料の校定版である。

　収入の部は表 1-2 のように現物納の記載から始まる。まず 3 種の麦（フロモン麦 fromont，セーグル麦 seigle，燕麦ないしオート麦 avoine）の受領と払出である。管区内の 6 城区（シャロル Charroles，ドンデン Dondain, アルテュ Arthus，モン・サン・ヴァンサン Mont-Saint-Vincent，ソーヴマン

表1-2 ジャコ・トゥイヨン JacquotTouillon の通常会計 1429 年（現物納の部）

1R° 麦の収支					
	フロモン麦の受領	bichez	boissel	cope	計量枡
1R°-3V°	シャロル区	47	3	1	シャロル
4R°	ドンデン区	3			ドンデン
4V°	アルテュ区	0			
5R°-9R°	モン・サン・ヴァンサン区	14	3	2 3/4	モン・サン・ヴァンサン
9V°-10V°	ソーヴマン区	2	1		ソーヴマン
	同	1	2		ペレシー
11R°	サン・ヴィーニュ区	0			
12V°	受領合計	47	3		シャロル
	同	3			ドンデン
	同	14	3	2 3/4	モン・サン・ヴァンサン
	同	2	1		ソーヴマン
	および	1	2		ペレシー
13R°	フロモン麦の払出	14	3	2 3/4	モン・サン・ヴァンサン
	同	0	9		ソーヴマン
	同	0	6		ペレシー
	同	47	3	1	シャロル
	および	3			ドンデン
14R°	セーグル麦の受領	bichez	boissel	cope	計量枡
14R°-16R°	シャロル区	36	3	1	シャロル
	同	109	3		パロワ
	同	2			マルティニィ
	同	9	2		トロン
16V°-17R°	ドンデン区	9	3		ドンデン
17V°-20R°	モン・サン・ヴァンサン区	312	3 1/24	1/3	モン・サン・ヴァンサン
20V°-21V°	ソーヴマン区	82	2	1 5/6	ソーヴマン
		1	2		ペレシー
22R°	サンヴィーニュ区	0			
	受領合計	36	3	1	シャロル
	同	109	3		パロワ
	同	2			マルティニィ
	同	9	2		トロン
	同	9	3		ドンデン
	同	312	3 1/24	1/3	モン・サン・ヴァンサン
	同	82	2	1 5/6	ソーヴマン
	および	1	2		ペレシー
23R°-24V°	セーグル麦の払出	48	3	1	シャロル
	同	288	2		モン・サン・ヴァンサン
	同	87	3		パロワ
	同	2			マルティニィ
	同	9	2		トロン
	同	55			ソーヴマン
	および	1	2		ペレシー
	受領残高	22			パロワ
	同	9	3		ドンデン

第1章　ブルゴーニュ公領の地代と税

	受領残高	24	1	1/24	1/3	モン・サン・ヴァンサン
	および	27	2		1 5/6	ソーヴマン
	払出超過	12				シャロル(決算で清算)
25R°	燕麦の受領					
25R°-26R°	シャロル区	5				シャロル
	同	2				マルティニィ
	同	1	2			トロン
	および	2				パロワ
26V°-27R°	ドンデン区	77	2	2		ドンデン
27V°-29V°	モン・サン・ヴァンサン区	537			1 1/24	モン・サン・ヴァンサン
30R°-31R°	ソーヴマン区	137	2		1/12	ソーヴマン
	および	10				ペレシー
31V°	サン・ヴィーニュ区	0				
	受領合計	5				シャロル
	同	2				マルティニィ
	同	1	2			トロン
	同	2				パロワ
	同	77	2	2		ドンデン
	同	537			1 1/24	モン・サン・ヴァンサン
	同	137	2		1/12	ソーヴマン
	および	10				ペレシー
32V°-33R°	燕麦の払出	50				シャロル
	同	483	3		1/2	モン・サン・ヴァンサン
	同	100				ソーヴマン
	および	10	2			ペレシー
	受領残高	2				マルティニィ
	同	1	2			トロン
	同	2				パロワ
	同	77	2	2		ドンデン
	同	53	1		13/24	モン・サン・ヴァンサン
	および	37	2		1/12	ソーヴマン
	払出超過高	45				シャロル(f.96 決算で清算)
33V°	パンの受領					
	マルタン・ル・パスコ-他	1	ヶ		セーグル麦粉1ボワッソー分(MSV 計量枡)	
34R°-37R°	雌鶏の受領					
34R°-V°	シャロル城区	10	羽	2 poucins		
35R°	ドンデン	42.5		&1/3		
35V°	モン・サン・ヴァンサン	367		&1/3		
36R°-V°	ソーヴマン	56		&1/3,1/4&1/8		
37R°	サン・ヴィーニュ	0				
	合計	476	羽	3/4 & 1/8 & 2 poucins		
37V°	雌鶏の払出	476	羽	3/4 & 1/8 & 2 poucins		
38R°	子羊の受領	2	匹			
38V°-40V°	運搬賦役の受領	20	台	(4 輪車)		
41R°	ブドウ酒の受領					
	シャロル城区	21	壺			
41V°-42R°	ソーヴマン城区	32				

Saulvement, サン・ヴィーニュ Sans-Vigne) ごとに地代として受領した分量を，それぞれ使用した計量桝を明記して，順に記載している。次にその受領した麦の払出量（要するに売却して現金化する分量）を記載するが，ここでは麦の受領と払出を主題としているので，その売却の単価や売上代金は記載されない。この記録はあくまでも小麦の授受を管理する口座 compte の年度末決算報告であり，売上は，別途，現金収入の部に「現物収納品の売却」(ff.81V°-82R°) という項目を立てて記載される。その際，勘定役は計量桝の相違を考慮せず，単純に合計しているので，ブルゴーニュ公領内の各計量桝の容量差は無視できる範囲にあったのだろうと理解される[10]。そこで，この大らかな方針に従って，ここで計量桝の相違を無視して，3種の麦の徴収量をそれぞれ合計してみると，フロモン麦は 69 ビッシュ 1 ボワッソー 2 コップ 3/4，セーグル麦は 564 ビッシュ 3 ボワッソー 7/24 コップ，燕麦は 765 ビッシュ 3 ボワッソー 1/8 コップとなり[11]，およそ 1 対 8 対 11 の比で，フロモン麦の希少性が判然とする。分析した記録だけでは，この地代収入が定額あるいは定率で固定化したものか，変動地代か，明記されていないが，ある程度は栽培・収穫量に比例していると理解される。そのように考えると，次に記載されるセーグル・パンの象徴的意味がよく理解できる。フロモンは 1 年に何度かの特別の場合の特別のパンのための小麦であり，セーグルは日常の食用パンの原料，燕麦はもちろん飼料として栽培されていたのであろう。シャロレの牧畜はつとに知られている。

　続く現物収納は「モン・サン・ヴァンサン桝 1 ボワッソー分のセーグル麦のパン 1 個」を受領した記録である。次いで雌鶏 geline を 5 城区から計 476 羽 4 分の 3 と 8 分の 1[12] さらに 2 プサン poucin[13] 受領。次に子

---

　10)　実際，1421 年の変則的な会計 (B3925, f.112R°) では 3 種の麦の収量合計を提示してから，単価をかけ合わせて売却額を算出している。したがって，この詳細な記録は，むしろ生活空間が狭く限定されていた農民に対して，「皆さんが生活している集落で使用されている計量桝を確かに使用しました」という配慮と理解すべきかもしれない。

　11)　1 biche = 4 boisseaux = 12 coppes である。なお，どの管区の記録も biche でなく，bichot, bichoz の綴りで現れる。

　12)　このように勘定役たちの分数表記法は現代人が初等教育で修得した方法とかなり違っている。例えば cinq sixièmes (= 5/6) という表現はこの時代にも存在するはずだが，むしろ un demi et un tiers (= 1/2 + 1/3) と表現する方を好む。この場合も 3/4 + 1/8 と表記するよりも 7/8 とした方が明快に思えるが，通分して合算することをしない。また分母が 2 桁にな

第 1 章　ブルゴーニュ公領の地代と税　　　　　　　　　　41

羊 2 匹，ブドウ酒 53 壺，そして運搬賦役（2 頭立て 4 輪車でブドウ酒を運搬）の行使権 20 台分，と順次記載される。ここに列挙した「現物」は 1421 年以降の現存する全ての記録で完全に同数・同量を受領ないし徴収しているので，固定化した地代収入の一部と考えられる[14]。なお当該 29 年度の記録には見られないが，1435 年には油 40 壺の受領が記録されている（B3932 ff.33V°-34R°）。この分量は例外的であるが，以後，2 壺の油が地代セットに組み込まれるので，先立つ 20 年分（？）をまとめて 35 年に徴収したとも理解される。またオータン，オーソワ，およびシャロンの各管区では，蠟が地代の一部としてほとんどの城区あるいはプレヴォ区で徴収されているが，その分量は管区により様々である。

　小麦の場合と同様に，これらの現物収納品も売却され，その売上代金は「現金収入の部」に別途記載される（ff.80V°-81R°）。もっとも，本当

るのを極力避けているように見受けられ，例えば un vingt-quatrième（= 1/24）も目にはするが，それよりも，un quart de sixième（= 1/6 の 1/4）と表記する方が多い。つまり demi, tiers, quart といった日常語を組み合わせて分数を表現し，しかも分子がなるべく 1 になるように工夫しているように見受けられる。おそらく 1 に満たない分量があるとき，まず 1/2 を差引き，その残余から 1/3 を，さらにその残余から 1/4 を，と順に差引いていく，つまり級数の和を所与の量に近似させるという方式をとり，十分に小さな残余は無視することにしたと想像される。そのために，すでに分数表記を含む分量の加減を行う場合は，demi（= 1/2）同士，tiers（= 1/3）同士をそれぞれ加減していく方式をとり，その計算結果をそのまま羅列したようである。そのために，例えば un demi, deux tiers et un quart（= 1/2 + 2/3 + 1/4）という表記が登場する。17/12 とか，1 と 5/12 とは表現しないのである。せいぜい 1 + 1/4 + 1/6 と書くことになる。つまり分数は 1 に満たない量の表現手段であるというよりも，そのようなサイズの桝やコインの名称という認識が強いのではなかろうか。これはシャロレに限らず，多くの勘定役たちの勘定記録に見られる傾向である。
　例えばコップ 1 杯と茶碗 1 杯と言うとき，その内容物が同じ水であっても，それを足し合わせる場合には一度共通の尺度，例えばミリリットル，に還元しなければならない。おそらく問題はここにある。勘定役たちはコップと茶碗をそれぞれ計量単位と見なしていたのではないだろうか。それらを抽象化する共通単位の存在を知っていたとしても，コップ 1 杯を 180 ミリリットルとは言わず，1 杯は 1 杯と表現する方を好んだのであろう。言い換えると，彼らは離散量を扱っていて，それをある連続量の代表的表現と見なしていないのだろう。こうした疑問を乗り越えたいと思い，数学史の入門書も繙いてみたが，明快な知見は得られなかった。
　以上は原史料を判読し，理解する上で乗り越えるべき技術的問題であり，一般の方にとって重要とは思えないし，また原史料の表現をそのまま 1 字 1 句に到るまで正確に再現することも必要なかろうと思われる。そこで本書では，適宜，現代的に表記することを是とした。

　13）　不詳。鶏の種類か部位か，あるいは「雛」の意味か，単位の名称か。単価は常に鶏の半額。
　14）　1419 年（B3921-1）と 20 年（B3924）は鶏は 577 羽超（端数切り捨て）であった。

に1ボワッソー（12-13リットル）の小麦粉を焼いた巨大なパン1個を受け渡したのか，また分数で表現された，つまり切り刻まれた（？）雌鶏を受け渡したのか，大いに疑問が残る。おそらく耕地（耕作？）面積に比例して課される地代セットがあって，農民の保有する土地の実測値が反映したものと理解される[15]。「パン」も「雌鶏」も，あるいは「ブドウ酒」も「運搬賦役」も，ちょうどトンノー tonneau が本来の意味を失って抽象的な計量単位になっていったように，この土地では代替可能な価値表象の単位として機能していたのであり，実際にそれらが物品として受け渡しされていたと理解するよりは，その物品相当の価値が，その形態の如何を問わず，やり取りされていたと思われる[16]。帳簿の上では慣習に従って，これらの現物を確かに受領し，その後，改めて払出・売却して，その代金を別途受領したように記載されているが，実際に農・畜産物が農家から勘定役の許へ運び込まれ，競売後に購入者（多くは商人）の許へ移送されるという，面倒な手続きをとることはなかっただろう。

　現物納の授受記載の後は銭の授受記録が続く（表1-3）。

　この銭の受領ないし徴収も城区ごとに，主邑シャロルから順に記載される。固定地代のほか，科料・司法手続料，関税（通行税），乾草売却金，公正証書登記請負料などが含まれるので，当然，増減があるが，例えば大貴族の財産没収といった事件がなければ，その変動幅は小さい。使用される勘定単位（計算貨幣）はグロ銀貨を10ドニエと勘定するものから，20ドニエと勘定するもの（トゥルノワ）まで多様であるが，最終的には決算の部でトゥルノワに換算して集計している。この1429年はシャロル区の現金収入は186リーヴル・トゥルノワ，ドンデン区33リーヴル，アルテュ区59リーヴル，モン・サン・ヴァンサン区が425リーヴル，ソーヴマン区102リーヴルであった。さらに城区ごとに区別せず，管区で取りまとめて記載した公正証書登記請負料収入36リーヴ

---

15) 森本芳樹「プリュム修道院所領明細帳に見える複数者保有マンスと分数マンスについて——古典荘園制における農民経済動態解明のために」『経済学研究』60-3・4, 1994, pp. 171-181. など氏のマンスに対する深い洞察は中世後期の農村社会を考える上でも示唆に富む。

16) FELLER, Laurent éd.; *Calculs et rationalités dans la seigneurie médiévale: les conversions de redevances entre XIᵉ et XVᵉ siècles. Actes de la table ronde organisée par le LAMOP à Auxerre les 26 et 27 octobre 2006*, Paris, 2009. に収録された論考はいずれも労働（賦役），現物（穀物），貨幣の三者の代替を問題にしているようで，こうした個別・具体的な事例にあまり言及していない。

第1章　ブルゴーニュ公領の地代と税

表1-3　ジャコ・トゥイヨンの通常会計1429年（貨幣納の部）

	貨幣の受領					
43R°						
	シャロル区					
	固定地代			20s	7d	15d/gros *
	同				3d	16d/gros *
	同				4d	20d/gros *
43V°-44R°	可変地代	11£		6s	3d	20d/gros
	同			53s	4d	15d/gros
45R°	科料・裁判手数料	51£				15d/gros
	シャロル関税	18£		10s		15d/gros
45V°	ブドウ酒受領			52s	6d	15d/gros
46R°	パロワ関税	13£		5s		15d/gros
46V°	トゥーロン関税	5£		15s		15d/gros
48R°-V°	年地代	10£				15d/gros
				5s		20d/gros
49R°	乾草売却	6fr				
49V°-53R°	その他	8£		18s	11d 1/2	15d/gros
				37s	11d	16d/gros
				21s	10d	20d/gros
		6fr		8gros		
53R°-V°	シャロル合計	118£		15s	4d 1/2	15d/gros
	同			38s	2d	16d/gros
	同	12£		13s	5dt	20d/gros
	および	12fr		8gros		
54R°-57R°	ドンデン区					
	合計	10£		6s	7d 17/24	10d/gros *
	同			62s	11d	12d/gros *
	同			74s	4d	15d/gros
	同			16s	8d	16d/gros
	同				1d	20d/gros
	および			18gros		
57V°-60R°	アルテュ区					
	合計	15£		2s	4d 7/60	10d/gros
	同	20£		15s		15d/gros
	および			24s		16d/gros
60V°-73R°	モン・サン・ヴァンサン区					
73R°	合計				5d	12d/gros
	同				1d 1/4	
	同	278£		14s	9d 1/12	15d/gros
	および	53fr		4gros 3/4		
74R°-76V°	ソーヴマン区					
	合計	71£		15s	5d 1/4	15d/gros
		7fr		1gros	2dt 1/2	
77R°	サン・ヴィーニュ区					
	合計	0				
77R°-V°	公正証書登録請負料	26£		13s	4d	15d/gros
78R°-80R°	補償、罰金など	62fr		6gros		

＊）　1grosを10dt, 12dt, 15dt, 16dt, および20dtと勘定する貨幣があり、最後がトゥルノワである。

ル，罰金収入62リーヴルなどがあり，合計すると904リーヴル・トゥルノワ（いずれも端数切り捨て）となる。

その後に，現物で納入された物品の売却額が単価と併せて記載される。それをまとめたのが以下の表1-4である。

表1-4 ジャコ・トゥイヨンの通常会計1429年（現物納入品売却の部）

	現物収納品の売却		数量	単価
80V°				
	鶏	19fr 9gros 18d 2/3t	476羽 7/8　　2pucins	10dt
	賦役使用権	8gros	20台分	8dt
81R°	パン	15dt	1個	15dt
	ブドウ酒	22s 1dt	53壺	5dt
	子羊	15s	2匹	90dt
81V°	フロモン麦の売却	40fr 6gros 19d	68 bichez　6 boiss.& 3/4 cope	7gros/bichet
	セーグル麦の売却	206fr 11gros 14d 1/6	451 bichez 1/2　　1cop	5.5gros/bichet
	燕麦の売却	196fr 10gros	590 bichez　1/2	4gros/bichet
82R°	合　計	466fr 10gros 3d 5/6		

　この1429年は雌鶏1羽が10ドニエ・トゥルノワで，売上高は20リーヴル・トゥルノワ。四輪車20台分の運搬賦役行使権が計8グロ。パン1個15ドニエ，ブドウ酒1壺5ドニエ，羊1匹90ドニエで，これらの売り上げ合計が38スー。フロモン麦1ビッシュが7グロ（つまり1ボワッソー35ドニエ・トゥルノワ），セーグル麦5グロ1/2（同27dt 1/2），燕麦4グロ（同20dt）で，小麦3種の売却合計額は444リーヴルであった[17]。そこに鶏や小羊などの換算額22リーヴルを加えて計466リーヴルの収入があったことになる。この額を上記904リーヴルに加算すると，本会計の収入合計額は1,370リーヴルとなり，現物を換金した収入は総額の3分の1を占める。実際の収入合計は表1-5に示すように貨幣ごとに合算したものをトゥルノワ貨に換算して加算するという方式をとっている。

　このように帳簿の「収入の部」は「物納の部」と「金納の部」に大別されているが，結局，現物も貨幣に換算して一元的に管理している。つまり伝統の地代セットの構成内容に頓着せず，換金後の計算結果だけを

---

17) 史料の該当欄に記載されている3種の麦の売却量のうち，フロモン68ビッシュ超は現物収納の部に記載された払出し量と一致しているが，セーグル451ビッシュ超，燕麦590超は，それぞれ大幅に異なる。現物収納の部に記載された払出し合計は，セーグル麦493ビッシュ超（ff.23R°-24V°），燕麦644ビッシュ超（ff.32V°-33R°）である。不詳。

第1章　ブルゴーニュ公領の地代と税　　45

表1-5　ジャコ・トゥイヨンの通常会計1429年（収入総計の部）

82V°	本会計受領総額	50£	17 s	10	3/4	dt	←	25 £ 8s 11d 3/8	10d/gros
	同		105 s	6	2/3	dt	←	63s 4d	12d/gros
	同	693£	17 s	7	1/2	dt	←	520 £ 8s 2d 7/12	15d/gros
	同	4£	18 s	6	1/2	dt	←	78s 10d parisis	16d/gros
	同	14£	18 s	1	5/6	dt			20d/gros
	および	601£	16 s	3		dt	←	601 fr 9gros 3/4	20d/gros
	合　計	1371£	14 s		1/4	dt			20d/gros

記録する方式であると理解することもできるし，あるいは地代をすべて金納化するには至っていない，過渡的な記載方式であると理解することもできる[18]。

なお実際に記入された収入総額は1,371リーヴル・トゥルノワ（f.82V°）超で，上記の概算とは2リーヴル程の誤差が生じたが，概算の過程で端数を切り捨てていったことが理由であろう。

本会計の続く第2部は支出の記録である（ff.83R°-96V°）。管区内で勤務する諸役8名の勤務手当363フラン，ブルゴーニュ領邦収入勘定役マイエ・ルニョー Mahiet Regnault への引き渡し1,350フランなどが主たる内容で，その他通信連絡費，シャロルとモン・サン・ヴァンサンの城館補修費など，総額1,886リーヴル・トゥルノワを計上している。したがってこの通常会計を単独・単年度で清算すれば，収入1,371リーヴルに対して514リーヴルの支出超過となるが，同一勘定役が管理する12ドニエ税とブドウ酒8分の1税の受領合計額1,076リーヴルを加算し，結局，当該勘定役ジャコ・トゥイヨン Jacquot Touillon の手許残高を561リーヴルとして1429年の会計を閉じている（f.96V°）。

その後「勘定役の現況報告概要」が第3部として記載される（f.97R°-V°）。要は資産管理であり，帳簿上，勘定役の手許にある（はずの）小麦在庫の総量と総額を確定し，1年間の徴収活動から生じた果実とを合わせて表現しようとする試み，いまだ損益計算書（P/L）と貸借対照表（B/S）という形に整理されてはいないが，根本的には同一の考え方に基づき，同一の必要性に応えるために作成された記録であろう。

ところで，ちょうど10年前の1419年の記録（B3921）と10年後の

---

18) これが「古い」か「新しい」かを論じることは無意味と思うが，シャテルニーの地代徴収の多くはこのスタイルをとり，現物と現金の徴収記録をはっきりと区別している。

1439年のそれ（B3938）と，いずれも良好な状態で保存されているので，その記載内容を比較対照してみたい。10年間に何が変わり，何が変わらなかったか。表1-6に示したが10年前の1419年は通貨変動が激しかった時期に当たり，金額だけを単純に比較することは難しいが，収入総額は2,011リーヴル・トゥルノワに達した。この時の計算貨幣は銀1マール当たり16.5リーヴル・トゥルノワであり，29年は同6.9リーヴル・トゥルノワであるから，19年の貨幣価値は29年のそれの半分以下であった。したがって29年の1,371リーヴルと比較するためには，何らかの操作，例えば銀価格を利用して調整するといった作業が必要になる。他方，10年後の39年の貨幣は同7リーヴル・トゥルノワであり，29年の水準とほぼ同一であり，比較が容易である。その39年の収入総額は1,642リーヴルであるから，29年よりも270リーヴル多い。どの収入が，どのくらい違っているのであろうか。

　1419年の小麦収量を確認してみよう。表1-6に整理したように，フロモン麦の総収納量は73ビッシュ，セーグル麦は618ビッシュ，燕麦は793ビッシュであるから，29年に比べれば，いずれも数パーセント多いだけで，ほぼ同量と見なしうる。それゆえ，収納量を対比させると1対8.5対11となり，変化を認めがたい。それでは逆に10年後はどうか。1439年は順に45ビッシュ，525ビッシュ，771ビッシュであり，フロモンだけやや減少したことを示しているが，セーグルと燕麦はほとんど変化していない。その結果，対比は1対11対17となる。さらに地理的分布もほとんど変化していない。フロモンは漸減傾向にあり，シャロルがその収納量の3分の2を占める。セーグルの中心はモン・サン・ヴァンサンで，ここだけで約半分，パロワとソーヴマンを加えると9割に達する。パロワは10年毎に1割程度の減少傾向にあり，これが目につく変化である。燕麦はモン・サン・ヴァンサンとソーヴマンの2ヶ所で9割を占める。20年にわたって変化に乏しいこの現実は「構造化されている」という表現しか思いつかない。

　ちなみに1438年以降は史料の継続性が保証されるので，3種の小麦の収量を確認することができる。するとフロモンにはやや変動があり，40年（B3940）は35ビッシュだが，他の年はほぼ45ビッシュである。セーグルと燕麦はそれこそ判で捺したように510ビッシュと770ビッ

第 1 章 ブルゴーニュ公領の地代と税

表 1-6 1419 年, 29 年, および 39 年の収入比較

			1419 年 (B3921-1)			1429 年 (B3929)			1439 年 (B3938-1)		
現物地代	フロモン	シャロル	45 biches			47 biches			29 biches		
		その他									
		合計	73			69			45		
	セーグル	モン・サン・ヴァンサン	300			312			302		
		パロワ	117			109			94		
		ソーヴマン	85			82			83		
		その他									
		合計	618			564			525		
	燕麦	モン・サン・ヴァンサン	534			537			535		
		ソーヴマン	135			137			136		
		その他									
		合計	793 biches			765 biches			771 biches		
	パン		1 個			1			1		
	鶏		577 羽			476			476		
	子羊		2 匹			2			2		
	運搬賦役		20 台			20			0		
	ブドウ酒		53 壺			53			53		
	油		0 壺			0			2		
貨幣地代		シャロル	247 £t	16.5 £t/m		186	6.9 £t/m		165	7 £t/m	
		ドンデン	34			33			34		
		アルテュ	66			59			67		
		モン・サン・ヴァンサン	388			425			430		
		ソーヴマン	135			102			126		
		サン・ヴィーニュ	281			0			27		
	小計		1,151			805			849		
			金額 £t	量	単価	金額 £t	量	単価	金額 £t	量	単価
現物売却	パン			1 個	20dt		1	15dt		1	10dt
	鶏		0	—		20	476	10dt	12	476	6dt
	子羊			2 匹	80dt		2	90dt		2	40dt
	運搬賦役			20 台	24dt		20	8dt		20	3dt
	ブドウ酒			53 壺	7.5dt		53	5dt		53	5dt
	油			0 壺	—		0	—		2	20dt
	小計		4			22			14		
			金額 £t	量 biche	単価	金額 £t	量 biche	単価[1)]	金額 £t	量 biche	単価
	フロモン		36	47.50	180dt				19	24.00	195dt
			9	13.75	150dt				6	12.75	125dt
			7	12.00	142.5dt				1	2.00	135dt
	小計		51	73.25	av.(168dt)	41	69.50	140dt	29	40.75	av.(170dt)[2)]
	セーグル		63	150.25	100dt				86	107.00	195dt
			105	280.00	90dt				144	278.00	125dt
			39	114.50	82.5dt				44	86.00	125dt
	小計		207	544.75	av.(91dt)	207	451.50	110dt	277	472.00	av.(140dt)[2)]

燕麦	36	75.50	115dt				19	78.00	60dt
	199	530.00	90dt				122	535.71	55dt
	117	340.50	82.5dt				24	97.76	60
小　計	352	946.00	av.(89dt)	197	590.50	80dt	169	723.47	av.(56dt)[2]
麦合計	610			444			475		
その他 科料など	245			98			191		
蔵出し税							114		
小　計	245			98			305		
合計金額	2,011			1,371			1,643		

1) 1429年の帳簿は競売の詳細を記述していない。
2) 1439年の競売は5回実施され，その中から売却量の多いものを選択記述したが，小計額は売却全体である。平均価格は小計から割り返した。

シュであった。35年（B3932）は67ビッシュのフロモンを受領しているので，やはりシャロレではフロモン麦の栽培と収納は減少傾向にあったと言えるだろう。

　小麦以外の現物納，すなわちパン，鶏，子羊，ブドウ酒，そして運搬賦役についても，既に言及したように，やはり根本的には変わっていない。変わっていない，とひたすら繰り返すのも芸のないことだが，実は貨幣納もそのように言わざるを得ない。1419年は計算貨幣が銀に対して価値を低落させていたインフレ期にあたるので[19]，29年の額面は大幅に小さくなって然るべきである。その下げ幅の当否はともかく，シャロルが247リーヴルから186リーヴルに減少させたことは納得できる。ところが最大の貢献をするモン・サン・ヴァンサンは388リーヴルから425リーヴルへ増大している。39年にはシャロルは下落を続け，モン・サン・ヴァンサンは上昇を続けているが，ドンデンやアルテュは20年間ほとんど変化していない。このことは額面を固定した定額地代が基本で，しかも貨幣価値の変動を加味していないことを示している。受領額の増減は，したがって，別の実質的な要因によるものと推測される。29年から39年までの10年間に，シャロルはフロモンの納入を3分の1以上減少させたが，同時に貨幣地代も186リーヴルから165リーヴルへ8分の1減少させた。現物も貨幣もどちらも減少させたのだから，地代を物納から金納へ転換させたわけではない。すると，この土地の経済活性の低迷を表現していると考えざるを得ない。ひとつのバイイ管区内でも

---

19)　貨幣の問題は第2部で詳述する。

社会・経済は均一ではなく，そこに構造変化が生じていると推測されるが，このシャロレの場合，それはフロモンの価格下落（140dt から 135dt へ）と関係するのだろうか。

　39 年は 29 年に比べて貨幣地代は 44 リーヴル増，しかし鶏や子羊など現物売却の単価下落の影響で，売却額は 8 リーヴル減少したが，小麦売却は 31 リーヴル増（特にセーグルは量も単価も上昇）。さらに塩蔵出し税 114 リーヴル，科料など 93 リーヴル増。以上を加減すると，274 リーヴルの増収である。つまり 29 年に比べて，何かが突出している訳ではなく，既述のシャロルの低迷があるにもかかわらず，またパン，鶏，子羊，賦役の大幅な単価下落があるにもかかわらず，小麦全体のボリューム増と蔵出し税を組み込んだことが収入総額増加の説明である。

　種々の現物を換金した合計額は 29 年では 466 リーヴルで，総収入金額の約 3 分の 1 であった。19 年は参考データになるが，やはり換金総額 614 リーヴルは 2,011 リーヴルのほぼ 3 分の 1 と言える。しかし 39 年の 489 リーヴルは 1,643 リーヴルの 3 割弱に相当する。1438 年以降，数年分は史料の連続性が確保されるので，表 1-7 に示したように，他の年の麦売却額だけを採りあげると，38 年（B3936-2）は 995 リーヴルと 39 年の倍額であったが，これはフロモンが 410dt，セーグルは 270dt とそれぞれ 29 年価格の 3 倍，燕麦でも 120dt という信じがたい値がついたためである。逆に 40 年（B3940）は 257 リーヴルと 39 年から半減，翌 41 年（B3941）はさらに 199 リーヴルまで下落。42 年（B3942）は 252 リーヴルに戻し，43 年（B3945）は 213 リーヴル[20]とほぼ同じレベルを維持した。もちろん価格下落が直接に反映している。39 年の価格は 29 年と大差ないが，40 年に突然，フロモンが 70〜90dt に，セーグルが 60〜70dt，燕麦が 40〜45dt[21]と，いずれも半値近くにまで下落し，

---

[20]　原史料には 153 リーヴルと記載されているが（B3945 f.69R），これは明らかに計算ミス。

[21]　この穀物など現物の単価はグロ gros（＝20dt），ブラン blanc（＝5dt），ニッケ niquet（＝5/3dt），ドニエ denier（＝1dt）など小額貨幣を組み合わせて表記し，計算貨幣で表記することは少ない。例えば，1440 年のフロモン単価で 76 ドニエ 2/3 と表現したものは，実際には 15 blancs 1 niquet と記載されている（B3940 f.70R°）。このような表記を尊重するのは，あまりに煩瑣なので，適宜，比較が容易になるように書き換えた。なお競売ゆえに複数の価格があるので，計量桝の相違が単価に反映している訳ではない。

表 1-7　1440 年前後の穀物価格の比較

	1440 年(B3940)			1441 年(B3941)			1442 年(B3942)			1443 年(B3945)		
	金額£t	量 biche	単価	金額£t	量 biche	単価	金額£t	量 biche	単価	金額£t	量 biche	単価
パン			10dt			10dt			10dt			10dt
鶏			6dt									
子羊			45dt			90dt			52dt			40dt
子羊						52dt			40dt			30dt
運搬賦役												
ブドウ酒			5dt			5dt			5dt			5dt
油			15dt			20dt			20dt			20dt
フロモン	6	19.75	90dt	8	30.5	61dt2/3	10	28.5	80dt	7	21	75dt
	0	2	76dt2/3	0	2.5	65dt	0	2	65dt	0	2.5	81dt2/3
	4	13.5	70dt	5	13.5	80dt	4	13.75	66dt2/3	4	14	65dt
	0	0.25	70dt	0	1.75	70dt	0	2.75	63dt1/3	0	1.75	61dt2/3
セーグル	30	100.75	71dt2/3	14	109.5	30dt	23	108.75	50dt	17	100.75	41dt2/3
	73	280	62dt1/2	67	279.5	57dt1/2	54	278.5	46dt2/3	58	277.25	50dt
	21	83	60dt	14	84.5	40dt	16	85	45dt	15	86.75	41dt2/3
燕麦	1	4.5	45dt	1	10	27dt1/2	2	10	50dt	2	10.75	40dt
	14	77	41dt2/3	10	77	30dt	21	76.75	65dt	15	76.75	46dt2/3
	89	532.75	40dt	69	536	31dt	104	537	46dt2/3	82	535.75	36dt2/3
	17	87.25	41dt2/3	11	98	26dt2/3	18	98	43dt1/3	13	99.5	31dt2/3
麦の合計	257	1200.75	av.(51dt)	199	1242.75	av.(38dt)	252	1241	av.(49dt)	213	1226.75	av.(42dt)

41 年にはさらに下落した。帳簿の記載によれば，現物は競売にかけられたから，市場の需給バランスが何らかの要因で激変し，値崩れを起こしたのだろう。農業「不況」をはるかに超えて，「恐慌」と言うべき事態である。しかしパリのような大都会ならともかく，シャロレで，あるいはブルゴーニュで，消費サイドに急激な変化があったとは考えにくいから，市場のダブつきは供給サイドにあったと考えるのが妥当であろう。好天による過剰生産が原因であろうか。しかし 40 年から 43 年にかけて，競売にかけられた 3 種の麦の総量は実は 1,200 から 1,240 ビッシュでほとんど変化していない。これまでの分析を通じて，容易に理解されるように，管区通常収入の記録とは地代の受取台帳と言って差し支えない。しかも既述のように，この収入は多様な定額地代の集積であることは想像に難くない。したがって，そこから現実の景況を推理することはかなりの冒険である。

　このようにシャロレ管区の通常記録は詳細で示唆に富み，幾つかの時点を採りあげて，静態を比較することはある程度は可能である。しかし既述のように欠損が多く，時系列分析には向かない。そこで他の管区の

第 1 章　ブルゴーニュ公領の地代と税　　　　　　　　　　51

記録に目を向けることになるが，その前に，12 ドニエ税とブドウ酒 8 分の 1 税に関しても簡単に触れておく。このシャロレ管区では，表 1-1 から明らかなように，これら 2 種の間接税は同一の帳簿に記載されていった。しかも 1410 年代後半から 40 年代前半にかけてよく保存されていて，散逸したのは 1426 年分だけである。通貨が安定する 24 年以降，12 ドニエ税は 1431 年のみ 578 リーヴルと異常に低い値を記録したが，他の年次は 1,075 リーヴル・トゥルノワ（1427 年）から 741 リーヴル（1440 年）の間，つまり 910±1/6 で推移し，ブドウ酒税は 416 リーヴル（1427 年）から 209 リーヴル（1438 年）の間，12 ドニエ税のほぼ 3 分の 1（310±1/3）で推移した。この税徴収の中心はパロワ・ル・モニアル Parroy le Monial である。管区には計 8 ヶ所の税収区（城区に同じ）があるが，このパロワだけで全体の 3 割から 4 割程度の税収がある。四足獣，布・糸・紐・帯，毛糸・毛織物，なめし皮・製靴，貝・亀甲細工および鉄加工品，毛皮・鞍具，木材・柳製品・木炭・油脂，穀物・製パン，食品・雑貨，ブドウ酒，以上の 10 分野に分けて，それぞれに入札が行われ，最高価格を提示した者が税の徴収権を得た。

　その入札の経緯，まず誰それが幾らを提示し，次に誰それが……，という点は不必要と思えるほど丁寧に記載されている。パロワ以外の城区 7 ヶ所ではブドウ酒とそれ以外に大別されて，やはり入札が行われた。1419 年の記録にジャン・ド・テズー Jehan de Thesult 兄弟（父子？ L'Aine と Le Jeune）がシャロルとモン・サン・ヴァンサンの落札者として記録されているが，彼らの名はその後も各地の税収請負落札者として頻出する。大商人か。21 年秋のパロワの入札で，四足獣の税収を請負ったのはユグナン・ド・ラール Huguenin de Lart（L'Art）なる人物で，彼は翌 22 年から 23 年（B3926-2, B3926-3），25 年（B3926-5），28 年と 29 年（B3928-2, B3928-3），31 年（B3928-5），33 年（B3928-7），35 年（B3928-9）と，繰り返しこの四足獣の税収権を落札している。パロワの屠殺業ないし食肉業の係わりの者とも思われるが，27 年（B3928-1）には木材の徴税を落札しているので，先のジャン・ド・テズーのように，やはり徴税を生業と言えるほどに深く関与している者と推測される。彼の名はパロワ以外の土地には現れない。1424 年と 1428 年の各地の落札者をまとめたのが表 1-8 である。他の土地，モン・サン・ヴァンサンや

表 1-8　ギヨ・ジラール Guyot Girard 第 5 会計 1424/11/1 から 1425/10/31（B3926-5）

1R°	収入の部			
	1.商品 12 ドニエ税徴収			
	パロワ・ル・モニアル Paroy le Monial			
	四足獣	ユグナン・ド・ラール	Huguenin de Lart	140fr
	布地，糸，紐，帯	フィリベール・ゴーティエ	Philibert Gaultier	19fr
1V°	毛糸，毛織物	ギヨーム・モンタギュロン	Guillaume Montagullon	32fr
	なめし皮，靴	ジャン・ベルトール	Jehan Bertheaul	36fr
2R°	貝殻・亀甲加工品，鉄製品	マルタン・ド・モントリオン	Martin de Montrion	13fr 4st
	毛皮，鞍具	ピエール・ド・ヴィリエ	Pierre de Villiers	8fr
	穀物と製パン	ジャン・ベルトール	Jehan Bertheaul	25.5fr
	加工済・未加工木材，木炭，柳細工，藁，油脂	ペロ・ルフェリィ	Perrot Leufery	12fr 16st
2V°	食品，雑貨	フィリベール・ゴーティエ	Philibert Gaultier	5fr
	ブドウ酒卸売と小売	ヴァンサン・コラン	Vincent Colin	64fr
	トゥロン Thoulon			
	ブドウ酒と塩以外の全商品	ピエール・レセルト	Pierre le bastart de Lessertot	171fr
3R°	ブドウ酒	ジャン・ド・ディゴワン	Jehan de Digoing	25fr
	ペレシィ Perrecey			
	ブドウ酒と塩以外の全商品	ジラール・ラビュルディ	Girart Laburdi	60fr
3V°	ブドウ酒	ジャン・ド・ディゴワン	Jehan de Digoing	16fr
	シャロル Charroles			
	ブドウ酒と塩以外の全商品	アントワーヌ・ラプロール	Anthoine Rappereaul	60fr
	ブドウ酒	バルトロミ・ポンテラ	Bartholomi Ponterat	34fr
4R°	ソーヴマン Saulvemens			
	ブドウ酒と塩以外の全商品	ジャン・デ・ミニュ	Jehan des Mignes	22fr
	ブドウ酒	ユグナン・ブルゴーニュ	Huguenin Bourgogne	9fr
4V°	モン・サン・ヴァンサン MontSaintVincent			
	ブドウ酒と塩以外の全商品	ジャン・ド・テズー	Jehan de Theseut	210fr
	ブドウ酒	ジャン・ド・テズー	Jehan de Theseut	35fr
5R°	サン・ヴィーニュ SensVignes			
	ブドウ酒と塩以外の全商品	ジャン・マルソール	Jehan Marceaul	25fr
	ブドウ酒	ジャン・マルソール	Jehan Marceaul	8fr
	ドンデン Dondain			
	ブドウ酒と塩以外の全商品	ジャン・ド・テズー兄	Jehan de Theseut, l'aisne	21fr
5V°	ブドウ酒	ジャン・ド・テズー兄	Jehan de Theseut, l'aisne	6fr
	商品 12/d 税合計			1058fr
	2.ブドウ酒 1/8 税			
	パロワ・ル・モニアル	ヴァンサン・コラン	Vincent Colin	154fr
	トゥロン	ジャン・ド・ディゴワン	Jehan de Digoing	62fr
6R°	ペレシィ	ジャン・ド・ディゴワン	Jehan de Digoing	44fr
	モン・サン・ヴァンサン	ジャン・ド・テズー弟	Jehan de Theseut le jeusne	70fr
6V°	ソーヴマン	ギヨーム・ド・ルメーニュ	Guillaume de Remaigne	24.5fr
	シャロル	バルトロミ・ポンテラ	Bartholomi Ponterat	78fr
	ドンデンおよびアルテュ	ジャン・ド・テズー兄	Jehan de Theseut, laisne	17fr
7R°	サン・ヴィーニュ	リゼ・ド・スー	Riset de Seue	18fr
	ブドウ酒 1/8 税合計			467.5fr

第 1 章　ブルゴーニュ公領の地代と税　　53

ジャコ・トゥイヨン Jacot Touillon 第 3 会計 1428/11/1 から 1429/10/31(B3928-3)

1R°	収入の部			
	1.商品 12 ドニエ税徴収			
	パロワ・ル・モニアル ParoyleMonial			
	四足獣	ユグナン・ド・ラール	Huguenin de Lart	105fr
	布地，糸，紐，帯	ジャン・フォション	Jehan Fauchon	25fr
	毛糸，毛織物	オードリエ・キュクワ	Audorier Ququoy	21fr
1V°	なめし皮，靴	ジャン・ベルトール	Jehan Bertheaul	22.5fr
	貝殻・亀甲加工品，鉄製品	マルタン・ド・モンテオン	Martin de Montaion	9fr
	毛皮，鞍具	ジャン・ド・キュセリィ床屋	Jehan de Cusery barbier	8fr
	穀物と製パン	ジャン・アルテュ	Jehan Artus	23fr
	加工済・未加工木材，木炭，柳細工，藁，油脂	ジャン・ド・キュセリィ床屋	Jehan de Cusery barbier	9fr
2R°	食品，雑貨	ジレ・ベルトール	Gilet Bertheaul	7.5fr
	ブドウ酒卸売と小売	ジレ・ベルトール	Gilet Bertheaul	42.5fr
	トゥロン Thoulon			
	ブドウ酒と塩以外の全商品	ジラール・ランビュルディ	Girart Lanburdj	110fr
	ブドウ酒	ジャン・モレオール	Jehan Moreaul	16fr
2V°	ペレシィ Perrecey			
	ブドウ酒と塩以外の全商品	ギヨーム・モントゥイヨン	Guillaume Monteuillon	40fr
	ブドウ酒	ギヨーム・モントゥイヨン	Guillaume Monteuillon	4fr
	シャロル Charroles			
	ブドウ酒と塩以外の全商品	ジャン・デュ・フルー	Jehan du Feureux	50fr
	ブドウ酒	ジャン・ベルトー	Jehan Bertheau	12fr
3R°	ソーヴマン Saulvemens			
	ブドウ酒と塩以外の全商品	ジャン・ル・ノワール	Jehan le Noir	9fr
	ブドウ酒	ジャン・ル・ノワール	Jehan le Noir	2fr
	モン・サン・ヴァンサン MontSaintVincent			
	ブドウ酒と塩以外の全商品	ジャン・ド・テズー	Jehan de Theseut	220fr
	ブドウ酒	ジャン・ド・テズー	Jehan de Theseut	35fr
3V°	サン・ヴィーニュ SensVignes			
	ブドウ酒と塩以外の全商品	マテ・ド・ラ・コルネイユ	Mathey de La Cornaille	15fr
	ブドウ酒	マテ・ド・ラ・コルネイユ	Mathey de La Cornaille	6fr
	ドンデン Dondain			
	ブドウ酒と塩以外の全商品	ジャン・ル・ノワール	Jehan le Noir	39fr
4R°	ブドウ酒	ジャン・ド・テズー	Jehan de Theseut	6fr
	商品 12/d 税合計			836.5fr
4V°	2.ブドウ酒 1/8 税			
	パロワ・ル・モニアル	ギヨ・ジラール	Guiot Girart	110fr
	トゥロン	ジャン・モレオール	Jehan Moreaul	35fr
	ペレシィ	ギヨーム・モンテギヨン	Guillaume Montegullon	12fr
	モン・サン・ヴァンサン	ジャン・ド・シュズー	Jehan de Cheseut	70fr
	ソーヴマン	ジャン・ル・ノワール	Jehan le Noir	8fr
	シャロル	ジャン・ベルトール	Jehan Bertheaul	33fr
5R°	ドンデンおよびアルテュ	ジャン・ルースロ	Jehan Rousselot	21fr
	サン・ヴィーニュ	マテ・ド・ラ・コルネイユ	Mathey de la Cornaille	7fr
	ブドウ酒 1/8 税合計			296fr

サン・ヴィーニュでは，結局，ひとりの人物が2分野の徴税権を落札するケースが多いように見受けられる。ブドウ酒8分の1税も，この12ドニエ税とは別にやはり城区ごとに入札を行っている。

　この間接税2種を記録した帳簿は通常税収とは非常に異なる特徴を持つ。出費が極めて小さいことである。既述のように入札制をとって，徴税を委託するから，帳簿を管理する管区付き勘定役は自ら行動する必要がない。つまり期首に行う入札業務以外には必要な経費がほとんどかからない。実際，記載されているのは大体60リーヴル前後の助手1名の手当くらいである。1419年には領邦勘定役ジャン・フレニョに896リーヴル（B3922-1 f.7R°），20年には同ジャン・フレニョに400リーヴル（B3922-2 f.7V°），ならびに公妃主計役ペレネ・ドランジュ Perrenet d'Orangesに750リーヴルを（B3922-3 f.7V°），そして25年には同ジャン・フレニョに960リーヴルを（B3926-5 f.7V°），それぞれ引き渡したことが記録されているが，この4例が25年間で，この系列の帳簿に高額の支出を記載した僅かな事例である。つまり管区勘定役は入札請負制を利用することで，手間をかけずに毎年1,000リーヴルを越える税収を手にすることができた。また，彼が受領した金額の中から，領邦勘定役をはじめ上位の財務官僚に引き渡す金銭を，彼が管理する帳簿のいずれに記載するかは彼の裁量範囲内にあったと思われる。要は金銭の出納とその記録が明瞭であれば，監査で問題視されることはなかったのだろう。

　やはり表1-1を一瞥すると明らかであるが，シャロレ管区のグリュエリー（森林・水）の記録も比較的よく残っている。1425年以前の記録と27年の分は散逸したが，26年，28年，およびそれ以降の記録は現存している。1435年（B3933-2）に304リーヴル，翌36年（B3933-3）に333リーヴルと，この2年間の収入額はやや例外的に高い水準に達したが，2桁の収入しかない年もある（31年，34年および43年）。平均的には200リーヴルをやや割り込む程度になるから，ブドウ酒税収よりも少ない。この事実はシャロレ管区をブルゴーニュの典型的な農村地帯とした仮定に一抹の不安を投げかける。農村地帯では森林や水の利用は必須ではないのか。

　グリュエリーの帳簿を分析すると，奇妙な錯覚にとらわれる。その記

第 1 章　ブルゴーニュ公領の地代と税　　　　　　　　　　55

載方法が，通常収入の場合とほとんど同じで，要は規模が小さく，一桁少ない，というにすぎない。まず現物地代の収納と払出しが列挙される。フロモンが 10 ビッシュ足らず。セーグルが 40 から 60 ビッシュの間。そして燕麦が多くても 5 ビッシュである。次に蠟の収納と払い出しの記載欄だけ設定されている点が通常収入記録とは違うが，それが実際に収納された痕跡はなく，常に「ゼロ」と記入されている。続く現金地代は十数フラン程度であり，固定化した，というよりも形骸化した，という印象を与える。次いで，ようやくグリュエリーらしい記載が現れる。痩せ木・小枝売却 (paisson)，乾草売却，木炭売却，淡水魚売却などで，こうした項目がなければ，いったい何の帳簿か分からないであろう。司法収入の金額は僅かである。この後に麦の売却額が記載され，総額を計算するという順になる。金額的には鯉の売却が収入の中心をなしていることは確実であるが，その金額にはかなりの幅があり，1440 年には 100 フランを割ったが（95 フラン B3937-3），36 年は 249 フランという額を記録している（B3933-3）。34 年は鯉の売却額が記載されていない。4 月から 12 月までの 9 ヶ月という変則会計であったためか（B3933-1）。また 37 年は 10 フラン半とこれも異常に低い（B3933-4 f.5R°）。これでは平均値を計算する意味がないが，ともかくこの科目が収入全体を左右している。それに次ぐのは 3 種の麦の売却になるが，これも 7 フラン（1434 年）から 65 フラン（1438 年）とかなりの幅があり，「平年並み」がどれほどであったか，判断しにくい。そもそも森林資源や水資源の利用料徴収がグリュエリーの本義であるはずだが，なぜそこに麦の収納が含まれるのか判然としない。利用料を銭ではなく麦で支払うことが 15 世紀には慣習化していた，というしかない。金額も内容も，ともに貧しいにもかかわらず，領邦勘定役に対しては，毎年，かなりの貢献をしている。1426 年の 226 フラン（B3927-1 f.11V°）は例外的としても，現存する 17 年分のグリュエリー帳簿のうち，100 フランを超えた年は 7 度ある。

　シャロレ管区の収入分析を終えるにあたって，思い切った計算をしてみよう。管区の収入を，地代を中心とする定期収入（つまり通常収入とグリュエリー収入の合計）と 2 種の間接税収とに二分し，その平均を算出してみる。通常収入は 1429, 34, 35, 38-43 年の 9 年分の平均，グ

リュエリーは1426, 28-43年の17年分の平均を計算し，両者を合算すると1,706リーヴルである。12ドニエ税とブドウ酒8分の1税は1424, 25, 27-43年の19年分の平均をとると1,178リーヴル。合わせて2,884リーヴルで，そのうち前者が59％，後者は41％を占める。

(2) ディジョン——行政都市の圧力

ブルゴーニュ公領の主邑ディジョン Dijon を中心とする管区である。表1-9に示すとおり，本管区では1420年代前半の帳簿は散逸したが，1426年から38年まで13年分の通常収入勘定簿はすべて現存している。それに対して12ドニエ税，ブドウ酒8分の1税および塩蔵出し税の帳簿はすべて廃棄されたようで，一冊も現存していない。通常収入勘定簿に記載される数年ごとの「勘定役現況報告概要」に転記されたそれぞれの収支残高記事から，収入や支出を推測することになる。

さて，その通常収入の総額は年2,200リーヴル（1433年）から6,200超（1436年）と，変動幅が大きい。これは当該会計に含まれる地代以外の科目，特に科料と司法手続収入，公証人が支払う公正証書登記請負料 (tabellionage)，が年によって大きく変動するからである。おそらく行政中心地ゆえの結果であろう。例えば1428年（B4478）は収入総額が2,742リーヴルであるが[22]，翌29年（B4480）は4,670リーヴルと大きな隔たりがある。ところが地代収入を比較すると，28年は1,508リーヴル[23]であるのに，29年は1,454リーヴル[24]。つまり28年の方が54リーヴル多い。それでは総額で1,900リーヴルを超える差を生みだしたものは何か。28年はジャン・ベルナール Jehan Bernard なる公正証書登記請負人が150リーヴルを納付しているのが最高で，当該科目の収入合計は336フランであった。ところが翌29年は当ベルナールをはるかに上回るギヨーム・シャンベラン Guillaume Chambellant なる者が325フラン，つまり前年の同科目総額に匹敵する額をたった一人で納付し，全体では1,177フランに達している。したがって841フラン増。28年の罰金・科

[22) 1428年1月から11月までの11ヶ月分であるが，収入の多くの科目は請負で決定されているので，1ヶ月少ない分が収入全体に反映しているとは思えない。

23) 現物の蠟900リーブルを金銭に換算した180 £t（＝2 £t/10 libre × 900 libres）を含む。

24) やはり蠟900リーブル相当の180 £t を含む。

第1章　ブルゴーニュ公領の地代と税

表 1-9　ディジョン管区の収入　1419-43 年

年		1419	1420	1421	1422	1423	1424	1425	1426	1427	1428	1429	1430	1431
通常	(製塩)								700	700	0	0	0	0
	(特別)								250				1,200	
	収入合計								3,808	3,392	2,742	4,670	3,977	2,395
	領邦勘定へ (強貨)		2,627	600	1,636	1,079	8,880	7,841	5,945	4,491	3,498	5,913	5,442	2,221
	領邦勘定へ (弱貨)			1,984?		5,996	195							
	支出合計			BNfr.8259					10,840	10,766	7,338	10,739	9,959	6,669
	典拠	B4473-1	B1606[1]	B1611[1]	B4474-2[3]	B1623[1]	B1625[1]	B1628[1]	B4476	B4477	B4478[5]	B4480[6]	B4481	B4482
12 ドニエ税	差引	1,580	2,236	968					5,131	4,714	4,182	3,940	3,861	3,524
1/8 税	差引	815	995	765					2,032	1,842	1,433	1,495	1,194	1,509
塩蔵出												30	22	
	支出合計	1,727	2,002	971					B4476	B4477	B4478[5]	B4480[6]	B4481	B4482
	典拠	B4473-2	B4474-1[2]											
グリュエリー	収入合計				928				2,603			2,271		
	領邦勘定へ								1,422			1,470		
	支出合計								2,591			2,520		
	典拠								B4475[4]			B4479		

1) 領邦勘定の記載値を記入。1423年、24年の弱貨は24s/fr のこと。
2) 丘．1-40久。支出の部のみ。収入合計は差引から推定。良貨を使用。
3) f.69以降4枚分が切り取られた形跡あり。雑支出の章と決算の部が欠落。
4) 1425/10/1から26/11/11まで13ヶ月
5) 1428/1/1から11/15まで11ヶ月。商品12d/£の本年分は3,574だが、それにB4480に記載された608を加入。
6) 1428/11/16から29/12/31まで13ヶ月。12d/£収益は28年11-12月の2ヶ月分608と29年分を記入。本欄には29年分があり、608は28年分に加えた。

58　　　　　　　　　　　　　　　第1部　財　源

年		1432	1433	1434	1435	1436	1437	1438	1439	1440	1441	1442	1443	1444
通常	(製塩)	0	0	1,141	1,141	0	1,041							
	(特別)					3,333		1,483						3,665
	収入合計	2,583	2,213	3,486	3,460	6,287	4,586							
	領邦勘定へ	3,707	3,043	5,055	3,058	4,089								
	領邦勘定へ													
	支出合計	8,000	7,723	7,914	7,727	12,118	11,362	3,812						
	典拠	B4483	B4484	B4485	B4487-1	B4489[8]	B4490[9]	B4491[10]						B4494
12ドニエ税 1/8税 塩蔵出	差引	4,010	3,754	3,382	3,359	3,767	5,483	1,533						
	差引	1,425	1,226	1,117	1,139	1,646	1,623	436						
	差引		68											
	典拠	B4483	B4484	B4485	B4487-1	B4489[8]	B4490[9]	B4491[10]						
グリュエリー	収入合計		1,364	1,239	933	1,140			849		1,288			
	領邦勘定へ			505	545	890								
	支出合計		1,118	1,097	995	1,504			819		N.A.			
	典拠		B4484bis[7]	B4486	B4488-1	B4488-2			B4492[11]		B4493[11]			

7) ff. 49-60 欠。f. 72Rに決算勘定あり。BN fond fr. 8259 ff. 1-8：1421年の収入断片。およびff. 14-47と56-63：1421年の支出断片。
8) f. 27Vで Fribourg 伯から罰金 3,000£ estev. を徴収しているが、f. 57Vで同額を贈与。そのために総額が膨張。1/8税は9月までの1180に10月から翌1月までの4ヶ月分 466（B4490）を加えて記載。
9) 38年6月までで1年半
10) 7月からの半年分
11) 保存劣悪。各員上部が大きく破損し喪失。

料の収入はディジョン無し。ニュイとボーヌで計 114 リーヴル。29 年はディジョンなどを合計して 715 フラン。つまり前年比プラス 601 リーヴル。さらにガスカール・ロズモン Gascard Rosemont の寡婦アニュロ Agnelot が夫に代わって 600 エキュ（= 825 リーヴル）を支払った記載がある。以上の 2,267（= 841 + 601 + 825）リーヴルから地代減少分 54 リーヴルを差し引いても 2,213 リーヴル増。これが総額で大きな違いを生み出した主因である。ただし 29 年に多くの者が登記するべき如何なる事態が発生したのかは不明である。それを怠った者が罰金を支払ったということであろうか。

さらに 1436 年の収入総額 6,287 リーヴルという異常な額に注目すると，このうち 3,000 リーヴル・エステヴナン（= 3,333 リーヴル・トゥルノワ）はフリブール Fribourg 伯からの罰金収入である（B4489 f.27V°）ことが明らかになるが，その具体的内容は記載されていない。つまりディジョン管区の通常収入は司法収入の多寡に大きく左右されるという特性を持っている。

逆に言えば，本管区の地代はほぼ一定していることになる。この点を確認しておきたい。先に言及した 28 年と 29 年の記録，この連続する 2 年分の記録を見ると，先に詳細にしたシャロレとの違いが明瞭になる。まずシャロレでは麦や鶏などの物納ないし物納として記録されたものの重要度が高かったが，ディジョン管区では物納は蠟だけで，他の品目はない。この蠟も帳簿の最終部分では必ず金銭に換算されているので，古い慣習の名残りという印象を与える。つまりここでは金納が一般化している[25]。ともかく貨幣と蠟で構成される地代はプレヴォ区ごとに，あるいはシャテルニーごとに，復活祭と万聖節を期日として 2 期に分けて現金と蠟で徴収された。28 年の，例えばディジョン市では，復活祭に 50 フランを，万聖節に 72 フラン半を徴収している（B4478 f.1R°-V°）。この点をもう少し正確に言うと，図 1-1 に図式化したように，1427 年の洗礼者ヨハネ（聖ジャン・バティスト）の祝日（6 月 24 日）から翌 28 年の同祝日までを 1 年度とし，その年間地代を 100 リーヴルと契約する。徴収する際はそれを 2 等分し，前期分は 27 年の万聖節に，後期分は 28

---

25) 計算貨幣はリーヴル・トゥルノワよりも，フラン-グロ体系を好んで使用している。

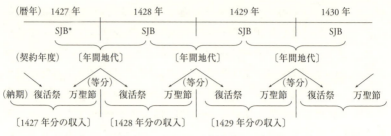

*）SJB = Saint Jean Baptiste 聖ジャン・バティスト（洗礼者ヨハネ）の祝日

図1-1　地代の納期と通常会計の年度

年の復活祭に徴収する[26]。つまり28年の帳簿に記載されている万聖節に徴収した72フラン半とは28年から29年にかけての年度の年間地代145フランの前期分であり，後期分は29年の復活祭に徴収され，29年の地代収入として，29年の帳簿に記載されることになる。

　このディジョン市では地代として金銭で契約され，徴収されたが，近郊のシャテルニーであるルーヴル Rouvres では復活祭に40フランと蠟50重量リーブル[27]を，万聖節に30フランと蠟をやはり50リーブル徴収した（B4478 f.2R°）。つまり金銭に加えて，蠟を27-28年度も，28-29年度も，それぞれ年間に100重量リーブル契約し，半期に50重量リーブルづつ徴収したことを示している。したがって1429年の帳簿に記載される地代収入は1428聖ジャン・バティスト（以下 SJB と略記）-29SJB 年度の後期分（復活祭に徴収）と，1429SJB-30SJB 年度の前期分（万聖節に徴収）となる。実際ディジョンのプレヴォテでは春には72フラン半が徴収され，秋には30年 SJB に終わる年度の前期分50フランが徴収された。（B4480 f.3V°）

　この方式は地代収入の安定化に大きく寄与していると思われる。地代の契約年度と会計年度が半年ずれるから，会計上，常に地代収入の半分

---

26) この洗礼者ヨハネの祝日を期日として年間地代を契約し，それを2期に分けて万聖節と復活祭に徴収するという方式はシャロンやシャティヨン，つまり東部の平地にある管区，でも行われていて，しかも貨幣と合わせて蠟が徴収される点も共通している。

27) 史料では単に livre と記載されているだけで，金額（計算貨幣）の livre と区別されている訳ではない。そもそも計算貨幣のリーヴルは重量単位のリーブルから派生した語であるから，区別しようとする方が間違っている，とも言えるが，本書では必要に応じて「（重量）リー<u>ブ</u>ル」と表記し，金額単位の「リー<u>ヴ</u>ル」との区別を試みた。

第 1 章　ブルゴーニュ公領の地代と税　　　　　　　　　　　　61

は前年度に決定済みとなっているからである。ディジョン，ルーヴルをはじめとして，ソーヌ東岸のオークソヌ Auxonne，ニュイ Nuit など，計 16 ヶ所で徴収する地代[28]の収入総額はおよそ 1,300 リーヴル前後。その半分，つまり 600 から 700 リーヴル程度の収入が期首に確定していることになるが，これは収入総額の約 4 分の 1 に相当する額である。

　同様に収入安定化を目指した政策の一環と思われるが，公正証書登記の請負も複数年契約方式を取り入れている。既述のジャン・ベルナールもギヨーム・シャンベランも，あるいは他の者も，請負契約額は様々であるが，すべて 2 年間・4 期分納の契約をしている。ちなみにジャン・ベルナールは 1428 年 3 月 1 日から 2 年間で 600 フランを請負い，28 年と 29 年にそれぞれ 1 期分相当の 150 フランを分納したことが記録されているが（B4478 f.19R°, B4480 f.24V°），残る 2 期分の合計額 300 フランを納付した痕跡はない。ギヨームは 2 年間で 650 フランの，やはり 4 期分納契約を結んでいるが，29 年と 30 年にそれぞれ 2 期分を合わせて 325 フランずつ納付している（B4480 f.27R°, B4481 f.22R°）。

　また 1434 年，35 年，37 年は 1,000 リーヴルを超える塩蔵出し税 grenier à sel が通常収入の勘定に繰り込まれている。既に指摘したようにシャロレ管区でも同様の措置が見られた。この理由は明記されていないので，憶測の域を出ないが，上に述べたように，20 年代末から地代収入は漸減傾向にあった。替わって公正証書の税収が伸びているので，収入総額を見ている限りでは，この構造変化に気がつかない。さらに支出面では 1426 年と 29 年は 6,000 リーヴルに迫る金額を（B4476 ff.59R°-62V° および B4480 f.64R°-V°），30 年には 5,400 リーヴル超（B4481 f.68V°），34 年は 5,000 リーヴル（B4485 ff.55R°-57R°）をブルゴーニュ領邦勘定役 Receveur général de Bourgogne に融通し，これだけで単年度の管区収入総額をはるかに上回っている。加えて諮問会や会計院の面々，あるいはまた近辺の城砦隊長，こうした人々に対する高額手当を支給しているが，これが 4 桁に上る。そのため，一覧表から容易に理解されるように，当然のことながら，通常収入勘定単独ではほぼ毎年大幅な赤字を記録し，したがって信じがたい赤字を累積させ，12 ドニエ税とブド

---

28) このバイイ管区で徴収するシャテルニーの地代に関しては，シャテルニーを主題として取り上げる箇所で改めて詳述する。

ウ酒8分の1税の収入を充当することがなければ，到底回復し得ないようなバランスに落ち込んでいる。この現実は2通りに言い換えることができる。まず，支配者たるブルゴーニュ公の側からすれば，地代，司法収入，間接税，それぞれの性格も，したがって来歴も，様々であるが，どのような源泉であるかは問題ではなく，ともかく勘定役が一元的に取りまとめて，必要とする請求額に応じてくれればよい，ということであろう。またディジョン管区の収入という視点からすれば，地代と司法収入から成る「通常収入」では多様で高額の支払い請求に対応しきれない。会計上は個人勘定から持ち出すことになるのだろうが，その補塡を2種の間接税収入，すなわち付加価値税（12ドニエ税）と酒税（8分の1税），さらには塩蔵出し税の徴収請負に依存することになるだろう。

　ディジョン管区の場合，既述のように，12ドニエ税とブドウ酒8分の1税の徴収記録そのものは現存していない。収入から支出を差し引いた残額が通常収入勘定簿の末尾に勘定役の手元資金残高合計として記載されるので，その値を利用して，収入を推測するという方法に頼るしかない。この場合，すでにシャロレ管区の記録を分析した際に述べたように，実はこの2種の間接税の徴収額から領邦勘定役への引き渡しはない，と言うのか，これらの帳簿の支出欄には，そのような科目は記載されない，と言うべきか。要するに，通常収入，12ドニエ税，ブドウ酒8分の1税の3種の収入を同一の人物が扱っているのだから，支出はどの帳簿に書き込んでも，金銭の流れとしては同じことである。それゆえ高額の支出は通常収入の帳簿にまとめて記載する習慣になっていたと推測される[29]。さらに言い換えれば，管区の収入は内容に応じて3冊の帳簿に分けて記載されたが，支出の記録は1冊にまとめることにしていた，と言ってもよい。12ドニエ税とブドウ酒8分の1税の徴収簿にはまさにこれらの税徴収のために，勘定役が費やした出張旅費や，アシスタントの手当など，せいぜい年に数十リーヴルだけを記載する習慣であった。そのため，税収残額として記載されている額に，必要経費として支出さ

　29）　この会計処理に関して，ディジョン会計院の指図ないし示唆があったのではないかと思う。明示的な史料の裏づけはないが，1426年以前には12ドニエ税やブドウ酒8分の1税の帳簿から領邦勘定役へ資金が融通されている事例がある。26年末に北方領域を含む全財務担当が過去累積を清算したが，それ以降，この2種の税収記録はひたすら税収を記録するのみになるので，この時に会計院から何らかの指示が下されたのではないかと推測する。

れたはずの数十リーヴルを加えれば，かなりの確実さを持って，当初の税収合計額が推定できることになる。そこで一覧表に書き込んだように，12 ドニエ税の収入は 3,000 から 5,000 リーヴル・トゥルノワ，ブドウ酒 8 分の 1 税は 1,000 から 2,000 リーヴルと残高記録をそのまま収入と見なしても大きな誤差は生じない。データの整合性を求めるなら，管区の人口と社会活性から考えて，シャロレよりは多めに，一律 60 リーヴルを加える，という方法もありうるだろう。ともかく，この額は他の管区では見られないレベルに達しているが，まさに行政都市ディジョンの人口が反映していると理解される。ちなみに，間接税 2 種の帳簿残高の年平均（1426 年から 38 年まで 13 年間）を求めると，合わせて 5,289 リーヴルとなり，通常収入（1426-38 年の 13 年間）とグリュエリー収入（1433-36 年の 4 年間）の合算年平均 4,637 リーヴルを上回る。つまり，これらの 4 会計を合計して得られるディジョン管区の平均年間収入は 9,926 リーヴルだが，間接税 2 種はその半分以上 53.3％を占める。本来ならば，塩蔵出し税も計上しなければならないから，間接税の重要度はさらに高かったはずである。

　ディジョン管区のグリュエリー帳簿は継続性を欠き，その保存状態も芳しくない。1419 年から 22 年まで 4 年分の帳簿そのものは現存しているが，21 年の記録（B4474-1）は前半の収入の部が散逸。22 年の帳簿（B4474-2）は最後の支出合計と差引勘定の記載部が散逸した。29 年の帳簿（B4479）はテキストは損傷を受けていないが，上部が大きく喪失している。さらに 33 年の記録（B4484-bis）は途中 10 葉ほど（ff.49-60）が散逸。しかし 34 年から 3 年分（B4486, B4488-1, B4488-2）は完全な姿で現存する。39 年（B4492）と 41 年（B4493）の帳簿は現存しているが，保存状態は劣悪で，各葉の上部が大きく損傷したため，多くの記載事項が失われた。

　しかし，その収入額も記載スタイルもシャロレの場合とはかなり異なる。1426 年（B4475）と 29 年（B4479）に 2,000 リーヴルを超える記録を残しているが，これはやや例外的である。他の年は 34 年（B4486）が 1,239 リーヴル，35 年（B4488-1）が 933 リーヴル，36 年（B4488-2）が 1,140 リーヴルであった。39 年（B4492）は 850 リーヴル弱，41 年（B4493）は 1,280 リーヴル超を記録している。各年度（1 月-12 月）の収

入は管内の城区ごとに記載されている。

1429年の場合（B4479），アルジリィから始まる。まず聖レミの祝日（10月1日）を期日とする地代を約した者21名分が合計15リーヴル。万聖節が7名分，計3フラン4グロ。その他，雑多な地代が計32リーヴル，合計50リーヴルである。次いで木材売却340リーヴル。乾草売却6グロ。燕麦をボーヌ桝計量で3ビッシュ半。アルジリィの池とベニュル Baignoul の池での漁獲売却額として270フラン半。加えてこの2池で捕獲した鯉 carpe 1,000尾，小イカナゴ lanceron と小魚 norrin 64尾，カワカマス luz, biechet 21尾，その他100超を計上している[30]。次いで科料・罰金が59リーヴルで，総計723リーヴルと燕麦3ビッシュ半としている。つまり1,000尾を超える水揚げは勘定総額に入れていない。

この後，ルーヴル，ブレゼィ，ラ・ペリエール，と城区ごとに収入が列挙されていくが，アルジリィ以外では，ポンタィエに僅かな地代収入（6リーヴル超）が見られるだけで，他の城区には見当たらない。つまり収入源は木材の売却，魚の売却，および科料・罰金であり，当然ながら，これらがグリュエリー会計の主たる源泉となっている。そこで木材と魚の売却益のみを表1-10にまとめた。29年の場合，漁獲売上はアルジ

表1-10　ディジョン管区のグリュエリ（木材と魚の売却額）（単位：フラン）

	1426年 B4475		1429年 B4479		1434年 B4486		1435年 B4488-1		1436年 B4488-2	
	木材売却	魚売却	木材売却	魚売却	木材売却	魚売却	木材売却	魚売却	木材売却	魚売却
アルジリィ	309	582	340	270	359	397	300	63	263	122
ルーヴル	220		48	309	20	89	7		2	284
ブレゼィ	145	37	57	291	7	68	—	—	—	—
ラ・ペリエール	188		57	417	0		0		0	
ショーサン	0		0		0		0		0	
ポンタィエ	38		0		57		31	58	44	
ソール	72		55		0		0		28	
タラン	46		0		26		27		23	
ラントネィ	17		4		0		0		0	
ヴェルジェイ	29		41		48		13		36	
小計	1,064	619	602	1,287	517	554	378	121	396	406
	40.9%	23.8%	26.5%	56.6%	41.7%	44.7%	40.5%	13.0%	34.7%	35.6%
その他										
合計	2,603		2,272		1,239		933		1,140	

---

30) quarieau と brenne なる魚名が記載されているが，特定できなかった。

第 1 章　ブルゴーニュ公領の地代と税　　　　　　　　　　　　65

リィを含む 4 城区に記録されるが，その合計額 1,287 フラ ンは総収入 2,272 フランの過半に達し，木材の売却を加算すれば，8 割を超す。34 年（B4486）の漁獲売上は総収入の 4 割だが，木材を合わせるとやはり 8 割を超す。しかし 26 年（B4475）の漁獲は 4 分の 1 に過ぎず，木材と合わせても 3 分の 2 に満たないから，安定した収入とは言い難い。農業との違いであろう。現物はアルジリィ以外に，ラントネィで 14 ボワッセル，ヴェルジェィで 3 ビッシュの燕麦収入が記録され，そのまま総計欄に持ち越されている。

　燕麦が現物としてそのまま記載されているから，なおさら腑に落ちないのが大量の漁獲である。既述のようにアルジリィでは 1,200 尾を越える鯉やカワカマスの捕獲があった。ルーヴルでは 5,200 尾，ラ・ペリエールでは 6,100 尾，種類や大小を問わずに合計すれば，12,500 尾を越える水揚げが記録されているが，これは売却された数量を表現しているのだろうか。種々の金納項目とその合計の記載後に「それから item」という一語を置いて，魚の数量が記載されていくので，金額の勘定と漁獲の勘定が対等に列挙されていると読むのが妥当であろうが，そうするとこの大量の魚が宙に浮いてしまう。記載の読解としては破格だが，最初に売却合計額を記載し，次いでその内容を説明していると理解することも可能だが，単価が示されていない。しかも漁獲高としては，ずいぶん切りの良い数で，目分量の概算と思われるが，他方，売却額には端数がある。つまり全体が整合性を欠く。

　1426 年の帳簿（B4475）は 29 年と同様にギヨーム・ランヴィアルなるグリュイエが作成したが，その記述はさらに詳細である。アルジリィをはじめ，湖沼のある城区では四旬節に，その年は 2 月 14 日から 3 月にかけて漁獲を行った。その間，ブルゴーニュ公殿下のディジョン管区，オーソワ管区，並びにラ・モンターニュ管区の従騎士グリュイエたるローラン・ド・トワジィ Laurent de Thoisy が配下のジャコ・ド・ヴィリエ Jacot de Villiers とともに監督を行い，彼ら二人の監視下で行われた漁獲が売却され，それをギヨーム・ランヴィアルが記録。582 フラン 6 グロ 1 ブラン，と書かれる。次いで，これとは別にギヨーム・グディエ Guillaume Goudier の指揮下，ゴビオン Gobion 池で体長半ピエ（＝16 センチ）ほどの小型の鱒やカワカマスを 500 尾採り，それをアルジリィの

池に放った。さらに同ギヨーム・グディエ立会いの下，鯉 300 尾をネブレッシュ Noebraiche 池に運び，放流した。合わせて 800 尾，と記載されている（B4475 f.17bisV°）。この記述を考慮すると，ある湖沼の水産物（資産）を捕獲したが，それをそのまま別の湖沼に移転したわけだから，帳簿上の在庫としてはプラス・マイナスなしとなる。ここでは，そのように理解したい。

ちなみに 26 年のアルジリィでは他に，伐採権 affouage として 23 グロ，豚の放牧料 pesnage として 34 リーヴル強，痩せ木 paisson の売却 90 リーヴル強が記録され，転貸料 admodiation，サンス保持者変更承認料 loux（＝louange）et remuage は空欄，科料・罰金は 155 リーヴルであった。金額の多寡はともかく，いずれも重要な科目と思われるが，他の城区には記載欄さえ見あたらない。29 年の帳簿では，アルジリィには記載されず，ポンタィエに 5 フラン強，タランに 2 フランの伐採権利収入が記録される。かくのごとく，グリュエリーの帳簿記載は一貫性を欠く。

(3) シャティヨン・ラ・モンターニュ──軍事の引力

ディジョンの北隣，ブルゴーニュの北端に位置するシャティヨン・スュル・セーヌ Chatillon-sur-Seine 管区の場合，やはり 12 ドニエ税とブドウ酒 8 分の 1 税の記録は廃棄されたと思しく，ほとんど伝来していないが，逆に通常収入勘定の記録はよく保存され，散逸したのは 1430 年分のみである。この史料の現況とそれぞれの概要をまとめたのが表 1-11 である。

本管区の通常収入は，一見して明らかなように，1420 年代と 30 年代では大きく異なる。1427 年までは少なくとも 1,000 リーヴルの収入があり，2,000 リーヴルを超えた年もある（1423 年と 24 年）。ところが 28 年と 29 年は 700 リーヴルを僅かに超えた程度で，31 年以降は 200 から 400 リーヴル程度と，大幅に落ち込んだ。最低記録は 35 年の 213 リーヴル（B4067）だから，1424 年の総額 2,013 リーヴル（B4055）と比べれば，10 分の 1 近くになってしまった。この理由は明らかで，1420 年代はブルゴーニュ領邦勘定役から，シャティヨン城の大規模な補修工事の補助金として，時に 1,000 リーヴルを超える額がこの会計に融通されていたからである。つまり 30 年代になって収入が激減したのではなく，

第1章　ブルゴーニュ公領の地代と税

表1-11　シャティヨン管区の収入　1419-43年

年		1419	1420	1421	1422	1423	1424	1425	1426	1427	1428	1429	1430	1431
通常	JF[(5)]から	1,730	1,612	2,184+200	800	1,169	800	270	841	1,184				
	収入合計	2,516	50	3,347	1,656	2,002	2,013	1,048	1,465	1,860	779	725		390
	&feible													
	5d/gros		2,771	576										
	領邦勘定へ	537	0		1,345	3,113	1,873	860	890	1,551	1,200	1,093		760
	建設	1,524+85	1,218	3,890	1,307	768	478	132	321	849	262	249		126
	支出合計	4,263	5,233		4,465	5,448	4,392	2,715	2,964	4,123	1,944	1,903		1,441
	&feible	74		5,423										
	5d/gros			901										
	典拠	B4047[1)]	B4048	B4049	B4051	B4052[1)]	B4055	B4056	B4057	B4058	B4059-1	B4059-2		B4061
12ドニエ税	差引		284+1,346	510+1,073	1,730	1,474			3,535	1,272	1,063	858		
	典拠		B4052[2)]	B4052[2)]	B4052[2)]	B4052[2)]			B4057[3)]	B4058	B4059-1	B4059-2		
1/8税	差引	632	283+272	109+542	694+142	758			1,599	549	423	328		
	典拠	B4047[1)]	B4052[2)]	B4052[2)]	B4052	B4052[1)]			B4057[1)]	B4058	B4059-1	B4059-2		
塩	差引								1,761					
	典拠								B4072-1					
グリュエリー	収入合計		876	3,465	578				1,471	676	1,037			
	領邦勘定へ		40	1,100	200				876	335	535			
	支出合計		680	2,632	429				1,516	535	1,044			
	差引													
	典拠		B1608	B1609	B4051-bis				B4057-bis	B4058-bis	B4059-bis			

68　第1部　財　源

年		1432	1433	1434	1435	1436	1437	1438	1439	1440	1441	1442	1443
通常	JFから	375	365	240	213	333	311	309	295	369	254	251	251
	収入合計	640	784	988	782	1,010	900	923	458	617	387	617	837
	領邦勘定へ	414	98	0	0								
	建設	2,019	1,369	1,494	1,185	1,728	1,459	1,388	1,044	1,093	809	983	1,038
	支出合計		1,004	1,253	972	1,394	1,148	1,178	748	723	555	731	786
	差引	B4062	B4063	B4066	B4067	B4071	B4072-1	B4074-1	B4078-1	B4079-1	B4082	B4083	B4085-1
	典拠	2,238	548	549	443	453	554	596	636	464	476	574	608
12ドニエ税	差引	B4067	B4067	B4067	B4067	B4072-1	B4072-1	B4085-2[1]	B4085-2[1]	B4085-2[1]	B4085-2[1]	B4085-2[1]	B4085-2[1]
	典拠	798	251	351	266	259	359	263	256	191	249	262	312
1/8税	差引	B4067	B4067	B4067	B4067	B4072-1	B4072-1	B4085-2[1]	B4085-2[1]	B4085-2[1]	B4085-2[1]	B4085-2[1]	B4085-2[1]
	典拠				1,159			134	7	78	142		259
塩	差引				B4067			B4085-2[1]	B4085-2[1]	B4085-2[1]	B4085-2[1]		B4085-2[1,4]
	典拠						221	212	119	260	179		
グリュエリー	収入合計												
	領邦勘定へ						116	164	200	312	222		
	支出合計						104	47	81	52	42		
	差引						B4072-2	B4074-2	B4078-2	B4079-2	B4079-2-2		
	典拠												

1) 巻末に収入役の決算あり。
2) ○+△は強貨+弱貨を示す。1419年のトゥルノワは16.5£/marc d'argent
3) 3年分ずなわち1424, 1425, 1426年の累積額。1420年と21年は弱貨幣
4) 1442年と43年の2年分。1423年から12doubles/gros
5) JFは領邦勘定役ジャン・フレニョ Jehan Fraignot

第1章　ブルゴーニュ公領の地代と税　　69

むしろ 200 から 400 リーヴル程度の地代収入しかないのがこのシャティヨン管区の本来の姿であり，城館とその周辺だけで構成される財源の限られた管区なのであろう。管区のグリュエリー収入とほぼ同レベルである。ところで，この会計操作は示唆に富む。管区通常収入の記録は各会計年度終了後に作成される報告形式の冊子であり，キャッシュ・フローを時系列で正確に記録したものではない。したがって，この操作だけで通常会計の性格を推測し，規定することは危険だが，工事費用の補塡という明白な理由があるとはいえ，バイイ管区付収入勘定役に上級職が資金融通を行ったという事実は地代と税を吸い上げる機構がもつ重要な性格を示唆していると思われる。バイイ管区の勘定役は担当管区の住民から地代や税を徴収し，上級勘定役に上納する役割を担っていただけでなく，管区の運営円滑化のために，上級職に資金融通を要請することができたと思われる。つまり領邦会計とバイイ管区会計は単なる階層構造をなしている訳ではなく，むしろ公領全体の運営を財政面から支える資金運用ネット・ワークという性格を備え，それがために彼らが管理する通常会計とは暫定的に流動資金を管理する口座，つまり現代の当座預金口座に相当する口座会計の性格も備えていたように思われる。

　領邦勘定役から融資されていた時期，つまり 1427 年以前の事情をもう少し分析してみよう。19 年から 21 年までは貨幣価値が違うので，22 年以降と時系列で比較することは意味がない。そこで，この 3 年分に関しては，領邦勘定役ジャン・フレニョからの融通額，その収入全体に占める割合，実際の城館補修費を提示するに留める。19 年（B4047）は収入総額 2,516 リーヴルのうち領邦会計からの融資は 1,730 リーヴルであるから，3 分の 2 強。城館補修関連（職人・人足の日当を含む）の実支出は 1,524 リーヴルをやや超える程度であったので融通分で十分に賄えたことになる。ちなみにこの 19 年の支出総額は 4,263 リーヴルであったから，工事費は総支出の 3 分の 1 弱である。20 年（B4048）は弱貨 2,771 リーヴルの収入のうち 1,612 リーヴルを領邦会計から受領。したがって半分は超えるが，3 分の 2 には達していない。補修支出は 1,218 リーヴルであったから，やはり十分な資金を得た。21 年（B4049）は弱貨に換算して計算すると，融通額は 2,984（＝ 2,184 ＋ 200 × 4）リーヴル。これに対して収入総額は 5,651（＝ 3,347 ＋ 576 × 4）リーヴルだから，半

分をやや上回る程度。工事費は弱貨で 3,890 リーヴル。つまり 900 リーヴルほど融通分を上回ったが，それでも 3,000 リーヴル近い融資があると無いでは，天と地ほどの違いがある。この 3 年分に注目するだけでも領邦から受領した補助金の重要度がよく理解される。トゥルノワを銀 1 マールあたり 6 リーヴル 3 スーに定めた 22 年以降，27 年までは融通額はほぼ一定している。270 リーヴルという 25 年は例外と見て，22 年（B4051），24 年（B4055）および 26 年（B4057）は 800 リーヴル，23 年（B4052）と 27 年（B4058）が約 1,170 リーヴルであった。22 年の場合，支払を大別して，金額順に列挙すると，まず他の会計主体へ資金融通 1,345 リーヴル，次いで寄進・年金・管区職員の日当の総額が 1,309 リーヴル，それから城館補修費用になり，順序としては第 3 位である。石材の調達・加工・積上げ，木材加工・構築，運搬など，それぞれ職人・人足の日当を含めて 11 項目に分けて記載されるが，その総額は 1,307 リーヴルであった。したがって領邦勘定役から融通された 800 リーヴルは城館補修費の 6 割に相当する。ただし補修費用の記述は，これもまた親方衆に対する対人記述であるから，材料費と加工費（職人の手間賃）を区別していない。したがってこの 800 リーヴルという金額が具体的に補修費の何に対応するのか，この点は曖昧なままである。さらに 23 年以降，城館補修費は大幅に減少し，この通常会計の巨大な負担とは言えなくなる。

　23 年は 768 リーヴル，翌 24 年は 478 リーヴル，25 年は僅か 132 リーヴルになった。この補修費は 33 年まで継続して計上されるが，27 年の 849 リーヴルを別にすると，他の年はせいぜい 400 リーヴルである。ただ表から明らかなように，23 年から 27 年までの融通額と補修費の増減は完全に一致しているから，おそらく管区勘定役から提出された見積もりに基づいて支払われたと読むことができる。ちなみに 1422 年から 27 年にかけて，6 年間の城館補修総額は 3,857 リーヴルで，同時期に領邦勘定役から受領した工事補助金の総額は 5,064 リーヴルであった。どう見ても，管区の側からの要請に渋々応じた，というバランスではない。主導権をとったのは領邦の財務諸役であったろう。城塞建造は古くは伯以上の上級貴族の特権であったことを思えば，1420 年代にセーヌ流域に位置する城館の補修費用を領邦レベルの財務諸役が勘定するのは当然

である[31]。

　しかし話はもう少し複雑である。なるほど，確かに領邦勘定役から相当額がシャティヨンに交付され，その額はしばしば収入総額の過半を占めていた。23年，26年そして27年がそうである。しかし管区の支出記録を見ると，毎年，数回にわたって領邦勘定役に，これも相当額を融通している。23年は3,113リーヴル，26年は890リーヴル，そして27年は1,551リーヴルである。どの年度をとって見ても，差し引きすれば，やはり金銭は管区勘定役から領邦勘定役へ流れていて，逆転は見られない。したがって，この城館補修工事は委託業務であり，本来は管区通常会計に組み込まれるべきでなく，むしろ別会計とすべきものであった。

　さてシャティヨンの地代徴収方式はどのようなものであったか。これは，いわばディジョン方式で，洗礼者ヨハネ（聖ジャン・バチスト）の祝日を期日とする年度ごとに地代を貨幣と蠟で契約し，それを2等分して万聖節と復活祭に徴収する方式である。1428年の聖ジャン・バチストの日から翌29年の同祝日までの1年間の地代を，シャティヨン市と周辺プレヴォテでは410フランと蠟200リーヴルで約し，その2分の1相当の205フランと蠟100リーヴルを28年の万聖節に徴収する。残り205フランと蠟100リーヴルは29年の復活祭に徴収するという方式である。この管区が管轄する8城区と2村も同様の方式で地代を徴収するが，その額は非常に少なく，年間10リーヴルにも達しない，どころかゼロと記載する城区もままある。したがって地代収入の合計は28年は銭530リーヴルと蠟665リーブル。29年は銭513リーヴルと蠟465リーブルであるが，いずれもシャティヨン市と周辺だけの徴収額と考えて差し支えない。これに公正証書登録請負料が20年代は120リーヴルほど加わり，時には科料・罰金が若干計上され，それですべてである。シャティヨン管区の帳簿はどの年度も十数葉の薄い冊子でしかない。

　ところで，分析をここまですすめると，面白い着想が湧く。すでに述べたように1430年の通常収入記録は散逸しているが，その内容はかなりの正確さで復元できるのではないか。というのは地代契約年度とその

---

31) この措置はシャティヨンがイル・ド・フランスからブルゴーニュに入る戦略的に重要な地点にあることで説明できる。1423年7月のクラヴァンCravant，翌24年8月のヴェルヌイユVerneuilを指摘しておく。

72　　　　　　　　　　　　第1部　財　源

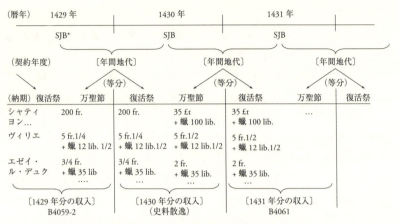

＊）SJB = Saint Jean Baptiste 聖ジャン・バティスト（洗礼者ヨハネ）の祝日

図 1-2　散逸史料復元の考え方

　徴収記載がずれていて，30 年聖ジャン・バティスト（SJB）に終わる年度の契約地代は 29 年の万聖節と 30 年の復活祭に徴収され，31 年の SJB に終わる年度の地代は 30 年の万聖節と 31 年の復活祭に徴収される。したがって 29 年の帳簿には（B4059-2）29-30 年度の前半分が記録されているし，31 年の帳簿（B4061）には 30-31 年の後半分が記録されているのだから，30 年の収入記録とは，29-30 年度の後半分と 30-31 年度の前半分を合わせて記載したものだったはずである。この推理に従えば，失われた 30 年の記録は容易に復元できるはずである。やってみよう。
　上図 1-2 に示したように，まずシャティヨンの 1429 年万聖節に徴収した地代は 200 フランである。これは 29 年 6 月から 30 年 6 月までの年間契約地代の半分だから，同額が 30 年復活祭に徴収されたはずである。また 31 年復活祭に徴収された 35 リーヴル・トゥルノワと蠟 100 リーブルは 30 年 6 月から 31 年 6 月にかけての年間地代の半額であるから，やはり同額が 30 年万聖節に徴収されたはずである。以下，各城区ごとに同様に考えて，表 1-12 のように一覧表を作成し，最後に古くから聖レミの祝日（10 月 1 日）に徴収されていた保護料 garde 3 フランと，やはり古い習慣で聖ドニの祝日（10 月 9 日）に徴収された防衛費 taille 2 フラン半を加えて，地代合計額は 338 フラン 2 分の 1 と 14 ドニエ。これに蠟 318 重量リーブル 12 オンス半。これを 10 重量リーブルにつき 2 リー

第1章　ブルゴーニュ公領の地代と税　　　　　　　　　　　　　　　　73

表1-12　散逸史料の復元　1430年

城区	徴収額		徴収額		納期	地代契約期
シャティヨン	200	fr	0	蠟 lib.	復活祭	1429SJB-30SJBの地代の半額
	35	£t	100	蠟 lib.	万聖節	1430SJB-31SJBの地代の半額
ヴィリエ	5　1/4	fr	12　1/2		復活祭	
	5　1/2	fr	12　1/2		万聖節	
エゼイ・ル・デュク	3/4	fr	35	蠟 lib.	復活祭	
	2	fr	35			
ヴィレイヌ	6　3/4	fr	25	蠟 lib.	復活祭	
	5	fr	25		万聖節	
サリーヴ	2	fr	50	蠟 lib.	復活祭	
	7　3/4	&14dt	3　3/4	&1/2once	万聖節	1libre=16onces
エニェイ	0	fr	0	蠟 lib.	復活祭	
	0	fr	0		万聖節	
ベニュー	17　1/2	fr	0	蠟 lib.	復活祭	
	12　1/2	fr	0		万聖節	
サルメーズ	1　1/2	fr	10	蠟 lib.	復活祭	
	1	fr	10		万聖節	
ビュンセィ	4	fr	0	蠟 lib.	復活祭	
	3　1/2	fr	0		万聖節	
クリエージュ	0	fr	0	蠟 lib.	復活祭	
	1/4	fr	0		万聖節	
トレィクト	20	fr	0	蠟 lib.	復活祭	
	2　3/4	fr	0		万聖節	
小計(1)	333	fr&14dt	318　3/4	lib.&1/32		
保護料(固定)	3	fr			聖レミ	
人頭(固定)	2　1/2	fr			聖ドニ	
小計(2)	5　1/2					
(1)+(2)=	338　67/120 fr.					
	63　121/160 fr. ←		318　25/32 lib.			単価(2 £t/10lib)
合計(3)	402　151/480　(= 402 £t 6s 3d1/2)					
公正証書請負					(契約額)	3年分を6期(2月と8月)分納
シャティヨン	47	fr	ニコラ・クレルヴォー Nicolas Clerevaulx		282fr	1428/3/1-1431/2/28
ベニュー	13　2/3	£t	ジャン・ヴィジュレ Jehan Vigellet		82 £t	1428/3/1-1431/2/28
小計(4)	60　2/3					
料金・罰金(5) a (不明だが0ではない)						
総収入(3)+(4)+(5)462.98125 £t + a (= 462 £19s7d1/2 + a)						

ヴル・トゥルノワで換算すると，63リーヴル121/160。改めて地代総額を求めると402リーヴル151/480（＝402リーヴル6スー3ドニエ・オボル）と表現できる。

　公正証書の登記請負も複数年契約が多い。そこで29年の記録と31年の記録を見比べると，30年に，あるいは30年から，継続している契約

は 2 件確認できる。ニコラ・クレルヴォー Nicolas Clervaux なる者が 28 年 3 月 1 日から 3 年 6 期で 282 フラン，ジャン・ヴィジュレ Jehan Vigellet も同期間に 82 フランを契約している。したがって，それぞれ 94 フランと 27 フラン 3 分の 1 を納入するはずだが，31 年の記録では両人ともその半分つまり 1 期分の 47 フランと 13 フラン 3 分の 2 しか納めていない。これが承認されたのだから，この額をそのまま尊重して，30 年もこの 1 期分相当額しか納めなかった可能性がある。つまり上記の地代総額に加えて，最低で 60 フラン 3 分の 2 が計上されたはずである。帳簿の収入科目としては科料・罰金があるが，この額を推測する材料はない。ゼロもありうる。以上を総合すると，1430 年の収入は最低でも 463 フラン，場合によっては，これに公正証書作成人の請負額や科料・罰金が加算されて，500 フラン程になったかもしれない。

既述のように，このシャティヨン管区では 12 ドニエ税とブドウ酒 8 分の 1 税の徴税記録は一切残っていない。通常収入記録の末尾に差引残高が記載されているので，そこから推定するだけになる。これらの税収は消費税であるから住民数に比例するはずである。1420 年代は城館補修工事のために，多くの職人や人足で賑わっていただろうが，34 年に工事が終了するとともに，静けさが戻り，消費も本来の住民数に見合ったものになる。工事中の 12 ドニエ税は 1,000 から 1,200 リーヴルであったが，34 年以降 500 から 600 リーヴル程度に落ち込んだ。ブドウ酒 8 分の 1 税は 22 年には 700 リーヴル程あったが，漸減して 33 年以降は 250 から 350 程で推移した。

グリュエリーは 1420 年から 22 年，26 年から 28 年，37 年から 41 年と，1419 年以降 43 年まで 25 年間のうち，11 年分の記録が現存しているが，これも 1420 年代と 30 年代では定量的に大きな違いを見せる。通貨が安定する 22 年以降，収入総額は 22 年が 578 リーヴル（B4051-bis），26 年が 1,471 リーヴル（B4057-bis），27 年 676 リーヴル（B4058-bis），そして 28 年が 1,037 リーヴル（B4059-bis）である。これに対して，37 年以降の 5 年間は低レベルで安定していて，最高でも 40 年の 260 リーヴル（B4079-2），最低は 39 年の 119 リーヴル（B4078-2）であるから，平均すれば 200 を割り込む。ところが，このように厳然たる相違があるにもかかわらず，その要因は判然としない。全体が低迷していると言う

しかない。1426 年はサルメーズで鯉 878 尾，雑魚 1,200 尾を捕獲し，すべて売却ないし放流と記載されているが，この 2,000 尾を超える漁獲の売上代金が 4 フラン強とは納得できない。支出欄に放流費用 360 フランと記載されているが（B4057-bis ff.26R°-27V°），要するに勘定役が買い取ったことを意味するのだろう。他の城区でも漁獲売上はせいぜい 40-50 フランで，収入の主要部分とは言い難い。材木の売却は例えばヴィリエ城区では 366 フラン，痩せ木売却が 192 フラン，サルメーズでは 93 フランと 36 フランであった。この年はディジョンのグリュイエであるギヨーム・ランヴィアルから 200 フラン，ジャン・ミロなるグリュエリー収入委任役から 100 フランを受領している。これは領邦勘定役ジャン・フレニョへの引き渡し額が 500 フランと高額であるために，融通を受けたのではあるまいか。翌 27 年はヴィリエ城区で鯉 1,020 尾，その他 200 尾ほどを捕獲し，この売却が 240 フランである。同区での材木売却が 107 フラン，痩せ木売却が 111 フランで，他にはサルメーズでの材木売り上げが 40 フラン，エゼイでの乾草売却 21 フラン，司法手続き 24 リーヴルが主たる収入であった。28 年はエゼイ・ル・デュク城区で鯉 3,322 尾，イカナゴなど 700 尾を計上し，この売却代金は 564 フランに達した（B4059-bis ff.1R°-3R°）。木材売却はヴィリエでは 269 フラン，サルメーズでは 48 フランであった。ディジョン管区の場合と同様に，漁獲と材木の売却が収入の中心で，その点ではグリュエリー収入として平凡であると言えよう。

　37 年から 39 年にかけての 3 年分はギヨーム・ロカン Guillaume Roquant がグリュイエを担当したが，彼は漁獲の詳細を記録していない。37 年はヴィリエ城区で 40 フランの漁獲売却を記録している（B4072-bis f.4R°）。材木の売却額はエゼイが 22 フラン，ヴィリエが 57 フラン，サルメーズが 34 フランである。38 年はエゼイでの漁獲売上が 36 フラン（B4074-bis f.1R°），その他は材木売却がほぼ前年並み。39 年は木材や痩せ木の売却が城区ごとにそれぞれ 20 フランほど見られるだけで，1 年間，森林資源や水資源を活用しなかったのか，と疑いたくなるほど，何も記載されていない（B4078-bis）。40 年と 41 年はジャン・サンフォン Jehan Cinqfons にグリュイエが替わり，それに伴って帳簿記載に変化が現れる。40 年にはエゼイとヴィリエで鯉を中心に 1,000 尾近い漁獲が

あったことを明記しているし（B4079-bis f.1R°），41年には500尾を超える漁獲があった（B4079-bis-2 f.1R°）。しかし，それでも20年代は3,000尾ほどの漁獲があったし，材木売却額も3桁に達していたから，やはり低迷していると言わざるを得ない。森林資源そのものが年ごとに大きく異なるとは考えにくいし，また捕獲した魚を放流したことが事実としても，食用が基本であろう。すると漁業も材木の伐採・売却も，その規模は周辺の社会・経済活動に比例すると考えるべきである。つまりシャティヨン管区のグリュエリー収入も，やはり城館工事のために長期間にわたって滞在した職人や人足たちの数に左右されたと理解すべきであろう。

シャティヨン管区の収入概況をまとめると，1426-27年（フレニョからの融通分は差引く），28-29年，31-43年の計17年間の通常収入は単純年平均398リーヴルであった。グリュエリーは1437-41年の5年間だけを勘定するが，その単純平均が198リーヴル。2種の間接税収入は1424-29年，1432-43年の計18年間の帳簿残高平均が1,199リーヴルであった。地代を核とする定常収入は合わせて596リーヴル（構成比33.2％）であり，それに対して間接税収入の帳簿残高は1,199リーヴル（同66.8％），計1,795リーヴルであった。ここではディジョン以上に間接税に対する依存度が高く，間接税収が管区総収入の3分の2を超えている。

(4) オータン──財務機構の祖型

オータンAutun管区は表1-13に示すように，全般によく史料が保存されていて，長期にわたる継続的分析を可能にする。まず通常収入勘定の記録は対象時期25年分すべてが現存している。これは公領6管区中，オーソワ管区とともに2管区だけの希有な事例である。

20年代の管区収入額は緩やかな変動を示す。21年以前の数値データを，それ以降の時期と比較して，評価することは控えたい。1422年に1,431リーヴルという20年代の，そして対象時期を通じての最高値を記録するが，その後緩やかに減少し，27年に825リーヴルで，いったん底をつく。翌28年から緩やかに上昇して30年に904リーヴルで小ピークに達する。ところが翌31年には673リーヴルと前年比25％の急減，翌年は増加するがすぐに減少し，33年は31年と同レベル。以後，年率

第1章　ブルゴーニュ公領の地代と税

表1-13　オータン管区の収入　1419-43年

年		1419	1420	1421	1422	1423	1424	1425	1426	1427	1428	1429	1430	1431
通常	ヴィエから	300	300	90	350	458	380	380	380	360	338	334	406	322
	収入合計	1,118	1,738	756	1,431	1,340	1,295	1,171	1,227	825	855	889	904	673
	領邦勘定へ	2,280	1,848	703	1,296	192	2,080	1,050	2,945	2,900	2,563	2,496	2,696	2,330
	支出合計	4,058	4,204	1,468	2,921	1,636	3,421	2,845	4,085	3,541	3,122	3,038	3,099	3,113
	典拠	B2350-2	B2353-1[1]	B2353-2[2]	B2356[3]	B2359	B2362[5]	B2365	B2366[6]	B2368	B2368-2	B2371	B2371-2	B2374
12 ドニエ税	収入合計				1,545		1,916	1,790	1,792	1,861	1,623	1,503	1,520	1,249
	領邦勘定へ				998			1,426	0	0	0	0	0	0
	支出合計				1,083		1,049	1,467	55	46	41	52	97	60
	差引	1,729	1,906	437	462	283								
	典拠	B2350-2	B2353-1[1]	B2353-2	B2358-15[3]	(散逸)[4]	B2362-2	B2365-2	B2366-2	B2369-1	B2369-2	B2369-3	B2369-4	B2369-5
1/8税	収入合計				649	710	818	893	925	899	688	633	645	551
	領邦勘定へ				0	0	0	397	0	0	0	0	0	0
	支出合計				45	23	19	425	36	31	38	20	40	22
	差引	846	394	111										
	典拠	B2350-2	B2353-1[1]	B2353-2	B2358-1[3]	B2358-2[3]	B2358-3	B2358-4	B2358-5	B2358-6	B2358-7	B2358-8	B2358-9	B2358-10
塩蔵出	差引								1,442	0	91	92	330	769
	典拠								B2366[8]					
ヴィエリ	収入合計	158	289+100	421	280	448					538	465		
	通常会計へ	150	150+150	300	217	305				H.U.	334	451		
	支出合計	167	248+159	400	256	451					434	550		
	典拠	B2351-1	B2351-2	B2351-3	B2357[3]	B2360				B2370-1[9]	B2370-2	B2370-3		
グリュエリー	収入合計	338	533	151				139	429	420	163	125	370	161
	領邦勘定へ		130					155	130				167	
	支出合計	131	429+89	179				219	328	284	218	341	334	240
	典拠	B2352-1	B2352-2,3	B2354				B2365-3[7]	B2367-2	B2367-3	B2367-4	B2372-1[10]	B2372-2[10]	B2375-1

1) 弱貨表記そのまま記載。
2) 強良貨。26 £/marcの弱貨は6.15 £/marcの強貨に換算した。
3) 計算貨幣は10doubles/gros だが、翌年以降の12doubles/grosに換算して表示。
4) 散逸。差引の価はB2366の巻末概要から推定。

78　第1部　財　源

年		1432	1433	1434	1435	1436	1437	1438	1439	1440	1441	1442	1443
通常	ヴィエから	305	305	311	330	305	300	300	250	250	300	300	300
	収入合計	757	676	690	735	739	788	901	669	598	654	751	739
	領邦勘定へ	440	260	804	392	1,040	1,624	2,386	1,707	1,706	2,093	2,090	2,434
	支出合計	3,512	3,310	3,560	2,946	3,753	2,960	2,912	2,268	2,291	2,568	2,617	2,965
	典拠	B2374-2	B2377-1	B2377-2	B2384	B2386-1	B2387	B2388-1	B2392-1	B2395-1	B2397-1	B2400-1	B2407-1
12ドニエ税	収入合計	1,436	1,371	1,354	1,195	1,570	1,401	1,390	1,302	1,164	1,237	1,066	1,227
	支出合計	48	59	64	53	81	61	59	51	46	44	46	38
	典拠	B2369-6	B2369-7	B2369-8	B2369-9	B2369-10	B2369-11	B2388-2	B2392-2	B2395-2	B2397-2	B2400-2	B2407-2
1/8税	収入合計	553	587	515	498	628	574	486	331	465	547	518	541
	支出合計	20	22	21	22	43	18	23	6	24	26	23	8
	典拠	B2358-11	B2358-12	B2358-13	B2358-14	B2386-2	B2386-3	B2388-3	B2392	B2395	B2397	B2400	B2407-3
塩蔵出	差引	823	1,813										
			916										
	典拠		B2380										
ヴィエリ	収入合計								350	376	398	393	373
	通常会計へ								250	250	300	300	350
	支出合計								310	316	374	357	410
	典拠								B2394	B2399-1	B2399-1	B2408	B2411
グリュエリー	収入合計	256							199		359	88	68
	領邦勘定へ	50							60		100	60	60
	支出合計	184							151		244	88	84
	典拠	B2375-2							B2393		B2398	B2403-1	B2403-2

5) 収入総額を誤記？　本表の該当欄は修正して記入。
6) 巻末に概要あり。B2362の差引額が記載ミスと判断した。収入総額の記載ミスと判断した。
7) B2365-3は9月末までの9ヶ月で、その後年末までの3ヶ月はB2367-1。合算して1年分として記入。
8) 累積バランス
9) 収入合計と支出を記載した後半部分（f.13et ss.）散逸。
10) B2372-1は9月14日までの8.5ヶ月分。B2372-2は29年9月1日から30年末までの16ヶ月分。修正せずにそのまま記入。

第1章　ブルゴーニュ公領の地代と税　　　　　　　　　　79

数パーセントで38年まで緩やかな上昇カーブを描き，再び39年には25％の減少を記録する。翌40年はさらに減少し，598リーヴルという対象期間中の最低額を記録した。これ以降は再び緩やかな上昇に転じ，700リーヴルを超えていく。つまり上昇・下降の局面はおよそ5年を周期として交替しているが，25年間の長期傾向は，短期的揺れを繰り返しながらも，明らかに減少を示す。以下，各会計年度の内実を分析していくが，ここで分析した上昇と下降の局面をそれぞれひとつのまとまりと見て，1419年から21年を第1期，22年から27年までを第2期（−），28年から30年までを第3期（＋），31年から38年までを第4期（＋），そして39年以降を第5期（−）とする。

　各年度の収入構成は地代と司法収入に大きく二分され，さらに地代は現物と現金に二分される。記載の順序としては，まず現物地代としてフロモン麦，セーグル麦，燕麦，と三種の麦の納入と払出し。さらに鶏，蠟の徴収が記載される。続いて現金地代の徴収，さらに課徴金・罰金，公正証書請負などの司法手続き料が記載され，最後に現物の売却額が記載され，以上の収入をトゥルノワに換算し，合計が記載される。つまりシャロレ管区の記載方式とほぼ同様である。第1期（1419-21年）から，まず19年の帳簿（B2350-2）を取り上げてみよう。現物はフロモン9ビッシュ，セーグル1ビッシュ，燕麦658ビッシュ。さらに鶏は27羽半，蠟が174リーブルであった。現金収入は，まずギヨーム・ヴィオ Guillaume Viot なる請負人 vier から300リーヴル，モンスニ城区のピエール・ベルネイ Pierre Berney から140リーヴル，地代180リーヴル，科料・罰金150リーヴル，公正証書など司法手続き関係が94リーヴル，臨時68リーヴル，その他89リーヴル，現物売却は95リーヴルであった[32]。シャロレでは現物売却額は収入総額の4割ほどであったが，オータンでは1割にも満たないし，現金地代の半分である。形骸化していたのであろうか。翌20年（B2353-1）は全体に金額が膨張しているが，これは貨幣の問題である[33]。なお，この2年間は領邦勘定役ジャン・フ

---

　32)　この時の売却単価は1ビッシュあたりフロモン6グロ（120dt），セーグル4グロ（80dt），燕麦6ブラン（30dt）であるから，シャロレよりもかなり安価であった。鶏は10dtで同じである。
　33)　穀物売却単価がフロモン7グロ（140dt），燕麦9ブラン（45dt）に上昇している。

レニョから 68 リーヴル（19 年 B2350-2 f.20R°），204 リーヴル（20 年 B2353-1 f.21V°）が融通されているが，これはモンスニ城の補修と守備兵への手当のため，とされている。

　第 2 期は管区収入勘定役がルニョー・ド・トワジィ Regnaut de Thoisy からジャン・ピュッセル Jehan Pucelle に交替した（巻末史料 1）。シャロレ管区から転入した勘定役である。すでに検討したシャロレの詳細な帳簿はこのピュッセルの手になるものであった。この勘定役交代に伴う契約更改によって，現物徴収に若干の変更が発生した。フロモンが 11 ビッシュに，蠟が 184 リーブルになるが，セーグルと燕麦，それに鶏は全く変わらない。以後，このジャン・ピュッセルは 37 年まで 16 年間，16 期にわたり，このオータンの管区会計を管理する。

　第 3 期に入ると，急激に収入総額が減少する。第 2 期は 1,200 から 1,400 リーヴルの間で推移したが，第 3 期は 850 から 900 程の額になる。つまり 400 から 500 リーヴルほど収入が減少したが，単年の変化ではなく，数年にわたる値域変化であるから，収入構造の変化に原因を求められる。実際，これは帳簿に明示されている訳ではないが，会計基準の変更が引き起こしたと考えられる。従来，司法手数料と科料・罰金はバイイ管区で取りまとめて徴収していたが，27 年から城区やプレヴォ区で個別に徴収し，それぞれが管理する会計で扱うことになったためであろう。おそらく，そのために 27 年には若干の混乱が生じ，請負区での徴収と，管区での徴収の区別が不明瞭になり，請負区からの徴収額を明示していない（B2368 ff.8V°-9R°）。ところが，このような変更にもかかわらず，右の表 1-14 に見られるようにバイイ管区で徴収する司法手続き料は僅かずつ増加した。それが第 3 期に緩やかに収入を増加させた主たる要因である。その社会的意味を問うことは本書の目的ではない。これに対して，地代収入は現物も現金も大きな違いは見られない。28 年にフロモン 11 ビッシュ半，セーグル 1 ビッシュ，燕麦 758 ビッシュ，鶏 49 羽と，収納増が見られるが，実際に売却された分量は燕麦 658 ビッシュ，鶏 27 である旨，記載されているので，穀物売却による収入は事実上，例年通りであったと理解される。

　30 年から 31 年にかけて，急激に収入が減少するが，この時も現物と現金の地代収入は，ほとんど変化が見られない。現物数量はフロモンが

第1章　ブルゴーニュ公領の地代と税

表1-14　オータン管区の現物売却単価と司法収入

		1428年 B2368-2	1429年 B2371	1430年 B2371-2	1431年 B2374	1432年 B2374-2	1433年 B2377-1	1434年 B2377-2	1435年 B2384
フロモン	dt/biche	120	125	80	80	165	80	65	85
セーグル	dt/biche	70	85	50	60	85	50	50	60
燕麦	dt/biche	30	45	30	30	45	30	35	35
鶏	dt/geline	7	6	6	6	6	6	6	10
蠟	dt/lib.	45	50	50	-	48	45	45	40
売却総額	francs	88	131	89	88	134	87	99	100
公正証書	francs	120	128	136	115	101	113	109	103

		1436年 B2386-1	1437年 B2387	1438年 B2388-1	1439年 B2392-1	1440年 B2395-1	1441年 B2397-1	1442年 B2400-1	1443年 B2407-1
フロモン	dt/biche	80	160	408	180	100	60	80	85
セーグル	dt/biche	40	85	193	100	72	40	40	65
燕麦	dt/biche	30	50	120	55	25	20	26 2/3	25
鶏	dt/geline	6	6	6	6	6	6	6	6
蠟	dt/lib.	40	40	39	43	50	50	60	60
売却総額	francs	87	147	353	163	76	59	79	74
公正証書	francs	134	114	122	113	125	115	106	168

僅かに減少しただけで，単価も全体に影響するフロモンと燕麦は変わらない。その結果，換金額も90リーヴル弱で変化なし。つまり司法手続き収入の減少がそのまま反映したことになる。

ところが第4期に入ると，これまでとは違って，むしろ司法手続き収入（特に公正証書登録請負料）は安定し，ほぼ110から120リーヴルで推移し，収入全体の変動を説明する要因になっていない。30年から31年にかけては，確かにこの科目の変動が全体を説明する。しかし31年，32年，33年の3年間の増減は司法手続き収入では説明できない。32年から33年にかけて，総額は減少するが，司法収入は増加しているからである。この3年間のカーブを説明するのは87リーヴル半，134リーヴル，87リーヴルと変化した穀物売却額である。しかもこの穀物売却額は数量変化でなく，価格変化に依存する。相対的に安価な場合は，売却総額は90リーヴル前後であるが，高価な時期は130から140リーヴル程度に達する。収入総額が700リーヴル程度であるから，約5分の1程度の重要度がある。36年から37年にかけて穀物価格は2倍になり，さらに38年にかけてフロモンと燕麦は2倍半，セーグルが2倍になった。翌39年には鎮静化を見せるが，36年レベルに戻るのは41年に

なってからである。つまり第 5 期は穀物価格の鎮静化・安定化の時期であったと言える。この価格高騰のために，37 年の売却総額は 147 リーヴル，38 年は 353 リーヴルに達したから，37 年はともかく，38 年は総額 901 リーヴルの 3 分の 1 を超えるという，オータン管区では前代未聞の事態となった。

　ところでオータン管区は他には見られない下位徴収区を持つ。ヴィエリ vierie といい，他の管区で見られるような管区内もしくは近辺の城区ではない。オータン管区もモンスニ Moncenis 城区 chastellenie を一種の徴税区のように見なし，それを管理し，そこから司法手数料などを徴収し，記録している。その額はオータン市内で徴収するものとほぼ同額である。しかしヴィエリは地名ではない。収入簿では，現物徴収を記載した後，金銭受領の劈頭に，このヴィエリまたは請負 ferme から，という項目を立てて 300 から 400 リーヴル程の受領を記入している。この収入は既述のように 1427 年分（B2368）だけ曖昧になってしまったが，それ以外の年度では明瞭に区別されて記載される。ferme と言い換え可能なのだから，請負徴税区であることはすぐ理解されるが，このようにバイイ管区内の下位税収区として機能している自律的空間は他の管区では見られない。このようなヴィエリとは何に由来するのだろうか。

　ヴィエ vier, vierg とその抽象名詞ヴィエリ vierie は，容易に想像されるように，vicarius と vicaria の派生語である。viguier と vigerie ないし vicaire が標準的な形態であろうが，[k/g]の音が脱落した異体であろう。seel < sigillum を思い浮かべればよい[34]。ニールマイヤー Niermeyer の中世ラテン小辞典は vicaria の異体として viaria, vaieria, vieria などを提示している。vicarius（viguier）とは伯ないしバン領主レベルの統治権限を代行する者を指し，vicaria（vicaire）とはその権限ないしその権限の実効範囲を意味すると理解するのが一般的であろう[35]。が，オータンではやや意味合いが異なる。古くは参審人筆頭の呼称であり，実質的に市長の謂と理解して差し支えないのだろうが，ブルゴーニュ地方でもオータンでしか

　　34）ZINK, Gaston ; *Phonétique historique du français*, Paris, 1986. pp. 90-113, 232. は 3 世紀に始まる口蓋化 palatalisation と呼ばれる調音変化が音韻体系にどのような変化を引き起こしたか，丁寧に説明している。

　　35）BRUAND, Olivier ; *Les origines de la société féodale. L'exemple de l'Autunois (France, Bourgogne)*, Dijon, 2009.

第 1 章　ブルゴーニュ公領の地代と税　　　　　　　　　　　　83

使用しない。ゴッドフロワ Godefroy の古語辞典もその旨明記しているが，なぜオータンだけなのか，その説明はない。この 19 世紀の碩学によれば，11・12 世紀においてはオータンにおけるブルゴーニュ公の代理権者であり，その権限は都市防備を目的とする軍事，司法権の行使，徴税に及ぶとされるから，この時代のヴィエは，その起源たる vicarius の原義をなお体現していたと解される。ところが 13 世紀末に新たにバイイ bailli 制が設置されると，ヴィエは多くの権限を失い，特にその司法権はディジョンのバイイに委譲された。1320 年頃，新たにオータンにバイイが設置されると，ヴィエの権限はさらに制限され，その警察権の及ぶ範囲はブルゴーニュ公の裁判権に従属する都市内部とその周辺城区に制限され，結局，主たる職務は徴税となった。おそらくこの頃までに他の管区ではヴィエリが解体・消滅し，15 世紀にはその痕跡すら見当たらない，ということになったのであろう。ところがオータンではヴィエリは消滅することがなかった。もはやブルゴーニュ公がオータンとその周辺に所有する収入の全体を意味するにすぎないが，それでも存続した。その経緯は不詳だがヴィエを勤めた誰かの政治交渉力の賜物であろうと推測するだけである。この最終段階のヴィエリを収入管理区 régie ないし当時の言い方に従って保護区 garde であると理解するなら，ヴィエは収入管理人 régisseur ないし保護人 gardien と言えるし，徴税請負区 ferme と考えるなら，請負人 fermier ということになる。

　本書が分析対象とする 1419 年から 43 年までの期間，ヴィエリ会計は 12 年分現存している。19 年（3 ヶ月分）から 23 年までの 4 年 3 ヶ月分，28 年と 29 年の 2 年分，そして 39 年から 43 年までの 5 年分である。その扱う金額は概ね 300 から 400 リーヴル，せいぜい 500 リーヴル強（1428 年 B2370-2）であり，また，その定義から自明であるが，収入のほとんどをオータンの管区勘定役に引き渡している。請負であるから，あらかじめオータン勘定役と協議のうえ，引き渡し額を取り決めておくのであろう。その額は多少のばらつきはあるが，300 リーヴル，330 リーヴル，さもなければ 380 リーヴルが多い。その内容をもう少し見てみよう。

　まず現物はフロモン 8 ないし 11 ビッシュ，燕麦 117 ビッシュ（全期間を通じて一定），蠟（帳簿に記載欄はあるが常にゼロ），ブドウ酒 4 ピン

ト[36]，鶏2羽を徴収し，これを換金して10ないし20リーヴルほど。つぎに聖ラードル Saint Ladre（9月1日）を期日とする現金地代と解放金 franchise が合わせて250リーヴルほど，3月のマルセシュ Marsesche[37]を期日とする地代が50リーヴルほど，その他，プレヴォテや小城区からの雑多な地代収入などが100リーヴル。つまり管区会計を一回り小さくした，という表現がぴったりする内容であるが，このヴィエリ会計は夏の聖ジャン・バティスト（洗礼者ヨハネ）を期日としている点が異なる。管区会計は暦年を会計年度としているから，期日が半年ずれることになり，そのためにヴィエリは春と秋に2度に分けて管区に現金を引き渡す。結局，ディジョンやシャティヨンでは穀物地代の納期を夏の収穫直後に設定し，それを秋以降に管区会計で勘定したが，ここ，オータンでは住民の納付期限を管理する会計を設定し，そこで一度取りまとめた後に，改めて管区勘定役に引き渡す，という方式（図1-3参照）を採っていたことになる。ヴィエの消長に重ね合わせて歴史的に考えれば，ヴィエが地代徴収を請負うオータンのやり方が古く，他の管区はこのヴィエ介在方式を廃止ないし省略して，管区勘定役が直接に地代や諸税を徴収する方式に簡略化していた，と理解することができる。

　ここで，オータンの「古さ」を象徴するエピソードをひとつ紹介しよう。

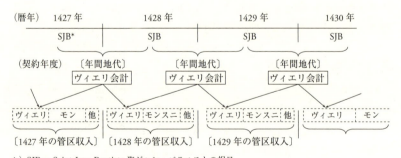

＊）SJB = Saint Jean Baptiste 聖ジャン・バティストの祝日

図1-3　地代の納期とヴィエリ会計の年度

---

36)　1 setier = 8 pintes.
37)　Marsesche は Annonciation の別称。3月25日。

第1章　ブルゴーニュ公領の地代と税　　　　　　　　　　　85

　クロズ Crose 村の住民はモンスニ Moncenis 城区に設置されていたバンのパン焼き竈を使用するように定められていた。が，ブルゴーニュ公は，1422年7月25日付認可状によって，彼らが村内に一基ないしそれ以上の竈を設置し，そこで彼らのパン，パスタ等々を焼く，ないし焼かせることができ，したがって，あえてモンスニのバン竈を使用するまでもなく，竈税，焼き代，その他の負担を支払う必要もない，と許可した。
　「殿下がこの許可を下されたのは，クロズ村がモンスニから4分の1里の距離にあり，特に冬季に通うことと，当モンスニの竈使用料として1台につきフロモン麦半ビッシュを毎年冬の聖マルタンの祝日に殿下に支払うことは彼らにとって大きな苦痛，負担でもあれば苦労の種でもあったからである。（中略）ところが，このクロズ村住民たちは誰ひとりとして，この（竈新設の）件につき，殿下の上記認可状によって許可が下りた日から，村内に竈を作る，あるいは作らせることがなく，1426年3月（新式）になってようやく彼らは彼らの竈を作らせたが，ともかく，それ以前ではなかった。殿下の許可が下りてから1426年の3月までの間，彼らは相変わらず自分たちのパンやパスタをモンスニの竈まで焼きに行き，そこで竈使用料と焼き代を支払っていた。このことはオータン・バイイ代理ジャン・ボルド Jehan Borde の証明書の記載通りである」と説明している[38]。
　ブルゴーニュ地方でバン領主権の具体的内容が定着したのは13世紀始めであろうか。パン焼き竈の設置制限と領主の竈の強制使用・使用料金徴収はバン領主権の中でもよく知られた項目である。それが1420年代まで，つまり200年もの間，連綿と続いてきたことを証言する一節で

　38）　Et cest present octroy leur a fait pour ce que ledit lieu de la Crose est a ung quart de lieue dudit Moncenis qui leur estoit moult grant painne charge et traveil meismement en temps d'iver et parmi paiant chacun an a mondit seigneur au terme de Saint Martin d'ivert pour chacun four de la dicte ville demi bichot froment ...... Et lesquelx habitans, ne aucuns d'eulx quelx qu'ilz soient, n'ont aucunement fait, ne fait faire aucun four ou fours oudit villaige de la Crose des le jour et date de l'octroy a eulx sur ce fait par mondit seigneur par sesdites letttres jusques seule ou mois de mars 1425 qu'ilz firent faire leurs diz fours et non plustost et paravant depuis ledit octroy de monditseigneur jusques oudit mois de mars 1425 sont tousjours aléz cuire leurs dictes pastes et pain audit four bannal du dit Moncenis et y ont paié leurs cuisaiges et fournaiges, comme de ce appert certifficat de Jehan Borde, escuier, lieutenant au siege de Moncenis de bailli d'Ostun ... (B2366 f.1V°)
　なお本書が分析対象とする時期において，バン領主権に関わる具体的な記述はこれだけで，他の管区記録には見当たらなかった。

ある。しかも農民たちは自らの竈建設の許可を得ながらも，実際に建設し，それを使用するまでの間（この場合は3年間）は，従来どおり，慣習化した税をきちんと納めていたのである。

オータンは，このように，伝統を断ち切ることなく運営されていた管区であるが，しかし収支バランスは他の管区同様，やはり経常的に大幅な支出超過を記録し続ける。管区からブルゴーニュ領邦勘定役への融通額は1426年は2,945リーヴル（B2366），27年は2,900リーヴル（B2368），28年から31年までは2,500リーヴル程度を供与し，収入総額の3倍を超える年もある。32年から35年までは収入の枠内にとどめているが，36年以降，再び支出超過となり，38年に2倍を超え，40年以降3倍を超える。つまりディジョンやシャティヨンの場合と同様に，別会計としている12ドニエ税（20年代は1200から1800，30年代は1100から1500リーヴル）やブドウ酒8分の1税（同600から900，同400から600リーヴル）を繰り込むことがなければ，およそ回復不可能な赤字を累積していったことになろう。したがって本来は王税である12ドニエ税とブドウ酒8分の1税とを「通常」会計の決算に連結して帳尻を合わせたと言うよりも，むしろこの3種の会計は，本来の区分はともかく，一括して扱うべき資金と財務担当者は理解していて，記帳の都合上，別冊にしているだけなのかもしれない。徴税会計の信用と負債，つまり預かり残高と貸出し残高は，各会計の期末決算時の状態を示しているというよりも，むしろそれらを管理する勘定役が実際に行った資金移動の一部分を適宜分割して示していると理解した方が良いかもしれない。ともかく，支出を支えているのは土地経営が生み出す収益ではなく，間接税収入であることを，ここでも繰り返し主張したい。1424年から43年まで20年間の通常収入の平均は827リーヴルであるが，同期間の間接税の平均は12ドニエ税が1,448リーヴル，ブドウ酒8分の1税が615リーヴルで，合計2,063リーヴルに達する。グリュエリーの平均収入は231リーヴル（1425-32年，39年，41-43年の12年間）であるから，通常収入と合わせても1,058リーヴル。つまり間接税は通常収入の2倍，管区の平均総収入3,122リーヴルの66.1％を占める。司教座都市を中心とする管区の性格が色濃く現れている。

第 1 章　ブルゴーニュ公領の地代と税　　　　　　　　　　　87

　その 12 ドニエ税とブドウ酒 8 分の 1 税に関しては，24 年以降の帳簿がすべて現存している希有な管区であり，是非ともこれを利用して分析しておきたい。シャロレと同様に，いずれも競争入札による請負制のために，景況の直接の指標とは言い難いが，それでも 20 年以上も変わらない地代を含み，しかも二重構造を採る通常収入とは違って，社会・経済の動態をある程度は反映していると思われる。
　グラフ 1-1 から明らかなように，商品 12 ドニエ税は対象期間では 1424 年に最高額 1,916 リーヴルを計上する。が，その後 8 年間は緩やかに減少して 31 年に 1,249 リーヴルで底を打ち，翌 32 年には回復するが，すぐに減少に転じ，3 年後の 35 年に 1,195 リーヴルで再び底を打った。翌年には回復するものの，やはり減少傾向を示し，6 年後の 42 年に 1,066 リーヴルで対象期間中の最低額を記録するが，翌年には回復した。このように，各局面は 3 年から 8 年と幅があるが，同じパターンを繰り返す。つまり緩やかな上昇局面は見られない。緩やかに下って底を打ち，1 年だけ引き上げられるが，その翌年からは再び下降というパターンである。したがってオータン管区の社会経済は停滞気味であり，間隔をおいて，勘定役が活性化を図って年初の競売で高値誘導を図り，何とか持

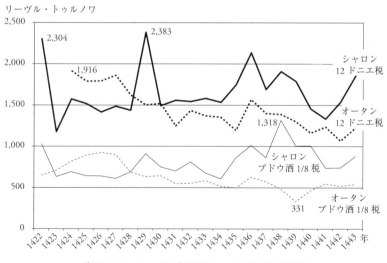

グラフ 1-1　オータン管区とシャロン管区の間接税

ち直すが，手を緩めれば，すぐに低落という傾向が読みとれる。全体に占める各地区の割合は一定している。オータン市とその周辺だけで，常にほぼ半分を占め，さらにその周囲の農村地帯を含めると全体の3分の2ほどになる。モンスニ城区の消費はずっと小さい。

このオータン市および周辺の重要度は，ブドウ酒8分の1税の場合もほぼ同様で，常に全体のほぼ半分を占めている。

しかしブドウ酒8分の1税の場合，変化動向は12ドニエ税のそれとはかなり異なる（グラフ1-1参照）。税収総額は1426年にピークに達し，925リーヴルを記録するが，28年に一挙に688リーヴルまで下落し，その後500から600リーヴルの間で推移。36年に小ピークに達し，翌年から顕著な下落局面に入り，39年に331リーヴルで最低を記録。翌40年以降は500リーヴル前後で緩やかに推移する。大きく言えば，27年以前と以後に分けられる。前期は700から900リーヴル，後期は500から600リーヴルであるが，12ドニエ税ほどには長期低落傾向は示していない。むしろ請負制の効果が顕著で，特にオータンは「例年並み」で推移する傾向が強い。サン・ジャックに到る巡礼の道沿いにある司教座都市として，ブドウ酒の消費はある水準を下回ることはないのだろう。

1419年からの対象期間中，グリュエリー会計記録は15年分が現存している。その収入額は一定せず，1442年（B2403-1），43年（B2403-2）のように2桁の記録もあれば，1426年（B2367-2），27年（B2367-3）のように400リーヴルを超える年もある。管区の通常収入を800リーヴルと見れば，せいぜい半分，1,200リーヴルとすれば，3分の1以下，という程度である。徴収の内容に特に注視すべき点はない。フロモンと燕麦の徴収，漁獲とその売却，木材・痩せ木の伐採と売却，固定地代，放牧料，司法手続き料で構成される。1419年にはフロモンが71ビッシュ，燕麦が41ビッシュと合わせて110ビッシュを超える穀物が徴収されていたが（B2352-1），その後，フロモンの徴収は減少し，22年から24年までの記録欠落期間中に徴収されなくなった。1425年の記録にはもはやフロモンの記述はない（B2367-1）。燕麦は27年に77ビッシュ半という大量の徴収記録（B2367-3）が見られるが，これもその後は減少を示し，43年には26ビッシュ半になった（B2403-2）。木材や漁

獲の売却は必ず行われているが，その分量と金額には幅があり，長期的傾向も認めがたい。しかし，一定の傾向が見出せないからと言って，グリュエリーがいい加減に徴収されていたと考えるべきではない。むしろ事実は逆であると思われる。

1425年のギヨーム・ピエール・アル・ゴゲ Guillaume Pierre al Goguet が管理したグリュエリー勘定簿に注目すべき記述がある（巻末史料2：B2367 ff.3V°-4R°）。管区内のシャボネール Chabonneres 村とシャイィ Chailly 村の住民に対して，ピエール・リュジエール Pierre Lusiere の森林使用料として設定された賦課はクーリッシュ桝で燕麦30ビッシュと鶏30羽の納入，ボーヌ産ブドウ酒8樽 queue 分をポマール Pommard ないしヴォルネィ Volenay で積載し，オータンまたはトワゾン Toison まで運搬する賦役で，クリスマスを期日とするものであったが，これは戸数30-40戸の時代に定められたものであった。ところが，その後，住民人口が激減し，現状は8戸で，しかも担税能力のあるのはそのうちの4戸にすぎず，残り4戸は物乞いをしている，と。そこで現状の8戸以下なら固定地代は4分の1に。12戸に回復すれば2分の1に。18戸で4分の3。24戸で本来の税表どおりにする。戸数の回復状況は毎年勘定役の立会いの下で確認し，会計院に報告することで合意が成立した。この決定はブルゴーニュ公の承認を得て，その認可状が同勘定簿に筆写されている（巻末史料2：B2367 f.18R°-V°）。

(5) オーソワ——変動モデル

オータン管区と同様，オーソワ Auxois 管区もよく史料を伝えている（次頁の表1-15参照）。対象時期の通常収入勘定簿はすべて良好な状態で保存されている。そこで，まず1424年から43年まで20年間の通常徴収額の単純平均を計算すると，797リーヴルであった。オータンに比べると，一回り小型な管区という印象を与える。

徴収対象となる城区は主邑スミュール Semur の北西方向に位置するものが多く，特にアヴァロン Avalon とモンレアル Montreal が重きをなしている。おそらくヴェズレィ Vezelay の至近に位置しているためであろう。逆方向，つまりスミュールの南東方向では，プイィ Pouilly やアルネィ・ル・デュック Arnay le Duc からの徴収も記録されているが，ア

90　　　　　　　　　　　　　　　　　第1部　財　源

表1-15　オーソワ管区の収入　1419-43年

年		1419	1420	1421	1422	1423	1424	1425	1426	1427	1428	1429	1430	1431
通常	収入合計	1,791	2,299	4,744	1,637	1,518	1,097	968	950	830	818	819	713	769
	領邦勘定へ	4,200	4,843.5	6,084	5,681	6,549	6,089	5,290	6,062	5,729	4,560	4,632	3,590	2,845
	支出合計	5,101	5,575	10,978	6,609	5,897	7,169	5,666	6,610	6,131	4,921	4,889	3,696	3,605
	典拠	B2784-2[1]	B2786	B2787	B2789-1	B2789-2	B2790-1	B2790-2	B2792-1	B2792-2	B2794-1	B2794-2	B2796-1	B2796-3
12ドニエ税	収入合計													1,843
	領邦勘定へ													0
	支出合計													16
	差引						18,290		6,466	3,082	2,838	2,474	2,355	1,827
	典拠						B2790-1		B2792-1	B2792-2	B2794-1	B2794-2	B2796-1	B2796-2
1/8税 塩蔵出	差引								2,465	1,193	973	841	743	586
	差引						1,924		1,220	398	376	438	-34	337
	典拠						B2790-1		B2792-1	B2792-2	B2794-1	B2794-2	B2796-1	B2796-3[4]
グリュエリー	収入合計	561	855	412	403			487	252	471	452	350	368	173
	領邦勘定へ	480	275	420	225			120	235	295	275	200	319	50
	支出合計	690	856	712	398			407	282	465	463	320	407	216
	典拠	B2785-2	B2785-3	B2785-4	B2785-5			B2791-1[2]	B2791-2[3]	B2793-1	B2793-2	B2795-1	B2795-2	B2797-1

1) 収入1791は計算ミスか。1808のはず。
2) 1425/10/1から26/6/5まで8ヶ月
3) 1426/6/5から12/31まで7ヶ月
4) このブドウ酒1/8税の586は5期分とされている。

第1章　ブルゴーニュ公領の地代と税

年		1432	1433	1434	1435	1436	1437	1438	1439	1440	1441	1442	1443
通常	収入合計	615	521	579	721	753	730	848	843	874	814	853	830
	領邦勘定へ	3,185	2,410	1,999	1,336	3,004	2,659	2,911	2,229	2,232	2,141	2,204	2,761
	支出合計	3,930	2,968	3,213	2,595	3,598	2,934	3,562	2,759	3,507	2,700	2,716	3,167
	典拠	B2798-1	B2798-3	B2799-3	B2801-1	B2801-3	B2804-1	B2805-1	B2805-2[8]	B2807-1	B2807-2	B2807-3	B2807-4
12ドニエ税	収入合計	2,035	1,963	1,683	1,548	2,084	1,866						
	領邦勘定へ	0	0	0	0	0	0						
	支出合計	127	21	27	39	77	57						
	差引	1,908	1,942	1,656	1,509	2,007	1,809	1,811	1,715				
	典拠	B2798-2	B2799-1	B2799-2	B2801-2	B2802-2[5]	B2804-2	B2805-2	B2805-2				
1/8税	差引	134						645	628				
	差引												
塩蔵出	典拠	B2796-3						B2805-2	B2805-2				
グリュエリー	収入合計	427	143	161	345	276	206	345	301	153	380		
	領邦勘定へ	230	50	126	107	120	80	180	235	232	NA		
	支出合計	384	149	221	251	234	168	280	66	−79	NA		
	典拠							B2803-2[6]					
	典拠	B2797-2	B2797-3	B2797-4	B2800-1	B2800-2	B2803-1	B2806-1[7]	B2806-2	B2806-3	B2806-4[9]		

5) この B2802-2 は B2802 ff. 42-43 の間、および B2804-2 f. 13 の後に2分されて収録。製本時のミスか。
6) 1438年の5ヶ月
7) 1438年の7ヶ月。ff. 17&18 は損傷顕著。
8) 1434-38年の Aides の残額記載あり
9) ff. 17-18 は切り取られた？

ルネィは地理的にはオータンに近い。それぞれの徴収内容は 1423 年（B2789-2）までは現金と蠟の他に 3 種の麦と鶏が含まれていたが，24 年（B2790-1）以降は現金と蠟だけになる。帳簿はまず城区ごとに現金と蠟の徴収額が記載される。1419 年（B2784-2）の場合，スミュールは現金 180 フラン半に蠟 200 リーブル，周辺のプレヴォ区の収入を合計すると 40 フラン，小城区 4 つの合計が 99 フラン，アルネィは現金 205 フランと蠟 120 リーブルである。ここまで記載してから，続けて現物の徴収を記載する。フロモンとセーグルがそれぞれ 1 スティエ半[39]，燕麦が 11 スティエ，鶏 9 羽半，蠟 730 重量リーブル。続けて，牛車による賦役 6 台分を現金で 8 フラン 3 分の 1。ここから再び城区の記載に戻り，モンレアル現金 35 フランと蠟 50 リーブル，アヴァロン 174 フランと 100 リーブル，そしてモンバールが 534 フランと 50 リーブルであった。ただし，この 3 城区で徴収された金額には相続手続き料が含まれている。ここで一度合計し，その後に司法手続き料収入が記載される。公正証書登録請負料が 117 フラン，科料・罰金が 85 フラン，その他，諸々の司法手続き料を加え，さらに先の現物を現金化して（蠟 146 リーブル，麦など 11 リーヴル），総額は 1,791 フランであった[40]。つまり城区が地代と司法収入を勘定する際の基本単位になっていると思われるが，おそらく，城区の大きさ，住民数，距離などを勘案して，原則を適用していない場合もあるのだろう。既述のように，24 年から現物の徴収は消滅し，記載は単調になる。

　10 年後の 1429 年，スミュールの城区現金徴収額は 84 フランで，周辺プレヴォ区を合わせると 124 フラン，それに蠟 200 リーブル，アヴァロンが 147 フランと蠟 100 リーブル，モンレアルが 22 フランと 50 リーブル，その他を合わせて現金が計 353 フラン，蠟 460 重量リーブルであった（B2794-2）。19 年との相違はモンバールからの収入が消滅したことにあり，他の城区からの収入はさほど変わっていない。つまり城区収入の組み換えが行われた。この 29 年，城区での徴収分は総額の半分弱であり，以後，この構成はほぼ変わらない。33 年（B2798-3）は全期間中，最低額を記録した年であり，確かに全体の規模が縮小しているこ

---

39) 正確には 1 スティエと 5 ボワッセル 3 分の 1 である。1 setier = 12 boisseaux

40) この額は計算ミスと思われる。正しくは 1,808 フランになる。

とが読みとれる。が，最大の理由は蠟，ないし蠟相当額を徴収しなかった（できなかった）ことであろう。29 年も 39 年（B2805-2）も蠟徴収高は 460 重量リーブルで，92 フランに相当するから総額の 1 割以上を占めている。スミュールだけは 216 フランと多額の地代を徴収したが，それ以外には目立った特徴は見当たらない。変動幅を助長すると考えられる公正証書登録請負料も大体 200 から 250 リーブル程度で安定しているし，科料・罰金は二桁で，全体に影響を与えるような額ではない。

取り立てて言うべきことがない，云わば「つまらない」記録の集積であるが，改めて収入総額の変動を眺めてみると，20 年代前半は 1,000 リーヴル以上あったが，25 年に 1,000 リーヴルを割り込んでからは漸減傾向を示し，33 年に 521 リーヴルで底を打った。以後，緩やかに回復し，38 年に 848 リーヴルを記録すると，それ以降はほぼ横ばいで推移する。この時系列変化動向を，オータンと比較してみよう。変化動向を明示するために，毎年の収入をそのままグラフにするのでなく，3 年移動平均を比較してみる。

グラフ 1-2 が示すように，どちらの管区も前半はよく似た動向を示す。20 年代始めから，28 年までは顕著な減少を示す。その後も減少を続けるが，やや緩慢になり，オータンは 32 年，オーソワは 33 年に底に達する。ところがその後のグラフは異なる。オーソワは 33 年の底も深かっ

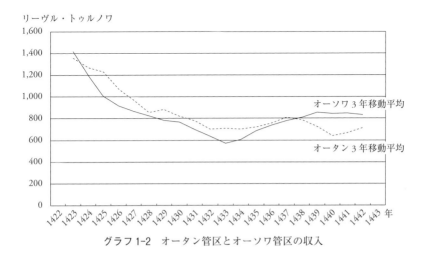

グラフ 1-2　オータン管区とオーソワ管区の収入

たが，その後の回復も速く，明瞭で，39年までは確実に上昇し，その後，横ばいになる。しかしオータンは32年の底から一挙に回復する訳ではなく，34年まで停滞している。しかも前節で指摘したように数年ごとに緩やかな上昇と下降を繰り返し，単調な上昇とも，下降とも言い難く，40年には32-34年レベルに戻ってしまった。この違いは何に起因するのだろうか。ほぼ南北に隣接する2管区の自然条件が大きく異なっているとは思えず，したがって農業生産動向が大きく異なるとも思えない。ブルゴーニュ公領東部，いわゆるコート・ドールとは違って，ブドウ栽培・醸造に力点を置く地帯でもないから，都会の消費動向に大きく左右される商品作物を栽培する農村地帯とも思えない。つまり自然条件に規定される社会経済構造の違いとは思えない。オータンは司教座都市だが，スミュールは城砦都市である，という相違は管区の定住人口と移動人口の割合には反映しているかもしれないが，それだけでは，今，問題にしている現象の説明因にはなりえない。収入構造という面では，オータンは入れ子状になったヴィエリを持つ二重構造をなし，かつモンスニという城区をひとつ包摂していた。他方，オーソワは複数の城区を管理するが，それらは地理空間の中に散在していて，緊密な内部構造を構築しているとは言い難い。収入構造のいわば階層化と羅列化が何らかの因子となって，現象面の相違を引き起こしたのだろうか。あるいは人倫，つまり管区付き勘定役の力量の問題だろうか。ここでは結論を急がず，問題を提示するにとどめ，ともかく20年代から30年代初めにかけては下落し，33-34年ころに底に達すると，その後はある程度は回復するものの，伸び悩むとまとめておくことにする。

　オーソワ管区では，ブドウ酒8分の1税の徴収簿は1冊も現存していない。1426年から31年までは，通常収入簿の末尾に記載された収支決算の中に，当該年度の8分の1税と12ドニエ税との残高，つまり徴収額から支出を差し引いた額が記されている。それを利用して，それぞれの徴収額を推定するだけになる[41]。12ドニエ税の場合は，1431年から

　　41) 1424年の管区通常勘定簿に記載された12ドニエ税の残高18,290リーヴルは1年分とは思えない。記載箇所（B2790-1 f.20V°）には「彼の1424年12月末日に終わる税収簿の第10葉から転記」とされるだけで，格別の注記はないが，過去6年分，もしくはそれ以上，の累積額と思われる。同様に26年に記載された6,466リーヴル（B2792-1 f.18R°），ブドウ酒8分の1税の残高2,465リーヴル（同B2792-1 f.18R°）も過去2年分の累積残高と理解される。

37年まで7年分の帳簿は現存している。これらから判断すると，主邑スミュールは大型都市ではないが，それでも12ドニエ税は少なくとも1,500リーヴルはあり，2,000リーヴルを超えることも度々であった。これまで検討してきた他の管区と同様に，やはり12ドニエ税会計から領邦勘定役へ資金供与をすることはなく，したがって支出は非常に低い。つまり徴収額から数十リーヴル差し引いた額が残高である。その残高の1425年から39年まで15年間の単純平均を求めると，2,227リーヴルであった。ブドウ酒8分の1税は既述のように記録が乏しいので，一般化は難しい。1426年は残高2,465リーヴルを記録しているが（B2792-1），これは前年分を合わせた2年分の残高であろう（注41参照）。27年は1,193リーヴル（B2792-2）と，かなりの額に達しているが，以後，通常収入と同様に減少を続けたと推定される[42]。38年と39年の徴収額も通常収入簿（B2805-2）から推定できるが，それぞれ645リーヴルと628リーヴルであった。このブドウ酒8分の1税の残高平均（1425-32年，38-39年の20年間）は821リーヴルとなる。したがって間接税2種の平均残高合計額は3,048リーヴルとなり，地代などを中心とする通常収入とグリュエリーの平均合計額1,104リーヴルの3倍，管区総収入4,152リーヴルの73.4％を占める。

グリュエリーは地味だが，よく保存されていて，対象期間中，散逸したのは23年と24年，42年と43年の計4年分だけである。そこで，まず1425年から40年まで16年間の単純平均を計算すると，307リーヴルである。20年代は400リーヴルを超えることが多かったが，30年代は200リーヴルに満たない年が現れる。この額を通常収入に比べると，20年代前半は3分の1から4分の1程度，20年代後半が2分の1，30年代は2分の1ないし3分の1である。しかし，その動向はよく一致する。27年から31年にかけて顕著に下落，32年に鋭く回復するが，33年に再び下落して143リーヴルという最低額を記録。その後は35年，

---

42) 表1-15の31年の欄に書き込んだ586リーヴルは「1431年9月末日に終わる会計の5期分残高」とされる額をそのまま転記したものであり，続く32年の欄の134リーヴルも「1432年9月末日に終わる会計の残高」とされているものである（B2796-3 f.20V°）。前者の最終第6期分がどうなったのか不明であるし，後者の額は明らかに何かの支出を差し引いた後の，文字通りの残額であろうから，残念だが本文で議論の対象とすることはできない。

38年,41年と3年おきに小ピークを迎える波形を描く。
　グリュエリーの徴収も城区ごとに行われた。帳簿記載の順序を尊重すれば,モンバール,モンレアルとシャトー・ジェラール,アヴァロン,スミュール,プイィ,そしてアルネィだが,これは北西から南東へという地理的順序である。固定地代は低額で,形式的と思われる。最高額はモンレアルの地代収入だが,それでも100スー・ディジェノワ[43]と30スー・トゥルノワしかない。つまり収入の大半は材木と漁獲の売却に依っている。1419年の材木・痩せ木売却額は,モンバールで49フラン,モンレアルで181フラン,アヴァロンで62フラン,スミュールで54フランである。同年の漁獲はアヴァロンで33フラン,スミュールで80フランを超えた (B2785-2)。翌1420年は弱貨で勘定された割には小額で収まっている。総額855リーヴルには,ディジョン管区のグリュィエたるギヨーム・ランヴィアルから融通された200フランが含まれている (B2785-3 f.9V°) から,実質的には前年よりも減少したと見るべきである。21年 (B2785-4) と22年 (B2785-5) はモンレアルとスミュールはゼロ。事実上,モンバール,アヴァロン,それにアルネィの3城区の木材売却収入がすべてであった。この22年末に,長くグリュイエを担ったドロワン・マルヴォワザン Droyn Malvoisin は退職した。そのために22年度会計の末尾には彼の決算報告がまとめられている。その最終行に20年にディジョンのグリュイエから借り入れた200リーヴルがそのまま「彼の」負債として残存していることを明記している (B2785-5 f.11V°)。
　23年と24年は史料が散逸したが,おそらく23年から,上記のマルヴォワザンの後任としてジャン・ミロ Jehan Milot がグリュイエに就任したと思われるが,彼は3年半の後,26年6月5日に任を解かれた。その理由は不詳だが,解任直後はローラン・フィリベール Laurent Philibert が実務を担当し,すぐにその父チボー・フィリベール Thibault Philibert がミロの後任としてグリュイエに任命された (B2791-2 f.1R°)。以後,チボーは1438年6月まで12年にわたってこの職を務めることになる。彼が遺したグリュエリー勘定簿はすべて現存しているが,その記

---

[43] ヴァロワ期には1 franc (= livre tournois) = 18 sous digennois とする計算貨幣である。

載内容は前任者のそれを踏襲していて，目立った特徴はない。収入はモンレアルとアヴァロン，さらにスミュールの3城区が中心で，しかも固定地代は僅かで，木材売却と魚類の売却が主たる収入であり，その総額は200から400リーヴルの間，科料・罰金の欄にも目を引く記載はない。1433年と34年の収入はそれぞれ143リーヴル（B2797-3），161リーヴル（B2797-4）と異常に低かったが，この2年分の会計を調べても，収入構造は変わっていない。かつて徴収していた科目が突如廃止された，といった事実はない。つまり3城区の固定地代以外の収入が伸びなかったことが理由であるが，言い換えると，農村の社会経済活動が低迷していたということになろう。33年前後は通常収入も低迷していたから，何か非人為的な，非社会的な，つまり自然環境の変化に問題があって，例えば異常な冷夏，それが農村の生産活動に影響を及ぼしたと推測される。

(6) シャロン・スュル・ソーヌ——活力の温存

シャロン・スュル・ソーヌ Chalon-sur-Saône は年市を背景とした社会・経済的活性の高い管区であり，その点で他の管区とは性格を異にする。史料の現況と収入概況は次頁の表1-16が示す通りである。通常収入の記録は1421年から25年まで，ブルゴーニュ領邦勘定役ジャン・フレニョが兼任した5年分が散逸したが[44]，この短い期間を除けば，通常収入簿はほぼ全期間にわたって現存しているし[45]，12ドニエ税とブド

---

44) おそらく彼の訴訟中に参照記録として回覧されるうちに紛失したのであろう。本書第6章を参照。なおB3642は1423年から25年までの12ドニエ税とブドウ酒8分の1税の帳簿6冊をまとめたものであるが，その末尾に第58葉と番号を振られた，たった1葉の断片が綴じこまれている。便宜的にこれをB3642-7とするが，これは12ドニエ税の帳簿断片ともブドウ酒8分の1税の断片とも思えない。何らかの会計簿の最終葉で，支出総額が907リーヴルであり，収支残高が1,004リーヴル，蠟202重量リーブル，そして燕麦24ビッシュであることを明記し，それが1425年12月末日に終了するバイィ会計第78葉に転記される旨，定型文を記して終わっている。収入総額が1,911リーヴルもあり，蠟と燕麦（本文では説明していないが，その他の収入の中に燕麦の受領が記載されている）を徴収していて，それが使用されずに残りそうな会計は通常会計しかない。1426年の会計（B3643）と27年の会計（B3645）の収入総計欄にまさに同額の蠟と燕麦が記載されていて，それを，各年度の決算の部で現金化している。したがって問題の葉は失われた21年から24年の通常会計のいずれかの最終葉と思われるが，計算貨幣についての言及がないので，1421年のそれとは考えられない。結論として22年から24年の3年分のシャロン通常会計のいずれか，と推測される。

45) 1443年から54年まで，通常収入勘定簿は散逸。

98　　　　　　　　　　　　　　　　第1部　財　　源

表1-16　シャロン管区の収入　1419–43年

年			1419	1420	1421	1422	1423	1424	1425	1426	1427	1428	1429	1430	1431
通常	収入合計(罰金など)		2,926	1,100						1,959	1,927	2,135	1,830	1,533	2,255
	差引									208	172	352	185	182	1,052
	領邦勘定へ	強貨	3,200	0	400					1,751	1,755	1,783	1,645	1,351	1,203
	領邦勘定へ	弱貨		0	1,700						3,723	3,024	3,969	2,969	3,632
	支出合計		4,530	361						1,527	4,667	4,052	5,076	3,865	5,077
	典拠		B3633	B3636-1[1]	B1611					B3643	B3645	B3646	B3649	B3653	B3658
12ドニエ税	収入合計	弱貨	5,739	4,826	1,376 / 1,927	2,304	1,176	1,574	1,519	1,416	1,487	1,438	2,383	1,494	1,559
	年市収入	強貨	3,784	2,668	198	381	0	0	0	0	0	0	847	37	64
	年市収入	弱貨			683	191									
	支出合計	弱貨	368	213	43 / 226		3	3	10	12	16	5	132	22	17
	典拠		B3635-1	B3636-2[2] / B3638-2[3]	B3639[6]	B3641-1	B3642-1	B3642-3	B3642-5	B3644-1	B3644-3	B3647-1	B3650-1	B3655-2	B3655-4
1/8税	収入合計	弱貨	767	690	75 / 827	1,028	634	692	644	642	612	691	910	751	702
	支出合計	弱貨	12	15	2 / 13	11	59	4	3	15	19	26	5	1	103
	典拠		B3635-2	B3635-3[4] / B3638-1[5]	B3638-3	B3641-2	B3641-3 / B3642-2	B3642-4	B3642-6	B3644-2	B3644-4	B3647-2[7]	B3650-3	B3655-1	B3655-3
塩蔵出	差引									1,159	1,939	H.U.	H.U.	45	894
	典拠												B3650-2		
グリュエリー	収入合計	弱貨	1,215	2,001	1,899	555							463	468	550
	領邦勘定へ		1,560	1,620	1,200	635							263	241	230
	支出合計	弱貨	1,818 / 85	1,826	1,563	799							465	441	548
	典拠		B3634	B3637-1	B3637-2	B3640							B3652	B3654	B3657

			1432	1433	1434	1435	1436	1437	1438	1439	1440	1441	1442	1443
通常		収入合計(罰金など)	1,658	1,594	1,623	1,513	1,659	2,220	2,217	1,788	1,665	1,731	1,704	
		差引	436	575	408	274	191	397	821	335	317	370	285	
		領邦勘定へ	1,222	1,019	1,215	1,239	1,468	1,823	1,396	1,453	1,348	1,361	1,419	
	強貨	支出合計	3,766	3,677	3,527	4,727	4,595	4,629	4,423	3,276	2,700	3,482	3,503	
		差引	5,095	4,765	4,785	5,781	5,891	5,577	6,649	4,424	3,790	4,631	4,819	
		典拠		3,171	3,162	4,268	4,232	3,357	4,431	2,635	2,125	2,899	3,115	
			B3660	B3664	B3670	B3676	B3680	B3683	B3686	B3690	B3691	B3695	B3701	
12ドニエ税		収入合計	1,544	1,583	1,535	1,747	2,137	1,691	1,908	1,789	1,456	1,335	1,538	1,857
		年市収入	18											
	強貨	支出合計	26	28	26	8	26	21	23	16	9	17	28	17
		差引		1,555	1,509	1,739	2,111	1,679	1,884	1,773	1,447	1,318	1,509	1,840
		典拠	B3663-1	B3667-2	B3672-2	B3677-1	B3682-1	B3682-3	B3688-1	B3688-3	B3692-1	B3697-1	B3700-1	B3703-1
1/8税		収入合計	811	676	608	862	1,013	865	1,318	1,004	1,007	738	742	880
		支出合計	3	4	17	2	5	14	18	26	26	27	3	3
		差引		672	591	860	1,008	851	1,300	978	980	710	739	876
		典拠	B3663-2	B3667-1	B3672-2	B3677-2	B3682-2	B3682-4	B3688-2	B3688-4	B3692-2	B3697-2	B3700-2	B3703-2
塩蔵出			1,029											
グリュエリー		収入合計	637	511	402		580	748	825	671	431	560		
		領邦勘定へ	230	255	160		230	553	527	450	170	100		
		支出合計	631	520	367		497	678	760	746	519	310		
		差引		9	35		83	60	65	65	88	250		
		典拠	B3661	B3666	B3673		B3679	B3684	B3687	B3693-2	B3693-1	B3696		

1) 1420/1/1 から 5/10 まで 4ヶ月
2) 1420/3/1 から 5/1 まで 2ヶ月
3) 1420/5/1 から 21/2/28 まで 10ヶ月
4) 1419/10/1 から 20/3/31 まで 6ヶ月
5) 1420/4/1 から 9/30 まで 6ヶ月
6) 1421/3/1 から 12/31 まで 10ヶ月
7) 5期10ヶ月分ゆえ年間では 829Livres

ウ酒8分の1税の税収簿は対象期25年分すべてが現存している。1426年から42年まで17年間の通常収入の単純平均は1,423リーヴル。同時期の12ドニエ税の年平均は1,649リーヴル、ブドウ酒8分の1税のそれは821リーヴルであった。グリュエリーは1429年から34年、36年から41年の計12年分の平均をとったが、571リーヴルであった。したがって定常収入は1,994リーヴル、間接税は2,470リーヴルとなり、その差は、オータンやオーソワに比較すれば、ずっと小さい。管区収入のうち間接税の占める割合は55.3%である。

　通常会計の収入総額は1,500から2,200リーヴル程（1,900リーヴル±1/5）で、ディジョンに次ぐ第2位を占める。地代収入はディジョンやシャティヨン、あるいはオータンと同様に、城区（シャテルニー）あるいはプレヴォ区ごとに聖ジャン・バティストの祝日を期日として年間地代を徴収する契約を結ばせ、その地代を万聖節と復活祭に折半して納入させ、年度会計を構成する方式を採った。シャロンでは3つのシャテルニー（シャロン、サン・ローラン Saint Laurent、フロントネィ Frontenay）とプレヴォ区1つ（ビュクシィ Buxy）を下位徴収単位として、それぞれに請負人を置いた。現金と蠟で定めた地代、1年間という契約期間、聖ジャン・バティストという契約期日、4ヶ所の区分、春と秋の半額ずつの分納、これらすべての取り決めが対象期間とした25年間、1度たりとも怠ることなく繰り返された。表1-17に示すように、その徴収合計額は1426年、春と秋とを合わせて現金773フラン半、蠟200リーブルであった（B3643）。31年は619フランと166リーブル2/3（B3658）、37年は659フランと200リーブル（B3683）、42年は689フラン1/6と200リーブルであった（B3701）。つまり対象全期間にわたって現金と蠟による安定した地代収入を得ていたと要約できる。30年は現金723フラン半と蠟200リーブル（B3653）だったので、少なくとも、この4請負区からの収入が同年の収入総額落ち込みの原因ではない。しかし33年は現金464フランのみで、オーソワと同様に蠟の徴収はゼロであった（B3664）。蠟ないしその相当額の収入がなかったのは、この年だけであるが、当然、前年の32年は万聖節に納入すべき蠟はゼロ、同様に翌34年は復活祭に納入すべき蠟もゼロであった。したがって32年と34年の蠟納入はそれぞれ例年よりもずっと少なく、32年は66リーブル1/3

第1章　ブルゴーニュ公領の地代と税

表 1-17　シャロン管区の城区収入

		1426 年		1427 年		1428 年		1429 年		1430 年	
		現金 fr	蠟	現金 fr	蠟	現金 fr	蠟	現金 fr	蠟	現金 fr	蠟
シャロン	復	127 1/2	33 1/3	142 1/2	33 1/3	135	33 1/3	180	0	140	33 1/3
	万	142 1/2	33 1/3	135	33 1/3	100	0	140	33 1/3	102 1/2	33 1/3
サン・ローラン	復	100	16 2/3	100	16 2/3	200	33 1/3	100	16 2/3	180	33 1/3
	万	100	16 2/3	100	16 2/3	0	0	90	16 2/3	0	0
フロントネイ	復	66	0	55	0	66	0	66	0	63	0
	万	55	0	66	0	66	0	63	0	55	0
ビュクスイ	復	100	50	82 1/2	50	98	50	80	50	90	50
	万	82 1/2	50	98	50	80	50	90	50	93	50
合計		773 1/2	200	779	200	745	166 2/3	809	166 2/3	723 1/2	200

		1431 年		1432 年		1433 年		1434 年		1435 年	
		現金 fr	蠟	現金 fr	蠟	現金 fr	蠟	現金 fr	蠟	現金 fr	蠟
シャロン	復	102 1/2	33 1/3	80	0	80	0	110	0	80	0
	万	40	0	100	0	80	0	80	0	75	33 1/3
サン・ローラン	復	180	33 1/3	90	16 1/3	50	0	56 3/4	0	90 1/2	16 2/3
	万	0	0	70	0	40	0	90 1/2	16 2/3	75	16 2/3
フロントネイ	復	55	0	56 1/2	0	40	0	24 1/8	0	52 1/2	0
	万	56 1/2	0	50	0	30	0	52 1/2	0	51 1/2	0
ビュクスイ	復	93	50	92	50	84	0	50	0	100	50
	万	92	50	80	0	60	0	100	50	90	50
合計		619	166 2/3	618 1/2	66 1/3	464	0	563 7/8	66 2/3	614 1/2	166 2/3

		1436 年		1437 年		1438 年		1439 年		1440 年	
		現金 fr	蠟	現金 fr	蠟	現金 fr	蠟	現金 fr	蠟	現金 fr	蠟
シャロン	復	75	33 1/3	135	33 1/3	130	33 1/3	130	33 1/3	135	33 1/3
	万	135	33 1/3	130	33 1/3	130	33 1/3	135	33 1/3	100	33 1/3
サン・ローラン	復	75	16 2/3	67 1/2	16 2/3	80	16 2/3	80	16 2/3	80	16 2/3
	万	67 1/2	16 2/3	100	16 2/3	80	16 2/3	80	16 2/3	80	16 2/3
フロントネイ	復	51 1/2	0	47 7/8	0	50	0	50	0	100	0
	万	45	0	0	0	35	0	60	0	20	0
ビュクスイ	復	90	50	109	50	90 1/2	50	100	50	90	50
	万	109	50	90 1/2	50	100	50	90	50	110	50
合計		648	200	659 7/8	200	695 1/2	200	725	200	715	200

		1441 年		1442 年	
		現金 fr	蠟	現金 fr	蠟
シャロン	復	100	33 1/3	100	33 1/3
	万	100	33 1/3	110	33 1/3
サン・ローラン	復	80	16 2/3	160	33 1/3
	万	80	16 2/3	0	0
フロントネイ	復	50	0	40	0
	万	49 5/6	0	100	0
ビュクスイ	復	110	50	92 1/2	50
	万	92 1/2	50	86 2/3	50
合計		662 1/3	200	689 1/6	200

＊復：復活祭，万：万聖節

(B3660), 34年は66リーブル2/3 (B3670) であった。蠟の売却単価は4 st/リーブル，つまり100重量リーブルの蠟は20フランに相当するから決して無視できない額である。ともかく，この地代契約年度と管区会計年度を半年ずらす方式は収入を安定させる，あるいは自然条件に左右される農業生産高を領主の収入に直接反映させない変動抑制効果をもたらす妙案であることを指摘しておきたい。

続いて記載されるのが，年に2度，早春と晩夏に開催される年市の収益 Rentes et emoluments である。古い慣習の記述からも想像できるように，当初，夏の市 foire chaude[46] は確かに日用品も扱ったし，小売りもあったが，どちらかと言えば各地から去来する大商人の大型取引（特に毛織物）が中心で，したがって取引高も相当な額に達した。それに対して，冬の市 foire froide[47] は近隣住民を対象とした小売中心のローカルな市であったが，1420年代には次第にこの相違が目立たなくなっていった。管区勘定役が徴収する金銭は商人たちの保護や仲裁裁定といった秩序維持を目的とする税というよりも，むしろ出店する商人から店舗の様態[48]（囲いの有無，棚の有無など）と間口（1, 1/2, 1/4）に応じて徴収する出店料が中心であった。以下の表1-18上段に示すように，1419年の夏の市には22業種，150を超える店舗が軒を並べたが，圧巻は大口取引を行う63店舗の毛織物業者であった。勘定役ジャン・フレニョはこの4週間の夏の市から805フランの収益を得た（B3633 ff.9V°-13V°）。これに対して，冬の市では大口毛織物業者は24店舗，小口が10，毛皮

---

46) 起源は不詳だが，早期の記録としては937-38年の日付のあるオークソヌ Auxonne に残る文書にシャロン Chalon の市を期日とする取引に関する記述があるが，この時期の実態は判然としない。1239年シャロン伯ユーグ Hugues 四世が十字軍出発に先立ち，シャロン司教に市の管理を任せた，とされるので，遅くともこの頃までには伯主導の市が開催されていたと思われる。聖バルテルミ St. Barthélémy の祝日（8月24日）から9月20日ごろまで4週間開催された。特に8月31日から9月9日まで催される毛織物の大型取引はよく知られた。DUBOIS, Henri; *Les Foires de Chalon et le commerce dans la vallée de la Saône à la fin du Moyen Age (vers 1280-vers 1430)*,. Paris, 1976. pp. 33-34.

47) 1250年頃には，夏の聖バルテルミの祝日とともに，四旬節の初日を決済期日とする習慣も定着した。すなわち13世紀には2月から3月にかけても市が開催されるようになっていたが，1373年4月13日付で Brandon の日曜日（四旬節最初の日曜）から24日間と定められた。DUBOIS, Henri ; *ibid*.

48) 屋根・囲いつき店舗 loge，陳列ケースつき buffet，陳列棚使用 etal，屋台 banc，場所だけ place，テーブル table の6種。テーブルは両替に対してのみ使用される。

商が6店舗並ぶだけで，後は雑多な商品を扱う小売り商人たちで，収益は188フランであった（B3633 ff.3V°-6V°）。商人数や店舗の豊かさ，多様さ，それに伴う税収金額の違いは当然としても，夏は両替商が8店舗，卓を並べていたが，冬には1軒も見当たらない点に，両者の相違が象徴されている。この19年の管区の年間収入は2,926リーヴルであるから，2度の年市からの収入額993フランは，4ヶ所からの地代，現金531フランと蠟100リーブル（B3633 ff.1R°-2R°）をはるかに超えて，総額の3分の1を占めたことになる。

ところが，その7年後，1426年になると，年市の様相はかなり変化する。表1-18下段に示した通り，かつて閑散としていた冬の市に様々な業種の商人たちが出店するようになり，その数は100店舗を超え，徴収税額は208フランになった（B3643 ff.3V°-4V°）。逆に夏の市は賑わいを失い，店舗数も90にまで落ち込んだ。大口取引を行う毛織物商が17店と，19年の4分の1にまで減少したことが大きく影響しているし，両替商はたった1店のみになってしまい，市が「国際的」性格を失ったことを如実に示している。税収額は302フラン[49]と，なお冬の市を上回っているものの，もはやその違いを際立たせているとは言い難い（B3643 ff.5R°-8R°）。この年，管区通常収入の総額は1,959リーヴル。4ヶ所の地代収入合計額は773フラン半と蠟200重量リーブル（＝40フラン）で（B3643 ff.1V°-3R°），全体の41％を占めたが，年市収入は26％であった。19年とは貨幣価値が違うとはいえ[50]，シャロン管区の大きな特色であった年市が色褪せてきたことを明示している。続く3年間，ほぼ同様の傾向が認められる。簡単に総額だけを提示すれば，27年の冬の市は222フラン，夏は345フラン。28年は冬218フラン，夏364フラン。29年は冬190フラン，夏120フランであった。

転機は1430年に訪れる。冬の市は30店ほどが建ち，33フランを徴収できたが，夏の市に出店する者は一人も現れず，収入はなかった。跋扈する野盗 écorcheurs が引き起こした社会的混乱のために商品輸送の安

---

49) 年市開催中の巡回警察料90リーヴル（シャロンとオークソンヌ各30リーヴル，ボーヌとオータン各15リーヴル）を含む。

50) 計算貨幣リーヴル・トゥルノワの価値は1419年は16.5 £t/marc であったが，1426年は6.9-7.0 £t/marc であったから，26年の額面は19年のそれの半分以下でも不思議はない。

表1-18　シャロン

1419年	冬						
	屋根付	棚段	棚	屋台	場所	各	合計
	loge	buff	etal	ban	plac		
drapier grossier 毛織物商(大口)	23.5					5florins/log	118 frlorins
drapier detailler 毛織物商(小口)	9	1				3	28
pelletier 毛皮商	0.5	5				2.5 fl/loge　1.5/buffet	2
changeur 両替商							
sellier 馬具商							
tapisserier 敷物商	0.5					2.5 fl/loge	13 gros
baterier d'étain 錫加工							
baterier de cuivre 銅加工							
tachetier 鞣革商							
mercier 小間物商							
mercier 小間物商							
bourssier 財布・袋物商							
coustellier 刃物商							
aiguilletier 針・小間物商							
épicier 香辛料・食品商							
ferretier 蹄鉄加工							
cordonnier grossier 靴職(大口)							
cordonnier menu 靴職(小口)							
chaussetier 靴下職							
cordier 紐商							
fustaillier 樽・木材加工							
gainier 鞘(ケース)商							
autres menus その他の小売							55 fra
total							188 francs...

1426年	冬						
	屋根付	棚段	棚	屋台	場所	各	合計
	loge	buff	etal	ban	plac		
drapier grossier 毛織物商(大口)	16					10fl/loge	133fra　4gros
drapier detailler 毛織物商(小口)	3.75					6fl/loge	18　9
drapier, tailleur 毛織・仕立			4			6gros/buff	2
pelletier 毛皮商	2qrt			5		5fl/loge　6bl/banc	2　8.5
changeur 両替商							0
sellier 馬具商					5.5	6gros/pl	2　9
tapisserier 敷物商							0
baterier d'etain 錫加工	0.5					5fl/loge	25
baterier de cuivre 銅加工	1					5fl/loge	4　2
tachetier 鞣革商			1			3gros/buff	3
mercier 小間物商	0.75		6			5fl/loge　3gros/etal	4　7.5
mercier 小間物商		3				3gros/buff	9
bourssier 財布・袋物商		6				3gros/buff	18
coustellier 刃物商			3			2gros/etal	6
aiguilletier 針・小間物商		7				1gros/buff	7
epicier 香辛料・食品商		11				3gros/buff	2　9
ferretier 蹄鉄加工							0
cordonnier grossier 靴職(大口)						4gros/etal	2　4
cordonnier menu 靴職(小口)						6gros/etal	6
chaussetier 靴下職						3gros/etal	2
cordier 紐商				4		1gros/pl	4
fustaillier 樽・木材加工				2		6bl/pl	3
gainier 鞘(ケース)商				1		1gros/pl	1
autres menus その他の小売							14
total							208 francs...

注)　1 florin = 10 gros,　1 gros = 4 blancs

第1章　ブルゴーニュ公領の地代と税　　　　　　　　　　105

年市出店税の一覧

屋根付	棚段	棚	屋台	卓	場所	各		合　計	
loge	buff	etal	ban	tabl	plac				
63						10fl/loge		630 florins	
8								48	
2.5	5					5fl/loge	1.5gros/buf	13	
				8		4fl/table		32	
2.5qrt						4fl/loge		2.5	
0.5						5fl/loge		2.5	
0.5						2fl/loge		1	
1						5fl/loge		5	
		1				3gros		3	gros
3.5qrt						4fl/loge		3.5 florins	
	2	2				10dt/buf	3gros/etal	7	gros
		3					3gros/etal	9	gros
		1					2gros/etal	2	gros
	2					3gros/buf		6	gros
		10					2gros/etal	20	gros
		9					4gros/etal	3francs	
		5							
					3	1.5gros/pl		4.5	gros
					27		25fr	7	gros
								805francs...	

屋根付	棚段	棚	屋台	卓	場所	各		合　計	
loge	buff	etal	ban	tabl	plac				
16.5						10fl/loge		137.5fra	
4.25						6fl/loge		21	3　gros
2qrt			5			5fl/loge	6bl/banc	2	8.5
				1			1fr/tabl	1	
					5.5		6gros/pl	2	9
								0	
0.5						5fl/loge		25	
1.25						5fl/loge		4fra	8.3 gros
		1					3gros/etal	3	
0.75		7				5fl/loge	3gros/etal	4	11
			7				1gros/banc	7	
		5					3gros/etal	15	
		2					2gros/etal	4	
	3					3gros/buf		9	
		8					4gros/etal	2	8
		12					6gros/etal	6	
		5					3gros/etal	15	
					4		1gros/pl	4	
					2		6bl/pl	3	
								6.3 gros	
								302 francs...	

全が確保できず，外国人の出足も鈍い，という理由である[51]。これ以降，冬の市も夏の市も，出店料は収入科目としては残り，帳簿にも記載欄だけは残すものの，徴収額はゼロ néant で，実質的には消滅してしまった[52]。聖バルテルミの祝日は夏の市の開催日として賑わったことが人々の記憶には残るだろうが，今は大口定期金（地代）徴収期日として，その名のみ残すにすぎない[53]。

それにもかかわらず，管区の収入総額が 31 年から大幅に減少した形跡はない。つまり何か別の収入が年市収益の喪失を補っていることになる。大口定期金 Grosse rentes として括られたものは，およそ 20 件で，計 150 フランほど。雑多な定期収入 Censure は聖ジャン・バティスト，聖バルテルミ（8 月 24 日），聖シモンないし聖ジュード（いずれも 10 月 28 日），万聖節，聖マルタン（11 月 11 日）と，年に 5 度，期日が設定されていて，そのいずれかの日に徴収するが，シャロン市内の家屋賃貸料などが中心であり，件数は多いが，総額 40 フランを僅かに超える程度である。ただ，こうした定期収入 200 フラン弱はすでに 20 年代から存在していたから，シャロンの管区収入の安定した核ではあっただろうが，年市の収益を代替する訳ではない。

---

51) 該当箇所の記載は以下のとおりである。「……決定を受けた。すなわち上記のシャロンの年市に来る大口毛織物商をはじめ，商人や職人たちはこの市で店舗を設置することも借りることもないので，彼らから上記年市の出店を理由として如何なる金銭を徴収するわけにもいかない。（通常ならば）年市に溢れかえるはずの外国商人が一人として来ないし，商品も何ひとつとして到着しない。過ぎし 1430 年 9 月に生じた戦いの弊害とシャロンからほど遠からぬマジルやシニィ近辺の城砦数ヶ所を占領した敵の恐怖を考慮してのことである。さらに年市の開催される時期に河川が増水し，上記シャロン年市を開催する習慣となっている公殿下の市場地にまで水が入り込んできたためでもある……」

...et conclud que lesdit marchans drappiers et autres gens de mestiers demorant audit Chalon ne se loigeroient, ne prendroient aucune loige en icelle foire (fol.8V°) et que sur eulx ne seroit prins ne recouvré aucuns deniers a cause du loigement d'icelle foire tant pour consideracion de ce qu'il n'avoit venu aucuns marchans estrangiers pour emparer ladicte foire, ne aussi aucunes autres denrees en icelle comme pour l'empeschement de la guerre et pour doubte des ennemis que ou mois de septembre darrenier passé 1430 ont prins la place de Mazilles et autres forteresses lez Chigny assez pres dudit Chalon ; et mesmement pour la creue des grandes eaues que ou temps que ladicte foire devoit seor estoit parmi les haules de mondit seigneur esquelles l'on a acoustumé de tenir les foires dudit Chalon... (B3653 f.8R°-V°)

52) 冬の市はこの後も細々と存続したらしく，数フランを計上した記録もある（B3664, B3670 など）。夏の市は本当に消滅し，おそらくジュネーヴの年市にその座を奪われた。

53) 帳簿には Des Grosses rentes yssues et emolumens de foires chaulde 1430（B3653 f.6R°）という章題が残る。

残る収入の中で重きを占めるのは科料・罰金と公正証書登録請負料である。確かにこれらの科目は 20 年代には目立った額ではない。1428 年には罰金合計が 350 リーヴルを超えたが，他の年は 180 リーヴルほどであった。公正証書登録請負料は 28 年は 158 フラン，29 年が 143 フランであり，30 年は 68 フランであった。この額は異様に少ない。30 年代前半は 140 から 170 フランの間で推移し，後半は 110 から 120 フランの間，40 年代に入るとやや増加して 160 フランを超えるようになった。したがって，この科目は年市開催の如何に左右されていないから，その喪失分を相殺する訳ではないが，他方で，公正証書が頻繁に作成されていたという事実はこの土地の商業活動が年市の場に限定されず，異なる形態の下でも運営され，しかもその活性は年市開催とは関係なく，かなり安定していたことを示唆する。

　結局，年市喪失分を補った科目は科料・罰金収入であるということになるし，これまで検証した収入科目が，いずれも安定的であるという結論を得たから，全体を変動させる要因はこの科目の多寡によるところが大きいことになる。科料・罰金は上述のように 20 年代後半は 200 フランに満たないことが多いが，30 年代に入ると 300 フランを超えることが多くなる。しかも 31 年には 1,052 フラン（B3658 ff.22R°-27V°），33 年に 575 フラン（B3664 ff.23R°-28V°），38 年には 821 フラン（B3686 ff.30R°-38R°）という額を計上して，この 3 年度分の収入総額を大きく引き上げている。幾つかの解釈が可能であるが，ここでは事実を指摘するにとどめたい。

　12 ドニエ税は 1421 年以前には夏の市と冬の市でも課税され，その徴収額が管区徴収額の過半を占めた。しかし徴収を停止するようになった 22 年の年市徴収分は 381 リーヴル，つまり総額 2,304 リーヴルの 6 分の 1 に激減し，23 年から 28 年までは同様に課税・徴収されていない。しかし 29 年に復活し，2,383 リーヴルのうち 847 リーヴル（3 分の 1 弱）を計上したが，翌 30 年は既述のように，冬の市しか開催されなかったので，この徴収額は 50 リーヴルに満たず，年市の停止とともに消滅していった。20 年代後半以降の税収総額は 12 ドニエ税が年に 1,400 から 2,200 リーヴル，ブドウ酒 8 分の 1 税は 600 から 1,000 リーヴルで推移

するが，いずれも単調な傾向は見出しがたく，1420年代と30年代との差異も指摘しがたい。なお1423年から27年の5年間はジャン・フレニョが通常収入，12ドニエ税，およびブドウ酒8分の1税の3種の収入勘定を一人で担当した時期に相当する（グラフ1-1を参照）。

グリュエリーは対象期間中，16年分の記録が保存されている[54]。表1-19にまとめた通り，その収入総額は1419年から21年までの3年間は1,215，2,001，1,900リーヴルと膨張しているが，22年以降は引き締まり，450から600リーヴル未満といった値をとった。本管区の通常収入と比べれば，少額と言わざるを得ないが，他の管区と比べれば，グリュエリーとしては相当の額であると言えよう。

その内容は現物と現金で構成された。まずブランシオン Brancion とブレニィ Braigny の2城区から3種の麦が徴収される。1419年にはフロモンが1カルトロン，セーグルがシャロン桝とビュクスィ桝でそれぞれ10ボワッソー，燕麦がシャロン桝で40ビッシュ，ギレィ桝で10ボワッソー。蜂蜜なし。鶏40羽が徴収された（B3634 ff.1R°-6R°）。これらの売却額は25フランを超える程度である（同 ff.18R°-19R°）。次に現金の徴収で，ブランシオン35フラン，ボーモン Beaumon 7フラン，ラ・コロヌ La Colonne 22フラン，ビュクスィ Buxy 34フラン，ブレニィ98フラン，メルソン Moillecon 15フランの合計211フランが順に記載される（同 ff.6V°-17V°）。現物の売却と併せて236フランになるが，この後に本来の森林と水の資源利用料が記載され，これまで分析してきた他の管区と同様に，会計の主要部分を占める。やはり城区ごとに，セジィ Saigey, Sagy ではモンス沼の漁獲売上を中心に369フラン。キュイズリィ Cuiserey ではレジレ沼の収穫売上を中心として162フラン，ついでヴェルダン Verdun の雑多な収入が316フラン，ジェルモル Germoles が108

---

54) B3648は1428年度の各城区での材木売却による現金収入のみを記録した34葉の帳簿（記載は第33葉表まで）で，ジャン・ビュッスュル Jehan Bussul の管理簿 Controle と題されている。固定地代の記載はなく，総計も支出も記載されていない。この時期，シャロンのグリュィエはピエール・ド・ラ・クードルのはずであるが，彼の28年度の帳簿は現存しない。この管理簿がラ・クードルのグリュエリー帳簿に替わるものなのか，不詳。翌29年のラ・クードルの帳簿（B3652）には，前年度に関する格別の記載はない。また1439年の記録B3693-2は前半の収入の部（第16葉，ブレニィの記載まで）が喪失した。

第 1 章　ブルゴーニュ公領の地代と税

表 1-19　シャロン管区のグリュエリー収入構成

	1419 年 B3634	1420 年 B3637-1	1421 年 B3637-2	1422 年 B3640	1429 年 B3652	地代 固定額	貨幣	1430 年 B3654	1431 年 B3657
ブランシオン	35	117	101	31	31	5s2d	12d/gros	27	79
ボーモン	7	222	345	−	9	60s	20d/gros	17	10
ラ・コロヌ	22	1,164	84	12	6	6d	16d/gros	14	22
ビュクスィ	34	37	86	37	35	4 £10st&7gros		41	47
ブレニィ	98	140	295	163	54	16 £9s3d1/2	15d/gros	84	123
メルソン	15	40	−	−	3	64s	15d/gros	38	27
穀物鶏売却	25	57	64	1	6			2	2
小　計	236	1,783	975	245	144			223	311
クルトヴェ	3	4	8	2	3			0	1
セジィ	369	23	202	229	226			121	15
キュイズリィ	162	68	642	45	33			90	152
ヴェルダン	316	89	0	0	0			0	0
ジェルモル	108	17	0	0	54			41	68
小　計	958	201	852	276	316			252	236
他		14	6	33					
合　計	1,215	2,000	1,899	555 (弱貨)	463			486	549

	1432 年 B3661	1433 年 B3666	1434 年 B3673	1436 年 B3679	1437 年 B3684	1438 年 B3687	1439 年[2] B3693-2	1440 年 B3693-1	1441 年 B3696
ブランシオン	30	25	25	67	62	93	−	33	62
ボーモン	11	16	6	19	12	13	−	10	8
ラ・コロヌ	269	9	6	12	8	11	−	8	33
ビュクスィ	35	40	35	56	39	10	−	37	115
ブレニィ	130	70	104	102	515	475	−	107	164
メルソン	38	41	75	64	35	20	52	6	35
穀物鶏売却	3	3	3	9	1	2	2	1	2
小　計	517	206	254	329	672	624	479	202	419
クルトヴェ	3	3	3	2	2	2	0	0	0
セジィ	12	222	49	106	17	160	55	158	84
キュイズリィ	88	41	36	74	30	68	125	31	50
ヴェルダン	0	0	0	0	0	0	0	0	0
ジェルモル	16	36	56	59	24	68	12	35	22
小　計	119	302	144	241	73	298	192	224	156
他									
合　計	637	511	402	580	748	825[1]	671	431	575

注)　小計が不足する場合も放置
1)　史料の計算ミスか。合計は 922 となるはず。
2)　ff. 1-16 喪失。

フランを計上した。豊かな自然に恵まれた一帯である。
　1422 年のグリュエリーも同じ勘定役，ピエール・ド・ラ・クードル Pierre de la Couldre が担当しているが，総額は大幅に減少した。デノミ直

後の冷え込みも指摘できるかもしれない。現物に大きな変動はないが，ブランシオンを始めとし，ほとんどの城区で収入が減少している。特にセジィが229フラン（マイナス140）に，キュイズリィが45フラン（マイナス117）になったこと。さらに大きな収益を上げていたヴェルダンとジェルモルの収入がゼロであったこと（マイナス424）が収入減の最大要因であった。この後，ジェルモルは僅かな収益を納めるが，ヴェルダンは恒常的にゼロになる。これは管区勘定役を介さず，直接，領邦勘定役に収益を引き渡すようにシステムを変更したためであろう。

　1430年代前半は既述のように通常収入は大きな減少が見られたが，グリュエリー収入も年次にずれはあっても，ほぼ同様のカーブを描く。ところがグリュエリーの場合，その変化要因が年によってかなり異なる。29年と30年はいずれも総額460リーヴルを超える程度でほぼ同額と見なせる。ところが，その構成を同列に見なすことはできない。29年はブランシオン以下メルスィまでの6城区の現物と現金収入が計144リーヴルであったが，30年は223リーヴルであった。総額の値域を考えた時，この80リーヴル弱の違いを無視することはできない。29年はセジィが226フラン，キュイズリィが33フラン，ジェルモルが54フラン，これが収入の主要部分であった（B3652）。ところが30年はセジィが121フランにすぎず，キュイズリィは90フランで，ジェルモルは41フランであった（B3654）。つまり29年と30年の総額がほぼ等しかったのは「偶然に」「偶々」と表現するしかない。実際，表に示したように，6城区の固定地代は30年以降，毎年正確に同額を徴収されているが，いずれも低額で，総額のうち僅かな割合を占めるにすぎない。つまり変動分は材木や漁獲の売却で得た利益であるが，それをある幅の中に納めて，安定化を図ろうとする意図は，少なくともデータの上から読み取ることはできない。31年から総額は上昇し，32年に総額637リーヴルの小ピークを迎えた（この時6城区合計は517リーヴルB3661）が，再度下降を始め，34年に402リーヴルで（6城区合計は254リーヴルB3673）底に達した。これは32年のピーク額に比べると，約1/3（235リーヴル）減少したことを意味する。6城区からの徴収が重要であるとは言えるが，しかしそれが全体を左右しているとまでは言えない。のみならず，現物徴収，特に麦の増減が認められることにも注目したい。37年にはセー

第1章　ブルゴーニュ公領の地代と税　　　　　　　　　　111

グルはゼロだが（B3684），翌38年は3ボワッセル受領している（B3687）。既述のように固定地代はむしろ現金で徴収されたから，現物徴収が古い慣習の名残であるとは言えないし，したがって金銭に代替されるはずのものとは言えないのである。この場合，単純な変化を認め，それと指摘することは困難である。現物と金銭は互いに異なる徴収科目に過ぎない。フロモン，セーグル，燕麦，鶏，そして銭が順に列挙されているだけであり，それらを相互に代替することも可能というだけである。

3．シャテルニー ——収入構成とその変化

　バイイ管区の空間的広がり，その構造，地代の納付額や税負担が様々であるように，シャテルニーの大きさや社会経済的活性もまた多様である。ヴァロワ時代のブルゴーニュ公領には50近いシャテルニーが存在した。その中には，プレヴォテのようにバイイ管区の下位区分と理解されるものもあるが，事実上，自立していて，小型のバイイ管区と言える程のものもある。ちょうどオータンのヴィエリのように，シャテルニーは各々地代や税の徴収記録を残しているので，それも本書の分析・研究の対象とすべきであろう[55]。そこで実質的に自立していて，地代徴収の面でもバイイ管区に比して遜色ない，そのようなシャテルニーの中から，ディジョンから遠からぬボーヌ Beaune を取り上げてみようと思う。
　シャテルニーに勘定役を設置することはなく，シャトラン自身が地代や税を徴収し，その記録を残した。ボーヌの場合，本書が対象とする時期のシャトランはアダム・カネ Adam Canet（1438年死去）と彼を継承したミロ・ド・フォートレィ Milot de Faultrey の二人であり，彼らの通常収入勘定簿はすべて現存している。
　次頁以下，表1-20に示したように，徴収科目はフロモン，燕麦，ブ

---

[55]　本文で取り上げたボーヌ以外に，著者が実際に閲覧したのは，ショーサン Chaussin，シュノヴ Chenove，ポンタイェ Pontailler，ルーヴル Rouvres，タラン Talant，ヴェルダン Verdun の6ヶ所の記録である。収入規模はいずれも3桁，数百リーヴルであるが，ルーヴルでは1421年，その城館補修のために2,700リーヴルに上る資金を融通された記録も残している（ただし弱貨 B5776 f.26R°-V°）。なおシュノヴは事実上ブドウ園である。

表1-20 ボーヌ, ポマール, および

		年	単位	1419 B3199	1420 B3200[2]	1421 B3201[2]	1422 B3202	1423 B3203[3]	1424 B3204	1425 B3205
現物収納		フロモン麦	biche	8	8	8	8	8	8	8
		燕麦	biche	23	23	23	23	19	19	19
		ブドウ酒	queue	136	143	108	127	113	62	96
		蠟	libre	38	38	38	38	37	37	37
		鶏	nombre	12	12	12	12	12	12	12
貨幣収納	ボーヌ	地代[1]	franc	98	97	333	94	96	110	110
		市場		178	204	474	144	149	163	146
		バン・司法		33	7	860	45	40	67	39
		市長と参審人の税		141	142	390	162	148	160	140
		定期市		7	6	32	7	5	6	6
		ブドウ酒売却		4	0	103	28	75	0	0
	ポマール	地代		25	25	87	25	17	18	18
		木材売却		5	2	3	1	1	0	1
		司法		59	53	25	24	11	8	2
	ヴォルネィ	地代		31	31	31	31	31	31	31
		可変地代		37	41	174	30	30	33	33
		司法		0	0	0	0	0	0	0
	アンシィ	地代		6	6	32	8	6	6	6
		木材売却		3	0	3	3	2	3	3
	ムロワゼィ	地代		7	7	24	7	7	7	7
		可変地代		14	15	60	10	10	8	9
		司法		0	0	0	0	0	0	0
	ミポン	地代		−	−	−	−	−	−	−
		木材・草売却								
	ピュリニィ	地代		−	−	−	−	−	−	−
		司法								
	他	ブドウ酒売却				0	−			
		他		20	0	450	498	0	384	30
		合計		672	646	3,123	1,107	618	1,067	592
支出		ブドウ園維持・修理		390	372	398	0	32	930	0
		領邦勘定へ					0	133	90	144
		合計		812	881	1,643	888	730	1,379	556

1) 地代の詳細は別表
2) 弱貨。巻末の概要に換算あり (ff.45R°-48R°)。
3) monnaie de 6 niquez/10dt

ドウ酒, 蠟, 鶏, そして銭であり, 目新しい点はないが[56], 対象期間中に2度, 現物固定地代の見直しによる徴収額変更があった。まず1423年に燕麦が従来の23ビッシュから19ビッシュ[57]に, 蠟は38リーブル

56) 他のシャテルニーも同様。大麦 orge と黍 millet, millot も多く徴収されている。
57) ボーヌでは 1 biche = 6 boisseaux。

第1章　ブルゴーニュ公領の地代と税

ヴォルネィの収入　1419-43 年

1426	1427	1428	1429	1430	1431	1432	1433	1434	1435	1436
B3206[4]	B3208	B3209	B3210-1	B3211	B3212	B3213	B3214	B3215	B3216	B3218
8	8	8	9	9	9	9	9	9	9	9
19	19	19	19	19	19	19	19	19	19	19
90	73	72	61	170	115	64	129	96	102	151
37	37	37	37	37	37	37	37	37	37	37
12	12	12	16	16	16	16	16	16	16	16
109	109	109	107	107	107	107	108	109	110	105
151	142	143	138	140	139	133	131	119	129	139
98	17	39	61	43	44	36	34	31	46	58
150	156	163	166	167	167	162	157	158	180	198
7	5	4	4	7	8	7	8	9	9	16
145	782	0	0	0	0	0	0	0	0	0
18	18	18	18	18	18	18	18	18	18	18
1	1	1	1	1	1	1	1	1	1	1
7	0	8	0	4	0	9	0	50	1	30
31	31	31	31	31	31	31	31	31	31	31
45	45	45	45	45	45	45	37	42	43	47
0	0	0	0	0	0	0	0	0	0	0
6	6	6	6	6	6	6	6	6	6	6
3	3	3	3	3	3	3	3	3	3	3
7	7	7	7	7	7	7	7	7	7	7
10	11	8	9	9	9	9	9	9	9	9
0	0	0	0	0	0	0	0	0	0	0
–	–	–	12	22	22	15	7	12	12	34
–	–	–	15	15	15	15	15	15	15	15
			0	7	6	6	5	6	6	6
–	–	–	360	295	189					88
150	220	366	366	480	50	500				460
916	1,566	965	1,357	1,416	866	1,116	588	636	637	1,365
0	455	366	366	480	500	500	464	474	474	460
672	695	366	920	743	219	515	66	69	74	475
1,002	1,516	961	1,636	1,512	891	1,199	626	740	643	1,184

4)　Etat abrege aux ff.50R°-58R°

から 37 リーブルに引き下げられた。2 度目は 29 年で，この時は逆にフロモンが 8 ビッシュから 9 ビッシュに，鶏が 12 羽から 16 羽に引き上げられた。ブドウ酒の徴収量は一定していない。80 クー[58]に満たない年

---

58)　1 queue = 2 muids = 32 (= 2×16) setiers = 256 (= 32×8) pintes.

		年	1437	1438	1439	1440	1441	1442	1443
		典拠　単位	B3219	B3220[5]	B3221	B3222	B3223	B3224	B3225
現物収納		フロモン麦　biche	9	9	9	9	9	9	9
		燕麦　biche	19	19	19	19	19	19	19
		ブドウ酒　queue	69	34	51	69	89	123	66
		蠟　libre	37	37	37	37	37	37	37
		鶏　nombre	16	16	16	16	16	16	16
貨幣収納	ボーヌ	地代[1]	98	98	98	98	98	98	98
		市場　franc	158	50	72	40	30	52	68
		バン・司法	36	140	124	122	127	120	126
		市長と参審人の税	154	185	142	113	117	122	125
		定期市	15	0	0	0	0	0	0
		ブドウ酒売却	0	0	77	0	10	12	0
	ポマール	地代	18	18	18	18	18	18	18
		木材売却	1	1	1	1	0	0	0
		司法	0	19	3	3	3	50	7
	ヴォルネィ	地代	31	31	31	31	31	31	31
		可変地代	39	40	28	28	34	29	29
		司法	0	0	0	0	0	0	0
	アンシィ	地代	7	7	3	4	3	3	3
		木材売却	3	3	3	3	3	3	3
	ムロワゼィ	地代	7	7	7	7	7	7	7
		可変地代	6	10	8	9	10	7	10
		司法	0	0	0	0	0	0	0
	ミポン	地代	–	–	–	–	–	–	–
		木材・草売却	30	30	32	36	24	24	24
	ピュリニィ	地代	15	15	15	17	15	15	15
		司法	6	6	6	6	4	4	6
	他	ブドウ酒売却				91			
		他	460		80	695	705	500	590
	合計		1,117	710	755	1,325	1,248	1,066	1,156
支出		ブドウ園維持・修理	460		114	644	603	561	500
		領邦勘定へ	520	557	487	596	250	460	461
	合計		1,135	697	745	1,432	1,521	1,202	1,131

5) Halle から肉屋が移転し，市内に分散。年市の収益もなくなる。

が10度，80クーを超えて120クーに満たない年が8度，そして120クーを超えた年が7度あった。最低は38年の34クーで（B3220），最高は30年の170クーであった（B3211）。この徴収量は，これまで分析してきたバイイ管区の徴収記録とは桁が違う。また，バイイ管区では現物徴収は帳簿上の記載に過ぎないと思えるほどに形骸化している場合が多いが，ここでは，まだ現物徴収が実質的な意味を持ち，徴収品は，ブドウ酒も含めて，即座に売却される訳ではなく，実際に物品のまま人手を

第 1 章　ブルゴーニュ公領の地代と税　　　　　　　　115

渡っていき，在庫品がある場合は，数年おきに売却されて決済された。
　現金地代はやはり固定分と変動分がある。ただし固定分とは言うものの，次頁の表 1-21 に示したように，数年ごとの見直しがある。僅かずつではあるが，1424 年にはボーヌが 96 から 110 リーヴルへ，ポマール Pommard が 17 から 18 リーヴルへ，26 年にはヴォルネィ Volenay が 64 から 76 リーヴルへ，29 年にはボーヌが再度 109 から 107 リーヴルへ地代変更を行なった。また，この 29 年からはピュリニィ Puligny の地代が加えられた。さらにボーヌでは 35 年にフロモン麦 1 ボワッセル（3 スー 4 ドニエ・トゥルノワ相当）を加え，翌 36 年からは現金徴収分を約 20 リーヴル・トゥルノワ減少させた。固定分として新たに現物を加えるのは珍しい事例である。5 区の地代を合計すると 210 リーヴル程度になるから，収入総額が期間中最低の 588 リーヴルを記録した 1433 年であれば（B3214），その 3 分の 1 超を，最高額 1,566 リーヴルを記録した 27 年であれば（B3208），その 7 分の 1 を占める計算になるが，いずれにしても収入全体を左右する額ではない。しかも地代 210 リーヴルと言っても，その半分はボーヌで 100 リーヴル超，ついでヴォルネィの 64 ないし 76 リーヴルである。他の 3 区は合せて 30 リーヴルほどにしかならない。地代以外では，ボーヌに中央市場 Halle があり，その出店料収入が 120 から 150 リーヴルほど，夏冬の聖マルタンの祝日（夏は 4 月 13 日）に合わせて開催される年 2 度の年市から数リーヴル[59]，そして雑多な司法収入があるが，他の区では地代以外には材木の売却などが僅かに加算される程度である。したがってシャテルニーの収入全体に大きく寄与するのは変動分，主として司法手続き料，科料・罰金[60]，木材やブド

　59）　1438 年（B3220）以降，中央市場からの徴収量が激減したが，これは肉屋が市内に分散移転したためで，例年 95 フラン程度あった出店料が「バン・司法収入」に分類されるようになったためである。さらにこの 38 年には聖マルタンの年市出店料の徴収が廃止され，その収入もなくなった。もっとも前者の変更は会計措置としては分類変更に過ぎず，後者はもともと小額であったから，これらの変更が収入全体に及ぼす影響は軽微である。
　60）　このボーヌのシャテルニー会計には高等法院の裁判収入は含まれない。なおボーヌ高等法院で徴収された罰金の帳簿が 1 冊（B3217）現存している。勘定役ベルトロ・ランバン Berthelot Lambin が 1435 年 4 月 5 日から 7 月 9 日までの 3 ヶ月間に公領 6 バイィ管区から計 2,187 リーヴル・トゥルノワの徴収額を算定し，総裁リシャール・ド・シャンスィ以下 14 名の諮問の日当として総額 1,479 フラン，未徴収分 592 リーヴル，雑費 161 リーヴル，合計 2,232 リーヴルを支出として計上した会計簿である。臨時の特別徴収記録であろうが，他に類例がない。同年夏に開催されたアラス会談の準備費用を捻出するためであろうか。

表1-21 固定地代表

城区(期間)	本来の表記(通貨ごと)			(通貨)	(トゥルノワ換算)		
ボーヌ(1424-25)	57 £	4 s	4 1/2 d	digenois15s/fr.	76 £	5 s	10 dt
	32 £	18 s	8 d	tournois	32 £	18 s	8 dt
		11 gros		franc		18 s	4 dt
				(合計)	110 £	2 s	10 dt
(1426-28)	56 £	16 s	5 1/2 d	digenois15s/fr.	75 £	15 s	3 1/3 dt
	32 £	18 s	8 d	tournois	32 £	18 s	8 dt
		11 gros		franc		18 s	4 dt
				(合計)	109 £	12 s	3 1/3 dt
(1429-34)	54 £	17 s	11 d	digenois15s/fr.	73 £	3 s	10 2/3 dt
	33 £	5 s	4 d	tournois	33 £	5 s	4 dt
		11 gros		franc		18 s	4 dt
				(合計)	107 £	7 s	6 2/3 dt
(1435)	55 £	3 s	11 d	digenois15s/fr.	73 £	11 s	10 2/3 dt
	33 £	5 s	4 d	tournois	33 £	5 s	4 dt
	3 fr			franc	3 £	s	dt
	1 boissel			fromont		3 s	4 dt
				(合計)	110 £	0 s	6 2/3
(1436-37)[1]	40 £	8 s	7 d	digenois15s/fr.	53 £	18 s	1 1/3 dt
	33 £	5 s	4 d	tournois	33 £	5 s	4 dt
	17 fr	6 gros			17 £	10 s	dt
	1 boissel			fromont		3 s	4 dt
				(合計)	104 £	16 s	9 1/3
(1438-)	40 £	8 s	7 d	digenois15s/fr.	53 £	18 s	1 1/3 dt
	33 £	8 s	8 d	tournois	33 £	8 s	8 dt
	10 fr	11 gros		franc	10 £	18 s	4 dt
	1 boissel			fromont		3 s	4 dt
				(合計)	98	8	5 1/3
ポマール(1424-)	7 £	12 s	3 3/4 d	digenois15s/fr.	10 £	3 s	1 dt
		114 s	6 d	18s/fr.	6 £	7 s	2 2/3 dt
		41 s	6 d	tournois	2 £	1 s	6 dt
				(合計)	18 £	11 s	9 2/3 dt
ヴォルネイ(1424-)	13 £	14 s	10 d	digenois15s/fr.	18 £	6 s	5 1/3 dt
	10 £	43 s	4 d	tournois	12 £	3 s	4 dt
	fr	16 gros		franc	1 £	6 s	8 dt
				(合計)	31 £	16 s	5 1/3 dt
アンセイ(アンジイ)	(可変地代のみ)						
ムロワゼイ(1422-)	4 £	6 s	7 1/2 d	digenois15s/fr.	5 £	15 s	6 dt
		17 gros		franc			340 dt
				(合計)	7 £	3 s	10 dt
ビュリニイ(1429-)	4 £	5 s		digenois15s/fr.	5 £	13 s	4 dt
	10 fr	3 gros		franc	10		60 dt
				(合計)	15 £	18 s	4 dt

1) 表中の数値は36年の値。37年は17フランでなく、11フランとなる。

ウ酒の売却代金であるが，これは事実上ボーヌ市内で徴収されると理解して差し支えない。他のシャテルニーにも徴収科目として記載欄は設定してあるが，ほとんど記録がない。これまで分析を重ねてきたように，バイイ管区であれば，木材は自然価値を持つ「商品」として，その売却はグリュエリー会計で扱う収入科目であるが，シャテルニー会計ではこの区別を設定していない。またブドウ酒はボーヌ，ポマール，ヴォルネィという，この地区の極めて付加価値の高い「特産品」である。例えば27年には大口で33クー半のブドウ酒を1クーあたり12フランで売却し402フランを，また24クーを単価4フラン3グロ半で売却し103フランを記録した（B3208 f.25R°）。さらに小口を含めてこの年782フランの売上を記録し，この売上高が同年の収入総額1,566フランの半分を占めた。売上高も目を引くが，その単価には3倍の開きがあるから，明らかに多様な商品が売買される市場が成立していることを意味する。

　ボーヌのシャテルニー会計を理解するには，支出の分析が欠かせない。定期金支払がおよそ20リーヴル，役職者の高額手当50リーヴル，9月のブドウ収穫期の臨時雇用とその関連費用100リーヴル，合計170リーヴルがこの会計の固定分と考えてよい。加えて不定期のブドウ畑や市内の城館の補修費がある。領邦勘定役への資金供与は毎年ではない。したがってボーヌは基本的には豊かで，毎年，着実に内部留保を蓄積できる余裕があると言える。20年代前半のその他の収入は司法手続の費用が多いが，28年以降，毎年ブルゴーニュ領邦勘定役から数百フランが振り込まれるようになる。28年の振込み額は366フランであるが（B3209 f.35R°），これは収入総額965リーヴルのうち，3分の1に相当するが，ブルゴーニュ公の所有に帰すブドウ畑の造成費用の短期融資であり，年度内に返却された（同B3209 f.45V°）。29年も同額の366フランを（B3210-1 f.40V°），30年は480フラン（B3211 f.35V°），32年は500フラン（B3213 f.38R°）を受領し，それぞれ実際の工事費に充当し（B3210-1 f.43R°，B3211 f.37V°，B3213 f.40R°），そして年度内に返却している（B3210-1 f.50R°，B3211 f.41R°，B3213 f.44R°）。しかもこれは短期的な臨時措置ではなく，この後も継続した。36年と37年にはそれぞれ460フラン（B3218 f.39V°，f.41R°，f.43R°とB3219 f.38R°，f.40R°，f.43R°），40年には695フラン（B3222 f.33V°，f.36R°，f.39R°），41年は505フラン（B3223 f.33R°, f.35R°, f.41R°), 42 年と 43 年は各 500 フラン（B3224 f.33V°, f.35R°, f.38R° と B3225 f.34R°, f.36R°, f.38V°）をブドウ畑の造成・補修費として借入, 返済している。つまりこの会計は収入も, 支出もおよそ 3 分の 1 程度の金額を借入れ, 投下し, 回収し, 返済しているので, 全体の額は相当に膨張している。この金額の出納がなければ, つまり使用を特定した融資がなければ, せいぜい 600 リーヴル程度の小規模な会計でしかないはずである。この意味でも, ボーヌは高等法院の所在地であるという以外に, 言わば「戦略的商品」であるブドウ酒の生産・集積地として特別扱いされているのである[61]。

ところで, 各バイイ管区の通常会計を分析した際に示したように, 管区勘定役がそれぞれ所管内ないし周辺の城区 chastellenie から地代や司法手続き料を徴収していた。今, ボーヌ城区の会計を分析したが, その支出記載葉に, 領邦勘定役への資金供与の記録はあるが, 近隣のバイイ管区勘定役への資金提供の記録はない。ディジョン管区の通常会計には, 例の聖ジャン・バティストを期日とする契約地代の徴収があった。その中にはボーヌ, ニュイ, ルーヴル, ポンティエといったディジョン周辺の幾つかの城区が含まれていたが, これはそれぞれの城区に設置された請負人との契約であって, 全住民に課される租税ではない。その請負人が何を源泉として, その契約額を支払うのか, それは彼の裁量であり, 管区勘定役の預かり知らぬことである。また公正証書登録請負も同じことで, ボーヌとニュイに居を構える誰かがディジョンの管区勘定役と複数年契約を交わし, 請負料を支払う。さらにバイイが徴収する科料・罰金は地区ごとに分かれ, ボーヌとニュイでの徴収記録も, やはりディジョンの勘定役が管理した。こうした収入（バイイ管区勘定役から見て）は, 今, 分析したボーヌ城区の通常会計には一切記載されていない。つまりボーヌのシャトランであるアダム・カネが請負人 fermier として地代や税を徴収し, ディジョンの勘定役に手渡した訳ではない。仮にそうであれば, それは支出欄に必ず記載されるはずだからであり, したがって, この城区会計は, オータンのヴィエリのように, バイイ管区会計に

---

61) やや時期を遡るが, ブルゴーニュ公 Philippe le Bon の父 Jean sans Peur は贈答品としてボーヌ産ブドウ酒を盛んに利用したことが知られている。SCHENERB, Bertrand; *Jean Sans Peur*, Paris, 2005, pp. 555-556.

第1章　ブルゴーニュ公領の地代と税　　　　　　　119

従属している訳ではない。つまりシャトランが住民から直接に何がしかを徴収し，その一部を直接にディジョン管区勘定役に手渡す，上納するという階層構造をなしている訳ではない。しかしこの事態はシャテルニー住民がシャトランとバイイ管区の勘定役と双方に二重に地代を支払っているということを意味する訳でもない。シャトランは住民から地代や税を徴収するが，彼が住民との間に取り結ぶ関係にバイイ管区の勘定役は関与しない。逆に，バイイ管区の勘定役は既に述べたように，様々な社団から地代を徴収する。その中にはシャテルニーも含まれるが，それはシャテルニー住民を支配し，課税するという関係ではなく，住民たちの誰かと契約を交わすという関係である。この契約にシャトランは関与しない。少なくとも帳簿を分析する限り，そのように理解せざるを得ない。

4．変動の分析と記述

(1) 管区内変動の比較

　ブルゴーニュ公領6バイイ管区すべて，そして管区に匹敵する城区ひとつを採りあげて，それぞれの区ごとに通常収入の構成とその変動，付加価値税と酒税の推移，森林・水資源の利用料の分析を重ねてきた。所与のデータを丁寧に分析することで，その内的構造を明らかにしたつもりである。ここで各区の枠組みを越えて，ブルゴーニュ公領全体を総括し，特に公領全体の変動を論じてみようと思う。しかし各区の，各種の会計は同一の書式で記録されているわけではなく，それぞれの歴史や特性を反映したものであった。しかも定量データの連続あるいは欠損の状況も一様ではなかった。つまり各区の分析結果を，言わば単純に加算すれば，そのまま全体を表現するということにはならない。一定の人為が必要となる。そこで時系列変化の分析を目的とした場合に利用可能なデータを整理してみると，オータン，オーソワ，シャロン，およびシャティヨンの通常収入勘定簿はよく保存されていて，そこに含まれる地代収入の記録は管区を越えた広域動向を分析するに役立つであろう。

120　　　　　　　　　　第1部　財　源

　ディジョンはブルゴーニュの政治と文化の中心であり，人口も多く，したがって多額の金銭が動くから，全体動向に大きな影響を与えるはずであり，そのデータは本来ならば使用したいが，その保存状態は満足のいくものではない。対象期間25年の半分，1426年から38年までの13年分しか残っていないから，分析の中心に据えるわけにはいかない。むしろ様々な話題（トピック）を紡ぎ出し，叙するに適すると思われるので，ここでは参考とする程度にとどめる。すでに各区を分析した際に何度も述べたように，司法手続に関わる収入が地代収入を遥かに上回り，各区の収入の主要部分をなしている場合も多い。しかし地代収入は，たとえ固定分だけで，それが低額であっても，ゼロということはない。その意

表1-22　各管区

通常収入

	1422年	1423年	1424年	1425年	1426年	1427年	1428年	1429年	1430年	1431年	1432年
オータン	1,431.0	1,340.0	1,295.0	1,171.0	1,227.0	825.0	855.0	889.0	904.0	673.0	757.0
オータン3年移動平均	1,385.5	1,355.3	1,268.7	1,231.0	1,074.3	969.0	856.3	882.7	822.0	778.0	702.0
オーソワ	1,637.0	1,518.0	1,097.0	968.0	950.0	830.0	818.0	819.0	713.0	769.0	615.0
オーソワ3年移動平均	1,577.5	1,417.3	1,194.3	1,005.0	916.0	866.0	822.3	783.3	767.0	699.0	635.0
シャティヨン	856.0	833.0	1,213.0	778.0	624.0	676.0	779.0	725.0	463.0	390.0	375.0
シャティヨン3年移動平均	844.5	967.3	941.3	871.7	692.7	693.0	726.7	655.7	526.0	409.3	376.7
シャロン					1,751.0	1,755.0	1,783.0	1,645.0	1,351.0	1,203.0	1,222.0
シャロン3年移動平均					1,753.0	1,763.0	1,727.7	1,593.0	1,399.7	1,258.7	1,148.0
ディジョン					2,858.0	2,692.0	2,742.0	4,670.0	2,777.0	2,395.0	2,583.0
ディジョン3年移動平均					2,775.0	2,764.0	3,368.0	3,396.3	3,280.7	2,585.0	2,397.0
ディジョン収入					3,808.0	3,392.0	2,742.0	4,670.0	3,977.0	2,395.0	2,583.0
特別					950.0	700.0	0	0	1,200.0	0	0
差引					2,858.0	2,692.0	2,742.0	4,670.0	2,777.0	2,395.0	2,583.0

注1）　シャティヨンの1430年の額は推定最低値。22-27年は工事費交付金を削除。
注2）　シャロンは罰金収入を削除

ブドウ酒8分の1税

	1422年	1423年	1424年	1425年	1426年	1427年	1428年	1429年	1430年	1431年	1432年
シャロレ	497.0	313.0	438.0	467.0		416.0	301.0	296.0	304.0	260.0	358.0
シャロレ3年移動平均	405.0	416.0	406.0	452.5	441.5	358.5	337.7	300.3	286.7	307.3	310.7
オータン	649.0	710.0	819.0	894.0	925.0	899.0	688.0	633.0	646.0	552.0	553.0
オータン3年移動平均	679.5	726.0	807.7	879.3	906.0	837.3	740.0	655.7	610.3	583.7	564.0
シャロン	1,028.0	634.0	692.0	644.0	642.0	612.0	691.0	910.0	751.0	702.0	811.0
シャロン3年移動平均	831.0	784.7	656.7	659.3	632.7	648.3	737.7	784.0	787.7	754.7	729.7

第1章　ブルゴーニュ公領の地代と税

味では，収入の基盤をなしているし，また農業生産，特に穀物生産の数少ない指標として利用できると期待される。そこで変化の激しい司法・行政に関わる収入や例外的と思われる臨時収入は削除して，それぞれの地区で，ある程度安定して得られる収入の長期的変動，すなわちトレンドを分析することにした。基本動向を見えにくくする要因とは，具体的には，シャティヨンの1427年以前の城館補修費，シャロンの例外的と思われる高額の罰金であり，これらを除外して，さらにグラフの作成にあたっては，オータンとオーソワの分析で試みたように，3年移動平均を利用した。その一覧が下記の表1-22である。

の収入

1433年	1434年	1435年	1436年	1437年	1438年	1439年	1440年	1441年	1442年	1443年
676.0	690.0	735.0	739.0	788.0	901.0	669.0	598.0	654.0	751.0	739.0
707.7	700.3	721.3	754.0	809.3	786.0	722.7	640.3	667.7	714.7	745.0
521.0	579.0	721.0	753.0	730.0	848.0	843.0	874.0	814.0	853.0	830.0
571.7	607.0	684.3	734.7	777.0	807.0	855.0	843.7	847.0	832.3	841.5
365.0	240.0	213.0	333.0	311.0	309.0	295.0	369.0	254.0	251.0	251.0
326.7	272.7	262.0	285.7	317.7	305.0	324.3	306.0	291.3	252.0	251.0
1,019.0	1,215.0	1,239.0	1,468.0	1,823.0	1,396.0	1,453.0	1,348.0	1,361.0	1,419.0	
1,152.0	1,157.7	1,307.3	1,510.0	1,562.3	1,557.3	1,399.0	1,387.3	1,376.0	1,390.0	
2,213.0	2,345.0	2,319.0	2,954.0	1,994.0	3,034.0					
2,380.3	2,292.3	2,539.3	2,422.3	2,660.7	2,514.0					
2,213.0	3,486.0	3,460.0	6,287.0	3,035.0	3,034.0					
0	1,141.0	1,141.0	3,333.0	1,041.0						
2,213.0	2,345.0	2,319.0	2,954.0	1,994.0	3,034.0					

1433年	1434年	1435年	1436年	1437年	1438年	1439年	1440年	1441年	1442年	1443年
314.0	285.0	312.0	312.0	292.0	209.0	209.0	228.0	236.0	242.0	247.0
319.0	303.7	303.0	305.3	271.0	236.7	215.3	224.3	235.3	241.7	244.5
587.0	516.0	498.0	628.0	574.0	486.0	331.0	465.0	547.0	518.0	541.0
552.0	533.7	547.3	566.7	562.7	463.7	427.3	447.7	510.0	535.3	529.5
676.0	608.0	862.0	1,013.0	865.0	1,318.0	1,004.0	1,007.0	738.0	742.0	880.0
698.3	715.3	827.7	913.3	1,065.3	1,062.3	1,109.7	916.3	829.0	786.7	811.0

122　　　　　　　　　　第1部　財　源

商品12　ドニエ税

	1422年	1423年	1424年	1425年	1426年	1427年	1428年	1429年	1430年	1431年	1432年
シャロレ	1,413.0	676.0	1,052.0	1,057.0		1,075.0	887.0	837.0	904.0	578.0	944.0
シャロレ3年移動平均	1,044.5	1,047.0	928.3	1,054.5	1,066.0		981.0	933.0	876.0	773.0	808.7	810.7
オータン	1,545.0	1,730.5	1,916.0	1,790.0	1,792.0	1,861.0	1,623.0	1,503.0	1,520.0	1,249.0	1,436.0
オータン3年移動平均	1,637.8	1,730.5	1,853.0	1,832.7	1,814.3	1,758.7	1,662.3	1,548.7	1,424.0	1,401.7	1,352.0
シャロン	2,304.0	1,176.0	1,574.0	1,519.0	1,416.0	1,487.0	1,438.0	1,536.0	1,457.0	1,495.0	1,526.0
シャロン3年移動平均	1,740.0	1,684.7	1,423.0	1,503.0	1,474.0	1,447.0	1,487.0	1,477.0	1,496.0	1,492.7	1,534.7
シャロン								2,383.0	1,494.0	1,559.0	1,544.0
年市課税分								847.0	37.0	64.0	18.0
差引								1,536.0	1,457.0	1,495.0	1,526.0

注）　1423年のオータンの額は22年と24年の算術平均を利用した。

　シャティヨンの通常収入の時系列変動はオータンのそれとよく似ている。20年代から30年代前半にかけては急減，漸減の違いはあるものの，単調に減少し，35年に底に達した。その後，やや回復するものの，力強さに欠け，低迷したと表現できる。シャロンは値域が異なり，しかも変動幅が大きいので，一見，全く違うタイプのグラフを描いているように見えるが，そうとは断言できない。28年からかなり急勾配で落ち込

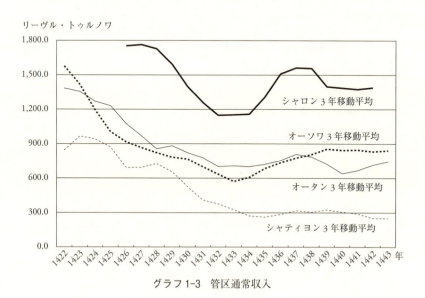

グラフ1-3　管区通常収入

第 1 章　ブルゴーニュ公領の地代と税　　　　123

1433年	1434年	1435年	1436年	1437年	1438年	1439年	1440年	1441年	1442年	1443年
910.0	846.0	746.0	812.0	965.0	910.0	913.0	741.0	788.0	808.0	886.0
900.0	834.0	801.3	841.0	895.7	929.3	854.7	814.0	779.0	827.3	847.0
1,371.0	1,354.0	1,195.0	1,570.0	1,401.0	1,390.0	1,302.0	1,164.0	1,237.0	1,066.0	1,227.0
1,387.0	1,306.7	1,373.0	1,388.7	1,453.7	1,364.3	1,285.3	1,234.3	1,155.7	1,176.7	1,146.5
1,583.0	1,535.0	1,747.0	2,137.0	1,691.0	1,908.0	1,789.0	1,456.0	1,335.0	1,538.0	1,857.0
1,548.0	1,621.7	1,806.3	1,858.3	1,912.0	1,796.0	1,717.7	1,526.7	1,443.0	1,576.7	1,697.5

み，32年に底に達すると34年まで変化を見せず，その後急上昇して，37-38年にピークに達し，やや下って安定したと要約できるが，これはオーソワ・タイプである。オーソワは33年に底に達した後は，はっきりと回復傾向を示し，その点がオータン・タイプとは異なることを指摘しておいた。つまり二つのタイプがある。両者とも20年代はよく似た動きを示す，つまり勾配の差はあれ，減少を続けるが，30年代に入って，底に達した後に相違を示すようになる。すなわち回復と低迷の違いである（グラフ 1-3 参照）。

　商品 12 ドニエ税とブドウ酒 8 分の 1 税の帳簿は，既述のように，ある時期に一斉に廃棄処分に付されたと思われ，その残存状況は地区により相当に異なる。シャロレ，オータン，そしてシャロンの勘定簿は処分を免れ，貴重なデータを伝えてくれる。ただ，すでに述べたように，この付加価値税と酒税は請負契約で徴収されたから，各地の消費動向を正確に，リアルタイムで反映しているとは言いがたい。しかし契約は単年度であるから，経済生活の重要な面である消費を年単位で反映していると考えることはできる。なおシャロンは，既述のように，1429 年から 32 年の年市で 12 ドニエ税を課税・徴収したが，これは短期的な措置であったので，除外して考察する。

　オータンとシャロンの 12 ドニエ税は，グラフ 1-4 が示すように，1424 年から 30 年にかけて対称的な動きを示すが，35 年以降は振幅の大小はあるが，ほぼ相似を描く。オータンは 24 年に全期間中の最高値を記録した後，緩やかに下落を始め，そして急激に落ち込んでいき，30

124　　　　　　　　　　第1部　財　源

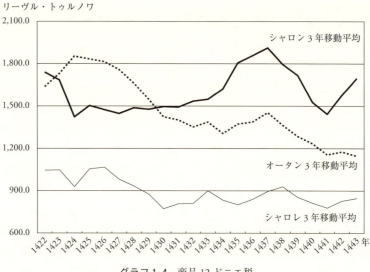

グラフ 1-4　商品 12 ドニエ税

年からそのスピードを緩め，37年に30年レベルを回復した後，再度，落ち込んでいく。それに対して，シャロンは逆に24年には急落し，翌年以降，ゆっくりと回復し，33年からは力強く上昇し，37年に最高値を実現，その後，急落し41年に底に達すると再度急激に回復を示す。これら二本のカーブの，およそ中間をいくのがシャロレであると言える。24年の落ち込みという点では，シャロンと同様だが，回復後，緩やかに減少していく局面はオータンに似る。30年以降は4年ほどで上昇と下降の局面を反転させているが，どちらかと言えば，オータンを緩やかにした印象を与える。

　さらにグラフ 1-5 から明らかなように，ブドウ酒8分の1税も，シャロンとオータンは対称的な動きを示す。シャロンは26年に底を示すが，まさに同年オータンはピークを示す。39年は逆にシャロンがかなりのピークに達したが，オータンは深い谷底にあった。シャロレはオータンの動きをゆっくりとなぞり，大きな変動を示さない。

　これら2種の間接税収は確かに別会計を構成していたが，何度も述べたように，各区では「通常収入」だけでは回復不可能な赤字を累積して

第 1 章　ブルゴーニュ公領の地代と税　　125

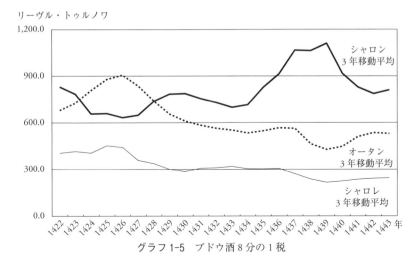

グラフ 1-5　ブドウ酒 8 分の 1 税

いったはずであり，これらの税収は各区の収入の重要な一部をなしていた。その意味では「通常」と 2 種の間接税を加算した額が実質的な収入と見なせるはずで，3 種の会計の合計額の動向を知ることも有意味と思われる（次頁の表 1-23 参照）。特にブルゴーニュ公の財務担当者にとって必要な情報はまさにこの合算額であったと思われるが，その動向はどのようであったのか。データが揃うのはオータンとシャロンしかない。

そこで両者を視覚化したものが 128 頁のグラフ 1-6 になるが，ここに示される二本のカーブは根本的にはパラレルである。オータンは 25 年から早々に下降局面に入るが，シャロンは遅れて 28 年からになり，33 年まで下落するが，回復も早く，しかも力強い。オータンは 34 年まで，ずっと下げ続け，ようやく上昇に転じるものの，その回復は弱い。確かに 37 年にピークに達したという点ではシャロンと同様であるが，それは 30 年レベルであり，20 年代のレベルを回復することはない。他方，シャロンの 37 年値は下落を始めた 28 年値を大きく上回っている。つまり両者とも局面転換はほぼ同時に起こっているが，オータンは下落傾向が強く，上昇は弱い。逆にシャロンは下落は緩やかで，強い回復力を誇示する。明らかに両者の社会経済構造の相違が反映している。

第1部 財　源

表1-23　オータン、シャロン、およびディジョン管区の収入合計

	1422年	1423年	1424年	1425年	1426年	1427年	1428年	1429年	1430年	1431年	1432年
オータン通常	1,431.0	1,340.0	1,295.0	1,171.0	1,227.0	825.0	855.0	889.0	904.0	673.0	757.0
12d.	1,545.0	1,730.5	1,916.0	1,790.0	1,792.0	1,861.0	1,623.0	1,503.0	1,520.0	1,249.0	1,436.0
1/8	649.0	710.0	819.0	894.0	925.0	899.0	688.0	633.0	646.0	552.0	553.0
合計	3,625.0	3,780.5	4,030.0	3,855.0	3,944.0	3,585.0	3,166.0	3,025.0	3,070.0	2,474.0	2,746.0
3年移動平均	3,702.8	3,811.8	3,888.5	3,943.0	3,794.7	3,565.0	3,258.7	3,087.0	2,856.3	2,763.3	2,618.0
指数	103.9	106.9	109.1	110.6	106.4	100.0	91.4	86.6	80.1	77.5	73.4
シャロン通常	2,304.0	1,176.0	1,574.0	1,519.0	1,751.0	1,755.0	1,783.0	1,645.0	1,351.0	1,203.0	1,222.0
12d.	1,028.0	634.0	692.0	644.0	1,416.0	1,487.0	1,438.0	1,536.0	1,457.0	1,495.0	1,526.0
1/8					642.0	612.0	691.0	910.0	751.0	702.0	811.0
合計					3,809.0	3,854.0	3,912.0	4,091.0	3,559.0	3,400.0	3,559.0
3年移動平均					3,831.5	3,858.3	3,952.3	3,854.0	3,683.3	3,506.0	3,412.3
指数					99.3	100.0	102.4	99.9	95.5	90.9	88.4
ディジョン通常					3,808.0	3,392.0	2,742.0	4,670.0	3,977.0	2,395.0	2,583.0
例外					950.0	700.0	0.0	0.0	1,200.0	0.0	0.0
差引					2,858.0	2,692.0	2,742.0	4,670.0	2,777.0	2,395.0	2,583.0
12d.					5,131.0	4,714.0	4,182.0	3,940.0	3,861.0	3,524.0	4,010.0
1/8					2,032.0	1,842.0	1,433.0	1,495.0	1,194.0	1,509.0	1,425.0
合計					10,021.0	9,248.0	8,357.0	10,105.0	7,832.0	7,428.0	8,018.0
3年移動平均					9,634.5	9,208.7	9,236.7	8,764.7	8,455.0	7,759.3	7,546.3
指数					104.6	100.0	100.3	95.2	91.8	84.3	81.9
3管区の収入指数の合計					310.4	300.0	294.1	281.7	267.4	252.6	243.8
3管区の合計(指数)の指数					103.5	100.0	98.0	93.9	89.1	84.2	81.3

第1章　ブルゴーニュ公領の地代と税

	1433年	1434年	1435年	1436年	1437年	1438年	1439年	1440年	1441年	1442年	1443年
オータン 通常	676.0	690.0	735.0	739.0	788.0	901.0	669.0	598.0	654.0	751.0	739.0
12d.	1,371.0	1,354.0	1,195.0	1,570.0	1,401.0	1,390.0	1,302.0	1,164.0	1,237.0	1,066.0	1,227.0
1/8	587.0	516.0	498.0	628.0	574.0	486.0	331.0	465.0	547.0	518.0	541.0
合計	2,634.0	2,560.0	2,428.0	2,937.0	2,763.0	2,777.0	2,302.0	2,227.0	2,438.0	2,335.0	2,507.0
3年移動平均	2,646.7	2,540.7	2,641.7	2,709.3	2,825.7	2,614.0	2,435.3	2,322.3	2,333.3	2,426.7	2,421.0
指数	74.2	71.3	74.1	76.0	79.3	73.3	68.3	65.1	65.5	68.1	67.9
シャロン 通常	1,019.0	1,215.0	1,239.0	1,468.0	1,823.0	1,396.0	1,453.0	1,348.0	1,361.0	1,419.0	
12d.	1,583.0	1,535.0	1,747.0	2,137.0	1,691.0	1,908.0	1,789.0	1,456.0	1,335.0	1,538.0	1,857.0
1/8	676.0	608.0	862.0	1,013.0	865.0	1,318.0	1,004.0	1,007.0	738.0	742.0	880.0
合計	3,278.0	3,358.0	3,848.0	4,618.0	4,379.0	4,622.0	4,246.0	3,811.0	3,434.0	3,699.0	
3年移動平均	3,398.3	3,494.7	3,941.3	4,281.7	4,539.7	4,415.7	4,226.3	3,830.3	3,648.3	3,566.5	
指数	88.1	90.6	102.2	111.0	117.7	114.4	109.5	99.3	94.5	92.4	
ディジョン 通常	2,213.0	3,486.0	3,460.0	6,287.0	3,035.0	3,034.0					
例外	0.0	1,141.0	1,141.0	3,333.0	1,041.0						
差引	2,213.0	2,345.0	2,319.0	2,954.0	1,994.0	3,034.0					
12d.	3,754.0	3,382.0	3,359.0	3,767.0	5,483.0	1,533.0					
1/8	1,226.0	1,117.0	1,139.0	1,646.0	1,623.0	436.0					
合計	7,193.0	6,844.0	6,817.0	8,367.0	9,100.0	5,003.0					
3年移動平均	7,351.7	6,951.3	7,342.7	8,094.7	7,490.0	7,051.5					
指数	79.8	75.5	79.7	87.9	81.3	76.6					
3管区の収入額の合計[1]	242.2	237.3	256.0	274.9	278.3	264.3	177.9	164.4	160.0	160.5	
3管区の合計(指数)の指数	80.7	79.1	85.3	91.6	92.8	88.1	88.9	82.2	80.0	80.3	

1) 1439-42年は2管区の合計

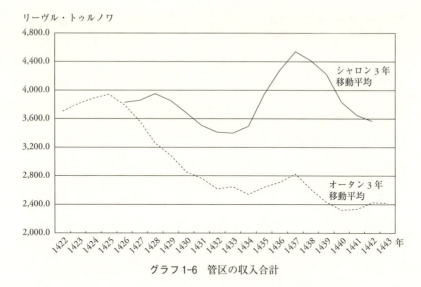

グラフ 1-6　管区の収入合計

　比較検討のために，ここにディジョンのデータを加えてみたい。しかしディジョンは通常収入が 2,000 リーヴルを上回り，12 ドニエ税は少なくとも 3,300，ブドウ酒税も 1,000 を超える。これらを合算すると 7,000 ほどになり，シャロンの倍，オータンの 3 倍になり，グラフ表示が難しい。そこで指数表示とする。ブルゴーニュだけでなく北方領域でも 1426 年にすべての財務担当者が累積残高を清算しているので[62]，翌 1427 年を基準年とした。この 27 年の収入合計額を 100 とする指数値を計算し（前頁の表 1-23），それを視覚化した（次頁のグラフ 1-7）。
　三つのグラフはかなりはっきりとした傾向を示している。ディジョンはちょうどシャロンとオータンの間にあって，両者を平均したような変動を示す。すべてが基準年ないし翌 28 年から下落を始め，34 年に上昇に転じるが（シャロンは 33 年から），ディジョンは 36 年にピークに達して，翌年から下落。シャロンとオータンは上述のように，1 年遅れの 37 年にピークで，翌年から下落するが，それぞれの上昇や下落の角度にはかなりの相違が認められる。ちなみに，ディジョンは最低値 75.5（34

---

　62)　拙稿「ヴァロワ家ブルゴーニュ公フィリップ・ル・ボンの財政 (1)――1420 年代の収入構造。マクロ的視点から」『川村学園女子大学研究紀要』第 9 巻第 1 号 1998 年 pp. 39-75.

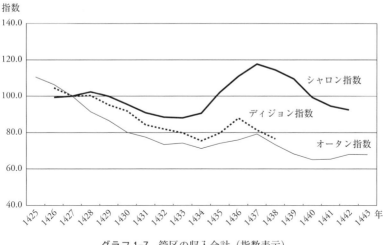

グラフ1-7　管区の収入合計（指数表示）

年）であるが、オータンの最低値は65.1（40年）で、いずれも27年レベルを回復することはなかった。他方、シャロンは最低値88.1（33年）に対して、最高値は117.7（37年）であるから、僅かではあるが、基準年に比べて、落ち込み（-11.9）よりも上昇（+17.7）の方が強かったことを跡づける。

(2) 変動要因の分析

グラフから読み取った動向が、結局、生産（穀物とブドウの作柄）とその流通と消費に規定されていることは当然であり、またこの時代の社会経済活動が自然条件に大きく左右されていたことも否めない。それゆえ、やや議論が飛躍するが、15世紀前半の自然環境に少しく目を向けておきたい。誤解を招きやすい表現だが、例の「小氷河期 Little ice age」はどの程度の影響を与えたのだろうか。フェイガンはアルプスの氷河と年輪を分析して、ヨーロッパの長期的気候変動を分析した。すでにル・ロワ・ラデュリの古典的研究[63]によって確立された方法である。その結果、1430年代のヨーロッパは寒冷で、特に1431年から32年にかけての冬は厳しく、農業、とりわけブドウ栽培は霜害のために大きく落ち込

---

63) LE ROY LADURIE, Emmanuel; *Histoire du climat depuis l'an mil*, Paris, 1967.

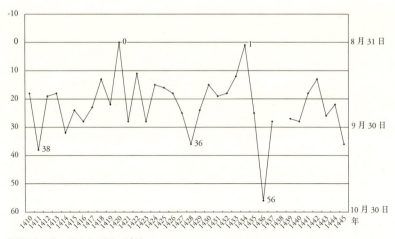

収穫日を 8 月 31 日からの遅れで表示。
出典：E. le Roy Ladurie: Le Climat de Bourgogne. *Histoire, Economie et Societe*, 2006, p. 424.

グラフ 1-8　ブドウ収穫日

んだことを示し，さらに 1433 年から 38 年にかけて，ヨーロッパは広く飢饉に苦しめられたと主張する[64]。

　また同時代の代表的記述史料であり，その記述は客観的で信憑性が高いとされる『パリ一市民の日記』はパリの政局だけでなく，気候や物価の変動にも敏感に反応して，多様な記事を残している。1430 年 8 月は好天に恵まれ，ブドウの収穫は素晴らしく，ブドウ酒も上出来であったと述べるが[65]，32 年 1 月にはセーヌ河が凍結し，氷は 2 ピエ（約 65cm）の厚みがあり，物資の運搬に多くの障害があったとも記している[66]。

　それでもパリとブルゴーニュは 200km 以上の空間的隔たりがあるし，自然環境もかなり異なるので，このような 1430 年代は寒冷であったという記述をそのまま受け入れることには抵抗がある。ル・ロワ・ラデュリの最近の研究はもう少し詳細な報告をしている[67]。ブドウの最も早い

---

　　64)　FAGAN, Brian; *The Little Ice Age: How Climate made history 1300-1850*, New York, 2000. 『歴史を変えた気候変動』河出文庫 p.162. 著者はアイスランド上空の低気圧とアゾレス諸島上空の高気圧とのバランスがヨーロッパの気候を決定する最重要因であると考えている。
　　65)　BEAUNE, Colette éd.; *Jounal d'un Bourgeois de Paris*. Paris, 1990, p. 284.
　　66)　*id*. pp. 311-312.
　　67)　LE ROY LADURIE, Emmanuel, DAUX Valérie et LUTERBACHER, Jürg; Le Climat de

収穫日は 8 月 31 日である。そこで，この日を基準日とし，9 月 1 日に収穫した年は 1 日遅れの意味で 1 とし，9 月 10 日なら 10 とする。この数値が大きい，つまりブドウの収穫が遅かった年は，ブドウの生育に必要な春夏の日照と気温が十分でなかったと理解されるし，逆に数値が小さな年は天候に恵まれたために収穫が早かったと考えられる。つまりブドウの収穫日を利用して，寒暖の数値化・客観化を試みたわけである。この報告が問題にするのは収穫日，あるいは収穫日から推測するその土地の日照と寒暖であって，ブドウの収穫量と品質に，つまり市場価格に，したがって付加価値税収額に，直接反映するデータではないが，当然それらは相関を示すと理解される。

　論考の対象時期は 14 世紀から現代に到るが，本書に関わる 15 世紀前半に限って言えば（やや広く 1410 年から 45 年までとした），グラフ 1-8 からも明らかなように，年ごとの上下動は激しいが，その揺れ幅は 10 と 30 の間に収束している。つまり，例年，収穫は 9 月 10 日から 30 日の間に実施されたことを意味する。9 月 10 日以前に収穫を行ったのは 1420 年（8 月 31 日）と 34 年（9 月 1 日）の 2 回だけである。逆に，10 月にずれ込んだ年は 5 回あるが，そのうち，4 回は 10 日以前に収穫を終えている。つまり 1436 年の 10 月 26 日という記録は異例と見なすことができる。もう少し詳細に時系列で述べると，1410 年代後半から 20 年代前半までは暑い夏が続き，特に 1420 年の夏は猛暑であった。1424 年の収穫が 9 月 15 日で，そこから晩期化が続き，28 年に 10 月 6 日という記録を残した。しかし翌 29 年の収穫は 9 月 24 日で，平年よりやや遅いという程度に回復し，以後，早期化に転じ，34 年が 9 月 1 日でピーク。そこから急激に晩期化に転じ，36 年に 10 月 26 日という最も遅い記録をつくった。37 年から 42 年までは順調に回復したが（38 年は記録なし），43 年から再び晩期化の傾向を示す。このグラフだけでは，年ごとの差が目立ち，日照や寒暖の傾向を指摘しづらいが，移動平均を利用すれば，20-30 年代は，総じて暖かかったと言えそうである。34 年と 36 年のピークは 3 年移動平均をとれば，目立たない記録になってしまうだろう。つまり「ヨーロッパ全域」を論じるフェイガンの論考に比

Bourgogne et d'ailleurs XIV-XX siècle, *Histoire, Economie et Société*, 2006, n 3 pp. 421-436.

べると，かなりの差異が認められる。

　ブルゴーニュ地方のブドウ酒8分の1税は10月から翌年9月（シャロレは11月から翌年10月）を年度とし，しかも年度初めに入札を行う。したがって1428年や36年の異常に遅い収穫は，当然，それぞれの年度の入札に影を落としている。シャロレのブドウ酒税収入は27年から28年にかけては27％減少し，28年から29年にかけては2％弱の微減であった。オータンでは27年から28年にかけては23％減。ディジョンの場合，28年は前年比22％減と，オータンとほぼ同様の減少率を示す。ところがシャロンでは28年は前年比35％増であった。生産・出荷量の異常な低迷は二つの互いに真逆の効果をもたらす。ひとつは課税しようにも商品がなく，取引が低迷すれば，付加価値税の徴収が低迷するのは致し方ないとする立場。言わば率直な数量効果で税収が減少するとみる立場。しかし今一つは，全く逆に，必需品と言えるブドウ酒の市場出荷量が激減すれば，取引価格は高騰するとみる立場。それを見込んだ商人たちの奔走が目に浮かぶ。この二つの立場が税収請負人の間でもはっきりと分かれたのであろう。そもそも農産物の生産量は毎年同じではないから，ボーヌの記録に見られるように，備蓄分の払い出し，あるいは積み増し，要するに在庫調整によって，流通量を調節して市場の混乱を防ぐという方策を採ることはできる。しかし，それも程度問題で，予想される範囲を遥かに超える変動があれば，それに対応することは困難であろう。情報として，噂として，冷夏によるブドウの不作は既定の事実であろうから，むしろ売買単価の上昇は市場の受け入れるところとなる。その結果，税収減を補うどころか，流通段階の取扱額は希少のゆえに上昇する，これがシャロンの税収人たちの見込みであったと解釈される。経済活動は自然条件の制約を克服できる。シャロンのグラフはそう主張する。

　(3) 変動の総合的記述

　分析をもう一歩進めてみよう。バイイ管区とシャテルニーの収入はそれぞれ並立かつ排他的であり，重複はない。したがって各区の通常会計を，バイイ管区の場合はそれに12ドニエ税とブドウ酒8分の1税とを加えて，すべてを年度ごとに合計した値，つまりブルゴーニュ公領全体

第 1 章　ブルゴーニュ公領の地代と税　　　　133

の地代と間接税の相当分の変動を検討してみたい。この単純加算方式は各区の動向を隠し，それぞれの額の多寡や変動幅には頓着せず，ブルゴーニュ公領全体の動向を表示することができる。おそらく粗データの値域が高いディジョン，ついでシャロン，この 2 区の動向が全体に大きく影響することになり，オーソワ，オータン，あるいはシャティヨンは収入総額が低いので，その変化動向は相対的に反映しにくくなるだろう。政治的・経済的に重要な管区のデータを全体の代表と考える方式であり，原理的には正しい考え方であると思われるが，データの現存状況の不揃いが問題になる。つまり各区のデータが揃っている年度と，ほとんど散逸してしまった年度と，両者を同列に論じることができようか。シャロレの通常収入勘定簿のように，史料があまりに少ない管区は除外せざるを得ず，また 12 ドニエ税とブドウ酒 8 分の 1 税を徴収していないシャテルニーは，やはり同列には扱いにくい。結局，ある程度データの連続性が保証される管区だけを採りあげることになる。既述のように，それはオータン，シャロン，そしてディジョンを詳論することを意味する。

　しかし，そうすると，この単純加算方式で 3 管区を扱っても，これまでの分析から結果は分かり切っている。シャロンの値域は 3,400 から 4,000，オータンは 2,500 から 4,000 だから，これらのグラフは重なり合い，比較は有意な結果を提供するだろう。しかしディジョンは 7,000 リーヴルを超え，10,000 リーヴルに達する年もあるから，ディジョンを加味すれば，すべてがディジョンに染まり，「公領全体」の動向は実質的にディジョンの動向に等しいと言わざるを得ない結果となろう。しかし各管区の変動には幅があり，しかも決して並行ではなかった。各区の動向をその値域に関わりなく対等に反映させるためには，各管区の粗データの桁数を揃え，理論的に格差を無化する工夫をしなければならない。そのためには，結論として指数値を利用するのが最も簡便であろう。1427 年を 100 とした各区の指数値を単純に加算し，その合計値を改めて再指数化する，要するに平均するという方式を是と考える（次頁のグラフ 1-9 参照）[68]。

───────────

　　68）　ディジョンのデータが揃うのは 1426 年から 38 年までである。そのため，1426 年から 38 年までは 3 区の指数値平均を，39 年から 42 年の間はシャロンとオータンの 2 区の平均を表示した。

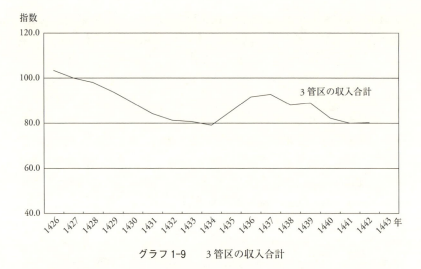

グラフ 1-9 　 3 管区の収入合計

　描かれた一本のグラフを見つめて，改めて，時系列変化を叙述すれば，1) 1426 年から 34 年にかけて，グラフは単調に減少する。2) 34 年は指数 80 を割り込み，区間最低値を記録する。3) 34 年から 37 年にかけてははっきりと回復を示すが，指数 92 で止まり，下落を始める。4) 39 年にやや持ち直すものの，指数 80 まで再下落。5) 結局，1430 年代に 1427 年レベルを回復することはないと，まとめることができる。シャロンが持っていた力強さは，全体の中では引き下げられてしまい，オーソワやオータンが描いた下降線が全体を特徴づけていると言える。

5. 小　括

　本章は 1420 年代から 40 年代初頭にかけて，四半世紀にわたり，ブルゴーニュ公領を構成する 6 つのバイイ管区と若干のシャテルニーそれぞれの史料の現況を述べ，次いで幾つかの勘定会計を採りあげて詳論した。その結果，まず定量面では 2 種の間接税の重要性を指摘しなければならない。その平均的収入が地代を中心とする定常収入よりも少ない管区はシャロレだけであり，それでも管区収入の 40％を超えていた。他 5 管区はすべて間接税が定常税収を上回り，ディジョンとシャロンは 50％

第 1 章　ブルゴーニュ公領の地代と税　　　　　　135

台，オータンとシャティヨンが60％台，そしてオーソワに到っては，管区収入の4分の3（73％超）に達した．データが揃っていれば，当然，塩蔵出し税も計上するから，間接税への依存度はさらに高かったことになる．つまり土地経営の直接の果実たる地代がブルゴーニュ公の主財源であるとは言いがたい．

　また会計主体としての定性面に目を向けると，各管区は下位徴収区を含む複合的構造を持つ場合もあれば，幾つかの散在主体の統合体である場合もあり，その差異は歴史的地域性のゆえであると理解される．会計年度は1-12月であるが，住民の地代納付期限は6月末の洗礼者ヨハネの祝日と定められることが多く，この半年のずれが，各会計の収入安定化に寄与していると思われる．収入の科目（地代，司法手続き，科料と罰金，など），納入方法（現物か現金か），固定分と変動分の区別を整理して，さらに変動要因の分析を行い，散見される臨時の収支，例えば大規模な工事の補助金から，会計の性格を推測した．そこから，上級の領邦勘定役あるいは他の同列の管区勘定役との関係を出納の事実から考察し，これらの会計主体が階層構造と言うよりはネットワークを形成していると結論付けた．こうした静態的分析の後に，各会計の時系列変化に言及し，その動向を模索し，さらには管区の総合的ないし全体的変化にも分析を加えた．

　この時代に，この土地で価値を生む社会的活動とは農業，特に穀物とブドウの栽培であり，その産物の流通販売であった．当然とはいえ，人為は農業生産活動を十分に制御できる訳ではなく，自然に翻弄された．管区の中でも農村的な区域は自然環境に大きく依存し，その活動は日照と気温の変化に左右され，その結果は単純な下降線に表現された．他方，その環境決定論に抵抗するかのごとき躍動的な動線も観察された．しかもその土地シャロンのよく聞こえた年市が衰退し，消滅に瀕していたにもかかわらず，30年代後半に，唯一，回復を誇示していた．流通部門では人為は環境の制約を乗り越えんとしていたが，その動きは大きな波の中では，なお埋没してしまう程度のものであった．

　ここで会計史料を検討し，分析し，推測し，そして再現した世界はすでに十分に研究し尽くされていて，わざわざ採りあげる意味はなく，せいぜいのところ，周知の事実の追認であったかもしれない．さて，それ

ではこの追認された論題が，同地方の同時期の宗主ブルゴーニュ公フィリップの政治に，あるいは西欧社会・経済史の 15 世紀の局面に，どのような意味を持つのであろうか。大局的には回復を見込むことが困難な収入動向は当然ながら農村の慣行に，フィリップの政治に，何がしかの転回を促す条件を構成したであろう。この問題に関して，つまり経済史と財務行政史と政治史との結節点に立ちはだかる難問が特別収入，すなわち御用金と借入金の理解である。これを続く第 2 章の主題としたい。

第 2 章
御用金と借入金

　前章ではブルゴーニュ公領の定常化した収入を分析し，記述したが，本章では臨時・不定期な収入を分析する。つまり財政を論じる場合，誰もが何らかの形で言及する御用金と借入金を採りあげるが，それに先だって若干，言及しておきたいことがある。

　まず《Aide》の概念とその用語法である。周知のように，本来は封建慣習に基づく4つの場合，すなわち封主の身代金，封主の長男の騎士叙任支度金，封主の長女の結婚支度金，および封主の十字軍遠征資金に限って，封主が封臣に要求できるとされた金銭的援助を意味した。つまり誓約を立てて封建関係を結んだ人々同士の問題であり，この関係の外側に波及する問題ではなかったはずである。転機は14世紀半ばに訪れる。1356年9月19日，ポワティエ Poitiers の戦いでフランス王ジャン2世 Jean II がエドワード Edward 黒太子の捕虜となり，莫大な身代金を請求された。ジャンの息子フランス王太子シャルル Charles はこの身代金の捻出問題を翌57年3月の全国三部会に持ち込み，全臣民の問題とした。この時から《Aide》の概念と用語法に変化が生じると考えてよい。

　カペ王権はプランタジネット王権を始めとする諸侯との緊張関係の中で，継続的に軍資金を調達することに苦慮し，急場しのぎの対応策を次々に打ち出した。封の譲渡，利付貸し付けなどの違法行為を熱心に摘発し，その罰金支払いを軍役代納金 subside の支払と択一とし，その選択を住民に委ねるという方策をとった[1]。軍役代納金とは本来は封臣が

---

1) HENNEMAN, John Bell; *Royal Taxation in Fourteenth-Century France: The Development of War Financing, 1322-1356*, Princeton, 1971.

軍役に従事する代わりに支払う金銭の謂いであるから，やはりこれも《Aide》と同様に，封建関係の埒外にある人々には無縁な問題であったはずである。ところが，このようにして戦争協力を要請されれば，臣民として無碍に拒絶する訳にもいかず，結局は一定の資金供与をすることが多かった。

つまり一般住民の側からすれば，どのような名称を持とうと，要は権力者が要求する恣意的な臨時税でしかなく，それらを正確に区別することには何の意味も見出せなかったであろう。かくして「援助 Aide」は封建の枠組みを越える領邦や国家の構成員全員の問題となり，それを要求する統治者の側から見れば戦時財政の切り札として，それを要求される臣民の側からすれば臨時課税として，14世紀には王国全体の重要な関心事となっていった。本書は15世紀前半を扱うので，この語を「御用金」と訳すが，それは主君の大事に役立てる金銭であり，軍事的危機に直面した主君の援助であった。このことが記憶の片隅に定着し，援助の如何を議論する場合に大きな影を落とすことになったと思われる。しかも，金銭的援助と言っても，その集金方法に二通りの方法が生じた。付加価値税（間接税）として広く徴収する場合と臨時直接税として限定的に徴収する場合である。この方途の違いが《Aide》という語に2通りの意味を与えることになった。まず間接税《imposition》を意味する場合は《Aide ordinaire》と表現する。「ブルゴーニュ領邦勘定 Recettes générales du Duché et du Comté de Bourgogne」では《ordinaire》の語をつけず，《Aide》だけでバイイ管区やシャテルニーごとに徴収された間接税を表現することができた。もっとも，概ね小額で，収入構造を理解する上で不可欠の分析対象とは言い難いので，本書では格別に取り上げない。

これに対して，《Aide extraordinaire》と表現する場合（文脈から限定不要の場合には，この《extraordindaire》を省略することさえある）は，三部会（15世紀ブルゴーニュ公領の史料では《les gens de Trois Estats》と表現する）の同意を必要とする臨時特別税を言い，国王や諸侯の財政を論じる際に，誰もが言及する「御用金 Aide」は，もちろんこの《Aide extraordinaire》のことであり，多くの論者はこの臨時課税と苦情処理を一体のものとして，統治者と被統治者の政治交渉の中心的課題として扱う。本章で分析

する「御用金」も当然これを想定しているが，ブルゴーニュの政治を論じる糸口としてではなく，あくまでも財政論の中に位置付ける心算である。

　この「2つ」のAideに加えて，言及しておきたいのが借入金Empruntである。もちろん，ごく普通の意味での借金，つまり特定の誰か，例えば金融業者からの返済を前提として一時的に借り入れること，およびそのようにして手にした金銭も意味するが，そのような場合には，金額の多寡にかかわらず，むしろ「貸付」prêtを使用する方が多い。

　このEmpruntという言葉で表現する借入は，不特定多数の人々から借り入れる方法，すなわち公債（国債，地方債）発行による資金調達を指す方が普通であると思う。15世紀のブルゴーニュ財務担当者も，この語は，どちらかと言えば，この意味で使用しているように見受けられる。したがって「公債」あるいは「借上げ金」と表現した方がいいのかもしれない。しかし「公債」と表現するなら，売買可能な借入証明書つまり債券が発行されて然るべきだが，そのようなものは知られていない。「借上げ」は半ば強制的な「供出」のニュアンスが付きまとう。いずれも微妙な違いを感じさせるので，結局，「借入金」という表現を選んだ。ともかく資金調達の実際という面に限って言えば，「御用金」と「借入金」を相互に判然と区別する指標は認め難い。もちろん借入金は返済を前提とするから債務が発生し，将来の財務状況を圧迫する原因となるが，御用金は臨時課税であるから返済義務はない。本書ではブルゴーニュ公の収入分析に力点を置くので，当面の運転資金の確保という観点から，両者を実質的に同列と見なして，論じることにする[2]。

　2）　御用金と借入金に関する考察は，平成22年度科学研究費補助金（基盤研究（B））「ヴァロワ朝ブルゴーニュ国家の社会・経済・文化に関する統合的研究」課題番号：22320146，研究代表者：藤井美男（九州大学経済学研究院教授）の連携研究者として実施した現地調査に基づいている。研究代表たる藤井美男が編集する論文集『中近世ブルゴーニュ国家の形成と変容――権力・制度・文化』九州大学出版会2016年に，本章とかなり重複する内容を持つ論文を寄稿したことを明記しておく。本章の第3節は独自の内容で，寄稿論文にはないが，第1節の過半，第2節の前半，および第4節の一部が重複する。執筆順序は本稿が先行し，そこから上記の部分を抽出してまとめた。ただし同一の事実に論及していても，主張のニュアンスはかなり異なる。

1. 御用金徴収の概況

　御用金と借入金はフィリップ・ル・ボンの全治世にわたって徴収されていたと言えるが、それでも頻度と要求額は時期によってかなり異なる[3]。本書ではブルゴーニュ公領と伯領および周辺の南方領域だけを分析対象とし、フランドルやブラバンなどの北方領域には言及しない。まず1420年代を概観すると、表2-1の第1行に示したように、1421年から25年まで毎年相当の額が徴収されている。1421年は一般的な通貨単位ではなく、マール単位[4]で銀の徴収が実施されたが、この時の要求・合意の総額は不明である[5]。22年3月に36,000フラン[6]、翌23年4月に公領に対しては2万フラン、ソーヌ川以東の土地に対しては7月に3,000フランが合意・提供された[7]。24年と25年はそれぞれ2万フランを徴収した。つまり4年間で総額99,000フランに達するが、これらはバイイ管区ごとに徴収され、取りまとめられ、ブルゴーニュ領邦勘定会計に振り込まれた[8]。以後4年間、1426年から29年までは全く要求されていないが[9]、1430年からは毎年のように御用金が徴収された。

　3）BAUTIER, Robert-Henri & SORNAY, Janine éds.; *Les sources de l'histoire économique et sociale du Moyen Age. Les Etats de la Maison de Bourgogne, vol.1: Archives centrales de l'Etat bourguignon (1384-1500)*, Paris, 2001, p. 397-403.
　4）金や銀など貴金属を計量する際に使用される重量単位で約244.75gである。詳細は本書の第4章を参照。
　5）本書第6章を参照。
　6）御用金も借入金も、いずれも、多くの場合、公表の際にはフランを金額単位としたが、それを徴収して記帳し、最終的に決算を行う段階で、リーヴル・トゥルノワで表現し直すことが一般的であった。本章では現実にやり取りされた金額を表現する場合にフランを使用し、帳簿に記載された金額（数値）であることを強く意識して論じる場合にリーヴル・トゥルノワを使用したが、根本的には同義と理解されたい。
　7）B11716に関連史料が2点含まれている。まず課税ノートassiette（幅26cm×高さ43cmの羊皮紙1枚）で、それによるとオークソーヌ Auxonneが1,100フラン、その他の市町村の合計が1,981フランとなっている。もう1点はディジョン会計院から住民に対する同年8月16日付の通達mandementであり、3,000フランの「課税」を通知している（幅35cm×高さ19cmの羊皮紙）。
　8）1422年の記録は散逸したが、1423年分はADCO B1623 ff.51-64. に、24年分はB1625 ff.82-83. に、そして25年分がB1628 ff.83-90. に記載されている。
　9）シャティヨンの聖俗全住民から総額300リーヴル・トゥルノワのタイユ taille を徴収

第 2 章　御用金と借入金　　　　　　　　　　　　　　　141

　30 年と 31 年は各 3 万フラン[10]，そして 33 年は 4 万フランの御用金が合意された。この 4 万フランという金額はフィリップの治世を通じて，単年度の徴収合意額としては最高額であるが，後述するように，達成できなかったと思われる。以後，数年間は年に 2 度から 3 度，合意徴収されている。34 年は 4 月に御用金 13,000 フラン，8 月に借入金 4,000 フラン，35 年は 2 月，5 月，8 月と 3 度にわたり，三部会の同意を得て，順に 2 万，1 万，4,000 と，合計 34,000 フランの御用金徴収を決定した。続いて 36 年 3 月に御用金 8,000 フラン，8 月に借入 18,000 フラン，37 年は 7,500 フラン。38 年は 2 回，10 月に 8,250 フラン（6,000 サリュ相当，うち公領は 4,300 サリュ）[11]，11 月に 6,300 フラン（うち公領 3,000 フラン）の計 14,550 フランの御用金合意を成立させた（詳細は後述）。このように 30 年代は同一年度内に 2 度，3 度と小刻みに要請，合意，徴収を繰り返し，結局，1 年間を通じては 1 万フランを大きく上回る金額を徴収している。30 年代で御用金も借入金も全く徴収されなかった年は 32 年と 39 年だけであった。

　1440 年は 3,000 フラン，41 年は 4,800 フラン，と単年度で 4 桁だった珍しい年度であるが，42 年には 2 万フランを徴収しているから，3 年間を平均すれば，結局，年間 9,000 フランを超える計算になる。43 年以降，50 年代半ばまでの 10 数年間に何度か御用金が徴収されているが，総額

した記録（1429 年 12 月 14 日付）とその明細表 assiette が現存している（B4059-2 の別冊 22 葉の紙冊子）が，この「タイユ」は臨時税の意味ではない。「代々，地所を保有してきた保証として，毎年，万聖節に 300 リーヴルを公領下に支払う義務があった」（同冊子 f.2R°）としているので，固定化した住民税ないし防衛費であろう。第 1 章第 2 節 (3) シャティヨンを参照。

　10）　31 年分に関しては，7 月当初の要求合意額は 26,700 フラン（軍事費 25,000 フラン，渉外費 1,500 フラン，道路補修費 200 フラン）であったが，8 月になって 3,300 フラン（渉外費追加分 1,100 フラン，慣習法編纂費 1,200 フラン）が上乗せされ，結局 30,000 フランとなった（B2797-bis に通達のコピーあり）。そのうち 6,000 フランは預かり王領からで，ブルゴーニュ領邦会計に記載された（B1649 f.45R°）。

　11）　サリュ Salut はイングランド王が発行する金貨で，1421 年 8 月 11 日，11 月 30 日，および 23 年 2 月 6 日の 3 回分は分割数 taille 63，純度 24k で，発行レートを 20 sous parisis としたが，23 年 9 月 6 日発行分から分割数を 70 とした。つまり対マール 10/9 の水増し・貶質を実施したことになる。おそらく，そのために旧発行分を，発行レートの 20 sous parisis（= 25 sous tournois）でなく，10％引き上げて 27 sous 6 deniers tournois/salut と評価し直したのだろう。この御用金徴収に限らず，1430 年代のブルゴーニュ財政史料では，salut に対しては必ずこの 27 st 1/2 を適用しているので，退蔵分を放出させるための通貨政策ではなく，これが金融市場の実勢レートであったと理解される。

表 2-1 ブルゴーニュ公領の御用金と借入金

バイイ管区	暦年	1419-20	1421	1422	1423	1424	1425	1426-29	1430	1431[5]	1432
合意総額			×××	36,000	20,000 3,000	20,000	20,000		30,000	30,000	
ディジョン	受領総額										
	統括役へ										
	返済・還付										
	支払総額										
	典拠										
	世帯調査				B11581	B11582			B11583	B11584	
ボーヌ・ニュイ	統括役へ										
	典拠										
	世帯調査				B11531					B11532	
シャロン	受領総額								4,320	6,246	
	統括役へ								2,784	4,060	
	返済・還付								1,243	1,857	
	支払総額								4,294	6,228	
	残高										
	典拠								B3656	B3659	
	世帯調査				B11544	B11545			B11546	B11547	
オーソワ	受領総額		3,283						5,059	5,310	
	統括役へ								3,600	3,103	
	支払総額		2,015						3,600	3,103	
	残高								1,459	2,207	
	典拠		B2788[1]						B2797-bis	B2797-bis[7]	
シャティヨン	受領総額			5,264	2,461	3,114	2,905		3,976		
	統括役へ(弱貨幣)			4,876	1,835				1,602		
	統括役へ(強貨幣)				655	2,750	2,580				
	返済・還付										
	支払総額			5,147	2,416	2,982	2,874		2,416		
	残高										
	典拠			B4050	B4053	B4054-1	B4054-2		B4060[4]		
	世帯調査			B11568	B11569						
オータン	受領総額			5,065	2,712	2,554	2,542		5,033	6,171	
	統括役へ			4,268	2,238	2,180	2,327		3,355	3,934	
	返済・還付								1,313	1,197	
	支払総額			4,792	2,631	2,538	2,462		5,014	5,415	
	典拠			B2355[2]	B2363[2]	B2361	B2364		B2373	B2376[6]	
統括会計あるいは領邦勘定会計					B1623[3] ff.51-64 B1625 B11716	B1625[3] ff.82-83 B11716	B1628[3] ff.83-90		B1645 ff.36-40	B1647 f.24R° B1649 f.45R°	

1) 銀 Marc 単位で課税し，集計は Ecu に換算。
2) 計算貨幣は 24s/franc。
3) B1623 と B1628 は各収入役から直接に受領。B1625 は御用金統括役ジャン・クーシェ Jehan Couchier が取りまとめたものを受領。
4) 最終ページ欠落。
5) 前ページの注 10 を参照。

第 2 章　御用金と借入金

(バイイ管区ごとの一覧) 1419-43 年

1433	1434	1435	1436	1437	1438	1439	1440	1441	1442	1443
40,000	13,000	20,000	8,000	7,500	6,000		3,000	4,800	20,000	10,000
	4,000	10,000	18,000		6,300					
		4,000			(saluts)					
			B1660-1						B1660-3	
		4,383			753					
		6,032	*5,589*		236					
		878								
		N.A.[8]			511					
		B4487-2,1660-2	B1659,60-1[10]		B4491-bis					
B11585			B11586							
		4,078	*1,140*							
		B1655	B1660-1							
B11533									B11534	
8,548	2,684	9,671	1,374	1,378	1,352	344	508	1,201	3,531	1,764
5,070	2,282	6,356	2,411	1,086	938	299	448	979	3,215	1,538
2,295	259	2,815								
8,540	2,640	9,606	1,344	1,346	1,253	333	510	1,200	3,519	1,758
8	42	64	30	32	99	10	2	1	11	6
B3669	B3674-1,-2	B3675,78-2,78-3	B3678-1,B1659	B3685	B3689-1,89-2	B3698[11]	B3694	B3699	B3702-2	B3702-1
B11548			B11549						B11550	
		6,873								
		4,144	*3,594*							
		6,666								
		B2802-1[9]								
3,509		1,115	519	682	378		109	278	1,773	886
1,819		707	*628*	388	213		60	153	1,485	687
1,383		136	20	45	27		0	47	146	120
3,509		1,074	382	480	317		82	243	1,667	840
0		39	136	202	61		26	35	106	46
B4064		B4065,69,70	B4068	B4073	B4075,76,77		B4081	B4080	B4084-1	B4084-2
7,827	1,925	6,768			1,146		1,343	405	2,752	1,056
3,920	1,745	4,273	*3,081*		880		1,067	210	2,042	666
		920			16		113		275	207
7,367	1,782	6,241			986		1,338	369	2,712	1,063
B2378,79	B2381,82	B2383,85	B1659,60-1		B2389,91,90	B2396-1,-2	B2401,02	B2404,06	B2405	
B1651	B1653	B1655	B1659	B1663	B1665		B1673	B1677	B1681	B1684

6) 収入には「借入 emprunt」1,252fr を含む.
7) 第 2 期分として 1432 年 2 月に徴収. 1434 年 7 月付で 1,392fr. の免除あり. この B2797-bis は文書館目録に記載なし.
8) 全 10 葉. うち第 6 葉以降が支出項目を記載しているが, 支出総額を記載した葉は散逸.
9) 還付金 restitution 1,315 fr. および免除 remission 586 fr. を含む.
10) イタリックは統括会計の受領額を記載.
11) 1439 年の欄に記載したが, この会計は 38 年の 6,000 Saluts の残高を 41 年に徴収.

が不分明な場合が散見される。治世最後の10年間 (58年から67年) に御用金は7回徴収された。各回の徴収額は1万から1万数千フランである。したがって，あくまでもブルゴーニュ地方に限ってであるが，フィリップの治世を通じて，高額の御用金が頻繁に徴収されたのは1430年代であったと言えるし，記録に残る借入が公表・実施されたのは34年の4,000フラン，36年の18,000フランの2回，計22,000フランだけであった。

　本書が分析対象とする25年間 (1419-43年) に徴収された御用金総額は34万フラン超。それに上記の借入金2万超を加えると，計36万フラン超。25年間で平均すれば，年平均14,500フラン。しかし徴収されなかった年度もあるので，実際に徴収された18年で平均すれば，各年2万フランとなり，これに総額不明の21年の銀徴収額が加わる。1420年代後半から30年代にかけて，ブルゴーニュ領邦勘定の歳入はおよそ5万から7万フランであるから[12]，1万，2万といった単位で一挙に徴収される御用金は，やはり極めて重要な財源であったと言えよう。

　その御用金の徴収は身分制議会の合意を必要とするが，現存するブルゴーニュ三部会の記録はアンシャン・レジーム期以降に限定されるので，本書が扱う時期，つまり15世紀前半の御用金徴収割当のプロセスを史料に依拠して直接解明することはできない。御用金徴収や借入の発令は，まず1) 会計院主査と各地の勘定役からの聞き取り (情報提供) に基づき，2) 財務役Trésorierを中心にブルゴーニュ公諮問会で策定し，公表する。3) 三部会を召集し，徴収総額とスケジュールの提示。そして合意形成と社団ごとの配分および徴収担当者の選定と任命。4) 実際の業務とその記録。徴収金の引き渡しという経過を辿ると推測されるが，このプロセスのうち1) から3) までの経緯を正確に伝える史料は知られていない。記録として現存し，実際に閲覧できるのは4) の部分だけである。ブルゴーニュでは三部会決定を受けて，各バイイ管区ごとに割当額を徴収する。シャテルニーで徴収業務を直接委託するのはボーヌ・ニュイだけである。その徴収記録簿の冒頭には短い前文があり，その直後に特定徴収役の辞令が筆写されている。大抵の場合，前文の中で御用

---

12) 次章を参照。

第 2 章　御用金と借入金　　　　　　　　　　　145

金徴収の目的と総額，いつ三部会で合意決定されたか，そして辞令を受けた誰それが，まさに徴収勘定とその記帳を行うと明記される。徴収総額のうち，ブルゴーニュ公領の割当分を記載した史料は散見されるが[13]，そこからさらに管区ごとに幾ら割り当てたのか，その管区負担分を記載した記録はこれまで目にしたことがない。奇妙なことである。ともかく，本書が扱う 25 年間の御用金徴収状況をバイイ管区ごとにまとめたのが上記の表 2-1 である。空欄は史料の散逸を示す。

　一瞥して分かるように，全対象期間にわたる徴収記録を残している管区はない。特にボーヌ・ニュイでの徴収を記録した帳簿は一冊も現存せず，間接的な記録に頼ることになる。比較的よく史料を伝えている管区はオータンとシャロン，そしてシャティヨンである。オータンは 30 年代に入ってからは，35 年 8 月分，36 年（2 回分），37 年の御用金と，計 4 回分の記録を失ったが，他の徴収記録は伝えている。シャロン管区では 20 年代の記録は残っていない。これもジャン・フレニョの訴訟のためであろうか[14]。30 年以降では，36 年 8-9 月分，38 年 10 月の第 2 期分の計 2 回分の記録を散逸させた。シャティヨンでは 30 年代の記録のうち，31 年，34 年の 2 回分，計 3 回分が失われた。問題は常にディジョンである。政治的中心であるディジョンの徴収記録は是非とも詳細に検討したいところであるが，1435 年の 5 月分と 8 月分，それに 38 年第 1 期分のたった 3 回分（B4487-2，B1660-2 および B4491-2）しか現存していない。しかも 5 月徴収分の記録は最終葉が失われた。

　さて，前章で 1420 年代後半以降の，つまり通貨価値が安定してからのブルゴーニュ公領の収入に様々な角度から分析を重ね，一定の理解に達することができた。すなわち，1427 年を基準年とすると，公領全体としては緩やかに低落を続け，33 年から 35 年に底を打ち，37 年前後に回復するものの，その後はずっと低迷し，20 年代のレベルを回復することはない。これがブルゴーニュ公領 6 管区の収入記録を調査分析した結論であった。

　13）　例えば 1438 年 10 月の総額 6,000 Saluts の御用金徴収の場合，その 6,000 のうち 2,000（＝2,750 francs）が第 1 回公領割当分であることは明記されているが，各管区がその 2,000 をどのような割合で負担するのかは記載されていない（B2389 および B4076）。
　14）　本書第 6 章を参照。

本章では，この分析結果を前提として，御用金と借入金を考察する。つまり財源が年々窮乏化を続け，回復するのかしないのか，予測不能の状況に置かれていながら，流動的な政局に直面し，臨機応変の対応を迫られる王国最重要人物が如何にして手元資金を確保するか。その不可欠の方便として御用金徴収を位置づけたいと考えている[15]。そのために1433年から36年まで，通常収入が最低水準にあり，財務状況が最悪であった時期と，1437から38年にかけて，やや通常収入に回復が見られた時期と，二つの時期を取り上げて御用金と借入金の，特に徴収の実際に焦点を絞って，詳細に分析してみよう。

2. 徴収と統括の実際

まず1433年から36年までの4年間に，御用金は95,000フラン，2回におよぶ借入金は22,000フランで，臨時徴収は合計117,000フランに達した。平均すれば，年3万フランに近い。

1433年8月合意の御用金4万フランの場合，半額ずつ分納とし，納期は同年のクリスマスと翌年の聖ジャン・バティスト（洗礼者ヨハネ）の祝日（6月24日）にすると取り決めた。しかし大半が農耕に従事する納税者の側から見れば，穀物の収穫は8月，ブドウは9月であるから，事実上，単年度内に支払わなければならず，相当の負担であったと思われる。

オータンでは特定徴収役が業務の途中で死亡，交替するという事件が突発したため，おそらくそれぞれの責任分担を明らかにするという目的で，別々の帳簿を作成したのだろう。しかし一冊め（B2378）の前文に，

[15) 軍事以外の理由を提示した御用金徴収は1421年のマール単位の銀徴収だけである。収支バランスの悪化を臨時税徴収の「正当な」理由と見なすまでには，かなりの時間を要する。御用金徴収が軍資金の性格を強く残し，しかも，その軍事行動が究極的には住民の福利厚生に帰着する問題であること，例えば略奪を繰り返す外国軍を撃退するといった具体的な目的を明示できなければ，「御用金」や「借入金」は承認・同意されなかったのではないか。「万人に関わる問題は，万人の同意を要す quod omnes tangit, ab omnibus approbetur」このユスティニアヌス法典からの自由な引用については POST, Gaines; *Studies in medieval legal thought. Public law and the state, 1100-1322*, Princeton, 1964. および J. B. HENNEMAN 前掲書を参照。

担当者ジャン・ブレノール Jehan Brenaul が借入金の徴収を終えたところで急死し，御用金徴収には着手できなかったので，急遽，ジャン・ドニゾ Jean Donizot が後任に指名されたと明記されている。つまり現存している会計院提出用の帳簿はどちらも事後的にジャン・ドニゾが作成したと思われる（巻末史料4）。また，この文言から判断する限り，御用金徴収と同時に借入が実施される予定になっていたことも明白である。しかも8月11日付の通達の文面を見ると，「借入れ」というよりは強制的な「借上げ」であり，三部会が同意した以上，三部会代表者は各人がその身体と財産をかけて，この「借上げ」を達成しなければならないと強く命じている。実際，この徴収簿によれば，当初分として，つまり第1回分として，管区で2,479フランを徴収し，そのうちの2,250フランを統括役に引き渡したことが明記されている。ところが，二冊め（B2379）の前文には，重大な変更が記されている。同年10月付で，当初の三部会合意であった2回分割払いを取りやめ，同年の万聖節（11月1日）を期日とする一括払いに変更したいという公妃の強い要請を受け容れたと言うのである。後任のジャン・ドニゾは翌年6月末までに割当分を揃えればよいと考えていただろうから，相当に慌てたのではなかろうか。ともかく彼は5,348フランをかき集めて，1,670フランを拠出した[16]。つまりオータンに割り当てられた負担分は二人の指定勘定役が統括役に引き渡した合計額3,920フランに相当する4,000フラン前後だったのだろうと理解される。つまり合意総額の10%である。

　この33年8月御用金に関しては，他にシャロン（B3669）とシャティヨン（B4064）の管区帳簿が現存していて，それぞれ5,070フランと1,819フランを拠出したことを記録している（142頁の表2-1および次頁の表2-2参照）。記録が散逸したディジョン，ボーヌ・ニュイ，オーソワの3区が35年2月に2万フランを合意した時の拠出金の2倍が割り当てられたと仮定して，6,000, 8,000, 8,000としても，総計で33,000フランにも達しないから，不足分は7,000フランを超える。シャロレを当てにするしかないが，かなり厳しい額であり，総額4万フランの御用金

---

16) この時，ディジョン管区の特定徴収役ジャン・ド・ヴィザンに100フランを融通しているので（B2379 f.8V°），この100フランを加えて，1,770フランを拠出していると考えても良い。

148　　　　　　　　　　　　　　　第1部　財　　源

表2-2　ブルゴーニュ地方の御用金と借入金　1433-38年

バイイ管区		年	1433/8	1434/4	1434/8	1435/2	1435/5	1435/8	1436/3	1436/6-9	1437/10	1438/10	1438/10	1438/11
			御用金	御用金	借入	御用金	御用金	御用金	御用金	借入	御用金	御用金1期	御用金2期	御用金
ディジョン		総収入				3,112	3,315	1,068	2,716	2,873		753		
		統括役へ還付					2,526	394				236		
						3,112	378	500				511		
		総支出					N.A.[7]	954						
		典拠				B1655	B4487-2	B1660-2	B1660-1			B4491-2		
ボーヌ・ニュイ		統括役へ				4,078			1,140					
		典拠				B1655			B1660-1					
シャロン	借入		2,017	0	0	2,414	0	0	0		0	0		0
	徴収		6,531	2,464	220	4,372	2,186	699	1,374		1,378	741		611
	総収入		8,548	2,121	161	6,786	1,955	674	1,111	1,300	1,086	510		428
	統括役へ返済		5,070			3,727								
	還付		2,241	219	40	2,414	139	0	105		123	37		11
	総支出		8,540	2,428	212	401	2,182	702	1,344		1,346	651		602
	差引		8	35	7	6,722	4	-3	30		32	90		9
	典拠		B3669	B3674-1	B3674-2	63	B3678-2	B3678-3	B3678-1		B3685	B3689-2		B3689-1
						B3675								
オーソワ	借入					1,364								
	徴収					5,509								
	総収入					6,873			1,749	1,845				
	統括役へ返済					4,144								
	還付					1,315								
	総支出					586								
	差引					6,666								
						206								
	典拠					B2802-1	B11716[2)]		B1660-1					

第 2 章　御用金と借入金

シャティヨン	総収入	3,509			670	334	111	519		682	74	169	135
	統括役へ	1,819			437	202	68	261	367	388	33	90	90
	還付	1,383			68	68	0	20		45	6	15	6
	総支出	3,509			665	322	87	382		480	61	135	121
	差引	0			4	11	24	136		202	14	34	13
	典拠	B4064			B4065	B4069	B4070	B4068		B4073	B4076	B4075	B4077
オータン	借入		0	0	1,464	0							
	徴収		160	160	3,531	1,773							
	総収入	2,479	5,348	160	4,995	1,773			1,419		642	306	
	統括役へ	2,250	1,670	150	2,800	1,473			1,662		520	260	
	返済		2,938	0	595	0							
	還付		0	0	117	200						16	
	総支出	2,377	4,990	151	4,454	1,787					537	305	
	差引	102	358	9	541	−14					105		
	典拠	B2378	B2379[1]	B2381	B2383	B2385		B1660-1		B11716	B2391	B2389	
三部会合意総額 (公領負担分)		40,000	13,000	4,000	20,000	10,000	4,000	8,000		18,000	8,250 (2,750)		6,300 (3,000)
統括役記録			B1651 ff.40−44R°	B1653 ff.38V°−39R°	B1655 ff.53V°−56R°	B1655 f.56R°	B1655 ff.52V°−53R°	B1660-1	B1659 ff.45R°−83V°	B1663 ff.30R°−33V°			B1665
統括役		J.F.	J.V.	J.V.	M.R.	L.V.	L.V.	L.V.	M.R.	L.V.	(6,000slt) (2,000slt)	(2,300slt)	

注）J.F.＝Jehan Fromont　M.R.＝Mahieu Regnault　J.V.＝Jehan de Visen　L.V.＝Louis de Visen
イタリックの数値は管区記録ではなく、統括役帳簿の記載値であることを示す。
1) B2378の継続会計。前任者 Jean Brenaul 死去のため担当交替し、別会計を設定。
2) 三部会からオータン徴収役への書簡（通例会計簿の冒頭に筆写されているもの）

とは，事実上，実現不可能であったと言わざるをえない。

　35年2月の場合，御用金2万フランは「オーセール近郊のクランジュでの戦闘を戦い抜き，国境を維持し，ブルゴーニュの国土と臣下の安全のために[17]」（B4065）必要な資金とされ，大きな貢献をしたと推測されるディジョンの管区徴収記録は散逸したが，シャロン管区の記録（B3675）をはじめ，オーソワ管区（B2802-1），オータン（B2383），シャティヨン・ラ・モンターニュ（B4065）と計4管区の記録が現存していて，しかも各管区から引き渡される金銭を取りまとめた記録，すなわち御用金徴収統括役 Receveur général de l'aide マイウ・ルニョー Mahieu Regnault による記載も整理された形で現存している[18]。各管区の御用金会計に記録された統括役ルニョーへの引き渡し金額と，ルニョーの帳簿に記載された受領金額とはぴたりと一致する。すなわち，シャロン3,727フラン，オーソワ4,144フラン，シャティヨン・ド・ラ・モンターニュ437フラン，オータン2,800フランである。これらの史料群の記載はいずれも誠実で，互いに齟齬を来たすことがない。それゆえ，ディジョン管区で実施された徴収の記録は失われてしまったが，マイウ・ルニョーの記載をそのまま利用して，ディジョンの御用金徴収役ジャン・ド・ヴィザンからマイウ・ルニョーに3,112フランが確かに引き渡されたと考えてよかろう（表2-2参照）。公領5管区[19]の徴収額にボーヌ Beaune・ニュイ Nuits からの4,078フランを加えて計18,000フラン，マコンで2,000，合わせて2万を徴収することに成功した。いずれの管区も一挙に支払うことはできなかったのか，領邦勘定役に対して2回から3回の分納としたが，2月に三部会で決定した額の大半を3月末までに引き渡し（計10,640フラン），8月には完納している。ただし，この日付は各管区特定徴収役 Receveur particulier ou bailliage が統括役に資金を引き渡した日時であり，各管区徴収簿の前文には管区内の住民からの納付期限は2

　17）　このクランジュ・レ・ヴューズ Coulanges-lèz-Vieuses が未確認。ブルゴーニュ公の「敵」はラングル Langre に布陣していると記載されている。なお2万フランの内，軍資金は18,000フランで，他2,000フランは公妃の用立てとされた。

　18）　マイウ・ルニョーは1427年から38年まで12期にわたりブルゴーニュ領邦勘定役を務め，この35年2月分の御用金に関しては，彼が統括役を兼任し，彼が管理する「ブルゴーニュ領邦勘定会計」にその受領額を記載した（B1655 ff.53V°-56R°）。

　19）　シャロレ Charolais 管区では徴収されず。

第 2 章　御用金と借入金　　　　　　　　　151

期に分け，聖レミの祝日（10月1日）とクリスマスとした旨が明記されているから，各管区の特定徴収役がまず立替払いを行い，その後に各管区内の住民から徴収し，さらに数ヶ月，あるいは数年を経て，還付を含む決算を終了した後に，現存する報告形式の冊子に一連の業務をまとめ上げたものと思われる。つまり2月の合意成立から半年も経たないうちに住民からの金銭徴収が完了した訳ではない。ところで，この2月合意の御用金徴収の場合，ディジョンでは管区帳簿が散逸したために実情は判然としないが，シャロン，オーソワ，そしてオータンの3管区では，33年8月の際と同様に御用金徴収と並行して借入を実施したことが確認できる。オータンの帳簿前文では御用金とは別に，「同年2月24日付のブルゴーニュ公の認可状によって借入を行い，御用金の第2回徴収（35年のクリスマス）後に返済することにした[20]」とされ，2万フランの御用金に「加えて」相当額の借入金をすることにしたと読める。しかしシャロンの帳簿前文では「同年3月付の公殿下の下命によって相当な額の借入を行った。シャロン管区の都市部と農村部に居住する多くの聖職者，市民，および住民を援助するためである[21]」と表現され，この借入がブルゴーニュ公の名を借りて，おそらく，その側近と三部会の人々の主導のもとで行われたもので，立替払いを速やかに実現するための，いわば繋ぎ資金であったことがはっきりする。実際にシャロンとオーソワでは同一年度内に借入の大半を返済している。しかし借入先は金融業者ではなく，管区内に居住する貴族や高位聖職者など相対的に裕福な人々であった[22]。この一連の操作を図式化したものが図2-1である。

　なぜ三部会代表あるいはブルゴーニュ公（の側近）は徴収役に立替払

　　20）　Et par vertu des lettres patentes de mondit seigneur données a Dijon le 24 jour dudit mois de fevrier l'an que dessus cy apres rendu, ont esté levéz certains empruns desquelx sera fait receue cy apres a rendre & restituer lesdits empruns a ceux qui les ont prestés sur le dernier terme & paiement d'icellui ayde. (B2383 f.1R°)

　　21）　Et aussi de certains empruns seuz pour et en nom de mondit seigneur et par son ordonnance ou mois de mars oudit an 1434 (*vieux style*) avant Pasques pour secourir a ses asses de pluseurs gens d'esglise, bourgois et habitans des villes et plat pays dudit bailliage de Chalon. (B3675 f.1R°)

　　22）　オーソワは1,364フランを借入れ，1,315フランを返済し（B2802-1），オータンは1,463フランを借入れ，594フランを年度内に返済している（B2383）。したがって収入の部には借入金と住民からの徴収金を，支出の部には統括役への引渡し額と一般的な出費と借入返済金を記載することになるから，収入も支出も異常に膨張することになった。

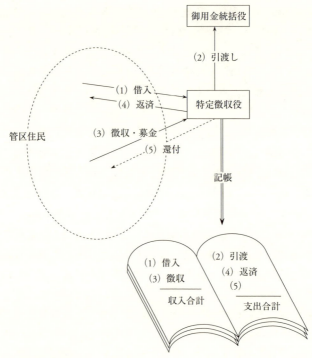

(1)(2)…などの番号は操作の順序を示す。
矢印 ── は資金の流れを示す。

図 2-1　緊急時の御用金徴収と記帳

いをさせてまで，資金調達を急いだのであろうか。もちろん戦争資金であるから，一刻でも早くということであろうが，支払う側にも相応の理由があったのではなかろうか。ブルゴーニュ地方では，8月は小麦の収穫期であり，また古くから聖バルテルミの祝日（8月24日）は様々な契約の決済日とされてきた。したがって8月は通貨需要が強く，回転速度が上がり，全体に貨幣が不足気味になる時期である。9月になればブドウ収穫期に重なるから，多くの季節労働者が流入し，現金需要はさらに高まるだろう。それが一段落して，一般住民も収穫に伴う収入を手にし，金融市場も落ち着いた頃，つまり10月と12月と2度に分けて御用金を支払うようにと住民に要請するのは理に適っている。しかし三部会合意から半年後では遅すぎるのだろうが，徴収時期を安易に繰り上げるわけ

にもいかない。貨幣需要が上向きになる季節に資金を借り入れれば，その利子は当然高めであり，返済の負担が重くなる。責任会計を担う勘定役たちは経済と金融に明るいはずで，単に実績を上げたいとそれだけの理由で，このような無理をするとは考えにくい。そこで早々に，春先まだ通貨需要が落ち着いているうちに，まとまった金額を借りてしまい，まずはブルゴーニュ公の要求に応える。その後，時間をかけて御用金を徴収する。多分，これが誰にとっても最も負担の少ない方法であると考えたのであろう。金利負担に関する記述は一切ないが，当然，何がしかの了解があったと思われる。

しかしブルゴーニュ公の側からすれば，2月合意の2万フランでは十分とは言えず，さらなる追加融資を諮った。その結果が同年5月合意の総額1万フランであった。この合意直後に，上述のように各管区の徴収役から資金が集まり始めるが，なお不足を見越して，8月に4,000フランの合意を成立させた。戦闘状態の持続が想定をはるかに超えた。必要経費の算出が杜撰であった。あるいは御用金総額をなるべく小額で済ませようとした。真相がいずれであるかはともかく，3ヶ月おきの三部会合意とは他に例を見ない事態である。

その5月合意の場合は，やはり表2-2に示したように，ディジョンが2,526フラン（B4487-2），シャロンが1,955フラン（B3678-2），シャティヨンが202フラン（B4069），オータンが1,473フラン（B2385）と，4管区の拠出額が現存する徴収記録から判明するが，統括役ルイ・ド・ヴィザンが作成したはずの記録は散逸し，部分的な受領と思われる400フランが同年の領邦勘定に記載されている（B1655 f.56R°）だけなので，オーソワとボーヌ・ニュイの拠出額は不明であるし，2月の場合のようにマコンが拠出したのか否か，その点も不明である。しかし2月が総額2万フランで，5月が1万フラン，4管区の拠出額と，これだけの材料があれば，不明分の推定も可能であろう。

まずシャロン，シャティヨン，オータンの3管区の2月分と5月分の拠出額を比較してみよう。シャロンは3,727フランと1,955フラン。シャティヨンは437フランと202フラン。オータンは2,800フランと1,473フラン。いずれも正確ではないが，5月分は2月分のほぼ半分になったと見なし得る。拠出すべき合意総額も半分になったのだから，こ

の事実は，5月の場合も2月と同様の割合で全体を配分したと想像できる。するとオーソワは2月分が4,145フランであったから，5月は2,000フラン程度と想像できる。しかしディジョンは5月には2,526フランを拠出しているから，随分多くを負担したことになるが，ディジョンとボーヌ・ニュイを別々に考えるのでなく，これを本来は一体の徴収区だが，額が大きいので別々に記録しているに過ぎないと考えれば，2月は合せて7,190フランであるから，その半分は3,600フラン弱。ここからディジョンの2,526フランを差引いて，残額1,000フラン強をボーヌが拠出したと計算できる。これにマコンを2月分の半分，1,000フランと見なせば，確かに総計は1万フランをやや上回る程度になるので，整合性があり，大きな誤謬を含んでいないと思われる。

　8月の4,000フランの御用金に関してはディジョンの394フラン（B1660-2），シャロンの674フラン（B3678-3），そしてシャティヨンの68フラン（B4070）と，3区の徴収記録だけが現存していて，対応する統括記録は存在しない。ヴィザンは自身の管理した領邦勘定の中に4回に分けて受領額を書きこんだ。その総額は2,753フランであった（B1655 f.52V°-53R°）。これが徴収できた全額であるとすると，当初予定の4,000フランの3分の2をやや上回る程度に留まったことになる。5月徴収分の記録欠損を推定した方法をここでも援用すると，総額が4,000フランであるから，5月の拠出分の4割を各管区が拠出するように求められたと仮定できる。実際はシャロンもシャティヨンも3分の1程度で，4割には達していないし，ディジョンは6分の1でしかない。そこで実際の徴収引き渡し額は5月徴収額の3分の1を目安にしたと考え，さらにマコンを含まないとすると，確かに合計は2,700から2,800フラン程度の額になろう。ボーヌ・ニュイの負担額の評価は難しいが，いずれの管区もさすがに年に3度の御用金には辟易した様子が窺える。言い換えると，ブルゴーニュ公領で単年度に負担できる御用金総額は3万フランが限度であろうと考えられる。

　35年の3度に及ぶすべての御用金徴収記録を伝えている管区はシャティヨン・ド・ラ・モンターニュ（B4065, B4069, B4070）とシャロン（B3675, B3678-2, B3678-3）と，2管区だけである。各々の3回にわたる管区徴収総額と統括役への引き渡し額を合計してみると，シャティヨ

第 2 章　御用金と借入金　　　　　　　　　　　　　　　　155

ンでは特定徴収役ギヨーム・ロカン Guillaume Roquant が借入をせずに1,115 フランを徴収し，そのうち 707 フランを統括役に引き渡した。シャロンでは特定徴収役ジャン・ジラール・ド・ジャンリ Jehan Girard de Genlis が借入金 2,414 フランを除いて，実際に 7,257 フランを住民から徴収し，そのうち 6,356 フランを統括役に供与したことになる。この 35 年，シャティヨン管区の通常収入はグリュエリを除いて 1,000 フラン程度で[23]，管区通常勘定役ジャン・ド・ヴィルセシー Jehan de Villecessey はそこから 782 フランをブルゴーニュ領邦勘定役ルニョーに引き渡している。つまり固定化した地代収入や消費税 1 年分を上回る臨時税を徴収し，通常の引渡額とほぼ同額を御用金として領邦勘定役に引渡したことになる。しかも，このバランスは単年度の問題ではない。翌 36 年には御用金として 261 フラン（B4968），借入金として 367 フラン（B1660-1），計 628 フランを統括役に供出しているし，その翌年の 37 年も 388 フラン（B4073）を，あるいは遡って 33 年（1,819 フラン B4064）も，34 年（史料散逸）も相当の額を提供しているのである。

　この事態はシャロン管区ではさらに顕著になる。御用金特定徴収役を兼ねた管区勘定役ジャン・ジラール・ド・ジャンリは通常収入，12 ドニエ税，ブドウ酒 8 分の 1 税の 3 種を合わせて，この 35 年には 4,122 フランの受領を記録し，個人勘定の立替分を含め，赤字覚悟で 4,727 フランを領邦勘定役ルニョーに融通した。そのジャンリが，御用金特定徴収役としては，借入を行った上に，やはり年間の地代収入や間接税にほぼ匹敵する金銭を徴収し，通常の引き渡し額を遥かに上回る金額を統括役に拠出したことになる。この 35 年前後を改めて見直せば，33 年には 5,070 フラン（B3669），34 年には計 2,282 フラン（B3674-1 と B3674-2），36 年には計 2,411 フラン（B3678-1 と B1659），37 年には 1,086 フラン（B3685）を拠出している[24]。

23）　商品 12 ドニエ税とブドウ酒 8 分の 1 税の帳簿は散逸。通常収入簿 B4067 の末尾の収支勘定要約 Etat があり，そこには散逸した帳簿の決算が記載されている。商品 12 ドニエ税帳簿の残高は 443 £。ブドウ酒 8 分の 1 税は 266 £ の残。これを利用する。それぞれの諸経費を 40 £ ずつとして，213 £（通常）＋443 £（12 ドニエ税）＋266 £（8 分の 1 税）＋80 £（諸経費）＝1,002 £ という計算をした。

24）　33 年から 37 年までのシャロン管区の定常的収入（＝通常収入＋12 ドニエ税＋ブドウ酒 8 分の 1 税）は順に 33 年 3,853 リーヴル（うち領邦勘定役へ 3,677 リーヴル），34 年

他の管区も事情は同様。既述のように，オーソワは2月合意分だけで4,144フランを供出したが，5月分と8月分を加えると，7,000フランを超えたのではなかろうか[25]。35年の管区通常収入は721リーヴル（B2801-1）に過ぎず，商品12ドニエ税でも1,548リーヴル（B2801-2）である。ブドウ酒8分の1税は記録がないが，12ドニエ税の半分程度とすれば，800リーヴル弱。これら3種の収入を合計しても3,100リーヴルに届いただろうか。御用金支払総額が推測通り7,000フラン程度とすれば，やはり定常的収入の2倍を超えたことになる。オータンの場合，御用金供出額は2,800フランであった。35年の管区通常収入は735リーヴル（B2384），12ドニエ税は1,195リーヴル（B2369-9），ブドウ酒8分の1税が498リーヴル（B2358-14）だから，これら定常的収入の合計は2,428リーヴル。やはり1度の御用金供出だけで，通常の管区歳入を上回っている。管区付き勘定役，ひいてはブルゴーニュの農民や都市民は本質的に豊かで，十分な蓄えを持っていたのだろうか。前章で論じたように，33年から35年にかけては，ブルゴーニュの管区通常収入は20年代後半以降では最低水準を記録した時期であった。著者はこの事態を何か非人為的な理由，例えば冷夏に基づく農業生産低迷の結果であると理解したが，そのような低迷も通常収入記録の流動資産（フロー）の変動であって，その年の農村所得は一時的に減少したかもしれず，また領邦勘定役への引き渡し額が各年の実収入を上回ったとしても，その収拾は管区通常勘定役の経営手腕に依存するから（これこそ請負制の妙味であるはず），社会全体の資産（ストック）の取り崩し，すなわち農村生産者の全体的窮乏化を端的に意味する訳ではないということになる。仮に事態が逆であるとしても，つまり経済環境を考慮せずに，このような矢継ぎ早の御用金を要請したことが農村の生産力を消耗させ，例えば種籾の購入などの初期投資を困難にし，縮小再生産を余儀なくさせ，通常収入の長期的低落を招いたと理解しても，それでも住民は支払ったという事実は残るし，格別の反対運動も知られていない。

3,766リーヴル（同3,527リーヴル），35年4,122リーヴル（同4,727リーヴル），36年4,809リーヴル（同4,595リーヴル），37年4,776リーヴル（同4,629リーヴル）であった。第1章の表1-16を参照。

25) 計算根拠は本章第3節で説明する配分方法を参照のこと。

翌 36 年には 3 月に 8,000 フランの御用金徴収の合意を見，公領 5 管区にボーヌ・ニュイを加えて 8,499 フランを徴収した。ところが，これに留まらず，マコンから 2,187 フラン，シャロレから 800 フラン，オーセールから 336 フラン，そして伯領から 3,971 フランを受領し，総額で 15,793 フランと，当初合意額のほぼ 2 倍に達する資金を調達することに成功している。しかも統括役ジャン・ド・ヴィザンの記録（B1660-1）によれば，マコンからの入金は，一部分遅れて翌年に繰り越されたが，大半は 6 月から 9 月上旬までに手にすることができた。まるで手品である。

8-9 月は総額 18,000 フランの借入金とした。「カレに布陣する軍勢の維持に充てるため」（B1659 f.45R°）という理由は御用金徴収に相応しいが，さすがに度重なる徴収に合意が得られなかったのであろうか。この借入れ業務を目的とした管区側の記録は一冊も現存せず，統括役マイウ・ルニョーの記録に頼ることになる。それによると，まず公の配下 officiers というカテゴリを設定し，それから地区ごとにまとめている。公領の 5 管区にシャロレとマコン，さらにソーヌ以東の土地を加え，伯領の管区も含めて，総額は目標額を超えて 18,168 リーヴルに達した（B1659 ff.45R°-83V°）。この借入金を記録した領邦勘定簿の支出の部には，「戦争の件 Le fait de la guerre」と題された章があり（B1659 ff.177R° -183V°），ブルゴーニュ元帥フリブール伯ジャンへの支払い 4,800 フランをはじめ，カレ包囲戦を目的とする支出が 12 項目にわたって列挙され，その総額は 11,800 フランを超える[26]。つまり借入金は要求目的の通りに，またほぼ見積り通りに使用されたと考えられる。

さて，多少は経済環境が変化したと思われる 1437 年と 38 年に目を向けてみよう。前章で分析した限りでは，牽引役となったのはシャロンであった。その 37 年は御用金 7,500 フランの徴収が実施されたはずだが，統括役ルイ・ド・ヴィザンが手にし，記録として残したのは 1,730 リーブルであった（B1663 ff.30R°-33V°）。管区の記録で現存しているのはシャロン（B3685）とシャティヨン（B4073）の 2 点だけである。それ

---

26) 正確に述べると，王国通貨で 11,480 フラン。さらに，何か明記されていない通貨をトゥルノワに換算した額 322 リーヴル 12 スー 9 ドニエ半トゥルノワを加えている。

によれば，シャロンは住民から 1,378 フランを徴収し，そこから 1,086 フランを，シャティヨンは 682 フランから 388 フランを拠出している。つまり，いずれも前年の 8,000 フラン徴収時よりもやや多めに徴収し，拠出したことになるから，経済環境の好転が反映したと同時に，他のどこかの管区が拠出額を大幅に減少させたことを暗示する。

38 年は秋に 6,000 サリュと 2,000 サリュを 3 回に分けて徴収した。三部会の合意総額 6,000 サリュのうち 4,300 を公領が負担。さらにそれを 2 度に分け，第 1 回めに 2,000 サリュ（2,750 フラン），第 2 回めを 2,300 サリュとした。しかし 2 回目は実際には 2,300 サリュ相当の 3,162 フラン 1/2 ではなく，2,975 フランとされた（B4075 前文）。さらに 11 月は 6,300 フランのうち，3,000 フランを公領が負担した。いずれも「ブルゴーニュ公領内のエコルシュールを掃討し，領土の保全と臣民の安寧を期す」ことが目的であったから，わざわざイングランド製の貨幣を勘定単位とする必要性は認められないし，管区の徴収役たちは徴収帳簿の前文でフランに換算表記し，自身の業務内容を確認している。総額の表記が新規なものであること，3 回分割としていること，この意図は不分明であるが，数字が与える印象を問題にしたのであろうか。合計は 8,725 フランだから，前年分よりも 1,000 フランも多く，しかも 3 回と言っても 10 月と 11 月と，連続する 2 ヶ月間のことに過ぎない。統括記録は散逸し，領邦会計にも入金の痕跡がないので，この御用金徴収が実際にどのように推移したか判然としない。表 2-2 に示したように，3 回分すべての記録を残しているのはシャティヨンだけである（B4076, B4075, B4077）。管区の徴収総額は 378 フランで，そこから 213 フランを領邦勘定役ルイ・ド・ヴィザンに拠出している。前年は 388 フラン，さらにその前年 36 年の 8,000 フランの御用金の際は 261 フランであったから，シャティヨンは応分の拠出をしたと言えそうである。オータンは第 1 回分（B2391）と第 2 回分（B2389）の記録を残している。合わせて 948（= 642 + 306）フランを徴収し，780（= 520 + 260）フランを提供した。全体額は 2 回めの方が多いはずだが，ここオータンでは 2 回めは 1 回めのちょうど半分である。3 回めに相当の額を拠出したのでなければ，36 年以前の対応に比べると，かなり少ないという印象を与える。ディジョンは第 1 回分の記録（B4491-2）しか残していないので，他 2 回分の推

測は避ける。ともかく，その第1回には753フランを受領し，そこから236フランだけ統括役に引き渡して，200フランを自身に払い戻し，手元に41フランを残すという記録を残している。ディジョンとしてはかなり少額という印象を与える。シャロンは第1回分（B3689-2）と第3回分（B3689-1）の帳簿が現存している。合わせて1,352（＝741＋611）フランの徴収額から938（＝510＋428）フランを提供している。第2回がゼロとは考えがたいので，36年や37年の徴収状況と比べてみて，やはり応分の拠出をしたと言えよう。

ところで35年8月の御用金4,000フランの場合，領邦勘定会計の記載から実際に確認できる入金総額は2,753フランであった。つまり38年10月の第1回徴収予定額とほぼ同額である。そこで改めて両者を比較・検討してみると，ディジョンは徴収額で3割，引渡し額で4割の減少。シャティヨンは徴収額ではやはり3割ほどだが，引渡し額は半減した。シャロンでも引渡し額は4分の1ほど減少しているが，徴収額は逆に僅かに（約6％）増加している。つまりシャロンは徴収しようと思えばできるのであり，前章で検討したように，何か他の管区とは異なる底力を感じさせる。

3. 配分方法の推定

(1) 24分法

1435年2月合意の御用金統括役ルニューの記載からすると[27]，意外なことに，公領で最大の寄与をしたのはオーソワ管区で，4,144フラン超，公領徴収総額18,300フランの5分の1以上を担った。次位はディジョン管区とは別勘定とされ，しかもそれを上回ったボーヌ・ニュイの住民たちで，この指定区が4,078フランを供与している。もちろんブドウ酒醸造とその販売を生業とする富裕層が多く居住していたからであろ

---

27) 同年5月と8月の御用金徴収統括役はルイ・ド・ヴィザン Louis de Visen であるが，その統括記録は散逸したため，各管区の特定徴収役から統括役への受け渡しを突き合わせて確認することはできない。

う。シャロンは第3位で，3,727フランであった。この管区負担額は三部会が御用金徴収総額に合意した際に，同時に決定した配分額なのだろうか。

下表2-3に示したように，マコンからの2,000フランを含めて，総額2万フランを各バイイ管区がどのように負担配分をしたか，その構成比を計算することは容易である。ディジョン15％，ボーヌ20％，シャロン18％，オーソワ21％，シャティヨン・ド・ラ・モンターニュ2％，オータン14％，そしてマコン10％である。同年5月の1万フランの御用金徴収の場合は，ボーヌとオーソワのデータが散逸したが，ディジョン管区とボーヌ城区を合わせて35％（つまりボーヌが10％），マコンが10％のままと理解すれば，オーソワが20％となり，各管区の負担割合は2月分と実質的に同一となり，無理なく説明できる。これは所与の

表2-3 1435年と36年の御用金の徴収配分

管区	1435年2月					
	実徴収額	構成比	(想定負担 100分比)		(想定負担 24分比)	
ディジョン	3,112	15.3%	*15.0%*	*3,000*	*3 3/4*	*3,125*
ボーヌ・ニュイ	4,078	20.1%	*20.0%*	*4,000*	*4 3/4*	*3,958 1/3*
シャロン	3,727	18.4%	*18.0%*	*3,600*	*4 1/3*	*3,611 1/9*
オーソワ	4,145	20.4%	*21.0%*	*4,200*	*5*	*4,166 2/3*
シャティヨン	438	2.2%	*2.0%*	*400*	*1/2*	*416 2/3*
オータン	2,800	13.8%	*14.0%*	*2,800*	*3 1/3*	*2,777 7/9*
小計	18,300					
マコン	2,000	9.9%	*10.0%*	*2,000*	*2 1/3*	*1,944 4/9*
徴収総計	20,300	100.0%				
要求総額	20,000		100.0%	20,000	24	20,000

管区	1435年5月				1436年3月			
	実徴収額	構成比	(想定負担)		実徴収額	構成比	(想定負担)	
ディジョン	2,526	25.3%	*6*	*2,500*	2,716	32.3%	*7 3/4*	*2,583 1/3*
ボーヌ・ニュイ	1,000	10.0%	*2 1/3*	*972 2/9*	1,140	13.6%	*3 1/4*	*1,083 1/3*
シャロン	1,955	19.6%	*4 2/3*	*1,944 4/9*	1,111	13.2%	*3 1/4*	*1,083 1/3*
オーソワ	2,000	20.0%	*4 2/3*	*1,944 4/9*	1,749	20.8%	*5*	*1,666 2/3*
シャティヨン	202	2.0%	*1/2*	*208 1/3*	261	3.1%	*3/4*	*250*
オータン	1,473	14.7%	*3 1/2*	*1,458 1/3*	1,419	16.9%	*4*	*1,333 1/3*
小計	9,156	91.6%			8,396	100.0%		
マコン	1,000	10.0%	*2 1/3*	*972 2/9*				
徴収総計								
要求総額	10,000	100.0%	24	10,000	8,000		24	8,000

注) イタリックは推定

第 2 章　御用金と借入金　　　　　　　　　　　　161

データを読解して得られた帰納的推理であり，そのまま一般化することは無理であろう。本書が取り扱っている範囲でさえ，時間的（歴史的）・空間的（地域的）諸条件が多様であることは何度も述べたし，そもそも 15 世紀にはパーセンテージ（百分比）の考え方も表記法も存在しない。御用金総額の管区負担割合をパーセンテージで定めてから，例えば，合意した御用金総額 1 万フランに対して，ディジョンの割当は全体の 15％だから 1,500 フラン，シャロンは 18％だから 1,800 フランと，このようにして負担を配分していく方法は知られていなかったはずである。

　全体を 100 として，そのうちの幾つを占めるか，という定量表現が百分比であるが，100 に対して per centum という考え方や表現はなかっただろうし，そもそも度量衡は十進法だけで成り立っていたわけではない。もちろん全体に占める割合を表現する技法はある。全体を 12 か 24 とするのが一般的であろう。金額を問題にするのだから，全体を 24 とする，あるいは逆に，所与の総額の 24 分の 1 を基本単位（＝カラット）とするという発想は大いにあり得るし，むしろ自然ではなかろうか[28]。総額が 1 万フランであれば，その 24 分の 1 の 416 フラン 2/3 を，2 万フランであれば，833 フラン 1/3 を 1 単位とし，その倍数を割り当てるという方法が考えられる。35 年 2 月合意の 2 万フランの場合は，ディジョンが基本単位の 3 と 3/4 倍，ボーヌが 4 と 3/4 倍，シャロンが 4 と 1/3 倍，……という配分で合意したと理解することができよう。24 分の 3 と 3/4 といった表現は現代人にとっては煩わしく思えるが，15 世紀人にとっては，つまり徴収役にとっても，また三部会のメンバーにとっても，そして最終的に支払を引き受ける農民にとっても，慣れ親しんだ日常的な数量表現であったと思われる。分母が自明で，表現する必要がなければ，単に 3 と 3/4 と言うだけで足りる。前章で詳細に検討したように，穀物や鶏などの現物徴収にも，現金の徴収にも，2 分の 1（半分 demi）や 3 分の 1（tiers）あるいは 4 分の 1（四半分 quart）といった分母が一桁の分数は頻繁に使用されていたし，売買単価の表示に頻出する小額貨幣ニッ

――――――――――
[28]　1 sol ＝ 12 deniers あるいは 1 setier ＝ 12 boisseaux というように，前近代のヨーロッパでは度量衡に 12 を組み込んだ体系が多い。日本でも金の純度はカラット carats で表示するが，この「カラット」とは要するに 24 分の 1 の意味である。J. ファヴィエは 14 世紀にはイタリアでも南フランスでも，資本調達の単位としてカラットを使用したことを説明している。Jean FAVIER; *De l'or et des épices*, Paris, 1987, coll. Pluriel, p. 201.

ケは 3 分の 1 ブラン, すなわち 1 ドニエ 2/3 であった。シャロンの年市では店舗の形態と間口に応じて課税されたが, 間口は 1, 1/2, 1/4 が課税単位であった。

しかし 35 年 2 月合意分の御用金徴収が, このように考えることによって, うまく説明できたとしても, それだけでは偶然かもしれない。

1436 年 3 月に合意した御用金 8,000 フランの徴収状況は統括役ジャン・ド・ヴィザン Jehan de Visen が遺した記録 (B1660-1) から知ることができる。彼は兄ルイ Louis とともに 1430-40 年代のブルゴーニュ公領で活躍した財務担当であった。この時, ジャンは御用金統括役と同時に, ディジョン管区の特定徴収役も兼任し, 2,716 フランを拠出した[29]。これは公領全体の実際の徴収額 8,400 フランの 3 分の 1 を占める。ボーヌ・ニュイからの拠出額は 1,140 フランと, ディジョンの半分にも満たないから, 先に分析した前年 2 月の場合とは大きく異なっている。この 36 年の統括記録には公領以外で徴収された御用金も記載されている。ブルゴーニュ伯領からの受領総額は 3,971 フラン, さらにマコンが 2,187 フランを供出し, 結局, 公領, 伯領, 預かり王領を含めた記載徴収総額は 15,793 フランに達した。つまり当初予定額の 8,000 フランとは公領だけの負担分(徴収予定額)を示したものであろう。ヴィザンが受領した日付は大半が 6 月から 7 月で, シャロンとオーソワからの入金の一部が 9 月, ラングルからの引き渡しは大幅に遅れて翌 37 年 11 月となっているが, ともかく 3 ヶ月足らずで当初予定額 8,000 フランをあっさり凌駕したことになる。

8,000 フランの 24 分の 1 は 333 フラン 1/3 である。これを基本単位とし, 分母 24 を省略して表現すると, ディジョン 7 と 3/4 (2,583 フラン 1/3), ボーヌ・ニュイ 3 と 1/4 (1,083 フラン 1/3), シャロン(同前), オーソワ 5 (1,666 フラン 2/3), シャティヨン 4 分の 3 (250 フラン), オータン 4 (1,333 フラン 1/3) が当初の配分で, 各管区が 20 分の 1 (5%)ずつ, つまり 12 ドニエ税相当の上乗せ努力をして, 当初割当額を上回る額を供出したと想定できる。ところが 35 年 2 月分と比較すると, 構成比は大きく変化した。比較のために前年分からマコンの 2,000

---

29) このディジョン管区の記録が B1660-2 である。

第 2 章　御用金と借入金　　　　　　　　　　　　163

フランを除外して，公領で18,000フランを配分すると考える。そうすると，ディジョン 4 と 1/4（3,187 フラン 1/2），ボーヌ・ニュイ 5 と 1/3（4,000 フラン），シャロン 4 と 3/4（3,562 フラン 1/2），オーソワ 5 と 1/2（4,125 フラン），シャティヨン 1/2（375 フラン），オータン 3 と 2/3（2,750 フラン）となる。したがって同一の割合を維持した管区は一つもなかったということになる。

　問題が二つのこる。まず，この 24 分法（あるいは 36 分法でも 48 分法でも，12 の倍数であれば構わないが）で配分したという解釈が正しいとしても，100 についてであれ，24 についてであれ，要は全体に対する部分の割合をどのように表現するかという表現技術の問題に過ぎないから，なぜこのような割合で合意が成立したかという問題は未解決のまま残る。35 年 2 月，なぜディジョンは公領負担総額の 24 分の 3 と 3/4（約 16％）を負担することになったのか。36 年 3 月には，なぜディジョンは 24 分の 7 と 3/4（約 32％）になったのか。それぞれの配分は何を根拠とするのか。これが最初に解決すべき問題である。もうひとつは実際の徴収額がなぜ負担割当額を上回るのかという疑問である。いったい好んで割当分以上の臨時税を支払う者がいるだろうか。この疑問もまた大きな意味を持つと考えられる。

(2) 世帯調査

　世帯（竈）調査 Cherche des feux と呼ばれる史料群がある[30]。バイイ管区ごとに調査結果をまとめ，管区の中では都市ごと，村落ごと，さらにディジョンのような大都市では教区ごとに各世帯を査定し，それを列挙したものである。これによって集落ごとの，そして管区ごとの世帯数を正確に把握することができる[31]。本書が扱う 15 世紀前半の時期に関し

　　30）　ADCO では閲覧の利便と保存を両立させるために，かなり早い段階（1970 年代）から当該史料（冊子）のマイクロフィルム化を進めた。現在ではそのフィルムがデジタル化されて，ホームページ上で公開されている。画像データをまとめてダウンロードすることはできないが，ページ単位で印刷することは可能。つまり閲覧者が必要とする数葉のみを各人の操作でプリントする方針で公開されている。この史料群に関する書誌的研究としてはBECK, Patrice; *Archéologie d'un document d'archives. Approche codicologique et diplomatique des cherches des feux bourguignonnes (1285-1543)*, Paris, 2006.
　　31）　LEGUAI, André; Démographie médiévale dans le duché de Bourgogne: sources et méthodes, in: *Actes des congrès de la Société des historiens médiévistes de l'enseignement supérieur public. 1er congrès*, Nice,

ては，ボーヌ・ニュイを対象とするもの3冊（B11531からB11533まで），シャロン6冊（B11544からB11549まで），シャティヨン2冊（B11568とB11569），ディジョン6冊（B11581からB11586まで），計17冊が現存している[32]。各冊子の分量は，当然ながら，世帯数に比例するので，ディジョンの冊子は200葉を超えるものがある[33]。前文には御用金「徴収」のための調査であることが明記されているので，財政計画の策定にあたって，何らかの判断材料として利用されたものであろうと推測される。三部会に任命された査定役は，まず法身分の相違から世帯を2分する。すなわち「自由 franc 世帯」と「隷属 servant 世帯」[34]であり，次に，おそらく資産状況によって，「支払い可能 solvable」世帯，「貧困 miserable」世帯，さらに「乞食 mendiant」に3分する[35]。つまり合計6通りに分類することになるが，負担配分の方法を推測させるような記述はない。しかも調査目的を述べた前文はあるが，巻末には担当者が誠実な調査を行ったと宣誓する定型文はあるものの，調査を総括する結語文を欠き，報告書というよりはノートという印象を拭いきれない。現存する世帯調査をすべて詳細に分析した訳ではないが，この史料群を利用するとすれば，まず管区ごとの「支払い可能」世帯数と「貧困」世帯数を確定する[36]。次にそれらを合算して，ブルゴーニュ公領の総「支払い可能」お

1970, pp. 73-88. 人口動態を分析するために，この史料群を使用する際の諸注意という内容であるから，本書の目的とはかなり論点が異なるが，各管区の管轄範囲が時期により異なり，したがって集落数も世帯数も，当然異なるという指摘は傾聴に値する。

32）1433年の徴収時の調査記録としては Dijon（B11585），Beaune et Nuits（B11533）および Chalon（B11548）の3点が，1436年8,000フラン供与の際の調査記録としては Dijon（B11586）と Chalon（B11549）を対象とするもの2点が現存している。詳細は本章の表2-1を参照。

33）1436年の記録（B11586）は全183葉であるが，表紙を含めて最初の10葉ほどは原形を留めぬほどの破損断片。次の10葉ほどはインクの滲みが顕著で各葉上部三分の一程は判読困難。しかし，それ以降は保存状態も良く，判読容易である。

34）「隷属世帯」とはタイユあるいは相続税 main morte を課せられる世帯である旨，所々に明記されているので，この対概念である「自由世帯」とは，当然これらの税を免除されているという意味であり，本章で論じる御用金から免除される（自由である）という意味ではない。

35）ディジョン管区の世帯調査では「乞食 mendiant」の代わりに「貧しくパンを求める povre et pain querant 世帯」と表現されるが，実質的に同義と理解される。

36）シャロン管区の調査では，集落ごとの世帯数小計がページの隅に小さく記載されているが，その数は「支払い可能」と「貧困」を合計した数になっている。ディジョン管区の場合は，ディジョン市内7教区の世帯主の列挙を終えた後に，「支払い可能」世帯と「貧困」

よび総「貧困」世帯数を求める。その後，各管区の世帯数が公領の全世帯数に占める割合を算出する。最後に，こうして算出した割合を御用金配分に適用するということになるだろうが，この方法の有効性にはかなりの疑問がある。この単純加算方式によって配分世帯数を確定した後に，世帯ごとの格差をどのように反映させるか。全世帯が同一金額を支払うとは考えられないから，例えば「支払い可能」世帯の負担を 1 とすれば，「貧困」世帯はその 1/2 あるいは 1/3 といった係数を適当に設定することになろうが，その係数の設定根拠は何か。前章で言及したオータンの世帯数減少に伴う地代の見直し・調整は会計院が業務を担った。この場合は三部会が任命し，派遣した調査員の査定による資産従価方式を想像することは容易だが，それを証明する根拠は乏しく，新たな疑問ばかりが生じてしまう。もうひとつの根本的疑問。35 年と 36 年と，たった 1 年間で「支払い可能」世帯数が大幅に変化したとは考えられない。そのような事態を生み出し得る原因，例えば疫病は知られていないからである[37]。実際，前章で分析した二種の間接税，つまり 12 ドニエ税とブドウ酒 8 分の 1 税の徴収額は人口とその活性とに依存するが，いずれも 35 年から 36 年にかけては増加傾向にあった。シャティヨンのみブドウ酒 8 分の 1 税が僅かに減少したことを記録している（B4067, B4072-1, ただし帳簿残高）。ところが，上述のように，この 1 年間で各管区の負担割合は大きく変わった。もし「支払い可能」世帯数がたった 1 年で大きく変わったとするなら，二つの理由が考えられる。ひとつは将に 35 年の御用金徴収が家計に大きな格差を生みだした原因であると考える。かろうじて生活を維持していた世帯が，何がしかの金額を徴収されて，転落していくという可能性は否定できない。今ひとつは，現実はどうであれ，ともかく「支払い可能」世帯が減少したという報告を「作成した」と理解する。これは調査に地方政治が反映した結果であろうし，しかも，そうだとすると，この史料は非常に恣意的に作成されたもので，その客観的信頼度は著しく低いと言わざるを得ない[38]。1433 年の調査と 36 年

───────
世帯を合わせて 1,298 と記載されているので，「貧困」世帯も免除される訳ではなく，何がしかの負担を求められるのであろう（B11585 f.47V°）。

37) 強いて挙げれば，まさにこの御用金徴収の理由となった「国境」付近の戦闘であろうが，住民の生命と財産にどれほどの実害を及ぼしたのか，判然としない。

38) 上記 A. Leguei はそのように理解している。

の世帯調査を実際に閲覧して比較分析してみよう。表2-4にまとめたように，現存する史料の中ではシャロン（33年B11548, 36年B11549）とディジョン（33年B11585, 36年B11586）の調査記録を利用するしかない。

　シャロンの33年の記録（B11548）はシャロン市内居住者と周辺居住者に大別してまとめた。市内に居住する世帯は自由世帯だけで，総数359世帯，その6割が「貧困」世帯で，「支払い可能」世帯は1割にも満たない。周辺部は「自由」世帯と「隷属」世帯を合わせて2,089世帯

表2-4 シャロンとディジョンの

1433年（B11548）					自由世帯				世帯数
	役職者		可能		貧困		乞食		小計
シャロン	0		24		218		117		359
構成比	0%		7%		61%		33%		100%
周辺部	0		179		900		573		1,652
構成比	0%		11%		54%		35%		100%
合　計	0		203		1,118		690		2,011
構成比	0%		10%		56%		34%		100%
1436年（B11549）									
		増減数	増減率	増減数	増減率	増減数	増減率	増減数	増減率
シャロン		−	−	−	−	−	−	−	−
構成比		−	−	−	−	−	−	−	−
周辺部	0	0	0%	109	−70	−39%	590	−310	−34%	341	−232	−40%	1,040
構成比	0%			10%			57%			33%			100%

1433年（B11585）						自由世帯				世帯数
	役職者	死亡	可能	死亡	貧困	死亡	乞食	死亡		小計
ディジョン	65		177	0	1,124	0	711	0		2,077
構成比	3%		9%		54%		34%			100%
周辺部	29		496	−37	1,485	−153	1,303	−145		3,313
構成比	1%		15%		45%		39%			100%
合　計	94		673		2,609		2,014			5,390
構成比	2%		12%		48%		37%			100%
1436年（B11586）										
	役職者	増減数	増減率	可能	増減数	増減率	貧困	増減数	増減率	乞食	増減数	増減率	
ディジョン	52	−13	−20%	83	−94	−53%	1,282	158	14%	450	−261	−37%	1,867
構成比	3%			4%			69%			24%			100%
周辺部	31	2	7%	235	−261	−53%	2,078	593	40%	1,384	81	6%	3,728
構成比	1%			6%			56%			37%			100%
合　計	83	−11	−12%	318	−355	−53%	3,360	751	29%	1,834	−180	−9%	5,595
構成比	1%			6%			60%			33%			100%

第2章　御用金と借入金

であり，「自由」世帯は「隷属」世帯の3倍を超える。「自由」と「隷属」の枠内での3グループの構成比はほぼ同様で，「貧困」世帯が全体の半分を超える。

　36年の調査記録（B11549）には大きな不備がある。シャロン市内居住世帯の記録が完全に抜け落ちている。散逸したのか，3年間に変化がなかったのか，調査を実施しなかったのか。不明である。周辺部の記録も，集落名に異同があり，33年の調査と完璧に対応しない。そこで，集落ごとの変動は考慮せず，シャロン市を除く周辺市町村の総括結果だ

世帯調査結果の比較

	隷属世帯								世帯数	
可能			貧困			乞食			小計	合計
0			0			0			0	359
40 9%			258 59%			139 32%			437 100%	2,089
40			258			139			437	2,448

	増減数	増減率		増減数	増減率		増減数	増減率		
−	−	−	−	−	−					
22 9%	−18	−45%	138 57%	−120	−47%	83 34%	−56	−40%	243 100%	1,283

	隷属世帯								世帯数	
可能	死亡		貧困	死亡		乞食	死亡		小計	合計
0	0		0	0		0	0		0	2,077
96 13%	−13		253 34%	−41		391 53%	−68		740 100%	4,053
96			253			391			740	6,130

可能	増減数	増減率	貧困	増減数	増減率	乞食	増減数	増減率		
0			0			0			0	1,867
22 4%	−74	−77%	266 46%	13	5%	286 50%	−105	−27%	574 100%	4,302
22			266			286			574	6,169

けを比較すると，6グループすべてにわたって，一律に約4割の減少が確認されるから，その変化の理由はともかく，内部構造の変化はなかったということになる。

　この36年調査記録から「乞食」層を除いて，シャロンの世帯数が33年の調査から変化しなかったと仮定すれば，「支払い可能」世帯は周辺部と合わせて155（＝24＋109＋22）世帯，「貧困」世帯は946（＝218＋590＋138）世帯，計1,101世帯になる。周辺部同様にシャロン市内の世帯数も一律4割減であったとすれば，「可能」世帯は145（＝24×0.6＋109＋22）世帯，「貧困」層が858（＝218×0.6＋590＋138）世帯，計1,003世帯となる。この1,101世帯ないし1,003世帯が御用金負担を求められた世帯であるとすれば，同年の御用金管区収入が1,374フランであるから（B3678-1），全世帯一律負担とすれば，一世帯当たり1フラン1/4ないし1フラン1/3を拠出した計算になるし，2対1のウェイトをかければ，「可能」世帯が2フラン1/4，「貧困」世帯が1フラン1/8になる。ちなみにシャロン管区の12ドニエ税とブドウ酒8分の1税は33年を底として38年のピークに向かって単調に増加した。

　ディジョンの場合，33年調査（B11585）ではディジョン市内居住者の総世帯数は2,077世帯で，うち「貧困」世帯が1,124であるから，半分をやや超える程度で，「乞食」世帯は約3分の1であった。つまり構成比はシャロンとほぼ同様であったと言える。ディジョンにはブルゴーニュ公の家臣が多く居住しているから，その分，シャロンよりは「貧困」世帯が少ないという程度である。分類の判断は資産の査定であると理解されるから，この調査結果が客観的であるとすれば，ディジョンもシャロンも，規模は異なるが，居住者の資産分布は同様であったと結論付けることになろう。ディジョン管区全体としては6,130世帯であるから，市内にはその3分の1が集住していたと言える[39]。12ドニエ税の

---

39) この33年のディジョン管区の世帯調査には，他に見られない加筆がある。本文で説明したように，集落ごとに世帯主の名を列挙していくだけの帳簿であるが，行頭に「死亡mort」「行方不明 ale（＝allé）」と記載されている者が相当ある。それぞれ1割を超えるが，集落ごとに記載された小計はこの死亡者数と不明者数を差し引いていない。つまり帳簿作成後，一定の時間が経過した後に，誰かが加筆したと推測できる。当然，33年以降の調査担当者という推理が成り立つが，この本来ならば差し引くべき不在者数は，しかし，36年の調査には反映されていない。本文で分析した増減の説明因にはなっていないからである。

第 2 章　御用金と借入金　　　　　　　　　　169

徴収額は 35 年に落ち込むが，33 年と 36 年は同レベルであった。ブドウ酒 8 分の 1 税は 34 年が底で，36 年にピークを迎えた。

　その後 3 年間に，ディジョン市内ではかなりの変化が生じた。36 年の調査記録（B11586）によれば，「支払い可能」世帯は 33 年に比べて半減したが，「貧困」世帯は逆に 1 割超の増加，「乞食」は 4 割弱の減少，全体としては約 1 割の減少を記録した。実数で言えば，「支払い可能」は 94 世帯減，「貧困」は 158 世帯増，そして「乞食」は 261 世帯減であった。33 年には「支払い可能」であった社会層から 94 世帯が「貧困」層に移行したとしても，なお 64 世帯がどこからかこの社会層に移行したことになる。それを「乞食」層からの移行と推理するなら，一方で貧困化が発生したが，他方で，同時に，富裕化が生じたことになるから，非常に複雑な社会変動が生じたことになり，全世帯が同様に資産を減らし，その結果として貧困方向へ単純にシフトしていった訳ではない，ということになる。

　ディジョン周辺部では，まず自由世帯を見ると，やはり「支払い可能」層は半減したが，「貧困」層は 4 割増，「乞食」層はやや増，と表現できるから，「乞食」層では，ディジョンから周辺部へ転出した者がいたことを想像させるが，それはごく一部の者に過ぎないし，そもそも「乞食」は都会の方が生き易いのではなかろうか。隷属世帯では「支払い可能」が 33 年に比べ，実数で 96 世帯から 22 世帯に，つまり約 4 分の 1 に大幅減，「貧困」層は逆に 13 世帯増加，「乞食」は 105 世帯，4 分の 1 ほど減少し，「隷属」層全体として 3 割ほど減少した。つまり「隷属・乞食」層の多くは管区外へ転出していったことを意味する。

　世帯調査の結果から人口動態を読みとるとすれば，このように分析することになろうが，もし人為を読みとるべきであるとするなら，調査員はどのような現実を作りたかったのだろうか。度重なる重税のために，多くの住民が貧困に喘ぐようになり，最貧層は離散し，今や所在不明となったというストーリーではないだろう。もしそうだとすれば，「可能」世帯を 355 世帯も減少させ，半分以下になったことはともかく，その 2 倍を超える 751 世帯の「貧困」増加を説明できない。「可能」減少分以外の世帯はどこから出現したのか。管区外から転入したとしか言いようがないが，ともかく彼らは御用金負担を免れる訳ではないから，税負担

を回避するためのデータ操作ではないと理解せざるを得ない。36年の御用金徴収ではディジョン管区は 2,716 フランを拠出している (B1660-1)。36年調査では管区の「可能」世帯は 340 世帯,「貧困」世帯が 3,626 世帯, 計 3,966 世帯であるから, 各世帯の負担は1フランに満たない。調査結果に込められたメッセージを解読するなら, 誰もが御用金の必要性は納得するし, 協力もするが, あまり高額になるのは困る。特に庶民は半フランくらい, 1フランは超えないようにして頂きたいと読み解くことになろう。

(3) 負担者の心情

配分の具体的な手順を解明することも大切であるが, 根本的な配分原理を考察することも同様に重要である。それが割当額を上回る金額を徴収できたことに係わっているのではなかろうか。つまり全体を分割して管区ごとの負担割り当てを決め, 徴収するという考え方を御用金徴収の自明の前提としてきたが, この考え方はどこか間違っているのではなかろうか。

そこで考えられるのが募金である[40]。学説史と史料の用語法を無視した勝手な解釈[41]と非難されそうだが, ここで問題にしているのは, 史料に明言されない実務レベルのやり取りである。三部会で合意を見た徴収総額と各管区配分額は既定として変更することはできないから, 後は各管区の特定徴収役の手腕の見せ所である。おそらく三部会で配分を決定

---

40) 全く異なる教会史の分野から, しかも異なる時代の例を引いても無意味かもしれないが, 教会 10 分の 1 税はポスト・ローマ期に Arius 派の Wisigothe の支配下で, ガリア教会を指導し, 維持すべく自助努力を続けた Arles の司教 Caesarius が普及させたとされる。それに先立ち, イタリアでは 5 世紀に Collectio, Collatio と呼ばれる教会の徴募活動が確認される。任意, 不定量の拠出要求であるが, 機能上 Decima (1/10) の前身とされる。6 世紀末には Langobard に追われた多くの信者や聖職者が Genova に亡命したため, そこでは Collectio が定期的・強制賦課になったとする。山田欣吾『教会から国家へ――古相のヨーロッパ』創文社 1992 年。p. 94. 山田の典拠は BOYD, Catherine E., *Tithes and parishes in medieval Italy. The historical roots of a modern problem*, Itaca, 1952. pp. 28-32.

41) 史料では Lever et payer les aides ないしその受動態で表現されるが, この lever という動詞の語感を考慮すれば, やはり「徴収する」という訳語になろう。それを承知の上で, あえて, このような議論を展開している。本書で扱う史料群には collecte の使用は見られないが, collecteur は慣習として確立した税の徴収者, 例えば collecteur des marcs という用法で確認できる。これらの語彙の意味の広がりは考察に値する。

した時に，世帯ごとの標準拠出額を決めるのだろう。「1 フラン見当でお願いします」と言った時，黙って 2 フラン出す人もいるのではないか。管区の帳簿はどれも「○○村の住民から△△リーヴル」という記載方法をとり，高額の納付者（おおむね 10 フラン以上）を除き，個人名は記載されていない。実際に徴収する場合はより詳細な小冊子が作成された。標準額を超えて，具体的に負担を求めるのではなく，「役職者，顔役の方々は，……」という阿吽の呼吸で拠出を求めたのではなかろうか。単に表現を変えただけで，実質は何も変わらないことは確かであるが，全体を所定の割合で管区ごとに割当て，その負担を強制すると考えるよりも，配分額を目標額と考えて，それを上回るように募ると考えた方が，比較的短期間に相当額を集めることに成功した点もよく説明できるように思われる[42]。

　危機に直面した時，人は一体となる。悪く言えば，危機感を「煽りたてる」ことによって，危機を乗り切るための資金援助を円滑に求めることができるだろう。1422 年 6 月 27 日付の公フィリップの臨時徴税令はブルゴーニュの全住民に宛てたものではなく，主たる家臣に宛てた一文ではあるが，読む者に訴える強い響きを持っている。要は「国王陛下と我らの宿敵，我が敬愛する父を亡き者にした呪われし者ども」が大挙して，八方から「我らの土地ブルゴーニュ nos pais de Bourgogne」に侵攻しようとしているので，その防御のために資金援助を求める内容である（巻末史料 3）[43]。この一節だけを取り上げてみれば，むしろ陳腐な呼び掛けとも言えようが，現実は深刻であった。フィリップは 1420 年 5 月 21 日のトロワ条約でイングランドと同盟したが，王太子シャルルはスコットランドの援助を受けて，19 年末から半年ほどの間に南フランスの支配を確実にしていった。特にフランス・スコットランド連合軍（＝王太子軍）が 21 年 3 月 21 日ボージェ Baugé の戦いに勝利したこと[44]。

　　42）容易に想像されるように，この考え方はブルゴーニュ地方に妥当するとしても，おそらくフランドルなどの北方領域には妥当しないだろう。もちろん政治が理由である。あるいは 1433 年の 4 万フラン徴収が停滞する中で，8 月 11 日付，オータンのバイイ宛てに発せられた通達の文面は強要を越えて恫喝に近いが（巻末史料 4），それも必死の思いを伝えていると読みたい。

　　43）B11716 に収録。幅 42cm×高さ 30cm（うち捺印用の帯折り返し分が 5cm）の羊皮紙に記載。全文を本書巻末に記載した（巻末史料 3）。

これが王太子軍は侮ることはできないと，フィリップに強い危機感を抱かせた背景であろう。むろん，実際に起草したのは彼の祐筆であろうが，切迫した思いがまっすぐに伝わってくる。このような文章が読みあげられれば，やはり安穏としてはいられないと誰もが思い，「宿敵」に備えるのは当然で，そのための軍備増強のためならば，という気持ちに駆り立てられるのではなかろうか[45]。

この法令は緊迫した政治情勢を伝える史料としても興味深いが，全く別の意味で，つまり本書の主題である財政問題から見た場合，また本章で扱っている特別税の視点で分析した場合，大いに興味を惹かれる文面になっている。仮に「臨時課税令」と表現してみたが，求める拠金が御用金なのか，借入金なのか，文面からは判然としないからである。「今，我らを助け，貸金できる余力ある者は，聖職者であれ，誰であれ[46]」とは借入の申し入れ，と読むべきなのか。それとも「羊皮紙の一巻に明記した金額を我らに貸与してくれるように我らの側から切に欲する」[47]，と具体的な要求金額を示した一覧表を添付するとは，やはり強制力を持つ臨時「課税」ないし「借上げ」を行うと読むべきか。本章の冒頭で指摘したように，まさに御用金と借入金の区別が曖昧な事例である。一刻を争い，三部会を開催して同意を取り付ける暇などない，と諮問会や財務の執行部が判断すれば，とりあえず家臣を中心に「借り入れる」と考える確率は高い。この資金拠出要求は実際に実施されたと思われるが[48]，

---

44) ボージェ Baugé はアンジェ Anger の東 35km に位置する。クラレンス Clarence 公トマス Thomas の率いるイングランド軍（3,000 名）がモティエ・ド・ラ・ファイエット Motier de la Fayette とビュシャン Buchan 伯ジョン・スチュワート John Stuart の率いるフランス・スコットランド連合軍（5,000 名）に敗北を喫した。

45) 1423 年の領邦勘定簿にはクラヴァン Cravant の陣設営のための支払いとして 5,200 フランという金額が記録されている（B1623 ff.216R°-217R°）。

46) tant gens d'eglise comme autres, ayans facultez de nous aidier & prester pour le present ce d'argent.

47) voulons depar nous....a nous faire prestz tant des sommes de deniers declairées & escriptes en un role de parchemin.

48) 本状が示唆する徴税ないし借入の実施には，3 通りの解釈が成り立つ。まず同年 3 月に三部会が合意した 36,000 フランの御用金の徴収状況が芳しくなく，督励する必要から本状を発したと理解すれば，新規の徴税は実施されていないという解釈が成立する。また本状が訴える拠出依頼が直接には実施されなかったが，翌 23 年 4 月の 20,000 フランの御用金合意に繋がったと理解することもできる。そして，これらいずれの御用金とも関係ない借入がこの 22 年夏に別途実施されたと考えることもできる。24 年の領邦勘定には，借入金受領役

何度も繰り返すが，1422年の領邦勘定簿は散逸した。必ずや関係する記載があっただろうと推測される。

4. 借入金の分析

(1) ブルゴーニュ公の借入金

　1433年のブルゴーニュ領邦勘定役ルニョーの第7期領邦勘定会計には数葉にわたって借入の記載がある（B1651 ff.40R°-44R°）。公領ではニコラ・ロラン Nicolas Rolin から1,000フラン，アンベラン・ロージョレ Humbelin Laujolet なるディジョン市民からも1,000フラン，シャロン市民ウード・モラン Oudot Molain から700フランなどブルゴーニュ公の家臣を中心に，一般市民[49]を含めて計58名から総額6,040フランを，伯領ではソヌリー勘定役ベルナール・ノワゾー Bernart Noiseux から300フラン，グリュエリー勘定役ジャコ・ヴュリィ Jacot Vurry から200フランなど16名から1,465フラン，合計7,505フランを借り入れたことを記録している。高額貸与者だけ列挙したが，受領総額と人数を考慮すれば容易に理解されるように，単純平均は100フランをかろうじて上回る程度で，多くは20フラン程度を貸与したに過ぎない。対人記事は見事に紋切り型の「ブルゴーニュ公殿下が現在率いている軍勢を引き続き維持し，敵を押し返すために」（B1651 f.40R°）という文言を繰り返すだけで，徴収の実際を推測させる如何なる情報も与えてくれない。しかも「誰から」「幾ら」という2点に関しては明瞭に記載されているが，借入条件，つまり期間と返済方法（一括か分割か）については一切言及されていない。さて，この7,500フランを超える一連の借入記事は明らかに同年に公表され，合意された御用金4万フランの不足分の補塡と考えられる（巻末史料4参照）。しかも，この場合，特定徴収役を定めず，領邦勘定

ギヨ・オーブレィ Guiot Aubry なる者が1422年の借入の一部として200フランを勘定役ジャン・フレニョに引き渡した記事があるが（B1625 f.88R°），この「22年の借入」が本状に対応するのではないかと推測する。

49）　市民 bourgeois あるいは住民 habitant と記載されるだけで，職業は明示されない。したがって金融業者が混じっているのか否か，判断できなかった。

役が直接に業務に携わり，別帳簿さえ作成せずに，自身の領邦勘定簿に直接記録している。地理的行政区を徴収単位としたプランをきちんと作成することもせず，おそらく彼の個人的人脈に頼って，手当たり次第に打診したのではないかと想像される。と言うのは，家臣団という人的機能集団も一徴収単位として利用しているからである（図 2-2 参照）。この点は借入先の分類が行政区であったり，社会集団であったりと不均一であるが，先に言及した世帯調査の対象分類と重なり合う部分がある。

翌 34 年 8 月に実施された総額 4,000 フランの借入の場合はやや異なる。その借入目的は広義に戦争資金であったとは言えようが，「崩壊したグランシィ（シャテルニー）の市壁補修」のために，統括役ジャン・ド・ヴィザンは借入の一部と思われる 825 リーヴルを利用している。

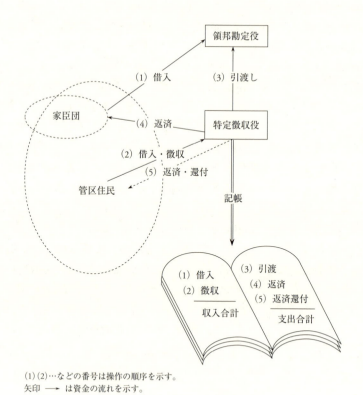

(1)(2)…などの番号は操作の順序を示す。
矢印 ⟶ は資金の流れを示す。

図 2-2　緊急時の御用金徴収と借入

第 2 章 御用金と借入金　　175

(B1653 ff.38V°-39R°)。現存する管区徴収記録はシャロン（B3674-2）とオータン（B2381）だけで，徴収の状況は判然としない。

そこで比較検討の対象として，2 年後の 1436 年 6 月から 9 月にかけて実施された 18,000 フランの借入を分析してみたい。この 36 年の場合は特別の借入徴収役を指定せず，ブルゴーニュ領邦勘定役マイウ・ルニョーが取りまとめ，その第 10 期領邦勘定会計（B1659 ff.45R°-83V°）の中に徴収・受領額を記録した。40 葉におよぶ記録を辿ってみると（下記の表 2-5 参照），最初の 2 葉は「ブルゴーニュ公殿下の配下」として，45 リーヴルを貸し付けた主査ジャン・ボノを筆頭に，会計院のメンバー 7 名から 200 リーヴル，諮問，代訴人，監査役など 9 名から 257 リーヴル，合計 457 リーヴルが記録される。その後，バイイ管区ごとに教会関係者と一般俗人を分けて借入額を順に記載していく。

ディジョン管区では教会・修道院関係の個人名は記載されないが，シトー会の院長と修道僧からの 200 リーヴルを始め，参事会員などを施設ごとに列挙し，計 26 件を記載するが，これだけで 1,508 リーヴルに達する。俗人では，60 リーヴルを拠出したディジョン市民・商人エティエンヌ・ベルビジィを筆頭に 10 リーヴル以上を貸し付けた 28 名は提供

表 2-5　1436 年の借入（B1659）

		借入金額 £t	構成比	構成比	（想定負担割当）			
	役職者	457		3%	2/3	2/3	500	500
公領	ディジョン	2,873	34%		3 3/4		2,812 1/2	
	シャロン	1,300	15%		1 3/4		1,312 1/2	
	オーソワ	1,845 1/2	22%		2 1/3		1,750	
	ラ・モンターニュ	367 3/4	4%		1/2		375	
	オータン	1,662 3/4	20%		2 1/4		1,687 1/2	
	シャロレ	399	5%		1/2		375	
	小　計	8,448	100%	46%	11 1/12		8,312 1/2	
預り王領	ソーヌ川以東	924	41%		1 1/4		937 1/2	
	マコン	1,355	59%		1 3/4		1,312 1/2	
	小　計	2,279	100%	13%	3		2,250	
伯領	ドール	969	14%		1 1/4		937 1/2	
	アヴァル	2,761	40%		3 2/3		2,750	
	アモン	3,254	47%		4 1/3		3,250	
	小　計	6,984	100%	38%	9 1/4		6,937 1/2	
	総　計	18,168		100%	24	24	18,000	18,000

した金額と個人名が明記され，その合計は715リーヴルであった[50]。さらに，おそらく拠出額が10リーヴルに満たなかったと推測される人々は，居住地ごとにまとめて記録された。ボーヌ市民60名400リーヴル，ニュイ市民20名60リーヴル，サン・ジャン・ド・ローヌ Saint Jehan de Losne 市民30名60リーヴル，さらにタラン Talant とルーヴル Rouvres とジヴリィ Givry の市民46名が130リーヴル。最終的にディジョン管区では，合計2,873リーヴルを借りることに成功した。

以下，順にシャロン，ソーヌ川以東の地，オーソワ，シャティヨン・ラ・モンターニュ，オータンの公領の管区ごとに，さらにシャロレとマコンを加えて，いずれも教会関係者と一般俗人を分けて借り受け額を記載し，ここまでの合計が10,727リーヴル。伯領に移って，アヴァル，アモンの2管区に別枠とされたドールを加えた合計が6,984リーヴル。そして最後に，家臣団，公領，伯領の3グループからの総借入額を合計すると18,168リーヴルに達したことを明記して，この章を終えている。

全体の構成を分析すると，まずこの3グループそれぞれの拠出割合は家臣団3％，公領59％，伯領38％である。つまり公領と伯領の対比は3対2である。公領と伯領の別を考えずに，バイイ管区を単位としてみれば，最大の貢献をしたのは伯領のアモンで3,254リーヴル，次がディジョンで2,873リーヴル，第3位がアヴァルで2,761リーヴルとなる。製塩業という安定した産業のゆえであろう。公領本来の5管区だけを取り上げてみると，その合計額は8,047リーヴル。つまり同36年3月の8,000フランの御用金徴収に匹敵する。3月にはボーヌ・ニュイが独立した徴収単位であったが，夏の借入金の場合は，形式的にはディジョン管区の中に繰り込まれているが，実質的にはそれぞれの管区で多めに負担したと考えればよい。実際，上述のように，夏の借入ではボーヌ・ニュイは聖界と俗界を合わせて720リーヴルであるから，ディジョン管区の4分の1ほどでしかない。そのために公領内部での各管区負担は，シャティヨン・ラ・モンターニュがやや多めで，その分，オータンがやや少

---

50) ここでも，市民 bourgeois, 商人 marchant, 住民 habitant, 滞在者 demeurant といった用語が使用され，稀に毛皮商 pelletier, 金銀細工師 orfèvre, 小間物商 mercier があるが，両替商 changeur はなかった。この高額貸与者がいわゆる merchant-banker なのか，判断する根拠はない。

なめではあるが，ほぼ同一であると言える[51]。

マコンは 1,355 リーヴル，それにシャロレとオークソヌとその周辺のソーヌ川以東の地を付け加えると，2,678 リーヴルに上る。これは公領 5 管区の合計額 8,047 リーヴルのほぼ 3 分の 1 に相当する額であり，無視しえない重要性を示している。このように検討してみると，本章の冒頭に記したように，御用金と借入金と，用語以外に一体何が異なるのかと改めて問い質したくなる。「借入金」であれば手続き上，三部会合意を必要としないと言うことはできるが，打診と内諾は必要であったろうから，やはり実質的には大きな相違を認めがたい。表 2-5 に示したように，各管区の徴募割当は家臣団 2/3 カラット，ディジョン 3 カラット 3/4，シャロレ 1/2 カラット，等々，百分比を使用せずとも，カラット (= 24 分の 1) とその 2 分の 1 (= 1/48)，3 分の 1 (= 1/72)，4 分の 1 (= 1/96) など簡単な分数とを組み合わせれば，十分に適切に表現できる。18,000 リーヴルの 24 分の 1 は 750 リーヴルであり，これを負担割合と組み合わせた各管区の想定徴募額も合わせて表示した。

延々と続く借入リストの中で，注目に値する一節は家臣団からの借入を列挙した最初の段落，つまり会計院の 7 名からの 200 リーヴルを記載した箇所と，ディジョンの教会関係者の最初の段落，つまりシトー会からの借入れ 200 リーヴルを記録した箇所である。この 2 ヶ所には「この一金 200 リーヴル・トゥルノワは，来年度つまり来る 1 月 1 日に始まる新年度のブルゴーニュ地方の通常収入から返済されるよう公殿下が望まれている旨，1436 年 6 月 25 日付，領邦勘定役の書簡にて」[52]と明記されている。この記載がある借入 400 リーヴルだけを返済して，他の債務はすべて放棄するということではないだろうが，返済を具体的に明言している記事は珍しい。しかし翌 37 年の領邦勘定の支出の部に，この明言された返済は半分しか見当たらない。「公殿下の負債に対する支払い」と題された章が存在し (B1663 ff.48R°-54V°)，その支払総額は 1,708

---

51) 計算は 3 月の御用金実徴収総額 8,396 フランからボース・ニュイの拠出分 1,140 フランを差し引いて 7,256 フラン。これを母数として残り 5 区の構成比を計算すればよい。

52) laquelle somme de 200 livres tournois monditseigneur leur veult estre rendue et restituée sur ses revenues ordinaires de ses pais de Bourgogne de l'année prouchaine avenir qui commencera le premier jour de janvier pourchaine venant par lettres dudit receveur general faicte le vint-cinquiesme jour de juing l'an 1436. (B1659 f.45V°)

リーヴルに達するが，この中に含まれる上記36年の借入の返済は僅か7件，計430リーヴルに過ぎず，しかもその半分200リーヴルがディジョン会計院のメンバー7名に対する払い戻しである[53]。翌1438年の領邦勘定にも同様の章があり（B1665 ff.49R°-60V°），その支払総額は4,457リーヴルに達した。ところが，このうち1,600フラン，約3分の1はジャン・フェレなるマコン滞在者に対する支払いで，1418年に発生した債務の清算であった。上記36年の借入の払い戻しは計23件，総額1,935リーヴルである。公領ではフラヴィニィのエシュヴァンをはじめ住民に対する払い戻し200リーヴル，クリュニィ院長に200リーヴル。伯領ではドールの住民に600リーヴル，サランの住民に350リーヴル。以上の4件が大口で，他はいずれも2桁の支払である。借入総額から見れば，こうした返済額は微々たるものではあるが，返済の意思はある，というアピールであろうか。つまり図2-2は原則を示していると理解されたい。1420年代後半から，領邦勘定簿にはこうした負債支払いの章がほぼ毎年見られるが，1,000リーヴルを超えることは稀である。逆に言うと，4桁の支払い記事は特殊なケースであり，これまで分析を加えてきた借入と同列に論じることができない場合であろう。

　1437年9月24日付の公フィリップの認可状に基づいて，領邦勘定役ルニョーはミラノの商人ギヨーム・メルリャン（ギレルモ・メルリアーノ Guillelmo Merliano）に6,237フランを支払い，担保として預託していた宝飾品を買い戻したという記事が領邦勘定簿の巻末（B1659 f.184R°），決算後の追記の部に記載されている[54]。つまりミラノ出身の商人が経営する質店からの借入金を返済したことを意味する記事なのだろうが，利

---

53) 諮問ニコラ・バティエ Nicolas Bastier に30リーヴル，同ギヨ・ル・ジェィ Guiot Le Jay に50リーヴル，伯領のジュスィ近郊の聖マリエル小修道院長ギィ・ヴォードレィに30リーヴル，コンベルトー小修道院長ジラール・マレシャル Girart Marechal に10リーヴル，ディジョンのサン・ベニーニュ修道院に100リーヴル，ディジョンの商人エティエンヌ・ベルト Etienne Berthot に10フラン，そしてディジョン会計院の7名のメンバー全員に200リーヴルである。

54) (Après la clôture du compte, le receveur général) a paié a Guillaume de Merliens de Milan la somme de 6 237 francs monnoie royale pour le rachat de plusieurs joyaulx qu'il avoit en gaige de mondit seigneur la declaracion d'iceulx plus a plain contenue es lettres patentes de mondit seigneur données a Brouxelles le 24 jour de septembre 1437 signé selon l'ordonnance de mondit seigneur par lequel il mande audit receveur general paier ladite somme duquel paiement appartient par quictance dudit marchant & par plusieurs certifficats pour ce, 6 237 fr. (B1659 f.184R°)

子と借入期間は想像できない。周知のように，いわゆるロンバルドの法定利子は1週間1リーヴルにつき2ドニエ，つまり年利52×2/240（＝約43.3％）である。フランドルでは担保保管義務は1年間（52週）とされた。この2条件を前提として，メルリアーノが担保を6,237フランと評価し，1年後に損失を計上せずに済むように限度額を貸付けたとすれば，その額は4,300リーヴル程度，時期は1436年9月頃だったと理解される。フランス王国筆頭大貴族の多額の借入ゆえ，利子は低めに設定されたかもしれないし，借入期間も1年を越えたかもしれない。しかしロンバルドに限らず，まとまった金額を金融業者から借り入れることは，よほど緊急，しかも短期に返済できる自信がなければ，避けた方が賢明であることを如実に示す事例であると言えよう。

(2) 勘定役の借入金

オータンやオーソワでは，35年の御用金徴収の際に，三部会ないし公側近の示唆に基づいて，管区御用金徴収役が借入を行い，それを総括役に管区の募金ないし割当分として引渡し，年度内に返済するという方法を採ったことは既に述べた。この短期借入れを利用する方法は実は35年になって初めて使用されたわけではなく，それ以前から知られていて，むしろかなり定着していた方法ではないかと思われる。先立つ33年8月合意の御用金4万フランの場合も，シャロン，シャティヨン，オータン，現存する3管区の徴収記録ではすべて借入を行っていることが確認される。いずれも帳簿の前文と直後に筆写されている徴収令から判断すると，御用金であれ，借入であれ，どのような名目でも構わないから，ともかくまとまった金額を求めたというニュアンスが汲み取れるからである。が，その借入金利用法にははっきりと相違が見られる。シャティヨンでは総額の1割程度（383フラン1/2）を借り入れ，年度内に返済している（B4064）。しかしシャロン（B3669）では統括役への引渡し額に近い金額を借り入れている。この事実は，すでに35年の御用金徴収の方法を分析した結果からも想像されるように，管区住民の資産分布に相当の格差があり，まとまった資金をすぐに提供できる者もあれば，そうでない者もいることを意味しているだろうが，住民が全面的に貧しいことを意味するわけではないし，むしろ徴収役の運営手腕を見る

べきかも知れない。

　オータンの場合，途中から指定勘定役になったジャン・ドニゾは管区内で 5,348 フランも徴収したが，そのうち 2,938 フランを借入返済に充てている（B2379）。その中には，まさに領邦勘定役が，借り入れたニコラ・ロランに対する 1,000 フランなど（f.10R°），大口のものから，一般住民の 10 フランにも満たない小額のものまで，数葉に及ぶ丁寧な記載がある。ニコラ・ロランはオータンの出身で，市内に居館を構えていたが，この尚書長に高額の借入を依頼するには，新任の指定勘定役には荷が重かったのであろう。領邦勘定役に仲介を依頼し，返済には直接参上したといったところであろうか。会計主体の責任を明確にすることは重要だが，それが手枷，足枷となって財政運営が遅滞するような硬直的な組織ではなかったことを示しているように思われる。

　返済期間が 1 年を越え，分割払いをする長期借入はあったのだろうか。御用金と借入金に限定してみると，そのような痕跡は認めがたいが，検討する範囲を拡大し，各会計主体の収支一般を改めて見直すと，例えば，ボーヌ・ニュイの城主アダム・カネの通常収支記録には支出欄に定期金 rente 支払いの項目がある。本書の対象期である 1419 年以降，目的や使途は不明だが，定期金を設定して，毎年 16 リーヴルを越える金額を支払っているが（1419 年は B3199 f.25R°），これは要するに借入の分割返済に他ならない。つまり現代風に言えば，「ローンを組んだ」のである。ただし，その支払先は教会や修道院が多く，専門特化した金融業者ではない。オータンでも同様に，勘定役ジャン・ピュッセルは支払記事の中に定期金と寄進を合わせて，毎年 95 リーヴル 12 スー 6 ドニエの支払いを続けたことを明記している（例えば 1422 年は B2356 f.32R°）。こうした事実は目立たないが，勘定役が管区の運営にかなりの技術を駆使し，自己資金にかかわらず，他から資金を受け入れ，それを利用して自身の業務を遂行したことを示唆する。

　御用金の問題は宗主の政治資金と見なされ，負担する一般住民との間の政治交渉のきっかけになる。したがって，多くの研究は御用金を「課」す宗主（および領主）と一般住民の苦情申し立てとを表裏一体のものとして採りあげる。しかしブルゴーニュの事例を検討すると，三部会を交渉の場として行われたであろう問題解決に関心を向けるよりも，む

第 2 章　御用金と借入金　　　　　　　　181

しろ実際の徴収に心を砕く徴収役に関心を寄せるべきではないかと考えさせられる。彼らは金融に通暁している。彼らの借入は，運転資本と理解できるので，このような技を駆使し得る能力を身につけていることが重要であり，さらに御用金の的確な調達こそ，この時代の財政問題の中心課題であると思われる。

　(3) 還付の事実
　管区御用金徴収簿の支出の部には，借入金の返済とは別に，御用金徴収額の一部が還付されたことを記録している場合がある。例えば1433年 8 月の御用金徴収の際，シャティヨンでは御用金として住民から3,125リーヴルを受領し，同時に383フラン1/2の借入を行い，計3,509リーヴルを受領総額とした（B4064）。御用金統括役ジャン・フロモンには1,819フランを引き渡し，諸経費は306フラン，借入額383フラン1/2は年度内に返済を済ませているので，残額はちょうど1,000フランになる。この1,000フランを，管区徴収役ジャン・ロカン Jehan Roquantは全て住民に還付し，その明細を丹念に記載し（ff.14V°-17R°），収支残高ゼロとしてこの特別会計を終えている[55]。
　これほど見事な事例は少ないが，すでに詳細に分析した35年の場合も，各管区では統括役に一金を引き渡し，借入金を返済し，諸経費を差し引き，なお残金がある場合は，些少であっても住民に還付した。オータンでは管区徴収役ジャン・ドニゾ Jehan Denisot が 2 月合意の御用金に対しては117フランを（B2383 ff.25R°-27V°），5 月合意分に対しては200フランを（B2385 ff.10V°-12V°）それぞれ住民に還付している。シャロンでは管区徴収役ジャン・ド・ジャンリィ Jehan de Janly が 2 月分は401フランを（B3675 ff. 19V°-25R°），5 月分は139フランを（B3678-2 ff.12V°-14V°）還付した。さらに注目すべきは 8 月分である。この時，統括役への引き渡し674フランと諸経費28フランを合計して支出は702フランとなり，徴収総額699フランを上回ってしまった（B3678-3）。僅か 3 フランではあるが，徴収役が自己負担したことを記録している。およそ私腹を肥やすことには無縁な人物と考えざるを得な

　55）単に帳簿上の収支バランスをゼロにするための操作ではなく，実施されたと理解する。

い。確かに御用金は目的税であるから，剰余分の還付は当然であると主張できるが，徴収役は御用金と借入金をきちんと区別しているし，御用金はあくまでも緊急を要する臨時徴収であり，したがって住民の善意に大きく依存するものであり，しかも最終的には住民の公益に帰すべき資金調達であることを強く認識していたと理解される。

5. 小　括

　本章では御用金を統治者と住民の政治交渉としてでなく，領邦の経営問題として扱い，それゆえ借入・返済，徴収・還付，いずれも宗主たるブルゴーニュ公の権威の問題としてではなく，むしろ現場を預かる勘定役や特定徴収役と一般住民との信頼関係の問題として扱った。つまり御用金交渉を住民が苦情を認めさせるための道具とは見なかった。
　御用金「徴収」はブルゴーニュ公の軍事・外交政策を支える収入を補うための財政政策であって，領邦民を疲弊させる支配政策ではない。強力な支配を貫徹することだけが目的であれば，たとえ小額ではあっても還付などしないだろうし，借入を返済することもなかったであろう。著者が調査した範囲では，それぞれの借入金に対応する利子と推定される贈与や謝礼を突き止めるに至らなかったが，それはどこかに紛れているはずである。しかも借入は短期債であり，年度内に返済されている場合が散見される。
　御用金や借入金の「特別収入」が「通常収入」を上回る金額に達したという現実は多様な解釈を可能にする。各地の守備隊長や勘定役たちの年間手当が100フラン程度であること。あるいは各管区の「通常収入」に分類される収入の中でも，例えば公正証書登録請負人が管区税収人に支払う額が度々100フランを超えること。こうした事実は15世紀のブルゴーニュの物価水準を示唆しているから，何世代も前に取り決められ，そのまま踏襲されてきた固定地代が実際の経済環境には凡そ妥当しない低水準のものとなり，それゆえ農民ないし借地人にとってはさほどの負担でもなくなっていたといった「古典的」推測も間違いとは言いきれない。

第 2 章　御用金と借入金

　しかしいくら臨時とはいえ，課税にはおのずと限界がある。1433 年，公領では総額 4 万フランの御用金に合意はしたものの，各管区では借入と組み合わせても予定額を徴収することができず，領邦勘定役が中心となって家臣や一般住民からの借入によって不足を補填した。1435 年の 3 万フランの徴収には成功したが，この時も管区徴収役は御用金徴収に先立ち，借入を実施した。つまり 3 万フランが公領の負担できる限度額であることを示唆しているし，また 35 年の徴収実績の分析から，各バイイ管区の負担割合も推測できた。もちろん借入はブルゴーニュ公の要求に速やかに対応するための一手段であるが，返済が前提とされる以上，支払う側の心理にも大きく影響しただろう。

　御用金も借入金もその負担割合を合理的に説明することは困難である。このようであったと思われるという仮説を積み重ねることはできるが，それを十分に実証することはできないからである。御用金徴収に先立って実施された世帯調査は何がしかのヒントを与えてはくれるが，事実を明らかにするというよりは，臨時課税を受け入れる側の心情をそっと伝えてくれるように思われる。ともかく，御用金が通常収入よりずっと多額の金銭を一挙に集めることができるとは言っても，それを支払う側が格別の留保を備えているわけではない。この自明の現実を忘れてしまった時には破局が訪れるであろう。

第3章
領邦収入勘定

　第1章ではバイイ管区とシャテルニーごとに現存する勘定記録を丁寧に読み進め，様々な地代と2種の間接税を分析し，まず，それぞれの会計主体の静態的な収入構造を明らかにすることに努めた。その上で各管区を総合し，四半世紀にわたる公領全体の収入動向を解明した。第2章では30年代になって頻繁に要求された御用金と借入金を，それぞれ年次ごとに具体的に，とくにその徴収方法に力点を置いて分析し，確証できた訳ではないが，一般住民の協力姿勢を前提としなければ，調達は難しいことを示唆した。つまり前章までは，ひたすら管区付きのあるいは臨時特別の請負勘定役が住民から負担（現物であれ貨幣であれ）や好意を徴収ないし徴募するという局面に関心を集中し，各勘定役がその調達した財貨を上級勘定役つまりブルゴーニュ領邦勘定役へ引き渡すという局面にはあまり言及してこなかった。しかし諸侯財政を論じるのであれば，むしろこの局面こそ重要な意味を持ち，宗主ブルゴーニュ公が関心を寄せるのはせいぜいこのレベルでの収入であったろうと推測される。そこで，本章では公領の勘定会計を定量的に分析することを第一の課題とする。
　次いで取り上げるのは領邦の様々な会計主体の取り結ぶ関係である。「上級勘定役」と表現したが，領邦勘定役と管区勘定役との関係は上下関係と考えてよいのか。すでに資金の流れは一方的ではなく，逆に領邦勘定から管区会計への流れがあることは確認済みである。つまりブルゴーニュの財務機構は住民から生産活動の果実を地代や税として，ひたすら吸い上げていくだけの硬直した収奪装置ではなかった。それはもっ

と柔軟で，社会活動の活性化を促進させるために，資金を自在に移動させる（あるいは融通しあう）ネットワーク・ファンドという性格も備えていたはずである。この事実を踏まえて，領邦財務機構の性格付けを再検討したい。これが本章の第二の課題である。

最後に予算について。つまり次年度の収支バランスをどのように予測し，予定していたか，その考え方に言及したい。前章で分析したように，借入や返済が単年度中に清算される場合には格別の問題が発生することはないだろうが，会計年度を越えて繰り越される場合には，当然，次年度以降の支払いがあらかじめ決定していることになるから，度重なれば，混乱を防ぐためにも予算編成が必要になろう。まさにそれは1420年代後半のことであったとされている。その事情を先行研究[1]と若干の史料に依拠しつつ分析してみたいと思う。これが本章で扱う第三の課題である。

1. 領邦収入勘定の概要

本書で扱う時期，何度も繰り返すが1419年から43年までを，勘定役ごとに区分して分析するのがよいと思われる。1419年9月にフィリップが公位を継承した時点で，ブルゴーニュ領邦勘定役を務めていたのはジャン・フレニョ Jehan Fraignot であった。彼は1415年11月からこの職にあり，26年末まで10期12年余にわたって同職を務めた。第1期（B1588）は前任者ルニョー・ド・トワジィ Regnaut de Thoisy の後を引き継いだため，1415年11月27日から17年末までの25ヶ月におよぶ変則会計となったが，第2期（B1594）からは1年間（1月-12月）を1期とする規則正しい会計となった。第6期（1422年）会計は散逸したが，それ以外の9期分の会計記録はすべて現存している。そのフレニョを継いで，1427年から38年まで12期にわたって領邦勘定を担当したのはマ

---

1) SORNAY, Janine; Les Etats prévisionnels des finances ducales au temps de Philippe le Bon, *109 Congrès national des Sociétés Savantes, Dijon 1984, tome II: Etudes Bourguignonnes. Finance et vie économique dans la Bourgogne médiévale*, Paris, 1987, pp. 35-94. および ARNOULD, Maurice; Une estimation des revenue et des dépenses de Philippe le Bon en 1445, *Recherches sur l'histoire des finances publiques en Belgique*, t.III, Bruxelles, 1974, pp. 131-219.

イウ・ルニョー Mahieu Regnault であるが[2]，その会計簿はすべて現存している。続いてヴィザン Visen 兄弟が勘定役となった。1439 年と 40 年の 2 期分は兄ルイ・ド・ヴィザン Louis de Visen が担当し[3]，1441 年からは弟ジャン・ド・ヴィザン Jehan de Visen が同職を継ぎ[4]，1457 年 11 月 20 日に死亡するまで，実に 17 期にわたって明快な記録を残した。以後，67 年に公フィリップが死去するまでの間，ユグナン・ド・ファルタン Huguenin de Faletans（8 期 7 年余），ピエール・ル・カルボニエ Pierre Le Carbonnier（2 期 2 年），ジャン・ドリュエ Jehan Druet（2 期 1 年半）と 3 名が勘定役を継承していったが，彼らの勘定簿で散逸したのは僅か 2 期分だけである。つまりフィリップの 50 年に及ぶ治世を通じて，失われたブルゴーニュ領邦勘定簿は，既述の 1422 年（JF 第 6 期）分，1459 年 10 月から 60 年 9 月（HF 第 3 期）分，1463 年 10 月から 64 年 9 月（HF 第 7 期）分の 3 年分だけである（本節は 194-95 頁に挟んだ表 3-1 を参照）。

　まず収入の枠組みは通常収入と特別収入に二分される。通常収入とはバイイ管区やシャテルニーの勘定役から引き渡されるそれぞれの地代と間接税であり，その内容はすでに第 1 章で詳細にした通りである。字義通りに毎年定期的に徴収される賦課であるが，これもすでに分析したようにかなりの変動がある。この通常収入を地域で大別すれば，ブルゴーニュ公領，ブルゴーニュ伯領，そして王領地と司教領に三分される。

　特別収入とは臨時・不定期の収入であり，第 2 章で分析した御用金と借入金，そして造幣収入が主たる内容である。もちろん領邦勘定には公領だけでなく，伯領とソーヌ以東の土地での徴収分が上乗せされている。

　さてジャン・フレニョの会計であるが，これも前半（1421 年まで）と後半（22 年以降）に分けて考察する。前半 5 期分は通貨変動の激しい時期に相当すると表現するか，通貨政策が目まぐるしく変更され，貨幣価値が大きく揺れ動き，したがって貴金属市場も不安定な時期であったと表現するか，いささか迷うが，ともかく数値の扱いに慎重を期さなければならない時期である。表 3-1 に付記したように，1419 年の勘定貨幣リーヴル・トゥルノワは銀 1 マールを 16 リーヴル 10 スーとしたが，

---

2) 前職はブルゴーニュ公主計役 Maître de la Chambre aux Deniers（1421-26 年）である。
3) 1438 年にディジョン・バイイ管区付き勘定役を務めた。
4) 1428 年 11 月から 36 年までディジョン・バイイ管区付き勘定役である。

1420-21年は26リーヴルとし，貨幣価値を大幅に引き下げた（57％の切り下げ）。ところが，その翌年22年には6リーヴル3スーとしたから，今度は一挙に4倍以上も勘定基準を引き上げたことになる。

　この時期の特徴を指摘すれば，まず通常収入の枠内では，伯領からの収入が公領の収入を大きく上回ることである。20年の伯領収入は1.4万リーヴルで公領の2倍。翌21年の伯領収入は2.3万リーヴルで公領1.8万リーヴルの1.3倍である。次いで特別収入の枠内で指摘すれば，御用金と借入金はゼロであるが，膨大な新貨を勘定している。20年は9.9万リーヴル（B1606 ff.26R°-43V°），21年は1.75万リーヴルである（B1611 ff.32R°-41V°）[5]。ディジョン，シャロン，サン・ローラン，キュイズリ，オークソヌの各造幣所で製造された新貨を領邦勘定役が受領し，そのまま勘定したためであり，「領主取り分[6]」と呼ばれる造幣益ではない。20年の場合は，この新貨受領額がブルゴーニュ領邦勘定の収入総額の77％を超え，21年の場合でも総額の25％を占める。不思議な印象を受けるが，確かに領邦勘定役が受領したのだから，彼は自身が管理する帳簿にそのままに記載することになろう。つまり新貨は造幣所に廃棄銭を納入する両替業者の手を経て流通していくというルート（第5章を参照）とは別に，一度，領邦勘定役へ引き渡され，勘定役が行う様々な支払いによっても市中に流出していくことになる。

　既述のように22年に勘定貨幣リーヴル・トゥルノワを大幅に切り上げたため，それ以後は通貨が安定する。したがって22年以降は時系列の比較が容易になる。公領の収入は3.1万から4.6万リーヴル，伯領は2.0万から3.7万リーヴルであり，ほぼ3対2の比率で安定的に推移する。他の所領収益は年によってかなり異なる。23年は他の所領からの収益はゼロ，24年も僅かであるが，25年にはニヴェルネとレーテルから合わせて1.0万リーヴルの収益を得たが，翌26年にはその半分にも達しない。この相違が通常収入合計額に反映して，結局23年だけが5.1万リーヴルと他の年に比べて極端に低くなったが，24年から26年まで

　5）　いずれも1423年以降の良貨に換算した金額である。換算方法は表3-1の欄外の注記を参照。なお製造された新貨は大半が銀貨であるが，20年はムトン金貨400枚，21年はエキュ金貨1,200枚を含む。

　6）　seigneuriageという。なお造幣請負業者（特定造幣所長）が製造に関わる諸費用を賄うために受け取る分はbrassage, bressageという。

は 7.0 万から 8.4 万リーヴルであった[7]。同期の特別収入額は年度によって様々であるが，21 年以前と比較して大きな相違点を指摘することができる。21 年以前は造幣所からの新貨受領を収入と見て，それが特別収入の中心であったが，23 年以降はむしろ御用金・借入金が主になる。23 年から 25 年にかけての 3 年間は毎年 3 万リーヴル前後の御用金・借入金があり，それが特別収入の核となり，加えて 23 年は新貨の継続受け入れ分 7,000 リーヴルがあり，計 4.6 万リーヴルと，通常収入に匹敵する額に達した。24 年の特別収入は 5.4 万リーヴル，25 年は 4.0 万リーヴルで，それぞれ通常収入の 6 割程度になる。26 年は新貨受領も新規の御用金も勘定することがなかったために，特別収入は 7,000 リーヴルと，通常収入の 1 割ほどしかなかった。短期間ではあるが，この時期は通常収入，特に公領からの収入が，比較的安定していたし，それ以外に造幣益や御用金・借入金と様々な代替収入があり，必要に応じていかようにも組み合わせて財源を確保することができた。

　ところが，マイウ・ルニョーの勘定役就任期間（1427 年から 38 年まで 12 年間）になると，かなり様相が変わってくる。31 年と 33 年を除く 10 期分を取り上げてみると，通常収入合計は 5.7 万（1427 年）から 7.4 万リーヴル（1428 年）の間にあり，6.5 万リーヴル ± 1/7 と計算できる。そのうち，公領の収入は 2.6 万（1435 年）から 4.1 万リーヴル（1428 年），伯領の収入が 2.1 万（1427 年）から 3.8 万リーヴル（1438 年），それに 35 年以降はマコン，シャロン，ラングルの司教領など，王シャルル 7 世との和解によって手にした王領地収入が 3,000 から 5,000 リーヴル上乗せされる。第 2 章で分析したように，数千フランの御用金を求めることもあったから，この額は無視しえないが，しかしこの領邦勘定会計の収入総額は 6 万から 7 万リーヴル程度であり，新獲得分からの収入は数パーセントを占めるにすぎず，客観的に見て，その貢献度は低いと言わざるを得ない。アラスの和約（1435 年 9 月 21 日）によってフィリップは各地の王領地を獲得したが，南方の司教領はともかく，北方，すなわちピカルディ Picardie のアミアン Amiens，サン・カンタン Saint-Quentin，アブヴィル Abbeville，ペロンヌ Peronne，ロワ Roye など，ソンム Somme 川

---

[7]　24 年のオーソワからの徴収額が突出しているのは過去数年分の 12 ドニエ税を一度に計上したためである。

流域都市は政治的にも，経済的にも，十分な意義があっただろう。

　第1章で詳細に分析したように，31年と33年の公領通常収入は異常に低かった。その事実はこの領邦勘定の一覧からも容易に確認できる。31年の2.3万リーヴル，33年の2.4万リーヴルとは28年の4.1万リーヴルの6割に満たない。ところが伯領からの収入はやや異なる傾向を示す。31年は前年とほぼ同額の2.3万リーヴル，32年は3.6万リーヴル，33年は2.6万，34年は2.6万で，31年と33年が底であったかもしれないが，急落したとは言い難いデータを残している。さらに注目すべきは公領と伯領の収入比率である。1420年代はずっと公領6に対して伯領4の割合であった。ところが31年にほぼ1対1となり，翌32年からこの比率が逆転し，34年と37年を除けば，むしろ伯領の収入が公領の収入を上回る事態となった。しかも35年から38年までの4年間は3.1万から3.8万リーヴルと，高水準を維持し，38年の3.8万リーヴル超が全期間を通じての最高額であった。伯領の製塩所が大きな源泉であると述べれば，事態は説明できるが，この合理的・客観的説明よりも，公領収入が減少する時期に，その減少分を隣接する伯領の特定産業からの収入で補塡した，することができたと理解することの方が，諸侯財政を分析するという視点からは重要であろう。しかもこの3.8万リーヴルが伯領収入の最高額であったのだから，これが製塩所の生産限界に依拠した額だったのだろうと推測される。

　特別収入に関しては，前章で分析した以上に付け加えることはない。30年，35年，そして36年の御用金は如実にその効果を表現している。マイウ・ルニョー就任期間中の歳入最高額はまさに1430年に記録した10万フラン（B1645）であるが，これは6万フランの通常収入に4万フランの御用金[8]を積み上げることで実現したものであった。

　1439年以降，ヴィザン兄弟の勘定役担当期は着実に職務を果たしたのか，前任者ルニョーの記録との大きな差異を認めがたい。公領収入は2.5万から2.7万リーヴル，伯領は2.5万から3.3万リーヴル，王領地収入は4,000リーヴルであった。42年（B1681）と43年（B1684）の相違

8）　同年5月の合意額は公領30,000フラン，伯領14,000フラン，ソーヌ以東2,800フラン，シャロレ1,200フランである。この合意額に対して，実際に徴収できたのは順に24,817フラン，11,000万フラン，2,300フラン，850フラン，計38,967フランであった。

第 3 章　領邦収入勘定　　　　　　　　　　　　　191

はディジョンからの受領額の差による。42 年にディジョン管区勘定役ウード・ル・ベディエ Eudes le Bedier から受領した額は 3,607 リーヴルであった（B1681 f.1R°）が，43 年は 7,762 リーヴル（B1684 f.3V°）であった。これは一部が年度を越えて繰り越されたにすぎない。同様にディジョン周辺部，特にシュノーヴ Chenoves を担当するギルモ・シャンベラン Guillemot Chambellain から 42 年は入金がなかったが（B1681 f.2V°），43 年は 1,318 リーヴルであった（B1684 f.5R°）。この入金遅れの事情はディジョン管区の会計簿が 39 年から 43 年までの 5 年分が散逸しているので判然としないが（表 1-9），ともかくこの差額が全体に影響している。さらに 43 年は 2 種の間接税収入が各地で 42 年を上回ったことがもう一つの収入増の原因であろう（シャロレ表 1-1，シャティヨン表 1-11，オータン，シャロンはグラフ 1-1）。特別収入のうち，41 年の 8,900 リーヴルが御用金として受領したものであるが（B1677 f.48V°），他年度の特別収入は，例えば 40 年にはボーヌ高等法院総裁ジャン・プレヴォ Jehan Prevost の寡婦から，高等法院で徴収した科料 2,300 サリュ（3,162 リーヴル相当）を受領した記事（B1673 f.34R°），ドール高等法院の科料 1,000 リーヴル[9]（43 年 B1684 f.53V°）など，何らかの雑多な収入である。

　　　　　　　　　　＊　　＊　　＊

　公領内の各バイイ管区の貢献度はどの程度であったろうか。この領邦勘定会計で扱う管区からの受領額は第 1 章で分析した各管区からの引き渡し額をはるかに超える。「ディジョン管区」にはディジョン・バイイ管区から受領した額だけでなく，ボーヌ，ルーヴル，タランなど周辺のシャテルニーから，ディジョン管区の勘定役を経ずに直接に領邦勘定役に引き渡された額を含むからである。例えば表 3-1 で，1424 年ジャン・フレニョ第 8 会計（B1625）の「ディジョン」の欄には 17,169 リーヴルと書き込んだが，このうちディジョン・バイイ管区勘定役ジャン・モワッソン Jean Moisson から引き渡された額は 9,040 リーヴル，つまり記載額の半分強に過ぎない。これにボーヌ，ポマール，ニュイから 4,440

---

[9]　記事内容から判断して，この勘定単位はエステヴナンと思われるが（したがって 1,111 リーヴル・トゥルノワ相当），帳簿記載者はトゥルノワとしている。

リーヴルが加わり，さらにアルジリィから 668 リーヴル，ブレゼィ 520 リーヴル，ポンティエ 511 リーヴルなど 16 のシャテルニーからの収入，ニュイのグリュエリー 280，ポンティエのグリュエリー 198 などを加えて集計してある。この集計処理は著者が行ったわけではなく，領邦勘定役自身が彼の管理する帳簿の中で実際に行った処理である。彼はまず固有のバイイ管区勘定役からの入金を記載し，次いで，シャテルニーからの入金を順に記載し，さらにグリュイエ収入，間接税と，項目を立てて記帳し，その後に「ディジョン管区の総額」を記載している。「ディジョン」は司法行政管区としてのディジョン・バイイ管区に含まれる領域を意味しているのだが，しかし管区付き勘定役，この場合はジャン・モワッソンがこの土地のあらゆる収益，すなわち地代，司法手続き料，領主権譲渡料，森林・河川資源利用料，間接税，すべてを一人で管理している訳ではない。彼の管理が及ばない区域や対象があり，その収益は，シャトランなり，税収請負人なり，それぞれの担当者が管区付き勘定役を経ずに，領邦勘定役に直接に手渡すという取り決めになっていた。財務行政上の「ディジョン」は「ディジョン・バイイ管区とその周辺城区など」を含意していた。

　表中の他の欄も同様である。公領の司法管轄区分であるバイイ管区の名称をそのまま使用しているが，それぞれ同様にバイイ管区とその周辺のシャテルニーからの引き渡し合計額を記載している。同年 1424 年の「オーソワ」の場合，記載額は 14,861 リーヴルであるが，そのうちバイイ管区からの拠出額は 9,584 リーヴルであり，ポワリィ Poilly から 2,500 リーヴル，スミュール Semur から 1,081 リーヴルを直接受領している。ところが，シャロンの場合，記載額 4,030 リーヴルは極端に低い。これは勘定役フレニョがバイイ管区勘定役を兼任したことと係わりがあるのだろうが，管区収入をどのように処理したのだろうか[10]。記載されている本来のシャロン管区からの収益は 1,392 リーヴルにすぎず，周辺のキュゼリィが 409 リーヴル，セジィが 578 リーヴル，ヴェルダンが 1,366 リーヴルを供与している。

　もちろん，この分類・集計方式は勘定役が交替しても変わらない。

---

10) シャロンの同期の通常会計簿が散逸していることは既述のとおりで，確認できない。

第 3 章　領邦収入勘定　　　　　　　　　　　　　　193

　1427 年から領邦勘定役を務めたマイウ・ルニョーの下でも記載法は同様である。その第 1 会計（B1635）の「ディジョン」収入合計額は 13,673 リーヴルであるが，そこには，ディジョン・バイイ管区付きジャン・モワッソンから受容した 4,490 リーヴルに加えて，ブレゼイ Braisey のシャトラン，ペロー・デ・バール Perreau des Bares から 347 リーヴル，ボーヌのシャトラン，アダム・カネから 292 リーヴルと，幾つかのシャテルニー収入，さらに森林・水利資源利用料を併記している。他の「バイイ管区」も同様で，「シャロン」では 3,722 リーヴルを拠出したバイイ管区付きジャン・フレニョの記事に続いて，キュゼリィ Cusery の収入請負役ジャン・ギダン Jehan Guidan から 800 リーヴル，ヴェルダンのシャトラン，ギヨーム・ゲペ Guillaume Guespet から 850 リーヴルなどを次々に計上して，合計額を 6,380 リーヴルとしている。

　以上を確認した上で，公領 6 管区の貢献度を確認しておこう。もちろん以下では「固有の管区と周辺」を議論の対象とする。全体がよく整理されているマイウ・ルニョーの就任時期 12 年分（1427-38 年）と続くルイ・ド・ヴィザン 2 期分（1439-40 年），合わせて 14 年分を 1435 年までの 9 年分と，36 年から 40 年までの 5 年分と，2 期に分けて考察してみる。

　次頁の表 3-2 が示すように両期を通じて圧倒的な寄与をするのは「ディジョン管区」である。これは行政都市ディジョンとコート・ドールの中心ボーヌ，ポマール，ニュイなどを含むから当然と言えるだろうが，実額で最低でも 1.0 万リーヴル弱（31 年），最高は 1.8 万リーヴルを超えた（34 年）。貢献度で見ると，最低でも 38%（27 年），つまり 3 分の 1 を超え，最高は 55%（34 年）と過半を超えた。平均すると前期（35 年以前）は 1.4 万リーヴル（45%），後期（36 年以降）は 1.3 万リーヴル（46%）であり，その重要性に変化はないと言える。第 2 位はシャロンで平均は後期がやや低いが，ほぼ 6.3 千リーヴルであった。その貢献度は前期 20%，後期 22% である。第 3 位はオーソワで前期 5.3 千リーヴル（17%），後期は 4.1 千リーヴル（14%）であった。モンバール，アヴァロンなど，比較的大型のシャテルニーを含んでいるためであろう。以下，オータンとシャロレがほぼ同レベルで両期を通じて 2 千から 2.2 千リーヴル（7%），シャティヨン・ド・ラ・モンターニュが前期 1.5 千

表3-2 各管区の貢献度 1427-40年

勘定役・会計期		MR 第1 1427年 B1635		MR 第2 1428年 B1639		MR 第3 1429年 B1643		MR 第4 1430年 B1645		MR 第5 1431年 B1647		MR 第6 1432年 B1649		MR 第7 1433年 B1651		MR 第8 1434年 B1653		MR 第9 1435年 B1655	
年	典拠																		
ブル公領	ディジョン	13,673	38%	18,718	45%	18,078	45%	15,948	43%	9,958	42%	12,268	45%	10,924	45%	18,118	55%	11,941	45%
	シャロン	6,380	18%	7,434	18%	6,995	18%	6,549	18%	4,961	21%	6,564	24%	5,564	23%	5,429	17%	7,222	27%
	オータン	7,721	21%	6,856	17%	6,674	17%	6,288	17%	3,952	17%	4,911	18%	3,803	16%	4,628	14%	3,718	14%
	シャティヨン	2,805	8%	2,690	7%	1,848	5%	1,840	5%	935	4%	789	3%	864	4%	1,028	3%	919	3%
	オータン	3,420	9%	3,062	7%	3,780	9%	3,724	10%	2,492	11%	980	4%	704	3%	1,425	4%	1,028	4%
	シャロン	2,080	6%	2,532	6%	2,581	6%	2,964	8%	1,340	6%	1,805	7%	2,320	10%	2,050	6%	1,852	7%
	(小計)	36,081	100%	41,294	100%	39,958	100%	37,314	100%	23,639	100%	27,320	100%	24,181	100%	32,680	100%	26,682	100%
ブル伯領(小計)		21,084		33,136		24,650		23,342		23,502		36,400		26,058		25,889		33,767	
王領地など(小計)		0		400		1,002		874		120		0		40		350		1,317	
通常収入合計		57,165		74,830		65,610		61,530		47,261		63,720		50,279		58,919		61,766	

勘定役・会計期		MR 第10 1436年 B1659		MR 第11 1437年 B1663		MR 第12 1438年 B1665		LV 第1 1439年 B1669		LV 第2 1440年 B1673		算術平均 (1427-35年)		算術平均 (1436-40年)		算術平均 (1427-40年)	
年	典拠																
ブル公領	ディジョン	12,884	45%	16,887	48%	13,360	46%	11,299	44%	12,923	48%	14,403	45%	13,471	46%	14,070	45%
	シャロン	6,012	21%	7,558	21%	6,891	24%	5,834	23%	5,163	19%	6,344	20%	6,292	22%	6,325	20%
	オータン	5,328	19%	4,905	14%	3,531	12%	3,260	13%	3,588	13%	5,395	17%	4,122	14%	4,940	16%
	シャティヨン	1,040	4%	1,325	4%	948	3%	1,080	4%	975	4%	1,524	5%	1,074	4%	1,363	4%
	オータン	859	3%	2,147	6%	2,596	9%	2,447	10%	2,515	9%	2,291	7%	2,113	7%	2,227	7%
	シャロン	2,497	9%	2,455	7%	1,749	6%	1,680	7%	1,584	6%	2,169	7%	1,993	7%	2,106	7%
	(小計)	28,623	100%	35,279	100%	29,076	100%	25,600	100%	26,748	100%	32,128	100%	29,065	100%	31,034	100%
ブル伯領(小計)		37,677		31,150		38,163		28,227		29,667		32,128	53%	29,065	44%	31,034	50%
王領地など(小計)		5,351		3,328		3,990		3,834		4,011		27,536	46%	32,977	50%	29,479	47%
通常収入合計		71,651		69,757		71,229		57,661		60,426		456	1%	4,103	6%	–	–
												60,120	100%	66,145	100%	62,272	–

表 3-1 1419-43 年のブルゴーニュ領邦総収入

勘定役・会計期		JF 第3	JF 第4	JF 第5	JF 第6	JF 第7	JF 第8	JF 第9	JF 第10	MR 第1	MR 第2	MR 第3	MR 第4	MR 第5	MR 第6	MR 第7	MR 第8	MR 第9	MR 第10	MR 第11	MR 第12	LV 第1	LV 第2	JV 第1	JV 第2	JV 第3
年		1419年	1420年	1421年	1422年	1423年	1424年	1425年	1426年	1427年	1428年	1429年	1430年	1431年	1432年	1433年	1434年	1435年	1436年	1437年	1438年	1439年	1440年	1441年	1442年	1443年
典拠		B1598	B1606	B1611	(散逸)	B1623	B1625	B1628	B1631	B1635	B1639	B1643	B1645	B1647	B1649	B1651	B1653	B1655	B1659	B1663	B1665	B1669	B1673	B1677	B1681	B1684
通常収入 ブル公領	ディジョン	3,973	2,523	8,376		15,013	17,169	16,794	15,759	13,673	18,718	18,078	15,948	9,958	12,268	11,299	10,924	18,118	11,941	12,884	16,887	13,360	12,923	14,953	9,122	16,884
	シャロン	1,165	2,048	3,591		1,081	4,030	2,342	3,138	6,380	7,434	6,995	6,549	4,961	6,564	5,564	5,429	7,222	6,012	7,558	6,891	5,834	5,163	4,627	6,167	8,140
	オーソワ	2,062	1,667	2,257		7,995	14,861	7,002	8,643	7,721	6,856	6,674	6,288	3,952	4,911	3,803	4,628	3,718	5,328	4,905	3,531	3,260	3,588	2,944	4,125	5,564
	シャティヨン	288	299	476		4,025	2,884	2,253	1,280	2,805	2,690	1,848	1,840	935	789	864	1,028	919	1,040	1,325	948	1,080	975	752	753	1,382
	オータン	1,038	454	2,831		2,977	4,148	3,003	3,682	3,420	3,062	3,780	3,724	2,492	980	704	1,425	1,028	859	2,147	2,596	2,447	2,515	2,402	2,892	3,599
	シャロレ	534	236	566		0	3,361	2,619	2,013	2,080	2,532	2,581	2,964	1,340	1,805	2,320	2,050	1,852	2,497	2,455	1,749	1,680	1,584	1,903	1,823	2,298
	(小計)	9,060	7,229	18,099		31,099	46,392	34,015	34,520	36,081	41,294	39,958	37,314	23,639	27,320	24,181	32,680	26,682	28,623	35,279	29,076	25,600	26,748	27,581	24,882	37,831
ブル伯領	(小計)	6,151	14,122	23,111		20,111	37,124	23,992	29,547	21,084	33,136	24,650	23,342	23,502	36,400	26,058	25,889	33,767	37,677	31,150	38,163	28,227	29,667	25,768	33,615	29,792
王領地	マコン						151	114	55		100	220	416			25	250	397	1,730	975	940	570	518	1,002	777	805
	オーセロワ							100	1,280	300			442	50	120		15		300	520	11					
	オータン司教領																				658	280	380	423	678	743
	マコン,シャロン,ラングル司教領																	400	1,961	1,487	2,272	2,020	2,591	1,359	1,692	1,928
	バル・スュル・セーヌ						115	433	393		300	340	408								444	225	290		360	609
	ソーリュー																	200	200	120	120	240	140		200	257
	メルティニィ・レ・ノナニ																	200		400	57		0		0	0
	ニヴェルネ							530	6,053	1,344																
	レテロワ								4,442	3,584																
	他								184	700								100								
	(小計)	0	0	0		0	896	12,506	6,376	0	400	1,002	874	120	0	40	350	1,317	5,351	3,328	3,990	3,834	4,011	3,214	3,707	4,342
合計		15,211	21,351	41,210		51,210	84,412	70,513	70,443	57,165	74,830	65,610	61,530	47,261	63,720	50,279	58,919	61,766	71,651	69,757	71,229	57,661	60,426	56,563	62,204	71,965
特別収入	造幣	79,094	99,609	17,570		7,308	3,969	0	1,331	0		513	141	0	654	160	511	0	40	104	0	0	0		0	0
	その他	133	476	11,454		9,583	17,366	8,534	3,702	600	4,560	11,170	1,899	5,110	12,515	3,608	3,950	4,902	2,498	5,281	1,916	1,301	3,973	77	1,631	3,157
	御用・借入	7,102	0	0		29,800	33,408	31,575	2,253	9,685			38,967	9,850	6,000	7,505		20,700	18,168					8,900		
	合計	86,329	100,085	29,024		46,691	54,743	40,109	7,286	10,285	4,560	11,170	41,379	15,101	18,515	11,767	4,110	26,113	20,666	5,321	2,020	1,301	3,973	8,977	1,631	3,157
総合計		101,540	128,665	70,240		97,786	139,123	110,629	77,733	67,450	79,392	76,781	102,914	62,364	82,236	62,047	63,030	87,780	92,318	75,081	73,251	58,962	64,453	65,540	63,865	76,116
銀マール価格		16£10st	26£t	28£t	6£3st	6£15st	6£18st	6£18st	6£18st	6£18st	6£18st	6£18st	6£18st	6£18st	6£18st	6£18st	6£18st	7£	7£	7£	7£8st	7£10st	7£10st	7£10st	7£10st	7£10st

注) リーヴル未満を切り捨て,その結果として小計が合わなくとも放置する。

JF = Jehan Fraignot　MR = Mahieu Regnaut　LV = Louis de Visen　JV = Jehan de Visen

1419-21年の値は各年の計算貨幣で合計した後,最下段に記した銀価格を介して Bonne monnaie に換算した。つまり faible monnaie を 8 で除して bonne monnaie に換算する指定方式を使用していない。

1423年以降は bonne monnaie である。

1 mouton d'or = 2/3 ecu d'or,　1 noble d'or = 2 ecus d'or,　1 ecu d'or = 27.5 st forte bonne monnaie.

1419年 (B1598) のシャロン収入はバイイ管区分を含まない。

1423年 (B1623) の合計額はブルゴーニュ公領の 110ecus を未勘定。97,900 程度になるはず。

1424年 (B1625) の公領合計は 60£ 不足。オーソワからの 14,861 は異常に多いが,第 1 章の表 1-15 および注 41 参照。

1432年 (B1649) の「その他」12,515£ には 1430年度の御用金残高 90£ と 31年度の同 4,947£ を含む。

1440年 (B1673) の王領地合計は 50£ 不足。転記ミスか。4,061£ となり,したがって通常収入が 60,476£ となるはず。

1442年 (B1681) の総合計は 29£ 多い。各地の集計・記載のミスか。

1443年 (B1684) の総合計は 990£ 多い。各地の集計・記載のミスか。

リーヴル（5%），後期1千リーヴル（4%）である。先に論じたように，毎年，正確に収益が引き渡される訳ではない。1年，2年と年度を繰り越して入金が遅れる場合もあるが，固定化された地代が収益の中心であるから，ある程度長い期間を採りあげて平均化すれば，データは安定した値を示すことになろう。ちなみに，この14年間の公領総収入の平均は前期が3.2万リーヴル，後期が2.9万リーヴルであった。伯領は前期2.7万リーヴル，後期ほぼ3.3万リーヴル，さらに後期は王領地収入が4,000リーヴル上積みされ，結局領邦勘定役の収入としては前期に6.0万リーヴル，後期は6.6万リーヴルを計上することになる。つまり両期を比較すれば，公領分は後期になると前期の1割減だが，伯領分を2割増加させた上に王領地分を上乗せして，全体としては前期比1割増を実現したと，勘定役は報告することになろう。

　ここで確認した各管区の貢献度ないし拠出構成比は第2章で分析した御用金拠出割合によく似ている。偶然だろうか。1435年2月の御用金2万フランと5月の御用金1万フランの管区ごとの負担配分割合とよく似ているのである（表2-3）。本章の分析に合わせて，百分比で表現すれば，35年2月の配分はディジョン15%，ボーヌ20%，シャロン18%，オーソワ21%，ラ・モンターニュ2%，オータン14%，マコン10%であった。マコンをシャロレで代置してから，2ないし3パーセントずつ，つまり総額2万フランとして，400から600フランの調整ないし振替を行えば，ほぼ同様の割合となる。これは数合わせの遊びではなく，ブルゴーニュの社会経済構造を考える上で，重要な意味を持つ。誤解を招かぬように，あらかじめ述べておくが，ここで帰納的に入手した二次データ，つまり広域バイイ管区拠出額構成比が御用金配分割合の主決定因であったと言いたい訳ではない。前章では人口ないし世帯数を基礎とし，資産をヴァイアスとして調整する方法が使用されたであろうと考えた。そのためのデータ収集を目的として，世帯調査が実施されたのであろうし，実際に，その痕跡を追認することもできたから，この考え方を大幅に修正する要は認められない。御用金を徴募と見るか，徴収と見るかという論点は，受領額がしばしば三部会要求額を超える事実をいかに整合的に理解するかという問題から発したものであるから，ここでは等閑視して構わない。今，ここで論じようとすることは，御用金配分と通常

収益の拠出と2系統のデータ群を比較して、何が言えるかであり、一方が他方を決定する関係にあることを明らかにしようとしている訳ではない。

　農業生産高はその活動が行われる自然環境（日照時間、気温と降水・降雪量、土壌の特性）と、その活動に従事する人口（の労働力）と、その活動の技術水準と、3独立変数の関係式として表現されるだろう。第1章で分析した内容、特に時系列変動はこのように表現し得る。その活動の果実、つまり関数の値から地代と自家消費を差し引いた残余の累積（時間関数）が個人的・社会的資産となる。したがって資産の多寡は、その保有形態に関わりなく、農業生産高を表現する関係式から従属的に派生する。つまりある時代のある地方の資産の状況と地代に基づく政府収入は相関関係を持っているはずである。だから世帯数（人口）を基礎とし、農業生産の果実から成る資産の保有状況を加味した御用金徴収のための査定記録と、やはり農業生産の果実から成る地代を収入の核とする政府収入は、同一の独立変数を組み合わせた関数で計算されるから、相互に換算可能な相関性を示して当然である。つまり御用金は徴税上乗せ分、言わば定額割当増税に過ぎず、財政難を乗り切る切り札ではない。その徴収額は自動的に一定の範囲内に収束し、それを越えて自由に、何の制約もなく徴収できるという幻想に囚われてはならないのであり、結局、地代や間接税の引き上げも、臨時特別税としての御用金も、アプローチが違うだけで、経済学的に見れば、富（資産）の再配分であり、同じであると言わざるを得ない。それを非常に異なるものと見るのは政治である。

2. 勘定機構の構築

　勘定機構の仕組みについては、これまでも様々な箇所で断片的に指摘してきたが、機構全体の根本的性格を理解するには不十分であったかもしれず、あるいは言葉が足りず、不正確なイメージを喚起したかもしれない。本節では何か新しい史料を提示する訳ではないが、改めてこの問題を検討し、理解を正確にしたいと思う。

（1）階 層 性

　領邦勘定がバイイ管区やシャテルニーからの資金拠出によって成立していることは事実であり，各地の社団から資金が集中する焦点であることは無論であるが，資金が集中する，ないし収益を吸収するということと，様々な収益徴収単位が階層構造をなしているということとは同じではない。1人の領邦勘定役を頂点として，その「下に」バイイ管区専属の特定勘定役が，ブルゴーニュ公領の場合は6名いる。その特定勘定役それぞれの「下に」何名かのシャトランやプレヴォがいる。と，以下の図3-1に示したように財務「官僚」がピラミッド状に構成されていて，したがって彼らが管理する会計も彼ら自身と一体化したものとしてピラミッド型の階層構造をなしているというイメージを思い浮かべがちである。勘定役は確かにブルゴーニュ公の名で発せられる認可状（辞令）によって職務を委ねられる役職者であり，その職位に上下の階梯があり，年期（キャリア）を積んで，より上位の，より重要な職位に就任していくことは事実である。

　しかしこの誰もが思い浮かべがちなイメージは正確とは言い難い[11]。そもそも彼ら財務担当者はそのキャリアを開始する時に，会計院に相当の金額を預託し，誓約を立てた上で職を保有する請負人であるから，彼

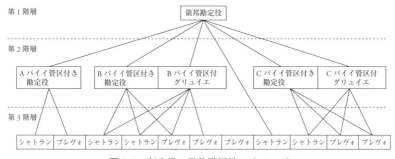

図3-1　収入役の職位階層性のイメージ

---

11)　著者自身，この財政研究を始めた頃には熟慮もせずに，安易にこのようなイメージを思い浮かべていた。「ヴァロワ家ブルゴーニュ公フィリップ・ル・ボンの財政(1)——1420年代の収入構造。マクロ的視点から」『川村学園女子大学研究紀要』第9巻第1号（1998）pp. 39-75.

らを「官僚」と呼べるか否か疑問が残る。今はこの点は等閑視するとしても、彼らが職位の序列に連なっているからと言って、つまり彼ら自身が階層秩序をなしているからと言って、彼らが管理する会計が同様に階層化された収入体系をなしているとは言えない。農民なり都市民なりの生産活動の果実がプレヴォなりシャトランなりの管理する会計に取り込まれ、そこから必要経費を差し引いた後、相当額がバイイ管区付き勘定に繰り込まれ、さらにそこから同様にして領邦勘定へと、「下」から「上」へリレー方式で収益が吸い上げられていく訳ではない。理解を促すために、あえてカテゴリーと資金の流れを図式化して説明すれば、下図 3-2 のようになろう。

この模式図では、「領邦勘定」が A, B, C, …… といくつかの司法管区とシャトルニーを管轄しているとする。A 司法管区（バイイ管区）の中心都市 Aa には[12]当該管区の地代などの雑多な収入の徴収を請負う勘定役が配置されている。彼はその司法区全体の収入管理に責任を負うのが本来のあり方であろうが、一人では賄いきれない業務を全うするために、誰かと請負契約を結ぶ。第 1 章で説明したオータン管区の内部構造を思い起こして頂きたい。オータン管区はヴィエリとモンスニと二つの社団を従属させていた。図の Va は管区内に所在するシャトルニーやヴィエ

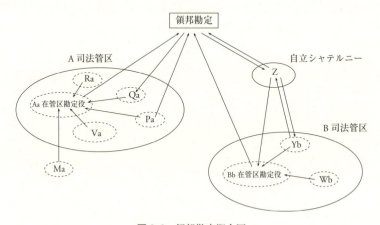

図 3-2　領邦勘定概念図

---

12) A, M, V, …… など大文字は社団を示し、小文字の添え字 a は A に対して何らかの従属関係にあることを示す。

リのような社団であるとしよう。Aa に駐在する勘定役は Va に駐在する勘定役と請負契約を結び，定期的に収入を受領する。彼は同時に，歴史的な経緯によって，あるいは彼自身の個人的人脈によって，本来は A 管区に属さない Ma（シャテルニーでもプレヴォテでも，その社会集団の規定は，この場合，問題ではない）にも請負人を持ち，彼からも毎年契約額を受領する。さらに管区内の自明とされている幾つかの社団 P, Q, R …… からも直接であれ，請負人を介する間接的方法であれ，収入を受け取る。それらを取りまとめて，彼は領邦勘定役へ資金を供与する。社団 P から，彼は固定地代を受領する習慣になっているが，P で売買された領主権（バン）料は A 勘定役を介さずに直接に領邦勘定役にもたらされる場合もある。それゆえ図の中では社団 Pa から Aa 所在の管区勘定役へも，また領邦勘定役へも金銭は流れる。あるいは逆に，ボーヌのような自立的なシャテルニー（図の Z）では地代は直接に領邦勘定へ引き渡されるが，司法収入は請負人を介してディジョン管区勘定役の手元にもたらされた（図 Bb への矢印）。さらに 12 ドニエ税など間接税の徴収は地区ごとに大別した後，徴収対象となる商品ごとに入札を行ったことを思い起こしてほしい。つまり請負契約は毎年ないし隔年で更改されるから，ある程度慣習化しているとはいえ，誰が請負い，誰に引き渡すか，という組み合わせは原理的に変更可能なはずである。このように個々の事態を説明不要の然るべきものとして，勘定役の側から受領額と，その日時と，それをもたらした人物と，それだけを列挙していけば，私たちが実際に目にする勘定簿の記載になる。帳簿の記載が収入に関しても，支出に関しても，対人であることは，したがって現実的で無理がない。

(2) ネットワーク

　先に説明したように，1420 年代にはシャティヨン管区内にある城館補修工事が長期間にわたって行われた。そのため，領邦勘定から時に 1,000 リーヴルを超える多額の資金が管区会計に振り込まれていたことを確認した（第 1 章 2, (3)）。この額はせいぜい数百リーヴルの管区固有の収益額の 3 倍ほどに相当する額であった。またシャテルニーの一例としてボーヌを採りあげ，分析したが，その会計にはブドウ畑の囲壁修復工事の補助金として，数百リーヴルが定期的に交付されていた（第 1 章

3および図3-2の領邦勘定からZへの矢印)。こうした事例は勘定機構が一方的な収奪装置ではなく，逆方向にも，つまり「上」から「下」へも，資金が流れることの有力な証拠と理解される。しかしシャティヨンはブルゴーニュ地方の北面の入口に位置する拠点であるから，その地の城館補修工事の軍事的重要性は一管区の問題にとどまらず，公領全体にとって重要な問題であり，それゆえ，その運営は上級の財務担当者が直接に指揮したと理解することができる。他方，ボーヌの場合は，これも先に指摘したように，すでに15世紀には知名度の高いボーヌ産ブドウ酒は戦略的商品であり，その生産と販売には，軍事問題に劣らず，ブルゴーニュ公も深く関心を寄せていたと思われる。したがってこれら二つの事例は，その軍事的・政治的重要さのゆえに，上級職の財務官の裁量・判断が必要とされる例外と見なすべきであり，財務機構の一般的・根本的性格を示す事例としては不適切であるかもしれない。そこで，やや異なる事例を挙げて，より多様な現実，より多様な資金移動があることを検証していきたい。

　まず領邦勘定からシャトランに対する支出がかなり頻繁に記載されている点に注目したい。それぞれの金額は数十フランから数百フラン，せいぜい1,000フラン程度であるから，総額6-7万フランの領邦勘定に占める割合は多くても数パーセント，微々たるものでしかない。これは年金pensionではなく，何らかの支出に対する補填や補助，ないし立替払いの払い戻しである。例えば，ディジョン北西に隣接する重要なシャテルニーであるタラン Tallantのシャトラン，ペラン・アリクサン Perrin Alixantはブドウ栽培に関わる諸費用の補助を受けている。1424年にはディジョン・バイイ管区勘定役ジャン・モワッソンから700フランを(B6306 f.10R°)，翌25年には，やはりジャン・モワッソンから700フランを，領邦勘定役のジャン・フレニョから120フラン (B6307 f.11R°) を受領している。さらに27年には引き続きジャン・モワッソンから700フランを受領しているが (B4477 f.48R°)[13]，加えて新たに領邦勘定

13) この1427年にはディジョン管区勘定役モワッソンはシュノーヴ Chenoves (これもディジョンに隣接するシャテルニーだが，事実上，ブルゴーニュ公のブドウ園だけで構成されている) のウード・ベディエ Eudes Bedierに対しても900フランを融通している (同B4477 f.48V°)。1428年11月からディジョン勘定役はジャン・ド・ヴィザン Jean de Visenが務めるが，相変わらず周辺シャテルニーのブドウ栽培補助費を支出している。例えば31年にアリク

役となったマイウ・ルニョーから食器購入費として75フランの支払を受けている（B6308 f.9Vº）。1428年には，やはりブドウ栽培補助費として700フラン，城館補修費として95フランを領邦勘定から受領している（B6309 f.9Rº）。この金銭の授受はマイウ・ルニョーの領邦勘定の記載（1429年分）と正確に一致する（B1643 f.34Rº）。こうした金銭授受は一時的な貸借とは考えにくい。返済の記載が見当たらないからである。したがって「補助費」として領邦勘定役から各地の収支担当者に交付された資金と理解されるが，その出所が領邦勘定そのものとは限らず，勘定役の下命により，管区通常会計なりグリュエリー会計なり，様々なレベルの勘定会計から支出されることがある。しかしこれも結局は図3-1に示した同一階層内の相殺可能な双方向移動に過ぎず，基本的な資金移動は職位階層を貫通する垂直運動を維持しているに過ぎないという批判は可能であろう。

ところが1421年オーソワ管区のグリュエリー勘定役ドロワン・マルヴォワザン Droyn Malvoisin は3月18日付でディジョン管区のグリュエリー勘定役ギヨーム・ランヴィアル Guillaume Ranvial から弱貨200フランを融通されたが（理由は記載せず），翌22年にも返却できず，未払いのままになっていること，さらにこの未払金（ランヴィアルから見れば貸付金）はランヴィアルの1421年の帳簿の第66葉に記載されていること[14]を，1422年の会計末尾，彼の最終収支報告の中に記録している（B2785-5 f.11Vº）。この経緯の詳細は分からないが，弱貨から強貨への切り替え時期に当たるので，マルヴォワザンの手元に現金が不足していたための緊急回避措置であろうと推測できる[15]。同時に，この記事はバイイ管区の境界は相互の資金移動の障害とはならず，しかるべき理由があり，きちんと記録が残れば相互融通は禁じられていないことを十分に証明しているように思われる[16]（図3-2のZとYb）。

サンに733フラン，ベディエに860フランを融通している（B4482 f.54Rº-Vº）。ディジョン管区の会計はこうした融通の指示をかなり頻繁に受け取るものと考えられる。

14）このランヴィアルの帳簿は現存しているが（B4474-1 ff.1-40は散逸），該当する記述を確認することはできなかった。

15）ジャン・フレニョの第10期・最終領邦勘定（1426年分）には，1417年末にマルヴォワザンから受領すべき20フラン（その当時は16£ 10sols/marc）が未納のままであるとして，未徴収分の欄に計上している（B1631 f.205Rº）。

同様の事例は 30 年代に入って通貨が安定した後でも見ることができる。ディジョン・バイイ管区勘定役ジャン・ド・ヴィザンは 1434 年ギヨーム・ド・リュ Guillaume de Luz なるオータンとモンスニのグリュエリ勘定役から 60 フランを受領した記録を残している（B4485 f.31R°）。管区勘定役とグリュエリー勘定役は同輩と見ることができるから，この記録は何らかの貸借の清算と理解される。つまり「横」の，水平双方向の，資金移動が確認される。

　繰り返しになるが，論点は三つある。まず様々な職位にある勘定役たちの諸関係，つまり人倫。次いで，領邦，バイイ管区やシャテルニー，グリュエリーといった様々な社団，あるいは収入徴収単位となっているカテゴリーがつくる諸関係。これらは地代徴収や課税の便宜的単位となっているが，その相互関係は支配・従属の上下関係に限定されず，いわば固定されていない。そして最後に，これらの社団を単位として徴収された資金の移動とその記録。この三要素を区別しながら総合的に分析しなければ，現実は明らかにならない。人倫の階層性はあるだろうし，それが基幹となる命令系統を構築していることも事実だろう。この人倫の構築物は歴史的・伝統的な社団構成を縦断する。勘定役は管区を越える異動を経験するからである[17]。勘定体系を構成する各ユニットは社団内部の経営を基盤にしているだろうが，一度その枠内の果実を収穫し，それを貨幣化してしまえば，体系内を柔軟に移動する資金となる。その還流は多様で，決して一方向的ではない。この勘定役たちを包み込む現実を適切に表現しようとすれば，「ネットワーク・ファンド」という言葉を選ぶことになろう。しかし，ここで留意すべきは資金移動の出発点も，到達点も，つまり移動を表現する線が結ぶ点と点は必ず何らかの職位にある者，人倫であって，社団ではないという点である。それゆえにこそ，資金の授受記録つまり帳簿記載は，何度も繰り返すが，必ず対人であり，しかも個別的・一回的で，金銭授受行為の持つ役割機能を構造化したシステムの構築を困難にしている。

　16）　史料上は，このような相互融通に利子が付くとも付かぬとも明記されていないが，金融業者の貸付ではないので，当然，付かなかったと理解している。
　17）　本書の第 7 章を参照。

3. 予算と決算

　ネットワーク・ファンドは太い主流と細い傍流を持つ。主流の把握は容易だが，傍流の多くは一回的で，繰り返しが少なく，ともすれば見失いがちである。それゆえ資金移動を記録した勘定は厳密に監査されなければならない。もちろん現存する帳簿類の欄外には様々な監査メモが記入されているから，会計院主査たちは実際に記事の内容を逐一検証し，検算を重ね，必要に応じて修正を加えたものと思われる。ただし，そのメモは省略が多く，想像力を働かさなければ，およそ解読できない代物である。ところがディジョン会計院で，あるいはリール会計院でも事情は同様であるが，実施された会計監査の様子を伝える記録はない。あえて，その雰囲気を伝える史料を探せば，以下の一節であろうか。

　領邦勘定役ジャン・フレニョの第4会計（1420年分）巻末に詳細にされた彼の収支報告概要の末尾に，言わば彼の「宣言」が収録されている（B1606 annexe f.16Rº）[18]。通例，帳簿の記事は「当該勘定役 ledit receveur は……受領した，支払った」と三人称で書かれるが，この一文のみ例外的に「私 je」と一人称で書かれている。

　「私，ジャン・フレニョ，ブルゴーニュ公領・伯領におけるブルゴーニュ公殿下の勘定役は殿下に捧げた誠実，誠心，誠意と寸分も違うことなき誠実，誠心，誠意をもって，ここ，ディジョン会計院大執務室において，殿下の会計主査の面々，すなわちジャン・シュザ殿，ギヨーム・クルト主任，ジャン・ボノ主任，ドル・マレシャル主任，並びにジャン・ド・ヴェレィ主任，加えて事務担当ジャン・ゲニョおよびマルタン・ド・シャップを前にして，聖なる福音書にかけて，高らかに宣言致す。すなわち，眼前の本冊子に明記された内容すべて，総額190,736フラン11ソル8ドニエ3分の1トゥルノワに達する支払を完了し，責任を解除されたことを……1423年4月27日署名」

　要するに完成した収支勘定の報告書を提出する際の儀礼であり，「誠

---

18)　*Comptes généraux*, éd. par MOLLAT, M., Article no.5881.

実, 誠心, 誠意」とか, 「聖なる福音書にかけて」といった表現はこの種の文章に頻繁に登場する常套句に過ぎず, 格別の思いを込めた訳ではなかろうが, それでも儀礼化された仰々しい表現を「会計院大執務室」で会計主査の面々を前にして, 背筋を伸ばして, 視線を逸らせることなく, 一語一語はっきりと発することは重要なのであろう。これもまた日常の一コマである。こうして提出され, 受理された勘定記録は, 日付からも分かるように, 当該会計年度の終了時点, この場合は1420年12月末日から, 2年以上の時間をかけて勘定役が作成した報告書である[19]。この後, さらに数年間という時間をかけて会計主査の手で監査されていく[20]。しかし彼らは各地の様々な会計主体が行った金銭授受, つまり既遂の完了行為の整合性を確認するだけがその職務ではない。未遂の当為の妥当性を検討することもまた彼らの重要な職務であった。

　すでに初代ブルゴーニュ公フィリップ・ル・アルディの治世から, 勘定役は会計院において当該年度の収入見込みを年初に報告することが慣習化していたという[21]。この慣習は世代を越えて継続したが, 1427年, 第3代フィリップ・ル・ボンの治世に画期があり, その支出監督役ギィ・ギルボー Guy Guilbaut が始めて予算といえる詳細な収支見積り概要を作成したとされる[22]。この27年の「見積り」を別にすると, 本書が扱う時期の南方領域を主とする「見積り」で現存しているものは僅か1点に限られる。

　「1426年の収支見込み概要」であるが[23], この僅か6葉の紙冊子（記

　19）　数年の遅れは一般的であったと思われる。勘定統括役 Receveur général de toutes les finances ギィ・ギルボーは1423年末に彼が管理する勘定統括記録4年分（1419.10.3-1423.10.2）をリール会計院にまとめて提出した（AD du Nord B1920 f.1R°）。

　20）　ジャン・フレニョの勘定記録が問題視され, 訴訟に発展したのは1432年4月であった（B1631 annexe）。

　21）　Van NIEUWENHUYSEN, Andree; Documents relatifs à la gestion des finances de Philippe le Hardi, duc de Bourgogne et comte de Flandre, 1384-1404, Bulletin de la Commission royale d'histoire, CXLVI, 1980, pp. 135-160. Et Sornay; op.cit., p. 36 et p. 45 note 5.

　22）　SORNAY, Janine; op. cit., p. 38-39. 典拠は ADCO B486-2 に収録された紙冊子で, その校訂版は同論文の末尾に提示されている（SORNAY, J.; op.cit., pp. 55-57）。なおギルボーの1427年の勘定記録の支出の部は従来の勘定簿とはかなり異なる形式をとり, 月別にまとめている（Archives Municipales de Courtrai, Codex 322. 本書第7章の表7-3を参照）。

　23）　B1383は2束の紙葉群からなり, 第1束は17-18世紀の近代文書である。第2束が中世文書であるが, 本書で扱う「見積書」以外にも, ソルネィが言及し, 校訂した1467年の「見積書」を含む（SORNAY, J.; op.cit., pp. 58-85）。

載は9面分）には作成者も執筆者も明記されていない。筆跡は乱雑ではないが，流麗とは言い難く，どう見ても書記の手になるものではない。従って，この「見込み」は，26年，領邦勘定役であったジャン・フレニョ自身が，その任期の最終年度の年頭に当たって，自分自身のために作成した極めて私的なメモであろうと理解される。彼以外の人間がこのようなメモを必要とするとは考えられないからである。ともかく，この「見込み」は，バイイ管区ごと，シャテルニーごとに，収入と蔵出し税（グルニエ）を分けて，それぞれ「前年の実績（概要）に基づいて」[24]見込み額を記載し，それを根拠として合計を求める積み上げ方式を採用している。この限りでは合理的で推論に無理がない。結果として，ブルゴーニュ公領（シャロレを含む）からの収入見積総額が34,777フラン，伯領から28,205フラン，その他の王領地などから10,787フラン，合計73,769フランとしている。この収入に対する支出見積は，大半が年金や勤務手当であり，総額66,603フラン，差引7,165フランが手元に残るとしている。詳細は以下の表3-3の通りで，合わせて「前年」つまり1425年の実績（B1628）と当年1426年の実績（B1631）を併記した。

ところが次頁以下に示した表3-3を見ると，何か間違っているのではないかという釈然としない思いにとらわれる。「前年の実績（概要）に基づいて」とは何を言おうとしているのか。見込み額を前年と同一とした記載は一つとしてない。およそ前年並みとは言えるだろうが，微妙な増減は何を根拠としたのか。

大枠で議論すれば，後掲する表3-4に示したように広域ディジョンは3,500フランの減額見込み。シャロンは1,500フラン増額，オーソワ600増，シャティヨン600増，オータン200減，シャロレ300減。別枠で公領全体に蔵出し税2,000増。差し引きブルゴーニュ公領で700増の見込みである。これは誰が見ても，ディジョンの負担を大幅に軽減し，その軽減分を他の管区の収益と蔵出し税で補填する方針を立てたということであろう。なるほど，ディジョンの負担は大きい。こうした一覧には表現されないが，会計院主査の日当が年に2,000フラン，さらに法服費100フラン，寄進600フランはディジョン管区から支出される習慣に

---

24) «selon l'estat de l'annee passee» という句がひたすらに繰り返される。

表 3-3 1426 年ブルゴーニュの収入見込み概要

				fr				25 実績		26 実績	
1R°	バイイ管区	ディジョン	収入	9,235	5/6	*1					
						寄進, 諸手当など支出	− 3,465 1/2				
			差引	5,770	1/3			8,062		6,975	
1V°	城区	サン・ジャン・ド・ローヌ	塩蔵出し	115				130		135	
		アルジリィ	収入	150				395		−	
		ヴェルジェイ	収入	89				10		52	
		ソー	収入	130				−		−	
		ラントネィ	収入	80				63		80	
		ブレゼィ	収入	441				523		240	
		ルーヴル	収入	157				145		56	
		ディジョン	人頭税 marc	537				365		325	
		ポンタィエ	収入	500				610		560	
		ラ・ブリエール	収入	313	1/2			404		436	
		ボーヌ	収入	526	1/2			145		673	
			税とワイン 1/8	3,611	1/4			5,330		4,559	
			塩蔵出し	600				11		−	
		ニュイ	塩蔵出し	170				140		190	
		ポンタィエ	塩蔵出し	35				14		50	
		ソー	塩蔵出し	115				−		−	
		サン・ロマン	収入	0				187		195	
	ディジョン管区の小計			13,340	7/12			16,534	*2	14,526	*3
2R°	バイイ管区	オーソワ	収入	900							
			税とワイン 1/8	4,100							
						寄進, 諸手当など支出	− 490				
			差引	4,510				4,103		6,152	
	城区	アルネィ	塩蔵出し	400				−			
		ノワィエ	塩蔵出し	659				250			
		モンレアル	収入	312				138		55	
		ポワリィ	塩蔵出し	540				1,567		1,410	
		スミュール	塩蔵出し	515				−			
		ヴューシャテル	収入	362				312		200	
		アヴァロン	収入	160				380		220	
			塩蔵出し	60				0		0	
		スミュール	収入	133				162		311	
	オーソワ管区の小計			7,651				6,912		8,348	
	バイイ管区	シャロン	収入	1,096							
			税とワイン 1/8	1,565							
			年市収入	300							
						寄進, 諸手当など支出	− 1,202 1/2				
			差引	1,758	5/6			200		490	
			塩蔵出し	600							
	城区	ジェルモール	収入	250				30			
		サジェィ	収入	410	1/2						
						諸手当	− 48 2/3				
			差引	361	5/6			276		394	

第 3 章　領邦収入勘定

	城区	コローヌ	収入	237			
					寄進, 諸手当など支出	− 25	
			差引	212		280	201
		キュゼリィ	収入	800			
					寄進, 諸手当など支出	− 295 5/12	
			差引	504 7/12		1,190	1,018
		ブランシオン	収入	120		106	160
		クルトヴェ	収入	27		40	30
	シャロン管区の小計			3,833 11/12		2,122	2,293
2V°	バイイ管区	モンターニュ	収入	793 1/4			
			税とワイン1/8	1,560			
			計	2,353 1/4			
					寄進, 諸手当など支出	− 585	
			差引	1,768 1/4		1,000	331
		シャティヨン	塩蔵出し	300			
					諸手当など支出	− 20	
			差引	280		390	444
	城区	エゼィ	収入	210			
					寄進, 城館諸費用など	− 147 5/12	
			差引	62 7/12		320	80
		ヴィレーム	収入	244			
					諸手当など支出	− 159 1/2	
			差引	84 1/2			100
	城区	ソーメーズ	収入	600			
					寄進, 諸手当など	− 105	
			差引	495		420	280
		ヴィリエ・エ・メゼィ	収入	163			
					諸費用全般	− 22 1/2	
			差引	140 1/2		60	45
	シャティヨン・モンターニュ管区の小計			2,830 5/6		2,190	1,280
2V°	バイイ管区	オータン	収入	645			
			地代	160			
			司法収入	140			
			税とワイン1/8	2,000			
			小計	2,945			
					寄進, 諸手当など	− 533	
			差引	2,412		2,910	3,507
			塩蔵出し	420		93	175
					諸手当など	− 20	
	オータン管区の小計			2,812		3,003	3,682
	ブルゴーニュ公領の合計			30,468 1/3			
3R°	シャロレ旧伯領		収入	1,076 1/3			
			税とワイン1/8	1,518			
					諸手当など	− 477 1/2	
			差引	2,116 5/6		1,986	1,373
		パロワ・ル・モニアル	塩蔵出し	72 1/2		84	289

第1部 財　源

		モン・サン・ヴァンサン	塩蔵出し	40			136	-
		ブルボン	塩蔵出し	40			399	295
		シャロル	塩蔵出し	40			15	56
		シャロレ旧伯領の合計		2,309 1/3			2,620	2,013
3R°	管区	サラン	収入	24,000				
					諸経費全般	-6,038 *4		
			差引	17,961 1/2			14,738	17,783
		ブラソン	収入	150			0	0
	管区	ドール	収入	8,850				
					寄進、諸手当など	-2,313		
			差引	6,537			5,998	6,837
3V°		造幣収入		0				
				500				
				83 1/3	(100florins)			
	管区	ヴェズール		2,800				
					寄進、諸手当など	-1,100		
			差引	1,700			2,350	2,435
		フォーコニィ	収入	1,500				
					諸手当など	-127		
			差引	1,273 *5			245	1,475
		ブルゴーニュ伯領の合計		28,204 5/6				
3V°		ブルゴーニュ公領、伯領、およびシャロレ旧伯領の合計		60,982 1/2				
		ブルゴーニュ公領	塩蔵出し	2,000				
		ヴェルダン、ショーサン、サン・トーバンなど	収入	2,600				
			税とワイン1/8	1,900				
		上記3項目の合計		6,500				
		ブルゴーニュ公領、伯領、シャロレ旧伯領の最終合計		67,482 1/2				
	および	ニヴェルネ、レトロワ、ベオニ、ドンジィ、シャンパーニュの地所		6,000			10,580	5,928
	および	バル・スュル・セーヌ		287			433	393
	総計			73,769 1/2				
	上記の収入に対する支払い予定							
4R°		サヴォワ公に		6,000				
		ブルゴーニュ公主計役に		24,000				
		ヌヴェール殿下に		5,000				
		クレンヌ嬢に		2,833 1/3				
		ブルゴーニュ元帥に		4,000				
		ディジョンのシャルトルーズに		250				
		ディジョンの礼拝堂付きに		200				
		年金受給者への支払		240				
		狩猟関連費		2,000				
		タラン城主へブドウ園補修費		700				
		ボーヌブドウ園補修費		250				

第3章　領邦収入勘定

4V°	旅費、通信費	1,800					
	城砦・城館補修費	4,000					
	尚書の年金	1,000					
	サン・ジョルジュ殿への返済	1,000					
	日当8フランの方々への支払い	2,920					
	ジャン・ド・ノワダンの日当	1,000					
	その他(39項目)	9,410					
支出合計		66,603	5/6				
差　引		7,165	2/3				

＊1　計算ミス。9,135 fr が正しい。
＊2　他に借入 233 fr がある。
＊3　他に Chaucin 1,146 fr などあり。
＊4　計算ミス。3,946 £17s estevenin の換算値 4,385 fr と 1,654 fr の合計値だが，3,951 £5s estevenin を換算した 4,390 fr と 1,652 fr 9 gros を合計した 6,042 fr 3/4 が正しい。
＊5　計算ミス。1,373 fr になるはず。

表 3-4　見積りと実績の相違

		25年実績	26年見込	対25年見込	26年実績	対25年実績
ブル公領	ディジョン	16,794	13,340	−3,500	15,759	−1,000
	シャロン	2,342	3,834	1,500	3,138	800
	オーソワ	7,002	7,651	600	8,643	1,600
	シャティヨン	2,253	2,831	600	1,280	−1,000
	オータン	3,003	2,812	−200	3,682	700
	シャロレ	2,619	2,309	−300	2,013	−600
	塩蔵出		2,000	2,000		
	（合計）	34,015	34,777	700	34,520	500
ブル伯領		23,992	28,205	4,200	29,547	5,500
他の土地		12,506	10,787	−1,700	6,376	−6,100
合　計		70,513	73,769	3,200	70,443	−100
典　拠		B1628	B1383		B1631	

なっている。この 26 年の見積りでも，これらはディジョン管区の支出として明記されているから，この負担配分を組み替える心算はないのだろう。教会への寄進は各地で計上されるが，会計院の人件費は領邦勘定から支出されるのが当然であろうし，年 2,000 フランとはどの管区にとっても相当の負担であろう。

　それでは 26 年の実績はどうであったか。ディジョンの負担が対前年実績 1,000 フランの減少で 15,759 フランとなり，シャロンが 800 フラン増，オーソワが 1,600 増，シャティヨン・ラ・モンターニュが 1,000 減，オータン 700 増，シャロレ 600 減，全体で 500 増という結果であった。

公領全体としては見積りに近いと言えようが，内容は相当に異なる。特にシャティヨン・ラ・モンターニュとオータンは増減の方向まで逆転している。寄与の引き上げを意図したシャティヨンは大きくマイナス方向に転じ，逆に減少しても仕方なしと見なしたオータンは増加した。シャロンにはプラス 1,500 を期待していたが，800 と伸びず。それに対してオーソワは 600 程度の上乗せを求めただけだったが，1,600 と大きく上昇した。

　端的に言って，この見積りは失敗である。合計額が見積りに近かったのは偶然でしかない。それでも，この一覧メモの中にはディジョンの負担を軽減し，他の管区収入を引き上げ，さらに公領全体に蔵出し税を課すという新年度の収入に対する方向付け，勘定役としての決断とその意思決定を見てとることができる。これは立派な予算である。企画は無残な失敗に終わったが，勘定役は企画と結果の乖離から何かを学び取っただろう。しかし彼，ジャン・フレニョはその経験を生かすことなく，この 1426 年で 10 年に及ぶ領邦勘定役の任を終えた。

4. 小　括

　本章は第 1 章と第 2 章で分析した結果を総合し，まずブルゴーニュ領邦勘定の定量的な収入構造を確認した。特別収入には幾つかのオプションがあったが，いずれも際限なく行使できる訳ではなく，むしろ根本的には通常収入を規定する諸要因によって等しく制限されていることは明らかであった。また収入額ではなく，それを手にする経路に目を転じてみると，階層化されたリレー徴収体系というよりは，もっと柔軟に資金を融通するネットワーク・ファンドと表現するのが適切な装置であった。このような装置を効率よく，透明に運用するには，透明な両方向意思伝達装置，つまり命令とフィードバックと二方向メッセージが伝わるコミュニケーション・システムと，厳密な監査システムと，二つのシステムの存在を自明とするが，そのいずれもが確かにブルゴーニュには存在し，十二分に機能していたと主張することができる。とすれば，予想し得る直近の未来に対して必要な資金を確保するための企画，つまり予算

立案が当然存在し，適切に編成され，実行されていて然るべきであると思われる。1420年代半ばにあっては，予算とは言っても，なお勘定役の私的メモという程度の内容でしかなく，作成者本人の説明がなければ，他人には理解しえないものではあるが，それでも，そのプランの中には財務担当者の意向を実現しようとする意思を読みとることができるように思われる。

第2部
貨　　幣

第4章
造幣の実際

　現代の貨幣は貯蓄や投資を目的とする場合でも，取引決済の手段として利用する場合でも，所有者の意志と指図に基づいて金融機関の口座から口座へと仮想空間を移動する抽象化された数値情報でしかない。日常の様々な場面においても，いわゆる「現金」つまり紙幣や硬貨は次第に姿を消しつつあり，様々なタイプの電子貨幣が取って代わりつつある。しかし周知のように，このような電子貨幣が普及するようになったのは1980年代から90年代にかけて，ごく近い過去のことであり，それ以前は紙幣，為替や小切手，そして硬貨など，何らかの素材断片に価値情報を担わせたものが貨幣の主要形態であった。しかも1930年代に大恐慌が到来するまでは，長期間にわたって，国家すなわち発行主体が所蔵する金銀の総量に見合う範囲で貨幣を発行する本位制，しかも兌換貨幣が一般的であったから，貨幣とは一定量の貴金属の価値を表現し，それを代用する一片であった。誰でもが知っている貨幣の歴史である。本書が扱う15世紀の西欧では，貨幣とは金貨と銀貨のことであり，紙幣（銀行券）は存在していなかった。為替手形は限られた大商人が利用していたにすぎない。つまりこの時代には，信用とは一般には経済活動を継続的に行う個人ないし法人に対する時間を区切った信頼を意味する訳ではなく，貴金属のア・プリオリな価値に対する無期限のそれでしかなかった。そのような世界を理解するためには，まず貨幣をどのように製造し，その品位をどのように規定し，そして人は貨幣価値をどのように考えたか，基本から理解することが必要と思われる。本章はまさにそのような15世紀の貨幣そのものを説明することを目的としている。

1. 造幣所所有権の帰趨

ヴァロワ期のブルゴーニュ地方には造幣所が7ヶ所存在した。そのうちディジョン，シャロン Chalon，マコン Mâcon, Mascon の3ヶ所は国王造幣所であり，いずれもソーヌ川西岸に位置する。これに対してブルゴーニュ公が開設した4造幣所，すなわちオークソヌ Auxonne，サン・ローラン Saint-Laurent，キュイズリ Cuisery およびショサン Chocin, Chaussin は，すべてソーヌ東岸に位置する[1]。オークソヌの起源は不分明であるが，カペ・ブルゴーニュ公ユーグ5世 Hugues V（位 1306-15）が再建に尽力したとされる。続くウード4世 Eudes IV（位 1315-49）は1319年に同地に年市を創設し，この造幣所をディジョン国王造幣所に匹敵するものにした[2]。サン・ローラン造幣所は王ジャン2世がブルゴーニュ公領を取得した後，1362年3月に国王造幣所として設立したが，直にシャロンに移転した。1412年，この閉鎖されたサン・ローランを再開したのはヴァロワ・ブルゴーニュ公ジャン・サン・プールである。前年1411年7月にシャルル・ドルレアン Charles d'Orléans がジャンに挑戦したためにアルマニャック派との戦争が現実味を帯び，資金調達が喫緊の課題になったことが原因とされる。オークソヌの所長候補であったアミヨ・ヴィアール Amiot Viard がディジョン会計院に提案し，会計院が公ジャンに具申した。公ジャンは1412年2月12日に開設を認可し，シャロンの年市に間に合うよう配慮した。年市で流通する大量の銭を利用することを目論んだためとされる[3]。キュイズリ造幣所はカペ期から活動していたが，オークソヌやサン・ローランに比べるとかなり小規模だったようで，その活動実態はよく分からない。1359年に一度閉鎖されている。1412年に公ジャンがサン・ローラン再開に合わせて，このキュイズリも再開しようとしたが，軌道に乗らず，1417年になって，ようやく再開にこぎつけ，その後は定期的に活動した[4]。ショサン

---

1) DUMAS, Françoise; *Le Monnayage des Ducs de Bourgogne*, Louvain, 1988, p. 81.
2) DUMAS, F.; *op. cit.*, pp. 31, 33-35.
3) DUMAS, F.; *op. cit,.* pp. 71-73.

造幣所は1421年にヴァロワ・ブルゴーニュ公フィリップ・ル・ボンが新規に開設したものであるが，その活動記録は3年ほどに限られる[5]。

　ディジョン造幣所の起源は古く，カペ初期から活動を継続してきた。王ロベール敬虔 Robert le Pieux（単独王位 997-1031）の二子アンリ1世 Henri Ier（公位 1016）とロベール1世 Robert Ier（公位 1032-76）は相次いでブルゴーニュ公となったが，彼ら自身が造幣を行った，あるいは命じたという記録はない。造幣を開始したのは公ロベール1世の継承者であり，孫に当たるユーグ1世 Hugues Ier（位 1076-78）とされる[6]。彼はディジョンのサン・ベニーニュ St. Benigne 教会に造幣権を授与した記録を残しているから，単に造幣事業を行ったというにとどまらず，公自身が造幣権を所持し，それを自由に裁量・行使していたものと思われる。

　転機は公ロベール2世（位 1272-1306）の時代に訪れた。ブルゴーニュでは1270年代から本来のディジョン貨にヴィエンヌ貨（Lyon 大司教と Savoie 伯が発行）とトゥール貨を加え，3種の貨幣が混在していた。その当時の交換レートは 15 deniers digenois = 10 deniers viennois = 8 deniers tournois とされるから，ディジョン貨が最も低く評価されていたことになる。つまり地元の貨幣が最も信用できないという事態に陥っていて，おそらく，それがために周辺の異なる通貨が選好されて，域内の流通過程に浸透して来たのだろうと推測される。さらに1277年から79年にかけて，ディジョンでは銀不足を理由とする貶質が行われたために，この傾向が強化された。公ロベールは打開策として，1282年にディジョン貨とトゥール貨の交換レートを 5dd = 4dt に固定させるという方針を打ち出した。これはディジョン貨が国王通貨であるトゥール貨の代替物に過ぎない，ないし一種の兌換貨幣であることを保証したも同然であるから，この方策によって経済は落ち着きを取り戻したという。おそらく，このブルゴーニュ経済安定化への無形の，間接的な援助の見返りとして，1299年3月6日，王フィリップ4世は公ロベールにヴィエンヌ貨の排除を命じることができたと思われる[7]。

---

4) DUMAS, F.; *op. cit.*, p. 73.
5) DUMAS, F.; *ibid.*
6) DUMAS, F.; *op. cit.*, p. 3.

翌 1300 年 4 月 21 日，王フィリップは公ロベールに宛てて一通の保証状を発行した[8]。その内容は，まず同年 5 月 1 日から 3 年間はブルゴーニュ公領，伯領，および公ロベールの支配領域すべてにおいて，トゥール貨を排他的に流通させる。しかしこの措置によって，公が不利益を被ることがないように，3 年が経過した後は，以前のようにディジョン貨も流通させる。しかも王は公と所有を巡って争うことはないというものである。公の造幣権には一言も触れていないし，単なる試行措置のようにも読める。が，トゥール貨が選好されていることを十分に承知の上で実施された政策であろうから，3 年間にトゥール貨の優位性は決定的となり，いずれディジョン貨は消滅の危機に瀕することになろうという，長期的展望に立った貨幣政策を表明しているものと理解される。

その補償であろうか。王が公ロベールの利益を害する意図はないと言明したことを裏付けるような事実がある。1303 年 5 月 14 日，公ロベールはパリでバルド・ファン Balde Fin およびカンクネル・コンラ Quinquenel Comrat なる二人の造幣業者とグロ製造の契約を交わした。この契約では，領主取分をグロ 1,000 枚当たり 75 リーヴル・ディジェノワとして，6 万枚のグロ製造を委託し，結局，4,500 リーヴル（= 3,600 リーヴル・トゥルノワ）を手にした[9]。特に深読みをしなければ，この時期の王と公との間に通貨政策を巡る対立はなく，むしろ双方が利益を上げるために政策面の協力を推進していたように思える。王が公の造幣権所持を疎ましく思っていた形跡も見当たらない。

造幣権の帰趨問題が話題に上るようになるのは 14 世紀半ば，カペ・ブルゴーニュ公末期である。公家の断絶，公領接収，そしてヴァロワ・ブルゴーニュ公の創設という一連の経緯は周知のことと言えるから，ごく簡単にまとめておく。ブルゴーニュ公ウード 4 世 Eudes IV の子フィリップは，父ウードの存命中，1346 年にギエンヌ Guienne のアギロン

---

7) DUBOIS, Henri; Monnaie, frontière et impôt: Le duc et le roi en Bourgogne à la fin du XIII siècle, CONTAMINE, Philippe, KERHERVE, Jean & RIGAUDIERE, Albert dir.; *Monnaie, fiscalité et finances au temps de Philippe le Bel. Journée d'études du 14 mai 2004*, Paris, 2007, pp. 167-172, p. 163.

8) *Ordonnance des rois de France de la troisième race*, XI, p. 398 および Dom Plancher; *Histoire* II preuves, CLIII また後述する ADCO B11202 所収の「ディジョン造幣所に関する覚書」の末尾に筆写あり。テキスト全文とその和訳は本書巻末の史料 5 を参照のこと。

9) DUBOIS, H.; *op. cit.*, p. 166.

第4章　造幣の実際

Aguillon 攻囲戦で戦死した。同年，妃ジャンヌ・ドーヴェルニュ Jeanne d'Auverne（ド・ブーローニュ de Boulogne）は一子を出産した。すなわちフィリップ・ド・ルーヴル（1346-61）で，1349 年に祖父ウードからブルゴーニュ公位を継承することになる。この時，彼は 3 歳の幼児であったから，母ジャンヌが後見となった。彼女は翌 50 年にフランス王ジャン 2 世と再婚し，その結果，言わば自動的にジャンはフィリップ・ド・ルーヴルの後見となり，ブルゴーニュ公領を実質的に統治する総督 gouverneur となった。王ジャンないし彼の諮問会はこの時以降，ディジョンで数名の経験あるスタッフを登用し，在地統治機構を整備するとともに[10]，ディジョン造幣所を使用して自身の銘のある貨幣，つまり国王貨幣を発行し，その造幣利益を手にするようになった。

しかし王が王の貨幣をディジョンで製造し，発行するのは，ブルゴーニュ公の造幣権を接収したためではない，せいぜい停止であると，王自身が 1 通の王令の中で強調している。その王令はブルゴーニュ母后ジャンヌとの再婚直後，1350 年 3 月に発したもので，幼公フィリップに宛てた保証状というよりは，万人宛ての形式である。それによれば，まず「王としての地位と権利が損なわれぬようにするために，ブルゴーニュ公領内のディジョンで，統治代理としてでなく，王の名において貨幣を製造し，発行させる」が，しかし「王ないし王位継承者が公領ないし公に帰属する造幣権やその他の権利を取得すること」も，また「公に何らかの不利益が発生すること」も，あるいはまた「王ないしその継承者が，王の名で幾度も繰り返して造幣の機会を引き延ばすこと」も，いずれも王の意図するところではないと断言している[11]。

さらに 1354 年 6 月 2 日付の，やはり万人宛て王令の形式で，ブルゴーニュ公領の統治代理権を保持している間は国王貨幣を製造するが，代理期間が終了すれば，公フィリップに不利益が発生せぬように国王貨幣の製造を停止し，もちろん何らかの権利を新規に獲得することもしない，と王ジャン 2 世は重ねて強調している[12]。

---

10) VAUGHAN, Richard; *Philip the Bold*, London, 1962 & new ed. Woodbridge, 2002, pp. 113-126. このブルゴーニュ公領の統治機構に関しては，本書第 7 章で詳述する。

11) *Ordonnance*, IV, p. 60. また ADCO B11202 所収「ディジョン造幣所に関する覚書」の末尾に筆写あり。テキスト全文とその和訳は史料 5 を参照。

12) Dom Plancher; *op. cit.*, CCLXXXIX および ADCO B11202 所収「ディジョン造幣所に関

この王ジャン2世の保護下に置かれた幼公フィリップ・ド・ルーヴルは1357年にフランドル伯女マルグリットと結婚したものの、結局、1361年に継嗣なきままに死去した。母后ジャンヌも同年に死去したので、この年、王ジャン2世はブルゴーニュ公領を王領に編入し、1363年、それを末子フィリップ・ル・アルディに親王領として授与した。しかしブルゴーニュ公領が、王権による接収・封授与というプロセスを辿ったのではなく、フィリップ・ド・ルーヴルからその義父へ相続され、改めて、その実子へ相続されたと考えるなら、実はブルゴーニュ公の所有に帰すべきディジョン造幣所と造幣権をなぜ、如何なる法的根拠に基づいて、王権が留保し、ジャンからフィリップ・ル・アルディへ相続させなかったか、説明がつかない。この所有権移転が義父への相続でなく、王権による接収であるからこそ、可能になった措置であると思われる。もし相続として所有権を移転したのであれば、被相続人フィリップ・ド・ルーヴルの妃マルグリットの実父フランドル伯ルイ・ド・マールにも同等の相続権が発生することを承認しなければならなかったはずである。それを避けるためには、そして国王大権の名の下に造幣権を留保するためには、所有権移転はあくまでも王権による接収であると主張しなければならなかったはずである。要するに、これはきわめて政治的な処理であったと理解される。

　ともかく1363年に王ジャン2世が末子フィリップ・ル・アルディをブルゴーニュ公とした時、王は造幣権を留保したが、公に造幣権がないと明記した訳でもない。言及がないのである[13]。しかしその翌年、シャルル5世はこの親王領授与を追認したが、造幣権は王権に帰属し、公は金貨も銀貨も製造できないことを再確認し、その旨、翌65年に告示した。ところが1386年フィリップ・ル・アルディがディジョン会計院再編に着手した時、ディジョンとタランの城館に山積していた証書類の中から、ディジョンでの造幣権に係わる数通の保証状や王令が発見された。既に言及した通り、1300年4月付で王フィリップ4世が公ロベール2世に宛てた3年間のトゥルノワ流通を要請した保証状。ジャン2世が幼公フィリップの摂政である期間はディジョンで国王貨幣を製造するが、

───────
する覚書」の末尾に筆写あり。テキスト全文とその和訳は史料5を参照。
　13）Dom Plancher; *op. cit.*, II Preuves CCCXV（1364年6月2日付）。

公の権利を侵害する意図はないと主張した 1350 年と 54 年の 2 通の王令であった。公フィリップ・ル・アルディは王と軋轢を起こすことを避けようとしたのか，あるいは造幣利益を重視しなかったのか，この発見を利用しようとはしなかった。

しかしその子ジャン・サン・プールはこの発見に強い関心を示した。安定した財源を造幣利益に求めようとし，1413 年以降，多くの特許状の真正謄本を作成させ，交渉を有利に進めようとした[14]。イングランド軍は新王ヘンリー 5 世の下で 1415 年から攻撃を再開。10 月 25 日，アザンクール Azincourt でブルゴーニュ軍なきフランス諸侯軍に大勝し，17 年にはセーヌ以北の占領をほぼ完了した。シャルル 6 世はブルゴーニュ公ジャンとの友好関係を大切にせざるを得なくなる。この時点で王国政府を主導していたのはフランス元帥（位 1415-18）たるアルマニャック伯ベルナール 7 世（位 1391-1418）であるが，彼が軍事費捻出のために実施した強制借上げはパリ市民から激しく抗議され，その対応に苦慮していた。そこで伯ベルナールは国庫を自由にするため，自明の統治代理権を有する王妃イザボーをパリから追放した。17 年 11 月 2 日，その王妃をブルゴーニュ公ジャンはトロワに連行し保護下に置くと，政府は 11 月 6 日付で彼女の統治代理権を剥奪した[15]。公ジャンはパリ奪回に着手する。1418 年 5 月，パリにブルゴーニュ派を醸成し，5 月 29 日ジャンの入市を成功させた。次いで 6 月と 8 月に大暴動をおこしてアルマニャック派を虐殺し[16]，こうして 18 年夏にはパリの支配権を掌握した。その結果，表立ってブルゴーニュ公ジャンに抵抗できるほどの勢力は消滅した。このパリを舞台とした権力闘争と並行してジャンはディジョン造幣所の所有権獲得交渉を彼の保護下にあるイザボーとの間で進めていく。18 年 1 月 6 日にディジョン，マコン，トロワ，およびシャロン・スュル・マルヌ Châlon-sur-Marne の各造幣所の造幣利益と，「現在の貨幣の品位を保ち，王の銘と文様を付した金貨・銀貨を製造するに良かれと思う職人長を命じて請け負わせる権限」すなわち造幣所の人事

---

14) DUMAS, Françoise; *op. cit.*, p. 65.

15) SCHNERB, Bertrand; *Les Armagnacs et les Bourguignons*, Paris, 1988, pp. 182-183.

16) BEAUNE, Colette (éd.); *Journal d'un bourgeois de Paris de 1405 à 1449*, Paris, 1990, pp. 115-118, & 125-128. DOUET-D'ARCQ, Louis-Claude (éd.); *Chroniques d'Enguerrand de Monstrelet*, t. III, Paris, 1859, pp. 269-271 et 289-290.

権を合わせて譲渡させ，さらに各造幣所の監督権まで譲渡させた[17]。国王貨幣の製造を前提としているので，ブルゴーニュ公が自由に，自身が欲するような貨幣を製造できる訳ではなかったが，それでもディジョン以外の造幣所の運営権と膨大な利益を手にすることができた。この王妃イザボーからの贈与を，同年秋，ジャンは王シャルル6世に認めさせようとする。ブルゴーニュ公がその造幣所統括役 Général maître des monnaies の下に特定造幣所長 maître particulier de la monnaie を任命し，その者たちが作成する勘定会計をやはりブルゴーニュ公が監査することも王は承認した（させられた）と理解される。利益を譲渡することになった造幣所の勘定会計は「適切に」監査されるという以上の説明はない。すでに同年5月には，公はディジョン会計院で造幣所の勘定会計を監査するよう下命していたが，この先走った指示にはパリの会計院が強く抗議した。すると王はディジョンと他3ヶ所すなわちトロワ，シャロン・スュル・マルヌ，およびマコンを区別する方針を打ち出し，ディジョン以外の3ヶ所の返還を求めた。この王の返還要求に対して，公ジャンはその利益は膨大であるとはいえ，自身が支配していない土地にある造幣所の維持には多大な困難が伴うと考え，固執しなかった。ジャンは王国財政を自在に操作できる立場にあり，あえて個別の造幣所からの収益にこだわる必要がなかったからであろう。ジャンが欲していたのはブルゴーニュ公領内に所在するディジョン造幣所とシャロン・スュル・ソーヌ造幣所の所有権であり，それは彼の相続権に帰属して当然であった。王は，かつてフィリップ4世が発した保証状に従って，ブルゴーニュ公の同意の下に国王貨幣を製造してきたのである。

　精神に異常を来した王に対して，ジャン・サン・プールは自身の権力を誇示しつつ，欲するものを自在に入手していたと考えがちであるが，おそらく王の背後にはパリ会計院派の人々が控えていたのではないか。14世紀，フィリップ4世の治世から中央官僚の間ではアグレッシヴに課税推進を図る会計院派と諸侯の既得権益に敏感な守旧的高等法院派の確執があって，政治主導権を巡る対立を続け，治世が代わる度に主導派閥が入れ替わったことはよく知られている[18]。その時期からすでに百年

　　17) SCHENERB, B.; op. cit., p. 184 et DUMAS, Fr.; op. cit., p. 65-66. いずれも典拠が不明瞭。Dumas は後述する ADCO B11202 所収の『覚書』第14項（6R°-7R°）に依ったと思われる。

第 4 章　造幣の実際

を経ているとはいえ，伝統が残っている可能性はある。1419 年 3 月 25 日，王は改めて 4 造幣所の利益譲渡を承認したが，その勘定会計はパリの会計院に提出され，監査されると明記した。その数日後，ブルゴーニュ公の軍役奉仕は 60 万フランを超える価値があると認めて，その代償として王はディジョンとシャロンでの造幣を認めた。ジャンは直ちに造幣請負を任命した。その会計の監査はディジョン会計院で実施されるが，製造する貨幣は王の銘のある国王貨幣であった。

　ブルゴーニュ公は依然として王が定める品位の，王の銘のある貨幣を製造し，発行しなければならなかったし，造幣利益の譲渡も一時的であった。王シャルル 6 世は将来を拘束されることを嫌い，巧みに問題を先送りした。公ジャンは 9 月 10 日に暗殺された。その後継者は長子フィリップ・ル・ボンであるが，彼もディジョンとシャロンの造幣所の経営を引き継いだものの，その所有権に対する交渉は行わなかった。

　公フィリップもディジョン造幣所を自身の所有物件と見なしていただろう。そのような場所で自身の敵，つまり父公ジャンの暗殺者の銘のある貨幣を製造し発行するのは我慢ならないことであったろう。ディジョン会計院も公がこの造幣所の完璧な所有権を掌握し，彼の銘，彼の紋章が刻印された貨幣を製造する権利を欲していた。おそらく，その熱意が周囲に伝わって『ディジョン文書庫に保管された数多の証書によって公領の有るべき姿を求めれば，遥かな昔からブルゴーニュ公に帰属し，今なお帰属しているディジョン造幣所に関する覚書』[19]（巻末史料 5 ADCO B11202）に結晶したと思われる。

　この執筆者不明の『覚書』は 14 項目にわたる箇条書きの体裁を取り，最後に既述の王令 3 通を筆写しているが，箇条書きとは言っても，交渉に当たって論点を整理するとか，事実や根拠を列挙するといった意図は

18）HENNEMAN, John Bell; *Royal Taxation in Fourteenth Century France. The development of war financing 1322-1356*. Princeton, 1971. pp. 31-34.

19）ADCO B11202 に収録された 14 葉から成る紙冊子で，第 1 葉の冒頭に «Memoire de la monnaie de Dijon qui de toute anciente a appartenu & appartient aux dux de Bourgogne a cause dudit duchie comme il appert par pluseurs tiltres & lettres estans ou tresor de monseigneur le duc a Dijon desquelx les aucuns soit cy appres transcripts de mot a mot» と明記されている。記載は 7 葉のみ（縦 29.5cm ×横 22.5cm）。1300 年 4 月のフィリップ 4 世の保証状，1350 年 3 月のジャン 2 世の王令，1354 年 6 月 2 日付の王令の計 3 通はこの冊子に筆写されている。

見られず，ひたすら過去の経緯を段落に分けて記述したに過ぎない[20]。その記述の中で，力点を置いているのは，まず，カペ期にはブルゴーニュ公が独自の貨幣，いわゆるディジョン貨を製造し，発行していたこと。最後のカペ・ブルゴーニュ公フィリップ・ド・ルーヴルがヴァロワ家の王ジャン2世の摂政下に置かれた時も，王は公の名で貨幣を発行したこと。そして王シャルル6世が公ジャン・サン・プールの多大な貢献に報いるために造幣利益を贈与し，造幣所運営を一任したこと。この3点であろう。

しかし第2点の主張は明らかに事実と異なる。『覚書』の執筆者は，第3項の中で「王ジャンはこの幼公の代理権者となり，代理として幼公の名で，幼公のために，上記ディジョン造幣所で造幣を行わせた comme baillistre & pour et ou nom dudit jeune duc fist forgier & monnoyer en la dicte monnoie de Dijon」と述べているが，彼自身が筆写した王ジャン2世の1350年の王令では，「代理の名ではなく，王の名において non in vel sub nomine dicti bailli, sed nostro regio nomine 貨幣を製造させている monetam cudi faciamus」と言明している[21]。この誤読は致命的と言える。頑なな先入観ゆえの不注意なのか，それとも意図的な改変か，いずれにせよ，実際に交渉が行われれば，この誤読は即座に明らかになり，ブルゴーニュ公の主張は根拠がないと一蹴されてしまうだろう。そうするとカペ期にブルゴーニュ公がディジョン貨を製造していたという事実に依拠して造幣権を主張することになろうが，その事実の法的根拠はないと反論されることも容易に想像されるから，交渉はかなり困難なものとなるだろう。

王は雇用した兵士の給与を支給する場合，国庫からの現金流出を制限するために軍指揮官に造幣を許可し，それを兵士の給与に充てるという方法をとることがあった。この種の貨幣はひどく粗雑で，純度も低かったが，まさにそのような悪貨を製造するために，良質の貨幣を熔解して材料にするということまで行われていた[22]。つまり造幣権は王権が死守

---

20) 執筆者は造幣に関する特殊用語を正確に理解し，十分に使いこなしているが，他方，カペ末期の王家と公家の人間関係の記述には混乱が見られる。

21) 上記 ADCO B11202 *Memoire*, f.3R° et 7V°（全文は巻末 史料5参照）。奇妙なことに，Dumas はこの誤読について何ら言及していない。

22) 上記 ADCO B11202 *Memoire*, f.6V°（全文は巻末 史料5参照）

第4章 造幣の実際

するという性格のものではなく，むしろ政治工作の手段として恣意的に利用されていたものと理解される。したがって，王シャルル6世が公ジャンに授与するとしたディジョンとシャロンの全造幣利益とその利益受領のための造幣所運営の委任を取り付けたことで満足するのが賢明であり，所有権に固執する意義は乏しい。

実は『覚書』には日付がなく，その作成時期は判然としない。第10項に「先ごろ身罷られた国王シャルル6世陛下」（f.4V°）という表現があるので，シャルル6世が死去した1422年10月21日以降に執筆されたことは確実であり，まさにその頃，つまり貨幣政策の転換期に作成された資料と考えることができる。しかしデュマ・デュブールとヴィエンヌはずっと遅れて1435年のアラス条約締結直後と理解している。1436年，王シャルル7世はディジョン造幣所の勘定会計をパリ会計院に提出するように要求した。もちろん前年のアラス条約で，アミアンとサン・カンタンの造幣所の利益をブルゴーニュ公フィリップに譲渡することを約定したこと，ブルゴーニュ公が自ら製造している貨幣の品位を15％落として国王貨幣と同等にすると約したこと，これらを確認するためであろう。この時，ディジョン会計院のメンバーが造幣所の所有権を主張する絶好の機会と考えて，このような覚書（メモ）を作成したのではあるまいか[23]。

1440年，この造幣所帰属問題が再燃する。5月と12月と2度にわたって1300年，1350年，54年の法令の謄本が作成された。おそらく北方のソンム Somme 流域都市の造幣所に関する王と公との争いが理由であろう。既述のように，アラス条約でその造幣利益はブルゴーニュ公に譲渡されることになっていた。シャルル7世は1440年にフィリップ・ル・ボンに予告することなく，アミアンとサン・カンタンの造幣所賃貸をパリで決定した。ディジョン造幣所に関する交渉は如何なる進展もなかった[24]。5年後，ブルゴーニュ公とシャルル7世との間で積年の課題を解決すべく長い交渉が開始された。そのために双方の諮問会は様々なメモを作成したが，ディジョン造幣所の所有権を巡るメモは知られていないし，交渉に臨んだブルゴーニュ公の代理に与えられた指図書にもこ

---

23) DUMAS, Françoise; *op. cit.*, p. 69.
24) DUMAS, F.; *ibid.*

の件に関する言及はない。ブルゴーニュ側で『覚書』の誤読が発見され，周知された結果であろうか。あるいは，ディジョン造幣所の所有がブルゴーニュ公フィリップの自立願望と一体をなすものとはいえ，それを王に要求するには，時宜を得ていないと判断したためであろうか。ディジョン造幣所はその後も王の名の下で造幣を続けた。

　フィリップ・ル・ボンはディジョン造幣所の権利を主張するために，貨幣に火打石 briquet の文様を刻印した。これはフィリップが公位に就任して以来，採用してきた彼の文様である。1430年1月10日に設立された金羊毛騎士団の首飾りに出現し，印璽に，貨幣にと，少しずつ使用範囲を拡大していき，火打石はディジョン製造のマークとして認識されるようになり，エキュ金貨の盾にも配されている。パリ会計院はこのマークの刻印に難色を示すことはなかった。が，フィリップは事を荒立てぬように自制した。結局，ブルゴーニュ公がディジョン造幣所の十全な所有権を得て，自身の銘のある，自身が自由に定めた貨幣を製造することはなかった。

2. ディジョン造幣所

　本書が扱う15世紀の西欧では，貨幣は鍛造で，文様は打刻であった。鋳造技術が知られていなかったとは思えないが，造幣に利用されるのは16世紀以降である。文様や銘の細部を精確に表現するには，活字金のように，鋳型の隅々まで充填できる低粘性と，温度変化に対する低収縮性ないし低膨張性が要求されるが，そのような2つの性質を備え，しかも金銀の含有量を自在に調節できる合金を製造する技術が未確立であったためであろう。したがって，技術的にはかなり稚拙な方法で金属貨幣を製造していたと言える。金銀と卑金属を熔解し，所定の割合で混合し，細分し，円盤状に仕上げて，文様を打刻するという順序であるが，その製造工程に関わる若干の基礎概念と用語法を説明しておきたい。

(1)「ドニエ」の用法

　「ドニエ」の用法も，一度理解してしまえば，何ということもないの

第 4 章　造幣の実際　　　　　　　　　　　　　　　　　　　　227

だが，知らなければ途方に暮れる。以下に訳出した史料はディジョン造幣所の銀貨製造記録の一節である。これを予備知識なしで理解できるだろうか。何度も現れる「ドニエ」に注意して頂きたい。

　　これはグロと呼ぶドニエ[(1)]のディジョン造幣所の（勘定）箱会計である。（そのグロの）流通レートは 1 枚当たり 20 ドニエ・トゥルノワ[(2)]，純度は王銀の 3 ドニエ[(3)] 8 グラン，重量は対パリ・マール 6 ソル 8 ドニエ[(4)]である。本製造は本造幣所の長たるピエール・ヴィアールによって，現在の納入が始まった 1419 年 11 月 6 日から翌年 2 月 1 日まで行われた。その際の条件は上記ピエール・ヴィアールが加工・製造のための全負担と責務を負い，そのために 1 加工マールにつき 4 ソル 2 ドニエ・トゥルノワを取得し，グロ 1,000 枚につき 1 枚を（勘定）箱に入れるというものである。さて上記の箱には上記グロ貨が 43 ソル 10 ドニエあったので，グロ（の総製造枚数）は 526,000 ドニエ，つまり 2,191 リーヴル 13 ソル 4 ドニエであり，重量は 6,575 加工マール，すなわち銀 1,826 マール 3 オンス 2 ドニエ[(5)] 16 グランに等しい。購入価格は 1 銀マール 16 リーヴル 10 ソル・トゥルノワであった。（下線と番号は引用者が付加した。ADCO B11215 f. 38V°　原文は巻末史料 6 を参照）

　下線を付した「ドニエ denier」の意味ないし用法がそれぞれ異なることには気づかれただろう。ともかく「ドニエ」を通貨単位として読むと，この史料は全く理解できない。「ドニエ」は実は本来の意味から派生した 5 つの互いに異なる意味を持つ。
　まず，引用文には現れないが，本来，ドニエはローマ以来の特定の貨幣の名称，つまり固有名詞であった。15 世紀になってもドニエ銀貨は通貨体系を支える基本貨幣であり，もちろんこのディジョンの造幣所でも製造されていた。この意味から派生する最初の用法が引用文に最初に現れる「ドニエ」（引用文中の(1)）である。通例，複数形で「貨幣，特に小銭」といった意味で使用する。ドニエ（＝デナリウス denarius）以外の貨幣が存在しなかった時代の名残りである。貨幣とはドニエそのものであった。

次の「20 ドニエ・トゥルノワ」（文中の(2)）もすぐに理解できる。これが一般によく知られている「ドニエ」の意味であろう。通貨の基本勘定単位であり，ここでは「グロ」という銀貨の流通価値が「20 ドニエ・トゥルノワ」であることを示している。古銭の多くは固有の名称は持っているし，発行時にその通用価値を明言するが，コインそのものに価額を表記しない。刻印される様々なデザインや肖像は，むしろコインが正規のものであり，法令通りの品位を維持していることを発行者が保証するためにある。この「ドニエ」の 12 倍の価値を「ソル sol, sou（＝ソリドゥス solidus）といい，さらにその 20 倍を「リーヴル livre（＝リヴラ livra）」ということもよく知られている。すなわち 1 livra＝20 solidii＝240 denarii はヨーロッパで近代に到るまで広く普及した通貨の単位系である。「トゥルノワ tournois」と「パリジ parisis」の区別もよく知られていると思われるので，ここで改めて説明することはしない。

さて，3 つめの用法 (3)「純度は王銀の 3 ドニエ 8 グラン」はご存じだろうか。貴金属の純度ないし含有量を表示する単位として「ドニエ」を使用していることは文脈から推理されよう。金の場合はカラット carat を単位名称として使用し，24 カラット（24 K と表示）が 100％の意味であることは日本でもよく知られているし，むしろ，この表示法が普通で，パーセントはまず使用しない。銀の場合はカラットではなく，ドニエを使用し，しかも 12 ドニエを 100％とする。逆に言えば，1 ドニエは含有量が 12 分の 1（＝8.33％）であることを示す。グラン grain はその下位単位で，ドニエの 24 分の 1，つまり 1 グランは 1/12×1/24＝1/288（＝0.347％）になる。したがって純度が「3 ドニエ 8 グラン」とは 3 ドニエ 8/24 すなわち 3 1/3×1/12＝10/36（＝27.77％）のことであると計算できる。「王銀 argent-le-roy」とは純度 23/24（＝95.83％）の銀のことである。銀貨の場合は 100％の純銀ではなく，この王銀の含有量を表示することがふつうである。銀は高純度に精製することが技術的に困難であったことを反映しているのだろう。この点も金貨の表示法とは異なるが，ともかく金銀の含有量表示は 12 進法を使用する。以上をまとめると，史料で言及されているグロ銀貨の純度は「王銀 3 ドニエ 8 グラン」であるから，純銀を 26.62％（＝23/24×10/3×1/12＝230/864）含んでいることを意味している。随分と面倒な計算であるが，パーセントや

パーミルを知らず，少数を使わない世界の計算法である。

問題は 4 つめの「重量は対パリ・マール 6 ソル 8 ドニエ」（文中の(4)）である。マール marc は貴金属を計量する際に使用する重量単位で，パリでは 244.750 グラム，トロワでは 244.752 グラムであった。1 マールは 8 オンス once であり，現在でも金取引はトロイ・オンス Troyes once を単位とし，価格もこのオンスを単位として表示されることはよく知られていよう。さて，このマールに対して「6 ソル 8 ドニエ」とはどのような意味か。6 ソル＝72 ドニエであるから，計 80 ドニエになるが，この「ドニエ」は単純にコインの数を勘定する単位であり，現代の英語やフランス語なら，piece や pièce，日本語なら「枚」に相当する語であろう。貨幣がドニエ 1 種類しかなかった時代には，例えば，「10 ドニエ」とはドニエ銀貨が 10 枚という意味でもあり，ドニエ銀貨 10 枚分の価値という意味でもあろう。二つの意味に根本的相違はなく，したがってコインの枚数表示という古い用法がそのまま残っていても不思議ではない。そうすると，この場合，1 マールの銀塊を 80 枚にする，ないし 1 マールの銀から 80 枚のグロ貨を製造するという意味であると理解できる。つまりグロ 1 枚は 3.0 グラム（＝244.75/80）になるが，この時代に，1 枚のコインの重さがどれだけ，あるいは直径がどれだけ，という表現はしない。貨幣とは秤量貨幣の延長上にあり，貴金属の断片という意識が強いからであろうか。ところが，この第 4 の「ドニエ」の用法は，当然すぎるからか，貨幣史の教科書でもきちんと扱われていない[25]。史料では「重量 poids」と表記されているが，「分割数 taille」と表現されることもある。必ずマールを単位として，それを何等分にするかを意味するから，いずれにしても数値だけを表現すればよいので，「ドニエ」を併記するのは奇妙な習慣に思える。

さて，このディジョン造幣所では，グロ銀貨を製造する時，1,000 枚につき 1 枚を箱 boite に入れて，勘定の便宜を図った[26]。箱の中に，仮

---

25) DUMAS, F.; *op. cit.*, p. 389 造幣用語の説明の中で，ごく簡単に触れられている。教科書としては BOMPAIRE, Marc & DUMAS, Françoise; *Numismatique médiévale*, Turnhout, 2000. が非常に優れている。巻末の Annexe A Glossaire では一般の辞書には収録されない特殊用語が簡潔に説明されている。

26) 「箱」に入れる index はグロ銀貨と大ブランの場合は 1,000 枚製造するごとに 1 枚であるが，小ブランは 2,000 枚に 1 枚，ドゥブルは 2,400 枚につき 1 枚もしくは 10 マール（＝タ

に5枚のグロ銀貨があれば，5,000枚（＝5×1,000），厳密に言えば5,000枚以上6,000枚未満，の銀貨を製造したことになる。引用文によれば，箱の中には「43ソル10ドニエ」つまり526枚（＝43×12＋10）あったので，それを1,000倍して，総製造枚数は526,000枚（ドニエ）と勘定して記録したことになる。この「ドニエ」は従って第4の意味と実質的に同じであるが，注意すべきは直後の言い換えである。「2,191リーヴル13ソル4ドニエ」とは，この1枚20ドニエで通用するグロ銀貨526,000枚分の総額を言っているのではなく，単に526,000枚を，1リーヴル＝20ソル＝240ドニエという誰でもが知っている勘定体系を利用して，言い換えたに過ぎない。ちなみに金額であれば，この20倍の43,833リーヴル6ソル8ドニエになるはずである。

　ところで526,000枚のグロ銀貨を製造するのに，どれだけの銀を使用したのだろう。王銀に卑金属を加えた合金を1マール当り80枚の割合で製造したのだから，総製造枚数を80で割れば，使用した合金の量を求めることができる。それが6,575（＝526,000×1/80）加工マールである。加工マール marc d'oeuvre とは王銀が所定の割合になるように，言わば「薄めた」合金塊の意味である。この6,575マールの中に3ドニエ8グラン（＝10/36）の割合で王銀が含まれているから，6,575×10/36という計算をすれば，王銀の使用量を求めることができる。それが1,826マール3オンス2ドニエ16グランになると正確に計算していて，ここに第5の意味を持つ「ドニエ」が現れる。このドニエは1オンスの24分の1，1.27グラム相当の重量単位である[27]。

　以上が引用した史料の解説である。冒頭に記したように，「ドニエ」の意味さえ分かっていれば，文意は明快で，まさに造幣所の報告書の一節であり，それ以外の意味があるはずもないが，知らなければ途方に暮

イユ×10）につき1枚，金貨は200枚ないし300枚につき1枚と取り決めた場合が多い。なお，この「箱」の大きさ，形状，素材は不明である。貨幣史や社会経済史の教科書には造幣所の情景を描いた細密画が掲載されていることも多いが，その中に件の「箱」と思しき物体は見当たらない。パリのクリュニー美術館や貨幣博物館，トロワの職人道具博物館にも陳列されていなかった。

　27）重量の下位単位は，1 once＝24 deniers，1 denier＝24 grains である。1 once＝20 esterlins も使用される。

れてしまい，何か特殊な文書なのかと疑念を持ちかねない。

　引用文を少し敷衍しておこう。グロ銀貨の流通価値は 1 枚 20 ドニエであるから，80 枚分，つまり 1 加工マールの価格は 1,600（＝20×80）ドニエになる。王銀だけに価値があり，混合した卑金属には価値がないと考えると，王銀含有率は 10/36 だから，1 王銀マールの価格は 1,600×36/10 ドニエ，つまり 24 リーヴルと計算できる。他方，材料としての銀購入価格はマール単価 16 リーヴル 10 ソルと明記してあるから，マール当りの利益は差引 7 リーヴル 10 ソルとなる。結局，526,000 枚のグロを製造して，総額 13,697 リーヴル（端数切り捨て）の粗利益を上げることができたことになる。製造に要した時日は 1419 年 11 月 6 日から 20 年 2 月 1 日まで，3ヶ月間であったから，第 1 章で考察した地代や間接税収入，あるいは第 2 章で扱った御用金や借入金と比較した場合，財務諸役にとって，あるいはブルゴーニュ公にとって，造幣利益は途方もない魔法のように思えたかもしれない。

　(2) 製造能力と利益

　造幣所では「会計」の考え方が，一般とはやや異なる。第 1 部で扱った様々な会計は，御用金徴収を別にすると，バイイ管区，シャテルニー，領邦といった会計主体を問わず，あるいは労働，物産，貨幣といった扱う対象を問わず，いずれも一年間に行った出納・授受行為を期末にまとめて清算したものを勘定会計としていた。現代に通じる一般的な理解である。ところが，造幣所では，購入した材料を加工し，所定の品位で，所定の分量のコインを仕上げ，それを領邦勘定役に納入するまでを「会計期」と考えていて，それが 1 年間なのか，半年間なのかという日数（月数）は問題としていない。したがって各会計の期間は様々であり，上記の事例は僅か 3ヶ月だが，何らかの特別な事情による変則会計ではない。極端に言えば，たった 1 日だけの会計もありうる（後述）。おそらく貨幣が継続的に製造・発行される習慣が成立していなかったためであろう。ある時点でブルゴーニュ公の名において貨幣発行令 ordonnance が発せられ，その中で，これこれの品位，これこれの名称を持つ貨幣が，総額でどれだけ，いつ発行されるとその都度，請負った造幣人の名とともに公表され，その発行令に基づき，今や特定造幣所長となった請負人

が早速に造幣の指揮をとる。このような貨幣の製造方式が，その記録である「会計」のスタイルに影響したと思われる。一例をあげれば，1420年5月31日付で「ブルゴーニュ公……フィリップは知らしめる。国王陛下がその配下の造幣所で行っているように，わがブルゴーニュの造幣所においても，先ごろ熔解，加工，造形が命じられた新ピエ[28]の銀貨，すなわち王銀重量2ドニエ12グラン，対パリ・マール分割数8ソル4ドニエ，ピエ160度，1枚当たり20ドニエ・トゥルノワの流通価格を有するグロと称する白銀貨を……」と下命している[29]。こうした発行令や開封書簡は何通か現存しているが，いずれも品位を明確に規定していて，財務金融担当者たちはこれらの複雑な指標を易々と操って通貨発行を調節し，政策を決定していたと思われる。

以下に掲げる表4-1は1417年から34年に及ぶディジョン造幣所の記録（ADCO B11215）から銀貨製造分を抽出し，整理したものである[30]。

---

28) ピエ pied は貨幣史の教科書では必ず説明されているが，銀貨の品位を表示する指標であり，以下の計算式で与えられる。1337年グロ銀貨の発行と同時に公表された。

$$pied = \frac{\text{分割数 } taille \times \text{通用価格 } cours(dt)}{\text{含有率 } titre \times 5 (\text{定数})}$$

分母の定数5の起源は不詳であるが，要するに所与の銀貨から逆算して，その銀貨を製造した際の王銀1マールのトゥルノワ価格を算出する式と考えればよい。容易に看取されるように，分子に置かれたマール当たりの分割数 taille が大きくなるにつれ，また分母に置かれた含有率 titre（ドニエで表示した数値）が小さくなるにつれ，計算結果は大きくなる。つまりピエ数が大きいほど貨幣は低品位（粗悪）であることを意味する。なお計算結果は序数でpied 00° と表記する。訳は「度」を当てた。Cf. BOMPAIRE, Marc et DUMAS, Françoise; *Numismatique médiévale*, Turnhout, 2000, p. 414.

29) Phelippe, duc de Bourgogne, conte de Flandres d'Artois & de Bourgogne, … savoir faisons que comme a cause du pie nouvel dont nous avons derrenierement ordonné estre forgié ouvré & monnoyé en noz monnoyes de notre pays de Bourgogne, semblablement a cellui dont monseigneur le roy fait presentement ouvrer en ses monnoyes; c'est assavoir de deniers blans appellez gros aians cours pour vint deniers tournois la piece, de deux deniers douze grains d'aloy argent le roy, et de huit solz quatre deniers de taille au marc de Paris, sur le pie de monnoye huit vintieme … (ADCO B11207) この貨幣発行令の直後，同1420年6月3日付で，ディジョン会計院の面々とブルゴーニュ造幣所統括役に宛てて開封書簡が発せられた。もちろん上記の品位規定は全く同一であるが，加えて年末までの7ヶ月間で，オークソンヌ造幣所で36,000マール，サン・ローランで22,000マール，キュゼリィで2,000マールを製造するようにと，各造幣所の割当と期日が明記されている（ADCO B11207）。

30) 正確に言えば，ADCO B11215は2分冊で構成され，本章で利用したのは第1分冊である。第2分冊は1437年から59年まで，計8会計から成り，ウード・ドゥエイ Eudes Douai とエティエンヌ・ボワジエ Etienne Boinsier がそれぞれ4会計ずつ担当し，エキュ金貨とブラン銀貨を製造した。ADCO B11213 は1421-25年のディジョンとシャロンの造幣所の記録であり，オードリエ・ヴェーリィ Audrier Veely の5会計分を収録している（全14葉）。うち

製造責任者を決め，その下で貨幣を製造し，領邦勘定役に引き渡した記録を順に記載している。スタイルは一様で，比較が容易であるが，製造・発行の分量とそれに応じた製造期間（会計期間）は様々で一概には言いにくい。1410 年代末から 21 年まで，つまりアンベール Humbert とピエール Pierre のヴィアール Viard 兄弟が直接に造幣の指揮をとっていた時期は大半の会計が 3 ヶ月未満であった。貨幣の品位が頻繁に変更されたためであると，貨幣の品位の安定度と製造期間の長短を関連付けることができそうに思えるが，そうとも言い切れない。1422 年から通貨は安定期に入り，確かに会計期間（製造期間）は相対的に長めになるが，それでも半年程度であった。1 年を超える場合は，まずオードリー・ド・ヴァイィ Audry de Vailly が 1424 年 8 月から 26 年 6 月まで 22 ヶ月にわたりグラン・ブランを 395,000 枚製造した会計（93R°），エティエンヌ・ボワジエ Estienne Boinsier が 14 ヶ月間（1434 年 6 月から 35 年 9 月）でグラン・ブランを 142,000 枚製造した会計（123R°），そして同人が 19 ヶ月間（37 年 3 月から 38 年 10 月まで）でエキュ Escu 金貨を 6,600 枚製造した会計（123V°）と，3 会計しかない。つまり品位がどのようなものであっても，製造工程に大きな変更がある訳ではないから，所要時間は貨幣の生産量に依存するであろう。貨幣令で指定された分量を製造してしまえば，その時点で仕事は終わる。会計は自動的に締めざるを得ない。

　それでは，ディジョン造幣所の生産能力はどの程度であったのだろう。改めて表 4-1 にまとめた諸会計を比較して，1 週間当たりの銀消費量または生産枚数が多いものを列挙してみると，まずアンベール・ヴィアールの 1418 年の春先から夏にかけて（第 3, 第 4, 第 5 会計），いずれもグラン・ブランを製造したが，週当たり 117,000 枚から 138,000 枚という記録を残している。ピエールのグロを製造した第 8 会計（1419 年 4 月から 7 月）が 125,000 枚で，ほぼ同レベルと言えよう。しかし目を見張るのはジラール・ロボの会計である。1420 年夏から翌 21 年 1 月にかけて

第 1 から第 4 会計まではエキュ Escu の，第 5 会計はサリュ Salut の製造記録である。このうちのどれがディジョンで，どれがシャロンなのか明記されていない。B11214 は 1426 年の Namur の記録で，結局，本章で扱った B11215 以外にブルゴーニュ地方の造幣所の実情を伝えてくれる史料はない。

表 4-1 ディジョン造幣所での

			名称	通用価格	含有率	重量	分割数	生産開始日	終了日	期間	箱入率	箱入数	週生産高	使用加工マール
	No.		nom	cours	aloy (d=1/12)	poix	taille	date initial	date final	semaine	boite	piece/ boite	1000 product/ semaine	poix doeuvre marc
1	1	1R	grans blans	10	dt	4d	6s 8d	80	1417/10/13	1417/11/28	5.0	1/1000	444	88.8	5,550
2	2	2R	grans blans	10	dt	3d	6s 8d	80	1417/12/14	1418/2/19	9.0	1/1000	862	95.8	10,775
3	3	3R	grans blans	10	dt	2d 1/2	6s 8d	80	1418/2/24	1418/4/30	10.0	1/1000	1,380	138.0	17,250
	4	4R	grans blans	10	dt	2d 1/2	6s 8d	80	1418/5/4	1418/6/30	8.0	1/1000	960	120.0	12,000
	5	8R	grans blans	10	dt	2d 1/2	6s 8d	80	1418/7/2	1418/8/17	6.5	1/1000	762	117.2	9,525
	6	9R	petit blans	5	dt	2d 1/2	13s 4d	160	1418/7/7			1/1000	30		187 1/2
4	7	10R	double	2	dt	1d 1/2	16s 8d	200	1418/7/6			1/2400	7		84

ピエール・ヴィアール PierreViart の会計

	1	19R	petit blans	5	dt	2d 2/3	13s 4d	160	1418/11/4			1/1000	28		175
	2	20R	double	2	dt	1d 1/2	16s 8d	200	1418/11/5			1/2400	11		132
	3	21R	grans blans	10	dt	2d 2/3	6s 8d	80	1418/11/28	1419/1/14	7.0	1/1000	637	91.0	7,962 1/2
4	4	23R	petit blans	5	dt	2d 2/3	13s 4d	160	1418/12/19			1/1000	19		118 3/4
	5	24R	gros	20	dt	5d 1/3	6s 8d	80	1419/1/24	1419/3/21	8.0	1/1000	505	63.1	6,312 1/2
	6	25R	grans blans	10	dt	2d 2/3	6s 8d	80	1419/1/31	1419/4/4	9.0	1/1000	242	26.9	3,025
	7	26R	grans blans	10	dt	2d	6s 8d	80	1419/4/27			1/1000	63		787 1/2
	8	27R	gros	20	dt	4d	6s 8d	80	1419/4/8	1419/7/29	16.0	1/1000	2,012	125.8	25,150
	18	50R	denier noir	1	dt	3/4d	25s	300	1419/4/18			1/2400	5		50
5	19	51R	double	2	dt	1d	16s 8d	200	1419/4/14			1/2400	5		50
	20	52R	petit blanc	5	dt	2d	13s 4d	160	1419/5/6			1/1000	26		162 1/2
	21	53R	double	2	dt	5/6d	16s 8d	200	1419/8/8	1420/3/13	31.0	1/2400	40	1.3	400
	22	54R	petit blanc	5	dt	2d	13s 4d	160	1419/9/20	1419/11/25	9.0	1/1000	21	2.3	131 3/4
	23	55R	petit blanc	5	dt	2d	13s 4d	160	1420/2/5	1420/3/4	4.0	1/1000	74	18.5	462 1/2
	9	32R	gros	20	dt	3d 1/3	6s 8d	80	1419/8/23	1419/11/2	10.0	1/1000	1,013	101.3	12,662 1/2
	10	33R	gros	20	dt	3d 1/3	6s 8d	80	1419/9/7			1/1000	75		937 1/2
6	11	34R	gros	20	dt	3d 1/3	6s 8d	80	1419/10/20			1/1000	33		412 1/2
	12	38V	gros	20	dt	3d 1/3	6s 8d	80	1419/11/6	1420/2/1	12.5	1/1000	526	42.1	6,575
	13	39V	gros	20	dt	3d 1/3	6s 8d	80	1420/2/7	1420/4/17	10.0	1/1000	644	64.4	8,050
	14	40V	grans blans	10	dt	2d	8s	96	1420/3/24	1420/4/23	4.0	1/1000	145	36.3	1,510 3/7
7	15	41V	gros	20	dt	3d	8s	96	1420/5/1	1420/5/23	3.0	1/1000	270	90.0	2,812 1/2
8	16	42V	gros	20	dt	2d 1/2	8s 4d	100	1420/5/30	1420/6/10	2.0	1/1000	216	108.0	2,160
	17	43V	gros	20	dt	2d 1/2	8s 4d	100	1420/5/31			1/1000	20		200

ジラール・ロボ GirartRobot の会計 (ピエールとアンベールのヴィアール兄弟 Pierre et Humbert Viars frere の下命)

	1	59R	gros	20	dt	2d 1/2	8s 4d	100	1420/6/12	1420/11/22	23.0	1/1000	4,000	173.9	40,000
	2	66R	gros	20	dt	2d 1/2	8s 4d	100	1420/9/23	1421/1/2	14.0	1/1000	2,122	151.6	21,220
8	3	71R	gros	20	dt	2d 1/2	8s 4d	100	1421/2/20	1421/9/5	28.0	1/1000	2,009	71.8	20,090
	4	71R	gros	20	dt	2d 1/2	8s 4d	100	1421/2/20	1421/5/22	13.0	1/1000	929	71.5	9,290
	5	76R	gros	20	dt	2d 1/2	8s 4d	100	1421/9/19	1421/10/16	4.0	1/1000	185	46.3	1,850
	6	82R	double	2	dt	1d 1/2	9s 4.5d	112.5	1421/11/20	1421/12/4	2.0	1/10m d'ov.	152	85.5	1,520
9	7	85R	double	2	dt	1d 1/2	9s 4.5d	112.5	1422/1/12	1422/6/4	20.5	1/10m d'ov.	3,644	200.0	36,440
	8	88R	double	2	dt	1d 1/2	9s 4.5d	112.5	1422/6/5	1422/6/22	2.5	1/10m d'ov.	515	231.8	5,150

第4章 造幣の実際

銀貨製造状況 1417-35年

(Dennier 以下切り捨て)

使用王銀マール poix d'argent-le-roy marc　　once	所長取分 bressage	購入価格 prix achat/m £ t	粗利単価 prix rend/m £ t	粗利 montant £, s, dt £　　s　　dt	収入 recettes £, st £　　s	支出 depenses £, st £　　s	差引 Bilan £ t
1,850 m	4s 2d/m d'ov	8 1/2	1 1/2	2,775　0	3,038　5	1,174　15	1,864
2,693 m 6o		8 3/4	4 1/3	11,672　18　4	11,841　5	2,279　14	9,562
3,593 m		9	7	25,156　5	25,156　5	4,228　12	20,928
2,500 m		9	7	17,500　0	17,671　13	2,633　15	15,038
1,984 m 3o	4s 2d/m d'ov	9	7	13,890　12　6	14,115　10	2,126　18	11,989
39 m 1o		9	7	273　8　9	293　18	43　1	250
10 m 4o		9	4 1/3	45　10	52　1	2　18	50
36 m 4o 2/3	4s 2d/m d'ov	9	7	255　2　6	274　5	38　5	236
16 m 4o		9	4 1/3	71　10　0	82　16	18　15	64
1,769 m 3o 5/9		9 1/2	5 1/2	9,731　18　2	9,906　19	1,722　5	8,184
26 m 3o 1/9		9 1/2	5 1/2	145　2　9 1/3	159　16	25　6	134
2,805 m 4o 4/9		9 1/2	5 1/2	15,430　11　8	16,427　17	1,457　4	14,970
672 m 1o 7/9		9 1/2	5 1/2	3,697　4　5	3,900　5	640　5	3,260
131 m 2o		15	5	656　5　0	780　13	166　13	614
8,383 m 2o 2/3		15	5	41,916　13　4	44,369　2	5,406　14	38,963
3 m 1o	4s 2dt/m d'ov.	15	5	15　12　6	23　6	16　1	7
4 m 1o 1/3		15	5	20　16　8	32　18	15　1	17
27 m 2/3o		15	5	135　8　4	152　7	41　3	111
27 m 6o 2/9		16 1/2	7 1/2	208　6　8	217　4	39　19	178
21 m 7o		16 1/2	3 1/2	76　11　3	99　0	28　5	71
77 m 2/3o		18	2	154　3　4	298　0	98　5	200
3,517 m 2o 8/9	4s 2d/m d'ov	16 1/2	7 1/2	26,380　4　2	28,419　14	2,722　8	25,697
260 m 3o 8d		16 1/2	7 1/2	1,953　2　6	2,162　7	201　11	1,961
114 m 4o 2/3		16 1/2	7 1/2	859　7　6	939　11	88　13	851
1,826 m 3o 3/4	4s 2d/m d'ov	16 1/2	7 1/2	13,697　18　4	14,204　18	1,409　12	12,795
2,236 m 8/9o		18	6	13,416　13　4	15,503　14	1,730　15	13,773
251 m 5o 8/9		18	6	1,510　8　4	1,533　0	320　14	1,213
703 m 1o	5s t/m d'ov.	22	10	7,031　5　0	7,089　2	1,255　5	5,834
450 m		26	14	6,300　0　0	6,348　15	686　10	5,662
41 m 5o 1/3		26	14	583　6　8	623　19	68　6	555
8,333 m 2o 2/3		26	14	116,666　13　4	117,592　12	11,833　6	105,759
4,420 m 6o 2/3	5s d'ov.	26	14	61,891　13　4	64,789　15	6,277　11	58,512
4,185 m 3o 1/3	5s t/m d'ov.						0
1,935 m 3o 1/3			6	11,612　10　0	20,612　10	6,268　17	14,344
385 m 3o 1/3		36	4	1,541　13　4	1,897　2	547　6	1,350
190 m	3s t/m d'ov.	6 3/20	1 7/20	256　10　0	293　3	229　5	64
4,555 m	22dt/m d'ov	6 3/20	1 7/20	6,149　5　0	7,028　12	4,129　17	2,899
643 m 6o	2s 6dt/m d'ov.	6 3/20	1 7/20	869　0　15	1,050　17	648　1	402

		名称	通用価格	含有率	重量	分割数	生産開始日	終了日	期間	箱入率	箱入数	週生産高	使用加工マール
ウード・ドゥエ Oudot Douay の会計													
9	1	83R	double	2	dt	1d 1/2	9s 4.5d	112.5	1421/12/9	1421/12/30	3.0	1/10m d'euvre	138	51.8	1,380
アンリ・デシュノン Henry Deschenon の会計（ピエールとアンベールのヴィアール兄弟 Pierre et Humbert Viars frere の下命）													
9	1	90R	double	2	dt	1d 1/2	9s 4.5d	112.5	1422/6/27	1422/10/31	18.0	1/10marc d'euvre	1,804	112.8	18,040
	2	91R	double	2	dt	1d 1/2	9s 4.5d	112.5	1422/11/3	1423/1/8	9.5	1/10marc d'euvre	200	23.7	2,000
ピエルノ・タンテュレ Pierrenot Tainturer の会計（ピエールとアンベールのヴィアール兄弟 Pierre et Humbert Viars frere の下命）													
9	1	92R	Grant blanc	10	dt	5d	6s 3d	75	1423/3/1	1423/9/28	30.0	1/1000	305	10.2	4,066 2/3
オードリ・ド・ヴェリ Audry de Vailly の会計													
9	1	93R	Grant blanc	10	dt	5d	6s 3d	75	1424/8/4	1426/6/19		1/1000	395		5,266 2/3
オードリエ・ヴィアール Audrier Viart の会計													
9	1	96R	Grant blanc	10	dt	5d	6s 3d	75	1426/9/3	1427/1/24	21.0	1/1000	26	1.2	346 2/3
	2	97R	tournois	1	dt	1d 1/2	18s 9d	225	1426/9/5	1426/11/16	10.0	1/10m d'euvre	28	6.3	280
ウード・ドゥエ Oudot Douay の会計													
9	2	99R	Grant blanc	10	dt	5d	6s 3d	75	1427/2/18	1427/3/24	5.0	1/1000	45	9.0	600
	3	100R	Petit blanc	5	dt	5d	12s 6d	150	1427/2/13	1427/3/24	5.0	1/1000	5	1.0	33 1/3
	4	112R	Grant blanc	10	dt	5d	6s 3d	75	1429/2/11	1431/12/5		1/1000	83		1,106 2/3
アミヨ・クラランボ Amiot Claranbaut の会計													
9	1	103R	Grant blanc	10	dt	5d	6s 3d	75	1427/4/5	1427/5/17	6.0	1/1000	112	18.7	1,493 1/3
フィリップ・ド・リュスネ Philippe de Lucenay の会計													
9	1	105R	Grant blanc	10	dt	5d	6s 3d	75	1427/5/20	1427/9/30	19.0	1/1000	119	6.3	1,586 2/3
フィリップ・ド・リュスネの息ジャン・ド・リュスネ Jehan de Luxenay, fiz de Philippe de Luxenay の会計													
9	1	105V	tournois	1	dt	1d 1/2	18s 9d	225	1427/10/23			1/10m d'euvre	3		30
オードリエ・ヴァリ Audriet Vally の会計													
9	2	106V	Grant blanc	10	dt	5d	6s 3d	75	1428/7/10	1428/7/21	1.5	1/1000	6	4.0	80
エティエンヌ・ボワジエ Estienne Boinsier の会計													
9	1	122V	Grand blanc	10	dt	5d	6s 3d	75	1434/6/28	1435/9/14	11.0	1/1000	142	12.9	1,893 1/3
テヴナン・ボニフィエ Thevenin Bonifier の会計													
9	1	123R	Petit blanc	5	dt	5d	12s 6d	150	1435/3/28	1435/8/29	22.0	1/2000	14	0.6	186 2/3

グロを製造した第1，第2会計は週に173,000枚，151,000枚を記録し，しかもこの二会計は9月から11月まで6週間は重なっているから，単純に考えると，この時期には週に324,000枚を生産していた勘定になる。さらに1422年の第7会計とその直後に始まる第8会計ではドゥブルを週200,000枚から231,000枚製造した。労働日を週6日とすれば，1日当り2万枚ならまだ余裕があり，最大54,000枚を（文字通り）叩き出したことになる。1日の労働時間を12時間としても，毎時4,500枚である。職人と助手の数は不明だが，素材の熔解から刻印まで，一連の作業工程を幾つか同時に進行させることが出来なければ，不可能な数値であろう。分業体制を前提とすることは確かだが[31]，数十人規模の工房で可能だろうか。ともかく個人技ではこうはいかない。ただし，これは銀貨だけを

第4章 造幣の実際

使用王銀マール	所長取分	購入価格	粗利単価	粗利			収入		支出		差引
172 m 4o	2s t/m d'ov.	6 3/20	1 7/20	232	18	6	262	7	139	3	123
2,255 m		6 3/20	1 7/20	3,044	5	0	3,474	16	2,270	0	1,204
250 m		6 3/20	1 7/20	337	10	0	384	7	251	13	133
1,694 m 3o 5/144	3s t/m d'ov.	6 3/4	3/4	1,270	16	8	1,450	17	622	14	828
2,194 m 4/9o	3s 9dt/m d'ov.	6 9/10	3/5	1,316	13	4	1,452	18	1,003	19	449
144 m 4/9o	3s 8dt/m d'ov.	6 9/10	3/5	86	13	4	103	3	64	12	39
35 m	3s 8dt/m d'ov.	5 4/5	1 7/10	59	10	0	62	8	51	9	11
250 m	3s 4dt/m d'ov.	6 9/10	3/5	150	0	0	150	0	104	13	46
13 m 7o 1/144	3s 4dt/m d'ov.	6 9/10	3/5	8	6	8	9	2	5	15	4
461 m 1o 11/36	4st/m d'ov.	6 9/10	3/5	276	13	4	317	17	224	16	93
622 m 1o 5/288	3s 9dt/m d'ov.	6 9/10	3/5	373	6	4	410	10	284	13	126
661 m 1/18	3s 9dt/m d'ov.	6 9/10	3/5	396	13	4	406	3	302	9	104
3 m 6o	3st/m d'ov.	5 4/5	1 7/10	6	7	6	7	13	4	10	3
33 m 1/3	3s 9dt/m d'ov.	6 9/10	3/5	20	0	0	23	17	15	5	8
788 m 7o 1/144	4s 2dt/m d'ov.	7	1/2	394	8	0	481	17	400	7	81
77 m 5o 11/72	4s 2dt/m d'ov.	7	1/2	38	16	5	45	16	39	2	6

製造していた期間の記録である。金貨の場合はどうであったか。下記の表4-2はディジョン造幣所記録（B11215）から金貨製造分のみを抽出して，先の表4-1と同様の形式に整理したものである。

　アンベール・ヴィアール Humbert Viard は1417年10月から18年8月にかけて，銀貨製造7会計，金貨3会計，計10会計の記録を残している。金貨は17年12月から翌18年2月まで9週間でエキュ金貨5,400枚（600枚/週），1ヶ月の休止期間を置いて，3月半ばから5月にかけて7週間で同品位のエキュを4,800枚（685枚/週），6月から，おそらく3

---

31) 検査人 essayeur，分割人 tailleurs，研磨人 blanchisseur，製造人 monnoyer と，職種を指示する数種の用語があることからも，専門特化した職人たちの分業体制が想定される（ADCO B11210）。

表 4-2　ディジョン造幣所での

		名称	通用価格	含有率	重量	分割数	生産開始日	終了日	期間(週)	箱入率	箱入数	週生産高
		nom	cours	aloy	taille	poix	date initial	date final	semaines	boite	pieces/boite	
アンベール・ビアール Humbert Viard の会計												
1	5R	escus	22.5st	22K		58 2/3	1417/12/18	1418/2/18	9.0	1/200	27	600.0
2	6R	escus	22.5st	22K		58 2/3	1418/3/16	1418/5/2	7.0	1/200	24	685.7
3	7R	mouton	20st	21.5K	7s 2d	86	1418/6/10			1/300	6	
ウード・ドゥエ OudotDouay の会計												
1	107R	Saluz	22.5st	24K	5s 10d	70	1429/2/11	1429/6/2	11.5	1/200	39	678.3
2	108R	Saluz	22.5st	24K	5s 10d	70	1429/6/18	1430/1/21	31.0	1/200	30	193.5
3*	109R	Saluz	22.5st	24K	5s 10d	70	1429/10/27	1429/12/23	8.0	1/200	13	325.0
4	109V	Saluz	22.5st	24K	5s 10d	70	1430/2/1	1430/6/1	17.0	1/200	34	400.0
5	110R	Saluz	22.5st	24K	5s 10d	70	1430/6/28	1431/1/13	28.5	1/200	32	224.6
6	110V	Saluz	22.5st	24K	5s 10d	70	1431/2/9	1432/1/2	46.0	1/200	76	330.4
7	111R	Saluz	22.5st	24K	5s 10d	70	1432/2/18	1432/10/29	36.0	1/200	32	177.8
* ウード・ドゥエ Oudot Douay に代わってジラール・マリオ Girard Marriot が作成												
ジャン・ド・サンセール Jehan de Cinseal の会計												
1	118R	Saluz	22.5st	24K	5s10d	70	1433/6/16	1434/6/11	52.0	1/200	166	638.5
エティエンヌ・ボワジエ Estienne Boinsier の会計												
1	120V	Saluz	22.5st	24K	5s 10d	70	1434/6/26	1434/10/16	16.0	1/200	96	1200.0
2	121R	Saluz	22.5st	24K	5s 10d	70	1434/10/28	1435/6/22	34.0	1/200	162	952.9
3	122R	Saluz	22.5st	24K	5s 10d	70	1435/7/6	1436/3/13	35.5	1/200	75	422.5
4	123V	Escus	25st	24K	5s 10d	70	1438/3/4	1438/10/4	29.5	1/200	33	223.7

　週間でムートンを1,800枚（600枚/週）製造している。ところが，これら金貨製造期間中に，銀貨も同時に製造しているのである。銀貨の第2会計は17年12月半ばから18年2月半ばまで9週間で，金貨第1会計にぴたりと重なるが，この期間中に862,000枚を製造した（9.6万枚/週）。銀貨第3会計は18年2月に始まり，4月末日まで10週間で138万枚を製造したが（13.8万枚/週），まさにこの期間は金貨第2会計と重なり合う。同様に銀貨第4会計は18年5月から6月末日までの8週間で96万枚を製造した会計である（12万枚/週）が，この期間中に金貨第3会計がそっくり含まれてしまう。

　週当たりの生産枚数を比較するとよく分かるが，この時期，金貨は600枚から700枚程度であるが，それでも多い方である。ウード・ドゥエィ Eudot（Oudot）Douai の金貨第2会計は1429年の後半に31週間でサリュを6,000枚製造したから，週当たり200枚に満たない。彼の金貨第5会計と第7会計は同品位のサリュを各同量（6,400枚）製造したが，第5は6ヶ月，第7は8ヶ月を要している。これは一定のリズムで生産

第 4 章　造幣の実際

金貨製造状況　1417-38 年

使用加工マール	使用金マール	所長取分	購入価格	粗利単価	粗利	収入	支出
poix d'ouvre	poix pure	bressage	prix achat/m	prix rend/m	montant	recette total	despense total
92m 1/22	84m3o	10st/m d'ov	73	-1	-84£ 7s1/2	256£ 12s	156£ 18s
81m 9/11	75		73	-1	-75	467£ 13s	139£ 10s
20m 20/43	18m6o		92	4	75£	254£ 13s	28£ 10s
111m 3o 10d 9/32		15st/m	77£t	1£t 3/4	195£t	332£ 13s 1/48	127£ 9s 1/16
85m 5o 17d 1/18		15st/m	77£t	1£t 3/4	149£ 19s 11dt 3/4	204£ 14s 1/3	98£ 8d 1/2
37m 27d 31/72		15st/m	77£t	1£t 3/4	65£t	99£ 5s 5/24	42£ 9s 7d 3/4
97m 1o 3d 31/72		15st/m	77£t	1£t 3/4	170£t	263£ 10s 1d 3/4	111£ 2s 1d 3/4
91m 3o 10d 1/4		15st/m	77£t	1£t 3/4	160£t	255£ 6s 8dt	104£ 11s 5d 1/4
217m 1o 3d 5/12		15st/m	77£t	1£t 3/4	380£t	554£ 3s 4dt	162£ 17s 1d 1/2
91m 3o 10d 1/4		15st/m	77£t 1/4	1£t 1/2	137£ 2s 10dt 1/2	192£ 6s 2d 1/4	104£ 11s 5d 1/4
474m 2o 6d 5/12		15st/m	77£t 1/4	1£t 1/2	711£ 8s 6dt	1,045£ 6s 11d 1/4	451£ 16d 1/4
274m 2o 6d 5/6			78£t	£t 3/4	205£ 13s 3dt 1/2	395£ 2s 5d 1/2	205£ 14s 3d
462m 6o 20d 1/2			78£t	£t 3/4	347£ 2s 10dt 1/2	751£ 8s 3d 1/4	347£ 2s 10d 1/2
214m 2o 6d 5/6			78£t	£t 3/4	160£ 14s 3dt 1/2	315£ 13s 9d 1/2	160£ 14s 3d
94m 2o 6d 7/9		12s1/2/m	86£t 1/4	1£t 1/4	117£ 17st	170£ 12s 5dt	58£ 18s 6dt

し，適当な間隔で発行を継続するという意図が欠如していることを示している。つまり金貨は職人が丹精込めて作り上げる希少な工芸品という性格を維持していて，その生産には効率という考え方が反映していない。これに対して，銀貨は量産される実用品で，多少武骨であっても，十分な耐久性を備えていればよいという考え方がはっきりと表現されている。週に 10 万枚を超える生産量がこの点を如実に語っていると言えよう。このように推理するなら，金貨製造職人と銀貨製造職人はあるいは別々であったかもしれない。

　再び銀貨製造に議論を戻すが，アンベールの弟ピエール・ヴィアールは 1418 年 11 月 4 日から 20 年 6 月 10 日までの約 1 年 7 ヶ月にわたって造幣責任を請負い，計 23 会計を残している。その第 12 会計を利用して，先に「ドニエ」を説明した。その前後を見ると，第 9 会計から第 13 会計まで，全く同一品位のグロを製造している。しかし，第 8 会計（第 5 期）で製造したグロは重量 6 スー 8 ドニエ（分割数 80）で同一であるが，純度は 4 ドニエであった。つまり第 9 会計に移行する時に，銀の含有量

を 3 分の 2 ドニエ（＝16 グラン）減少させている。この変更はどの程度の変化量であろうか。この場合は含有量のみの変更であるから，2/3÷4＝16.7％と簡単に計算できるが，別解も示す。分割数が 80 であるから，1 枚は 3.06 グラムである。第 8 会計で製造したグロは純度 4 ドニエであるから，王銀はその 3 分の 1，つまり 1.02 グラムである。それが第 9 会計以降（第 6 期）のグロでは純度 3 ドニエ 3 分の 1（＝10/36）であるから，0.850 グラムになった。差引 0.17 グラムの減少である。微細な話と思われるかもしれないが，減少率で考えると，16.7％（＝0.17/1.02）であり，決して些末とは言えない数値になる。

　第 15 会計では，再び変更が加えられ，純度 3 ドニエ，重量 8 スー（分割数 96）となる。この変更は 1 枚当たりの銀含有量が 10/36×1/80＝1/288 マールから 3/12×1/96＝1/384 マールへ変更されたことを意味するから，（1/384−1/288）÷1/288＝−1/4＝−25％と計算できる。つまり同一の名称を持ち，同一の通用価値を保証されるコインの内在価値が 25％も目減りした，させたという恐ろしいインフレ政策を表明している。この時，銀価格はマール当たり 18 リーヴル・トゥルノワから 22 リーヴルに 22.2％上昇しているが，事業者はマール当たり 10 リーヴルの単価で十分な利益を引き出したはずである。しかし貶質はこれで終わった訳ではない。1420 年 5 月末に始まる第 16 会計と第 17 会計では純度は 2 ドニエ 1/2 に，分割数は 100 に改めたから，1 枚当たりの銀含有量は 5/2×1/12×1/100＝1/480 と計算できる。これは先程の第 15 会計のグロに比べて，さらに 20％の減少を意味する。しかし極端なインフレ政策を具体化した貨幣の製造はここまでである。ディジョン造幣所の記録を分析する限り，この第 8 期に製造したコインが最も粗悪なもので，第 9 期，1421 年 11 月末からはデフレ政策に転じて，貨幣の品位を一挙に引き上げていくことになる。ところが，第 8 期，1420 年末には実はもう一段の貶質が計画されていたらしい。結局，造幣所で試作はしたものの量産はされなかったようである[32]。

　32）1420 年 12 月 10 日付で執筆された書簡草稿が現存している（巻末史料 7　ADCO B11210）。この書簡草稿は第 5 章で詳細に検討するが，その中で，純度を 2 ドニエ 1/2 から 2 グラン 1/2 落として，純度 2 ドニエ 9 グラン 1/2（＝2d 19/48＝115/576）というグロを製造するプランを検討したことが語られている。
　2007 年に，この書簡草稿の紹介と考察を発表し，それを何人かの研究者に献呈したところ，

第4章　造幣の実際

　この第8期にはピエールは様々な銀貨製造を担当していた。額面20dtのグロ，10dtのグラン・ブラン，5dtのプティ・ブラン，2dtのドゥブル，そして基本通貨である1dtのドニエの5種類である。これら5種類の品位は額面と比例しているだろうか。グロは額面20ドニエであるから，グラン・ブランの2倍，プティ・ブランの4倍，ドゥブルの10倍，そしてドニエの20倍の内在価値を持っていなければならない。つまり銀貨1枚当たりの銀含有量が，この割合で比例していなければならない。

　次頁の表4-3から明らかなように，銀貨の品位を変更する場合は，5種類すべてを同様に変更し，相互の王銀含有量の比率が崩れないように配慮している。例えば「グロで払って，釣銭をブランでもらうと得をする（損をする）」といった事態が発生しないように配慮しているということであるが，このことは，何よりもまず秤量貨幣の考え方，つまり硬貨は貴金属の断片という考え方が支配的であったことを明示しているし，また不都合な事態が発生しないようにするためには，変更期には一気に新貨を量産し，まとまった分量を放出することが必要になるから，各造幣所の限界的な生産能力を駆使して実現することになろう。実際，表4-1に示したように，週当たりの生産高は各時期の前半が高めである。第3期は大きな違いが見られないが，第4期，第5期，そして第6期はいずれも早い時期に高い生産高を示している。生産終了日が示されていない会計期は1日だけで終了したと考えられる。「箱」に入れられた枚数は1日で十分に達成できる生産量である。第8期はグロだけを製造した7つの会計からなるが，最初の2会計は11日間で23万枚を製造したが，短期の試験的な製造と思われる。第3の会計，つまり新担当者ジラール・ロボの第1会計になると週生産高が17.4万枚，第2会計が15.2

フランソワーズ・デュマ＝デュブール氏から，私の誤解を指摘し，当時の品位表記の慣用をご教示頂くメールを頂戴した（2007年5月2日付）。私はこの書簡草稿では「含有量2グラン半」という恐ろしく粗悪な貨幣の試作を検討していると理解してしまったが，氏によると，«aloi»「重量ないし含有量」はしばしば«faibles d'aloi»「重量減ないし含有量削減」の意味で用いると。つまり «aloi de 2 grains et demi» は「重量（含有量）2グラン半」ではなく，「2グラン半の重量減」の意味であると。したがって，書簡は既存の貨幣の銀含有量をさらに削減することを検討しているので，極端な貶価貨幣の製造を検討していた訳ではないと。だから銀含有量2グラン半の貨幣など幾ら探しても絶対にないと。まさに先達は必要で，聞くことが重要。目から鱗が落ちる思いで，わが不明を恥じ入った。

表 4-3　銀貨 1 枚当たりの

時期	製造期間			ドニエ		ドゥブル		プチ・ブラン	
	開始日	終了日	月数	1dt	枚数	2dt	枚数	5dt	枚数
1	1417/10/13	1417/11/28	1 1/2		0		0		0
2	1417/12/14	1418/2/19	2		0		0		0
3	1418/2/24	1418/8/17	5 3/4		0		0	1/768	30
4	1418/11/4	1419/4/4	5		0	*1/1600*	18	1/720	47
5	1419/4/8	1420/3/13	11	1/4800	12	1/2400	108	1/960	121
6	1419/8/23	1420/4/23	8		0		0		0
7	1420/5/1	1420/5/23	3/4		0		0		0
8	1420/5/30	1421/10/16	16 1/2	0	0		0		0
9	1421/11/20	1426/11/16	46	1/1800	63	1/900	7,259	1/360	0
	1427/2/18	1435/8/29	—		6		0		33

単位）　含有量と総使用量は marc。枚数は 1000 枚
1) ディジョン造幣所で実際に製造された貨幣だけをまとめた（典拠は B11215）
2) 第 4 期のドゥブル double は 1/1800 が妥当。
3) 第 5 期第 21 会計のドゥブル double は 1/2880 (表 4-1 参照)
4) 第 9 期は 1426 年まで (表 4-1 の AudrierViard まで) とし、製造休止期間の 14 ヶ月を差し引いた。27 年以降は断続的になる。

万枚で、この 2 会計期間（20 年 6 月から年末まで）に 612 万枚を製造した。しかし第 3 会計と第 4 会計では週生産高は半減して 7.1 万枚、第 5 会計ではさらに減少して 4.6 万枚になる。

　グラン・ブランの第 1 期の王銀含有量は 1 枚当たり 1/240 マールであった。それが第 5 期には 1/480 マールになったから、ちょうど半分になった。つまり貨幣価値が 1 年半で半分になったという意味である。その 1 年後、第 8 期にはグラン・ブランは製造されなかったが、グロは大量に製造された。グロの額面は 20 ドニエ・トゥルノワ、つまりグラン・ブランの 2 倍であるが、この第 8 期のグロの銀含有量は 1/480 であり、第 5 期グラン・ブランのそれに等しい。つまり第 8 期の銀貨は第 5 期の銀貨の半分の価値しか持っていないし、第 1 期と比べれば、価値が 4 分の 1 になってしまった。現実には耐えがたい物価上昇として体感されたと思われる。

　ところが、さらに 1 年後の第 9 期には一転してデフレ政策が採用された。グラン・ブランの王銀含有量は一気に 1/180 マールにまで回復した。第 9 期にはグロは製造されなかったが、製造されたとすれば、その王銀含有量は 1/90 になったはずである。第 8 期と比べれば、1 枚当たり 5 倍以上の王銀を含んでいるから、第 8 期のグロ銀貨は 20 ドニエという額面にもかかわらず、今や 4 ドニエにも値しない。つまり額面 5 ドニエ

第4章　造幣の実際

王銀含有量と製造枚数

グラン・ブラン		グロ		王銀		銀価格 £t/m		利益
10dt	枚数	20dt	枚数	総使用量	使用量/月	低	高	£t
1/240	444		0	1,850	1,233	8 1/2		1,864
1/320	862		0	2,693	1,347	8 3/4		9,562
1/384	3,102		0	8,116	1,411	9		48,205
1/360	879	1/180	505	5,337	1,067	9	9 1/2	26,898
1/480	208	1/240	2,012	8,927	812	15	16 1/2	40,161
1/576	145	1/288	2,291	7,954	994	16 1/2	18	56,290
	0	1/384	270	703	937	22		5,834
	0	1/480	9,481	19,751	1,197	26	36	186,182
1/180	726		0	12,133	264	6 3/20	6 9/10	6,152
	507		0	2,911				

の新プティ・ブランの方がずっと価値があると人々は考えたはずである。それだからこそ，第9期には，まず額面2ドニエのドゥブルから量産が始まったのであろう。グラン・ブランの生産は2年半遅れて始まった。

第9期はそれ以前と比較して，もう一つ歴然たる相違点がある。銀使用量が大幅に減少したことである。直前の第8期と比較すると明瞭であるが，この期はグロばかりを製造し，16ヶ月半で2万マールに迫る銀を使用した。月平均1,200マール弱である。第9期は長期間にわたるので，比較の便宜を図るために，2期に分けてみたが，それでも前期46ヶ月で総消費量は12,000マール強。月に264マールしか使用していない。第8期のおよそ5分の1である。もう少し詳細に分析すると，第1期から第3期の間は月に1,300±100マール，第4期から第8期までは1,000±100マールであったから，確かに漸減傾向にはあったとは言えるが，それでも1417年から21年までの僅か4年間に2度のピークがある。310万枚のグラン・ブランを発行した第3期（1418年前期）と948万枚のグロを発行した第8期（1420年夏秋）である。そして第9期には品位の引き上げと同時に，発行総量も大幅に抑制した。すなわち貨幣価値の操作によって物価上昇を抑制しようとしただけでなく，実質的なデフレ緊縮政策に転じたことを表明している。

ここで視点を変えて，造幣を領邦君主の事業として分析してみたい。貨幣は公共に益するものであるのは当然だが，その公共の筆頭にあるのは事業主であるブルゴーニュ公自身である。造幣事業は何よりもまず彼にとって利益をもたらすものでなければならない。1410 年代末から 20 年代初めにかけての目まぐるしい品位の変更は彼に何をもたらしたのか。

何度も言及したように，このディジョンの造幣所記録も会計簿であるから，損益が正確に記載されている。それを確認することから始めたい。

典拠史料（B11215）の記載法に従って説明すると，まず各会計の収入は造幣事業によって手にした収益，すなわち貨幣の通用価値を言わば製品販売価格と見て，そこから原材料価格を差し引き，数量を乗じたものを粗利益とする。さらに「箱」勘定単位 1,000 枚に達しなかった端数，あるいは重量不足や刻印不全など何らかの理由で製品としては出荷（発行）しなかった（できなかった）が，加工品としての価値を認め，会計主体が受け入れたもの。これらを加算して事業所の当該会計期の総利益とし，これをそのまま会計収入とする。領邦勘定役への新貨引き渡し分は事業所の支出と見なし，造幣所長自身と彼の率いるスタッフの諸手当（人件費）を加えて総支出として記録している。つまり貨幣という生産品の数量的管理と，事業所運営の会計管理が未分化で，整理されていないことを示している。さらに指摘すべきは燃料費に関する言及がないことである。造幣所で素材や廃棄銭を熔解するには，長時間にわたって炉を高温で維持することが必要であろう。その燃料となる薪炭の調達は重要な仕事であり，相当の費用を要すると思うが，計上されていない。支出は対人記述なので，事業所長への支払いは燃料費を含んでいると理解するのか。本書第 1 章で分析したグリュエリ会計には，造幣所で使用される（と思しき）薪炭購入に関する記述はなかった。造幣は請負であるから，ブルゴーニュ公政府が格別の便宜をはかることはないのだろうが，製造に不可欠の熱源が製品原価に反映していないという現実は現代人には理解しえない考え方である。

低品位の新貨発行・引渡しが領邦収入の大半を占めたのは 1420 年代初頭，特に 1420 年（B1606）と 21 年（B1611）であった。銀貨の場合，銀購入価格が高くとも，生産する貨幣が低品位であれば，利益を出しやすい。第 8 期（1420 年 5 月から 21 年 10 月，表 4-1 および表 4-3）の銀購入

第 4 章　造幣の実際　　　　　　　　　　　245

価格はマール当たり 26 リーヴルであるが，それでもマール単価 14 リーヴルの利益を上げた。確かに貶質は利益を生むのである。ディジョン造幣所はこの魔法を駆使して，ブルゴーニュ領邦勘定に大きく貢献した。1420 年はピエール・ヴィアールとジラール・ロボの二人が総額 16.5 万リーヴルを超える新貨を納入し，すでに第 3 章で指摘したように，領邦勘定の重要な部分を占めることになった[33]。翌 21 年にはディジョンのジラール・ロボが納入した額は 3 万リーヴル弱であるが，シャロン，キュゼリー，オークソヌ，ショサンを加えると 7.2 万リーヴルを超えた。一般論であるが，通貨価値を引き下げ，発行量を膨張させるインフレ政策は，当該通貨圏で生活するすべての人にとって，手元の現金を水増しし，経済活性を刺激するから，間接税収の伸びを期待することができる。つまり貶質は単純に造幣事業の利益を水増しするだけでなく，その二次的効果が領邦収入をさらに増加させると期待できるのである。

　しかし 1422 年（表 4-1 の第 9 期）に政策を転換してからは，ブランの純度を 5 ドニエとし，サイズも大きくしたために，マール当たりの利益は大幅に下落し，1 リーヴルを割り込むことになった。つまり高品位デフレ政策は財源としての造幣利益を放棄することを意味する。貨幣の品位と貨幣発行者つまり支配者のモラルとを関係づけ，低品位貨幣の発行は公共善に反すると，誰もが当然のことと考えるが，貨幣の品位の変更は金融政策のひとつであって，善悪の問題ではないと主張することもできる。そのように考えるなら，貨幣発行者たる支配者が，自己の裁量で自由に決定できる経済・金融政策のひとつを諦め，大きな利益を生み出す手段を放棄し，要するに切り札とも言える手持ちのカードを捨てたことを意味する。

　ここで金貨にも言及しなければならない。そもそも金貨は純度が高く，低くても 21K1/2（1418 年のムトン mouton），1429 年以降に生産するサ

---

33)　この 1420 年にブルゴーニュ領邦勘定役が造幣所から受領した新貨はディジョンが銀貨 165,858 リーヴル，シャロンが銀貨 62,027 リーヴルおよびムトン金貨 200 枚，サン・ローラン銀貨 24,880 リーヴルおよびムトン金貨 200 枚，キュイズリ 75,567 リーヴル，オークソヌ 113,723 リーヴルであった。これを合計すると，銀貨 419,562 リーヴルとムトン金貨 400 枚である（B1606 ff.26R°-43V°）。この 20 年の計算貨幣リーヴル・トゥルノワの内在価値は 26 £t/marc であった。表 3-1 の記載額は経年変化の比較を容易にするために，この額を良貨 6.15 £t/m に換算して記入してある。ムトン金貨の評価は表 3-1 の欄外に注記した通りである。

リュは常に24Kつまり純金であったから，付加価値をつけにくい。金貨の価値は素材そのものに依存していて，デザインとか仕上げとか，加工は大きな意味を持たない。したがって利益を出しにくい構造になっている。実際，1417年から18年にかけて，10,200枚製造したエキュ発行事業は雑多な利益を付け加えて表面を取り繕ったが，本来の貨幣製造事業は赤字であった。額面22ソル1/2，純度22K，分割数58と2/3のエキュでは，マール当たり72リーヴルにしかならないから，購入価格がマール単価73リーヴルであれば，1マールごとに1リーヴルの損失が発生する計算になる。つまり生産すればするほど損をすることになるが，それを承知で製造した以上は，金貨の扱いと銀貨のそれとは明らかに異なると言わざるを得ない。発行者のプライドや威信の表明とか，造幣権を維持するためとか，非経済的・政治的理由によるのだろう。29年以降に生産するサリュは分割数を70にして，マール当たり1リーヴル3/4の利益を確保した。これは同時期グラン・ブラン銀貨のマール3/5リーヴルを上回る（103R°-105R°）。

3. 原材料の調達

　造幣は請負制であるから，材料調達ももちろん請負人自身が行う。すなわち貴金属市場から適切に，市場価格で購入することになる。金貨は少量生産が前提であるから，材料調達に何か問題が発生するとは考えにくい。しかし銀の購入は桁違いの分量になるし，継続的に納入することを業者に要求することもあろう。したがって両者を別々に考察していくことにしたい。ただし，請負造幣所長と貴金属取扱業者との間の売買契約書，発注書，受注書，納品書，受領書，請求書，支払通知書，領収書といった類の文書は発見されていない。全てが口頭で済まされたとは考えにくいが，廃棄されたのだろうか。そこで，やはり以下の分析も，上記の造幣所記録に頼ることになる。
　そもそも金貨製造会計は事例も少なく，断定的に述べにくいが，アンベール・ヴィアールのムトン金貨製造会計（7R°）に注目したい（表4-2）。1418年6月10日，おそらく1日限りの会計で，ムトン金貨を1,800枚

製造し，そのために純金 18 マール 6 オンスを使用した記録である。この時の材料購入単価はマール当たり 92 リーヴル・トゥルノワであった。その直前の会計（5R°-6R°）は上に述べた通り，159 マール 3 オンスをマール当たり 73 リーヴルで購入し，エキュ金貨を 10,200 枚製造したが，赤字であった。次の会計は 1429 年になるので，随分と間隔が空き，比較が難しくなるが，購入価格は法定のままに安定していて，32 年まではマール単価 77 リーヴルであった。33 年以降は強含み，上昇気味になる。つまり 18 年 6 月にムトン金貨を製造した時だけ，異常に高価な金を使用したことになる。この時の生産が少なかったことが理由ではなかろうか。貴金属の売買価格は法定であるから，決して変わらないと考えるよりも，ある程度は売買量に反比例すると考えるほうが常識に合致する。定期的に大量に購入する上客には割安な価格で提供されると考える方が妥当であろう。つまり 1 日だけの例外的なムトン会計は，言わばスポット取引で，現物渡し，現金決済の材料を使用した特別会計であったと推測できる。あるいは購入先も普段の業者，厳しく規制されている両替人とは違う，規制対象外の外国人であった可能性もある。明らかに売り手の立場が強かったと理解されるが，当然のことと言い切ってしまう前に，今すこし考察したい。造幣所長はブルゴーニュ公の権力に守られた，言わば「御用職人」だから，高く売りつけても構わない。「商品」が売れなくて困ることはないだろうという意味で，当然と考えるか。それとも造幣請負といえども，材料の調達先は市場だから，取引価格が一定の範囲を逸脱しないように規制されていても，市場ルールは遵守しなければならないという意味で，当然と考えるか。

　金は事例が少なすぎるので，銀で考えてみたい。

　次頁のグラフ 4-1 はディジョン造幣所の銀購入価格をまとめたもので，価格の相対的な変化を表示している。つまり所与の価格の継続期間は無視して，横軸の目盛を等間隔にしたので，変化率（グラフの傾斜度）は実際とはやや異なる。銀貨であっても，造幣は製造令が発せられて，はじめて仕事に取り掛かるのだから，その都度，必要分だけを購入する方が普通で，継続的に一定量を購入し続ける習慣はなかっただろう。製造は秘密裏に開始されるのではなく，公表後に開始されるのだから，当然ながら造幣事業の動向そのものが実は市場動向の重要な変動因になって

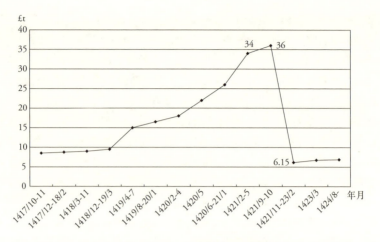

グラフ4-1　ディジョン造幣所の銀購入価格

いたことを意味する。造幣が始まる，というニュースが伝われば，たちどころに市場は強含みになっただろう。ただ金貨に比べれば，銀貨は大量に生産されるから，造幣所はいつでも活動していて，材料も常時継続購入という事態に近づきつつあったという程度であろうか。少なくともこのグラフからは，スポット取引と見なせるような特異な事例は見当たらない。造幣所に多少の在庫を管理する空間的余裕があれば，銀価格が適当と思う時に購入すればよいので，変動が激しい時に，あえて購入する必要はないはずである。購入単価は法定価格の通りという訳にはいかないだろうが，それを前提として，無視することなく，諸般の事情を考慮して決定された市場取引価格であったと考えられる。結果として，グラフは法定価格と市場価格の中間にあって，個別の取引価格を示すというよりも，むしろ銀市場の日々の価格変動を遅れがちに緩やかに追随する動向を示すと考えてよかろう。

4. 小　　括

かつて歴代のカペ・ブルゴーニュ公が独自のディジョン貨を製造し，発行していたことは事実である。自由な造幣権を王権に詐取されたと表

第4章 造幣の実際

現するのは誇張であろうが、ヴァロワ期には国王貨幣の製造のみ許可される事態に陥った。しかし市場は貨幣を選好する自由を持つから、通貨戦争を挑むか、あるいは経済活動を刺激するインフレ政策を採るか、そのような確乎たる心算がなければ、あえて低品位の弱い貨幣を製造し、発行する理由はない。それゆえ広域で流通する高品位貨幣を受託製造することに不利益はないはずである。しかも、その受託製造のために、造幣所経営を一任され、造幣利益も全て取得できるのであれば、所有権獲得を目的とする不毛で困難な交渉を俎上に載せずに、つまり不必要な軋轢を避けて、巧みに実を取ったと評価できるのではあるまいか。実際、農民たちが長い時間をかけて、膨大なエネルギーを投入して、大地から産み出す果実に比べれば、造幣利益は文字通り千金に値する錬金術である。ディジョン造幣所の記録はそのことを十二分に証明している。貨幣の品位は発行令で精確に規定され、実際にその通りに製造され、放出された。したがって通貨操作には自明の限界があるが、それでもブルゴーニュ公が領邦の身分代表の意向を考慮することなく、相対的に自由に行使できる財源確保の重要な手段であったと言える。が、そのカードを頻繁に切れば、その威力は低下し、切り札としての意味を失い、やがてマイナスの効果ばかりが目立つようになり、巷間の不評を買うことになるだろう。この事態が結局はブルゴーニュ公に、あるいは彼の側近に、根本的な政策転換を迫ることになろうが、その経緯を今少し詳細に分析したい。これが次章の課題である。

第5章
銀市場と規制

　ディジョン国王造幣所の帰属問題は，前章で論じたとおり，長く錯綜した歴史を持ち，簡単に決着がつくものではなかったが，ヴァロワ・ブルゴーニュ公の管理下に移行した後も，活発な活動を継続していたことは確認できた。しかもその生産力はトロワやマコンのそれに匹敵するものであった。その運営を担う造幣所長つまり造幣請負人は造幣事業を行ってブルゴーニュ公に利益を還元する全責任を負うから，造幣の作業工程だけでなく，材料を適正価格で確保することにも細心の注意を払っていた。彼らは素材としての銀を自らの裁量で市場から調達したから，市場動向には殊更に敏感であったろう。造幣は事業であり，利益を出さなければならない。つまり地代，間接税，御用金，借入金，貸付と，これまで様々な財源を分析してきたが，貨幣発行益もまたそこに列せられる財源の一つであると言えるだろうか。ブルゴーニュ公の財源を分析するという本書の目的からすれば，本章はやや論点が遠く，的を外しているような印象を与えるかもしれない。しかしここでは，まず銀市場なるものが確かに存在していて，それが必ずしも権力者の意向に沿うものではなく，むしろ自明の経済原則に従う自律的なものであったことを確認したい。次いで，そのような市場に追随せざるを得ない造幣の現場責任者の対応，そして通貨政策の一環として造幣を企画し，調整する権力者の財務担当たちの対応を論じる。結局，権力者は意のままにならぬ市場に業を煮やし，その強引な統制に乗り出す。それもまた，ひとつの通貨政策であろうが，市場参加者を規制する法令を分析し，権力の貨幣に対する思想を探っていきたい。これが本章の主題である。

1. 銀需要と市場動向

　ブルゴーニュ公フィリップ・ル・ボンの財務役であったジャン・ド・ノワダン Jehan de Noident とディジョン会計院のメンバーが 1420 年 12 月 10 日付で執筆し，ブルゴーニュ公諮問ジャン・シュザ Jehan Chousat に宛てた書簡草稿（巻末史料 7 ADCO B11210）が現存している[1]。業務書簡ゆえ，およそ文学的技巧とは無縁な代物であるが，彼らが真剣に検討していた問題を率直に伝えてくれる。その内容は大きく言えば二つに要約できるだろう。何よりもまず，銀市場の価格動向に対する関心であり，その正確な情報収集と分析が繰り返し語られる。今ひとつは銀貨の軽微な貶質を実施するか否かの検討である。この話題は前章でも取り上げたが，本章では少し角度を変えて論及してみたい。

　1420 年 5 月末の時点で，王とブルゴーニュ公が定めた銀価格，つまり造幣所の買取価格はマール 26 フラン（リーヴル・トゥルノワ）であったが，書簡草稿によれば，市場の実勢価格は早々に 30 フランを超え，なお上昇傾向にあった。そこにトロワ国王造幣所長フランソワ・ド・ラ・グレモワーズ François de la Gremoise がマール 30 フラン半で 300 マール購入したと伝えられた。また別の造幣所長は市場の実勢価格で銀を購入したい（いわゆる「成り行き買い」）と商人や両替業者に書面で伝

　1）この書簡草稿の校訂は，まず拙稿「ヴァロワ・ブルゴーニュ公フィリップ・ル・ボンの財政(2)——書簡が語る通貨政策」『川村学園女子大学研究紀要』第 17 巻 第 1 号 2006 年 pp. 1-28. で行い，併せて試訳も行った。その後，佐藤彰一 編『歴史・地図テクストの生成テクスト/コンテクスト 2』21 世紀 COE プログラム：「統合テクスト科学の構築」第 10 回 国際研究集会報告書（2007 年）の « Monnaie et politique monétaire dans les lettres rédigées à Dijon en 1420 » pp. 49-59 および pp.101-109 として収録する際に，写真版を付し，句読点など若干の修正を施し，さらに訳文は全面的に見直して採録した。この報告書をデュマ-デュブール Françoise DUMAS-DUBOURG 氏（フランス国立図書館古銭・メダル部長）とモワーズ Moyse 氏（ADCO 館長）に献呈したところ，両氏からそれぞれに丁寧なコメントを頂いた。デュマ-デュブール氏からは貨幣品位の表記に関する 14-15 世紀当時の慣例について簡潔に説明して頂き，またモワーズ氏からは私の誤読を指摘して頂いた。それを反映させた上で，ここに 3 度めになる校訂版を収録したい。Françoise DUMAS-DUBOURG が本草稿に依拠して銀価格を論じた一節がある。*Le Monnayage des Ducs de Bourgogne*, Louvain-la-Neuve, 1988, pp. 211 et 214.

第 5 章　銀市場と規制　　　253

えたとも言う。パリ会計院はこの件を知ると，直ちにその書簡を回収させたが，ニュースは瞬く間に流布した。ディジョン会計院のメンバーも，すでにこの伝聞情報が事実であることを確認していた。後に，この書面で成り行き買いを指図したのはサン・ローラン造幣所長ジャン・マルタン Jehan Martin とペラン・ド・ランデル Perrin de Ramndelle[2]であったことが判明する。彼らはサン・ジョルジュ殿下，ギヨーム・ド・ヴィエンヌの仕事を完遂することを優先させ，あえてこのような暴挙に出たと主張した。マコン造幣所も高値で銀を購入したと伝えられている。

　このように政治的で，定量化しにくい事情も銀価格の上昇に一役買っているのだが，さらに，銀を金貨で購入してきたために，8 月以来，金価格も上昇していた。会計院のメンバーは，造幣所長たちが銀を公定価格の 26 フランで購入できるようにするため，まず金使用を制限し，それによって銀の実需要を抑制する方策を準備する考えであると伝え，さらに両替業者が貴金属市場で過度の自由を享受している現状を鑑み，彼らを規制する法案をすでに策定したとも述べている。

　以上が書簡草稿の大半を占める第一の内容である。冗長な表現が続き，論旨明快とは言い難いが，その内容はこのように要約できると思う。
　この書簡草稿とほぼ同時期，おそらく直前に執筆されたと思われる別の草稿[3]も，やはり銀価格の高騰に言及し，ある造幣所長がマール単価 31 フラン半で購入したことを報告している。つまり二通の書簡草稿はいずれも銀市場の価格動向に強い関心を示し，詳細にしている。銀市場の実勢価格は 30 フラン半から 32 フランの間で推移していたことが確認できるが，この価格は公定価格マール 26 フランの 17％ から 23％ 増であるから，相当の高値であると言えよう。繰り返しになるが，この上昇の主たる原因はひとことで言えば，強い銀需要であり，それを加速させたのは，「成り行き買い」を書面で指図した造幣所長であり，あるいはその失言もみ消しに遅れをとり，事態を収拾するどころか悪化させてしまったのはパリ会計院であった。王やブルゴーニュ公の権威筋が市場の

----
　[2]　不詳。
　[3]　この草稿（紙，縦 21.5cm×横 28cm）は本章で扱う草稿にピンで留められ，一括して ADCO B11210 に分類されているが，執筆者（差出人）も宛名も日付もない。

現状を黙認したと金融関係者は理解したのだろう。市場は「高止まり」で、「下げ」は非常に難しい展開になったと多くの関係者が考えただろう。

　ところが，金銀比価の変化は今ひとつはっきりしない。書簡草稿によれば，金価格は銀価格に比例して上昇していたという。今，非常に強い銀需要があり，銀購入は金貨で決済されている。この場合，金銀の価格が並行変化を示した理由としては，まず金が国内市場に留まらず，外国商人との取引によって国境を越えていったことが考える。市場は閉鎖されているわけではない。したがって金貨は支払手段として銀需要には対応しきれず，金までも品薄になった。このような解釈は官憲によるドイツ商人の逮捕，拘束，そして国外追放という一連の出来事をよく説明してくれる。このことはブルゴーニュ公の貨幣政策の一部分をなしているはずである。

　当時の通常の金銀交換相場は銀1マールが金6エキュ1/3であった。金1エキュは3フラン3/4から4フランと評価されていたから，銀1マールは23フラン3/4から25フラン1/3と換算できる。この相場なら，造幣所長は銀1マール26フランの王令指定価格で買い付けることができたはずである。ところが8月以来，エキュの価格は5フランを超え，5フラン半に達していた。つまり1フラン1/2（37.5％）から1フラン3/4（46.6％）の値上がりを意味する。この金に対する相対評価の上昇が銀価格をさらに上昇させ，1マール32フランを超え，33フランに迫る勢いを示したと言う。しかし5フラン半の金エキュに対応する銀価格は，計算上，34フラン5/6になるはずだから，実際の値上がりは控えめであったことになる。その理由としては2種の金属価格が互いにある範囲を超えないように，均衡と安定を自律的に回復する市場の力を指摘するのが理に適っていよう。もし市場関係者が金銀の交換レートがある範囲内に収束し，しかも金銀が自由な交換を保証するほど潤沢に存在していることを承知しているなら，彼らは市場で均衡する価格形成を無視せぬように，また危険を冒して投機することがないように，十分に配慮するだろう。つまり価格形成は市場参加者の心理的規制を蒙る。これが価格動向を左右する第二の要因だろうが，これは一般論で，目前の現実を十二分には説明していない。

第5章　銀市場と規制　　255

　1420年の市場で実際に流通し，交換されていたエキュは主に3種類あったと思われる。1419年3月7日シャルル6世発行の第6回エキュ（分割数67，含有率23カラット，価額30スー・トゥルノワ），1420年2月26日，同じくシャルル6世発行の第7回エキュ（分割数68，含有率22カラット，価額50スー・トゥルノワ）[4]，そして1417年12月18日，ブルゴーニュ公ジャン・サン・プールが発行したエキュ（分割数64，含有率23カラット，価額22スー・トゥルノワ）の3種類である。このうちブルゴーニュ・エキュは他の国王エキュに比べて大型だが価額は低いので，グレシャムの考え方に従えば，流通過程に現れず，蓄蔵されてしまう確率が高い。他2種の国王エキュのうち，第6回エキュに比べると，第7回エキュは一回り小型で，金含有率も低いから，本来ならば，価額も低めに設定されて然るべきである。ところが，価格は30スーから50スーへと大幅に引き上げられている。これは暴挙と言えるほど大胆な政策と言わざるを得ない。発行者は市場評価を無視する形で，強引に金貨の対トゥルノワ価格を引き上げ，明らかに通貨市場に値上げ圧力をかけている。この上げ幅は市場の値上がりを期待している，というような穏やかな表現は適さない。金と計算貨幣の関係を一新するデノミを実施したに等しく，市場が新しい均衡を形成するように強要している。つまり通貨政策の転回を表明していると理解できる。しかし，そうすると財務重役たちは一方で金価格を引き上げながら，他方で銀価格を抑制するという政策を取ろうとしていたことになる。そのような相場を実現する可能性は乏しいし，目的も理解できない。つまり実施を予定していた政策に，何か予定外の突発事態が生じたために，矛盾を露呈することになったと考えた方が合理的と思われる。

　ブルゴーニュ公の財務諮問や造幣所長が銀市場の動向に深く関心を寄せ，銀の購入に力を入れていた理由ないし動機は「サン・ジョルジュ殿下の仕事のために」という言葉で説明できる。サン・ジョルジュ殿下とはギヨーム・ド・ヴィエンヌの通称で，騎士称号を持ち，故ブルゴー

---

4) 第7回 Ecu は1420年3月2日発行で分割数67，含有率23K，価額50st，つまり第6回 Ecu と比べて価額だけが異なるとするデータもある。BOMPAIRE, Marc et DUMAS-DUBOURG, F.; *Numismatique médiévale. L'Atelier du Médiéviste 7*, Turnhout, 2000, p. 632. 本文中のデータは BELAUBRE, Jean; *Histoire numismatique et monétaire de la France médiévale (de la période carolingienne à Charles VIII)*, Paris, 1986, pp. 308-311. によった。

ニュ公ジャン・サン・プールの筆頭諮問も務めた人物である。ヴィエンヌ家はブルゴーニュ地方の古くからの貴族で、カペ期から公家と親密な関係を取り結んできた。この一族の当主をサン・ジョルジュ殿下と呼び習わすのは城館の正面に龍を退治する聖人の浮き彫り像があったことに由来する[5]。このギヨームはおそらく四世で、同僚 10 名とともに主君ジャンに随行し、1419 年 9 月 10 日、アルマニャック派と結んだ王太子シャルルとのモントロー会談に臨席した。この時、公ジャンは王太子に挨拶しようと身を屈めた瞬間、殺到した王太子側近によって殺害された。ブルゴーニュ側の随行員はあるいは殺害され、あるいは重傷を負わされ、さもなくば、ギヨームのように虜囚となって高額の身代金を要求された。世に知られたモントロー事件である。

　この政治的帰結が、ジャンの長男、新ブルゴーニュ公フィリップ、仏王シャルル六世（位 1380-1422）の后イザボー、そして英王ヘンリ五世（位 1413-22）の三者間で締結調印されたトロワ条約であることも周知のとおりである。この条約はフランス王位継承者にヘンリ五世とその後継者を指名し、したがって英仏同君連合を成立させ、王太子シャルルの王位継承権を剥奪するというものであった。

　政治史上の画期をなす事件として、公ジャンの暗殺とトロワ条約に関しては多くの研究が詳細な分析を重ねてきたが[6]、虜囚となったブルゴーニュ公の重役たちには、どの研究もほとんど言及していない。ギヨームは身代金 16 万エキュ相当を銀で、つまり 2 万 5 千マール超を支払うように要求された。新ブルゴーニュ公フィリップは亡父に誠実であった側近の苦境を看過できず、ブルゴーニュ地方の造幣所で計 7 千マールの銀貨を製造させる計画を立てた[7]。実際 5 月 31 日付で 6 万マールの銀貨製造令[8]を発し、ブルゴーニュ領内の造幣所 3 ヶ所、すな

---

　　5)　CARON, Marie-Thérèse; *La Noblesse dans le Duché de Bourgogne*, Lille, 1987, p. 241.
　　6)　VAUGHAN, Richard; *John the Fearless*, New York, 1966, New ed. London, 2002, p. 278-286. GUENEE, Bernard; *Un meurtre, une société. L'assassinat du duc d'Orléans, 23 novembre 1407*, Paris, 1992, p. 278. の 2 点を挙げておく。
　　7)　DUMAS-DUBOURG, F.; *op. cit.*, pp. 114-115, 典拠は B.N.F. Coll. Bourgogne, XXIII, fol. 149 et XXVI, fol.271. また SCHNERB, Bertrand; *Jean sans Peur*, Paris, 2005, p. 686. も合わせて参照。前章でも言及したように、当面の現金逼迫を解消するために、造幣権を一時的に傭兵隊長に授与することは度々行われた。
　　8)　ADCO B11207.

わちオークソヌ，サン・ローラン，キュイズリで造幣させることにした[9]。この製造令には年末までの7ヶ月で完了するように明記されている。つまり3ヶ所合計で毎月8,500マール以上を処理していく計算になる。3ヶ所それぞれの割当分はオークソヌが36,000マール，サン・ローランが22,000マール，キュイズリが2,000マールとされたので，これが製造能力に比例していると考えると，それぞれが毎月5,100マール，3,100マール，300マール（計8,500）を処理していかなければならない。前章でディジョン国王造幣所の製造能力を分析したが，月に1,400マールが限界であった（表4-3）。3造幣所のうち，オークソヌはディジョンに匹敵する規模であったかもしれないが，他の造幣所はずっと小規模であったと思われる。どう考えても7ヶ月で6万マールは無理であろう。そこで，逆にディジョンの処理能力1,400マール/月を基準にして，3造幣所の処理能力を推理してみよう。オークソヌはディジョンと同等として1,400マール/月とする。そうするとサン・ローランは850/月，キュイズリは82/月という割合になるから，3ヶ所の合計処理能力は2,332マール/月となり，実際の処理速度は製造令が要求するそれの4分の1程度という計算になる。この現実的な速度で6万マールの処理を完了するには26ヶ月（＝60,000/2,300），すなわち2年を越える年月が必要となる。つまり1420年6月以降，少なくとも2年間，ひょっとすると3年近く，ブルゴーニュでは継続的に相当量の銀を必要とする。これが銀市場を沸騰させ，その関係者を奔走させることになった主原因であった。

身代金はマール単位で定められているから，水増しする訳にはいかない。しかしひたすら身代金用の生産を続ければ，普通に市中で流通する分が不足するかもしれない。銀需要という意味でも，貨幣生産高という意味でも，二重の意味で深刻な貨幣不足の危機が訪れようとしている。このように予想するなら，市中流通用に発行する分に対しては，貨幣貶質が抗い難い魅力を発揮しただろう。ほんの少しだけと，誰もが考えたのではなかろうか。書簡草稿に見られる例の「2グラン半（削減）」という数値がどのような計算の結果として検討課題に上ることになったか，

---

9) 前章で説明した通り，これらの造幣所はブルゴーニュ公が開設し，経営してきた物件である。

その経緯は不明である。前章では銀貨の品位変更という文脈の中に位置づけ，検討されたが実施はされなかったと言うに止めた。

2グラン 1/2 とは $1/12 \times 1/24 \times 5/2 = 5/24^2 = 5/576 = 8.68‰$（パーミル）に相当する。この貶質を実施するとは，この分だけ原材料を節約し，この分だけ生産量を水増しすることを意味している。今，6万マールの銀を加工して貨幣を作ろうとしているが，その 8.68‰ とは 520.8 マールに相当する。公定価格の 26 リーヴル/マールで換算しても 13,540.8 リーヴル，市場の実勢価格を 30.5 リーヴルとすれば，15,884.4 リーヴルになる。2年分の材料費としても相当の負担であり，決して微細な問題ではない。しかも正確な割合で素材を混合することは，別に精密な計量器がなくとも，原理的には実現可能と思われる。適当なサイズの容器（匙，桝，坩堝，……）を準備する。その容量は何ミリリットルでも構わない。この容器で王銀を 115 杯分，卑金属を 461 杯分，計量して混ぜ合わせれば，王銀含有量が 115/576，すなわち 2 ドニエ 9 グラン 1/2（= 2 ドニエ 12 グラン − 2 グラン 1/2）の合金が完成するはずである。したがって混合比そのものが実現を不可能にした理由ではない[10]。別の技術的に解決できない問題があって，そのために貶質を見送ったと思われる。あるいはまったく別の次元で，実施の如何が判断されたのかもしれない。

貶質にはもう一つメリットがある。程度問題はあるが，グレシャムの法則に従えば，悪貨であればあるほど，市中での流通速度は速くなる。つまり貴金属含有量の変更は貨幣流通の速度を調節する機能を有し，したがって経済活性を左右する。貶質はインフレ効果を生み，経済活性を促し，そのような景況下では多額の負債を相対的に軽減する効果をもたらすと予測される。身代金が銀の重量で定められている以上，その絶対的価値が変わるわけではないが，経済活動が活発化すれば，負債に押しつぶされ，阻喪することなく，撥ね退けようとする勢いが生まれる。諮問会はこのようなことを考えたのだろうか。

ともかく，諮問会と会計院は実施した場合の利点と欠点を比較検討して，しないと判断した訳である。彼らを現代の金融政策担当者と同列に論じることはできないだろうが，貨幣の量的・質的操作によって市場に

---

10) 実際に製造され，発行された銀貨のピエは必ず整数になる。そのように品位が規定される慣習があったか，不詳。

メッセージを送り，関係者に心理的圧力をかけて，市場を動かそうとする。造幣操作は経済政策の中でも，自由に選択し，かつ弾力的に行使しうる数少ない手法の一つであったろう。

　しかし，それは本当に自由に行使しうるカードだろうか。政策メッセージはそれを裏付ける現実が見えなければ，噂話も同然である。この点が15世紀は現代と決定的に異なる。現代は利子率も発行量も抽象的な数値情報であるが，15世紀においては，金属貨幣を発行しなければならない。その素材を入手するという点で，彼ら自身の政策選択の自由が制限されてしまうから，彼らは銀市場の安定化が是非とも必要と考えていたはずである。そのために，彼らは市場を厳密な管理下に置き，貴金属価格が投機的に激しく変動することを抑制しようとする。その発想を実現したものが1421年1月10日付「両替に関する法」であろう。この法令がブルゴーニュ地方の両替業者を制限し，ディジョン会計院の管轄下で彼らを監督する体制を確立することになる。

　その前に，今一つ確認し，主張しておきたいことがある。ここで身代金請求とそれを巡る対応という，非常に政治的な事例を取り上げたために[11]，あるいは造幣所とはそのために存在しているのかと誤解を招くかもしれない。確かに15世紀には貨幣を継続的に発行する習慣が未確立で，断続的に発令される貨幣令に基づいて，造幣と発行が行われると述べた。しかし造幣所は貨幣経済を前提として，市中に供給すべき普通の貨幣を製造することを本来業務としていて，身代金を調達するという特殊な事態に対応するためにだけ活動するわけではない。例えば，1420年7月3日付で，公フィリップは造幣所統括役宛てに通達を発している。現状のままでは少額貨幣の不足は避けがたく，ブルゴーニュの臣民も去来する商人も危機に直面する。とくに小麦とブドウの収穫が目前に迫っている以上はなおさらである。公益を鑑み，諮問会の勧告に従って，ディジョン以下各造幣所に本状が明記する貨幣の製造を命じる，云々，と[12]。

---

　　11)　AMBÜHL, Rémy; *Prisoners of War in the Hundred Years War. Ransom Culture in the late Middle Ages*, Cambridge, 2013.
　　12)　「フィリップ，ブルゴーニュ公，フランドル伯，……造幣所統括役に挨拶を。聞くところでは，今や避けがたい少額貨幣の不足のために，わがブルゴーニュ（に居住する）臣民も，この地に足繁く来訪する商人も，いずれも危機的な事態に直面し，そのうえ来る穀物

2. 両替規制

　両替業者と外国商人が有する貴金属売買の自由こそ市場価格を不安定にし，銀価格の異常な高騰を招いた原因であると諮問たちは分析した。それゆえ事態収拾のためには，何らかの形で両替業務ないし業者を規制して貴金属流通を厳密な統制下におき，かくして貴金属の市場価格を安定させたいと考えていたことも示唆した。書簡の文面から判断して，1420年12月の執筆時点で，すでに何らかの法案が出来上がっていたことも推測された。以下，このような経緯で制定された二つの両替規制令を詳細にし，その内容を検討してみたい。

　第一の法令は1421年（新式）1月10日付パリ郊外サン・ドニで起草された「両替設置指図書 Instruction de l'establissement du changeur」である（B11211）[13]。上記2通の書簡草稿で言及されていた指図書はこれを指していると思われる。この指図書はかなり大判の羊皮紙一枚（縦60cm×横43cm）に記載されたもので，その保存状態は良好とは言いがたいが，テキストを判読する上で大きな困難はない[14]。第二の両替規制

とブドウの収穫は目前に迫っている。彼らが現行の，しかも少額の貨幣を所持していなければ，その使用人に支払いをすることもできず，安堵させることもできぬ。そこで，わが臣民と公益とを常に考慮せんと欲するがゆえに，わが財政と会計の諮問会の面々の合意と勧告に基づき，わが権限として下命する。すなわち，わが造幣所にて，以下に明示する様な含有量と分割数で，貨幣を製造するようにと……」« Phelippe, duc de Bourgogne, comte de Flandres, ... au general maistre de noz monnoyes, salut & dileccion. Il est venu a nostre cognoissance que, pour deffaut de menue monnoye dont l'en ne peut a present fuier, noz subgez de nosdiz pays de Bourgogne & autres marchans frequantans yceulx noz pays sont en tres grant danger & sont tailliéz de plus estre actendu le temps des moissons & vendenges qui approche. Car ilz ne pourront paier ne contenter leurs ouvriers a la monnoye qui court a present sans avoir de la dicte menue monnoye. Pourquoy nous desirons, de notre povoir, toujours pourveoir a nosdiz subgez & a la chose publique, avons, par l'avis & deliberacion des gens de nostre conseil, de noz comptes & de noz finances, ordonné & ordonnons que en nosdictes monnoyes soient faictes, forgéez & monnoiées les monnoyes ... a tel pie de tel pois & loy comme cy apres sera declairé. ... Donné a Dijon le 3ème jour de juillet l'an de grace 1420.» (B11210).

　13）ADCO B11211 は1417年から1560年までの様々な時期に作成された計92点の貨幣に関する書簡や指図書，それらの控え・筆写などが収録されている。全体は8束に分けられ，その第5束に含まれる46点は宛先以外はすべて同一の文面で，各地に新貨発行を通知する書簡である。

　14）オリジナル・テキストは各条項の冒頭に Item を置いて，箇条書きにしているが，

令は 1423 年（新式）2 月 27 日付ディジョンで起草された「両替と貨幣製造に関する法 Ordonnance sur les changeurs et la fabrication de la monnoie」（羊皮紙，縦 55cm＋下端の折り返し 8cm×横 58cm）であり（B11202）[15]，21 年の指図書をより詳細にしたものと理解できる。いずれも原文は巻末に掲載した（巻末史料 8）。

　1421 年 1 月 10 日付けの指図書は，貴金属価格の上昇を抑制するために発布すると目的を明示した短い前文に続いて，全 16 項目にわたって両替業務とその監督ならびに違反に対する罰則を規定している（次頁の表 5-1 を参照）。当然ながら，両替本来の業務（第 1 条の 1），その人選（第 4 条の 1），申請（第 5 条の 1）と認可（第 6 条の 1 と第 7 条），営業場所（第 9 条）と営業日（第 10 条），造幣所に対する義務（第 4 条の 2，第 6 条の 2 と 3，および第 8 条）を詳細に規定している。

　次いで造幣所保護役 garde と監督役 contre-garde に課せられた禁止条項（第 3 条の 1）と業務（第 5 条の 2，第 12 条および第 13 条）を規定する。彼らは両替業者だけでなく，特定造幣所長も監督下に置く。

　また金銀細工師の材料購入先も両替業者に限定し（第 11 条），貨幣に限らず，貴金属全体の流通管理を徹底しようとする。

　要するに本指図書は，市場から貴金属を素材として購入し加工する側，すなわち造幣所長と細工師，この需要側に貴金属を供給する側，つまり両替業者と，需給の両側をきっちりと分離し，しかも双方ともに登録認可制を強化して人員を把握し，彼ら全員の行動とこの流通ルートの状態を監督役と造幣所保護役が常時監視する旨を明言し，さらに各地のバイイを中心とする司法職を動員して本規定令の遵守を周知徹底させ，違反者に対する取締義務を負わるものである（第 14 条，第 15 条および第 16 条）。

　もちろん番号は筆者が振った。単一の条項が複数の内容を含む場合は，便宜上，その内容ごとに下位区分番号を振った。

　15）ADCO B11202 に収録。1251 年から 1436 年までの日付を持つ計 25 点の紙・羊皮紙葉を含む。やはり貨幣に関する文書群という以上に格別の共通点はない。オリジナル・テキストは冒頭から最後の一語に到るまで，段落が一切ない。しかし各条項は必ず Item で導かれ，しかも語頭文字 I をかなり大きく書いているので，見誤ることはない。上記の方針に従って，各条項が複数の内容を含む場合は，下位区分をたてて番号を振った。

表5-1　ブルゴーニュ両替規制令の比較

		1421/1/10 指図書（B11211）		1423/2/27 規制令（B11202）
総論	前文	貴金属価格が指定価格を上回らぬようにするため。	前文	両替業者が造幣所以外へ貴金属を持ち去る。貨幣保護官を含む多くの者が両替を営業している。
	第1-2	従来の両替許可は一度すべて無効とする。	第1	従来の両替営業証はすべて無効とし，新規に発行する。
	第2	禁止を発布し，罰則を定む。		
両替の認可と規制	第4-1	両替業者は財務役，造幣所長，バイイにより，良き都市の資産家の中から選出される。選出者以外は両替営業禁止。	第2	両替を設置する27都市と各都市の営業者数計46名を指定。
	第9	両替は指定された都市の指定された場所で営業する。違反は処罰。	第3-1	両替は指定都市内の指定場所で営業する。違反は罰金。
			第3-3	両替は所属バイイ管区内の年市とシャロンの年市は営業可。
	第5-1	両替営業許可は，ブルゴーニュ公が北方に滞在中であれば，財務役，造幣所長，バイイが代理決済する。		
	第6-1	両替業者は会計主査または造幣所長に誠実宣誓をしてから営業開始。	第5	認可を受けた両替以外は営業禁止。
	第7	両替業者は会計院に保証金1,000フランを預託して登録。	第3-2	両替業者は年2度登録料を支払い，審査と認可を受ける。
	第4-2	両替業者は毎月造幣所に金銀を納入。	第4-1	両替業者は毎月至近の造幣所に金銀を納入する。
	第6-2	両替業者は毎月末に造幣所に納入。価格は指定。他所への売却は不可。		
	第6-3	両替業者は造幣所納入以外は食器・宝飾品製造用のみ売却可。		
	第1-1	転売目的で金銀購入禁止。	第13	両替相互の金銀売買の禁止。
	第8	造幣以外に貴金属を売却した場合の罰則規定。		
	第10	両替は四大祭以外の祝日は輪番で営業。		
			第12-2	両替業者は違反を告発する義務も負う。
造幣所長・保護役	第3-1	造幣所長の両替業務禁止。	第6	ブルゴーニュ5ヶ所の造幣所の保護役は両替業務禁止。違反は処罰。
	第3-2	造幣所は指定両替商が材料供給。		
	第3-3	外国商人からの買入は保護役と監督役立会いの下で認む。		
	第5-2	財務役，造幣所長，バイイは両替業者から担保を取って規制する。	第7	保護役は定住し，造幣所統括役の指図に従う。
	第12	保護役と監督役は金銀の価格を記録。		
	第13	保護役と監督役は両替業者が造幣所に納入した金銀の量，価格，日付，両替商の名を記録する。	第4-2	保護役は両替業者が造幣所に納入した日付，分量を記録する。支払いは造幣所長が行う。詳細は造幣所統括役が指図書を発行する。

第5章　銀市場と規制

分類				
金銀比価・金重視			第8	金エキュは銀14グロ以下とする。
			第9	両替手数料はエキュ1枚につき5ドニエ・トゥルノワとする。
			第10	両替は金エキュ14グロを守る。
			第11	フランス王国ないしブルゴーニュ伯領で通用していない金貨は適切な価格で買い取り、その後切断する。
			第12-1	銀は指定価格で売買する。
			第14	両替業者に限らず、ブルゴーニュ・シャロレ外に金銀を持ち出すことの禁止。
			第16	金の国外持ち出し禁止。
			第17	遺産の売買と婚姻契約を除き、売買契約を金で結ぶことの禁止。
作業制限			第15	誰であれ、自宅での金銀の熔解は禁止。造幣所で行う。
			第22	細工師が自宅で細工することの禁止。
細工師規制	第11	金銀細工師は両替業者から所定価格で材料を購入する。外国人からの購入は不可。	第18	金銀細工師は19カラット1/4以上の金を使用する。宝石は混合物は不可。
			第19-1	パリ延銀は純度11ドニエ18グランであるが5スターリンの銅を含む11ドニエ9グランで代用可。
			第19-2	細工師はディジョン会計院に各人の銘を登録する。
			第20	銀器に金色着色することは禁止。
			第21	銅器は識別容易ならば金着色も可。
摘発・課徴金	第15	罰金の徴収と没収は各管区のバイイが監督し、実際の徴収業務は収入勘定役が行い、バイイはその監督記録を年に2度会計院に報告。	第23	罰金と没収はバイイ配下の徴税役人が行い、年2度ディジョン会計院に報告。
	第14	違反者を告発し証言する者は罰金の1/3を取得する。	第24	バイイと徴収勘定役の違反を告発する者には最大10£の報奨金を与う。
	第16	ブルゴーニュ公尚書の印璽を捺した法令謄本を各地のバイイに送付し、速やかに職務を履行さす。法令原本は会計院に永久保存。	第25	バイイは本法令の遵守を督励し、違反者は厳正に処罰する。懈怠は処罰。
			第26	ブルゴーニュ公領、伯領、シャロレ伯領にて、バイイをはじめ司法職は本法令を古式に則って発布する。法令原本はディジョン会計院に永久保存。

注）（空欄は対応する条項がないことを示す）

前頁の表 5-1 は二つの法令を比較・対照できるように，内容上のまとまりを優先して配列した。対応する条文がない場合は空欄にした。

さて，1423 年 2 月 27 日付の法令は全 26 項目に前文を加えたもので，上記の指図書に比べると，かなり長文になっている。まず，両替業者が造幣所以外へ金銀を売却すること，造幣所保護役が両替業を営むことは上記 21 年の指図書で禁じたが，それが等閑視されている現状を鑑み，新たな法令を発すると，前文で本法令発布の目的を明記している。

続く第 1 条で従来の両替認可状は一度破棄し，新規に再発行すると述べているので，21 年の指図書を全面的に見直した法令とも思われるが，以下に続く諸条項を見ると，むしろ上記 21 年の指図書を前提として，それを部分的に修正あるいは補足し，より詳細にしたものと考えられる。

第 2 条では両替業者が営業する 27 都市の名を列挙し，同時に各都市の営業者数（計 46 名）を詳細にし，営業は指定都市内の指定場所に制限する（第 3 条の 1）。年市と毎日市での営業は，居住するバイイ管区内で開催される場合に限定し，管区外への進出は認めない。ただしシャロンの年市だけは別扱いとし，いかなる両替業者も自由に営業できるとした（同 3 条の 3）。シャロンの年市が持つ決済機能を重視したためであろう[16]。しかし，このような営業の空間的範囲を詳細にしたことを除けば，それ以外の点，例えば両替業者の許認可に関しては，21 年の指図書の方が詳細である。具体的に述べれば，21 年の指図書では，善良都市に居住し，1,000 エキュ程度の資産を有する善良な市民の中から，財務重役，造幣所長，バイイが必要とする人数だけ両替業者を推薦する（21 年指図書の第 4 条の 1）としているが，23 年法にこのような記述はなく，営業許可の申請方法も記載されていない。さらに大きく違っている点は登録料と保証金に関する規定である。21 年の指図書では両替業者はブルゴーニュ公の認可状を落手した後に，造幣所統括役もしくはディジョン会計主査に宣誓し（第 6 条の 1），さらに保証金 1,000 フランを会計院に預託して，登録される（第 7 条）としている。ところが 23 年法では一年を二期に分けて，聖ジャン・バティスト（聖ヨハネ）の祝日（6 月

---

16) このシャロンの年市については本書第 1 章 2-6 を参照。

24 日）とクリスマスを期日として，半額ずつ計 10 リーヴルを登録料として支払う（第 3 条の 2）としているだけで，宣誓義務にも 1,000 フランの保証金にも言及していない[17]。

両替業者の日常業務に関しては，23 年法も，毎月，造幣所に金銀を納入する義務を明示し（第 4 条の 1），改めて両替業者が相互に金銀を不要に売買することを禁止している（第 13 条）。もちろん彼らの基本的義務は貴金属材料の安定供給にあるが，23 年法では一歩踏み込んで，万人による銀マールの公定価格遵守を謳った上で，違反者を発見した場合の届出義務を両替業者自身に課している（第 12 条）。

造幣所長と造幣所保護役に関する規定は，基本的には同様の精神に基づいて策定されているが，微妙に相違する点がある。21 年の指図書では造幣所長が両替業務を行うことを禁じていた（第 3 条の 1）が，23 年法は造幣所保護役（造幣所長の監督者）が両替を営業することを禁じている（第 6 条）。さらに造幣所保護役は造幣所統括役の指図に従って業務を行い（第 7 条），造幣所の金銀納入記録を作成する（第 4 条の 2）と明記される。この造幣所統括役なる役職は 21 年の指図書では言及されていない。逆に 21 年の指図書は保護役とともに監督役なる職にも同様の規定を与えているが，23 年法ではこの監督役についての言及がない。特定造幣所長とは文字通りに各造幣所の主催者であるから，その職が廃止されるはずはないし，彼らに両替業務を黙認するわけでもなかろう。監督役についても同様に理解される。つまり 23 年法の前文で廃止するとしたものはあくまでも発給済みの両替認可状であって，認可制度の根

---

17) 年間 10 リーヴルの登録料はバイイ管区ごとに徴収された。記録として確認できたのは，オータン管区の通常収入記録で，1425 年から 28 年までは「1423 年（新式）2 月 27 日付新法によって管区内の都市に居住する各両替業者から聖ジャン・バチストの祝日とクリスマスに半額ずつ年 10 リーヴルを徴収 Pensions de dix £t par an que le duc prent a present par ses nouvelles ordonnances sur ce fait, fait a Dijon le 27/2/1423 sur chacun changeur par lui de nouvellement ordonné & institué estre en chacunne des bonnes villes desdiz bailliage d'Ostun & de Moncenis et en la comte de Charollois a paier par moitie a la feste de la navtivite Saint Jehan Baptiste & de Noel」という表題の下に両替の氏名，営業場所，金額が記録されている。25 年（B2365 ff.26Vº-28Rº）は 7 名から 65 リーヴル（うち 1 名，パロワ・ル・モニアル Paroy le Monnial で営業していたイボン・ル・ブルトン Ybon le Breton は半期分の 5 リーヴルのみ支払い），26 年（B2366 f.28Vº）は 3 名 30 リーヴル，27 年（B2368 ff.25Vº-26Vº）は 2 名 20 リーヴルを受領しているが，28 年（B2368-2 ff.25Vº-26Vº）は記入すべき欄だけは作成したものの，受領金額はゼロであった。この後，この両替登録料の項目は記録から消滅する。

幹を規定した21年の指図書そのものを無効とするわけではない。それはなお実効力を持ち，23年法は幾つかの条項を付加するだけであろう。二つの法令を丹念に比較検討しても，互いに矛盾して両立し得ない項目は見当たらない。

したがって先の両替業者の保証金の件も，23年法は保証金1,000フランは不要と言っている訳ではなく，その保証金は自明であり，加えて毎年登録料を支払うように明記したと読むべきであろう。当然ながら，保証金と登録料は全く別物として区別している。

すると21年の指図書と23年の法令と双方に重複する規定はやはり強調ないし再確認と理解することになろう。23年法でもバイイを中心として司法職が法令の遵守を督励し，違反者には厳正に対処するように記載し，加えて彼らの違反，不正，懈怠に対する罰則規定を明確化している（第23条から第26条）。バイイなど取り締まる側の違反を告発する者には最大10リーヴルの報奨金を与えるという記載（第24条）と，バイイの懈怠はその都度20リーヴルの罰金という条項（第25条）はどのような現実を反映しているのか。

さて21年の指図書は全く言及していないが，23年法は詳細にしている点が二つある。ひとつは金銀比価の具体的な数値であり，今ひとつは金銀細工師が使用し，加工する素材の品質（純度の許容範囲）と着色に関する規定である。

まず金銀比価の問題であるが，第8条で金1エキュは銀14グロ以下を公定とし，違反は判事裁量の罰金刑に処すと明言し，続けて両替業者がこの公定比価をエキュ金貨の売り渡し価格としても（第9条），買い取り価格としても（第10条）使用することを命じている。同時に両替業者はエキュ1枚につき5ドニエ・トゥルノワの手数料を請求しうる（第9条）とし，金貨・銀貨相互の交換レートそのものと交換に伴う手数料とを明確に区別し，売買行為の透明性を確保しようとする。つまりフランス王の名で発行され，流通している貨幣の両替に関する限り，少なくともブルゴーニュ公が支配する領邦においては，両替業者間の競争はありえず，顧客はどの両替業者の許で両替しても同じ結果になるし，所定の手数料は1.8％にも達しないから相当に低い[18]。エキュ以外の金

貨が両替業者の許に持ち込まれた場合には,「誠実かつ合理的な価額を支払う」(第11条の1) としている。しかし金貨・銀貨の絶対価値は規定されていない。もちろんそれは金・銀貨の製造発行令で,その度に規定されるべき内容であって,本法令が言及すべき内容ではないということであろう。「両替業者に限らず,金マールないし銀マールに当局が定める以上の価額を付けてはならない」と言明するだけで (第12条), 具体的数値は記載されない。続く第13条はすでに言及したが,両替業者が不要の転売を繰り返して価格を吊り上げることを禁止している。しかし,こうして金融市場を厳しく統制して,自由度を制限し,金銀の価格変動の幅を押さえ込み,貨幣は何よりも決済手段であり,投機対象としては面白みに欠けることを周知徹底させれば,貨幣は別天地を求めて流出していく可能性が高い。流通総量の低下は貨幣価値の上昇を招き,ひいては経済活動の停滞を招く。そこで当然ブルゴーニュ圏外への金銀の持ち出しを禁止し (第14条および第16条), 通貨の流通量を確保し,そうして流通速度の安定した閉鎖的経済圏を構築しようとする。

　もちろん,この金銀の国外持ち出し禁止条項はやや異なる文脈で読むこともできる。貨幣に対する投機的売買を防止することは貨幣本来の価値を否定することではない。つまり重金主義と矛盾する訳ではない。第17条は相続財産の売買と結婚契約を除き,一般の商取引を金建てで契約することを禁じている。この条項は金貨の用途を高額取引に限定して使用機会を減少させ,流通総量と流通速度を規制することになろう。金を重視ないし神聖化し,改まった特別の場合以外は安易に使用しないという随分と古風な思想を定着させれば,金貨の扱いに心的規制が働き,全く異なる角度から通貨政策を支えることになろう。

　それならば,貴金属の熔解は造幣所に限るとし,違反は罰金刑と規定した第15条をどのように読むか。金銀の加工は権力者の,ないしその受任者の特権であることを宣言していると読まざるを得ない。貨幣を毀損することは発行者に対する侮辱であり,大逆罪に等しいという意識をもたせることは通貨政策の基本であろう。だからこそ他国の通貨が両替業者に持ち込まれた場合,買取後は「切断して返却してもよい」(第11

---

18) エキュ金貨の実際の取引価格を 280dt (= 20dt/gros × 14gros) とすれば,5dt/280dt = c.1.8%

条の2)のである。つまり貨幣は貴金属の一片というだけではない。ある貨幣が所与の権力支配圏内部で普遍的で均一の価値を有するのは当該支配者がそれを保証するからである。したがって誰が, どこで, いつ発行したのか判然としない, デザインも品質も雑多な貨幣がいつまでも流通過程に残存しているという状況は支配者にとって好ましくない。秤量貨幣の観念が消え去る事がない以上, それらを偽造ないし変造貨幣と断じて一掃することは難しかろうが, 特定の均一な公認貨幣のみが流通する状況を創出したいと考えるのは, 支配者として当然であろう。だからこそ両替業者は古銭と廃棄銭の回収も義務付けられるのである。

金銀細工師に対する規制に関しても, 21年の指図書は両替業者から素材を購入することを義務付けているだけだが, 23年法は詳細に規定している。使用する金は19カラット4分の1以上とし, 宝石は不純物があってはならない（第18条）。パリ延銀（11ドニエ18グラン）の代用として11ドニエ9グランの銀でも5スターリンの銅を含んでいれば使用を認めるという第19条の1は加工銀の品質保証（純度の下限）を示したものと理解される。細工師は各人の銘をディジョン会計院に登録することを義務づけられ（第19条の2), 監督を容易にしている。また銀器に金色着色料を使用することは厳禁（第20条）でも, 銅器は識別が容易であれば金色着色料を使用するも可としている（第21条）。

以上, 1421年の指図書と1423年の規制法に盛り込まれた内容を説明してきたが, これは次頁の図5-1に示すように図式化することができよう。

法令制定の目的であった貴金属市場の安定化, つまり市場から投機的要因を排除し, 造幣所長が安定的に貴金属の供給を受けられるようにするために, 会計院を中心とする貴金属の流通・売買の管理体制を設立したと言えそうである。が, 単に市場の参加者である両替業者の行動を規制し, 管理するというだけでなく, 会計院の管理権限を強化・拡充したというだけでもない。両替の機能と役割を明確化することによって, 同時に彼らに通貨管理の末端を担わせ, 権力の敵対者として対峙するのではなく, 権力を維持する側に巧みに取り込んでいる点にも注目するべきであろう。

14世紀のブリュージュの金融業者を分析したデ・ローヴァーは興味

第 5 章　銀市場と規制　　　　　　　　　　　　　　269

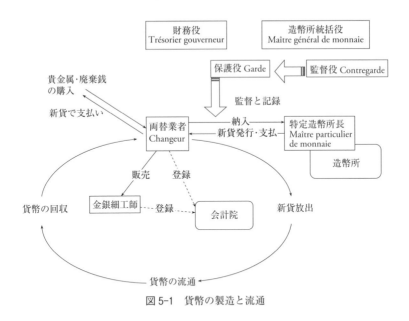

図 5-1　貨幣の製造と流通

深い事例を示している。フランドルでも両替は造幣所への定期的な貴金属納入を義務付けられていたが，コラール・ド・マルク Collard de Marke なる両替が破産に瀕し，この義務を果たせなかったことがある。その時，彼の知人で，しかも造幣所に関わりがあると考えられる人物が相当額を貸付けて，かろうじてそれを造幣所への前金としたことがあった。この場合，デ・ローヴァーは造幣所を中央銀行に見立て，両替を市中商業銀行に見立てるなら，中央銀行が経営の悪化した商業銀行に特別融資を行ったと見ることができると分析している[19]。この分析と解釈の当否はともかく，本書でこれまで分析してきた両替規制二法には両替を保護するという視点はない。完全に欠落している。規制をかけ，支配機構に取り込むのであれば，その役割の重要性を認めていることになるから，それが失われるとすれば，機構にとって重大な瑕疵となるだろう。したがって，そのような事態が発生しないような配慮もまた必要と思われるが，そのような条項は見当たらない。

　論及した二法には，もう一つ欠点がある。両替を両替業者としてのみ

---

19)　DE ROOVER, Raymond; *Money, banking and credit in medieval Bruges*, Cambridge, 1948, pp. 220-239.

扱っていて，広く金融業一般を営む存在とは見ていない。ブルゴーニュではそうだったのだろうか。

　再びデ・ローヴァーに拠るが，14世紀のブリュージュでは十数名の両替が営業していたが，そのすべてが誰に対しても預金口座を開設し，口座振替業務を行っていたという。当時のブリュージュの人口を4万人とみて，その2.5％相当の1,000人程度が両替に口座を持っていたという。つまり両替一人当たり平均70-80件の口座を管理していたことになる。しかし先に名前を挙げたコラール・ド・マルクなる両替は1369年に305件を数える口座を管理していたという記録を残しているから，その大半はブリュージュを訪れた旅行者ないし短期滞在者が開設したものであったことになる。さて，両替に開設されたすべての預金口座が一度に解約される（預金がすべて引き出される）ことはないという前提に立って，両替は口座残高の一定額を原資として第三者に直接投資したり，あるいは口座保有者に貸越を認めるという形で融資を行っていた。デ・ローヴァーは，ギヨーム・リュイエル Guillaume Ruyelle という両替の遺した預金管理の基本台帳を分析し，預金残高のおよそ7割を融資と投資に回し，残余3割は手元に留保したと結論づけた。ここからデ・ローヴァーは一つのモデルを作る。各両替がその顧客の総預金残高の4分の1を手元に留保し，4分の3までは貸越を行ったとする。すべての両替がこのような行動をとったとすると，つまり手元資金の4分の3までは融資に回し，信用を供与するという行動を続けたとすれば，信用を供与された側は自身の預金額を超える取引を行うことができるから，見かけの通貨流通量は実際の発行額を遥かに超えて，3/4を比とする等比級数の和を求めることに等しくなる。このモデルでは，十数名の両替の融資活動を通じて，市中に流通する（と見なされる）貨幣は当局が実際に発行した正貨の4倍相当になる。すなわち金融業者が彼自身のリスクで融資ないし信用供与を行うことは，正貨を補完する補助貨幣を発行することと同等の活動であると理解される。これが両替銀行を生み出す原理であると，デ・ローヴァーは考えた[20]。もちろん，信用がこのように貨幣

　20）DE ROOVER, R.; *op. cit.*, p. 320.
　デ・ローヴァーの説明を補足すると以下のようになる。
　今，ある両替にA氏が一定額 a_1 を預金したとする。両替は現金留保を25％とするので，

の流通量を増幅するというシステムが破綻することなく，きちんと機能するためには，そこに関与する者が貨幣とは金属片に限らないという考え方を共有していることが前提となる。

　デ・ローヴァーは商業銀行が発生するメカニズムに強い関心を寄せて，フランドルの金融業者の活動を分析したのだろうと思う。両替が遺した数少ない帳簿を解読して，彼らの金融行動を再現した手腕は見事である。翻って，ブルゴーニュではどうだったのだろう。両替が持ち込まれた各地のコインを両替し，手数料をとる以外に何もしなかったとは考えられない。年市の開催されるシャロン，城塞都市スミュール，サン・ジャック街道にあった司教座都市オータン，いずれも広く知られ，往来が絶えない場所であった。そのような場所で営業する両替が融資も貸付も一切行っていなかったとは考えられないが，少なくともブルゴーニュ公の側近たちはその活動を肯定的に理解し，通貨発行を補完する銀行業務と位置づけ，その活動をブルゴーニュ金融政策の中に取り込もうとすることはなかった。

　預金額 a_1 のうち，$\frac{1}{4}a_1$ は手元に留保し，残り $\frac{3}{4}a_1$ は投資や貸付に利用する。この $\frac{3}{4}a_1$ をすべて別の顧客 B 氏の口座貸越として認め，B 氏が，その $\frac{3}{4}a_1$ を別の両替の顧客 C 氏に口座振替で支払ったとする。つまり $\frac{3}{4}a_1$ は C 氏の口座残高を引き上げる。すると C 氏が口座を開設している第 2 の両替は，第 1 の両替と同様に，口座残高の増加分 $\frac{3}{4}a_1$ の 25％つまり $\frac{1}{4} \times \frac{3}{4}a_1$ を留保とし，残り $\frac{3}{4} \times \frac{3}{4}a_1$ を彼の裁量で貸し付けや投資に利用できる。

　このモデルを利用すると，当初預金 a_1 は最大でどれだけの投資や貸付のチャンスを生むか。

$$S_n = a_1 + a_1 \cdot \frac{3}{4} + a_1 \left(\frac{3}{4}\right)^2 + \cdots + a_1 \left(\frac{3}{4}\right)^{n-1}$$

一般に $a_n = a_1 r^{n-1} (r<1)$ で定義される等比数列 $\{a_n\}$ の和 S_n は $S_n = \frac{a_1(1-r^n)}{1-r}$ で与えられる。$r = \frac{3}{4}$ を代入し，$n \to \infty$, $\left(\frac{3}{4}\right)^{n-1} \to 0$ とすると

$$S_n = \frac{a_1}{1-r} = \frac{a_1}{1-\frac{3}{4}} = 4a_1$$

　このように両替が当座預金の 4 分の 3 を融資や投資に回し続けるなら，市中には正貨の 4 倍の貨幣が流通しているに等しい効果が生まれる。

　しかし「無限回」という考え方は非現実的というなら，ブリュージュの両替は十数名であったから，このような行動を 16 回行ったとするなら，現実味がある。

　それでも $\left(\frac{3}{4}\right)^{16} = 0.010\ldots$ であり，$S_{16} = \frac{a_0(1-0.01)}{1-\frac{3}{4}} = 3.96 a_0$

　したがって理論値 4 には達しないが，同等と見なしうる（誤差 1％）。

3. 両替規制の系譜

　両替規制令には前史があるのだろうか。1421年の指図書も1423年の規制令も，いずれも管理当局が両替業者に期待していることは，単に通貨の公正な交換というだけではなく，貨幣流通の現場にあって，適切な運営の管理者という役割であった。必要に迫られたとは言え，このような多面的な目的を持つ高度な法令がいきなり出現するとは考えにくい。先行する類似した法令があり，それを範としたと考える方が自然であろう。既述の通り，23年法は21年の指図書を前提として，それを補強・充実するという性格の法であったと考えられる。その23年法の金銀比価を具体的に規定した条項に，フランドル通貨に対する言及はなかった。それゆえ，二つの法令はいずれもブルゴーニュ地方，つまりブルゴーニュ公領（旧シャロレ伯領を含む）とブルゴーニュ伯領を対象としたものであり，ブルゴーニュ公が支配する北方領域（フランドルとアルトワ）まで考慮し，それをも適用対象としているとは思われない。ところが，南方領域の範囲内で先例になったと思われる法令・法案は見当たらなかった。そこで，論理的に飛躍があるが，北方領域を対象とした同様の規制法に目を向けてみたい。

　13-14世紀のブリュージュの金融市場を分析したデ・ローヴァーによれば，1309年のブリュージュ都市条例[21]は先行する両替規制に関する諸法を集成した成文法である[22]。その核心は，両替を特権的な閉鎖集団として新規の参入を厳しく制限し，部外者による特権侵害は処罰すると明言した点にある。しかもこの閉鎖性は爾後に設置される関係諸法，つまり1389年12月20日の伯通貨令 Ordonnance du comte，1433年10月12日の通貨令，および1467年10月13日の通貨令に，延々と引き継がれていくと言う。ブリュージュではこの両替特権を侵犯した場合の罰金

---

21) GILLIODTS-van SEVEREN, Louis; *Inventaire des Archives de la ville de Bruges*, 6vols, t.I, Bruges, 1871, no. 237.

22) DE ROOVER, R.; *op. cit.*, p. 180.

第 5 章　銀市場と規制　　　　　　　　　　　　　　　　　　　　　273

は 50 リーヴル・パリジ・ド・フランドル £ Parisis de Flandre と定められていたが[23]，市税収記録には，この種の罰金収入はほとんど見られないという。その解釈は何通りかあろう。法はよく守られていた。あるいは法は制定しても，当局はその遵守を強制しなかった。あるいは逆に違反が多すぎて検挙を放棄した，等々。しかし両替は知識が乏しければ難しい，素人には手が出せない仕事である。見方を変えれば，両替の独占は法規制によって保護されたと言うよりは，むしろ彼ら自身の職業的知識と経験によって守られていたと，デ・ローヴァーは論じている[24]。

　フランドルがヴァロワ・ブルゴーニュ公統治時代に入ってまもなく，リール会計院の整備を進めるとともに，1389 年に公フィリップ・ル・アルディが発布した通貨令(各条文については後述)は両替業者に従来の特権を追認するだけでなく，同時に様々な義務を負わせた[25]。1) 両替には公定レートを適用し，手数料は別に定める。2) 両替業者は変造・偽造貨幣あるいは流通していない外国通貨や古銭を回収し，切断・廃棄処分を行い，その廃棄銭を造幣所に納入する。3) 金貨，銀貨，廃棄銭，地がねの輸出厳禁。4) 両替業者の手元保留分は銀 50 トロワ・マールを限度とする[26]。5) 市当局の立ち入り検査を随時行う。デ・ローヴァーによれば，イタリア[27]やフランクフルト[28]でも同様の規制法

---

23) フランドル計算貨幣のひとつで，基本貨幣であるフランドル・グロ 20 枚を 1 リーヴルとする勘定法であり，フランドル・アルトワ領邦勘定に使用された。グロ 40 枚を 1 リーヴルとする，つまり上記に比べて内在価値が 2 倍になる計算貨幣 Livre de 40 gros de Monnaie de Flandre も存在した。これは統括勘定 Recettes générales de Toutes les Finances で使用された。1420 年代から 30 年代では，1 Livre tournois = 32-33 gros de Flandre で換算することが多い。

24) DE ROOVER, R.; *ibid*. この言表には彼自身が銀行に勤務した実務経験を持つことの自負がにじみ出ているかもしれない。確かに彼の分析は実務経験に裏打ちされていて，他を寄せ付けない。

25) DE ROOVER, R.; *op. cit.*, pp. 185-186. & pp. 227-230. 通貨令は Bonenfant 編集の史料集に収録されている。以下の注 29 を参照。

26) 1433 年貨幣令は銀の制限に加えて，金は 4 マールまでと明記し，67 年法は金 10 マールに変更した。DE ROOVER, R.; *op. cit.*, pp. 185. 典拠は 1389 年法については GILLIODTS; *ibid*. III. no.133. 1433 年法は Archives municipales de Gand Chartes et Documents, No.561. 67 年法は GILLIODTS; *ibid*. V. no. 544. 89 年法は，その後，史料集に収録された。下記の注 29 を参照。

27) LATTES, Alessandro; *Il diritto commerciale nella legislazione statutaria delle città italiane*, Milan, 1884, p. 203.

28) SPEYER, Otto; *Die ältesten Credit-und Wechselbanken in Frankfurt am Main, 1402-1403*, Frankfurt am Main, 1883, p. 21.

が見られるという。

　問題は1309年のブリュージュ都市条例とヴァロワ・ブルゴーニュ公が発布した諸法令との関連である。確かに各条項は類似しているし，両替業者を特権的閉鎖集団とする点が諸法令で維持されることも事実であり，その点に注目して，デ・ローヴァーは連続性を主張したのだろうが，法令全体の主張ないし目的は相当に違うように思える。ブリュージュ都市条例は他都市との競合の中で，経済活動の中核に位置する金融業者を他都市の同業者の侵攻から保護するために制定されたものであろう。しかしブルゴーニュ公が発した1389年の通貨令[29]がフランドル金融業界の自立性を庇護する意図を持つとは思えない。むしろ逆に，フランドル通貨圏を支配するために制定されたと思われる。この全22条からなる法令は，前文と第1条で，フランドル地方をフランス通貨圏に組み込み，さらに同年1389年6月に発行したノーブル金貨の価額を8スー6ドニエから6スーに下げ，つまり銀に基づく計算貨幣を29.4％切上げ（第1条），フランドル通貨を強化し，地主などの地代生活者に有利なデフレ政策を志向する。そのために指定レートを遵守しない商人は厳罰に処すと第2条以下で宣言し，外国通貨を締め出し（第7条），地がね取引を制限し，監督する（第5条，第6条および第8条）役割を両替業者に担わせるものである。したがって法令の真意は両替業者を通貨支配の末端に位置づけ，貨幣流通と貴金属取引の統制に利用する点にあり，そのために両替はバイイに誓約し（第7条），バイイないしその配下の司法役の随時立入り検査を容認しなければならないのである（第15条）。さらに流通貨幣の種類限定と切上げに伴って発生すると予想される混乱に対しては，法令はあらかじめ最終部分で対応を規定している。すなわち債務の履行は約定に従い（第18条），特に孤児の借金は都市当局が配慮し（第20条），農林業の地代は過ぎし8月まで（第19条），不動産の賃貸は現行契約年度終了まで（第21条）を旧レートとすること。生活必需品が便乗値上げをしないようにすること（第22条）を明記している。

　29）全22条に前文と結語文がつく。原文は下記の史料集に収録されている。BONENFANT, Paul dir.; *Ordonnances de Philippe le Hardi, de Marguerite de Male et de Jean sans Peur, 1381-1419, t.1: du 16 octobre 1381 au 31 décembre 1393*, Bruxelles, 1965, pp. 345-348.

そこで，1309 年の都市条例（およびそれに先行するフランドル諸条例）と，1389 年以降にブルゴーニュ公が発布した数回におよぶ貨幣令と，両者を切り離して考えてみよう。後者だけを考察した場合，一貫性があると言えるだろうか。1389 年の貨幣令と先に検討したブルゴーニュの 1421 年の指図書，あるいは 23 年の規制令，これらは北方と南方という対象地域の違いを越えて共通する精神を持ち合わせているだろうか。両替業者を通貨管理者にするという点では共通していると言えるが，策定目的という点では，一方はフランドル経済の征服ないしフランス通貨圏への組み込みであり，他方は既存市場の安定化であるから，制定目的が共通していると見ることは無理であろう。つまり一貫性があるともないとも，一概には言い切れない。ブルゴーニュの 1423 年の両替規制令，および先行する 1421 年の指図書は，フランドル地方で発布された通貨令と文面はよく似ているから，参考にした可能性は高いが，その精神を引き継いでいるとは言い難く，むしろ換骨奪胎して別物に仕立て上げたと言うべきではないか。

　1420 年の時点でブルゴーニュ公フィリップ・ル・ボンの諮問の一員で，財務行政に精通し，両替規制令制定の中心となったと考えられるのはジャン・シュザ Jehan Chousat である。彼はブルゴーニュ伯領のポリニィ Poligny 出身で，1396 年から 1401 年までドール Dôle の収入勘定役を勤めた後，1401 年 3 月に公フィリップ・ル・アルディの収入勘定統括役に就任した。公位がフィリップの長子ジャン・サン・プールに継承された後も，この勘定統括役の職に留任し，05 年にはジャンの弟ブラバン Brabant 公アントワーヌ Antoine（位 1406-15 年）の財務諮問 conseillier des finances et trésorier とブラバン収入勘定統括役 receveur général du duché de Brabant を兼任。ブルゴーニュ公の支配領域全般にわたる財務行政の中心となって活躍した人物で，1406 年には王シャルル六世 Charles VI（位 1380-1422 年）の御用金取扱い統括諮問 conseiller général sur le fait de la finance des aides まで託された[30]。このような人物が 1396 年，そのキャリアの第一歩を踏み出したときから 1420 年までの間に，公フィリップ・ル・アルディの財務重役で，1389 年の貨幣令制定に関与

---

30) VAUGHAN, Richard ; *John the Fearless*, New ed. London, 2002, pp. 123-124.

した人物と交誼を結び，両替規制に関して親しく語り合う機会があっただろうか。有能な人物なれば，もちろん保存されていた古い法令原本を調べて参考にしただろうが，先輩の財務重役の誰かに 1389 年通貨令制定前後の事情を直接に問い質すことがあったろうか。

　1389 年貨幣令を筆記し，署名した書記はティエリー・ゲルボード Thierry Gherbode という[31]。フランドルの生まれで，フィリップ・ル・アルディの義父ルイ・ド・マール Louis de Male の時代（位 1346-84 年），おそらく 1370 年代から書記かつ公文書管理役として活動し，1399 年にはフランドル・アルトワのすべての公文書管理 garde des chartes を一任され，1400-01 年にはリール会計院に保存されている公文書の目録を作成したとされる[32]。しかしジャン・サン・プールの治世には尚書というよりも対イングランド交渉の中心人物として頻繁に両宮廷を往復した[33]。彼が最後にイングランドに渡ったのは 1420 年 1 月で，1421 年に死去。ブルゴーニュ地方を訪れた痕跡はないが，公ジャンの側近として，当然，財務役シュザと面識はあったろう。外交上の必要経費を説明して，請求したこともあったかもしれない。このゲルボードが本来は北方領域の公文書管理を委ねられた人物であったことをシュザが忘れていなければ，1420 年に彼に問い質したという可能性はある。直接の証明はないが，1421 年指図書および 23 年規制令の制定にあたっては，1389 年法を参照した可能性があり，30 年の時空を超える連続性を主張することは可能であろう。

　しかし法令の基底を成す精神が根本的に異なるという以外にも，明らかな相違が 2 点ある。89 年フランドル通貨令はやはりヘント（ガン），ブルッヘ（ブリュージュ）およびイーペル（イープル）の都市住民を主たる規制対象としているように思われる。それに対してブルゴーニュ法は標題どおりに両替業者や金銀細工師を主たる規制対象とし，特定の都市

---

　31)　註 29 に提示した史料集 *Ordonnances de Philippe le Hardi*, ... p. 348.

　32)　DE COUSSEMAKER, Félix; Thierry Gherbode, premier garde des chartes de Flandre et secrétaire des ducs de Bourgogne, Philippe le Hardi et Jean sans Peur. Etude biographique, *Position des Thèses de l'Ecole de Chartes*, 1900, pp. 25-32. Id.; Thierry Gherbode, secrétaire et conseiller des ducs de Bourgogne et comte de Flandre, Philippe le Hardi et Jean sans Peur et premier garde des chartes de Flandres, 13.. à 1421, *Annales du Comité flamand de France* t.26 (1901-02), Lille, 1902, pp. 175-385.

　33)　VAUGHAN, Richard ; *op. cit.*, p. 137. Id.; *Philip the Good*, New ed. London, 2002, p. 133.

の市民・住民を広く対象にしたとは思えない。つまり社会経済的背景が，より直截な言い方をすれば，ブルゴーニュ公と住民との関係が，それぞれ直接に反映していると考えられる。もう一つの相違点は，第一の相違点から自ずと派生するのであろうが，フランドルの両替規制は登記，取締り，いずれの面でも司法職であるバイイを中心とする管理体制を敷こうとしているが，すでに見たように，ブルゴーニュではバイイは摘発・取締りの執行者にすぎず，直接の監督権限は持たない。バイイとは別に，両替と造幣を監督する保護役を監督の中心とし，さらにこのような管理システムの中核に会計院を置こうとしている。ところが 1389 年のフランドル通貨令はリール会計院に全く言及していない。これは注目すべき点である。この差異はフランドルとブルゴーニュという地方差なのか，それとも 30 年という時間差なのか。会計院のスタッフは財務官僚の頂点に位置するとされ，通常は現地で実務経験を積んだ財務担当者の中から採用され，ブルゴーニュ公麾下の「中央」財務重役や南方のディジョン会計院のメンバーが出向するということはない。おそらく，この人事方針がこの場合の解釈の一助となろう。北方の会計院は北方の人々の利益を代弁し，フランス同輩貴族たるブルゴーニュ公を侵略者と見なす可能性が高い。ブルゴーニュ公にとっても，そのような人々に信頼を置くことは難しかったかもしれない[34]。

4. 両替の地位

両替は賤業だろうか。彼らはブルゴーニュ公の統治機構の末端を担うことになり，その存在意義がようやく認められたと満足しただろうか。これは明らかな謬見である。多くの場合，金貸し業に対する蔑視は逆恨みではなかろうか。

確かに教会学者の中には，金融業者に対する敵愾心をあからさまに表明する者もいる。ニコラ・オレスム Nicolas Oresme である。彼は 1355

---

34) COMTAMINE, Philippe et MATTEONI, Olivier dir.; *La France des principautés: Les Chambres des comptes, XIVe et XVe siècles. Colloque tenu aux Archives départementales de l'Allier, à Moulins-Yzeure, les 6, 7, et 8 avril 1995*, Paris, 1996.

年に公表した『貨幣論』の中で,「時として必要だからとか,都合がいいからといった口実で,両替業のように侮蔑すべき商売や,高利貸しのように堕落した商売が認可されることもある」という言い方をしている[35]。彼はアリストテレス以来の伝統に従って,貨幣を自然の富の交換媒体と規定するから,貨幣が新たな価値を創出することはないと考えている。それゆえ,価値を生むはずのないものに価値を生ませる行為はいかがわしく,自然の秩序を歪曲すると考えるのであろう。神の創造に瑕疵をつけ,その完璧さを毀損する者を教会学者が嫌うのは当然かもしれないが,現実はやや異なる。

再びデ・ローヴァーに頼るが,ブリュージュの両替は二つに大別される。一つは4名の特権的な受封両替 de vier vrije wisselen, les quatre francs fieffés changeurs で,彼らは両替業務を授封されたフランドル伯の直臣であった。世襲だが,この封は売買可能とされた。その起源は不明だが13世紀初めには存在していたことが確認される。その世紀を通じて金融取引が拡大したために,4人では業務を賄い切れず,新たに業者を募り,増員することにした。これが今ひとつのグループで,認可両替 onvrije wisselaars, changeurs non libres と呼ばれた(文字どおりには「不自由両替」)。つまり4名が独占していた両替業務に新規参入した人々であり,当然,認可登録料という名目で参入料を要求された。その額は年間1リーヴル・パリジ・ド・フランドルで,市の税収簿に記録された。14世紀を通じて十数名の認可両替が確認される[36]。このような認可両替もブリュージュでは上層市民が多く,参審人になる者もあった。エヴラール・ゲデリック Evrard Goederic なる認可両替は1360年代末には参審人であり,兵役は常に騎行で務めたとされる。さらに1369年6月19日,初代ヴァロワ・ブルゴーニュ公フィリップ・ル・アルディがフランドル伯女マルグリットとガン(ヘント)で婚姻した際,この二人を祝福するために,ブリュージュは9名の代表団を送ったが,市長や参事会員とともに,ゲデリックはそのメンバーに選ばれているし,その後,この新ブ

---

35) «Aliquando etiam pro aliqua necessitate vel oportunitate permittitur aliqua negotiatio vilis, sicut est ars campsoris, vel etiam prava, sicut est usura» Nicola ORESME, 1355, *Traité monétaire*, édition trilingue juxtaposée, sous la direction de Jacqueline A. FAU, Paris, 1990, Chapitre XVIII-2.

36) DE ROOVER, R.; *op. cit.*, p. 175.

ルゴーニュ公夫妻がブリュージュを訪れ，入市式を挙行した際には，彼は市門まで出迎え，そのまま儀仗兵として夫妻に随行した[37]。つまり両替を生業とする人物はブリュージュを代表する名誉ある市民と見なされていたことになる[38]。ゲデリック家の場合は，13世紀に市長を輩出しているので，両替業で資産を築き，公職を手にした成り上がりではなく，逆に名誉ある公職を歴任した一族が両替業に進出した事例である。

　ブルゴーニュ地方の両替を対象とした社会史研究は見当たらない[39]。ブリュージュのモノグラフィーをそのまま適用することはできないだろうが，そもそも両替業務を行い，貴金属市場で投機的に行動するためには，相応の知識や経験，手元資金が必要なはずで，誰にでもできることではない。先に詳細に分析した1421年の指図書でも「1,000エキュ程度の資産（不動産）を持つ適材に両替業務を行わせる」と明記していたし（第4条の1），さらに1,000フランを即金で会計院に預託させるとしている（第7条）が，このような資産を所有している人物は限られる。つまりブルゴーニュにおいても，規制令が対象とする両替はかなり上層の市民であると言えよう。両替は決して卑しむべき職業ではないのである。だからこそ，通貨管理の末端を彼らに担わせることに不安を抱くことはないのであろう。

5. 小　　括

　1421年の指図書と1423年の規制法とが策定された目的は銀市場の安定化と言うにつきる[40]。1420年夏，ブルゴーニュ公は大量の銀貨製造と発行を命じた。その実現のために造幣請負人は原材料買い付けに奔走した。両替業者と外国商人が牛耳る市場は突然の引き合い急増に直面して沸騰する。造幣請負人は窮地に立たされた。対応策は二つあったはず

　37）　DE ROOVER, R.; *op. cit.*, p. 190.
　38）　パリでも1413年にペラン・オージェ Perrin Auger なる両替が参審人となったことが知られている。*Journal d'un bourgeois de Paris*, éd. par Collette Beaune, p. 66.
　39）　巻末の文献目録に収録した GAUTHIER, Léon; *Les Lombards dans les deux Bourgognes*, Paris, 1908. には，そのような言及があろうと想像されるが，未見。
　40）　DUMAS-DUBOURG, Fr.; *op. cit.*, pp. 174-175.

である。貨幣の銀含有量を抑えて，需要量を減少させ，市場価格の上昇要因を消去する。さもなければ市場の自由を制限する。つまり市場取引を行う者たちを制限して過当競争を避け，価格形成に枠組をはめ，貴金属の流通を厳しい管理下に置く。ブルゴーニュ公の財務担当者たちの選択は後者であった。市場の沈静化と銀の安定供給，さらに貨幣発行者の威信の維持，それらをすべて満たす政策，言わば「強いブルゴーニュ貨幣」政策は，後者であると決断したことになる。この判断は正攻法を選択したと言えようが，貨幣の品位を操作するという方策の一つを自らに禁じた，ないし制限したことを意味する。この決定は，現代であれば，市場金利を当局の金融政策として変更することを制限するに等しい。

　銀価格の安定化と貨幣流通の円滑化のために，両替をディジョン会計院の管理下に置く。これが1421年と23年に発布された両替規制令の主目的と主内容であった。この法令によって，実際にブルゴーニュ地方なら，どこへ行っても同様の良質かつ安定した貨幣を手にすることになったとすれば，貨幣政策としては成功したということになろう。しかし仮にそのような理想的な事態には到らなかったとしても，それをもって政策は失敗したとは言えまい。ブルゴーニュ公がブルゴーニュ地方の貨幣の製造と流通に関して，確乎たる方針を公表したことには大きな意味があっただろう。司法制度の面から，あるいはその実際の運用面から，諸侯領のフランス王権からの自立を論じることは珍しくない。しかしパリを中心とするフランス通貨圏から切り離されるわけではなく，したがって国王貨幣はもちろん通用するが，それでいてかなり閉鎖性の強い通貨圏を一地方に設立し，その管理運営を当該地方に所在する会計院を中核として行うと表明する意義は軽んじるべきではなかろう。

　通貨圏は物流圏と一体となり，自然に一つの経済圏を形成するだろうが，経済圏は政治支配圏と完璧に重なり合うわけではない。ブルゴーニュ公が具体的に貨幣を製造する場合には，当分の間はフランス国王貨幣を尊重して，同等の貨幣を製造し，同様に流通することを保証し，宣言することが必要になる。その具体的な事例は1421年の貨幣製造に見ることができる。しかも全国三部会は新銀貨発行のために地銀を直接徴収することを決定した。次章では，この新貨発行政策を分析する。

第 6 章
貨幣政策の転換

———————

　前章では 1420 年夏の銀需要の急上昇と市場価格の暴騰を跡づけ，財務重役の苦慮を明らかにした。貨幣政策を自由に決定するためには自由に銀を調達できなければならない。そのために，彼らは市場を規制し，投機を抑制するという方針をたて，両替規制の法制化に踏み切った。その直前，1420 年暮れには従来の低品位貨幣の大量発行という政策を廃止し，高品位貨幣の発行を目指すという王国の経済政策を根本的に変更する決断が下された。翌 21 年 6 月 21 日付で，銀貨の内在価値を 4 倍に引き上げる，逆に言うと計算貨幣による表面額を 4 分の 1 にする新制度が公表され，同 21 年 11 月 3 日には，銀内在価値をさらに 2 倍引き上げ，結局，前年に比べれば 8 倍の価値を持つ通貨制度の大幅な変更が公表された。しかしこうした一連の改革を実施するには，大量に出回っている低品位貨幣を回収し，高品位の新貨幣を流通させることが前提となる。そのために，かなり強引な手法を取ることになった。三部会合意に基づくものではあるが，銀の徴収という強硬手段を取ったのである。まずはその方針を確認し，この銀徴収がどのような事態を引き起こしたか，その実情を詳細にしたい。ひとことで言えば，そこには挫折と方針転換が含まれる。ただし高品位貨幣を発行するという基本方針を転換した訳ではない。あくまでも転換期の妥協的措置ではあるが，それでも「混乱」と表現するしかない事態であり，その混乱を収拾するために王国政府が発した指図がどのようなものであったか，そして混乱期の会計処理が一度は承認されながらも，やがて訴訟という形で問い直され，担当者に過酷な措置を下すことによって終息した事例がある。本章では，こうした

通貨政策の転換とそれに伴う様々な現実を辿る。

1. 銀徴発令とその実際

　1420年5月6日に発行された第7回フロレット（価額20ドニエ・トゥルノワの銀貨）のピエは160度で、1枚当たりの銀含有量は0.29グラムしかない。ところが、同年12月19日発行のグロはやはり価額は20ドニエであるが、ピエは大幅に改善されて30度となり、含有量は1枚当たり1.53グラムと5倍以上も増加した。この銀貨発行を皮切りとして一連の通貨改革が進められることになるが、金属貨幣の製造と言う面からすれば、従来の貨幣と同程度の流通量を確保するためには、新貨幣の製造には5倍の銀が必要になるということを意味する。

　1421年夏、国王シャルル6世に対して、全国三部会は新貨製造のための銀供出に同意した。実際にパリでは早々に銀徴収が実施された。地方では改めて集会を開催し、細部を検討した後に実施されたはずだが、ブルゴーニュでは僅かにオーソワ・バイイ管区の徴収記録1点だけが現存している。

　徴収の理由はともかく、これは臨時課税、一種の御用金 aide と理解できる。貴金属を重量単位で課税し、徴収するという方式も前例があり、さほど珍しいことではなかった。ちょうど百年前になるが、フィリップ5世の治世末年（位1316-22）の1321年、エドワード2世（位1307-27）との和平が成立する直前に、戦争代納金 subside として特別税が徴収された。その実施方式は地方差が大きいが、国王代理として各地に派遣された者がマール単位で銀を徴収したことが知られている[1]。百年を経ているが、いずれも銀貨の価値が不安定であった時期に実施されたという点で共通している。つまり額面で指定した場合、実際の支払に使用する貨幣によっては実質的な負担にかなりの差が生じることへの配慮と思われる。

---

　1) HENNEMAN, J. B.; *Royal Taxation in Fourteenth century France: the development of war financing, 1322-1356*, Princeton, 1971, p. 54. 彼の典拠は LANGLOIS, Ch. V.; *Inventaire d'anciens comptes royaux dressé par Rovert Mignon. Documents financiers; I*, Paris, 1899.

（1）パリの割当と徴収

さて 1421 年に戻るが，パリでは 1,332 名が 2 回に渡って割当額を納付した記録が現存している（AN KK323）。住民に対する割当徴収額は 4 分の 1 マール，2 分の 1 マール，および 1 マールの 3 通りが多く，2 マール，3 マールを割り当てられた人々もいた。

その詳細は下記の表 6-1 にまとめた通りであるが，2 回のうち，どちらも最頻割当額は 1/4 マールで，初回が 545 名（構成比 41%），第 2 回が 674 名（同 51%）であった。次位が 1/2 マールであり，それぞれ 363 名（同 27%）と 347 名（同 26%）。第 3 位が 1 マールで，229 名（同 17%）と 167 名（同 13%）であった。これらを合計すると，初回の支払が 1 マール以下であった者は 1,137 名（同 85%）であり，第 2 回の割当徴収では，さらに 1 オンス（1/8 マール）という割当額が加えられ，この額を支払った者 24 名を加えると 1,212 名（同 91%）となる。この徴収を詳細に分析したジャン・ファヴィエ Jean Favier によれば，納税には 6 通りのタイプがあったという[2]。1）古い刻印があり，含有量が 11 ドニエ 2 グラン，つまり 92.3%，の銀器ないし銀製品の供出。2）新しい刻印のある銀器ないし銀製品（含有量 11 ドニエ 9 グラン つまり 94.8%）

表 6-1　パリの負担者数

課税額	第 1 回(人)	第 2 回(人)
>= 3	98	67
2	97	53
1	229	167
1/2	363	347
1/4	545	674
1/8		24
合　計	1,332	1,332

単位）　負担割当額 marc

注）　Favier 前掲書 p. 54 から訂正・修正を加えて利用。

2）　FAVIER, Jean; *Les Contribuables parisiens à la fin de la Guerre de Cent Ans. Les rôles d'impôt de 1421, 1423 et 1438*, Genève, 1970. 本書は 1421 年パリで実施された御用金徴収記録 Archives Nationales KK323, 同 1423 年の記録 B.N.F. ms. fr. 26480, ff.180-189. 同 1438 年の記録 A.N. KK284 を校訂し，83 頁におよぶ解説 introduction を加えたものである。本稿で言及した分類の典拠は A.N. KK323 冒頭の勅書の写し p. 88, 収入合計の記載 pp. 142 & 218. および編者の解説 pp. 56-57. である。

の供出。これらは高額納税者に多い。3) 純銀塊 billon を利用する。4) 刻印のない銀端切 fretin で支払い。両者を比べれば，銀塊 9 に対して，銀端切 10 の比で，端切を支払手段とする者がやや多いが，これは 2 オンス onces (1/4 マール marc) とか 4 オンス (1/2 マール) といった小額納税者がよく利用する支払手段であった。5) 現金払いで，換算率は銀 1 マールあたり 100 スー・パリジ，エキュ金貨は 18 スー 8 ドニエ・パリジと評価された。さらに 6) 支払い手段不明のものもある。

　以上を踏まえて，徴収状況を支払手段別にまとめたものが下表 6-2 である。初回は刻印のある銀器があわせて 48 マール（端数切捨て)，塊が 95 マール，端切 85 マール，マール当たり 100 スー相当の貨幣が 96

表 6-2　パリの銀徴収の実際

第1回徴収	旧刻印銀器	新刻印銀器	塊	端切れ	貨幣	不明	合計
徴収予定額	10	38 1/4	95 3/8	85 1/4	96 3/5	90 2/5	415 7/8
免除						58	58
未納						32 2/5	32 2/5
徴収官の日当			17				17
雑支出			2 2/5				2 2/5
造幣所へ納付		38 1/2	173	88 1/2	11		311
合計	0	38 1/2	192 2/5	88 1/2	11	90 2/5	420 4/5
徴収役の預り残高	10	− 1/4	− 97	− 3 1/4	85 3/5	0	− 5[1)]

第2回徴収	旧刻印銀器	新刻印銀器	塊	端切れ	貨幣	不明	合計
徴収予定額	63 1/2	91 4/7	120 1/4	100 3/4	70	212 1/2	658 4/7
免除						95 1/4	95 1/4
猶予						110 3/4	110 3/4
未納						6 1/2	6 1/2
徴収官の日当	3 2/5	3 2/5	3 2/5	3 2/5	3 2/5		17
雑支出					4 1/2		4 1/2
造幣所へ納付	57 1/4	86 3/8	167 1/6	91 1/2	21		423 2/7
合計	60 2/3	89 7/9	170 4/7	95	28 7/8	212 1/2	657 1/4
徴収役の預り残高	2 6/7	1 4/5	− 50 1/3	5 6/7	41 1/8	0	1 2/7[2)]

第1回と第2回の合計	旧刻印銀器	新刻印銀器	塊	端切れ	貨幣	不明	合計
徴収予定額	73 1/2	129 5/6	215 5/8	186	166 3/5	302 8/9	1,074 4/9
造幣所へ納付	57 1/4	124 7/8	340 1/6	180	32	0	734 2/7
合計	60 2/3	128 2/7	363	183 1/2	39 7/8	302 8/9	1,078
徴収役の預り残高	12 6/7	1 5/9	− 147 1/3	2 3/5	126 5/7	0	− 3 2/3

単位：marc，分数は 1 桁に揃えた
1)　正確には − 4marcs 7onces 8sterlins。(1marc = 8onces, 1once = 20sterlins)
2)　正確には 1marc 2onces 7sterlins。
　　Favier 前掲書 p.58 から，訂正・修正を加えて利用。

マール，そして分類不明の90マールを加えて，合計415マールを徴収する予定だった。このうち不明分90マールとは免除分58マールと未納分32マールのことだが，これがどのような形態で徴収される予定だったのか分からないという意味である。下段の造幣所への納付欄に記入された数値が実際の徴収額に対応するのだろう。新刻印のある銀器は予定通り，端切れもほぼ予定通り，しかし塊は予定の倍近い173マールだが，逆に貨幣は極端に少なく，予定の1割強であった。

第1回の徴収が不本意であったのか，第2回は全体として1.5倍の658マールを徴収しようとした。その内訳は，銀器での徴収分を3倍の155マールとし，塊は120マール，端切れは100マールと，それぞれ大幅増収を見込んだ。他方で貨幣徴収分は70マールに削減した。ただし予定総額の3分の1に相当する212マールが免除，猶予および未納に終わったので，結局，実際に徴収できた額は446マールだった。造幣所への納付分を見ると，第2回分も塊が167マールで最も多く，貨幣が21マールで最も少なかった。納付2回分を合計すると，銀器が182マール，塊340マール，端切れ180マール，貨幣32マール，総額は734マールに達した。塊と端切れの合計額520マールは納付総額の70％を越えた。

ファヴィエの分析に従えば，1マール以下を割り当てられた人々は，ほとんどが銀端切れや貨幣で支払ったというから，彼らは4分の1程度（28％＝212/734）の貢献をしたと言えよう。なお徴収役は自身の日当として34マールを計上しているが，残高はマイナス3マール（持ち出し）として，この業務を終了した。

(2) ブルゴーニュの割当と徴収

それではブルゴーニュではどうであったか。第2章で分析したように，地方三部会で合意を取り付けた後に，バイイ管区ごとに徴収ないし借入が実施されたと思われるが，現存する記録は1点のみである。

その唯一現存するオーソワ管区の記録（ADCO B2788）は全60葉の冊子であるが，保存に難があり，全葉に渡って冊子の上部5分の1ないし4分の1程度が焼失している。葉にびっしりと書き込んだとすれば，最大で34行と推測される。実際には章立てがあるので，30行程度であろうか。焼失部分には2～3行分のテキストがあったはずなので，少な

めに見積もれば全体の10分の1,多めに見積もれば8分の1といった程度の情報が失われたと思われる。1行が1人分で,氏名と割当額が記載される。実際にこの史料から数え上げることができた人員は1,587名であった[3]。つまりパリの供出者よりもやや多いが,この1,587名について分析する前に,本史料の構成と前文に簡単に言及しておきたい。

　全体は四部で構成される。第1部は序で,短い前文と委任状の写しからなり,本史料の成立事情を説明し,内容を予告するものである(ff.1R°-3R° 巻末史料9)[4]。第2部は収入の記載に当てられ(ff.3V°-44R°),地区ごとに15章に区分され,各章の末尾に小計がつく。第3部は支出の記録(ff.44V°-52V°)であり,担当者の日当,現金支払,出張旅費ならびに通信連絡費,本会計関連支出,雑費に5分類され,最終葉の第52葉・裏には支出総額がまとめられ,その直後に収支決算が記載されている。本会計簿は本来ならばここで終了するところであろうが,この後に未納・免除分の明細が続き(ff.53R°-59V°),これが第4部となっている。この第4部の未納・免除の明細は,それを承認する認可状の順に淡々と本帳簿の記載葉,人名,未納・免除額を記載し,17通分の筆写を終えたところで(f.57V°)未納(未徴収)額を総計し,先の決算(f.52R°-V°)に修正を加えている。ところが,この未納・免除の記録はさらに認可状8通分が続く。5通分を終えたところで(f.58V°),その5通分の総額のみ記載するが,これによる会計全体への修正は行われていない(f.59R°)。その後に続く最後の3通分は,要点を筆写しただけで,合算も収支勘定の修正計算もせずに終えているが,一応,当該史料は完結していると判断する[5]。

　大局的に言えば,当該史料は各バイイ管区の御用金aide徴収記録と

---

　　3)　焼失部分を勘案すれば,おそらく1,800名程度の負担割当が記載されていたと推測される。

　　4)　葉番号は焼失しているので,筆者(校訂者)が振った。

　　5)　最終記載葉の第59葉・裏はかなりの余白を残しているし,第60葉は表裏ともに白紙のままである。最終綴りは2枚を二つ折りにしたもので,第57葉から第60葉に相当する。綴り糸を解いて広げたとすれば,第59葉は第58葉の,第60葉は第57葉の右半分になっているはずである。したがって第59葉と第60葉の間にあるべき葉が製本過程で欠落したという憶測は成り立たない。つまり散逸のない完結した史料であると理解される。

第6章 貨幣政策の転換

よく似た構成を持ち，特定収入勘定役委任状の写しに始まり，収入の部の章立て，支出の部の分類，また最後の訂正分，総じて平凡な勘定記録と言えよう[6]。ロベール・アンリ・ボーティエ編集のブルゴーニュ史文献案内は関連史料を保存する文書館の新目録とも言える良くできたガイド・ブックであるが，本史料を御用金徴収簿の中に分類している[7]。

第1部は字義通りの前文で本勘定史料の内容を予告し (f.1R°)，その後に1421年8月18日付の委任状の写し (ff.1V°-3R°) が続く。いずれも冒頭の数行分が失われたために，重要な情報が失われた。

1421年10月から11月にかけて実施された銀徴収業務は，4名の担当者，すなわち会計主査ジャン・ボノ Jehan Bonost，ディジョン・バイイ管区代訴人ジラール・ヴィヨン Girart Vyon，オーソワ・バイイ代理ギヨ・ブランダン Guiot Brandin，オーソワ・バイイ管区代訴人ポワンソ・ペルネィ Poinsot Peylleney，が「借り上げ」査定を行い，彼らが住民の同意を得て明細を作成したこと。その明細に基づいて「上記の」特定収入勘定役が実際の徴収業務を行ったこと。住民が銀を所持していない場合は，金貨や銭を徴収する裁量権を特定勘定役が持っていたことと，その場合の代替率（1マールを金6エキュ，1エキュを9旧フラン）を順に明示している。この前文の判読可能な最初の語は「そのマールは lesquelx marcs」であり，消失（焼失）した部分にマール単位で計量した徴収予定総額が記載されていたことを覗わせる。また現存部分では勘定役の氏名は特定できないが，「上記の ledit」と表現されているので，やはり消失部分に担当勘定役の氏名が記載されていたものと推測される。続く委任状の写しに見られるように，その勘定役とはオーソワ管区付き通常収入勘定役ジャコ・エピアール Jacot Espiart であろう[8]。

続く委任状の写しは4頁にわたる (ff.1V°-3R°)。まずパリ国王諮問会の具申に基づき，国王が全国三部会の場で金貨・銀貨の製造と現行通貨の切り上げを勅許したこと。また三部会は新貨製造のために助力を惜し

---

6) ブルゴーニュ公領の御用金徴収記録の現存状況に関しては本書第2章を参照。

7) BAUTIER, Robert-Henri & SORNAY, Janine éds.; *Les sources de l'histoire économique et sociale du Moyen Age. Les Etats de la Maison de Bourgogne, vol.1: Archives centrales de l'Etat bourguignon (1384-1500)*, Paris, 2001, p. 397.

8) エピアールは管区収入勘定役在任中の1435年に管区の御用金徴収を再度任じられている ADCO B2802。

まず，銀供出に応じると同意したこと。この事態を受けて，ブルゴーニュ公・公妃諮問もオークソヌに地方三部会を召集したところ，同様の金貨・銀貨の製造と現行通貨の同様の切り上げに関して合意に達したことを述べて，代表的な金貨・銀貨の新価額の一覧を示す。さらに三部会員の供出する銀で良質の貨幣を製造すれば，物価が安定するから，結局はブルゴーニュ地方全体の公益に結びつく。諮問一同の満足を表明してから，三部会に委任者を派遣するので，その場にオーソワ管区内の住民を召喚し，各人の余力に応じて銀徴収額を定め，三部会員の指図に従って，その立会いの下に，各人が査定額を最寄の造幣所に提供すること。オーソワ管区の場合，その銀供出状況は管区勘定役ジャコ・エピアールが記録すること。以上を述べた後に，定型の結語文が続き，副署人を列挙している。

　書式，文体，用語法，いずれの点からみても，御用金を徴収する場合の通達によく似ている。実際に御用金徴収勘定の劈頭にはこの種の通達ないし委任状の写しを掲載することが普通である。銀徴収額をマール単位で査定し，それを指定の造幣所に提供するという点を除けば，特異な点は見当たらない。そもそもフランス身分制集会は，1263年ルイ9世（位 1226-70）が貨幣制度を改革するにあたって，パリ，オルレアンなど大都市の代表を召集して下問したことが先例になったと言うから，調達の理由が新貨の造幣であっても奇妙ではないのだろう。

　ここでは，むしろ前文と委任状との間に微妙な相違があることに注目したい。委任状の作成日は1421年8月18日である。実際にオーソワ管区で査定・徴収業務が実施されたのは同年の10月から11月にかけてである。この8月半ばから徴収終了までの数ヶ月間に，おそらく銀徴収を厳格に実施することは困難であると考えられるようになったのではないか。そのために前文では「住民が銀を所持していない場合には……」という一節が盛り込まれ，その判断を勘定役エピアールに一任することになったのであろう。他のバイイ管区には同様の徴収記録が現存していないので，憶測の域を出ないが，この仮定を容れると，当該史料の不可解さが幾分か納得できるように思われる。

　さて，その1580余名のうち管区の主邑スミュール Semur 市では120名が負担する。それ以外の都市はアヴァロン Avalon が46名，モンレア

ル Montreal が 8 名，ノワィエ Noyers が 62 名，モンバール Montbart が 61 名，フラヴィニィ Flavigny が 38 名で，この 6 都市の負担者数は計 335 名となるから全体の 1/5 程度である。これに対して周辺農村部はスミュール周辺が 48 集落で 202 名，アヴァロン周辺が 37 集落 213 名，アルネィ Arnay が 38 集落 207 名，ポワリィ Poilly が 38 集落で 285 名であり，その他の地区を加えると，農村部全体では 237 集落に 1,250 余名の負担者を数えることになる。つまり農村部の負担者数は都市部のそれの約 4 倍となる。もちろん負担者数，おそらく戸数であって，住民数ではないが，この人口分布から見る限り，オーソワ管区では農村人口が圧倒的に多く，都市への集住傾向は緩慢であったと言えよう。

　オーソワ管区はセーヌ川とモルヴァン Morvan 丘陵に挟まれた一帯，アルマンソン Armançon 川に沿ってディジョンの北西方向に伸びる長さ 70km，幅 30km ほどの細長い地域である。その主邑スミュールはアルマンソンが屈曲した地点に建設され，難攻不落を誇ったが，産業都市ではないし，サン・ジャック（サン・チャゴ）へ向かう巡礼街道からも外れているから，人口集中を促す魅力には乏しかったのだろう。

　さて，管区内の負担分布をみると，スミュールだけで 70 マール，6 都市 335 名の負担額を合計すると 203 マールとなり管区全体の負担額 547 マールの 1/3 強に相当する。つまり負担者全体の 1/5 にあたる都市住民が徴収総額の 1/3 を負担すると表現できる。一人当たりの負担額を単純に計算すると，都市部では 6/10 マール強，農村部では 3/10 マール弱となるから，都市の 1 供出者は農村の 1 供出者の倍以上を負担していることになる。資産従価方式を採用したか否か，定かではないが，現代人の感覚からすれば，妥当な徴収配分と思われる。ちなみにオーソワ全体の算術平均を計算すれば，1/3 マール強（0.35 マール）になる。

　しかし徴収の実状を把握するには，算術平均を計算するよりも実際の徴収分布を検討するほうがよかろう。徴収割当額を低い方から並べると，最低額は 1/6 マール。次いで 1/4 マール，1/3 マール，1/2 マール，2/3 マール，1 マールとなる。1 マールを超えるものは少ないが，1 1/2 マール，2 マールという徴収額も散見され，3 マールが 4 件[9]，3 3/4 マール，

　9）このうち 2 件はスミュール市内の居住者（f.3V°）。他 1 件はスミュール近郊のブロー Braulx 村の住人で取消（f.6R°），残る 1 件はアルネィ区のアルクーシー Arcoucey 村 12 名

4マール，6マールが各1件確認される。ちなみに，これ以外の徴収額（例えば3/4マール）はなかった。なお6マールを割当てられたのはスミュール近郊のサン・ジャン修道院長，4マールは当該修道院の修道僧6名の合計額である（f.6V°）。3 3/4マールも個人割当額ではなく，やはりスミュール周辺部のモン・サン・ジャン村の8名分である（f.9R°)[10]。

表6-3は行政区ごとに，この負担割当状況を一覧できるようにまとめたものである。収集できたデータ総数は738件である。負担者総数1580余名の半分に満たないから，かなり少ないという印象を与えるが，判読不能分が多いことだけが理由ではなく，実は2人（戸），3人（戸）をまとめて課税対象としている場合が多いからである。この傾向は総じて農村部に強い。例えば第3区アヴァロン市内では判読しうる負担者46名すべてに対して個別に割当徴収額が指定されているが（ff.11V°-12R°)，周辺農村部（第4区）では逆に個別に指定されている方が少ない。その結果，第4区では負担者213名に対して収集できたデータ数は

表6-3 負担割当額の分布

	地区	負担割当額(marcs)								小計
		1/6	1/4	1/3	1/2	2/3	1	1 1/2	2	>=3	
1	スミュール市内	6	0	12	44	2	3	6	3	2	78
2	スミュール周辺部	3	0	4	62	0	23	4	1	4	101
3	アヴァロン市内	0	0	0	26	0	7	1	2	0	36
4	アヴァロン周辺部	1	1	0	54	0	15	1	1	0	73
5	モンレアル市内	1	0	4	2	0	0	0	0	0	7
6	モンレアル周辺部	0	0	0	23	0	6	0	2	0	31
7	ノワィエ市内	0	0	0	23	0	6	0	0	0	29
8	ノワィエ周辺部	0	0	0	2	0	1	0	0	0	3
9	シャテルジラール区	0	0	1	13	1	5	0	0	0	20
10	モンバール市内	1	1	3	33	2	5	1	0	0	46
11	モンバール周辺部	1	0	2	36	1	10	1	1	0	52
12	フラヴィニィ市内	0	0	2	16	1	7	1	0	0	27
13	フラヴィニィ周辺部	2	0	5	27	7	6	4	0	0	51
14	アルネィ区	1	0	7	34	5	20	3	0	1	71
15	ポワリィ区	2	5	12	68	4	18	3	1	0	113
	合計	18	7	52	463	23	132	25	11	7	738

分（f.33V°）で，全額免除されている（f.58R°）。

 10) このモン・サン・ジャン村8名分の割当額は史料の当該個所では個別に記載されていたと思われるが，判読できない。史料末尾にまとめられた免除認可の筆写部分（f.55V°）から判断される金額である。したがって，各人の当初割当額は一般的な1/2マール程度と推測される。

第 6 章　貨幣政策の転換　　　　　　　　　　　　291

73 件しかない。その第 4 区のサント・マニャンス Sainte Magnence 村では負担者 5 名に対して 1 マールを課税する記載があるし (f.14V°)，モニアルラン Monniarelin 村は負担者 6 名全員をひとまとめにして 1/6 マール，オークソン Auxon 村でも 6 名を一括して 1 マールと査定している (f.16V°)。他の地区に関しても，ほぼ同様の指摘が可能である。スミュール市内 (第 1 区) では 120 名に及ぶ負担者のうち，2 名ないし 3 名でのグループ支払を指定されているのは 38 名 (18 件) に過ぎない。そのためにデータ収集件数は 78 件を数える。ところがスミュール周辺 (第 2 区) は 202 名に対して，ちょうど半分の 101 件のデータを収集したに過ぎない。農村部では，いずれも課税額を明示している件数は負担者数の半分以下という結果である。モンバール周辺 (第 11 区) は 121 名に対して 52 件である。第 14 区アルネィと第 15 区ポワリィでは，この傾向はさらに顕著となる。負担者は双方を合わせて 490 名を超えるが，それに対して記載された割当徴収額は両区を合わせても 184 件である。個人の割当額を定めた件数はアルネィ Arnay 町の 16 名を別にすれば，両区を合わせても 10 名程度にすぎず，2 名から 4 名程度を一括して課税する方式が一般的である。ポワリィのアギィエ Aguilley 村は負担者 8 名全員を一括して 1/2 マールと記載しているが (f.40R°)，しかしこのように村落単位の徴収割当は稀である。

　つまり表 6-3 は個人負担額の分布をまとめたものではなく，1 人から数人で構成するグループを単位とする割当分布であると理解しなければならない。それぞれのグループの構成原理 (地縁的・血縁的) や構成規模 (人数・世帯数) を追求することは困難であるし，個々人の本当の支払額も推定不可能である。例えば 4 名に 1/2 マールが割当てられていても，それが 4 名で均等に分担するとは限らないからである。したがって表 6-3 を読解するにしても，多少の恣意性は免れないが，ある程度の目安を提供してくれるだろうというほどの考え方で分析してみると，一見して明らかなように，最頻値は 1/2 マールで 463 件，全体の 2/3 に相当する。次位が 1 マールで 132 件，約 1/6 に相当し，この二つで全体の 8 割を超す。表 6-3 では記載されていた徴収割当額に従って，全体を 9 クラスに分けたが，最頻値の 1/2 より少ない値は 1/3 マール，1/4 マール，1/6 マールで，この 3 クラスを合計すると 77 件。逆に 1/2 マールよりも

多い5クラスを合計すると198件であるから，この表だけで判断すれば，各グループが負担する徴収額の分布重心は1/2よりもやや高い方向にずれ，1/2と1の間に位置するはずである。したがって個人であれ，グループであれ，義務付けられた徴収額は，どこの地区でも，1/2マールか1マールが普通だが，既述のように，一人一人の負担額を計算してみれば，1/3マールが平均になっていると表現できよう。

　地区ごとの分布は多様で要約しにくい。スミュール市内（第1区）の割当額は多様で，1/2マールと1マールに集中せず，2つを合わせても全体の2/3に満たない。1/6マールや1/3マールといった小額を割当てられた人々もある反面，1マール1/2や2マールといったやや高額を割当てられた人々もいる。それに対して，ノワィエ地区では市内（第7区）も周辺部（第8区）も，1/2マールか1マールか，何れかを求められていて，それ以外の額は見られない。アヴァロン地区（第3区と第4区）でも，徴収割当額は1/2マールか1マールか，何れかで，都市部と農村部との相違は見られない。フラヴィニィ周辺部（第13区）やアルネィ（第14区）は典型的な農村部であるが，1/2マールの割当額は記載データの半分程にすぎず，相対的な多様性を示す。ところが，やはり農村地帯であるポワリィ（第15区）はまさに平均的データを示し，1/2マールの割当が全体の6割に達している。

　帳簿の徴税記載の中には，一度記載された後に一本線で抹消された記載が相当にある。その分を取りまとめて，改めて地区別の割当状況を一覧にしたのが表6-4であるが，特徴ある傾向がはっきりと現われている。取消合計134名のうち，都市住民に対する取消は3名（スミュールに2名，フラヴィニィに1名）に過ぎない。その他はすべて周辺農村の住民を対象としている。アヴァロン周辺に27名，モンレアル周辺に11名，モンバール周辺に45名，アルネィ地区に22名，ポワリィ地区に25名，その他1名である。この取消された負担者の割当て合計額は46マール1/6，一人当たり1/3マールになる。実は既に示した地区ごとの徴収割当額と，その総計547マールはこの取消分を差引いたものである。もう少し詳しく説明すると，史料は各頁ごとに割当額を合計して，下端に小さく書き込んでいる。その頁合計からその頁の取消分を差引いて頁合計

第6章　貨幣政策の転換

表6-4　取消と免除の分布および徴収状況

	地区	割当者数	当初割当額	取消者数	取消額	差引割当者数	差引割当額	免除者数	免除額	実納税者数	実徴収額
1	スミュール市内	120	70 1/2	2	1/2	118	70	1	1/2	117	69 1/2
2	スミュール周辺部	202	90	1	3	201	87	101	42	100	45
3	アヴァロン市内	46	43 1/2	0	0	46	43 1/2	0	0	46	43 1/2
4	アヴァロン周辺部	213	50 2/5	27	4	186	46 2/5	32	11 1/2	154	35
5	モンレアル市内	8	6 1/3	0	0	8	6 1/3	0	0	8	6 1/3
6	モンレアル周辺部	53	27 1/6	11	5	42	22 1/6	7	5	35	17 1/6
7	ノワィエ市内	62	21	0	0	62	21	0	0	62	21
8	ノワィエ周辺部	11	3 1/2	0	0	11	3 1/2	0	0	11	3 1/2
9	シャテルジラール区	38	13 1/2	0	0	38	13 1/2	0	0	38	13 1/2
10	モンバール市内	61	34 1/4	0	0	61	34 1/4	0	0	61	34 1/4
11	モンバール周辺部	121	35	45	17	76	18	16	5	60	13
12	フラヴィニィ市内	38	29 1/3	1	1	37	28 1/3	0	0	37	28 1/3
13	フラヴィニィ周辺部	122	35 1/3	0	0	122	35 1/3	0	0	122	35 1/3
14	アルネィ区	207	56 1/2	22	5 2/3	185	50 2/3	55	13 5/6	130	36 5/6
15	ポワリィ区	285	77	25	10	260	67	57	13 2/3	203	53 2/5
	(不　明)		0					28	7 2/3		-7 2/3
	合　計	1,587	593 1/3	134	46 1/6	1,453	547 1/6	297	99 1/4	1,184	448

を書き直し，その修正額を利用して地区ごとの合計を算出し，さらにその地区合計額を集計して徴収総額を計算している。つまり地区ごとの集計は当初割当の取消修正後に行われたことを意味する。アヴァロン周辺部のウィヨン Ouillon 村の負担者は 10 名であった。そのうち個別に割当額を指定されたのは 2 名（各々 1/2 マール）で，他 8 名は 2 人ずつを組にして，各組に 1/2 マールを割当てた。この 4 組のうち，1 組は両名ともに取り消され，他 3 組は一方だけが取り消されている。つまり，この村の取消は合計 5 名になるが，徴収額は 2 名とも取り消された 1 組分の 1/2 マールが減少しただけだから，徴収する側から見れば，深刻ではないと言える（f.14R°）。しかしアルネィ区のペルムノワ Permenois 村は当初予定された 6 名の負担者すべてが取り消され，予定額は全く徴収しなかった（できなかった）ことになる。このように取消の状況も，詳細に見ると多様で，一言ではまとめにくい。しかも明記しておくべきは，帳簿上の取消はあくまでも当初割当の全額取消であって，減額ではないという点である。例えば当初 1/2 マールを割当てた者に対して，それを 1/4 マールに減額するといった記載はなかった（ただし注 12 を参照）。

このような取消の理由は詳らかでない。15 の行政区，都市，集落，

住民と，徴収額を割り当てて，しかる後に集計したところ，管区の割当総額よりも多くなった。そこで適宜取り消して調整したと考えるか，あるいは住民の事情に通じている三部会員の指示に従って，余力がなく支払いは無理と判断される場合には取り消したか，どちらかであろう。あるいは両方が混在しているかもしれない。前者が主たる理由であれば，前文の消失部分に記載されていたはずのオーソワ管区全体の割当額は550マール程度であったということになろう。

　当初割当ての取消が農村部に顕著に見られるという傾向は，史料の最終部分の未納・免除の認可状 25 通分の内容を加味すると，さらに明確になる。記載構成で説明したように，何らかの理由で筆写を中断し，本史料作成をそのまま放置した可能性もないではない。そのように仮定すれば，あるいは筆写の終わっていない認可状もさらに何通か残っていたかもしれないが，ともかく現況を分析してみよう。25 通に列挙された免除者数は合計 297 名に上るが，そのうち 28 名（つまり 1 割弱）は特定できなかった。本文の消失した部分に記載されていたのかも知れない[11]。残る 269 名はすべて本文の収入の部で確認できた。スミュール周辺に 101 名，モンレアール周辺に 7 名，アヴァロン周辺 32 名，モンバール周辺 16 名，アルネィに 55 名，そしてポワリィが 57 名である。残る 1 名はスミュール市内であった[12]。アルネィとポワリィは取消分と合わせると，いずれも 80 名前後となり，アヴァロン周辺も 60 名に近い人数になる。つまりこれら 3 農村区では当初の負担予定者数の 1/3 程が取消か免除の対象となった。オーソワ全体では取消抹消分を合せると 400 名を超えるから，当初予定者数の 1/4 をやや上回るほどになる。

---

　11) 幾つか事例を挙げれば，第 11 葉に記載されていたはずのジャン・モレオール Jehan Moreaul，エティエンヌ Estienne とルニョー Regnault のペレト Perrete 兄弟，ピエール・ド・ビレ Pierre de Billers の 3 名 (f.54R°)，第 7 葉にあるべきギヨ・ムロ Guiot Melot，シモン・ル・ゲルタ Simon le Guerretat，ユグナン・ラウール Huguenin Raoul，ペラン・ギヨール Perrin Guilleaul，ペラン・ギヨ Perrin Guiot およびアダム Adam（姓不明）の 6 名 (f.54V°) 等である。逆に免除者リストから本文の消失部分を推定できた場合もある。第 9 葉・裏の 4 名 (f.56R°)，第 36 葉・表の 2 名 (f.57R°)，第 37 葉・表の 2 名 (f.54R°) などである。

　12) モナン・ピオレ Monnin Pioley なる人物で，当初 1 1/2 マールを割当てられたが，そのうち 1 マールだけを支払い，1/2 マールの残額があった。その残額（未納分）1/2 マールを免除されている (f.58V°) が，理由は明示されていない。このように割当全額ではなく，一部を免除され，しかも理由が判然としないケースは当該史料ではこれ 1 件のみである。

第 6 章　貨幣政策の転換　　　　　　　　　　　　　295

　免除された徴収割当額はスミュール周辺の免除分が計 42 マール，アヴァロン周辺が 11 マール半，アルネィが 14 マール弱，ポワリィが 13 マール超，その他を合せると，判明した 269 名分で 91 マールを超え，特定できなかった 28 名分も加えると，合計して 99 マールとなる。スミュール周辺部の場合，当初予定額が 87 マールであるから，半額が免除されたことになるし，アヴァロン周辺，アルネィ，ポワリィでは，いずれも予定額の 1/4 程が免除された計算になる。全体としては取消分差引後の 547 マールのうちの 99 マール，つまり 1/5 弱の免除を認めたことになるが，見方を変えれば，三部会の同意を得ているとはいえ，この臨時負担が，反乱もなく，当初予定額の 8 割以上も徴収できたのである。

　免除の認可状の文言を見る限り，その理由は明快である。一例をあげれば，未納者の名と割当額を列挙した後，「以上，全員がトワジィ・ド・モルキュイユ Thoisy de Morcueil およびシャンスルーズ Chancerouse の領主たる騎士フィリップ・ド・テラン Phelippe de Teurant 殿の配下の者であり，いずれも上記 1421 年には（ブルゴーニュ）公殿下の陣中にあって不在であったため，当該銀マールは一切支払っていない」(f.53R°) と述べて，未納・免除を認めている。他の認可状もほぼ同様の文面で，従軍を未納・免除の理由としている。しかしここで徴収しようとしているのは軍役代納金ではなく，御用金である。御用金とは本来は封臣が封主の物入りを負担する慣習に従って支払った金銭のことを言った。したがって封建関係の埒外にいる庶民には無関係だったはずである。ところが 14 世紀に入ると，それが軍役代納金と同様に拡大解釈され，身分制議会の同意は必要とするが，王が広く臣民から徴収できる臨時税と見なされるようになった。しかしこの 1421 年の場合，マール単位の「御用金」徴収は戦争準備を理由とした負担要請ではなく，新貨製造を目的とする銀徴収であったのだから，従軍を理由として免除するのは釈然としない。筋違いと思える。

　ここまで割当額，実徴収額，免除額そして最終合計額，すべてを銀マール単位で考察してきた。もちろん史料の記載に従ってのことである。地区ごとの合計額はマールで計算され，そのまま記録されているが，最終的に管区の割当総額を記載する段になると，実は合計のマール数をエキュに換算している。換算比は冒頭に明記されている 1 マール＝6 エ

キュである（f.44R°）。第 53 葉以下に記載される未納・免除分も当然マールで計算するわけだが，その合計額をエキュに換算してから決算修正に使用している。帳簿の前文，委任状，いずれにもそのような換算をするようにとの指示は見当たらない。わざわざ面倒な計算を行ってエキュ表記をする以上，何か意味があるはずだが，不可解と言うしかない。

(3) 銀 2 分の 1 マールの価値

オーソワ管区の場合も，史料の文言としては現存していないが，パリ同様に具体的徴収手段を取り決めてあったと想像される。つまり銀の供出というと，什器や燭台，装身具など，雑多な銀製品を供出させ，それを徴税人が淡々とその重量と純度を計測して換算し，記載していくといった情景を思い浮かべかねないが，現実はずっと散文的かつ事務的であったと思われる。仮に実際にそのような面倒な徴収作業を行ったとすれば，割当額どおりにきちんとした分数マールになるはずもなく，相当に端数がある煩瑣な記載になっただろうし，また 2 ヶ月間で 1,500 人を超える負担者（つまり 1 日あたり 25 名）に対応できたかどうかという疑問も生じよう。おそらく前文の例外規定「銀を所持していない場合」の対応，つまりマールへの換算が容易な貨幣，グロやドニエのようなありふれた銀貨を徴収することが多かったと推測される。

簡単な計算をしてみよう。帳簿の前文では，銀 1 マールは 54 旧フランであったが，それを 6 3/4 新フランに変更すると定められていた。さらにグロ銀貨 1 枚は旧フランなら 20 ドニエであったが，それを新フランでは 5 ドニエに変更すると規定されていた。すると銀 1 マールは旧フランではグロ 648 枚，新フランなら 324 枚となる。この比率は法定流通価値，つまりグロを貨幣として使用する場合の公定レートである。しかし，今，銀の代替として銀貨を供出させるのだから，貨幣としての価値ではなく，銀製品としての価値を考慮しなければならない。1419 年夏から秋にかけて実際に製造されたグロ Gros 銀貨は含有量 3 ドニエ 1/3 分割数 80 であった。すると王銀 1 マール ＝ $80 \times 3/10 \times 12 = 288$ 枚。純銀ならば，さらに× 24/23 で 300 1/2 枚となる。このマール 300 枚が交換率として妥当と言えるはずである。1 マールを 100 スー・パリジとしたパリの指定交換率は何通かの通達に明記されているが，そのうち最も

第 6 章　貨幣政策の転換　　　　　　　　　　　　　　　297

早い日付は 1421 年 3 月 11 日である[13]。この時点での指定を旧フランと考えて換算すれば，1 マールは 100 (sous parisis) × 5/4 (tournois/parisis) × 12 (deniers/sou) × 1/20 (piece/deniers) = 75 枚となり，あり得ない。グロを 5 ドニエとした新フランなら 100 × 5/4 × 12 × 1/5 = 300 枚となるから，当然，この新フランで率を指定したと理解される。実際，純銀 1 マール = グロ 300 枚と定めるなら，内在価値は計算上 300 1/2 枚だから，支払う側に少しだけ得になり，多少は不平不満も静まろう。つまり銀 1/2 マールとはグロ 150 枚，銀 1/3 マールはグロ 100 枚，銀 1/6 マールはグロ 50 枚と考えれば，徴収する側，される側，どちらから見ても面倒はなくなる。

　貨幣価値の切り替え時点での徴発は，その負担の軽重の判断が難しい。そのことも，また一つの狙いだったのかもしれないが，残る問題は，徴収割当額の妥当性である。確かに住民はこのような割当額を支払ったし，それが可能なほどの銀貨や銭を所持していたわけである。それはどれほどの負担だったのだろうか。

　ジャコ・エピアールが管理する管区収入勘定には，固定地代として収納した穀物を換金した場合の単価すなわち買い取り価格をトゥルノワ貨で記載している。1420 年（B2786 f.16R°）と 1421 年の記録（B2787 f.23R°）では，いずれもフロモン麦は 1 スティエ当たり 100 スー，セーグル麦は 60 スー，燕麦は 40 スーで，鶏は 1 羽 20 ドニエであった。新フランとなった 1422 年（B2789-1 f.29R°）は順にフロモンが 30 スー，セーグル 20 スー，燕麦 13 スー 4 ドニエ，鶏 10 ドニエである。翌 23 年（B2789-2 f.26V°）は燕麦が 12 スー 4 ドニエとやや値下がりしたが，それ以外は同値であった。新フランの内在価値は旧フランの 8 倍であるから，デノミだけならフロモン 12.5（= 100/8）スー，セーグル 7.5（= 60/8）スー，燕麦 5（= 40/8）スー，鶏 2.5（= 20/8）スーとなるはずである。つまり 1422 年に穀物価格は 3 倍近く，鶏の価格は 4 倍になったことを意味する。作柄が不明なので短慮は慎みたいが，この価格上昇には人為を感じる。さて 1 スティエ（= 12 ボワッソー）を 130 リットルとする[14]。先の課税割当の最頻値 1/2 マールは 21 年の旧フランで考えれ

---

13)　FAVIER, J.; *op. cit.*, pp. 88-89. これは A.N. KK323, f.2R°-V°の校訂。

14)　JACQUART, J.; Réflexions sur la métrologie des grains, GARNIER, Bernard et alt. éds.; *Introduction à la métrologie historique*, Paris, 1989, pp. 195-210.

ば27リーヴルで，同年の価格でフロモン麦5.4スティエ（＝702リットル）に，22年の新フラン（1/2 marc＝3 3/8 ￡t）では2.25スティエ（＝292.5 litr.）に相当する[15]。新フランで換算すれば，納税者にとっては随分と有利であるように感じられるが，それでも相当の額である。現代の小麦の比重は0.67から0.75とされる。これを利用すると，292.5リットルの小麦はおよそ196 kgから219 kgとなる。品種改良の進んだ現代に比べて，15世紀の小麦はもう少し軽いだろう。それでも200キロの小麦とは平凡な農民世帯の3ヶ月程度の消費量に相当すると思われる[16]。このオーソワ管区の住民はそれを支払うことができたのである。

2. 銀の転用と方針転換

オーソワ管区で銀徴収作業に従事した人々に対して，当然，日当が支払われる。会計主査ならびに諮問ジャン・ボノに90フラン（以下，端数切捨て），管区代訴人ジラール・ヴィヨンに33フラン，管区バイイ代理ギヨ・ブランダンに39フラン，管区代訴人ポワンソ・ペルネィに36フラン，計200新フラン，判読不能の者（おそらく管区勘定役ジャコ・エピアール）に111新フランといった程度であり，金額としては一般的で，格別留意すべき点はない。日当を受領し，帳簿の後半部分，つまり支出の部に記録された者たちは，すべて史料の前文で徴収実務を委任されることが明記されている者たちであり，不審な点はない。

他の支出としては，出張・連絡関連が17件で計17旧リーヴル強。徴収立会人の代訴人ジャン・ラ・ヴ Jehan la Veuhe に10旧フラン，書記ジャン・ミジェ Jehan Miget に10旧フラン。当該勘定記録作成のための獣皮購入6新フランなど雑費17新フラン，以上が計上されている[17]。

エピアールは管区で徴収した分を二人の役職者に引き渡している。一

---

15) 1スティエのフロモン麦をグロの枚数で表現すれば，1421年の旧フラン価格ならグロ60枚，1422年の新フラン価格ならグロ72枚の計算になる。

16) 0.5 kg/日/人×4人/家族×90日と計算した。

17) 当該銀徴収記録の支出合計は，フレニョとグレイへの引き渡し分を加えて（端数切捨て），結局，431新フラン，8,175旧フラン，銀5マール6オンス，旧エキュ508枚，新エキュ109枚，その他5種の金貨を合わせて数十枚となる。

第 6 章　貨幣政策の転換　　299

人はブルゴーニュ領邦収入勘定役のジャン・フレニョであり，彼に956
旧フラン強を引き渡した。これは彼の領邦第5会計のその他 recepte
commune の欄に記載されている（B1611 f.45R°）。他一人は徴収統括役
のジャン・ド・グレィ Jehan de Gray で，彼に7,199旧フラン，85新フラ
ン，旧エキュ金貨を508枚，新エキュ金貨を109枚，さらにフラン
Francs，ムトン Mouton，ノーブル Nobles など金貨を若干，銀は5マー
ル6オンスを引き渡している。このグレイの勘定簿は現存せず，支払い
と受領を突き合わせることはできないが，グレイからブルゴーニュ領邦
収入勘定役フレニョへの引き渡しがあったことは確認できる。1423年
の領邦第7会計に銀マール徴収統括役ジャン・ド・グレイからの受領額
として，75フラン，エキュ金貨12枚，ノーブル金貨9枚，ムトン金貨
18枚が記録されている（B1623 f.50V°）。1424年のフレニョの第8会計
には「1421年と22年に良貨製造のために徴発されたマール銀の受領」[18]
という章をたて，その中にドールの収入役ジャコ・ヴュリィ Jaquot
Vurry[19]およびギヨーム・ル・リエーヴル Guillaume le Lievre[20]とともに記
載されている。引き渡し額は，それぞれヴュリィが290フラン，リエー
ヴルが40フラン，そしてグレイ[21]が240フランである。さらに1425年
の第9会計には1件だけであるが，ディジョン管区のジャン・モワッソ
ンから100フランの引き渡しがあったことが「1421年と22年のマール
銀の受領」[22]という章題の下に記載されている。いずれも残額であろう。
つまり例の失われた1422年のブルゴーニュ領邦第6会計勘定簿に，各
管区からの引き渡しの主要部分が記載されていたと推測される。

　こうした領邦勘定簿の記載は，やはりブルゴーニュ三部会決定に基づ
いて，他のバイイ管区でも同様の銀徴収が行われたのだろうという推測
を裏付けると同時に，何かしら違和感を抱かせる。この特別会計は，新
貨造幣のために，銀を素材として直接徴収した記録ではなかったのか。

---

18) « Autre recepte par Jehan Fraignot de certains marcs d'argent relevéz es années de l'an 1421 et 22 pour faire bonne monnoie »（B1625 f.81R° et V°）

19) « tresorier de Dole et commis de recevoir les marcs d'argent empruntéz & levéz es années 1421 & 22 ou bailliaige d'Aval du conté de Bourgogne »

20) « commis a recevoir les empruns des marcs d'argent pour le duc ou baill. d'Amont »

21) この勘定簿に記載された役職名は « receveur genéral des marcs d'argent en 1422 » である。

22) « Autre recepte de mars d'argent de nov. dec. et jan. 1421-22 »（B1628 f.82V°）

既述のように，徴収されたほとんどの「銀」が上級職のジャン・ド・グレイに引き渡された。これは委任状が命じた方法とは違っている。繰り返しになるが，委任状では，4名の委任者（のうち少なくとも1名）と三部会員の立会いの下，供出者自身が指定された造幣所に直接出向いて納付することになっていた。しかし徴収勘定簿を読む限り，そのような納入が実施されたとは思えない。勘定役ジャコ・エピアールが，あるいは彼の上司に相当するジャン・ド・グレイが，納税者に代わって「銀」を取りまとめて代理納付するということはありうるだろう。国王貨幣と同様・同等の貨幣を製造するのだから，ディジョンかシャロンの造幣所に納付するはずである[23]。オーソワ管区から最短距離にあるのはディジョンだから，本来ならば，ディジョン造幣所長の記録[24]に痕跡がなければならない。しかし既述のように，「銀」はグレイの手を経て領邦勘定役のフレニョの許にもたらされたが，そこから廃棄銭としてディジョンなり，シャロンなりの造幣所へ持ち込まれた形跡はない。

　実は会計院のメンバーと財務役ジャン・ド・ノワダンの連名でジャン・ド・グレイに宛てた日付のない指図書の筆写が現存している（ADCO B11210 史料10）[25]。全12項目からなり，どの項目も比較的短文で，簡単なものであるが，明らかにこの「良貨製造のための銀徴収」に関する問題を扱っている。先に説明したオーソワ管区の徴収勘定簿前文では，管区の特定勘定役が住民からどのようにして徴収するかという点に，説明の重点が置かれていた。しかしこの指図書は統括役ジャン・ド・グレイが管区ごとに指定された特定勘定役から銀を受領し，それをディジョン造幣所に持ち込むようにと明言しているし（第1項と第7項），エキュ金貨を特定勘定役から受領した場合は，新旧の区別を明確にし（第4項），財務役の別途指示に従って保管し（第6項），その後，ブルゴーニュ領邦勘定役ジャン・フレニョに引き渡すように（第8項）と指示している。つまりある時点で，この銀徴収事業を当初予定の通りに遂

---

23) 本書の第4章を参照。
24) B11213 および B11215. いずれも帳簿形式 registre の史料であるが，そこにすべての受入および引渡の活動が記録されているとは限らない。第4章を参照。
25) 4葉から成る紙冊子で，第1葉・表から第2葉・表まで3面にテキストが記載されている。

行することが困難であると，おそらく現場から伝えられて，財務重役たち，つまり財務役ノワダンと会計院のメンバーの決断によって，当初の目的と予定が相当に変更されたことを示唆している。それがいつのことなのか判然としないが，実際に徴収作業を始めた後，10月であろうか。この変更は住民から銀を徴収するという根幹において変更がある訳ではなく，徴収した後に，その銀ないし代替としての雑多な貨幣をどのように処理するかという実務レベルの問題として扱われたため，その変更に三部会開催を要請する必要を認めなかったのだろう。

　オーソワ管区の徴収分としてエピアールから上級勘定役グレイに渡された「銀」は，いったいどのような「銀」だったのか。帳簿に具体的に記載してある訳ではないが，結局，パリのように雑多な貨幣が多かったのではなかろうか。つまりフランやリーヴルで勘定された分が貨幣で，5マール6オンスと記載された分だけが銀器や銀端切であったと理解される。数百枚の金貨は，当然，銀の替わりに供出されたものだろう。

　したがってオーソワ管区徴収勘定の「収入の部」はあくまでも徴収割当額ないし徴収予定額を記載したものであり，実際の徴収の記録ではないと解釈できる。だからこそ巻末に未納・免除による差引分をまとめ，決算を修正したと理解される。おそらく特定勘定役ジャコ・エピアールは別に受領メモを作成しただろうが，それを自ら廃棄したのか，紛失したのか，いずれであるかはともかく，彼はそのメモを浄書し，公表する必要を認めなかったし，会計院の監査でも，その点が問題になることはなかったと推測できる。つまり記録として現存する冊子は，まず徴収割当の詳細を記した部分とその修正部分，そして徴収総額の使途を詳細にした部分と，二つの部分からなっていて，言わばその「中間」に存在すべき徴収の実際を記録した部分は欠落しているのだと結論付けてしまいたいのだが，そのように断言しにくい事情がある。

　この銀徴収の勘定簿では，収入も支出も，どちらも決算はエキュで行っている。これは珍しい事例で，ふつうは計算貨幣を利用する。確かに1420年前後は通貨の変動が激しかったために，「14‥年のリーヴル・トゥルノワで」といった限定句を付したり，エキュは換算せずにそのまま枚数だけ記載して，そこで勘定を終えている場合もある。つまり可能な限り計算貨幣で表現して，どうしても換算しきれない場合には，個別

に貨幣の枚数を列挙するという，基本的な態度が見て取れる。貨幣の個別性を捨象して，できるだけ一般性へ還元するという方向である。本書第1部では様々な勘定簿を検討したが，どのような性格の勘定記録でも，またその担当者が誰であっても，およそこのような傾向を看取することができた。ところが，この帳簿では換算の方向が逆で，計算貨幣で勘定した支払いをわざわざエキュ金貨に換算している。つまり特定の実体貨幣を選択して，それに他を還元しようとしている。会計基準などなかったのだから，計算方法は自由だと言ってしまえば，確かにその通りだが，そもそもこの勘定は銀徴収を目的としていて，徴収割当つまり収入見込みは銀マール単位で計上したのだから，それを計算貨幣に換算するならともかく，わざわざ金エキュに換算するとは，一体どのような理由があったのだろう。帳簿作成者の動機が判然としない。銀器も銀貨も所持していなければ，その替わりに金貨でも構わないというのが当初の方針であったはずだが，おそらく実際に金貨を徴収し，勘定しているうちに，どこかで逆転が生じて，金の方が思考の中心に据えられて，金を基準にして銀を量るようになってしまった。勘定担当者にとっては，その方が銀で金を量るよりも，合理的と思えたのだろうか。上に述べた「中間過程」は確かに勘定簿には存在しない。しかしその不在の「中間過程」に書き込まれているはずの金貨が勘定担当者の心理に何か影を落としている。強いて推測すれば，金は銀よりもずっと良いもので，したがって銀に比べれば，はるかに変動が小さい普遍の価値を持つものという漠然とした強迫観念であろうか。

　最後に少し視点を変えて，財務管理の中枢にあった会計院が，負担割当，徴収，引渡，未納・免除の申請・認可，記録，最終処理という一連の業務をどのように見ていたのか推測し，そこからこの銀徴発がブルゴーニュの収益活動全体の中で，結局はどのように位置づけられたのか，その点を考えてみたい。今，新貨製造のために銀を徴収するという本来の目的をカッコに入れてしまえば，当該史料は臨時負担要請の記録と言うに尽きる。実際，残額の最終処理をみると，そのような位置付けがなされていると思われる。徴収総額3,283エキュ（B2788 f.44R°）から支出（引き渡しと諸経費）総額2,015エキュ（f.52V°）を差引いた残額は

第 6 章　貨幣政策の転換　　　　　　　　　　　　　　303

1,267 エキュ（f.52V°）であった。そこから未納・免除分を差引いて，計算貨幣に換算すると 742 リーヴル・トゥルノワ（端数切捨て）となるが，これが勘定役の預り残高，つまり請負終了時に彼が返済すべき負債 dette である（f.57V°）。この残高に含まれない未納・免除 14 マール相当の 78 リーヴル（f.59R°）は請負終了までは，支払いを請求する権利を有する信用残高 crédit である[26]。この預り残 742 リーヴルと信用残 78 リーヴルは 1426 年のオーソワ通常会計に持ち越され，管区勘定役ジャコ・エピアールの扱った金銭の一部分として，他の多くの会計とともに，彼の収支決算報告 état の中に組み込まれ，処理されている[27]。会計院が監査の際にこの会計処理に異を唱えた形跡はない。つまり会計処理上，1421 年の銀徴収臨時会計に格別の位置付けを与えている訳ではない。ある管区付き収入勘定役が担当した様々な収益活動のひとつにすぎないのであるが，そのまま納得してよいのであろうか。

　残高処理のうえで，他と何ら変わるところが無いということは，結局，銀を素材として徴収したのではなく，いつの間にか貨幣を徴収したことに替わっていて，本来の目的は二の次，三の次になったことを示唆しているのではなかろうか。低品位の古銭を回収して，再加工し，高品位の新貨用の材料とする。それが当初の目的だったはずだが，回収はしたものの，廃棄銭として造幣所に送る前に，まだ貨幣として十分に使用できることに気がつけば，逼迫した貨幣需要にこたえる方を優先させるのではなかろうか。新貨の流通が軌道に乗るまで，短期的に通貨が不足気味になることを選ぶか，新旧の貨幣が入り乱れて混乱しても，過剰気味になることを選ぶか。仮にそのような決断が必要であったとすれば，通貨政策の基本は強いブルゴーニュ貨幣を目指しているのだから，当然，不足気味でも構わないと考えるのが原則であろう。が，流通総量が不足気味になれば，信用不安が芽生える可能性がある。それは移行期には絶対に避けるべき事態ではなかろうか[28]。このように考えた場合，銀徴収がいつの間にか単なる税徴収に入れ替わり，一度，政府が回収した貨幣が

　26）さらに 6 マール相当の信用（f.60R°）があるが，それは放置されている。
　27）B2792-1, f.22.
　28）1420 年夏以来，ディジョン諮問会は常に通貨危機を懸念していた。第 5 章の注 12 を参照。

再び市中に出回ることになり，一度に大量に廃棄銭を生み出すことへの恐怖が合理的思考に勝ったとしても，仕方ないと言わざるを得ないのか。

3. 転換期の混乱と訴訟

　王国の経済政策担当は通貨改革を進めると同時に，ひとつの王令を発している。改革に伴う混乱に対処するための法令で，改革の時期を挟んで履行されるべき諸契約をどのようにするか，23項目に渡る様々なケースを想定し，基本方針を定めたものである。この法令は王国全体に周知されるよう各地に送付された。冷え切った関係にあるブルゴーニュ公領にも送付され，ディジョン会計院で保存されていたと思われる（後述）。こうした国王主導の通貨改革を決定するプロセスに諸侯がどのように関与したか，判然としないが，反対ないし拒絶した痕跡はない。

　ところが，各地で勘定実務に携わる人々の間では，監査する立場にある会計院の人々も含めて，一連の改革が十分に理解されていたとは思えない。旧体系から新体系への換算は確かに困難で煩瑣な作業であろうが，それを適切に処理しきれなかった事件が現れた。それが，以下に説明するジャン・フレニョ訴訟事件である。

(1) 史　　料

　その訴訟の概要はジャン・フレニョの第10期ブルゴーニュ領邦収入勘定簿（ADCO B1631）の巻末に添付されたノートに記されている。この第10会計はフレニョが担当した最後の領邦勘定で，1426年1月1日から27年2月末日まで14ヶ月におよぶ領邦の収支勘定を記録したものである。本文は第248葉で終わり，その直後に3種類の付録が付く。まず第247葉の続，第246葉の続という2葉分の本文補遺が挟まれる。次いで本文のサイズに比べると一回り小さな縦31cmに横22cmの紙冊子が2冊挟まれる。1冊めは19枚の紙葉を2つ折りにして38葉とし「ジャン・フレニョの最終決算報告」と題されたもので，第23葉・表まで記載され，以降は白紙である[29]。2冊めは3枚の紙葉を2つ折りにして6枚とし，その第1葉に「ジャン・フレニョの件で執行すべきこと」

第 6 章　貨幣政策の転換　　　　　　　　　　　　　　　　　305

と題され，第 2, 第 3 葉は白紙，第 4 葉以下に「ジャン・フレニョの財産売却」が報告されたものである[30]。そして最後に本文と同サイズ（縦 34cm に横 26cm）の羊皮紙で 14 葉の冊子が綴じ込まれ「ジャン・フレニョに課徴金を命じた判決と判決理由の写し」と題されている。この最後の 14 葉が彼の訴訟の概要である（巻末史料 11）。その原本，すなわち判決文そのものを含む公判記録と当事者が提出した証拠物件および弁明書などの関係書類一式は未確認である。おそらく散逸したと思われる。

　この訴訟は知られていないのか，あるいは収入勘定請負人の訴追など陳腐なこととして注目されてこなかったか，いずれであるかはともかく，文書館分析目録[31]の当該会計簿 B1631 の項目に，これらの添付文書に関する格別の注記はない。ボーティエのガイド・ブック[32]でも格別取り上げられていない。訴訟内容はまさにブルゴーニュ公の利害に直結するものであるから，会計院が万般を排して取り組むべき第一義的業務のはずだが，アント Andt の古典的研究も言及していない[33]。管見の限り，わずかにバルティエ Bartier のプロソポグラフィーに注記されているだけである[34]。

　バルティエはブルゴーニュ公麾下の役職保持者の特権や利得を論じた箇所で，不当な利得をあげて，結局は破滅した一例としてジャン・フレニョに言及し[35]，「フレニョは通貨危機の時期の会計に，本来ならば，計算貨幣として 9 £ 10 sous tournois/marc d'argent を使用すべきであったが，実際には 16 £ 10st/marc d'argent を使用したために，ブルゴーニュ公に対して 68,237 £ の負債を残した。検事ヴィヨンの主張によれば，被

---

　29)　1421 年以降のフレニョの負債と信用を 1435 年 2 月末日の日付で確定し，彼の免除分を 5,885 フラン（端数切り捨て）としている（f.16V°）。
　30)　不動産などの大型資産は含まず，台所用品など小額のものばかり 92 件の売却記録で，その総額は 272 フランである。
　31)　ROSSIGNOL, Claude et GARNIER, J. éds.; *Inventaire Sommaire des Archives Départementales de la Côte-d'Or, Série B*, 6 tomes, Dijon, 1863-1894.
　32)　BAUTIER, R.-H. & SORNAY, J. éds.; *op. cit.* 注 7 を参照。
　33)　ANDT, Edouart; *La Chambre des Comptes de Dijon à l'époque des ducs Valois*, Paris, 1924.
　34)　BARTIER, John; *Légistes et gens de finances au XV siècle. Les Conseillers des ducs de Bourgogne Philippe le Bon et Charles le Téméraire*, Bruxelles, 1955, p. 155 note 2.
　35)　バルティエは典拠をシュヴリエ M.Chevrier の学会報告（？不詳）に求めているが，このシュヴリエなる研究者の「報告」は何を主題としたものだったのか判然としない。ともかく本章で取り上げた ADCO B1631 付録を典拠としたことは確実である。

告ジャン・フレニョはパリ会計院の通達と王令に従うべきであった。ところがフレニョは王令は契約当事者間に適用される法令で，諸侯とその収入勘定役の間柄には適用されないと考え，諸侯や騎士，あるいはその他のブルゴーニュ公家臣のために発令された公令 Ordonnance ducale を適用した。結局フレニョは上告を断念し，57,933£ を支払った」と，この訴訟を要約している。さらにマール Marc なる研究者がこのフレニョ訴追は不当であったと論じたことを注記している[36]。

バルティエの関心からすれば，破産した役職保持者の一例を挙げれば十分なので，この訴訟を丹念に分析することは本意ではなかろう。この要約は確かに不注意から破産した役職保持者を描くには十分であろうが，正確であるとは言い難い。彼の論述によれば，まず国王とパリ会計院が作る政権，ブルゴーニュ公とディジョン会計院が作る政権，二つの政権が重なり合う形で並立して，その両者が通貨政策を巡って異なる見解を示し，別個に発した法令が齟齬をきたしていたにもかかわらず，そのまま放置されていたことになる。さらに二つの法令の解釈と適用を巡って，言わば「犠牲」となった財務担当者に対して，検事ヴィヨンは明らかに過失ではなく，背任を弾劾する立場に立ち，いかにも厳正である。検事はブルゴーニュ公代訴人を務める者であるが，むしろ国王とパリ会計院の立場を擁護しているかに見え，法廷で争われた利害関係が判然としない。以下，分析を進めていくが，その前に言及しておきたいことがある。

本書第 3 章を想起して頂きたいが，1430 年代以降，ブルゴーニュ公領と伯領を合わせた領邦収入は大体年に 6 万から 7 万リーヴル・トゥルノワであるから，最終判決でフレニョに言い渡された 58,000 リーヴルという金額は，まさに公領・伯領の年間収入に匹敵する金額である。その支払を一人の収入勘定請負人に科すというのは，俄かには信じがたい判決である。つまり，この訴訟は決して些細な問題ではないということを再認識して頂きたい。

(2) 判事，検察，被告

まずブルゴーニュ公フィリップの所在を確認し，本訴訟に対する彼自

---

36) Marc, J.; L'avènement du chancelier Rolin (déc.1422), *Mémoires de la Société bourguignonne d'Histoire et de Géographie*, 1905, p. 31, n.2.

第 6 章　貨幣政策の転換　　　　　　　　　　　　　307

　身の関心の程度を理解したい。1432 年の新年をヘントで過ごした後，月末から南方へ移動を始め，2 月 16 日にはディジョンへ到着した。以後，ブルゴーニュ内での移動はあるが，ほぼディジョンに滞在した。5 月 11 日午後，北方へ向かって出発し，23 日にリールに到着したことが確認できる。以後，33 年 5 月まではフランドル，ブラバン，ホーラントの諸都市を巡回した。その後はパリを迂回して南下，8 月 3 日にディジョンに達し，34 年 3 月末までブルゴーニュ地方に滞在している[37]。

　訴訟が開始された 32 年 4 月 25 日はフィリップはディジョンに滞在していたが，中間判決を公表した 9 月 16 日はアントウェルペンに，最終判決を下した 33 年 5 月 27 日はリールに滞在していた。2 通めの認可状（1433 年 7 月 18 日付）に見られるように，フィリップはこの訴訟に無関心ではなかったのだろうが，北方の軍事行動に忙殺され，公判には臨席しなかった。

　訴訟記録冒頭では委任判事 7 名の名前だけ列挙されているが，続いて筆写されている認可状では各人の職位も明記されている。筆頭のリシャール・ド・シャンスィ Richart de Chancey はドール高等法院総裁 president de parlement de Dôle，騎士ジャック・ド・ヴィリエ Jaques de Villers は侍従 chambellain，従騎士ギヨーム・デュ・ボワ Guillaume du Bois は家政長 maistre d'hostel とオーソワ管区バイイ bailli d'Auxois を兼任，ジャン・ド・テラン Jehan de Terrant は家内請願審査役 maistre des requestes d'hostel，ギィ・ジェルニエ Guy Gelenier，エティエンヌ・アルムニエ Estienne Armenier ならびにジャン・ボノ Jehan Bonost の 3 名はディジョン会計院主査 maistre des comptes à Dijon である。32 年 2 月 26 日付の認可状では，さらにパリ国王会計院事務官 clerc des comptes du Roy à Paris ギヨーム・ラヴィ Guillaume Laviz の名が 8 番めに挙げられているが，33 年 7 月 18 日付の認可状の文面から判断すると，このラヴィはディジョン来訪が遅れ，結局，公判には出席しなかったと考えられる。ともかくディジョンの会計主査だけでなく，パリ国王会計院のメンバーも判事として迎えることを予定していた，つまり判事 8 名のうち，ちょうど半数

---

　　37) Van Der LINDEN, Herman éd.; *Itinéraires de Philippe le Bon, duc de Bourgogne (1419-1467)*, Bruxelles, 1940, pp. 97-119.

の4名を会計・財務の専門家としたことになる。カペ時代のディジョン会計院の事情はよく知られていないが、ヴァロワ家初代フィリップが1385年以降に改組・再編を行ったときから[38]、パリ会計院との関係を密にし、特に人的交流は頻繁であったとされる[39]。しかし司法行政に関しては、逆に初代フィリップ以来、歴代のブルゴーニュ公はパリ司法管轄からの自立を目指していたから、麾下の請負人訴訟にわざわざパリ会計院のメンバーを招聘したのは異例と言えるだろうし、この訴訟が様々な司法機関の管轄区域をはるかに超える重要な問題、つまりフランス王国貨幣が流通している空間で生活する人々全体に係る重要な問題であると認識していたためであると思われ、この人選を見る限り、ブルゴーニュ公ないしその意を受けた諮問の誰かが、何か政治的目的をもって、あるいは何か個人的怨恨によって、ジャン・フレニョを訴追したとは考えにくい。シャルル7世にとってのジャック・クール Jacque Coeur (c.1395-1456)、ルイ14世にとってのニコラ・フーケ Nicolas Fouquet (1615-c.1680)、いずれも王権の傍らで巨万の富を築いた大実業家であるが、彼らの訴追・失脚とは性格を異にするのではないかと思われる。

冒頭、被告フレニョはかつて別の判事に同一問題に関して書面と口頭で回答した。それを再提出すると述べているから、この言辞を額面通りに受け取ると、本訴訟は初審ではなく、控訴審であったと理解されるし、初審ではフレニョの主張が全面的に受容され、無罪判決が下されたと推測できる。このように考えると、首席判事が高等法院総裁であることも、また記録から溢れ出る検事ヴィヨン Girart Vion の意気込みも納得できる。したがって、この訴訟記録の原本が保存されているとすれば、ドール高等法院か[40]、上訴法廷としてのブルゴーニュ公諮問会か[41]、いずれ

---

38) 法制史的には1386年7月11日付の Ordonnance sur la Chambre des Comptes を目安とするが、改編はそれ以前から時間をかけて行われていた。VAUGHAN, Richard; *Philp the Bold*, London, 1962, pp. 114-125. 本書第7章を参照。

39) ANDT, E.; *op. cit.*, pp. 96-98.

40) ADCO B11412 および B11413 が相当する。B11412 は1390年以降1783年の日付を持つものまで、計39葉を収録した束であるが、そのほとんどが近代文書で、Valois-Bourgogne 公時代ものはごく僅かしかない。Philippe le Hardi の治世が3枚。Jean sans Peur が4枚。Philippe le Bon は1440年代以降が4枚あるが、1420年代と30年代の文書はない。他方B11413 は1435年から1447年の日付を持つ記録を収録した冊子であるが、Dôle 高等法院の罰金徴収記録であり、審理そのものの記録や関係書類を収録したものではない。

第6章　貨幣政策の転換　　　309

かであろうが，その痕跡は確認できなかった。史料を閲読した限りでは，公判がドールで開催されたのは1度だけで，大半はディジョンで行われ，判決はディジョン北西の城塞タラン Talant で言い渡された。

　訴訟の主導権を握ったのは常にブルゴーニュ公の代理を務めた検事ジラール・ヴィヨンであり，ブルゴーニュ公に不利益をもたらす行動は許すまじという厳しい態度で臨み，その立場から被告ジャン・フレニョを弾劾し続けた。ヴィヨンは1420年代からブルゴーニュ公の代訴人としてたびたび史料に登場する。師 Maître の称号使用は単なる慣用かもしれないが，おそらく法学を修めた人物であろう[42]。他方，被告席に立つジャン・フレニョは本書（第1章と第3章）でも何度か言及したが，1415年から1427年2月末までブルゴーニュ領邦収入勘定役を10期，シャロン・バイイ管区収入勘定役を1415年から20年4月末まで5年間，2年ほどの間隔を空けて，23年初から27年まで5年間，ブルゴーニュ領邦収入勘定役と併せて務めている。しかも同管区の商品12ドニエ税とブドウ酒8分の1税の徴収も同時に兼任したキャリアを持つ。彼の帳簿はよく保存され[43]，その記載は丁寧で明快である。各地の地代や税を徴収し，勘定する請負人として10年を超える経験を積んだ後，1427年にはディジョン会計院の聴聞役 Auditeur となって会計監査業務を担い[44]，同じ頃から財務担当諮問として重鎮ジャン・シュザと並んで，諮問会雑録に頻繁に名を連ねるようになった[45]。つまり財務重役として，典型的

41）ADCO B11414. 1341年から1464年までの日付を持つ35葉の文書を収録した束であるが，その大半は1410年以前の日付を持つ何らかの領収書である。1432年の日付を持つもの2点が確認されるが，いずれもジャン・フレニョの訴訟とは関係しない。

42）1422年10月30日付の記載（B11403 f.20R°）が初出と思われる。この台帳はブルゴーニュ公諮問会記録で1422年から24年までの足かけ3年間の記録であり，ヴィヨンが検事として出廷した記載が幾つかある（ff.67V°-68R°, 89V°, 92V°）

43）ブルゴーニュ領邦収入勘定簿 Recettes générales de Bourgogne は ADCO B1588, B1594, B1598, B1606, B1611, B1623, B1625, B1628, B1631。なお何度も言及するが，1422年分を記録した第6期ブルゴーニュ領邦収入勘定簿は散逸した。シャロン Chalon 管区の通常収入勘定簿 Recettes ordinaires は B3627, B3629, B3630, B3633, B3636-1, B3643, B3645。同管区商品12ドニエ税収簿は B3626, B3635-1, B3636-2, B3642-1, B3642-3, B3642-5, B3644-1, B3644-3，同管区ブドウ酒8分の1税収簿は B3631, B3635-2, B3635-3, B3642-2, B3642-4, B3642-6, B3644-2, B3644-4 である。

44）ANDT, E.; op. cit., pp. 72 et 151.

45）会計院雑録にフレニョの名が初めて記録されるのは1424年1月28日である（B15, f.169R°）。

な出世コースを歩んだ人物と言えよう。その足取りは立派で,いかがわしいと特記すべきエピソードは知られていない。

(3) 訴訟の争点

本訴訟記録が公判の進行を正確に伝えていて,恣意的な改変はないという前提に立って論じるが,最初に検事ヴィヨンと被告フレニョは事実認定を巡っては対立していないという点を確認しておきたい。検察側の主張はさほど複雑ではない。被告フレニョが担当したブルゴーニュ領邦収入勘定の1418年末までの累積債務,1418年11月から19年2月にかけての借入金,1416年末の借入金,これら3種の負債合計額を確定するにあたって,負債発生時の額面 199,107£t を本来ならば 9£ 10 sous tournois/marc d'argent で換算し,銀 20,958 marcs とすべきところを,被告は 16£ 10 st/marc d'argent で換算し,銀 12,067 marcs とした。したがって彼の算定した負債額は差引き,銀 8,891 marcs だけ圧縮され,過小評価されている。この負債圧縮分を,訴訟当時の,つまり実際に清算される時点での銀価格 6£ 3 st/marc を介して換算すれば 54,683£t となり,これに被告の負債残高と信用残高を加減して,結局,53,495£t を清算すべきである。以上のように検事はフレニョ弾劾の核心を述べた。この主張の中で,被告フレニョが根拠としたディジョン会計院の決算方針に関しては,検察はその存在自体は事実として認定しているが,その是非には言及していない。つまりディジョン会計院がパリ国王会計院と異なる見解を示し,それが被告の過失ないし背任の誘因になったとは見なしていない。あくまでも被告フレニョの確信的単独行為を問題としているから,訴訟の中ではディジョン会計院の指針とパリのそれとの具体的な相違点,また相異なる幾つかの指針が公表されてしまった経緯,あるいは,そもそも計算貨幣の価額変更とその施行日を決定した事情,いずれも明らかにされていない。

言わずもがなとは思うが,請負勘定役の負債と信用に関して一言加えておく。勘定役の手許残高(各年度の受領総額から支出総額を差引いた残高)とは,それがプラスであれば,いずれは委託者に引き渡すか,もしくは納付者に還付すべき金額であるから,未払金であり,したがって負債と言える。逆に残高がマイナスの場合は,勘定役が支出超過を個人勘

定で立て替えるわけだから、その分の払い戻しを請求できる。つまり彼の信用となる。検察は、フレニョの場合、収入勘定の手許残高と借入を合わせた「負債」を通貨変動を利用して圧縮し、不当に低く見積もったから、この行為が背任に当たるとし、その差分を不当な利益と見なして、徴収委託者たるブルゴーニュ公に「返却する」ように主張しているのである。

　王シャルル六世の名で発布された「通貨変動の清算に関する王令」の丁寧な筆写は確かにディジョン会計院雑録 ADCO B15 に収録されている（巻末史料 12）。しかしこの 1421 年 12 月に発令された王令が 20 年代初頭の記事の間ではなく、30 年代に入ってからの記事の間に収録されていることに注目したい。この会計院雑録はほぼ年代順に記載されているから、このフレニョの訴訟に合わせて、確認するために王令を見直し、筆写し、収録した可能性が高い。

　さて、被告フレニョは、まず自身の負債発生時点での額面は、すでに会計院に提出した勘定簿にも記載したことであり、事実として追認している。次にその額面を現行貨幣に換算する際には、1421 年の王令が規定した決済方法には従わなかった点も事実として認め、いずれの点でも検察と争ってはいない。ただし、第 2 点の換算法に関しては、王令は確かに通貨変動後の清算方法を述べているが、第 1 条以下、様々な場合を想定して、それぞれ個別対応で規定しているので、この王令は売買、貸借など、何らかの金銭授受を伴う約定を取り交わした当事者間の決済に適用されるものであり、領主とその収入請負の清算には適用されないと理解したとフレニョは主張する。つまり検察側が提示した事実を全面的に認めてはいるが、その承認した事実としての彼の決算方法は、勘定請負人の裁量範囲内にあるとして認められるべきであり、21 年の王令に照らして不法行為であると弾劾することはできない、つまり訴訟そのものが成立しないと主張していることになる。さらに、仮に 21 年の王令に規定される決済方法を採用すべきであったとしても、現実の問題として、王令の規定に応じた現金決済ができるほどには新貨幣が行き渡っていなかった。所与の切迫した状況に置かれれば、どのような貨幣であれ、自由にできる資金を流用するしかないのだと、5 項目にわたって具体

に弁明し，新貨発行の王令が発令されても，その新貨が発令と同時に流通過程に行き渡るわけではないという簡単な事実に目を向けるように，暗に検事を揶揄しつつ，判事に対しては情状酌量を求めたと理解される。なるほど王令には，そこに盛り込まれた多様な規定の適用開始日が明記されていないのである。

　21年の王令の各条項を検討すると，フレニョの言い分は一理ある。むしろ彼の主張（反対弁論）を全面的に却下しようとする検察側の方が杓子定規で，強引であるという印象を免れない。結局，フレニョは21年の王令に準拠した清算方法を採用すべきであったのか，そのように当該王令を解釈するのが合理的なのか，またフレニョが言及した22年7月に公表されたディジョン会計院の方針は，訴訟記録からその概要を知ることはできるが，それが王令に優先されるべきと判断する根拠は何か，さらにフレニョの置かれた状況から判断して，彼の判断と行動に酌量の余地はあるのか，ないのか，これが本訴訟の争点であったと言えよう。

(4) 事実の検証

　そこで事実関係を確認していこうと思う。検察側が提示した事実は計算に微細な誤差があるが，大筋において正しいと勘定簿から確認できる。したがって被告フレニョの言い分を検証することに焦点を絞りたい。論点は三つある。(1)1421年の王令の解釈。(2)1422年に公表されたディジョン会計院の指針の内容。(3)彼の扱ったキャッシュ・フローの実際。特に最後の点はフレニョの弁論の核心をなし，判決に影響を与える重要な部分と思われるが，検察側はそれを論破した訳でもなく，訴状に無関係と却下を要請している訳でもなく，放置している。

　まず1421年12月15日付の24ヶ条からなる王令の解釈である[46]。第

---

46)　ADCO B15 ff.207R°-209R° なお本王令は史料集 *Ordonnances des roys de Fance de la troisième race, recueillies par ordre chronologique*, vol.11, pp. 146-150 にも収録されている。その底本は Cour des Monnaies de Paris, Registre E, f.224R° であり，Manuscrit du Roi no.8425/3 f.56R° を異本として，欄外にテキストの異同を註記している。言葉遣いに多少の違いがあるが，もちろん根本的な相違はない。ディジョンの筆写は Ms du Roi 版を原本にしたと思われる。なおファヴィエ FAVIER, J. が Confusion monétaire et exécution des contrats en 1421, CASSARD, J.-Ch., COATIVY, Y., GALLICE, A. et LE PAGE, D. dir.; *Le Prince, l'argent, les hommes au Moyen Age. Mélanges offerts à Jehan Kerhervé*, Rennes, 2008, pp. 353-363. の中でこの王令を紹介し，コメントを加えている。

第 6 章　貨幣政策の転換　　313

1 条は「相続した，終身の，または随意の地代，家屋の賃貸料，固定地代，固定地代の引き上げ，およびその類に起因するあらゆる債務で，1420 年 5 月 9 日以降，翌 21 年 11 月 3 日までにその期日を迎える場合は，その時期に通用していた弱い貨幣で」と始まる。第 2 条では「5 月 9 日以前に期日を迎えた債務は，その時期の銀価格に応じて」扱うこととし，第 3 条は「11 月 3 日以降に期日を迎える債務」を対象として，「その時期から通用している現行通貨で」清算することとしている。第 4 条は「現金の借款」を，第 5 条は「退蔵または預託された現金」を，第 6 条と第 7 条は「相続」を，第 8 条は「婚姻契約」をそれぞれ対象としている。第 9 条から第 12 条は様々な「可変請負契約 ferme muable」を扱い，第 13 条から第 19 条までは「材木の売買」に関する規定であるが，契約日，伐採の開始日と終了日，支払期日などを，通貨切り替え日と対照させて場合に分け，詳細に規定している。第 20 条は農作業や大工などの「手間仕事」を扱い，さらに第 21 条から第 23 条までで，その他，売買契約一般に対する規定を加え，最後の第 24 条では，銀のマール価格は契約時のそれではなく，負債発生時もしくは清算時のそれであることに留意するように注意喚起をした後に，定型の結語文を置いている。このように各条項はその対象を明示しているので，フレニョの言うように，収入請負を対象とした条項がないと主張することは可能であろう。

　しかし，ここで二つのことに注意しなければならない。まず場合分けの問題であるが，内在価値が既存の貨幣と相当に異なる新貨を発行する場合，新旧貨幣の区別と相互換算の問題は，それらの貨幣流通圏内で生活する人々すべてに関わる問題であるから，収入請負の業務に適用すべき個別条項が見当たらないといって，王令の不備を指摘して等閑視するのではなく，むしろ当該王令のいずれかの条項をもって代用すると考えるのが合理的であり，またそれが良識というものではなかろうか。とすれば，第 9 条から第 12 条のいずれかを適用すると理解するのが理に適っていると思われ，この点に関してはフレニョの主張は受け容れがたい。

　今ひとつの問題は「強い貨幣 forte monnaie」と「弱い貨幣 faible monnaie」という表現である。この区別には検事ジラールも言及しているが，

トゥルノワ建て銀価格とは別の問題で，硬貨の評価方法に基づく計算貨幣の区別である。1421年8月17日まではグロ銀貨1枚を20ドニエ・トゥルノワと評価したが，この評価額に基づく勘定体系（計算貨幣）を「弱い貨幣」と言う。翌18日から同年12月末日まではグロを5ドニエとし，さらに翌22年1月1日からはグロ1枚を2.5ドニエと評価する勘定体系に改めた。この変更に関しては，同日発令のもう一通の「貨幣の新評価に関する勅令」の中で明記されている。本来は，この22年以降の勘定体系を「強い貨幣」と言う。つまり「弱い貨幣」は，その内在価値が「強い貨幣」の8分の1しかないから，額面は8倍に膨れ上がることになる。しかし王令は1421年12月15日発令であるから，王令の言う「強い貨幣」とはグロを5ドニエとする21年8月から年末まで通用した勘定体系も含んでいると理解すべきであろう。

　マール当たりのトゥルノワ建て銀価格は訴訟の中でも言及されているが，1418年10月20日から19年4月21日までは9£10stであったが，直後に急上昇し，19年4月21日から8月までは15£，さらに20年5月4日までが16£10s，同日から22£，さらに26£と，21年いっぱいは高値で推移したことが述べられる[47]。つまり銀の実勢価格のほうが先に上昇し，計算貨幣がそれに追随しているから，常に貨幣のほうが素材よりも低価格であるというインフレ政策をとっていたことになる。1421年8月からはデフレ政策に転じ，銀価格を下げ（トゥルノワを切り上げ），マールあたり6£3stとした。この6£3stに基づくトゥルノワ貨を「良質の貨幣 bonne monnaie」と言い，フレニョの帳簿では1422年1月1日以降に適用している。

　以上を整理すると，王令の定める1420年5月8日以前に精算を済ませておくべき債権・債務が残っている場合は，まずグロを20ドニエとする「弱い貨幣」で勘定して額面を確定する。次いでその額面をその時々の銀価格を利用して銀重量に換算し，さらに現行の計算貨幣で表現し直すというプロセスを経て決済する。20年5月9日から21年11月2日までの分に関しては，やはり「弱い貨幣」で勘定する。この時期は銀価格が高すぎる（あるいはトゥルノワ貨幣が安すぎる）が，格別の言及は

---

[47] BOMPAIRE, Marc & DUMAS, Françoise; *Numismatique Médiévale*, Turnhout, 2000, pp. 623-624. ではやや異なる値が示されている。

第 6 章　貨幣政策の転換　　　　　　　　　　315

ない。11 月以降は現行の「強い貨幣」で算定するとされているだけなので，銀価格に連動したトゥルノワ貨の評価は問題にしていないことになる。

　第 2 のディジョン会計院が 1422 年に発令したとされる指針に関しては，その痕跡を確認できなかったので，当該史料の言及部分を利用するしかない[48]。その内容は 1419 年 12 月末日までの信用と負債の残高は，その額面をそれぞれ単純に合計し，19 年 12 月末日の銀価格を利用して現行貨幣に換算する。1420 年から 21 年の 2 年分に関しては「弱い貨幣」に統一して合算し，現行貨幣に換算すると要約できる。したがって王令との相違部分は 1421 年 11 月 3 日以降 12 月末日までの収支決算の処理方法にある。逆に言うと 1421 年 11 月 3 日以前の残高決算処理に関しては，王令とディジョン会計院指針には相違がないことになる。検事ヴィヨンの弾劾は 1418 年以前の累積債務，18 年末から 19 年初にかけての借入金，1416 年末の借入金に関わるものであるから，実は王令であれ，ディジョン会計院指針であれ，どちらの基準で判断してもヴィヨンの主張が正しいということになる[49]。

　しかし手元金が不十分で 1419 年の決算で清算しきれず，その残高を翌 1420 年に繰り越した場合は，当然 1420 年末に清算することになる。1420 年に終わるフレニョの第 4 期ブルゴーニュ領邦収入勘定簿（B1606）の末尾に 18 葉の別冊が添付され，先立つ数年分の清算処理が 1423 年 4 月 27 日付で記録されている。その最終葉には，ディジョン会計院内大執務室でジャン・シュザ Jehan Chousat，ギヨーム・クルト Guillaume Courtot，ジャン・ボノ Jehan Bonost，ドリュ・マレシャル Dreue Mareschal，ジャン・ド・ヴェルリィ Jehan de Velery，ジャン・ゲニョ Jehan Gueniot，マルタン・ド・シャップ Martin de Chappes と，計 7 名の財務重役を前にして，フレニョ自身が福音書にかけて誓約したことが

---

[48]　7R°-V° の一節がその内容と思われる。
[49]　しかし過去の債務の清算は一貫していない。1418 年のフレニョ第 2 期領邦勘定に，コンスタンツ会議に参加したボーヴェ司教ピエール・コションに対する出張旅費を精算した記事がある（B1594 f.224R°）。その中では 1415 年 1 月 1 日から 1416 年 7 月 12 日までは 7£ 2st/marc d'argent，16 年 7 月 13 日から 17 年 4 月 16 日までは 7£ 12st，17 年 4 月 17 日から同年 12 月 31 日までは 8£ 10st，18 年 1 月 1 日から 9£ という銀価格で，長期に及ぶ旅費を清算している。

記されている[50]。つまり検事ヴィヨンが問題視する 16£ 10st の計算貨幣を使用したフレニョの決算は，重役の中でも筆頭格のジャン・シュザを始めとする会計院の面々が承認し，同意を与えていたのである。翌 21 年の領邦勘定会計（B1611）の決算の部，彼の負債（彼の手許残高）を通貨別に列挙した箇所に「それから，会計院の面々の判断で，銀マール当たり 16 リーヴル 10 スー・トゥルノワと評価される 1416 年 1 月に通用していた通貨で 700 フラン」[51]という記載があることも付け加えておこう。

さて第 3 の問題を明らかにするには，フレニョの勘定記録を丹念に検証するしかない。しかし個別の収支記録は出納の日付はあるが，額面は記載されるだけで，貨幣の別は明記されていない。もちろん計算貨幣とは本来そのようなもの，つまり雑多な硬貨を効率よく集計する手段であり，帳簿はその集計結果を記録する目的で作成されているのだから，雑多な硬貨が混在する現金の実際の移動，いわゆるキャッシュ・フローを時系列で追跡するという目的に不向きであるのは致し方ない。

まず被告フレニョの 5 項目に及ぶ主張をここで改めて確認することから始めよう。彼が言うには，(1)1419-20 年はすべて 16£ 10 st/marc で計算した。(2)1418 年以前（9£ 10 st/marc の時期）の立替払いは 16£ 10 st/marc の時期（19 年以降）になって払戻しを受けた。つまり銀貨の内在価値が下落した後にという意味であるから，彼は損失を被っている。(3)1419 年 5 月，手元に 16£ 10 st/marc が不足していたので，9£ 10 st/marc で立替払いをした。これも彼が個人勘定で支払いに利用した貨幣の方が品位が高いから，彼の損失になる。(4)1419 年 1 月に（被告の）手足となる下位勘定役の請負任期が終了し，その責任を解除した。その時点で（被告が）9£ 10 st/marc で立替払いをしたが，その請負勘定役の（被告に対する）支払期限は 16£ 10 st/marc の時期にあたり，やはりフレニョにとって損失になっているし，(5)結局，上記の下位勘定役の負債立替分はほとんど回収できなかった。以上，フレニョは損失を承知

---

50) ADCO B1606 Annexe f.18R° & V°. Ed. par M.MOLLAT, 2ᵉᵐᵉ partie 2ᵉᵐᵉ fasc., p. 966, article 5881.

51) « Et 700 francs monnaie courant en janvier 1416 avaluéz a 16£ 10s tournois marc d'argent selon la deliberacion faicte par messeigneurs des comptes » (B1611 f.261.)

第 6 章 貨幣政策の転換　　317

の上で，ブルゴーニュ公のために責任を全うし，如何なる意味でも糾弾される謂われはない。しかもこれらの事情はすべてディジョン会計院に報告済みであり（1423 年 4 月 27 日付），会計院もこれらすべてを承認済みである，と。

　確かに彼の勘定簿は詳細を極め，不自然な記載はない。しかも彼が主張する通り，会計院が監査を終え，彼の決算を承認しているという点が強みであろう。勘定簿を見る限り，彼の貨幣運用の手腕は，どちらかと言えば疑惑を投げかけられるものではなく，むしろ称賛さるべきものではなかろうか。1420 年のブルゴーニュ領邦収入勘定簿（B1606）では，年間を通じて受領した収入合計額は 51.1 万リーヴルを超えるが，そのうち 4 月末日までに受領した分は 7.2 万リーヴル（年間収入の 14％）をやや上回る程度であったとフレニョ自身が述べている[52]。したがって収入の大半（43.9 万リーヴル，同 86％）は 5 月以降に受領したことになるが，そのすべてが銀 1 マールあたり 16 リーヴル 10 スーのトルノワ貨ではなかっただろう。ブルゴーニュの 4 ヶ所の造幣所（ディジョン，サン・ローラン，キュイズリ，オークソヌ）から 5 月 10 日に受領した額は 4 万リーヴル弱であり，これは当然，新貨である銀 1 マール当たり 16 リーヴル 10 スーのトルノワ貨で支払われたと考えられる。この 1420 年の造幣所からの受領分は年間で総額 42 万リーヴルに達するが，それが順調に納入されるのは早い所でも 6 月末，多くは秋以降である（第 3 章第 1 節および第 4 章第 2 節を参照）。

　他方，支払は 2 桁から 5 桁まで様々であるが，一度に数千リーヴルを超える支払いは年間 20 件ほど記載されている。このうち 4 月以前の支払いはブルゴーニュ公の宮廷主計局 Chambre aux Deniers へ 0.9 万リーヴル，収入勘定統括役ギィ・ギルボー Guy Guilbaut に 4 月に 3.3 万，5 月末から 6 月半ばにかけて 3 度，計 3.8 万，またジャン・フレニョ自身に前年度立替分が 5 万，本年度分が 1 万，計上されている。このフレニョ自身への払い戻し分はともかく，勘定統括役ギルボーへの支払い計 7.1 万はすべてアルマニャック掃討戦のための軍事費であり，現金払いである。新貨発行の前後，つまり 4 月下旬から 6 月にかけて，フレニョが受

---

52)　B1606 f.45Rº. Ed. par M.MOLLAT, 2ème partie 2ème fasc., p. 681.

領した額は 11.2（＝7.2＋4）万リーヴル。これに対して，支払った金額は大口だけで 8（＝0.9＋7.1）万リーヴル。したがって彼の手許にはほとんど現金がなかったはずで，前年度の立替分を早々に計上していることからも，彼の危機感を容易に看取することができる。旧貨と新貨の「使い分け」に頓着する余裕はなかっただろう。

(5) 資金要請

　1422 年 10 月 21 日に王シャルル六世が逝去し，イングランドとフランスの同君連合が実現した。イングランド側を主導するのはフランス摂政と呼ばれたベッドフォード公ジョンであり，ブルゴーニュ公フィリップの妹アンヌを妃とした。したがってジョンとフィリップがフランス王国を運営する事実上の最高責任者であった。しかし王太子シャルルが 1429 年 7 月 17 日，ランスで戴冠式を終え，1430 年から 31 年にかけてのパリ攻防戦を終えると，フィリップはパリ市民の心情を敏感に感じ取り，新王シャルル七世に接近し，イングランド勢から距離を取ろうとする。1431 年フィリップは王シャルルと向こう 6 年間にわたる休戦条約を調印し，12 月 17 日パリで行われたヘンリー六世の戴冠式には列席しなかった。しかしこの休戦条約は限定的なもので，ブルゴーニュ地方はなお戦火にさらされる恐れがあった。32 年にはアンヌが死去し，ベッドフォード公との個人的紐帯が切れてしまった。

　北方では 1428 年ジャクリーヌ・ド・バヴィエール Jacqueline de Bavière との抗争に終止符を打ち，エノー，ゼーラント，ホラントの 3 伯領の相続を確実にし，さらに 1430 年にはブラバンを相続した。しかし大都市との関係は依然として刺々しいものがあり，同 30 年にはリエージュの司教座をめぐる騒動があったし，32 年夏にはヘントで機織工を中心とする大規模な騒乱が発生した。

　フィリップを取り巻く政治状況はかくのごとく目まぐるしく変化し，19 年秋の劇的な登場以降，静観していれば，足元をすくわれかねない，即断即決を要求される緊迫した状況をずっと生き抜いてきたと言えよう。つまりフィリップにとって，行動資金は不足することはあっても，有り余ることなど，想像もできなかったであろう。第 2 章で言及したように，1430 年ブルゴーニュ公領三部会では 3 万フランの御用金徴収に同意を

第6章　貨幣政策の転換　　　　　　　　　　　　　319

求め，31年にも3万フラン，33年は4万フラン，34年には1.3万フランの御用金と4,000フランの借入，35年は3度にわたり計3.4万フラン，と毎年のように「特別に」公領住民に用立て aide を求めた[53]。

　そこに加わるのが1431年7月23日に始まるバーゼル公会議である。この錯綜した公会議の展開をここで論じるつもりはないが，ブルゴーニュ公フィリップに限らず，同時代の西欧の権力者が否応なく巻き込まれていったことは確実である[54]。

　史料の中で，1433年1月にフィリップがジャン・フレニョをサヴォワに派遣し，そのために公判が遅れたことが記されている。これは史料の訳文に注記したように事実であり，ジェネーヴ年市で軍資金調達を目論んだことが判明している。しかし，それでも十分とは言えず，この33年の夏には4万フランの御用金供与に関する三部会合意を得て，その徴収を行ったが，思うようには集まらず，一般から借入まで行ったことは第2章で分析した通りである。このサヴォワでの資金調達にあたっては，叔父アマデウスに何らかの恩義を受けたかもしれないが，それをバーゼル公会議の展開，アマデウスの将来に直接結びつけることは飛躍であろう[55]。つまりブルゴーニュ領邦勘定役フレニョから強引に財産を没収して，それを軍資金なり，公会議の活動資金に転用しようとしたと考えるのは邪推である。むしろ，この時，フレニョが何の職にも就いていなかったので，公フィリップが特例として日当を2フランに引き上げたと注記されている[56]。つまり公フィリップはフレニョに，憎悪とか不快とか，格別な感情を抱いていなかったことの傍証になろうし，いくら姻族が支配するサヴォワとはいえ，公判中の被告を司法権の直接及ばない国外に派遣したという事実は，公フィリップがフレニョの財務担当者としての実務能力を高く評価し，その人格も疑うところがなかったから

---

　53)　BAUTIER, R.-H. & SORNAY, J. éds.; *op. cit.*, pp. 398-399.
　54)　TOUSSAINT, Joseph, S. J.; *Les Relations diplomatiques de Philippe le Bon avec le Concile de Bale (1431-1449)*, Louvain, 1942.
　55)　確かにサヴォワ公との交信記録は残っているが（ADCO B11928-B11930, および B11942 nos.55 & 68.），そこにフレニョ訴訟との関係を示唆する内容を見出すことはできなかった。また「バーゼル公会議」と題された2束（B11615 および B11616）も本訴訟との関連を暗示するような文書を含んでいなかった。
　56)　ADCO B1651 ff.86V°-87V°.

こそと言えるのではなかろうか。

　検察の主張は法的ないし規範的立場からする弾劾であり，正当ではあろうが，現実，つまり貨幣という「もの」が行き渡るに必要な遅延を考慮していない。被告フレニョは法令を承知の上で，やむにやまれぬ事情に直面した体験を述べて，それを反対弁論としている。このように対比した場合，判決は読まずとも予想できる。繰り返し述べてきたように，もちろんこの訴訟は正当で，主君が資金不足を緊急回避するために家臣の財産を没収しようとしたとか，あるいは重役たちの権力争いの一コマとか，いかなる意味でも政治的意図はなかっただろうが，判事として訴訟に臨んだディジョン会計院のメンバーはどのような態度を取り，どのような発言をしたのか。おそらくフレニョを弁護した者は一人もいなかっただろう。政策が変わり，進路が変わったのである。貨幣の錬金術に感慨を抱くフレニョの言辞には敗者の慨嘆が滲み出ているように思われる[57]。

4. 小　　括

　貨幣が様々な条件に規定される貴金属商品としての性格を切り離すことができなかった時代，つまり端的に言って貨幣が「もの」であった時代に，それを製造し管理する人々の苦渋を明らかにしたつもりである。素材を入手しなければならないが，市場から購入しようとすれば，その相場変動に絶えず注意を払わなければならない。購入価格は自由競争市場の需給関係で決定され，管理者の意のままにならないから，当然，それ自体が品位を決定する前提となり，貨幣政策の根本を規定する条件を構成する。

　それでは市場での購入に頼らない別ルートでと，強制的に銀を徴発して，溢れる銀貨を回収してみても，その雑多な貨幣を材料として活用できるまでに不純物を分離して，純度を揃えるには単なる精錬とは異なる

---

　57)　その後，1438年8月15日付でジャン・フレニョは保釈され，ブルゴーニュから追放された。その保釈命令書のコピーが現存している（B11404 ff.12R°-13V°）が，結局，フレニョは確定判決が請求する金額のうち，幾ら納付したのか不明である。

技術が必要であり，そのためには相当の時間とエネルギーが必要になる。一挙に貨幣を取り換えることは無理である。新貨の発行が遅れ，市中に流通する貨幣量が不足すれば，信用不安を招き，恐慌が生じる恐れがある。その回避を現場の勘定役，財務請負人に委ねるのは無様であると評せざるを得ない。通貨改革は周到な準備，今様の言い方をすれば，予想される様々な事態のシミュレーションを重ね，万全の態勢で臨むべきであった。改革が成功したのか，それとも失敗だったのかという評価を問題にする心算はない。キャリアを積んだベテランの集団として財務行政の頂点に立つ財務役と会計院が，意外にも御都合主義，その場しのぎの対応を重ねるだけで，「公益」という言葉は頻用されるものの，そのような思想に裏打ちされた長期的展望を持っていたようにも思えず，一貫した，あるいは揺るぎない思想と方針をもって政策を策定していたようにも思えない。収入勘定役ジャン・フレニョの訴訟はこのような現実を如実に語っているように思われる。格別に彼に加担する言われもないが，金融政策の転換期に政権中枢を担うことなく，下野した重鎮の末路を見たということであろうか。

第3部
人と組織

第7章
財務管理機構

　ブルゴーニュ公が自由に処分しうる源泉として，まず地代や間接税で構成される通常収入があり，次に軍資金の調達を目的とする臨時特別税と借入がある。第1部では，それらの徴収の実務や規模，つまりシステム，あるいはその徴収を住民の立場に立ってみた時の負担の程度など様々な角度から詳細な分析を重ねた。第2部では，そうして獲得した労働果実を貴重なものにも，詰まらぬものにも，どうとでも変えることができる貨幣政策を論じた。その論考の途上，諸処において，断片的に事実を指摘するという形で，各地の勘定役が紡ぎ出すネットワークに言及したが，改めて本章でブルゴーニュ公の配下が構成する統治・融通システムを分析したい。なお言い尽せぬ面を残していると思われるからである。これまではブルゴーニュ公領という地理的枠組みを頑なに守り，その現実を詳細にすることを至上目的とし，したがってこの空間的枠組みをそのまま議論の枠組みとし，あえてそれを越えようとはしなかった。システム全体を動かす司令塔がブルゴーニュ公自身であることを承知の上で，公領内の統治システムを，問題を自律的に処理していくオートマットとして性格づけようと試みた。議論を明快にするための方便である。しかし無視できない，できるはずもない存在を無視し続けることは誠実を欠く。そこで本章に到り，初めて核としてのブルゴーニュ公を正面から論じることにしたい。つまり公自身と公が率いる側近が構成する中央組織を採りあげ，その内実がどのようなものであったかを論じ，次いでその中央とブルゴーニュ公領在地組織との連結を分析することになろう。もちろん，本書の主題は財政であるから，在地組織がどのように

して中央組織に資金を供給するか，その仕組みを明らかにすることが本来の目的であることは言うまでもない。

1. ディジョン会計院と領邦統治

本書第4章でも言及したように，フランス王ジャン2世は1350年にブルゴーニュのジャンヌと再婚したため，半ば自動的に彼女の連れ子，この時4歳の第12代カペ・ブルゴーニュ公フィリップ・ド・ルーヴル Philippe de Rouvres（1346生，位1349-61）の摂政を務めることになった。それゆえ1350年代からブルゴーニュ統治にはフランス王の意向が影を落とすようになるが，王ジャンが新たな役職を設置した，あるいは機構改革を断行したという記録はない[1]。ブルゴーニュ公自身ないしその摂政（つまり王ジャン自身）が不在の場合，臨時代理権者 gouverneur が設置されたが，これは古くからの習慣であり，フィリップ・ド・ルーヴルが幼少病弱であったために，あるいは王ジャンが摂政となったために，特に設置された訳ではない。しかもこの職はヴァロワ家のフィリップ・ル・アルディが公位を継承した後も消滅することなく，1381年から84年まではギィ・ド・ポンタィエ Guy de Pontailler がこの職にあって，フィリップ不在時のブルゴーニュ領邦統治に尽力したことが知られている[2]。1385年以降，彼の名もこの職名も記録に現れることはないが，この職の廃止令が発せられたという記録もない。したがって，やや形式的になるが，彼の後は，彼の功績を尊重して空席にしたということになろう。一例であるが，このようにブルゴーニュ地方の統治機構に関しては，カペ家からヴァロワ家へと公家の血統が代わり，統治者が代わっても，機構が改編され，人事が一新されるということはなかった。つまり組織機構は根本的には連続していた。

さて，1350年代に立ち戻るが，ブルゴーニュ公摂政としての王ジャ

---

   1) 以下，本節の記述は VAUGHAN, Richard; *Philip the Bold*, London, 1962, & *New Ed.*, Woodbridge, 2002, pp. 114-126, 139-149, 208-225 に頼った。序文で述べたように，1960年代以前の研究はヴォーン4部作に吸収・消化されていると思う。

   2) VAUGHAN, R.; *op. cit.*, p. 114.

ンを直接に補佐した側近は，わずか3名，諮問役リシャール・ボノ Richard Bonost, 監査役ギィ・ド・ラビィ Guy de Rabby, および監査役ジャン・ド・ボビニィ Jehan de Baubigny であった[3]。彼らは現地の事情に通じたスタッフとして篤い信頼を得，特にラビィは証書類の保管・管理をも委ねられた。彼らはいずれも1350年頃にはすでにベテランとして様々な文書に名を残しているが，1360年代から70年代にかけても，つまり王ジャン2世の末子フィリップがブルゴーニュ公となるヴァロワ時代に入ってからも，引き続き職にとどまり，同業務を担当した。現地の事情に通暁しているベテランをフィリップが手放すはずもなく，彼らに頼ったためであろうと推測される。形式的には，新ブルゴーニュ公が諮問会 Conseil を設置したと表現することになろうが，事実上，従前から活動していたメンバーの追認であった。

この諮問会はボーヌ高等法院 Parlement とならぶ上訴法廷としての性格も持っていたので，訴訟の記録が残っているが，1367年以降「諮問会ならびに会計院に召喚された人々の一覧，およびメモ全般を記しておく帳面[4]」と称された冊子に記録された。この冊子は後に「会計院で（実施された）訴訟と支給手当の記録」あるいは「訴訟に関わる日当の記録[5]」等とも称される。こうした表現からみて，ディジョン諮問会は独立した執務室ないし会議室というものを持たず，会計記録が監査され，保管されるための部屋，すなわち会計院 Chambre des comptes を借りて，審理が行われていたと理解される。1365年，公フィリップはディジョン郊外のタラン Talant 城にあった証書類すべてをディジョンの宮殿に移送させ，会計院の執務室に公文書管理機能を付加したので[6]，この部屋はさらに重要な場となり，領邦統治の中枢機能の所在地になっていった。つまり，会計・財務の関係者が業務を行う場所があり，そこに司法行政の担当者が同居しているというイメージであろうか。どちらかと言えば会計管理の専門家と，どちらかと言えば法曹家と，二つのグループ

---

3) VAUGHAN, R.; *op. cit.*, p. 115.

4) papier ou sont escript toutes memoires, toutes presentations des gens, qui ont esté adjournéz tant pardevant les gens du conseil comme des comptes.

5) registre des causes et appointements amenéz en la chambre des comptes. あるいは Livre des journées sur le fait de la justice.

6) VAUGHAN, R.; *op. cit.*, p. 119.

が互いにはっきりと区別される訳ではなく，協力して業務を遂行することを前提として，全体としては7～8人ほどで領邦運営を担う。これが諮問会と会計院の実際の姿であったろうと想像される。おそらく，このような現実はブルゴーニュに限らず，他の領邦でも大同小異で，パリ国王会計院 Chambre des comptes du roi と大きく相違する点であったと思われる[7]。国王会計院は領邦のそれに比べれば，規模も違うが，設立当初から種々の会計記録の監査という役割を明確にしていた。しかしディジョン会計院の面々は監査業務だけに従事していた訳ではない。両替人や徴税請負人が業務遂行に先立って，一金を預託した先は会計院であったし，地代徴収の前提となる査定にも関与した。あるいは法案を作成する際の検討の場でもあったろう。つまり監査という完了した業務の検討だけでなく，将来に向けての企画・立案に対しても，つねに領邦運営の立場から重要な役割を果たしていた。このことはこれまで諸所で言及してきた通りである。

　ただ，そのようなスタッフを統治組織図の中に描きこむとすれば，図7-1に示したように，1350年代は側近あるいは諮問役としか表現しようのない専門的知見を有するスタッフが，一度，60年代から70年代にかけて，諮問会と呼ぶ文字通りアドバイザー集団に吸収ないし包摂されて，それが再び機能分化を起こすと理解することになろう。人は変わらない。その職務内容も変わらない。時とともに変わっていくのは人の括り方とその名称である。

　公フィリップ・ル・アルディが行政機構の再編に着手するのは1385年以降である。その最初の表明が1386年7月11日付の「会計院設立令 Ordonnance de l'établissement de la Chambre des Comptes」であり，法制史的に言えば，この法令によって，ディジョン会計院が設立されたことになろうが，これまで述べてきたような経緯があるので，文字通りの新規設置とは言い難い。この「設置」にあたって，パリ国王会計院からジャン・クルテ Jehan Creté とウダール・ド・トリニィ Oudart de Trigny の2名の主査 maître を招聘し，指導を仰いだという[8]。その具体的内容は判然としないが，組織の規模という点では比較にならないから，単にパリ

---

7) MATTEONI, Olivier ; *Institutions et pouvoirs en France XIV°–XV° siècles*, Paris, 2010, 2ème partie.
8) VAUGHAN, R.; *op. cit.*, p. 116-117.

第 7 章　財務管理機構

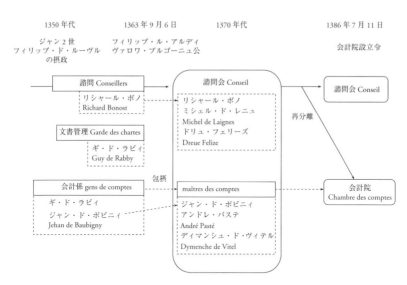

図 7-1　ディジョン会計院の形成

のミニチュアを作ろうとした訳ではなかろう。そもそも既述のように，ディジョンのメンバーは十分な経験者であった。したがって監査業務の共通化を始めとする運営方式が論じられたのであろうと推測はできるが，現存する帳簿類からその具体的内容を推測することは困難である。例えばブルゴーニュでは数種類の計算貨幣を使用するが，領邦勘定の決算は必ずトゥルノワに統一表記される。パリジは時代を通じて，セーヌ流域のごく限られた土地の慣習地代の表記に使用されているに過ぎず，その使用に広がりがない。しかしパリとディジョンの実務担当者は，それぞれの主君の政治利害が対立していたとしても，互いに連絡を絶やすことがなかった。これもまた事実であろう。前章で言及した勘定役訴訟問題のように，王国全体に関わる重要課題に関しては，金融と財務の専門職として緊密に連絡を取りながら対処していたから，現実を直視し，その重要度を判断し，対応を決定するに当たっては偏向がなかったと言えよう。

　ともかく代理権者が空席になった後では，この諮問会・会計院が公フィリップ不在時にはブルゴーニュ領邦運営の最高決定機関となった。公フィリップはこの組織に絶大な信頼を寄せ，次第にブルゴーニュから

足が遠のくことになる。1380年代，公は年に数ヶ月はブルゴーニュに滞在したが，90年代に入るとブルゴーニュに足を向けることがなくなり，専らパリか北方に滞在するようになった。公妃マルグリットはアラスに滞在する期間が長い。さらに尚書長さえパリに滞在することが多く，1396年に数日間ディジョンを訪れたのが最後になる。つまり公フィリップ・ル・アルディ晩年の十年ほどは彼自身を含めて，公妃も，尚書長も，誰もブルゴーニュを訪れていない[9]。不在の公と現地組織との間で，書簡によって指図と報告をやり取りするだけで領邦経営を行っていたことになる。

この初代フィリップ・ル・アルディの時代に確立したブルゴーニュ運営方式は世代を越えて継承されていった。その変更なり改革なりを企画したという記録はない。本書の主題である第3代フィリップもまたディジョンの諮問会・会計院に信頼を寄せ，ほぼ任せきりで，ひたすら北方の征服と運営に専念したことは本書の記述で十分に理解されよう[10]。ブルゴーニュの領邦統治機構の内部から反乱や業務放棄は生じていない。

ところで，領邦統治とは要するに何をすることかと改めて問うなら，その答えは端的に軍事と司法と財務行政であると答えられよう。本書は財務行政を主題としているので，ここでもブルゴーニュ地方の財務機構を解明するにとどめるが，本章ではブルゴーニュ公にとっての領邦，つまり「中央」と結合している地方という視点を大切にしたい。

まず1360年代，ブルゴーニュ公にヴァロワ家のフィリップが就任する時代は，ディジョン会計院の構成と同様に，領邦の収益を公自身に供給するシステムも図7-2のようにシンプルなものであった。格別の説明は不要であろう。これまで各章でそれぞれに視点を定めて個別にかつ詳細に検討してきた経営システムを総括的に再確認しているに過ぎない。ディジョン会計院の変遷に合わせて歴史的に述べるなら，カペ期に形成され慣習化した収益システムをそのまま手を加えずに継承したものであると表現できる。

多種多様な収益と間接税を取りまとめる領邦勘定役 Receveur général と

---

[9] VAUGHAN, R.; *op. cit.*, p. 118.

[10] 1422年7月24日付で追認 ADCO B11401 および CHAMPEAUX, E. *Ordonnance*, 1908, pp. 111-113.

第 7 章　財務管理機構　　　　　　　　　　　　　　　331

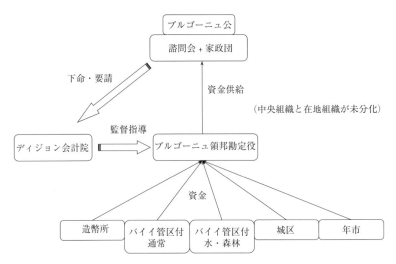

図 7-2　ブルゴーニュ公の財務機構概念図（1360 年代の原型）

いう表現はブルゴーニュに限らず，各地で見られる職名である。この当時，初代フィリップはブルゴーニュ以外に領邦を保持していない。ブルゴーニュの勘定役はフィリップの家政長 maître de l'hôtel du duc に資金を直接供給していた。

　1370 年代に入ると，収益勘定と財務管理の機構に変化が現れる。その変化は図 7-3 に示すように，三面から捉えることができる。

　まず 1372 年に勘定統括役 Receveur général des Toutes les Finances が設置され，アミヨ・アルノー Amiot Arnaut が最初の職保持者として任命された。彼は 86 年まで，つまりディジョン会計院設立令が発布されるまでこの職にあった。領邦勘定役とその配下の様々な収入勘定役がブルゴーニュ公に円滑に資金を供給するように指図する役と位置付けられる[11]。この表現は，この新設された統括役が領邦勘定役の上位職であり，上位であるがために収入装置全体の運営責任を委ねられていると理解するのか，それとも諸勘定役を監理する役で，やや距離を置いた職と捉えるのか，今一つ判然としない。統括役がブルゴーニュ領邦勘定役から当初は公の家政長に，1377 年以降は宮廷主計 Maître de la Chambre aux Deniers

---

11) VAUGHAN, R.; *op. cit.*, p. 148.

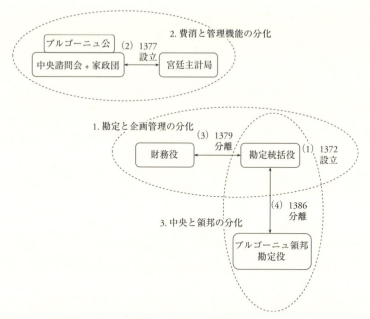

図 7-3　ブルゴーニュ公の財務機構概念図（1370-80 年代の再編）

（後述）に，実際に現金授受を仲介しない訳ではない。しかしそれは彼の主たる職務ではなく，むしろ領邦収入勘定に基づいて，領邦内の様々な勘定役が主計局へ直接に送金するように，振替操作 assignation を指図することがその職務の中心であった。そのために，この時点ではどちらかと言うと諸々の収入勘定役の最高職というよりは，システム全体の管理者という性格が強いように思われる。

　この勘定統括役とは別に，1379 年 5 月 13 日，財務役 Trésorier が設置された。初代はニコラ・ド・フォントネィ Nicolas de Fontenay である（91 年 2 月 14 日まで）[12]。この職は財務行政全般，特に指定振替を管理することが本来業務とされたから，勘定統括役が遂行する業務をさらに監督 contrôle するために新設された，あるいは勘定統括役から資金還流システムを監督する機能だけをさらに分離したとも理解される。ところがフォントネィの後任ピエール・デュ・スリエ Pierre du Celier とその後任

---

12) VAUGHAN, R.; *op. cit.*, p. 224.

第7章　財務管理機構　　　　　　　　　　　　　　333

ピエール・ド・モンベルト Pierre de Montbertaut の二人は財務役と勘定統括役を兼任した（97年まで）。二職の業務を軽視したとは思えないが，職務内容が重なり合うことも否めない。この7年間を経て，勘定統括役はどちらかと言えば，中央の収入勘定役として配下の諸勘定役から資金を提供されると同時にその業務を管理する上級職，他方，財務役はどちらかと言えば財務行政全般を管理し，適切な計画を立案する役職という性格づけがなされたように思われる。こうして財務役は当初の目的に限定されず，ブルゴーニュ公の財政すなわち資金調達全般に責任を負う最高位の役職となり，公の中央諮問会に列席する立場となっていった。この勘定統括役と財務役の分離，融合，再分離のプロセスによって，財務機構は明快な構成を持つようになった。過去の，例えば直近1年間の，領邦内部での生産活動の果実を勘定し，実際にそれを受領するシステムと，その実績を基にして将来の収支に対する予測や計画立案，すなわち財政プラン（資金繰り）を策定するシステムと，両者を区別する試みと理解される。これが1370年代に生じた機構再編の第1面であった。

　この間，1377年にはブルゴーニュ公の家政団にも組織変えがあった。従来，勘定役から資金を受領していたのは家政長であったが，その本来業務である家政団全般の指導に専念させるため，新たに資金受け入れ窓口を整備することにした。それが宮廷主計局 Chambre aux Deniers である。その初代主計 Maître に任命されたのはニコラ・ル・クヴェール Nicolas le Couvert で，他に監査 Contrôleur 1 名と補佐 Clerc 2 名で構成され，1381年以降，間断なくブルゴーニュ公とその家政団の収支記録を作成した[13]。さらに1384年には公妃マルグリットの主計局，1398年には長子ジャンの主計局も，それぞれ別個の組織として設置された。こうしてブルゴーニュ公とその家族の家政団には資金受領（諸勘定役からの入金）と消費（様々な業者に対する支払い）を客観的に管理する資金管理センターが設立され，公も，家政長も，もちろん主計局から金銭を受け取ることになる。このブルゴーニュ公自身とその側近の収支管理業務を明確にするための改編が実施され，そのための新設組織と領邦勘定役を直結したことが機構変革の第2面であった。

---

13) VAUGHAN, R.; *op. cit.*, p. 144-146.

こうした一連の財務機構再編の中では最後となるが，1386年にブルゴーニュ領邦勘定役 Receveur général du duché de Bourgogne と勘定統括役とが，はっきりと分離した。1384年，初代フィリップの義父ルイ・ド・マールの死去に伴い，フランドル伯領とアルトワ伯領を相続した結果であろう。ブルゴーニュは最初に保有した領邦であり，王から直接に授与された知行地である。それに対してフランドル・アルトワは義父からの相続領であり，土地の法的性格が全く異なるが，だからと言って土地収益を管理する上で何かの相違が生じるわけではない。ブルゴーニュとフランドル・アルトワとは財務管理上はどちらも対等の地位にあることを明示し，機構全体に均衡と整合性を持たせることを目指したと理解されよう。つまり機構上，中央と地方を明確に分離したと言えよう。ただし，この段階では次々と各地の領邦を取得していく将来を予想していたわけではあるまい。ちょうど司法管轄区であるバイイ管区が地代徴収区としても利用されていたように，領邦を収益勘定の上でもバイイ管区の上位区画とするという原則を示したものであろう。これが機構改革の第3面である。

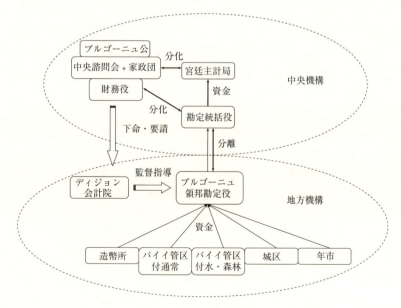

図7-4　ブルゴーニュ公の財務機構概念図（完成型）

こうして過去の勘定と将来の企画，公とその家族の収支勘定管理とその記録作成，中央と在地地方組織の分離と，三面から財務機構の分化と再編が行われた。この再編された財務機構を，それが展開する空間を念頭において改めて図示すれば，図 7-4 のようになろう。「中央」組織と領邦組織をそれぞれ楕円で囲って示した。

この模式図では，領邦はひとつだけ表示した。1384 年以降，この楕円領邦がブルゴーニュ公の支配拡大とともに，一つ，また一つと付加されていくことになる。

2. 移動する「中央政府」

「ブルゴーニュ連邦」はどの時点で成立したと考えるのが適切だろう[14]。さらに，それが普通の意味での国家であるなら，その国家的中枢機能の所在地，すなわち首都はどこにあったと考えるべきであろうか。第一の問いに対しては 1435 年アラス条約以降と答えるのが妥当だろう。ブルゴーニュ公がフランス王国政治を左右する同輩貴族の筆頭であり，複数の領邦を保持していたとはいえ，またその支配領域がいくら広大で多様であったとはいえ，それだけでは国家としての要件を満たしているとは言えまい。法的，政治的，軍事的に自立性を保証された排他的主権が自律的な領域を統治していることが条件となろう。第二の問いに答えるには発想の転換を必要とする。ディジョンは「連邦」の首都ではない。これまで述べてきたように，諮問会・会計院がブルゴーニュの在地組織であり，領邦経営の要であったが，あくまでもブルゴーニュ公領・伯領を中心とする南方領域に対してであって，ディジョン諮問会・会計院が，例えばフランドル統治に関して，リール諮問会・会計院に命令を下すことはない。ディジョンの在地組織とリールのそれとは命令系統の中での上下関係はなく，対等で，それぞれ管轄する担当地域が異なるだけである。したがってリールもまた「連邦」の首都ではない。連邦を構成する幾つかの領邦それぞれの中心的都市には必ず在地の人々で構成される在

---

14) 本書の序文の注 21 を参照。

地組織があり，それが実質的に各領邦を統治するが，そのいずれもが「連邦」の首都ではない。要するにブルゴーニュ連邦には首都は存在しない，あるいは現実に存在しているいずれの都市とも連邦の中心は一致しない。もちろん情報と資金が集中し，命令が発せられる「中央」がない訳ではないが，それは現実の地理空間の中では固定されず，絶えず移動していると考えればよい。ちょうど中世ドイツ帝国に首都がないのと同様に，連邦中央政府はブルゴーニュ公の移動宮廷と事実上一体のものであり，それを現実の地理空間と重ね合わせて表示するなら，北方領域からパリを経て南方領域に到る途上のどこかに位置していることになろう。これをイメージ化すると，およそ図7-5のようになろう。

ブルゴーニュ公自身とその側近，家政を司る者たち，そして外交使節など賓客を伴う宮廷と，三者で構成される連邦の中枢すなわち「中央政府」が北方のフランドル・アルトワおよびブラバン以北の土地，パリ周辺，そして南方のブルゴーニュと三つの地域ブロックを結ぶ線上にある。この移動する「中央政府」が様々な現実に関する情報提供を受けながら，意志決定を行い，その決断を文書ないし口頭で各地に伝える。したがってディジョン会計院・諮問会とリールのそれが現実の地理空間の焦点と

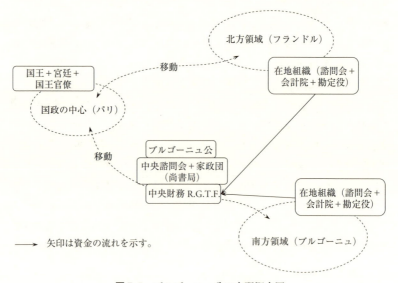

図7-5　ブルゴーニュ公の支配概念図

第7章　財務管理機構

なり，連邦全体の情報の中継地点としての役割も果たすことになる。もちろん「中央」の活動を支えるための資金を調達し，供給することが各地の諮問会・会計院の本来業務であることは言うまでもない。これが単純化・図式化された「連邦」経営のイメージである。

さて，各領邦の諮問会・会計院と中央政府を結ぶ情報網の分析は重要な研究課題であるが[15]，本書は財政を主題としているので，情報伝達よりも資金還流の分析を優先させたい。ブルゴーニュやフランドルなど各領邦から供給される活動資金が十分か否かの判断は，まず定常的支出を賄うに余裕があるか，次いで臨時可変支出に柔軟に対応できるか，二段階にわたる分析を経て下されることになろう。ブルゴーニュ公中央政府の定常的支出とは人件費とほぼ同義であり，臨時可変支出とは外交・渉外の諸経費と軍事費と見なして構わない。したがって，まずは中央政府の構成と人員規模を正確にすることが課題であり，そのために，よく知られたブルゴーニュ公の家政団規定令 Ordonnance de l'hôtel を利用することにしよう。

ブルゴーニュ Bourgogne 公フィリップ・ル・ボンは，少なくとも7度，家政団規定令を作成し，発令したことが知られている[16]。

まず1419年9月10日から1421年10月2日の間に最初の規定令が制定されたと考えられるが，これは1421年の会計簿の支払記事[17]から間接的にその存在を推定しうるに過ぎず，具体的な内容は不明である。次いで1426年12月14日に制定された第2の規定令がある。その原本は散逸したが同時代写本が2種現存している[18]。第3の規定令は1431年

---

15) 未発表学位論文 KANAO, Takemi; *Le Messager à la Cour de Bourgogne à la fin du Moyen Age*, Université de Paris IV-Sorbonne, 1992. および Id. ; L'Organisation et l'enregistrement des messageries du Duc de Bourgogne dans les années 1420, *Revue du Nord*, t. 76, 1994, pp. 275-298.

16) 以下，ブルゴーニュ公の家政団に関する分析は，拙稿「ヴァロワ・ブルゴーニュ公フィリップ・ル・ボンの家政機関——その規定と運営」『一橋論叢』第122巻 第4号（1999年10月号）pp.70-87（通算544-561.）に依拠したが，訳語を全面的に見直した。特に「家政機関」あるいは「宮内府」と表現した hôtel を「家政団」とし，maître d'hôtel を「宮内次官」から「家政長」に変更した点を特記しておく。なおフィリップがシャロレ伯であった時期にも，父ジャンによって家政団規定令が3度発せられている（1407年，1409年および1415年）。PARAVICINI, W. ; Die Hofordnungen Herzog Philipps des Guten von Burgund I, *Francia*, t. 10, 1982, pp. 131-166.

17) Archives Départementales du Nord（以下 ADN と略記）B1925 f. 32. 発令と同時に収入勘定統括役も交代した。

4月から1432年までの間に制定されたと推定されるが，その存在は1520年作成の目録によってのみ知られる[19]。4度目は1433年2月27日に制定されたが原本は散逸。同時代写本が一種のみ現存している[20]。続いて1438年1月12日，1449年4月9日，そして1458年12月31日にそれぞれ制定された[21]。

以上が現在知られている家政団規定令の史料状況である。したがって実際にその内容を確認できるのは，2度めの規定令（1426年）と4度めのそれ（1433年）および5度めのそれ（1438年）と都合3点に限定される。このように繰り返し発令された規定令は，いずれも将来を見据えて，人員を確保し，適材を適所に配置するという積極的で前向きな性格を持つものではない。むしろ消極的で後ろ向きな性格を有し，パラヴィチーニ PARAVICINI, W. によれば，「管理運営や宮廷維持のマニュアル，ないし宮廷作法や儀典のプロトコールというよりも，どちらかと言えば，支出を制限し，宮廷に相応しからぬ寄生者を遠ざけ，奉仕期間，日当，そして給付を定めるという明白な目的を持った財政文書」[22]であるという。つまり財政緊縮のための試算を公表するのがその目的であり，その算出根拠を併せて示した会計文書であると言うのである。この解釈は妥当であり，実際，1426年の規定令（ADN B1603 ff.96V°-97R°）の主たる部分は各部局の職務保持者数とその勤務期間を定めた部分であるが，その後に各人の日当を定めた一節が続き（後述），定員を超える従者の引率禁止が謳われているからである。ブルゴーニュ公を慕って，その周囲に集まる人々が次第に増加することは名誉なことであろうが，同時にひたすら支出が増加することをも意味する。そこで人員をある程度は整

---

18) Archives Générales du Royaume de Belgique, Papiers d'etat et de l'Audience 26. および ADN B1603 ff. 91-6. PARAVICINI, W.; Die Hofordnungen Herzog Philipps des Guten von Burgund II. *Francia*, t. 11, 1983, pp. 257-301.

19) ADN B3385 No. 113932.

20) ADN B1605 ff. 181-9.

21) 典拠は順に1438年がADN B1605 ff. 212-228, 1449年がRijksarchif te Gent Raad van Vlaanderen Serie F, No. 45, そして1458年がADN B3376 No. 113545 である。あわせてPARAVICINI, W.; Soziale Schichtung und soziale Mobilität am Hof der Herzöge von Burgund, *Francia*, t. 5, p. 128 を参照。

22) PARAVICINI, W. ; Hofordnungen Herzog Philipps des Guten ... I, *Francia* 10, p. 133. 著者は Soziale Schichtung ..., *Francia* 5, p. 129 でもほぼ同様の主張を展開している。

第7章　財務管理機構

表7-1　1426年家政規定令（ADNB.1603）による人員配置

部門	部　局*		登録員数	小計	構成比	実働数	小計	構成比
1	1	騎士侍従	10			10		
	2	侍従	24			6		
	3	家政長	5	39	13.0%	2	18	9.4%
2	4	パン焼き	16			6		
	5	酌役	24			12		
	6	肉切り役	13			4		
	7	従僕	6			3		
	8	膳役	29			17		
	9	果物役	5	93	31.0%	5	47	24.5%
3	10	馬寮	70			48		
	11	先遣役	6	76	25.4%	4	52	27.1%
4	12	小間使	20			15		
	13	菓子役	2			1		
	14	医師	1			1		
	15	聴罪司祭	1	24	8.0%	1	18	9.4%
5	16	家政支出担当	1			1		
	17	宮廷主計役	0			0		
	18	監査役	1			1		
	19	喜捨	2			2		
	21	庶務	4			1		
	28	書記役	7	15	5.0%	7	12	6.2%
6	20	家政長付司祭	3	3	1.0%	3	3	1.6%
7	22	武装門衛	10			3		
	23	室内警護	2			1		
	24	門衛	1			1		
	27	警邏役	12	25	8.3%	12	17	8.8%
8	25	喇叭手他	12			12		
	26	鷹匠	13	25	8.3%	13	25	13.0%
合計			300		100.0%	192		100.0%

＊）　各部局の番号は史料の記載順序を示す。

理し，全体を縮小し，出費を抑制する。そのような目的を持ってこの規定令は作成されたと理解される。したがって，まず人員数に注目して，その概要を一覧にすると上記の表7-1のようになろう。規定令は，現存する史料から判断する限り，ひたすら職務保持者 officier を列挙しているだけで，その順序に合理性を見出しがたい。そこで，それぞれの職務内容から判断して全体を8部門に分けた。

　ここに示される人員数は必要最小限度，ないしそれに近いものと考えられる。その内容をやや詳細に分析していこうと思う。表7-1とその詳細を提示した次頁表7-2を併せて参照されたい。

　まず第1部門はこの家政団全体を指導する立場にある人々で，騎士称

表 7-2　家政団の詳細

	役職名		員数	氏名と勤務期間の詳細			
1	騎士侍従顧問	chevalier conseiller chambellan	10	Seigneur de Roubais	Seigneur de Jonvelle	Lourdin de Saligny	Anthoine de Thoulonjon
				Phelibert Andrienet	Guyot de Jaucourt	Seigneur de Croy	David de Brimeu (seigneur de Ligny)
				Roland d'Uutkerke	Hue de Lannoy	(全員常勤)	
2	侍従	chambellan	24	(6名1組で各組3ヶ月勤務)			
				1-3月	4-6月	7-9月	10-12月
				Guillaume de Boffremont	Jehan de Roubais	Jacques de Brimeu	Seigneur de Mamines
				Jehan Raillart	Phelippe de Ternant	Jehan d'Aveluz	Jacques Pot
				Florimont de Brimeu	Pierre de Bauffremont 後に Gauvain de la Viefville 後に Seigneur de Reubempre	Seigneur de Lille Adam 後に Jehan de Lonvy	Seigneur de Stenhuse (Steneuse)
				Seigneur d'Auxi	Jehan de Crequi	Jehan de Horne	Guillaume de Menton (Damenton)
				Jehan d'Uutkerke	Sire Gossequin	Jehan de Brimeu	Guillaume de Lalain
				Seigneur de Saveuse	Jehan de Croy	Jehan d'Ayne	Philippe du Bos 後に Symon de Lalain
3	家政長	maistre d'ostel	5	Guillaume du Bois (筆頭・常勤)			
				1-3月	4-6月	7-9月	10-12月
				David de Brimeu (seigneur de Humbercourt)	Jacque de la Viefville	Jehan de Busseul	Jehan de Quillanc
				上記 D.B.死(1427/2/2)後 Jacque de la Viefville, Seigneur de Norrant (翌1428年1月1日以降、Guillaume du Bois常勤、他3名は各々4ヶ月勤務)			
4	パン焼き役	pannetier	14	Bastart d'Oye	Jehan de Masilles	(左2名は半年交替制)	(他12名は3名1組で各組3ヶ月勤務)
	パン焼き酒保役	sommelier	2				
5	酌役	echancon	14	Guillaume de Vichey	Loys de Chantemerle	(左2名は半年交替制)	(他12名は3名1組で各組3ヶ月勤務)
	酒保役	sommelier	4	(2名1組の交替制)			
	櫃番	garde huches	2				
	樽番	barrillier	2				
	補佐	aide	2				
6	肉切り役	escuyer tranchant	13	Bertrandon(通年)	(他12名は3名1組、各組3ヶ月勤務)		
7	従僕	valet servant	6	(3名1組の交替制)			
8	膳役	cuisinier	4	Symon Utenhove	(各人3ヶ月勤務)		
	調理係	queux	4	(2名1組の交替制)			
	ロースト係	hasteur	2	(交替制)			
	ポタージュ係	potagier	2	(交替制)			
	ポタージュ補助	aydes de potaiges	2	(交替制)			
	膳役見習い	enfant de cuisine	2	(交替制)			
	薪係	buschier	2	(交替制)			
	厨房護衛役	portier de cuisine	1				
	運搬係	porteur	2				
	雑用係	galopin	2				
	ソース係	saussier	2	(交替制)			

第 7 章　財務管理機構　　　　　　　　　　　　　　341

	補助	varlet de sausserie	2	(交替制)		
	大鍋番	varlet de chaudiere	2			
9	果物役	fruitier	2	Jean d'Amant	Guillemin du Bois	
	果物役付	varlet de fruicterie	1			
	運搬役	sommelier	1			
	灯明持ち	varlet qui tendra les torches	1			
10	馬寮の従騎士	escuyer d'escurie	14	Huguenin du Ble	Anthoine de Villers	(左2名は半年交替制)	他12名は3人1組、各組4ヶ月勤務
	馬係	palefrenier	4	Guillemot de Fontaines		他
	騎馬通達吏	chevaucheur	2	Jehan Noel	Guillemin Nanton	(左2名は半年交替制)	他12名 (交替制で常時4名)
	鍛冶係	mareschal	2	(交替制)		
	鍛冶付	varlet de forge	1			
	徒歩従者	varlet de pié	1			
	近習	paige	—			
	秣係	botteleur	1			
	馬小屋付	varlet d'estable	1			
	部隊馬係	varlet des chevaux du corps	4			
	軍馬付	varlet de destriers	2			
	武器係	armeurier	1			
	武器車付	aide au chariot d'armeures	1			
	輜重役	charois	2			
	二輪荷車係	charretier	1			
	運搬係	sommier	10			
	運搬係付	varlet de sommiers	5			
11	先遣役	fourrier	2	Guillaume de Gonneville	Richart le Galois	(左2名は半年交替制)
	先遣役補助	aide de fourriere	1	(交替制)		
	先遣役付	varlet de fourrerie	1			
	水係	sert de l'eaue	1			
12	小間使	valet de chambre	2	Monnot Machefoing ou son fils	Amiot Noppe	他3名
	宝飾品係	garde des joyaulx	1			
	運搬係	sommelier de corps	1			
	髭係	barbier	2	Maistre Richart	Maistre Jehan ou son fils	
	仕立て係	tailleur de robes	1			
	毛皮係	foureur	1			
	綴れ織・装飾係	tapissier et garde de la tapisserie	1			
	補助	aide d' icelle tapisserie	1			
	靴係	cordouannier	1			
	絵付け師？	paintre	1			
	衣装係付	varlet de garde robe	1			
	衣裳係見習	aide de la garde robe	1			
13	菓子役・薬師	espicier-apoticaire	2	Gilet du Celier	Jacot Michiel	(兼任・交替制)

14	医師	chirurgien	1	Henry de Troyes
15	聴罪司祭	confesseur	1	Monseigneur de Bethleem
16	家政支出担当	gouverneur de la despense de l'hostel	1	Guy Guilbaut
17	宮廷主計役	maistre de la chambre aux Deniers	0	
18	監査役	controlleur	1	Jehan Abonnel, dit le Gros
19	喜捨まとめ役	plaisance aumosnier	1	
	喜捨見習	soubsaumosnier	1	
21	記録役	clerc d'office	4	Guillemin Fiot Symonnet le Fournier Jehan Pape Drouet Ridel
28	書記役	secretaire	7	Jehan de Gand 他
20	家政長付司祭	chapellain des maistres d'ostel	1	
	礼拝堂付	clercs de chappelle	2	
22	武装門衛役	huissier d'armes	8	(3ヶ月交替制)
	衛兵	sergent d'armes	2	Hennequin le Camus Hennequin de Fretin (交替制)
23	室内警護役	huissier en salle	2	(交替制)
24	門衛	portier	1	
27	警邏役	archier	12	Jehan d'Arigny 他
25	喇叭手	trompette	5	Christofle 他
	吟唱詩人	menestrier	5	Caillet
	道化師	fol	2	
26	鷹匠	fauconnier	3	Loys Salart
	鷹匠付き	varlet de faucons	5	
	大鷹匠	ostricier	2	Jehan Claux Heyne de Dressate
	狩猟付き	varletde riviere	3	

号を持つ侍従，持たない侍従，そして家政長 maistre d'ostel, maître d'hôtel の3役からなる。騎士侍従諮問役 chevalier conseiller chambellan はルベの殿下 Seigneur de Roubais を筆頭とし，以下10名が登録され，全員が常勤である。侍従 chambellan はクロワの殿下 Seigneur de Croy を筆頭に24名が登録。6名を1組として全体を4組にわけ，各組3ヶ月勤務と規定している[23]。家政長は登録5名で，うち筆頭格ギヨーム・デュ・ボワ

23）1月から3月は Guillaume de Boffremont, Jehan Raillart, Florimont de Brimeu, Seigneur d'Auxi, Jehan d'Uutkerke および Seigneur de Saveuse の6名。4-6月が Pierre de Bauffremont, Jehan de Roubais, Phelippe de Ternant, Jehan de Crequi, Sire Gossequin および Jehan de Croy の6名。後 P. de Bauffremont に代わり Gauvain de la Viefville が，次いで Seigneur de Reubempré が任命。7-9月が Seigneur de Lille Adam, Jacques de Brimeu, Jehan d'Aveluz, Jehan de Horne, Jehan de Brimeu および Jehan d'Ayne の6名。後 Seigneur de Lille Adam は Jehan de Lonvy に交替。10-12月が Seingeur de Mamines, Jacques Pot, Seigneur de Stenhuse (Steneuse), Guillaume de Menton (Damenton), Guillaume de Lalain および Philippe du Bos の6名。Ph. de Bos は Symon de Lalain に交替。

第7章　財務管理機構　　　　　　　　　　　　343

Guillaume du Bois は常勤。他に4名が登録され，各々3ヶ月勤務と明記されているから，常時2名がこの家政団全体の活動を監督する体制をとることになる[24]。以上をまとめると表7-1のように，第1部門の登録員数は計39名であるが，実働数は18名で，ほぼ半数となる。このように数名の同職保持者による交替勤務という形態は珍しいものではないが，この規定令がこのような運営方式を明示しているのは，明らかに人件費抑制のためと理解される。彼らの給与は固定給（年金 pension）と日当 gages から成っている。固定給は出勤の如何にかかわらず，登録者全員の分を支払わなければならないが，日当は文字通り，実際に出仕して勤務した者，上記の実働者に日数分だけ支払うことになるから，この部分を削減できることになる。

　以下，同様の指摘ができるが，第2部門は食料・飲料の調達と調理・給仕を担当する部門であり，いわば家政団の本来の職務を担当していると言えよう。まずパン焼き役 pannetier は登録14名。うちバタール・ドワィエ Bastart d'Oyé とジャン・ド・マシル Jehan de Masilles 両名は各々6ヶ月勤務。他12名は3名1組で各組3ヶ月勤務（その個人名は省略）。酌役 echançon は14名で，うちギヨーム・ド・ヴィシィ Guillaume de Vichey とルイ・ド・シャントメル Loys de Chantemerle 両名は6ヶ月勤務。他12名は3名一組で各組3ヶ月勤務。酒保役 sommelier が4名（2名1組），櫃番 garde huches，樽番 barrillier，補佐 aide が各2名。肉切り役 escuyer tranchant は登録13名，その筆頭ベルトランドン Bertrandon は通年勤務だが，他12名は3名1組，各組3ヶ月勤務。給仕 valet servant は6名。3名1組の交替制。膳役 cuisinier はシモン・ユトノーヴ（ウテンホーヴ）Symon Utenhove など4名で各人3ヶ月勤務。さらに調理係 queux が4名（2名1組）。ロースト係 hasteur，ポタージュ係 potagier，その補助 aydes de potaiges，膳役見習い enfant de cuisine，薪係 buschier が各2名（交替制）。ソース係 saussier および補助 varlet de sausserie が各々2名（交替制）。大鍋番 varlet de chaudiere が2名。果物役 fruitier はジャン・ダ

---

24)　1月から3月は当初は David de Brimeu (seigneur de Humbercourt) を指名したが，その死亡（1427年2月2日）に伴い，代わって Jacque de la Viefville, Seigneur de Norrant を指名。4-6月は引き続き Jacque de la Viefville，7-9月は Jehan de Busseul，そして10-12月に Jehan de Quillanc を指名。翌年1月1日以降は Guillaume du Bois の常勤はそのままとし，他3名は各々4ヶ月勤務とした。

マン Jean d'Amant とギユマン・デュ・ボワ Guillemin du Bois の2名で，この2名に対して補助 varlet が1名と運搬役 sommelier が1名[25]，さらに灯明持ち varlet qui tendra les torches が1名，そして大切な厨房護衛役 portier de cuisine が1名，運搬係 porteur および雑用係 galopin が各2名付く。部門全体を合わせると93名（構成比31％）が登録され，実働47名（同24％）で，最大の人員を擁している。

それに続く人員を擁するのが第3部門である。宮廷全体が移動する際に重要な役割を果たす部門であり，膂力だけでなく機転をも必要とするだろう。この部門に登録されるのは，まず馬寮 escurie の従騎士 escuyer と呼ばれる面々が14名で，うち2名ユグナン・デュ・ブレ Huguenin du Blé（上半期）およびアントワーヌ・ド・ヴィリエ Anthoine de Villers（下半期）は半年勤務で，他12名は3人1組，各組3ヶ月勤務である。加えて，馬係 palefrenier としてギユモ・ド・フォンテーヌ Guillemot de Fontaines 他4名。騎馬通達吏 chevaucheur なる者が計14名で，うち2名ジャン・ノエル Jehan Noel とギユマン・ナントン Guillemin Nanton の名だけが挙げられている。さらに部隊馬係 varlet des chevaux du corps 4名，鍛冶係 mareschal 2名，秣係 botteleur 1名は必須の職務であろうし，運搬係 sommier 10名に輜重役 charois 2名も加えられ，同時に武器係 armeurier および武器車付 aide au chariot d'armeures 各1名があることからも，この部門が臨戦態勢をとることができる機動性を備えていることがよく分かる。また先遣役 fourrier として2名ギヨーム・ド・ゴヌヴィル Guillaume de Gonneville とリシャール・ル・ガロワ Richart le Galois が水係 sert de l'eaue 1名とともに登録されている。これらを合計すると登録員数は76名で全体の25％であるが，実労働人数は52名（同27％）で，第2部門を上回る人員を擁している。

第4部門は人数は少なくとも，主君（宮廷の主催者）の身辺を世話する係が多く，他の部門に比べて常勤が多い。小間使 valet de chambre はモノ・マシュフワン Monnot Machefoing とアミヨ・ノップ Amiot Noppe の2名を交替制とし，他に宝飾品係 garde des joyaulx や髭係 barbier，仕立係 tailleur de robes，毛皮係 foureur，靴係 cordouannier などがある。健康

---

25) この sommelier は sommier の異体，同義と解する。

管理を委ねられる菓子役 espicier と薬師 apoticaire として2名，ジレ・デュ・スリエ Gilet du Celier とジャコ・ミシエル Jacot Michiel が交替制とされ，さらに医師 chirurgien にアンリ・ド・トロワ Henry de Troyes が，聴罪司祭 confesseur にベトゥレエム様 Monseigneur de Bethleem が指名されている。

交替制が少なく，常勤が多いという点では第5部門も同様である。これは家政の庶務に携わるメンバーであり，いわば事務専門職で占められる部門である。宮廷主計 maistre de la chambre aux Deniers は停止・欠員とされているが，その代理と考えられる家政支出監督役 gouverneur de la despense dudit hostel にギィ・ギルボー Guy Guilbaut が，監査役 controlleur にはジャン・アボネル，通称ル・グロ Jehan Abonnel, dit le Gros が指名されている。喜捨まとめ役 plaisance aumosnier とその補助 soubsaumosnier が各1名。記録役 clerc d'office が4名（3ヶ月勤務）で，ギユマン・フィオ Guillemin Fiot，シモネ・ル・フルニエ Symonnet le Fournier，ジャン・パプ Jehan Pape，およびドルエ・リデル Drouet Ridel が指名されている。これとは別に書記役 secretaire があり，ジャン・ド・ガン Jehan de Gand 他7名で構成され，全員が常勤であった。

この他，第6部門に家政長付司祭 chapellain des maistres d'ostel が1名。礼拝堂付 clercs de chappelle が2名。公と宮廷の警護を担当する第7部門には武装門衛役 huissier d'armes が8名（3ヶ月勤務），衛兵 sergent d'armes が2名（交替制），さらに室内警護役 huissier en salle が2名（交替制），門衛 portier が1名，警邏役 archier として12名が登録されている。最後の第8部門は，言わば余興の担当であるが，喇叭手 trompette と吟唱詩人 menestrier が各5名，道化師 fol が2名，鷹匠 fauconnier が3名，さらに大鷹匠 ostricier としてジャン・クロ Jehan Claux とエーヌ・ド・ドレサート Heyne de Dressate なる2名が指名されている。

以上の8部門，28部局に登録された総人員数は300名に上る。が，そのうち幾つかの部局では交替制が明記されているから，規定通りに実施されたとすれば，実働人数は192名になる。ただし，これには各人が従える従僕は含んでいない。例えば騎士侍従顧問はバナレットであれば6名，それ以外は4名の従僕を従えることが認められている。パン焼き役も2名の従僕を従え，それぞれがお仕着せか日当が支給されると明記

される。したがってこうした人々までもすべて数え上げていけば，この規定令の条項を遵守したとしても常時ブルゴーニュ公の周辺で「働く」者は 200 名を遥かに超えると考えられるが，それでも登録員数の 3 分の 2 に抑えられる計算になる。

　さて，規定令では家政団に勤務するすべての人員の手当てが詳細にされているわけではない。明確にされるのは従者も含めて食事が供されるか否かであって，金銭の支給が明示されるのは，バナレット騎士侍従顧問が月額 50 フラン（すなわち年 600 フラン）で，それ以外の侍従は月額 40 フラン（年 480 フラン）。家政長は四半期に 80 フラン（年 320 フラン）。以上が高額給与所得者である。
　それ以外では，酌役，パン焼き役，馬寮の従騎士に，各々四半期に 50 フラン（年 200 フラン）。肉切り役筆頭に年額 100 フラン，聴罪司祭に年額 150 フラン，特殊技能の持ち主たる医師に年額 80 フラン，吟唱詩人と喇叭手にそれぞれ年額 120 フランと定められている。これ以外の者たちへの支給額は記載されていない。記載分に人数を掛け合わせて合計すると，年額 13,450 フラン（つまり 10,760 リヴール・パリジ）となる。
　規定令はこのように高額手当を明記した後に「……以上に述べた殿下の家政団支出と特別支出，すなわち，喜捨・慈善，殿下ならびにその従者の被り物・衣服の仕立，馬，宝飾，麻布，現金ならびに馬の贈答，金糸・銀糸の毛織地，絹地，渉外・外交，通信連絡，その他特別かつ必要なあらゆる支出を充たすには，40 フランドル・グロのエキュ貨にて，月に総額 6,400 エキュ，すなわち，上述家政団の支出に 3,200，上述特別支出に 3,200 で十分と思われる。」[26)] という結論を示す。つまり年額に直せば 76,800 エキュの支出見込みである。
　この家政団の通常年支出見込み 38,400 エキュのうち，上記の高額手当が 10,760 リヴール・パリジ（＝エキュ）であるから，この分（4 分の 1 強，28％に相当）を差し引くと，残額は 27,640 エキュになる。これをすべて食費に当てたとすれば，常時 250 名としても一人当たり年 110.56 エキュ，つまり一日当たり 6 スー（＝110.56/365×20）をやや上回る額に

---

26) ADN B1603 f.96V° および PARAVICINI, W.; *op. cit. Francia*, t. 11, p. 288.

第 7 章 財務管理機構

しかならない。あまりに非現実的で，これでは努力目標にもなりえない。

どう考えても，この究極の支出抑制プランが実現されたとは思えないので，逆に実際の支出記録を分析して現実的なレベルを推測するという方法をとってみたい。本来ならば宮廷主計局勘定簿を史料とすべきであろうが，上述の規定令に明記されているように，この時期，宮廷主計は停止されている。そこでその代替として，事実上，フィリップの家政の支出を記録した帳簿と見なしうる勘定統括簿 Comptes de Recettes Générales de Toutes les Finances を分析する。1419 年 10 月から 1428 年末まで，10 年に渡って，つまりフィリップ・ル・ボンの治世最初の 10 年間，この勘定を預かったのはギィ・ギルボー Guy Guilbaut であり，確かに彼の名は規定令（第 5 部門 16）で確認することができる。

1428 年 12 月 13 日付の辞令によりギィ・ギルボーは「通常支出および特別支出統括役 Conseiller et gouverneur-general de la despenses ordinaire et extraordinaire」に任じられる。これはわざわざ彼のために新設された職である。その辞令の中に「過去二年ほど，我らの通常並びに特別の支出をいかにしても抑制せんと欲し，既に数通の書状を発し，また我らの親愛なるギィ・ギルボーひとりを我らの通常かつ特別の支出の総監督役に任ず。この者，長きにわたり我らの勘定統括役を勤め，また我が父の代より財務に専心し，その職務の履行において多大に貢献せり。しかるに日々その重大にして，かつ終わりなき勤めに追われ，まさにそれがために未だ自己勘定すべてを終えることあたわず。爾後，我らの支出の請負と裁量を続けるに僅かなりとも誰か支える者なければ，ついに勘定を終えることなからん。かくしてこの者，緊急に請い願って曰く，我らの支出業務が遅滞なく運行さるるべく指図を怠ることなきよう，あるいは過つことなきよう，まずは自らの勘定を全うしたしと。また誰か世に聞こえた人物に命じて本職務を委ね，速やかに履行さすべしと。周知のごとく，我らの支出は日に日に増大，多様の一途を辿り，もはやその裁量は一人の手に負えず……」[27]とある。この辞令の文面は，一方では我々が

---

27) «.... Comme des environ deux ans, pour aucunement vouloir restraindre notre despense ordinaire et extraordinaire, nous eussions fait certaines ordonnances et ordonné et comis notre amé et féal conseiller Guy Guilbaut seul gouverneur-général de notre dépense tant ordinare comme extraordinaire. Lequel longtemps paravant avoit été receveur général de toutes nos finances et aussi au temps de feu notre très chier seigneur et père, dont Dieu ait l'ame, avoit et a eu grant maniance de ses finances esquelx offices il a

理解している家政団規定令の制定目的を追認すると言えるし，他方では，規定令が何度も制定・発令されているという事実から想像できるように，その目的が十全には達成されなかったことを示唆していよう。

　さて，上記の規定令発令直後の1427年の勘定統括会計簿[28]を分析すると，まず全体として，同年の会計収入は9万リーヴル[29]であり，それに対して年間会計支出は11万リーヴルであった（単純月平均は9,100リーヴル）。よって当期収支は2万リーヴルの支出超過である。この1427年は例年になく収支ともに縮小しているが，それでも規定令が示す額には遠く及ばない。支出11万リーヴルの内訳は通常支出が6万リーヴル（単純月平均4,900リーヴル），特別支出が5万リーヴル（単純月平均4,200リーヴル）である。

　第1部で分析した様々な勘定簿と同様に，この勘定簿もいわゆる報告形式で，帳簿の前半が収入記録に当てられ，各領邦の勘定役からの振替額を順に記載している。それに対して帳簿の大半を占める後半の支出の部は，まず通常支出と特別支出に大別され，特別支出はさらに科目に応じて，通信連絡，出張・渉外，喜捨・慈善，絹・毛織地の購入，馬の購入の5章に分けられる。通常支出は毎日の支払いを，特別支出は日を追って，それぞれ丹念に記録しているし，月末締めも怠りなく記載して

---

fait plusieurs grandes receptez et mises pour notre fait. Desquelles obstant la grande et continuelle charge qu'il a eu et a de jour en jour pour et à cause de ce que dit est, il n'a encore peu du tout compter ne entièrement afiner ses comptes, ne ne pourroit faire ainsi que vraisemblablement et apparent, sans estre aucunement supporté de la charge et gouvernement de notre dite despense. Pourquoy il nous ait requis très instamment afin qu'il puist affiner sesdits comptes qu'il nous pleust pourvoir au fait, gouvernement et entretènement d'icelle notre despense et y commettre et ordonner aucunes notables personnes qui en aient et exécutent ce temps pendant la charge, laquelle notre despense qui de plus en plus s'accroist et se multiplie ainsi que remonstré nous a esté, désormais ne se peut bonnement conduire par une seule personne ....» ADN B1603 f.151. および HULIN, G.; Guy Guilbaut, conseiller, trésorier et gouverneur-général de Toutes les Finances de Philippe le Bon, *Bulletin de la Société d'Histoire et d'Archéologie de Gand*, t. 19, 1911, p. 333.

28) ギィ・ギルボーの第9会計。Archives de l'Etat à Courtrai, Codex 322.

29) この帳簿で使用される計算貨幣は1リーヴルを40グロ gros とするフランドルのそれであり，1427年の時点でフランスのリーヴル・パリジ livre parisis と等価。Courtrai, Codex 322 f.7V°。ここでは宮廷主計局 Chambre aux Deniers に替わって，家政団を中心とする中央政府の出納を管理する会計の収支を論じているので，「連邦」全体の歳入と歳出を論じているわけではない。

第 7 章　財務管理機構　　　　　　　　　　　　　　　　　349

表 7-3　ブルゴーニュ公統括勘定役ギィ・ギルボー GuyGuilbaut 第 9 会計(1427 年)
(Courtrai Codex 322)

	通常支出		特別支出		合　計	
		(四半期計)		(四半期計)		(四半期計)
1 月	4,955.77		1,465.73		6,421.50	
2 月	3,658.45		1,215.98		4,874.43	
3 月	4,065.28	12,679.50	3,946.29	6,628.00	8,011.57	19,307.50
4 月	5,231.20		2,224.13		7,455.33	
5 月	3,619.68		4,665.60		8,285.28	
6 月	10,362.93	19,213.81	14,648.32	21,538.05	25,011.25	40,751.86
7 月	4,154.60		3,339.89		7,494.49	
8 月	5,692.85		6,522.84		12,215.69	
9 月	4,986.78	14,834.23	5,666.31	15,529.04	10,653.09	30,363.27
10 月	3,745.62		1,040.43		4,786.05	
11 月	3,878.25		1,720.93		5,599.18	
12 月	4,936.24	12,560.11	4,123.26	6,884.62	9,059.50	19,444.73
合　計	59,287.65		50,579.71		109,867.36	
月平均	4,940.64		4,214.98		9,155.61	

注：当期の支出総額は，上記支出合計額：109,867.36 £ にその他の支出額：222.60 £ を加えた 110,089.93 £ となる。
なお実際の帳簿記載額は以下のようにやや誤差がある。

		通常支出合計	59,287.60
		特別支出合計	50,579.65
		その他	222.60
収入合計	89,936.05	支出総額	110,089.85
		損益	− 20,153.80

いる。そのために各月の小計を求めることが容易であり，それをまとめれば表 7-3 のようになる。

　一瞥して明らかなように，通常支出も特別支出も，ともに 6 月分が突出している。これは 6 月 8 日の聖霊降臨祭の前後 11 日間にわたり，フランス摂政ベッドフォード Bedford 公夫妻がフィリップの宮廷に滞在し，その間の通常支出が 7,700 リーヴルを超えることが主たる原因である。そこで六月の支出は例外的なものであると見なすなら，通常支出の最大は 8 月の約 5,700 リーヴルで，最低は 2 月と 5 月の 3,600 リーヴル超であるから，かなり安定していると言えよう。実際，残り 11 ヶ月の平均を取ってみると，通常支出は月に 4,500 リーヴルになる。

　特別支出に関しても，やはりベッドフォード公夫妻の滞在に関連する費用なのか，6 月分がはなはだしく膨張している。月合計額 14,000 リーヴルは年合計額 5 万リーヴルの 4 分の 1 を超える。しかし他には 3 月の

旅費・渉外支出が 1,710 リーヴル，4 月のそれが 600 リーヴルという額が目に付く程度で，それ以外には格別目立った出費はない。したがってこの 6 月を除外すれば，特別支出という変動幅が大きい科目にもかかわらず，実際の支払いは比較的安定していたと言えよう。そこで 6 月を除いた 11 ヶ月の単純月平均支出を求めると，3,270 リーヴルである，したがって，通常支出と特別支出の合計は毎月 7,770 リーヴルとなり，6 月を含めた通年の月平均よりも毎月 2,000 リーヴル近く少ない額となる。ただし，この時期，つまりエノー，ゼーラント，ホラントの 3 伯領の相続を巡る対ジャクリーヌ戦争が最終段階に入った時期に[30]，賓客ベッドフォード公夫妻の接待とそれに伴う支出が宮廷活動として例外的と見なすことは無理だろう。むしろ宮廷とは政治目的を実現するための饗宴装置であると考えるべきではないか。

　この会計記録は月ごとに纏めているが，清算には遅延もあるだろうから，もう少し長い期間をとって比較した方がこの会計主体の性格を見るに適当かもしれない[31]。そこで，四半期ごとの合計を求めてみる。すると，明らかに夏季と冬季とでは支出に差が出る。特に特別支出の季節差は顕著で，夏季は冬季の倍になる。支出とは活動の定量的表現と考えることができるから，夏季の宮廷活動は非常に活発であるが，冬季のそれは極端に萎縮していると言えよう。この観察はヨーロッパ世界に対する一般的理解（高緯度のために夏季と冬季とでは日照時間差と温度差が顕著）とよく一致する。そこで，人間がその活動を極端に萎縮させる冬季の支出額が当該集団の生存のための最低消費水準を示唆すると考えて，第 1 四半期（1-3 月）と第 4 四半期（10-12 月）の 6 ヶ月の平均を算出すると，通常支出は 4,200 リーヴルとなり，特別支出は 2,200 リーヴル，合計 6,400 リーヴルとなる。数字を弄んでいるように見えるかもしれないが，

---

30)　1427 年 4 月 17 日にジャクリーヌの夫ブラバン Brabant 公ジャンが死去した。ブラバン公位は彼の弟のフィリップ・ド・サン・ポル Philippe de Saint Pol に相続されたが，ジャクリーヌが未亡人となったことで，ベッドフォード公ジョンの実弟グロスター Glouceter 公ハンフリーの行動が懸念され，同時にベッドフォード公の行動も注視されたはずである。結局，ハンフリーは行動を起こさなかった。それを見て，ブルゴーニュ公フィリップはエノー三部会を開催し，自身を支配者として承認させ，6 月 24 日にはギヨーム・ド・ララン Guillaume de Lalaing をバイイとしてエノーに派遣した。VAUGHAN, R.; *Philip the Good*, London, 1970, & *New Ed.*, Woodbridge, 2002, pp. 45-47.

31)　管見の限り，月初め，月末など特定の日に支払いが集中する傾向は見られなかった。

帳簿の一つの解釈であり，1426年の家政団規定令の試算（月平均6,400リーヴル）は決して無意味ではないと考えることはできる。

　しかし，結果として実際の支出額が規定令の言わば最低見積額からかけ離れたものとなってしまった原因はどこにあるのだろう。もちろん既述のベッドフォード公夫妻に対する相応の接待の問題がある。フランス同輩貴族の筆頭として，ブルゴーニュ公が主催する宮廷には相応の豪奢が必要であろう。イングランド王家の大切な同盟者を粗末に遇する訳にはいくまい。幾ら緊縮財政とはいえ，渉外費の中に一定枠の接待費を確保しておくのは当然である。しかし見積りが現実とかけ離れてしまった要因は他にもあるように思われる。一例を挙げれば，一月特別支出の中に「わが君の侍従顧問官クロワの殿下に，先般の法令により彼に定められた手当として，その法令と彼の受領書とを突き合わせて間違いなく40リーヴル」[32]と記載されている以上は，日当は家政団規定令に準じて各人に支払われたと理解される。要するに延べ人数が当初の見込み（あるいは制限）を大幅に上回ったことが支出増を招いた根本的な原因と考えられる。つまり規定令の目的は達成されたとも，そうでないとも，どちらとも言えない。仮に登録員数の削減ないし制限に成功したとしても，統括役ギルボーが嘆いていたように，仕事量全体が同程度か，もしくは増加しているとすれば，それを消化していくためには，一人当たりの仕事量を増やす以外に方法はなく，結果として延べ人数と日当の総支払額の増加に歯止めをかけることができない事態を招くことになるだろう。拡張政策の当然の帰結である。

3. 人の動き

　移動する中央連邦政府と各地の在地組織とを結ぶコミュニケーション・システムは主として「中央」の家政のメンバー，特に「馬寮の騎手」と呼ばれるスタッフがその任にあたった[33]。彼らの活動内容を分析

---

32) Courtrai Codex 322 f.43R°

33) KANAO, T.; Les Messagers du Duc de Bourgogne au début du XV°siècle, *Journal of Medieval History*, vol.21, 1995, pp. 195-226.

し，何らかのパターンを抽出しようとする試みは多分失敗する。あまりに雑多で整理できないからである。これが重要な「人の動き」であることは確かであり，「中央」の移動とともに，連絡係も活発に動き始める。

しかし定住組織が運営する領邦内にも，やはり人の動きはある。バイイ管区付きの勘定役はしばしばディジョン会計院を訪問する。もちろん徴収した財貨を持ち運ぶ業務もあるが，情報交換のための会合もあったのではないか。

第1部で何度か言及したが，1426年末，北方領域も含めて，「連邦」のあらゆる勘定役が決算書を作成し，その時点での収支バランスを確定し，報告した。従来から，数年ごとに各勘定役の収支バランスを確認する決算報告は作成され，各勘定簿の末尾に掲載されていたから，この1426年の場合も格別のことではないかもしれないが，ブルゴーニュ公の全支配領域で一斉に実施された点で興味を惹く。先にベッドフォード公夫妻の接待に言及した際にも述べたが，北方征服（対ジャクリーヌ戦争）の事情[34]を勘案すれば，この「全国」一斉の決算書作成の意図を推理することは難しくはない。先に分析した家政団規定令も，あるいは第3章第3節で分析した「予算メモ」も，同様の意図の下に作成されたと考えられる。第1章で十分に論じたように，通常収入には余裕などないが，それでも切り詰められる所はないかと，切羽詰まった思いで実施されたのであろうか。ともかく，この1426年に注目して，特に情報伝達を担う訳ではない通常の請負勘定役が行い，記録した出張に目を向けてみようと思う。彼らは普段とは異なる行動をとっただろうか。

1426年当時の勘定役を列挙すれば，次頁の表7-4のようになる。領邦勘定役ジャン・フレニョを始め，これまで何度も言及した名前が並ぶ。

---

34) ブルゴーニュ公の北方征服戦争は少なくともパリでは一般に広く知られていたと思われる。『パリ一市民の日記』にも断片的に表れる。「このころ，フランス摂政の弟がいつもブルゴーニュ公に戦争を仕掛けていて，フランドル人と摂政の弟の側に立つイングランド人との間で小競り合いが絶えなかった（432）en ce temps, avait toujours guerre le frère du régent de France au duc de Bourgogne, et firent plusieurs escarmouches les Flanmands et les Anglais de la partie dudit frère du régent」「このころにはブルゴーニュ公とフランス摂政の弟との間で戦争が再開した（436）Item, en ce temps était recommencée la guerre entre le duc de Bourgogne et le frère du régent de France」éd. C. Beaune, pp. 224-225. 引用文中の「フランス摂政の弟」とはもちろんグロスター公ハンフリーである。前半432の記事は1426年2月頃。後半の436は同年5月頃と推定される。

第 7 章　財務管理機構

表7-4　1426年頃の財務担当者

氏　　名		勤務地	職　名	期数	就任年	退任年	典拠	典拠年
ジャン・フレニョ	Jean Fraignot	ブルゴーニュ	領邦勘定役	10	1415	1426	B1631	1426
ジャン・ピュセル	Jean Pucelle	オータン	通常勘定役	16	1422	1437	B2366	1426
ギヨーム・ピエール	Guillaume Pierre	オータン	グリュエリ	4	1423	1426	B2367-2	1426
ギヨーム・ボワスラン	Guillaume Boisserant	オータン	ヴィエリ	14	1427？	1430？	B2370-1	1427
ジャコ・エピアール	Jacquot Espiard	オーソワ	通常勘定役	13	1418？	1430	B2792-1	1426
チボー・フィリベール	Thibaut Philibert	オーソワ	グリュエリ	14	1425？	1438	B2791-2	1426
ジャン・ド・ヴィルセシー	Jean de Villecessey	シャティヨン	通常勘定役	24	1414	1437	B4057	1426
フィリッポ・ル・ロワッシュ	Philippot le Roichet	シャティヨン	グリュエリ		1420？	1428？	B4057bis	1426
ジャン・フレニョ	Jean Fraignot	シャロン	通常勘定役	13	1415	1427	B3643	1426
ピエール・ド・ラ・クードル	Pierre de La Couldre	シャロン	グリュエリ	19	1416？	1434	B3642-7	1425
ジャン・モワッソン	Jean Moisson	ディジョン	通常勘定役		1415？	1428	B4476	1426
ギヨーム・ランヴィアル	Guillaume Ranvial	ディジョン	グリュエリ		1415？	1426？	B4475	1425/26
ギヨ・ジラール	Guyot Girard	シャロレ	商品12ドニエ税 ワイン1/8 税	5	1421	1425	B3926-5	1425
ジャコ・トゥイヨン	Jacquot Touillon	シャロレ	通常勘定役	10	1426	1435	B3929	1429
ジラール・ペリスニエ	Girard Pellicennier	シャロレ	グリュエリ	22	1412？	1433	B3927-1	1426

　順に彼らの足跡を辿ってみよう。

　オータン管区勘定役はジャン・ピュッセル Jehan Pucelle であった。彼は同年の通常収入勘定簿（ADCO B2366 ff.57R°-59R°）に6回の出張記録を残している。シャロンとディジョンへ3回ずつ，いずれも従僕を1人伴い，レンタル馬2頭を駆っての小旅行であった。彼の記述に従えば，1月，2月，5月の出張は，いずれもブルゴーニュ領邦勘定役ジャン・フレニョの要請を受けて，管区収入から現金を届ける業務であったが，6月，10月，11月の出頭は管区収入の現況報告であった。このうち，6月の場合はディジョンの会計院から，当年の過去4ヶ月分の収支について，必要書類を整えて報告するようにとの要請であった。また10月のシャロン出張は領邦勘定役ジャン・フレニョだけでなく，顧問ジャン・シュザと財務役ジャン・ド・ノワダンも同席し，当年の管区収入について会談したとある。

　翌1427年の収入勘定簿（B2368 ff.33V°-35R°）も同様で，1月，3月，6月，9月の4回にわたるディジョン出張が記録されているが，現金輸送の言及はない。1月は「我等が公殿下とその国土，その臣民の名誉と利益に大いに係わる某案件に関して話し合うため[35]」にディジョンを訪

---

35)　pour parler d'aucune chose touchant tres grandement le bien honneur et prouffit de mondit seigneur le duc et de ses pays et subgiez（ADCO B2368 f.33V°）

問し，会計院の人々に面会している。3月は領邦勘定役かつ顧問たるマイウ・ルニョーに当期の管区収入の見込みについて，資料をもとに報告した[36]。あるいは1月の召喚が26年の決算報告作成を要請するものであったかもしれないが，記述から特定することは困難である。ただ，この2年分の勘定役の出張内容から判断すると，遅くとも6月には，つまり会計年度の半ばには，領邦勘定役か会計院を訪ねて，その年度の収入見込み概要を報告することが慣習化していたと思われる。

オーソワ管区勘定役ジャコ・エピアールの場合も同様の記録を残している（B2792-1 ff.16V°-17R°, B2792-2 f.13R° & V°）。1426年は1月17日にディジョンの領邦勘定役へ200フランを届け，21日には同役に現況を報告するためにオータンを訪れている。やや間隔が開くが，6月にはディジョン会計院の求めに応じて出頭した。10月18日に財務諸役の求めに応じてシャロンまで赴き，その10日後，27日には助手にシャロンまで100フランを届けさせている。領邦勘定役ジャン・フレニョはシャロン管区勘定役を兼ねるから，ディジョンではなく，シャロンに滞在することも多かったのであろう。11月末に再びディジョンへ出頭したのがこの26年の最後の出張記録である。

1427年の記録はやや変則的である。ジャン・シュザ，ジャン・ド・ノワダン，ジャン・フレニョ3名の財務諸役連名の2月7日付の書簡を受け取ると，エピアールはその日のうちにディジョンまで走ったが，同月末日付の会計院の書簡を受け取った時は3月10日になって，ようやくディジョンに出頭している。どちらも封印書簡 lettres closes と記載されただけで，その内容には言及されていないが，緊急性を帯びた場合と，そうでない場合との違いが如実に現れている。これ以外は詳細にする必要を認めなかったのか，出張は計10回，うち9回はディジョン，1回はボーヌとして，その旅費の総額のみを記載している。ボーヌへの出張は，公殿下財務役ギィ・ギルボーのアシスタントたるジャン・リゴルロ Jehan Rigorlot に約束の2,805フラン1/2を届けるためであったことを特記している。このように本来の管区内の受領金受渡し業務に加えて，財務諸役や会計院から何らかの要請があれば，それに応じて出頭すること

---

36) Pour faire l'estat de la revenue de ladicte recepte d'Ostun de temps et terme de ce present compte garni et fourni de toutes lettres et controlles servans et appartenans audit estat.（ADCO B2368 f.34R°）

第7章　財務管理機構

が管区勘定役の日常であったのだろう。

　シャティヨン管区勘定役ジャン・ド・ヴィルセシーの日常も同様で，注目すべき事実は乏しい (B4057 ff.27-30, B4058 ff.28-32)。1426年には5月28日から6月3日までの1週間，7月1日と2度にわたるディジョン訪問を記録している。その目的は12ドニエ税とブドウ酒8分の1税を含む管区収入の現況報告のためという以上に，詳細が記録されている訳ではない。いずれの場合も，ディジョン会計院からの出頭命令に従ってのことであった。同年12月2日付でジャン・シュザ，ジャン・ド・ノワダン，ジャン・フレニョ連名の出頭命令でアシスタントのペラン・カテルを伴ってディジョンを訪問。往復と滞在に4日を要したことを記録している。1427年は1月にブルゴーニュ元帥 Marechal de Bourgogne および会計院と財務諸役による戦費捻出要請を受けて，ディジョンに出頭したこと。3月半ばにはやはり会計院の要請でディジョンを再訪したが，事案の詳細は記録されていない。さらに1428年5月8日，1427年の収支記録簿，12ドニエ税徴収簿，およびブドウ酒8分の1税徴収簿を携えてディジョン会計院に出頭したことを記録している。

　同シャティヨン管区のグリュイエであったフィリップ・ル・ロワッシュ Philippe le Roiche もディジョン出張の記録を残している。収入の現況報告のために，1426年は5月28日と6月20日に (B4057-2 f.28)，1427年は1月12日と4月6日に (B4058-2 f.20) ディジョンを訪問した。

　シャロレの1426年前後の記録は散逸しているが（第1章参照），グリュイエを務めたジラール・ペリスニエ Girard Pellicennier の記録 (B3927-1 ff.14-15) を見ておこう。1426年4月9日，領邦勘定役ジャン・フレニョの求めに応じ，モン・サン・ヴァンサンからシャロンまで赴いたところ，同地滞在中に罹患し，要請された35フランを即座に引き渡すことができなかったと，最初に記録されている。続いて6月にはディジョンの会計院に現況報告のために出頭したこと。最後に10月16日から18日にかけて，シャロンに出頭し，ジャン・シュザ，ジャン・ド・ノワダン，およびジャン・フレニョの三名の重役に対して，その求めに応じて収入勘定の現況を報告したとある。このように，シャティヨンでも，シャロレでも，通常勘定役だけでなく，グリュイエも，財務重

役の求めに応じて，出頭し，勘定の現況を報告することが日常化していたものと思われる。つまりディジョン会計院は各管区が実際に収納できた1年分の収益をその記録とともに受領するだけでなく，各地の勘定役を年に何度も召喚し，現況を報告させ，その時点での資金供与の限度，あるいはその時点での年間の収入見込みを把握したものと思われる。

　ディジョン管区の勘定役ジャン・モワッソン Jehan Moisson の場合，その会計記録の支出の部には，「旅費・通信連絡 voyages et messageries」の欄も，「諸経費 despenses communes」の欄も，どちらもきちんと整理されているが，1426年の帳簿（B4476 ff.65R°-66R°, ff.67R°-73V°）にも，1427年の帳簿（B4477 f.51R°-V°, ff.52R°-57R°）にも，彼自身の出張に対する支払い記事はない。同ディジョン管区のグリュイエであったギヨーム・ランヴィアル Guillaume Ranvial も，その1426年の会計簿の「諸経費」欄（B4475 ff.78R°-80V°）に自身の行動記録を記載していない。両人ともディジョンに居住しているのだから，同市内の会計院に出頭したからといって，移動のために経費が発生する訳ではない。それゆえ会計簿に記録がないのは当然なのだろうが，このことは管区付き勘定役たちは自ら各地を巡回して果実を収穫していないことを物語っている。それをしていれば，当然，費用が発生し，それを計上するはずである。つまり彼らの請負いが存在していることを示唆している。

　ジャン・フレニョは幾つかの立場を使い分けている。シャロン管区の勘定役としては，その帳簿に当該役職の担当者としての行動記録を残すべきであろうが，現実の問題として，自分自身に報告する経費を計上することはありえない。当然，彼の管区勘定簿には行動の記録がない（B3643 ff.63-69, B3645 ff.61-69）。しかし彼には各管区の勘定役を召喚し，その報告を受ける立場がある。その立場からは，領邦勘定簿の「旅費・通信連絡」の欄に自身の行動を記録することになる。

　本節の始めに提起した問題に戻ってみよう。1426年には何か特別の事情があったのだろうか。ブルゴーニュ地方の収入・勘定役たちから見れば，普段と違う行動があったようには思われない。何度か現況報告のためにディジョン会計院を訪れ，場合によっては現金を届けるという業務を遂行していたにすぎない。強いて言えば，1426年10月から27年2

第7章　財務管理機構　　　　　　　　　　　　　　357

月にかけて，つまり3ヶ月以上にわたって，シャロンにはジャン・シュザ，ジャン・ド・ノワダン，そしてジャン・フレニョの3名の重鎮が滞在し，ブルゴーニュ公領の全ての管区付き勘定役を召喚したことは確実と思われる。10月にオータンのジャン・ピュッセルとシャロレのジラール・ペリスニエ，12月にシャティヨンのジャン・ヴィルセシー，2月にオーソワのジャコ・エピアール，と，順に召喚に応じてシャロンに出頭したことが記録されていた。ブルゴーニュ公領全域に及ぶとはいえ，3名の重鎮による3ヶ月以上にわたる現況調査は異常に長いと言える。オータンやシャロレが比較的早期に調査対象となったのは地理的な理由であろう。これら2管区はディジョンやシャロンといったソーヌ川沿いのブルゴーニュ東部から見て，丘陵地帯を越えるので，冬季には往来に時間がかかるだろう。それに比べれば，シャティヨンやオーソワの往復は容易であろうという配慮が読みとれる。ともかくこの時の財務重役3名に対する報告が1426年の全ブルゴーニュ公領の決算報告になっていることは確実と考えられる。

　この1426年，あるいは前年の25年には後世に名を残すような大規模な戦闘はない。ブルゴーニュでは1423年7月31日イヨンヌ川沿いのクラヴァン Cravant で，ノルマンディでは同年9月26日ブロシニエール Brossinière（ないしグラヴェル Gravelle）で，さらに1424年8月17日にはノルマンディのヴェルヌイユ Verneuil で，イングランド＝ブルゴーニュ軍とフランス＝スコットランド軍との間に戦闘があり，いずれの場合もイングランド＝ブルゴーニュ軍が勝利を治めたため，彼らの側からは高額の身代金を請求されるような戦争捕虜は発生していない[37]。つまり既述のように，北方征服の緊張を除けば，財務重役や勘定役たちが奔走して，多額の現金を取りまとめなければならないような事態には陥っていなかったはずである。

　このような記述は論点をずらしているという印象を与えるだろうか。「人の動き」とは確かに現実の地理的空間の中での人々の往来を意味するかもしれないが，むしろ人々の社会的上昇や下降，組織機構への参加

---

37) AMBÜHL, Rémy; *Prisoners of War in the Hundred Years War*, Cambridge, 2013, p. 102.

や離脱，登用や更迭，要するに人事異動あるいはプロソポグラフィーを詳細にするのではないのかという不満を与えるかもしれない。それができない訳ではない。例えば，ジャン・ピュッセルは1419年から21年9月末日まで，足掛け3年間はシャロレの勘定役を務め，21年秋にオータン勘定役に転じ，37年まで17年間にわたってこの職にあり，16期に及ぶ勘定記録を残した。その後39年からオータンのヴィエリー勘定役となり，晩年を過ごす。こうした記述を重ねることは困難ではないが，その記述は単に誰彼のキャリアの確認に過ぎない。彼の丹念な帳簿記載を見ていると，数え切れぬほどの財務請負人たちの中で，彼がどのような席次を占めていたかを論じることはいかにも無意味に思える。何度も繰り返すが，本書では財務機構の官僚的上下硬直性に基づく命令体系を確認することに重点を置く訳ではない。そうではなく，地代徴収の請負人，徴税の請負人たちがネットワークを形成し，命じられたからではなく，財と貨幣の流通促進に，そして「連邦」の運営に，主体的に参加していたことを確認したいのである。

4. 小　　括

　歴代のフランス王家と深い関わりを持っていたブルゴーニュでは，王家を余所者として，その介入を拒む精神的風土は認められない。そのような伝統の中で，この土地は能吏を次々に輩出し，ディジョン諮問会・会計院を担い，多様な業務を着実に遂行することによって，歴代のブルゴーニュ公の信頼を勝ち得，自律的領邦統治を行うことに成功した。背後を任せることができたからこそ，フィリップ・ル・アルディはフランドル支配に専念し，ジャン・サン・プールはパリの政争に明け暮れ，フィリップ・ル・ボンはブラバン以北の征服に没頭した。しかも彼らは新たな領土を獲得すると，地元のベテランが運営する諮問会・会計院を核とするブルゴーニュ統治モデルをほぼそのままコピーするようにして導入していった。
　領土拡張を続けるブルゴーニュ公は連邦の首都を定めず，各領邦の主邑に居館を建設して滞在したに過ぎない。ブルゴーニュ連邦はまさに字

義通りに領邦を単位とする緩やかな連邦制を構成していて，そこに階層的集権化を見ることはできない。本書が取り上げた時期，フィリップ・ル・ボンの治世前半では，征服途上にあって，手にした多様な領邦を一度解体して，その統治機構を根本的に再構築するだけの余裕，いろいろな意味での余裕がなかったのであろう。そのために，多くの職務は公を頂点とする命令系統の中で，階層化され，硬直的であったと見なすよりも，むしろ職務遂行の上で，特に財務行政の枠内では，効率的な自律的相互協力システムを形成していたと見る方がよい。公は膨張を続ける宮廷とそのスタッフを引き連れて，広大な地理空間を移動する。この中央政府はヴァーチャル空間の中では支配機構の頂点に立つが，それを支え，現実の空間と結びつける接点となっているのは各領邦の主邑に在地する諮問会と会計院であり，そこを拠点として，その活動を実際に支えているのは様々な役職を請負う経験者のネットワークであった。

結　論

─────────

　ブルゴーニュ公史にとって，ブルゴーニュ地方のモノグラフィーは主題とはなりえず，周縁的地方史にすぎないのか。これが本書の劈頭に掲げた問題であった。本書は第3代ブルゴーニュ公フィリップ・ル・ボンの財政を，財源，貨幣，人と組織，と三面から詳細に分析してきた。十分に長い実証的な記述は問題に対する何らかの解答を用意したと言えるだろうか。ここで改めて本書の記述を振り返ってみよう。

　第1章では，1420年代から40年代初頭にかけて，四半世紀にわたる時期をとりあげ，ブルゴーニュ公領を構成する6つのバイイ管区ごとに，地代や間接税の徴収状況を詳細に論じた。各管区の会計は下位徴収区を含む複合的構造を持つ場合もあれば，幾つかの併存する会計主体の統合体である場合もある。歴史的に形成された地域特性をそのまま残しているためであろう。そのために度量衡そのものも多様で，単一の管区の中でさえ統一されていない場合があり，勘定方式もまた多様であった。多くの場合，会計年度は1-12月とされたが，住民の地代納付期限は，これも伝統のゆえであろうが，6月末の洗礼者ヨハネの祝日と定められることが多かった。つまり半年のずれがあるが，このずれが各会計の収入安定化に寄与していたと理解される。その収入構成は管区ごとに相当に異なるため，まず典型的な農村地域としてシャロレ管区を最初の分析対象とした。その丁寧な勘定記録に準拠して，科目（地代，司法手続き，科料と罰金，など）と納入方法（現物か現金か）を整理し，表にまとめ，科目構成の静態的構造を明らかにするように努めた。一連の分析手順を定め，それを他管区の分析にも適用し，比較検討を容易にするように心がけた。次いでシャロレと対照させるという目的から，行政都市を中心

とするディジョン管区と要塞都市を中心とするシャティヨン管区，つまり都会的な管区の収入勘定を分析した。社会構造の相違は間接税の多寡に反映される。また収入勘定を分析するにあたって，臨時かつ変則的な勘定を除外すると，管区会計の基本性格を推測することができる。すると各管区の勘定役は上級の領邦勘定役にひたすら資金を供給しているわけではなく，他の管区収入勘定役に対しても資金を供給することが確認される。つまり管区勘定会計と領邦勘定会計は一方向的な階層的徴税システムを構成している訳ではない。こうした静態的分析を行った後に，各会計の収入構造がどのような時系列変化を示しているかを論じ，その要因を模索した。データの揃うオータンとオーソワが類似した時系列変動線を示す。しかし，このグラフをそのままブルゴーニュ公領の代表値と見なす訳にはいかない。シャロン管区はかなり異なる変動を示すからである。シャロンの年市はよく知られているが，それだけにとどまらない経済活力を印象付ける。このようにして各管区のデータを整理しながら，それぞれの特徴を把握し，同時に多様なデータを総合することによって，ブルゴーニュ公領全体の変動にも目を向けることができる。その結果，公領の通常収入は1420年代後半から1430年代半ばにかけては単調に減少し，1434年から37年にかけて回復を示すが，その後は再び下落すると要約できる。全体傾向をひとことで言えば，低迷であり，力強い成長を見出すことは難しかった。この傾向を合理的に説明するには，自然と社会経済と，二面から取り組む必要があろう。

　この時代に，この地方で価値を生む社会的活動とは農業，特に穀物とブドウの栽培であり，その産品の流通販売であった。当然とはいえ，人為はなお自然に翻弄され，生産を適切に管理することは困難であった。他方，このような環境決定論に抵抗するかのごとき胎動も観察された。シャロンは年市が消滅の危機に瀕していたにもかかわらず，30年代後半に，ブルゴーニュでは唯一，所得回復を誇示する管区であった。しかしその動きは公領の中では，なお埋没してしまう程度のものでしかなかった。

　第2章では御用金と呼ばれる臨時課税を論じたが，これを統治者と住民に政治交渉の舞台を与える契機として扱うのでなく，領邦の経営問題

結　論

として扱った。それゆえ代表議会での交渉にはほとんど言及せず，議会の合意を得て決定された御用金の徴収の実際に議論を集中させた。つまり現場を預かる収入勘定役や特定徴収役と一般住民との信頼関係を自明の前提として御用金問題を扱った。

　他所は知らず，ブルゴーニュ地方においては，御用金「徴収」はブルゴーニュ公の軍事・外交政策を支える収入を補うための財政政策であって，決して領邦民を疲弊させる支配政策ではない。目的税であり，徴収総額を公表する以上，たとえ小額ではあっても，余剰は還付されること，借入であれば，たとえ遅ればせで，一括払いではなくとも，必ず返済されること，この2点はきちんと表明されるべき重要な事実である。一般住民からの借入であっても，それが借入である以上は利子が付くはずだが，著者が調査した範囲では，それぞれの借入金に対応する利子と推定される贈与や謝礼を突き止めるに至らなかったが，どこかに紛れているはずである。

　御用金や借入金の「特別収入」が「通常収入」を遥かに上回る金額に達したという現実，あるいはブルゴーニュ地方では単年度で3万フラン程度なら徴収可能という現実は多様な解釈を可能にする。軍人や勘定役たちの手当，城砦の建設・補修費，公正証書登録請負人の納税額，これらの金額から15世紀のブルゴーニュの物価水準を推測することは不可能ではない。それに比べると，何世代も前に取り決められ，そのまま踏襲されてきた固定地代は非常に低い水準にあり，農民ないし借地人にとって多大な負担ではなかったという「古典的」推測も間違いとは言いきれない。第1章ではそのような地代と間接税のバランスを問題にし，後者の重要性を指摘した。この第2章では次第に直接税への依存を強めていく傾向を明らかにした。まさにそのためにこそ，世帯調査を実施し，直接に課税した場合の納税可能世帯数を把握しようとしたのであろう。

　しかし様々な名目で徴収される金銭を，その徴収額だけで判断する訳にはいかない。直接税であれ，間接税であれ，住民にとって徴収自体は大きな負担でなかったとしても，政府がその税収を所与の経済圏活性化を目指して再生産活動に投資するのではなく，軍事に費消してしまう以上，仮に勝利が一時的に富をもたらしたとしても，長期的には社会ストックを消耗していくことになろう。

結論

　第3章はブルゴーニュ領邦勘定の定量分析を通じて，その構造を解明することに当てた。通常収入は自然的・社会的環境要因に規定され，その変動には人為の及ばぬところがあり，それを補うために特別収入に頼ることになるが，この特別収入も通常収入と全く同様の要因に規定されているから，実は通常の地代収入の上乗せ分でしかない。したがって際限なく拠出を要請できる資金ではなかった。このような収入を手にする経路に目を転じてみると，地代と税の徴収体系は階層化されたリレー式徴収システムというよりは，もっと柔軟に資金を融通しあうネットワーク・ファンドと表現するのが適切な装置であった。このような装置を効率よく運用するには，両方向の透明な意思伝達装置，つまり送信と返信と二方向メッセージが途中で雑音を拾うことなく伝わるコミュニケーション・システムと，厳密な監査システムと，二つのシステムの存在を自明とするが，そのいずれもが確かにブルゴーニュには存在し，十分に機能していたと主張することができる。とすれば，そこから一歩議論を進めて，予想可能な将来に対して，信頼のおける情報に基づき，必要な資金を確保するための企画，つまり予算立案が存在し，それが適切に編成され，実行されていて当然であると思われる。1420年代半ばに見られるその萌芽は，予算とは言っても，なお勘定役の私的メモでしかなく，作成者の説明がなければ，他人には理解しえないものではあるが，それでも，そのプランの中には財務担当者の意向を実現しようとする将来に向けた意思を読みとることができるように思われる。

　第4章では，まずブルゴーニュ公が固執した造幣権の帰趨問題を扱った。カペ・ブルゴーニュ公は古くからディジョン貨と呼ばれる独自の貨幣を製造していた。それは単なる地域通貨ではなく，ブルゴーニュを越えて広く流通していたが，13世紀末，公ロベール2世の治世から王権の介入が目立つようになる。王権が独自の通貨発行を咎めた訳ではない。ブルゴーニュ公に造幣権を留保するものの，機を捉えてはトゥルノワ貨の発行とその排他的流通を求めた。この造幣権は1361年フィリップ・ド・ルーヴル死亡時に，ブルゴーニュ公領とともに王権に接収され，そのままヴァロワ・ブルゴーニュ公に授与されることはなかった。公ジャンは自身の政治権力を最大限に利用して，パリ高等法院と交渉を重ねた

が，結局，自由に独自の貨幣を製造する権限を再取得することができず，国王貨幣を製造し，その造幣益を取得するにとどまった。

ディジョン造幣所の記録は造幣事業が莫大な利益を生むことを十二分に証明している。貨幣の品位は発行令で精確に規定され，実際にその通りに製造され，発行された。通貨操作は，御用金のように身分代表の意向を考慮する必要もなく，間接税のように徴収請負を募り，競争入札を実施する煩瑣な手続きもなく，自由に行使できる財源確保の重要な手段であった。僅かな貶質は貨幣流通の速度を速め，好況感を生み出すであろうが，度を越せば，弊害が大きくなる。1410年代末から20年代初頭にかけてのインフレは恐ろしいものであり，結局，造幣利益を求める貨幣操作は貨幣価値を貶めることにしかならない。貨幣に刻印されているのは君主の肖像であり，したがって貨幣の品位は発行者たる君主の品位と権威を映し出している，と考える古典的見解から免れることができなかった。貨幣は貴金属の断片であり，権威によって保証される価値の運搬物であり続けた。それが政策転換を促した根本的な理由であったろう。

第5章では貴金属市場の相場攻防戦と権力の対応を分析した。1421年の両替規制指図書と1423年の両替規制法とが策定された目的は銀市場の安定化と言うにつきる。1420年夏ブルゴーニュ公フィリップが命じた大量の銀貨製造のために，造幣請負人は銀の買い付けに奔走した。両替業者と外国商人が支配する銀市場は突然の引き合い急増に沸騰する。窮地に立たされた造幣請負人を救済し，通貨政策の柔軟性を確保するためには，政策担当者には二つの対応策があったはずである。貨幣の銀含有量を減少させ，銀需要を鈍化させ，市場鎮静化を図る。さもなくば市場の自由を制限する。つまり市場取引を行う者たちを制限して過当競争を避け，価格形成に市場の外側から枠組をはめ，貴金属の流通を厳しい管理下に置く。王とブルゴーニュ公の財務担当者たちの選択は後者であった。市場の沈静化と銀の安定供給，さらに貨幣発行者の威信の維持，それらをすべて満たす政策，言わば「強い貨幣」政策は後者であると決断したのだろう。これは正攻法ではあるが，貨幣の品位を操作し，貨幣の流通量と流通速度を調節するという金融政策を自らに禁じた，ないし制限したことを意味する。しかも安定を求めて，高品位貨幣を発行する

ことはインフレよりデフレを志向することを意味する。つまり経済活性を冷却し，躍進を抑制することになろう。これが第1章で分析した長期低迷の大きな原因であったと考えられる。

　銀価格の安定化と貨幣流通の円滑化のために，両替業者を限定し，ディジョン会計院に従属させ，貴金属市場に参加する管理者と位置づけ，貴金属の流通総量を管理する。これが1421年と23年に発令された両替規制令の主目的と主内容であった。この法令によって，実際にブルゴーニュ地方なら，どこへ行っても同様の良質かつ安定した貨幣を手にすることになったとすれば，貨幣政策としては目論見通りに成功したことになろう。しかし，そのような望ましい事態に到達しなかったとしても，ブルゴーニュ公がブルゴーニュ地方の貨幣製造と流通に関して確乎たる方針を公表したことには大きな意味があったと言えよう。司法制度の面から，あるいはその実際の運営面から，諸侯領のフランス王権からの自立を論じることは可能である。しかし貨幣経済の現実に着目した場合，「自立」や「主権の確立」という観念を，あたかも仕切り壁を建てて囲いをつくるがごときイメージで表現するのは不適切であろう。ブルゴーニュはフランス王国通貨圏の内側にあって，乖離している訳ではない。したがって，もちろんブルゴーニュでも国王貨幣は主要通貨として通用するが，そこにブルゴーニュ製，ブルゴーニュ公の刻印入りの通貨が加わる。ただし，それらはどちらが主で，どちらが補助という関係ではなく，どちらも同様に信頼でき，自由に交換することができる対等な貨幣として，同様に流通している。幾つかの行政区を越えて広がる大きな経済圏があり，その経済圏内部ならどこでも通用する多様な通貨群があるという言い方でもよかろう。その通貨群を構成する諸々の通貨の間に選好順位はあるかもしれないが，それぞれは複数の造幣権者によって，複数の場所で製造・発行・管理され，原理的には互いに対等であったと考えられる。

　第6章では貨幣が「もの」としての側面を色濃く残していた時代ゆえの難問を検討した。造幣請負人は素材を入手しなければならないが，それを市場から購入しようとすれば，その相場変動に絶えず注意を払わなければならない。購入価格は自由競争市場の需給関係で決定され，管理

者の意のままにならないから，当然，貨幣の品位を決定する前提となり，貨幣政策の根本を規定する条件を構成する。

　退蔵されている銀を強制的に徴発し，市場に溢れる低品位貨幣を回収し，それらを再利用して新銀貨を製造するというプランは，机上ではもちろん可能だが，実際に雑多な貨幣から不純物を分離する工程は単なる精錬とは異なる技術を必要とし，それはそれで相当の時間とエネルギーを必要とする。その結果，旧貨回収後，新貨が出回るまでに予想外の時間差が発生し，市中に流通する貨幣量が不足すれば，恐慌が生じる恐れがある。その回避を現場の勘定役，財務請負に委ねるのは無様な対応と言わざるを得ない。通貨改革は周到な準備，今様の言い方をすれば，予想される様々な事態のシミュレーションを重ね，万全の態勢で臨むべきであった。財務行政の頂点に立ち，キャリアを積んだベテランの集団であるはずの会計院が，経済政策に関しては必ずしも一貫した思想と方針を持っていた訳ではないということを，領邦勘定役ジャン・フレニョの訴訟は如実に物語っているように思われる。

　最後に，第7章で，改めてブルゴーニュ公領の統治機構を分析した。やや遡って1350年代から論を起こしたが，フランス王ジャン2世の介入も，ヴァロワ家の公位継承も，ブルゴーニュでは淡々と受け入れられた。10世紀末以来，ロベール＝カペ王家と深い関わりを持ち続けた土地では，王家の介入を拒み，距離を取ろうとする態度は認められない。ディジョン諮問会・会計院は優れたスタッフを擁し，業務を着実に遂行することによって，歴代のブルゴーニュ公の信頼を勝ち得，その結果として自律的領邦統治を行うことに成功した。領邦の管理に難渋することがなかったからこそ，公フィリップ・ル・アルディは王国摂政の立場を維持することができたし，フランドル支配に専念することができた。その長子ジャン・サン・プールはブルゴーニュの物産を巧みに利用して，激烈な派閥抗争を乗り切ろうとした。さらに，その長子フィリップ・ル・ボンはフランスに背を向けて，ブラバン以北の征服に没頭することができた。しかも新たに獲得した土地には，ブルゴーニュの領邦統治をモデルとし，同様の統治スタイル，つまり現地の能吏で編成する諮問会・会計院を核とする機構を整備していった。

領土拡張を続けるブルゴーニュ公には連邦の首都を定める心的・時間的余裕がなく，各領邦の主要都市に居館を建設して滞在したに過ぎない。つまり連邦はなお形成途上にあり，中心もなければ周縁もなかった。特定の土地を特権的・排他的に重視し，他の土地を従属的地位に置くといった，階層的集権化を行うことはせず，どの領邦も対等な地位を保つ，字義通りに緩やかな連邦制を構成していたにすぎない。したがって各領邦はその土地の歴史的特性を強く残したままで，新たな支配者たるフランス・ヴァロワ家のブルゴーニュ公によって，新たな色合いに染められていくことはなかった。各領邦は伝統をよく知る地元出身者で運営された。無論ブルゴーニュ公を頂点とする命令系統は存在し，彼の下命は遅滞なく伝達されるが，上意下達が絶対かつ唯一の方向ではなかった。連邦と領邦の運営機構は階層化され，硬直的であったと見なす根拠は乏しく，むしろ多様な職務を遂行する上で有効な自律的相互協力システムを形成していたと見た方がよい。ブルゴーニュ公は膨張を続ける宮廷とそのスタッフを引き連れて，広大な地理空間を移動する。この移動する集団，つまり中央政府を支えているのは，各領邦の中心地に所在する諮問会・会計院を拠点とする様々な職務請負人たちのネットワークであり，そのネットワークが供給する資金であった。各地の財務請負役たちは自らの生活空間たる領邦内に留まり，あえて境界を越えて中央に進出しようとはせず，地方から中央を支えることに徹した。

　各章末に置いた小括を踏まえて，本書の記述を振り返れば，このようにまとめることができよう。15世紀西欧の強大な貴族の領邦経営がどのようなものであったか，定性的・定量的分析によって，十二分に理解して頂けたと思う。それでは，ブルゴーニュ地方はブルゴーニュ公史の中にどのような位置を占めていたか，という問いにはどのように答えるべきか。

　ブルゴーニュは北方征服開始前の権力基盤であり，侵略に失敗すれば帰ることができる出発点であり，複写式領邦統治の参照系であり，それらの叙述を始める原点であったと答えよう。諸領邦それぞれの個別性を後退させ，すべてを包括する空間の中央集権的再編成を構想し，「公国」実現に向けて胎動を始めたのは四代めシャルル・ル・テメレールとされ

る。フィリップ・ル・ボンがそのような統治方針を打ち出した事実は知られていない。つまり初代から三代目までは紆余曲折があったとはいえ，領土の単調な拡張ないし添加であって，集積空間の再編はないと理解される。とすれば原点としてのブルゴーニュ公領の存在意義は初代においても，三代目においても，根本的には変わらないはずであり，是が非でも差異に注目したいというなら，全体に対する部分としての量的貢献度を論じることになろう。ブルゴーニュは連邦通常収入の，あるいは御用金全体の，何パーセントを占めたか。本論で述べたことをここで繰り返すことはしない。ブルゴーニュ公領は十分な貢献を果たした。黙々と公の活動を支えた。これが本書の結論である。

おわりに

　紀要に発表した一連の論文を解体し，手を加え始めたのは2011年の春であった。ほとんど手を入れなかった部分もあるが，見出し以外は全く別物になった部分もある。史料も読み直し，訳文も推敲を重ねた。データの整理と提示方法も何度も変えては，挙句に捨ててしまった場合もある。逆に一度捨てた表を復活させた場合もあった。ともかく事実を客観的に説明することに意を尽くし，余計なことは書かない，自明の枠外にはみ出さないという基本を大切にした。全体の構成を確定し，一応，出来たつもりになったのは2013年の夏であった。
　その年の秋，人伝に，ある編集者を紹介して頂き，細部にわたる丁寧なコメントを頂戴した。貴重な経験であったが，そのことよりも，もっと根本的な問題，読者として誰を想定しているのか，どのような歴史観を提示したいのか，それが分かるように書いてはいかがかという彼の示唆に，私は応えることができず，「出来上がった」ものをあえて変えようとはしなかった。迷った挙句に，ともかくこれで区切りをつけようと決心した。沢山の図表と巻末の史料が何がしかの役に立てば幸いである。
　2003年以来，毎年，夏に二週間，ディジョンのコート・ドール公文書館に通い詰めるのが習慣となった。館長モワーズ氏を始め，スタッフの皆さんには本当に世話になった。あの重厚な格天井の閲覧室が懐かしい。本書はディジョンの文書館から生まれた。
　徒に馬齢を重ねるだけで，なかなか成果を上げることができない私を笑いながら督励して下さったのは佐藤彰一先生である。何くれとなく気遣ってくれたのは河原温先生。労を惜しまず，知泉書館に仲介してくださったのは池上俊一先生。仏文レジュメと目次を丁寧に添削して下さったのはユゴー・ルヴァスールさん，空由佳子さんご夫妻であり，ご夫妻

を私に紹介して下さったのは加藤玄先生である。そして実際に書物の形に仕上げていくにあたっては，知泉書館社長小山光夫さんと髙野文子さんに多大なご苦労をおかけした。一人一人に心からの謝意を記して筆を擱く。

2017年4月　東京にて

付記：本書の刊行にあたっては日本学術振興会による平成29年度科学研究費助成事業（研究成果公開促進費）「学術図書」（課題番号 17HP5096）の交付を受けた。

付　録

史　料（和訳）

　以下の訳文は史料の逐語訳ではなく，大意と理解されたい。もちろん原文を尊重し，一度，逐語訳を作成したが，その後，原文としてはともかく，日本語としては不必要に冗長で，かえって文意を不明瞭にしてしまう場合は，適宜，簡略化した。また出来上がった日本語の論理的あるいは時間的な順序が錯綜しないように，また文章の主要部分と補足部分が混交しないように，主文と従属文の訳出順序を工夫し，整理した場合があり，文法通りの逐語訳にはなっていない。また同様に，明瞭さを優先させるという考え方から，代名詞類は，いちいち断らずに，その指示内容を明示し，「彼が彼にそれを授与した」のごとき文章は避け，また必要に応じて，（　）で括った言葉を補った。要するに，訳者の読解と解釈が反映した訳文であり，その点は原文と対照させれば，容易に看取されるはずである。
　造幣に関する記事（特に史料(5)）には，一般的な辞書には収録されていない技術用語が散見される。それらは BOMPAIRE, M. & DUMAS, F.; *Numismatique Médiévale*, Turnhout, 2000. を参考にして訳出し，必要に応じて，その旨，注記した。

1. ジャン・ピュッセルのオータン管区付き勘定役への就任辞令（ADCO B2356 1R°-2R°）

　ジャン・ピュッセルの第1会計。ブルゴーニュ公殿下によって，その任命状により，彼のオータンならびにモンスニ・バイイ管区付き通常勘定役として，ルニョー・ド・トワジィに替わって新規に指名され，下命された者である。以下にその任命状を一言一句正確に筆写したが，その文面から，1422年1月1日に始まり同年12月末日に終わる1年間の（本バイイ管区の）通常勘定における収入と支出，および管理が当ジャン・ピュッセルによって行われることは明らかである。
　以下が上で言及した収入勘定に関して，当ピュッセルに対する殿下の任命状の写しであり，文面である。

　フィリップ，ブルゴーニュ公，フランドル伯，アルトワ伯，ブルゴーニュ伯，宮中伯，サラン領主，およびマリーヌ領主，は本状を目にする全ての者に祝福を送る。さて，我らが親愛なる諮問であり，オータンならびにモンスニ・バイイ管区勘定役であるルニョー・ド・トワジィは，（この職務が）何よりも彼の専従職

であるにもかかわらず，我らに対する或る任務を行うために，この先，この勘定
職務の遂行に十分に専心することも集中することもできない，と我らに訴えて，
本職務から自分を解任し，替わって我らの意に適うような誰かを指名するように
と慎んで願い出た。それゆえ，我らが敬愛する亡父に対しても，神よその魂を救
い給え，そしてまた我らに対しても，親愛なるジャン・ピュッセルは勤務遂行に
優秀であったために，この者を誠実と廉直と勤勉という十分な良識を備えた人士
として深く信頼し，上記の諮問ルニョー・ド・トワジィに替わる者として，我ら
のオータンおよびモンスニ・バイイ管区及びその付帯地区の勘定役に命じ，委任
し，指名したことを公表する。トワジィの方は，彼の要望に基づき，我らに対す
る忠勤のため，より高い地位に就任させようと思う。そこで，本状によって彼を
当該職務から解任し，代わって上記ジャン・ピュッセルに我らの収入に帰すべき
金銭すべての受領と収集と徴発の権限を与える。我ら自身の負債のために慣例化
したが，我らの認可状によって，その徴収した金銭からの引き落としと負担の清
算を行う方式，これを強制する，ないし強制させるために，それが可能な者には
左様させたい。またブルゴーニュ領邦勘定役の負債や清算もその（オータン・モ
ンスニ管区の）職務（として扱う金銭）から適切に取得し，使用し，利用する。
つまり職務上，計上した全て（の金銭），あるいは日当，権利金，利子，慣習化
した法定手数料に含まれる金銭から，我らが十分に納得できるほど厳密かつ誠実
なやり方で（引き落とす）。かくして我らの親愛なるディジョン会計院の面々に
命ず。このような場合に当然かつ慣習とされる誓約と保証金を上記ジャン・
ピュッセルから貴殿らが受領し，その上で我ら（の名）において当勘定職務とそ
れに付帯する上記の権利金，利子，法定手数料の全ての保有者として彼を指名す
るように。また，会計院の面々と実際に行動を起こし，検証を行いうる，行える
であろう全員がそれを行い，気を引き締め，十全に，かつ安んじて享受し使用す
ることができるように。彼が上記の職務を執行するに当たって，行動し，遂行し，
恭順する，また必要な場合には全ての者に恭順と注意を求める。加えて，我らの
ディジョン会計院の面々には，彼の日当は彼の勘定に計上され，期間内の受領金
から充当される。慣習に従い，我らの会計院内にて書記役によって作成された本
状の捺印済み真性謄本を今回一度は転記するか，添付して，これに対する何らか
の留保，保護，通達にも拘わらず，反対し，非難することは如何なるものであっ
ても許さないと命ず。その証明として，我らは1421年12月22日付，アラスで
起草した本状に我らの印璽を捺す。公殿下の署名あり。C. ボンショー。　なお
本状の裏面に以下の記載あり。1422年1月末日付，本状の定型書式の氏名欄に
記名されたジャン・ピュッセルは同職務欄に記載された本職務の保持を受任し，
保証金として一金1,000 リーヴル・トゥルノワを預託した後，会計院の面々の手
を取ってやはり書式で言及された通りに誓約した。ジャン・ピュッセル，通称
ル・ブルゴワン，ギヨーム・レモン，フィリッポ・ル・ロワッシュ，ジャン・
ド・バレンヌ，ジャン・ゴーティエ，およびギヨ・ピッケにより，上記会計院に
て上記の日付で署名。M. ド・カピ。

2. オータン管区内集落の戸数減少に伴う地代徴収額の調整の件（ADCO B2367 ff.3V°-4R°, 18R°-V°）

　シャルボネール村とシャイィ村の住民は，昔からの約定と取り決めによって，主の降誕祭を期日として，クーリシュ桝で燕麦30ビッシュと雌鶏30羽，加えてボーヌ産ワインを8クー，ポマールかヴォルネィで積載してオータンかラ・トワゾンまで運搬する賦役をブルゴーニュ公殿下に負担してきた。取り決め当時，これらの村には30ないし40の世帯があり，この負担は彼らがピエール・リュジエールの森で，安んじて枝叩きをする慣習の代償として支払うものであった。ところが，疫病か何かのせいで，これらの村はひどく人が減り，貧し，無一文となり，ついにシャイィ村は無人となった。シャルボネール村では8戸が生きながらえているが，日々の糧を得ているのは4戸に過ぎず，他の世帯は物乞いをしている。そのため，殿下は格別の恩顧によって1428年4月17日付認可状をディジョンで起草させ，件の住民たちに良き考えを下された。その御配慮については，当勘定役ゴゲの1428年12月末日に終了する会計簿に筆写された認可状の文面にある通りである。すなわち，往古の取り決めにも拘らず，この件につき彼らに与えらるべき免除が行われたが，それが1423年5月21日付で終了してからも，彼らは引き続き，安んじて上記の負担を負わずにいることができる。…（後略）

　シャルボネール村とシャイィ村の住民に対する負担免除の文面は以下の通り。

　フィリップ，ブルゴーニュ公，フランドル伯，アルトワ伯，ブルゴーニュ伯，宮中伯，サラン領主，およびマリーヌ領主，は本状を目にする全ての者に告知する。我らが親愛なるマンリィ領主たる従騎士ユグナン・ド・モンジュと従騎士ジョフロワ・ド・シニィ，両名の慎ましい要請は確かに聞いた。マンリィ領主配下のシャルボネール村住民とアロンヌ領主たる上記ジョフロワ配下のシャイィ村の住民に関わる件であるが，彼らはかつては大勢であった。つまりどちらの村も30戸ないし40戸を数え，我がピエール・リュジエールの森で彼らの家畜に草を食ませたり何なりの慣習のために，我らが亡父の，神よ哀れみたまえ，役職者たちとの間に或る取り決めをなした。その取り決めに従えば，彼らは上記の理由のために，毎年クーリシュ桝で燕麦30ビッシュ，雌鶏30羽，およびボーヌ・ワイン8クーをオータンまで運搬する賦役を負担することとされ，今もされている。ところが，この取り決め以来，さようにに実施されてきたとはいえ，疫病やら何やらのために上記の村々はひどく衰え，貧し，シャイィ村は僅かの住民が残ったものの何もない。シャルボネール村では8戸が生活しているが，うち日々のパンを得ているのは4戸にすぎず，他は貧しい路上の民となり，終には所在不明となった。シャルボネールの所在地の住民ないし滞在者に上記の取り決めを課そうとしても，彼らは如何にしてもそれを支払うことができず，彼らに何がしかの恩顧を施すことがなければ，いっそのこと住処を捨て，路上を彷徨う方がましだという

ことになろう。上記の者たち（ユグナンとジョフロワ）が慎ましく願い出て，このように理由を述べたので，それゆえ我らは上記の事態を鑑み，我らの命により，オータン在住の代訴人と同所バイイ補助の手によって，この件についての調査が行われることになった。その結果，この件についてのディジョン諮問会・会計院の面々の意見とオータンに滞在するわが諮問会の面々の意見にもとづき，上記のシャルボネール村とシャイィ村が，この後，人口を回復できるように，あるいはかつてその地に何らかの住処を持っていた住民が上記バイイ管区に立ち戻り，再び居住できるように，上記の村々の住民に，我らは本状によって特別の恩顧を与える。すなわち，かつて行われていた上記の取り決めにも拘らず，またこの件に関して彼らに与うべき負担免除は実施期限を過ぎているが，今後も燕麦30ビッシュ，雌鶏30羽，ワイン8クー運搬という先に言及した負担を彼らは引き続き負う要はなく，安んじていることができる。そしてこの取り決めに替わって，以下に明示するものだけを負担するように，我らは本状によって上記の取り決めを変更する。すなわち，シャルボネール村とシャイィ村に上記の時点から居住し，また今後も居住する戸数が8戸ないしそれ以下ならば，彼らは弱者を支える強者として，かつて定めた取り決めによる負担の4分の1を支払うこととする。彼らが12戸となれば，彼らはその負担の半分を支払う。もし18戸になったなら，4分の3を支払う。もし24戸に達する，ないし超えるという事態に立ち至った場合には，燕麦30ビッシュ，雌鶏30羽，およびワイン8クー運搬の負担すべてを支払わなければならない。我らはこのように，ディジョン会計院の面々に，オータンとモンスニのバイイに，ブルゴーニュ領邦勘定役に，オータンとモンスニのバイイ管区付きグリュエリ勘定役に，また現在および将来にわたって関係する全ての司法役と職保有者に，またその代理権者の誰彼に命ず。我らの恩顧によって，先に述べたような方法での負担変更をシャルボネール村とシャイィ村の住民に，妨害や障害を蒙ることなく，十二分に享受させることは，必要とあれば何度でも繰り返すが，明白である。今後，毎年，オータンのバイイないしその代理が上記シャルボネール村とシャイィ村に現在および将来にわたって支払可能世帯と貧困世帯の数を証明することとする。現在および将来のグリュエリ勘定役は上記の負担（徴収）を免除されるが，それはこの変更に従い，上記の方法によっているがためであり，それ以外の理由はないと説明する義務を負うことを願う。これが我らの意に沿うことであるが，それにも拘らず，反するならば，何らかの措置なり保護なりが行われるように欲す。この証明として捺印。1428年4月17日ディジョンにて諮問会の勧告に基づき公殿下の名で作成。L. サルヴェール。

3. **臨時課税令** 1422年6月27日付（羊皮 幅42cm×高30cm，帯5cm含）（ADCO B11716）

フィリップ，ブルゴーニュ公，フランドル伯，アルトワ伯，ブルゴーニュ伯，宮中伯，サラン領主，およびマリーヌ領主，は我らが親愛なる諮問，サン・ジョ

ルジュとサン・クロワの領主，コトブリュヌ領主たる従弟ジャン，トゥーロン，ジャンおよびセネスィの領主たる元帥ジャン殿，モーヌ領主で我らが侍従たる騎士ロベール殿，ブルゴーニュ伯領アヴァル管区バイイのギィ・アルムニエ法学博士，ジャン・シュザおよびジャン・ボノ，ディジョン会計院主査ジャン・ド・マルティニィに祝福を送る。我らが国王陛下と我ら自身に対立する敵は卑怯にも，狡猾にも，我らが敬愛する父君，神よ，許したまえ，を暗殺させ，禍々しく強権を手にし，結集し，大勢の武装兵や弓兵を引き連れて，リヨン地方，マコン地方，シャロル地方，その周辺ないしローヌ川流域地方に，大砲，臼砲，様々な火器，その他の軍需品を大型車輛に満載して出現した。我らの土地ブルゴーニュを目指し，全力を挙げて侵入し，我らと我らの臣民に損害を与え，混乱させ，圧倒しようとしたのだろうが，もとより神がそれを望まれるはずがない。昼夜を問わず，我らの国土と臣民の安寧と防衛のために，この敵に対抗し，迎撃し，混乱を抑えんとすれば，自明といえる緊急の必要が発生するに至った。ところが，我らがブルゴーニュの，あるいはフランドルとアルトワの信頼を寄せる誠実な家臣の，あるいはサヴォワやロレーヌなど我国の近隣友邦の騎士や従騎士の援助がなければ，この目論みはうまく行くはずがない。

　我らは上述の敵に対抗すべく，できうる限り最大の兵力を結集して来たり，奉仕し，合流するようにと，我らの願望と希求をすでに至急便で送った。しかし彼らを雇用し，その日当を支払い，また，必要に応じて兵器を備えたがために，我らには火急に多額の資金が必要となったが，我らの抱える諸事情を考慮すると，もし我らのブルゴーニュの良き僕と臣民の支援や援助がなければ，つまり教会人も一般人も同様に我らを支援してくれなければ，諸々の支払いに充当するに，今すぐにでも我らに融通できる人々からの援助がなければ，事は容易には運ばぬだろう。然るに我らが専念すべき大事を放置して，我らの配下，従僕，職保持者，あるいは良き臣下から資金を調達する業務に自ら従事する余裕はない。ともかく様々な面で，貴殿らの良識と勤勉を十二分に信頼しているので，我らは貴殿らに要求し，厳命する。本状をもって，貴殿らの（全員でなく）一人でも二人でも（構わぬから）我らが都市サンリス，ドール，オークソヌ，ディジョン，シャロン，オータン，スミュール，モンバール，シャティヨン，あるいはブルゴーニュ公領・伯領の内で，貴殿らが適当と思う諸々の場所に自ら足を運び，また貴殿らの勧告に従い，我らの命に従って駐在している従僕や職保持者も訪れるようにと命ず。もちろん彼らに対しても，我らは同様に欲している。彼らが貴殿らに対して，我らの印璽で封印した本状に同封した羊皮紙の名簿にはっきりと記載した一金の総額なり，あるいは臣下それぞれの生業や能力に応じて必須と勧告された額なりを我らに貸付けることを要求し，それを是とするようにと。もし誰か，彼らのうちの誰かが，我らに上記の貸付を拒否する，ないし遅延することがあれば，我が国の安寧と防衛を保持するには，上記の敵の野望に抵抗することが喫緊の課題であることを考慮すれば，わが国土においては，我らの臣民の各々が法に基づき，各人の負担能力と経済力に従って何ら口実を設けることなく，援助を行うべ

しと命ず。この貸付は貴殿らの発案だが，それにも劣らぬほど適切な方法で彼らに返却されるように我らは欲する。もし彼らがそれを行うを欲しないとすれば，それ自体が我らには不快であるから，わざわざ左様な不快を，あるいは多大な苦痛を，我らの許に知らせるまでもない。本件に関して発生した金銭を我らの委任者に引き渡すに当って，その委任者が貸与者に受領書を渡すことが適切と貴殿らが思うなら，貴殿らは左様に行った後で，支払いと報酬を得ることになる。貴殿らに権限と権威と特命を与える。我らの法曹家，職保持者に対しては，貴殿らの誰に対しても，服従し，誠実に傾聴するように命ず。1422年6月27日，ディジョンにて，公殿下フィリップの下命により作成。

4. 御用金徴収簿の前文（ADCO B2378 et B2379）

（B2378）オータンのジャン・ブレノールの会計。以下に転記する本認可状により，またブルゴーニュ公領における教会人，オータン市民，当管区平地部の住民を代表する三部会の同意により，オータンおよびモンスニ・バイイ管区で借入金が徴収されるが，（このブレノールなる者は）ブルゴーニュ公殿下の下命により，その借入金の特定勘定役となった。この借入金は広く一般に，また特定の目的に利用ないし充当される。すなわち戦争の遂行そのもののためにも，また我らが国王陛下と公殿下の敵を撃退するためにブルゴーニュの土地で新たに徴用した軍勢の費用を支払い，維持するためにも，さらにまた1433年8月に公領三部会の面々によって上記の理由のために我らが公殿下に供与することとなった御用金4万フランの当面の分として，人々が出資した分を補填し，返済するためにも使用される。上記のジャン・ブレノールが三部会の面々によって，オータン・モンスニ管区の上記御用金と借入金の特定勘定役に命じられ，委任されたことは周知のことである。しかしこのジャン・ブレノールは上記借入金の受領を終えると，御用金の徴収に着手する前に死亡した。そのためにオータンのジャン・ドニゾが代わって上記御用金の上記バイイ管区における特定勘定を委任され，彼が受領した金銭の中から上記の借入金の支払いと返済を担当することになった。さらに公殿下はその認可状で，彼が信頼を寄せる諮問，まず家政長かつオータン・モンスニのバイイでもあるジャン・ド・ビュクスール，およびギィ・ジェルメ師を指名し，委任し，彼らにはその委任状とともに住民名と当管区における借入の際に要求し徴収する金額を記載した名簿を自筆署名つきで渡すことにした。しかしその金額は必要で理に適っているはずだが，住民の経済力に見合うように決定されていない。そこで，この件について，上記委任者は三部会代表の意見と，代表が彼ら（＝委任者）に宛てた書面に従って，またオータンにある殿下の諮問の勧告に基づいて，上記の借入を実施し，遂行していった。その借入金配分は納税者の負担力に応じて適正化され，別冊子に記録された。その6枚からなる冊子の記載内容は本会計簿で説明される。以下に記載した通り。

上記三部会代表の認可状の文面は以下の通り。
　この8月のブルゴーニュ公領三部会で公殿下に供与する（と同意した）御用金4万フランに関する代表として，本状を目にする全ての者に祝福を送る。すなわち，我らはオータンのジャン・ブレノールの良識と誠実と廉直と勤勉に十分な信頼を寄せているので，我らの殿下が我らに与えられた権限によって，本状によりこの者をオータンおよびモンスニ管区の上記御用金の特定勘定役に指名する。当御用金は2期に分けて半額ずつ徴収される。すなわち来るクリスマスと翌年の洗礼者聖ヨハネの祝日を期日とする。加えて，殿下の自筆署名とその書記役の署名のある冊子で指名され，明示された上記管区の教会人，オータン市民と住民，また管区平地部の住民に対する借入も，併せて命じる。この借入は殿下が望まれたもので，当初は口頭ではっきりと命じられたように，御用金第1期分として受領するため，上記ジャン・ブレノールは貸与者に自ら認めた領収証を渡さなければならない。さらにディジョン会計院に保管される認可状に従って，我らは上記ジャン・ブレノールに本件を遂行する権限と権威と特命を授ける。かの者は善良で誠実な勘定役として，我らが別に定める諸手当で（その職務を）遂行しなければならず，良識ある誠実な勘定記録を作成し，残額を計上するように求められる。この点では，我らはすでに彼から誓約を取り付けている。さて公殿下の全法曹家，全職保持者，かつ全臣下に書面をもって命ず。本件を遂行するに当たっては，上記ジャン・ブレノールに従い，誠実に傾聴するようにと。1433年8月12日ディジョンにて作成，署名。L. デュクレ。

　殿下の認可状の文面は以下の通り。
　フィリップ，神の恵みによりブルゴーニュ公，ロテール公，ブラバン公，ランブール公，フランドル伯，アルトワ伯，ブルゴーニュ伯，宮中伯，エノー伯，ホラント伯，ゼーラント伯，ナミュール伯，神聖帝国辺境伯，フリーズ領主，サラン領主，かつマリーヌ領主，は我らが親愛なる諮問かつ家政長にしてオータン・バイイたるジャン・ド・ビュクスール，およびギィ・ジェルメに祝福を送る。この王国の貧しく憔悴した人々の，また同様に，この我らの土地の臣民の，生活再建のために大いに必要な軍事行動の維持・運営のため，我らには大型の資金を調達することが重要かつ不可欠であるが，我らが此方まで率いてきた大軍のために，またパッシィを始めとする諸都市と城館を力で奪回すべく攻囲戦を始めたために，すでに多額の金銭を調達したことが大きな障害となって，このままでは，いずれ我ら自身の活力を消耗してしまうのは明らかであろうから，教会人であれ，俗人であれ，我らの土地の善良な人々や我らの臣民から援助を受けることは是非とも必要である。このことはこの都市の正門前に我らの愛すべき遠征軍が布陣した際，参集した公領三部会の面々に向けて，遠征軍が自ら訴えた通りである。そこで，この目的のために，我らは一通の名簿の作成を命じ，それに署名した。その名簿には平地部の住民名と借入総額が記載されているので，それを利用すれば借入を要求できるし，その総額徴収が十分にかつ健全に達成されることを期待できる。

(さてこの借入は）我らの公領で新たに合意された御用金の当初分で，相当の額であり，この分は当然ながら返済されるように我らは望む。ともかく我らが必要とするものは承知しているが，上に述べた方法によるのでなければ，その充当はどうにもならぬであろう。それゆえ，オータン市，あるいはその周辺の都市や村落に，本件のために作成された名簿に記載された徴収役の許へ財貨を運搬するように，本状をもって貴殿らに厳命し，（そのための）権限と権威と特命を与える。さもなければ，貴殿らの許へ取り寄せるか，貴殿らがよかれと思うように計らえばよい。我らのオータン・バイイ管区の負担分は直ちに要求するし，必要とあれば，緊急に当地の御用金徴収役，あるいは誰か他の職保持者を我らの側から召喚してもよい。また我らの軍とその軍事行動を維持し，援助するために，上記の名簿に記載した各人の割当分を，各々が直ちに，遅滞なく，貸付けるように促進するにあたって，貴殿らが適切と思うなら，貸手が，後々，貸付金の全額を回収できるように，上記の御用金特定徴収役が正式の領収証を作成し，貸手に手交するもよい。我らの事業をよく説明し，あわせてこの借入は上記の御用金第1期分であること，またこのようなやり方が，我らの側からの要請であり，可能な限り最も確実な方法であること（を周知させるように）。彼らのうちの誰彼が，我らの必要のためにも，またこの土地で殿下を支持することで（得られる）彼ら自身の利益のためにも，我らに上記の貸付を行って満ち足りる場合は（それで良し）。また三部会の面々が上記の貸付に同意し，またそれを拒否する者には，（貴殿らは）強要することに同意した以上は，まず俗人に対しては，実際に拒否が現実となった場合には，身体の拘束と彼らが自身の名で所有する財産物件，すなわち動産と相続財産，の保有，つまり彼らの投獄と彼ら自身ならびに同居人の財産差し押さえを条件に，貸付を強制するように我らは欲し，命ず。その（差し押さえた）財産の管理は，善意ある勘定と残余（の勘定）を行う能力があり，かつ実際に行うことができる人品卑しからぬ人物に委ね，適切に取り扱わせる。また教会人の場合は，名簿によって要求され明示された額に達するまでは，彼らの同居人の物件を差し押さえるというやり方で，やはり彼らの俗権を停止して，貸付強要を申しつける。また他に物事が十分な効果を発揮するような何らかのやり方を駆使して（強要することもある）。我らの手元に預託する財産がない場合でも，口頭と書面とを問わず，我らの本来のかつ明白な許諾によるのでなければ，逸楽を控え，何がしかを引き渡すように。必要に応じて，機転を利かせて，上記の差し押さえ財産を売却に付す事態に到った場合は，その実施にあたって，彼ら住民に課された負担総額の支払いを完了するまでは，貴殿らに十全な権限と権威と特命を与える。また我が全臣民に対して，貴殿と貴殿の委任者に，また本件の代理者に従い，誠実に耳を傾け，必要とあれば，また求めがあれば，助言と同意と援助を与えるように命ず。　1433年8月11日，ディジョンにて作成。公殿下の署名。J. シャパン。

　（B2379）ジャン・ドニゾの会計。1433年8月に合意が成立した御用金4万フ

ランのオータンおよびモンスニ・バイイ管区の特定徴収役。この御用金は，当時，公殿下の敵に対抗するため，パッシィなどオーソワおよびド・ラ・モンターニュ管区内の城砦奪取のため，さらにまた，敵に占領されたアヴァロン奪回の攻囲戦のため，殿下により召集された軍勢の（諸費用）支払いに利用すべく，ブルゴーニュ公領三部会が公殿下に供与すると合意した一金である。その受領業務は上記徴収役によって以下に記載する方法で実施される。すなわち，当御用金は1433年のクリスマスと翌年の洗礼者聖ヨハネの祝日を期日として，半額づつ2回払いで支払われる合意が成立していた。ところが上記の軍を維持するために，また上記攻囲戦に関しては，（資金不足で）殿下が包囲解除を命じなくても済むように，10月になって，上記三部会は2回払いの御用金徴収予定を繰り上げ，同年の万聖節を期日として1回払いとすることに同意してくれぬか，との公妃殿下の要請を受け，議論を重ねた結果，この繰り上げに同意した。そこで当御用金に関して，公殿下は三部会あての認可状を作成させ，授与した。オータンの故ジャン・ブレノールが生前に当御用金の特別徴収と当バイイ管区において当人の許で返済される借入が実施されるように，三部会代表によって命じられ，委任されていた。しかしながら，このブレノールが借入を実施した後，御用金の特別徴収を始める前に死去したため，先に述べたように，徴収役ジャン・ドニゾが，諮問で侍従たる従騎士ランスロ・ド・ラ・ヴュヴィル，および諮問で殿下の請願審査役かつ侍従たる法学士ジャン・ド・テラン，両名によって上記御用金の徴収を推進する任に当たるよう命じられた。彼らとともに召喚されたのは，オータンとモンスニのバイイたる従騎士ジャン・ド・ビュクスール，その代理のルニョー・ド・トワジィ，法学士アンリ・ド・クリュニィ，諮問ギヨーム・ボワスラン，諮問ペラン・ベルティエであり，彼ら連名の認可状を以下に筆写する。

　上記認可状の文面は以下の通り。
　ブルゴーニュ公殿下の侍従たる従騎士ランスロ・ド・ラ・ヴュヴィル，同殿下の諮問たる法学士ジャン・ド・テラン，両名は過ぎし8月にブルゴーニュ公領三部会が殿下に供与すると合意した御用金4万フラン（徴収の）の推進役である。我らは上記業務を全ての者たちに対して推進するためにオータン市に到着したところ，当御用金のオータンならびにモンスニ・バイイ管区における特定徴収役ジャン・ブレノールが死去したことを知ったので，当管区における別の特定徴収役に緊急に（当御用金徴収の）権限を委ねることが適切であろうと公表することにした。左様な訳で，我らとともに，当オータンならびにモンスニのバイイたる従騎士ジャン・ド・ビュクスール，また彼の代理ルニョー・ド・トワジィ，法学士アンリ・ド・クリュニィ，殿下の諮問たるギヨーム・ボワスラン並びにペラン・バルヴィエを呼び寄せ，（彼らを証人として）オータン滞在中の上記ジャン・ドニゾを故ジャン・ブレノールに代わる上記御用金の当バイイ管区における特定徴収役に任命することとした。上記の面々を前にして，当ジャン・ドニゾが当該職務を十全に誠実に遂行し，その勘定をやはり善意をもって誠実に記録し，

剰余は適切に殿下に引き渡すという（彼の）宣誓を我らは受け容れた。かくして我らは殿下の求めに応じて，殿下の全配下に対し，全法曹家と全職保持者に対し，上記ジャン・ドニゾとその委任者と代理がその職務を行使するにあたっては，彼らに服従し，誠実に耳を傾け，もし必要とあれば，またもし求めがあれば，彼に助言，同意，援助を与えるようにと下命する。また御用金徴収の（三部会）代表者たち御一同に対しては，本状に請求書を添付することが意に叶うなら，左様に願う。1433 年 10 月 28 日，聖シモンと聖ジュードの祝日にオータンでオータン・バイイの印璽を捺して作成。委任者御一同の下命により署名。J. …

5. ディジョン造幣所に関する覚書（ADCO B11202）

ディジョン造幣所に関する意見

　公殿下のディジョン文書庫に収蔵されている多くの証書と法令・通達によって公領であるがゆえに当然のこととして，久しい以前からブルゴーニュ公に帰属してきたディジョン造幣所に関する覚書。その収蔵文書から数通を（選び）以下に一字一句筆写する。

　そこ（＝ディジョン造幣所）では歴代ブルゴーニュ公が以前から自身の名を冠して，自身の紋章を付して，等々（独自に）造幣させていたことはなく，先に身罷られた国王シャルル（6 世）陛下の治世に，人々は王のために，王の名のもとで，王の利益のために造幣していた，という主張に抗うために，

　(1)　まず，久しい以前から継続的に，歴代ブルゴーニュ公が自身の名と自身の紋章を付して貨幣を熔解，鍛造，成型させていたことは事実である。しかも故ウード公は，生前，死去するまで継続的にブルゴーニュ公として自身の名，紋章，銘を刻んだ金貨と銀貨をディジョン造幣所で製造させていた。その貨幣は俗にディジョン貨と呼ばれ，この土地でも，フランス王国全域でも，十分に通用していた。その当時も，あるいはそれ以前も，人々はこの貨幣をディジョン良貨と呼び，今なお貨幣そのものも，工具も，ディジョンの公殿下の宝物庫に保存され，ディジョン造幣所が所蔵する分銅にはブルゴーニュ公の紋章が大きく刻まれている。

　(2)　上記ウード公はヴァロワ家の王フィリップの娘，つまり王ジャンの妹[1]と結婚され，男子を得，ブルゴーニュのフィリップと名づけた。このフィリップはブーローニュ女伯ジャンヌと結婚した。しかしこのフィリップは，ウード公がイングランド軍を攻撃すべく，アギヨンに布陣した際，大型の騎馬を駆ってその攻囲軍に参加したが，不幸なことに，落馬がもとで死亡した。この時，彼の妻，上記ブーローニュ女伯ジャンヌは懐妊中であったが，ウード公，つまり誕生する

---

　1) 執筆者の誤解。ウード 4 世の結婚相手はカペ家のフィリップ 5 世の娘ジャンヌであり，ヴァロワ家のフィリップ 6 世の娘ではない。

子の祖父，が死去する前に男子を出産し，フィリップと名づけた。このフィリップは祖父ウード公の死後，彼から公領を相続したので，幼公と呼ばれた。彼の治世には，上記ディジョン造幣所で彼の名と彼の紋章のある貨幣が製造された。この幼公の母，上記ジャンヌは親権者として彼の名の下に公領と他の領主領を統治した。

(3) この頃，王ジャンは王妃ジャンヌ・ド・ボエーム[2]に先立たれていた。上記ジャンヌ・ド・ブーローニュも，当時，故フィリップ・ド・ブルゴーニュと死別し寡婦であった。故フィリップは王ジャンの従弟に当たる。王ジャンはこのジャンヌと再婚した。ジャンヌはフィリップ幼公の母であったから，以後，王ジャンはこの幼公の代理権者となり，代理として幼公の名で，幼公のために，上記ディジョン造幣所で造幣を行わせたが，このことが幼公にも，そのブルゴーニュ公位継承者にも，良からぬ影響や効果を与えることにならぬように証書を授与した。その証書はこの覚書の末尾に転記しておく。

(4) 上記フィリップ幼公が死去した後，王ジャンとその弟ルイ，当時オルレアン公，は故フィリップ幼公の最近親者として彼から上記ブルゴーニュ公領を相続した。王はこの公領を取得し，しばらくは所有していたが，自身の末子フィリップに，彼自身と彼の子孫（その男女を問わず）のために，その前任者が取得し所有していたと全く同一の権利と付帯物件を如何なる例外もなく授与した。この件に上記の王弟オルレアン公ルイが異を唱える場合には，上記フィリップ公殿下がすでに取得していたトゥーレーヌ公領を放棄するという条件で，彼（＝ルイ）が彼（＝フィリップ）を別様に補償するというかたちで実施された。

(5) このように上記の王ジャンによって故フィリップ公殿下に行われた贈与は，その後，王ジャンの息子たる王シャルル（5世）が追認した。彼（＝フィリップ）の死後は，彼の子らがこの証書によって，その贈与を享受し，使用することとなった。

(6) 上記の王ジャンがイングランドで虜囚となっていた時期は，彼の息子，（後の）王シャルル5世は王国摂政であった。王として戴冠した後は，王自身と彼の民衆が満足できる程のピエ，重量，純度を持つ良質の強い金貨と銀貨を製造させた。しかし，そのままの品位で，重量と含有量を削減せずに製造を続けても，王は所定の取り分だけでは如何ほどの利益も得られない。そこでその（重量なり含有量なりの）削減がこれを定めた誤差許容範囲に収まるなら，という理由で，多額の御用金が合意され，徴収され，王ジャンの貨幣貶質に充当された。この件で王シャルルが発した文書があったが，それは今なおパリのノートル・ダム教会の宝物庫に保管されていると言われている。その時に（製造を）命じられた重量と含有量を持つ貨幣は王シャルルの存命中，また死後は1389年まで維持された。この年，彼の息子，王シャルル6世が上記の貨幣を貶質させ，新しい金貨と銀貨を製造させたが，貨幣の質としては適当な重量と含有量，そして十分なピエを持

---

2) 王妃はボヘミア王の娘ボンヌであり，ジャンヌではない。

つとして，（品位）低下が始まる1411年頃までは流通していた。

　(7)　王ジャンの子息たる故フィリップ公殿下はブルゴーニュ公となった後も，ほとんど公領を訪れることがなく，自身の諮問会も会計院も設置せず，王代理としてリヨン地方などに滞在し，敵の撃退など，王に代わって多くの任務を果たしていた。また，故フィリップ幼公の妻であったフランドル伯女マルグリットと結婚するまでは，ブルゴーニュ公領ゆえに彼に帰属する諸権利があるということにも目を向けずにいた。

　(8)　さて，故アルトワ夫人とその息たる故フランドル伯の死亡後，彼（フィリップ）はディジョン市内に彼自身の諮問会と会計院を設立し，様々な場所で起草され，ディジョンのタラン城に保管されていた証書や認可状の調査・検討を何名かに委任した。さらに命じてそれらの文書の目録を作成させ，原本はディジョンの文書庫に保管させることにし，目録の副本はディジョン会計院内に運ばせた。

　(9)　目録とその目録に掲載された認可状の検証によって，故公殿下の諮問会と会計院の面々に，ディジョン造幣所は公殿下の物件であることが周知された後，彼らはこのことを殿下とその随行する大諮問会に知らせたが，先にも述べたように，その造幣所ではほとんど，あるいは全く利益を見込むことができず，利益といっても，せいぜい造幣所の面々の日当程度にしかならない，と殿下は考えて，その時はさほど重視されなかった。

　(10)　故ジャン公殿下の存命中，先に身罷られた王シャルル6世陛下とその大諮問会に対して，故公殿下は御自身のブルゴーニュ公領（の物件）ゆえ，御自身に帰属するディジョン造幣所に関する権利を開示された。すなわち（公殿下は）そこで彼の名の下に，彼の紋章と銘を刻んで，彼の意のままに，あらゆる種類の金貨・銀貨を製造できるし，ディジョン造幣所が全面的に，ひたすらに，帰属する先であるブルゴーニュ公を除いては，王であれ誰であれ，如何なる貨幣を製造させる如何なる権利をも要求できないし，すべきでない。このディジョン造幣所には，かつてブルゴーニュ公領の一族出身の方々が何がしかの取り分を持ち，その取り分を歴代ブルゴーニュ公は悉く手にしていた。その主張は，公殿下によれば，この類の事柄すべてと同様に，認可状によって検討し開示する準備があるとした。

　(11)　歴代のフランス王が，何度となく，何らかの必要に迫られて，ある時期までは上記造幣所を借りて，御自身の貨幣を熔解させ，製造させていたとはいえ，ともかく，王たちはその造幣所が公に帰属するものであることを表明し，告知する書状を発していた。このために，この造幣所に関して，王は何らの権利獲得も欲せず，また公の利害を損なうことも欲していなかった。その王がその造幣所を借りて，この度も自身の貨幣を全工程にわたって製造させたことが上記の書状に明記されている。

　(12)　また，王ジャンは代理権者として，ブルゴーニュ幼公フィリップのために，また幼公の名において，上記ディジョン造幣所で貨幣を製造させ，上に述べたように，ブルゴーニュ公にも，その継承者にも，その利害を損なうことがない

ように，（このことを）語り，告知する書状を発した。これら全ては以下に筆写する書状によって明らかであり，この書状の謄本が真印璽を捺して作成され，パリ会計院に提示された。さらに王には，故公殿下の歓心を買うように求めた。

（13）しばしの後，およそ1418年の復活祭後の4月，その頃，王は自身の造幣所で低品位の貨幣を製造させていたが，故公殿下の要求を容れ，この度は公がそれを手にするまでは，何としても応じようと欲し，故ジャン公殿下が偉大にして高貴な多大なる奉仕を行い，その任務遂行に当たって60万フラン以上も費やした，と述べる保証状を故公殿下に授与した。王はこうした事々を心に留めて公殿下に謝し，公自身に帰属すべきディジョンとシャロンの造幣所を，先に述べた理由と経緯のために，また，その一部始終は保証状に記載されている通りに，公はずっと継続的に維持してきたし，さらに当公殿下はこの（帰属の）件で王とその大諮問会に対して恩顧を求め，あるいは求めさせてきたので，王は，自身が今なお抱えている多大な負担にも拘らず，公の篤実なる奉仕に報いるために，王が手にすることも可能であったディジョンとシャロンの造幣所の全利益と全収入を公殿下に授与した。それゆえに今後は，公殿下の意に叶うように，公殿下の宜しきように，その利益は彼の配下が徴収・受領することとし，また，その造幣所に必要な保護役，切り分け人，検査人，等々の職務担当者を委任し，指名し，下命する。しかも故公殿下の造幣所統括役によって作成されるであろうマニュアルに従って，王立造幣所で，あるいは上記ディジョン造幣所の近隣造幣所で製造していると同様に，王の貨幣をその重量，純度，銘，誤差範囲を遵守し，そこ（＝ディジョン）で製造させ，さらにまたディジョンの公殿下の会計院に，あるいはその委任者ないし代理に，ディジョンとシャロンの造幣所の造幣記録を監査させるようにと命じた。（この下命は）故公殿下が彼の上記造幣所に関して所持していると述べ，かつ主張している保証状を，王が厳密にまた十分に検査させるに必要な期間と期限を持ちうるように，その間の（暫定的な）ものであり，また理に適ったやり方で，十分に，良き勧告と熟慮の末の結論によって公表するまでのものであり，さもなければ，王が神明を受け取るまでのものである。ともかく，一部始終が王の保証状に述べられているが，他の負担と事業のために，その実現のために，王が故公殿下に対する補償となる何かを持っていないとすれば，先に述べた公殿下の奉仕と出費に対しては別様に報いることになろう。

（14）上記の保証状によって，その文面に従って，故ジャン公殿下がその書状の日付の日から死去するまでの間，また彼の死後は，その子息，現フィリップ公殿下が，ディジョンとシャロンの造幣所を掌握し，そこで王の紋章と銘のある貨幣を，王が現在に至るまで，他の王立造幣所で造幣してきたと同様に，然るべき重量，純度，誤差範囲で，また別令（があれば，その内容）に従って製造させてきた。その造幣を停止しようとしているが，その理由は以下の通り。

適切で立派な意見と決議によって，またそのために王に対して御用金徴収に同意した臣民の善意と同意によって，王はかつて自身の造幣所でこれこれの重量と

純度をもつ良質の金貨・銀貨を製造させるように下命し，臣民の同意なしに，これより低い品位に変更することはないと約束した。ところが，それにも拘らず，殿下の諮問会ならびに会計院の面々，造幣所統括役，あるいは他の役付きに最近になって知らされたことは，かつて，どこかの王立造幣所で製造されていたと言われる悪質の金貨・銀貨が，王の紋章と銘を付して，しばらく前から（再び）製造されているという。しかもその悪貨を，王立造幣所やディジョン造幣所が製造している良質貨幣と同様に，王国中で通用させようとし，しかもその悪貨製造のために，廃棄銭を収拾しては良貨に付けるほどの高値で悪貨で買い入れ，さらにその悪貨製造のために良貨を熔解させているという。その悪貨製造は王の同意のもとで行われ，王に奉仕する（傭兵）隊長や兵士の（給与）支払いに使用するため，王は（隊長に）王立造幣所のいずれかを利用して，この重量と純度の低い貨幣を大量に製造する許可を与えたという。その悪貨の含有量は2 ドニエ 12 グランしかないというから，これはまさに驚愕すべき，断罪すべき事態であり，さらに王が自身の造幣所で製造させているエキュ金貨も同様に重量と純度を減少させたという。

このような事情で，ディジョン造幣所長は，王立造幣所で製造されていると同様の重量と純度を持ち，王の文様と銘を持つ金貨銀貨を，公殿下のために製造するため，その（良質の）貨幣製造を停止した。というのも，もはや全面的な破綻なしに，先に述べた良質の貨幣を製造することはできないが，そうかと言って，殿下にとって何の意味もない純度低減に同意したくはなかったからであると。

この件については，公殿下のディジョン諮問会ならびに会計院の面々，造幣所統括役，保護役，その他の役職者の間で議論が交わされた。（その席上，この貶質に）抗し，備え，実行する何らかの妥協策を考え出すことはできても，それは公共の利益にならず，多大な不都合，喪失，損害を生み出す恐れがあろう（と述べる者もあった）。（しかし）すでに言及した保証状と慣習によって，殿下に帰属するディジョンとシャロンの造幣所に関する殿下の本来的な権利を取り戻すには，勧告に従って，それら造幣所で，殿下御自身の名で，御自身の紋章と銘があり，これこれの重量と純度がある貨幣を，殿下の意のままに製造させるなら，殿下は満足されるであろうと（述べる者もあった）。このような考えには，特にブルゴーニュ公領において，幾人かが様々な観点から与した。疑問を呈する者もいたが，結局，本件については殿下の側近たる大諮問会の勧告を容れ，殿下によって意のままに下命されるように，という文書を殿下に宛てて作成することで合意を見た。そのため，この覚書とともに本件に役立つ書状の写しを送る。その書状とは以下の通り。

神の恵みによりフランス王たるフィリップ（4 世）は現在および将来の全ての人々に知らしめる。すなわち，われらが親愛なる誠実なるブルゴーニュ公ロベールが，我らの特別の恩顧に基づく要求に応じて，彼のブルゴーニュ公領，シャロン伯領，並びに彼の全所領において，本年の福者フィリップと福者ヤコブの祝

日³⁾から継続して3年間は，商品あるいは売却物件は何であれ，彼の（製造する）ディジョン貨ではなく，我らのトゥール貨で価格が表示され⁴⁾，販売されるように仕向けることを我らのために欲したので，我らは，我らと我らの相続人並びに継承者のために，同公またその相続人と継承者の側に，本措置によって何らかの不利益が発生することを欲しないが故に，本措置に関して我らのささやかな依頼に応じた上記の3年が経た後は，同公とその相続人と継承者は，その固有の権威の下に，彼の公領，伯領，および所領において，商品と売却物件は何であれ，上記の彼のディジョン貨で価格を表示し，購入し，売却させることを欲す。所有ないしその類に関しては，如何なる意味でも，我らと我らの相続人および継承者にとって，この点で，当公とその如何なる継承者との間にも実効性を持つほどの対立はない。その保証として，本状に我らの印璽を捺させた。パリ1300年4月作成。

神の恵みによりフランス王たるジャン，案件の途絶えることなき記録として。以下に述べる事柄に関しては，王の行動を円滑にするために，またその（王たる）地位と権利が損なわれぬようにするために，王の偉大なる思慮に相応しく命じられ，かつ適法的に規制される。現在，ブルゴーニュ公領の代理を務める我らが，その公領の都市ディジョンにて，代理の名ではなく，我ら王の名において，我らの要求（充足）のために貨幣を製造させているので，本状の文面によって，（1）上記の公領に，また上記の公ないし公領の他の誰かに関わる案件として，我らもしくは我らの継承者たるフランス王によって，造幣権すなわち貨幣を製造する権利ないしその類の所有，もしくは他の新規の権利獲得が行われること，あるいは（2）同公の公領（に付帯する）権利によって，同公ないし公領の誰かに本件から何らかの不利益が発生すること，あるいはまた（3）その結果として，この後も上記の都市もしくは公領で，幾度も繰り返して王の名における造幣すなわち貨幣の製造を行う何らかの機会を，我らまたは我らの継承者の誰かが引き延ばすこと，これらは我らの意図するところではないし，また欲するものでもないと，現在および将来の全ての人々に対して決定し公表する。永遠に確乎たる誠実を万人に示すべく，本状に我らの印璽を捺させる。パリ1350年3月作成。国王諮問会において王の署名。

神の恵みによりフランス人の王たるジャンが本状を目にする全ての人に祝福を。目下，我らが統治代理権を保持するブルゴーニュ公領のディジョンで，上記の代理権を持った時に我ら固有の貨幣を製造し始め，その代理が継続している間は造

---

3) 5月1日。C.R. CHENEY ed. & JONES, Michael rev.; *A Handbook of Dates*. New Ed., Cambridge, 2000.

4) 原語は taillentur < taleo, -are. 主語が「商品，売却物件ないし物件」であり，「貨幣」ではないので，ここでは「切る，叩く」の原義を拡張して，「叩き売りをする」「売買交渉の中で値を決めていく」と理解し，結局，「価格を表示する」と訳した。

幣させていたが，上記の代理権保持が終了すれば，上記の貨幣を上記の場所で多量に製造させることも，またこのような造幣行為によって，我らが親愛なる息子，ブルゴーニュ公フィリップもしくは彼の継承者に，何らかの不利益が発生することも，また我らもしくは我らの継承者たるフランス王によって新たな権利が取得されることも，（いずれも）我らの意図するところではない。本件の保証として，本状に我らの印璽を捺させる。パリ1354年6月2日作成。カルディ殿下，書記ベルナルト，ルシヨン伯，G. ド・シャルネィの臨席する諮問会席上で王の署名。

6. ディジョン造幣所の会計（ADCO B11215）

　これはグロと呼ぶドニエのディジョン造幣所の（勘定）箱会計である。（そのグロの）流通レートは1枚当り20ドニエ・トゥルノワ，純度は王銀の3ドニエ8グラン，重量は対パリ・マール6ソル8ドニエである。本製造は本造幣所の長たるピエール・ヴィアールによって，現在の納入が始まった1419年11月6日から翌年2月1日まで行われた。その際の条件は上記ピエール・ヴィアールが加工・製造のための全負担と債務を負い，そのために1加工マールにつき4ソル2ドニエ・トゥルノワを取得し，グロ1,000枚につき1枚を（勘定）箱に入れるというものである。さて上記の箱には上記グロ貨が43ソル10ドニエあったので，グロ（の総製造枚数）は526,000ドニエ，つまり2,191リーヴル13ソル4ドニエであり，重量は6,575加工マール，すなわち銀1,826マール3オンス2ドニエ16グランに等しい。購入価格は1銀マール16リーヴル10ソル・トゥルノワであった。（本書第4章第2節の引用と同文）

7. 1420年夏の銀市場と各地の造幣所の動向を伝える業務書簡（ADCO B11210）

　拝復。貴信拝受。（ブルゴーニュ公）殿下の造幣の件，また当該造幣所長および関係者に命じられし重大任務の件，さらにその件は英王陛下ならびに仏王陛下の代官・官吏殿には報告済みの由，逐一拝読せる旨，謹んで申しあげる。
　まず当該貨幣はオーセールでは試作済みだが，重量も含有量も削減された。特に含有量削減は2グラン半だが，それでも当該貨幣はあるべき様に混合，製造，研磨されぬこと。また当地では現在に至るまで造幣所長は銀1マールあたり30フラン半としているが，国王陛下は配下の全造幣所で26フランとしていること。もし（ブルゴーニュ公）殿下も26フランの値しか付けず，造幣所長が30フラン半とするなら，不都合の発生ないし破綻は必定。さらに件の造幣所長が銀1マールを30フラン半としたことに，そちらの関係者も注目せること。なぜなら同値で購入した造幣所長があり，その者が（その購入分から）300マールをトロワ造幣所長フランソワ・ド・ラ・グレモワーズに融通したこと。当該フランソワがその旨，パリ国王会計院に報告し，証言したこと。さらにまた，造幣所長の内には

トロワなど諸都市の商人衆に宛て，30フラン半で銀を購入する旨，わざわざ書簡を送る者あり。その書簡をトロワなど諸都市の貨幣保護役は上記商人衆から回収し，パリ会計院の許に送ったこと。それにより会計院の面々は国王貨幣の破綻を知り，ムランに布陣する英王陛下[5]にその書簡を転送して，具申し，対策を講じたこと。

以上の件につき，（ブルゴーニュ公）殿下と殿下の造幣所の利に適い，また本件に関わるすべての人々の利にも適う良き考えを我らは持ち合わせているゆえ，もし（貴兄が）殿下や側近の求めに応じる対応策を欠いているなら，本件については我らも深く関わっている都合上，日々足繁く造幣所を見回るので，（当方に）処理を一任されたく，その旨，申し上げる。

そこで，本件に関する真相をさらに良く知ろうと考え，殿下の造幣所に勤務する者すべて，すなわち各造幣所長，保護役，検査役，分割人，研磨人，職人頭および仕上人全員を本日，殿下のディジョン会計院に招集し，当院内にて彼らに上記の懸案すべてを提示し，回答を求めたが，その経緯は以下の通り。

第一に，殿下の上記オーセールで試作ずみの貨幣は重量も含有量も削減された。特に含有量は2グラン半削減。招集した者たちは（それには）全く信頼が置けぬと言う。彼らのうち誰一人としてその製造業務を固辞せぬ者はなく，就中，造幣所長，保護役，検査役（は決意が固い）。（どうか，その者らに）神の全き恵みを与えたまえ，（もし）授けられていないなら。もし何らかの不備ないし不良があるなら，彼らは生命も糧も失う覚悟でなければ，彼らが信を置けぬ仕事を検査役（の職務）を超えて行うことなし。もし彼らが製作した試作品がことごとく不良で，たとえ彼らの（定める）誤差範囲に収束し，あるいは多少は改善されたとしても，我らの殿下と殿下の貨幣に対して，世人が味わうは不平不満のみ。我らは上記以外の地で試作した貨幣の計画の経緯と工程についてはほとんど知らず。我らが注目するのは，その貨幣についての知見，その製造にいたる実状なり。真円度，サイズ，重量，研磨，紋様刻刻，等々，如何ほどの出来か。他でもない，我らが日々職人頭や仕上人と論じるは将にこの点にあり。貴兄は彼らが如何にして成功したかご存知か。ともかく彼らが納得するなら，その製造を認めぬ理由は如何ばかりもなし。（さもなくば）すべてを停止するか。必ずしも彼らが満足するように，またその（製造という）点で（彼らに）十二分に配慮する必要もなかろうが。ともかく彼らは今後十二分に改善すると我らに約束す。なお貴兄も御承知の通り，キュゼリィ，シャロン，サン・ローラン，オークソヌならびに当市に発生した疫病のせいで，彼らの多くはこれらの地から退去せる事態となったが，今では（人も）戻った。懸念あれば，その者らにできる限りの治療を施すべし。

次に殿下の造幣所長たちは銀マールに31フラン半[6]の値を付けたが，国王陛

---

5) ヘンリー五世（位1413-22年）。イングランド＝ブルゴーニュ連合軍によるムランMelun攻囲戦は7月7日から11月17日まで続いた。

6) 30フラン半の誤記か。

下も公殿下も26フランの値しか付けていないという点に関しては，当該造幣所長たちが十分に証言している。すなわちドイツを始め諸外国の商人から日々適切に購入せる銀ないし廃棄銭の大部分はエキュなど金貨で額面の通りに支払っている。さもなくば，遠からず銀を入手できなくなろうと。今，銀1マールは金6エキュ3分の1。現行貨幣のピエは上昇中だが，金1エキュは3フラン9グロから4フラン程度ゆえ，彼ら（造幣所長）は損害を蒙ることなく，十分に利を上げられたであろう。それにしても当地ではどの市場でも両替が見られるようになったが，過ぎし8月以来，数多の両替店頭で当該エキュは値上がりし，5フラン，5フラン1グロ，5フラン2グロ，ついには5フラン半に達したが，これは銀マールの店頭価格が31フラン半，32フラン，ないし33フランに上昇したに等しい。この状況では上記の造幣所長たちの大損になるが，それを承知で請負った殿下の仕事を，納期とした来る聖母の御清めの祝日[7]までには何としてもやり遂げようと，すべてを耐え忍んではいるが，（やはり）殿下が何らかの補償をしてくれぬものかと密かに期待している。もっとも他には不都合はないし，彼らが（これまで）常に損失を蒙ってきたわけでもなく，ともかく銀マールは入手している。国王陛下が配下の造幣所では26フランの値しか付けぬという点に対しては，パリ，トロワ，シャロン，その他上記いずれの造幣所でも，持ち込まれる銀や廃棄銭すべてをそこ（の造幣所）で熔解・製造している貨幣で購入し，エキュその他の金貨は禁じ，しかも（価格は）26フランという指定に応えた。殿下の造幣所もこのように運営されるなら，銀1マールは25フラン，せいぜい26フランの値が付こう。造幣所長の取り分は配慮したが，（やはり実際には）銀をエキュで購入しなければならない，という点には不満が残ろう。

　この点を考慮するに，当地では多くの両替が望むがままに出店してきたが，あまりに多くを許容すべきではなかろう。この件は，上記の造幣所長や名のある識者の意見に従って，実施すべき何がしかの対策と指図書を合わせて具申することになろう。彼らの知見は殿下とその諮問会に報告され，よろしく下命されるよう，遅滞なく貴兄の許に送付される。

　ところでフランソワ・ド・ラ・グレモワーズは，当地の造幣所長の中に銀1マールあたり30フラン半で融通してくれる者あり，と彼の地で自ら報告したが，それが誰のことか，こちらで調べたところ，この値で応じたのはジャン・マルタンとペラン・ド・ランデルであった。件のフランソワは，サン・ローラン造幣所で，その30フラン半の銀でサン・ジョルジュ殿下の仕事をするから，何マールか融通してくれるようにと，件のジャン・マルタンと誠実に約定していた。ところが，彼ら（ジャン・マルタンとペラン・ド・ランデル）が言うところでは，それがどういう仕事のためか知らなかったし，その造幣所では地銀や廃棄銭を砕いて何かを製造することも一切していないし，（銀）購入用にエキュ金貨を製造することもできなかったから，大変な損害を蒙ることになったと。件のフランソワ

---

[7]　2月2日。

は件のジャン・マルタンと誠実に上記契約を取り交わしたのだから，彼（フランソワ）に異存なければ，本件はそちらで彼から報告させては如何か。我らの殿下とサン・ジョルジュ殿下はその者（フランソワ）に関心を寄せている。しかも（彼は）さらに情報を提供してくれた。配下の者が彼に廃棄銭マール当り31フランを提示したところ，これはきっぱり拒絶したという事実を我らは入手している。

次にトロワなど諸都市の多くの商人衆に宛てて書簡を認め，彼らが精製しうる地銀にマール30フラン半の値で，云々，と伝えた造幣所長の件だが，上記ジャン・マルタンとド・ランデルを除けば，造幣所長全員がこの件は知らないと我らに証言した。当のジャン・マルタンとペランは，確かに知己・友人たる幾人かの商人にその旨書き送ったのは自分たちだが，それはその銀を使えばサン・ジョルジュ殿下の仕事を進められると思ったからだ，と我らに述べた。他の造幣所長たちが言うには，先にも触れたように，彼ら（ジャンとペラン）が30フラン半の値を付けたのも，請負期日の繰り上げを教えてくれたのも事実で，二人とも負担と義務を早く免れたかったのであろう，と。

ムランに布陣する英王陛下に例の書簡を転送したパリ会計院の面々に対しては，（ブルゴーニュ公）殿下が上述の件とご自身の問題について具申させる時には，他の貨幣はともかく，殿下の貨幣は良質のものを十分に製造させれば，殿下ご自身も，また殿下の処置を好んで受け入れる人たちもすべて，必ずや得心されるであろう，と主張したい。

ともかく実際のところ，我らは殿下の貨幣が可能な限り良質となるよう尽力しているし，かつてないほどに良質のものを製造していると，貴兄に保証しよう。ロバン・ゴーティエなる親しい造幣所長が，かつてこの町に去来した折に話を聞いたことがある。彼はトロワ造幣所から，他の造幣所を経て，マコン造幣所を歴訪する途中で，と我らに語りかけた。彼が言うには，トロワでは彼がそれまでに見聞した中でも全くもって不快，醜悪な貨幣を製造していたと。熔解・混合も造作も研磨も粗悪。重さと含有率は（水準に）戻りつつあった。が，（それよりも）言うべきは，職人頭と仕上人があまりに自信満々，悔いがなかったことで，そういう連中のおかげで粗悪品を使用することになる人々のことや，彼らの誰彼に不快感を覚える人々のことは全く意に介していなかったと。他の造幣所の貨幣に関しても，上記ロバンはなかなか良い報告をしてくれた。マコンではトロワ造幣所と同様に，造幣所長は銀1マールあたり31フラン半，以前は32フランの値を付けたので，エキュが値上がりし，今も毎日値上がりを続けているが，それでもエキュ（の製造）を続けていると。また，我らが二人のドイツ商人に問い質したところ，マコン造幣所の所長は彼らに対しては銀1マールに6エキュ1/3，エキュに5フラン1/3の値を付けたと明言した。

最後に我らは毅然として命じた。上記の造幣所長，保護役，検査役，分割人，研磨人，そして職人頭および仕上人すべてに対して，今より後，我らの殿下がその貨幣に対して誇りを持つことができるように，また殿下の貨幣に対して世人にとやかく言わせぬように，万全を尽くし，そしてまた誰もが満足するように然

べく重量，含有率があるように熔解・製造し，十分に研磨し，正しく分割するようにと。さらに聖なる神の福音にかけて，かくのごとくにそれを行うと彼ら全員にはっきりと誓約させた。以上，貴兄が殿下に，また（パリ）会計院の面々に，こうした事を示して具申し，殿下の意に叶うように下命できますように。親愛なる殿下，等々　敬具。

　ディジョン会計院にて。1420 年 12 月 10 日
　ブルゴーニュ公殿下の会計院一同ならびに財務役ジャン・ド・ノワダン記
　ブルゴーニュ公殿下の諮問，我らの親愛なるジャン・シュザ殿

〔別紙　表〕親愛なる殿下。銀マールが高騰し，今なお高騰が続く主たる理由は……[8] 神よ赦し給え。多くの人々も，また多くの都市も，信書の文言によれば……を供与すべきところ，造幣所長らが利益を出さんがために，前代未聞のやり方でそれらを引き渡し……そうして銀マールによい値を付け，人々にも諸都市にも奉仕したが……貴兄もご承知の通り，公殿下をはじめ，数多の殿方がトロワに到着した後に[9]，殿下がフランドルおよびアルトワで実施した……当地でも，また多くの都市でも，諸侯は……，貴殿もご承知置き願いたいが，上記造幣所長が仕事を行う際には負担を課せられたが，それでも一応満足していたと報告を受けている。ともかく，現行のピエで 100 銀マールは 1,000 エキュないしそれ以上に評価されるはずだが，この額で 600 フランも負担させるべきではない。件の造幣所長は 1 銀マールに 31 フラン半ないしそれ以上の値を付けても損失を蒙ることがなかったからこそ，そうしたのだろうし，彼らもその点はきちんと報告し，明言してもいる。彼らが繰り返し言う所では，殿下がさような任務の遂行に自ら苦心惨憺なさるよりも，彼ら（自身）が高値で買い集め，負担も蒙らぬが，利益も上げぬ（方がましではないか）。件の殿方と都市商人衆が利を上げ，何物も損なうことなきよう，あるいは暴走して憤懣やる方ない，といった事態に陥らぬよう，自らに仕事[10]を課したと（繰り返し言ったはずだが），脅されもしたし，ともかく皆でこの仕事に着手した，と（付け加えた）。かくなる経緯で，我らの殿下のために行うべき仕事は大幅に遅れたし，今なお遅れているが，造幣所長が自ら関与していることを無茶苦茶にする訳にも行くまい。しかも彼らの考えでは，公殿下が然るべく行うべきを行っていたならば，殿下の貨幣は高値で維持されたであろうし，また左様であれば，ずっと安値で銀マールを入手することもできたであろうと。（しかし）こういう議論はともかく，（結果としては）上記のエキュと上記の銀マールの高騰が生じた，と件の造幣所長たちは我らに言った。数多の両替が随所に出店しては貨幣を商っているが，この件は，ともかくも適当な対応

---

　　8)　……は紙葉の破損によるテキストの欠損を示す。以下同様。
　　9)　ブルゴーニュ公が 2000 名を超える手勢を率いてトロワに到着するのは 1420 年 3 月 21 日。6 月 4 日まで滞在。
　　10)　1420 年 6 月 3 日付で公布された銀貨 8 万マール製造令のことか。

策と報告書をこちらで作成してあるが，それは貴殿には別便とし，公殿下と尚書殿には（直接）お目にかけることにする。またどこか貴殿の行く先々で必要と方策あれば，随時通知されたし。

〔別紙 裏〕（この）銀マールの価格やエキュの価格では買い置きもしていないだろうし，この高値では件の造幣所長らは例の貨幣を一切取り除くこともしていないだろうし，またドイツ商人を除けば，廃棄銭を入手することも精錬することもできないだろう，と我らは強く懸念している。その商人たちの中には，先頃，殿下の造幣所に納入する銭もろともに，オランジュ公[11]配下の役人によって捕縛され勾留された者もいた。こうした理由から，サラン市内では我らが彼らの手を縛り上げ，直々に連行し，然る後に殿下の訴訟手続代行人に引渡したのである。（そうでなくとも）我らにできる限りのことをしたであろう。さて我らは上述オランジュ公の手でディジョンのバイイ宛てに認められた書簡を拝読。それによると，（オランジュ）公はその商人たちを（ブルゴーニュ）公妃殿下列席の法廷で詰問し，買占めを叱責したところ，その叱責を商人たちは深く心に留めて，買占めたものを献上したと。この商人たちが言うには，殿下の土地に足繁く通うことはなく，当該貨幣を割引するつもりなど毛頭なしと。こうした際には万事が混乱し，殿下の損害となり，ついには殿下の通貨，殿下の国土，そして殿下の臣民の破滅に至る，といった事態も，あるいは偶然に起こるかも知れぬ。ところで，その後の報告には満足している。何でもシャンボーなるニュールンベルクの一商人が到来したと。この者は上記造幣所に 4,000 フラン相当の銭を納入しに来たところ，オランジュ公配下の者どもが現れ，この者をただちに尋問すると言って，有無を言わせず縛り上げて拘引して行ったので，彼は仕方なしに関税を払ったとのこと。これで商人は皆我らから逃げていくだろう。神よ，救いの手を伸べ給え。

8. ブルゴーニュ両替規制令（ADCO B11202 および B11211）

1421 年 1 月 10 日付 Philippe の両替設置に関する指図書（ADCO B11211）
殿下のあらゆる土地とあらゆる臣民の利益と安寧のため，貨幣の維持に関し，また造幣所の金，銀，地金および廃棄銭[12]の価額が指定価格を上回らぬようにす

---

11) Louis de Chalon-Arlay. 1418 年，父 Jean の死去に伴い，オランジュ公の称号とブルゴーニュ元帥の職務を継承し 1463 年まで保持。オランジュ（アラウシオ Arausio）はアヴィニョンの真北 20km に位置し，ドーフィネの南西端に接する。12 世紀後半にプロヴァンスの傑出した貴族ボー Baux 家の支配下に入り，そのボー家支流のマリー Marie が 1389 年ブルゴーニュの貴族 Jean de Chalon と婚姻し，シャロン家にオランジュ公の称号をもたらした。翌 1390 年，二人の間にルイ誕生。ORNATO, Monique; *Répertoire prosopographique de personnages apparantés à la couronne de France aux XIVe et XVe siècles*, Paris, 2001.

12) 原語は billon である。貨幣に加工される前の「地金」の意味だけでなく Dumas-Dubourg によれば「廃棄銭」の意味も有する。Ceux-ci (＝changeurs) étaient les mieux placés pour

るため，有識者の議論と勧告を受けて大諮問会においてブルゴーニュ公により発せられた指図と令。

(1) (-1) 商人に限らず，どのような身分，どのような職の者であれ，居住者と旅行者とを問わず，自身のために，また自身の名を用いて，如何なる方法であっても，金，銀，地金および廃棄銭を転売を目的として購入する，あるいは両替を行うため，もしくはさせるために購入してはならない。ただし以下に述べるような形で我らないし我らの代理から命じられた者を除く。(-2) 先代の公，現公の母后または現公から両替許可状をすでに取得している場合も，本状により，そのすべてを無効とする。

(2) 上記の禁止事項をブルゴーニュ公領，伯領，シャロレ伯領のあらゆる都市で古来の慣習にしたがって発布する。違反は，初犯の場合は判事裁量の罰金と金属塊の没収。再犯は全財産の半分を没収。累犯は全財産の没収後，追放刑に処す。

(3) (-1) 如何なる造幣所長[13]も如何なる方法であれ，自らの手で，または彼の代理者もしくは委任者の手によって，両替を行うもしくは行わしめることは不可。違反する場合は上記の罰則を適用する。(-2) 彼らが，その主宰する造幣所において加工する金，銀，地金および廃棄銭に関しては，殿下により委任された両替業者から購入・受領するものとし，その価額は殿下が造幣所に命じて定めるものとし，それ以外は不可。(-3) ただし殿下の領邦に常住しない外国商人が上記の造幣所に金，銀，地金および廃棄銭を持ち込みもしくは送付した場合には，その度に造幣所保護役 garde ならびに監督役 contregarde 立会いの下，彼らが検査をさせ，自ら記録する限りにおいて，当該造幣所長はそれを購入することを得。また当該保護役ならびに監督役立会いの下，当該商人にたいして当該造幣所において定められた価額で支払うことを得。

(4) (-1) 殿下のディジョン会計主査，もし当地滞在中であれば殿下の財務役，造幣所統括役[14]ならびにディジョンのバイイによって，ブルゴーニュおよびシャロレーの良き城塞都市の各々にて，善良なる生活を送り誠実な交際を保ち，金1,000エキュの，ないしそれを下回るも可，資産を所持する適材を本件に関する専門職として，両替業務を保持し運営させるべく，彼らが助言する人数だけ選出する。また当該都市においては他の者は誰であれ両替業務を行ってはならない。違反は上記の罰則に処す。(-2) また（その選出され両替を営む者たちは）各人が月ごとに至近の造幣所に金属塊を納入する義務を負う。その納入量は上記の人々によって指示される。

(5) (-1) 上記両替が前述のように助言された後，もし殿下がフランドル，ア

---

recueillir, ..., le métal en lingot et les espèces décriées, ce qu'on appelait le «billon», *Le Monnayage des Ducs de Bourgogne*, Louvain-la-Neuve, 1988, p. 172. そこで文脈により「地金」または「地金および廃棄銭」と訳し分けた。

13) Maître particulier de la monnaie.
14) Maître général de la monnaie.

ルトワまたはフランスに滞在中であれば，彼らの認可状を請求すべく殿下を訪ねて行くのは，道中危険が予想され，大事となるので，殿下は上記の人々に処置を一任されている。そこで殿下の利益を鑑み，（彼らは）本件を委ねるに適した人材を選出し，その旨を認め，本件に適当な認可状を下されるよう殿下に知らしむ。この間（-2）如何なる不正も起こらぬように，担保を取って彼ら（＝両替）を統制する。

（6）（-1）上記両替が本件につき担保を供して認可状を取得した後，（彼らは）殿下の会計主査もしくは造幣所統括役の手の中で両替業務を誠実に履行する旨の誓約をするまでは業務を始めてはならないし，また（-2）彼らが手にする金，銀，地金および廃棄銭は殿下の造幣所に毎月末に納入し，他所に売却，分配してはならず，また食器，宝飾品作成以外の用途に供するも不可。（-3）納入価格は当該造幣所の銀マールに対して殿下が定めるものとする。

（7）上記の両替は上記の誓約を済ませた後，各人，保証金 1,000 フランを預託して前項の内容を遂行する義務を負う。彼らは会計院にて特別に作成された冊子に登録される。

（8）上記の両替の誰であれ我らの造幣所以外の所に金，銀，地金および廃棄銭を自らまたは委任者もしくは代理者の手を通じて，供与，売却もしくは引渡を行い，または行わしめたことが露見した場合，初犯は 200 フランの罰金，再犯は 500 フランの罰金，累犯は 1,000 フランの罰金と両替営業認可の没収と永久停止に処す。

（9）上記の両替は上記の城塞都市内の然るべき場所で各人の（店舗を）設置，運営し，他所で（営業すること）は不可。違反の場合には前項で定める刑に処す15)。

（10）上記の両替は四大祭を除く祝日には誰か一人が営業し，人々の便宜に供する。

（11）金銀細工師は誰であれ食器製造のために外国商人からは決して金銀を購入してはならない。違反の場合は上記第 2 条の刑に処す。彼らが必要とする銀はすべて上記の両替から所定の価格で入手すること。

（12）造幣所保護役ならびに監督役は各々が別々の冊子に殿下が造幣所に明示するように命じた金マールと銀マールの価格を記録すること。

（13）上記の保護役ならびに監督役は同様に上記の両替により金，銀，地金および廃棄銭が造幣所に引渡された日付，両替の名，引渡されたマール数および造幣所長により両替に支払うように命じられた価額をすべて記録すること。

（14）本法令に違反する者を告発し，殿下の領邦（に配置された）バイイたちの前に出頭し証言する者は，各人がその報奨としてバイイ管区において上記の罰金の三分の一を取得するように殿下は欲しかつ命じる。

（15）上記のバイイ各人がその管区において上記の罰金（徴収）と没収の監督

---

15) 記載個所の相当部分が薄れて判読不能。前後から推測した大意を示した。

を行う。(徴収業務は) 殿下に利するよう，各バイイ管区に所属する収入勘定役もしくは財務役に行わせしめ，上記バイイはその監督記録を年に二度上記の会計院に送付する。

(16) 上記バイイの中に違反者を看過する者なきよう，ブルゴーニュ尚書の印璽を捺した本法令の照合済み謄本が各バイイ管区あて送付され，かつ彼らにより直ちに発布され，本法令が遵守され，彼らが殿下に立てた誠実誓約に決して悖ることなきように殿下は欲しかつ命じる。不服従と見なされた場合はその職務の没収。本法令が永久に記憶されるように，その原本は会計院に保存される。

フィリップ，ブルゴーニュ公，フランドル・アルトワ・ブルゴーニュ伯，宮中伯，サラン・マリーヌ領主ブルゴーニュ公領，伯領の全バイイならびにその代理に祝福を与う。我らが聞き知る所では，良き統治の欠落のために日々銀マールが高騰し……それに伴って金エキュの価額も上昇し，このために食料をはじめ，ありとあらゆる商品（価格）が騰貴しているので……貧しき民ら……我らの領土と，そこに居住する全臣民がことごとくに破滅するという事態に立ち至るやも知れぬ。それがために我らは衷心から欲す，我らの領土と臣民が良く治められるようにと，また上記の騰貴とそこから生じる多大な不都合につき，大いに見識を有する我らの諮問と役職者の意見と勧告に従って作成され，ここに言明した指図書と令により我らの力が及ぶようにと。その指図書と令が遵守され，記憶され，尊重されるように我らは欲し，（そうなれば）我らには喜ばしく，（従ってそのように）命じるがために，汝らは本状を受領するや直ちに，汝らのバイイ管区のあらゆる場所で慣例に従い，我らが作成しここに明言する法令を高らかに発布するように我らは欲しかつ命じる。我らの領土の全臣民ならびに我らの土地に居住する，滞在する，あるいは去来するすべての者に，我らの名において下された以上，また我らに対しても，また我らの令に対しても，同様に背馳せる疑いあるは，相応の罰則が上記各令の諸条項に言明される以上，彼らがその文言と内容を決して蔑ろにすることなく，遵守し，維持し，尊重すべし。また汝らが発見した違反者はすべて本令の諸条項に含まれ言明される罰則に従って，遅滞なくまた情実に流されることなく処罰される。この点で汝らが各々の管区にて精勤するならば，汝らが非難されるはずもなかろう。加えて本状をもって，我らの親愛なるディジョン会計主査，財務役ならびに現在及び将来の収入勘定統括役に対して，汝らの許で件のバイイらが本令を熱心に履行するよう，また誠実に十全なる実行に移すように要求す。また汝らに重ねて請う。諸般の事情があろうとも，本件を履行するにあたって精勤なるを我らに対して示すべし。彼らバイイに対して，また汝らに対して，当然のこととして，すでに十全なる権限，権威，命令権ならびに特別要請権を授与したし，授与する所存である。我らの全司法職ならびにその配下，汝ら，汝らの委任者および代理者も同様に従順たるを命ず。於サン・ドニ，1421年（新式）1月10日。

1423年（新式）2月27日付けの両替設置令 Ordonnance（ADCO B11202）

　フィリップ，ブルゴーニュ公，フランドル，アルトワ，ブルゴーニュ伯，宮中伯，サラン，マリーヌ領主，本状を目にするすべての者に祝福を。報告によれば，ブルゴーニュ公領，伯領，シャロレ伯領には数多の両替があり，それがためにエキュをはじめ，諸々の金貨，銀貨，地金の価格が恐ろしいほどに上昇し，収拾つかず，と。しかも彼らは購入した地金や廃棄銭を毎月我らの造幣所に納入するはずのところ，余所へ運んでしまうか，蓄蔵している始末。日々，多くの者が我らの認可状もなしに，欲するままに両替業を営んでいる。あまつさえ我らの造幣所保護役が我らの両替許可状を取得しているが，彼らの職務と両立し得ぬゆえ，なすべきことではないし，国王陛下の造幣所にて為すべきことでもない。かつてあらゆる商品はソル・リーヴルで売買するのが慣わしであったが，昨今は金で（値をつける）。商人の多くは商品を地金と交換するし，さらにわれらの土地，ブルゴーニュ地方に居住ないし滞在する金銀細工師は日々金銀を多量に買占め，自宅で熔解・加工し，金銀含有率を低く抑えて食器，聖具，装飾品などを製造し，商標もいれず，数々の不正を働いている。我らは我らの土地の公共の福利を鑑み，本件につき議論を重ねた結果，本状により以下のごとくに命じる。すなわち，

　（1）　我らのブルゴーニュ公領，伯領およびシャロレ伯領，また我らの領土内のいかなる場所に於いてであれ，我らもしくは我らの名代により開設され，設置され，管理されてきた両替店舗は今より後すべて廃棄されるものとする。並びに，我らおよび我らの役職者から入手したすべての両替認可状に関しては，これをすべて無効とする。（本措置に伴い）彼ら（＝両替）が我らに対して不正を行った場合は，彼らを排除する。以後，本件に関して我らの尚書局にて受理され，大印璽を捺された我らの認可状を所持せずに当該業務に従事するなら，判事裁量の罰金刑に処す。

　（2）　今より後，両替の数は以下に明らかにするように命じられ，設置されるように望みかつ命じるものである。すなわち我らのディジョン市に4名，ボーヌ市に3名，シャロン3名，オータン3名，スミュール2名，アヴァロン1名，モンバール1名，シャティヨン2名，ニュイ1名，パロワ・ル・モニアル1名，モン・サン・ヴァンサン2名，オークソヌ3名，ヴェルダン1名，キュイズリ1名，ショーサン1名，ドール2名，アルボワ1名，ポリニィ2名，サラン4名，ヴェズール1名，ゲイ1名，ファコワニィ1名，モンジュスタン1名，ポンタィエ1名，ボーリュー1名，ジュシー1名，キニー1名。そして我らの領土の他の良き都市に於いては，その要が生じ，適当と思われる時に合理的な数の両替を命じて設置することを我らは留保する。

　（3）　(-1) 上記両替は，以降，上記の都市において，我らの配下の者ないし重役が指示する公共の場において両替業務を営み，それ以外の場所で営業することは不可。(-2) またその両替業務のために，また我らからその営業の審査と認可を得るために，毎年，聖ヨハネの祝日と主の聖誕祭と二期に分けて各期半額，

（合計）10リーヴルを納入しなければならない。第1期分は来る聖ヨハネの祝日とする。当該都市の定められた場所以外では両替業務を行ってはならない。違反する場合は，その度ごとに我らにより2リーヴルの科料を徴収される。また上記の場所に関しては，その場所の所有権者に対して毎年合理的な賃貸料を支払うものとする。(-3) また上記の両替は，彼らが居住するバイイ管区内で開催される年市または毎日市に限って，赴き（業務を行い）得る。ただし我らのシャロンの年市はいかなる両替業者も赴くことを得。

(4) (-1) 上記両替は毎月その居住地の至近の造幣所に造幣に利用する地金，地銀を納入する義務を負う。違反の場合は判事裁量の罰金。また当該地金（銀）は造幣所保護役立会いの下で当該造幣所の特定造幣所長に引き渡す。(-2) 保護役は自身の帳面に引渡し日と地金（銀）量を記録し，その記録にしたがって当該両替は特定造幣所長から支払いを受ける。この点に関しては，造幣所統括役による指図書が保護役には与えられるであろう。

(5) 我らのブルゴーニュ地方においては如何なる場所であれ，我ら尚書局が作成し大印璽を捺した認可を取得した両替業者以外は何人たりとも両替業務を行う，もしくは行わしめることは不可。違反は判事裁量の罰金刑に処す。

(6) ディジョン，オークソヌ，サン・ローラン，キュイズリ，ショーサンの我らの造幣所の保護役は現在及び将来にわたり，両替業務を自宅であれ余所であれ，公然ともしくは隠然と，彼自身の手で直接に，または彼の妻子や使用人によって間接に遂行する，もしくは遂行の仲介することは不可。違反の場合は職務没収の上，銀100マール以下の判事裁量の罰金刑に処す。

(7) 造幣所保護役は定住し，造幣所統括役が授与する指図書にしたがって，毎日定められた時刻に職務を開始する。違反の場合は初犯は年金一年分を没収。再犯は職務没収の上，罰金。

(8) 両替あるいは他の誰であれ，以後，エキュ金貨に対して，（価額）10ドニエ・トゥルノワの大ブラン銀貨もしくは（価額）2ドニエ・トゥルノワのドゥブル銀貨で，14グロ以上の値を付けてはならない[16]。違反はその度に判事裁量の罰金刑。

(9) 両替は誰に対してであれ，上記エキュ金貨に前項で表明された価額を要求し得るが，一枚につき5ドニエ・トゥルノワの利（手数料）を要求し得る。違反の場合は前項の罰則に加えて両替業免許の剥奪。

(10) 両替に上記エキュを持ち込んだ者に対しては，両替は上記の価額14グロで買い取る。

(11) フランス王国内およびブルゴーニュ伯領内で通用していない金貨が持ち込まれた場合は，不正を行うことなく，誠実かつ合理的な価額を支払って，速や

---

16) 1 gros = 20 dt であるから，14 gros = 14×20 dt/gros = 280 dt = 23 st 1/3. つまり発行時に公定価格が 22 st 1/2 であったエキュ金貨の取引実勢価格を 23 st 1/3 まで認めるという意味である。

かに当該貨幣を切断した後は，その断片を返却するも可。

　(12)　(-1) 両替業者に限らず誰であれ金ないし銀マールに当局が定める以上の価額をつけてはならない。違反の場合は罰金と両替業免許の剥奪。また (-2) 両替は誰であれ違反者を発見した場合には速やかに管区バイイならびにディジョン会計院もしくは造幣所統括役に届け出ること。違反者はすべて処罰する。

　(13)　両替は相互に地金および廃棄銭を売買してはならず，至近の造幣所に納入すること。違反の場合は当該金・銀の没収と罰金刑。

　(14)　両替であれ，また如何なる者であれ，ブルゴーニュ公領，シャロレ伯領の外部に地金および廃棄銭を持ち出す，もしくは持ち出させることは禁ず。違反は没収と罰金。

　(15)　両替に限らず，金銀細工師，商人，そのほか誰であれ自宅で地金および廃棄銭を熔解・精錬してはならず，造幣所で行う。違反者は逮捕・禁固の上，その収入に応じて判事裁量の罰金。地金等は没収。

　(16)　商人に限らず，何人も商行為であれ，他の目的であれ，許可なくして如何ばかりの金でも我らの土地から帝国へ発送ないし発送させ，あるいは持ち出しないし持ち出させることは禁ず。違反は没収と罰金刑。

　(17)　商人も，また他の人々も売買ないし売買契約を金で行うことを禁ず。ただし遺産の買い取り，売却，婚姻契約の場合は除く。違反は我ら（当局）に損害がなければ，全商品の半分を没収する。それ以外の場合は全商品を没収し，罰金。

　(18)　我らの土地の金銀細工師は，以後，金銀の加工を以下に定めるように行うこと。すなわち純金を 24 カラットとして 19 カラット 1/4 までを認め，それ以下の加工は不可。その限りで，いかように加工することもできるが，宝石は何であれ，不純物を含んでいるなら金に付加してはならない。

　(19)　(-1) パリ延銀[17]は本来 11 ドニエ 18 グラン（= 11d 3/4）とすべきであるが，マールあたり 5 スターリン[18]を限度とする純銅を含む 11 ドニエ 9 グラン（= 11d 3/8）で代用し得る。これ以外の銀を使用して食器や宝飾品を細工することは不可。純度が 11 ドニエ 9 グラン以上でなければ，判事裁量の罰金刑。(-2) 作品は純正品として我らの紋章とともに，細工師のサイン（銘）とマーク（商標）をいれるべし。金銀細工師は各々が我らの紋章印打ちを有し，食器や宝飾品を作製した者のサイン（銘）を紋章の楯の先端に記すべし。細工師はディジョン会計院に出頭し，各人のサインを鉛の表に刻印して登録し，公表すること。違反に対する罰則は前述に準じ，加えてその土地の細工師組合から追放される。聖具，袋物の口金，指輪などの小品を作成する場合に使用する銀も同様に 11 ドニエ 9 グラン以上とする。罰則も同様。なお銀価格が変動しても，（使用する）銀（純度）は常に上記の通りと理解されたし。

---

　17)　«argent de tendree (de Paris)»「卑金属を加えて嵩を増した銀」という意味か。不詳。
　18)　1 esterlin = 1/20 once = 1/160 marc であるから，5 esterlins = 1/32 marc = 3/8 deniers. すなわち銅を差し引けば，純銀含有量は 11d となる。

(20) 銀器に緑青，硫黄などを使用した金色着色料を塗布することの禁止。違反は罰金刑。ただし金器に金色を塗り重ねることは随意。

(21) 金属器に金色着色料を塗布してはならないし，エナメル樹脂を塗布することも不可。銅器の場合は，誰もがそれを銅製であると認知できるようにするのでなければ，金色着色を禁ず。違反は罰金刑。

(22) 金銀など上記の素材を加工する者は，小間物商も含め，誰であれ，法令の定める以外の場所で細工することを禁ず。違反は罰金刑。

(23) 罰金と没収は当該管区のバイイが当管区付きの勘定役ないし財務役に行わせ，その管理記録を年に二度ディジョン会計院に送る。

(24) 上記の職を勤める者たちの内に本法令に違反する者あれば，それを摘発し報告する者すべてに対して，その違反の軽重・緊急度により最大10リーヴルを与う。

(25) バイイおよび司法職に在る者は各々その職務において本法令の遵守を督励し，逸脱は処罰すべし。然るに管内に本法令を無視・違反する者があるを承知の上で放置する場合は，その都度20リーヴルの罰金刑に処す。

(26) 我らの尚書の印璽を捺した本法令の照合済み謄本ないし我らのディジョン会計院にて照合された副本は，記憶が途絶えることなきよう当ディジョン会計院に保存される正本同様に，十全なる信頼を寄せるように欲す。よってブルゴーニュ公領・伯領およびシャロレ伯領の全バイイ，司法職，役職者，その代理，その各々が古来の慣習に従って，各バイイ管区内のあらゆる善良都市にて，またあらゆる善良都市を通じて，本法令を高らかに発布するように命ず。我らの国土の全臣民に，あるいはまた我らの国土に居住し，滞在し，あるいは去来する他国民に対し，本法令を尊重し，支持し，かつ遵守し，各条項に言明される罰則を弁え，文言の一々に従って，いささかなりとも違反することなきように命ず。違反により拘束される者はすべて，如何なる情実に流されることもなく，また如何なる逡巡をすることもなく，各条項に規定された罰則に従って糾弾され処罰されることを欲す。それを行うに懈怠ありと非難されることなきよう十分に精勤されるよう，彼らに格別の職権と権威と伝達手段と命令権を与う。関係者一同に各人が以上を勤勉に行い，従い，注意するように伝えかつ命ず。証として，本状に我らの印璽を捺す。ディジョン1423年2月27日。

9. オーソワ管区の銀徴収記録簿の前文 (B2788)

(f.1R°) ……1421年10月および11月に上記マールが，本件に関して公妃殿下により委任された殿下の会計主査ジャン・ボノ，在ディジョン・バイイ管区代訴人ジラール・ヴィヨン，オーソワ・バイイ代理ギヨ・ブランダン，在オーソワ・バイイ管区代訴人ポワンソ・ペルネィによって徴収された。当該委任者らは借上げ明細を上記の徴収勘定役に渡したが，その記載内容は都市と住民の同意を得たものであり，その明細に基づいて上記勘定役は以下に詳述するように徴収・受領し

た。また住民が白銀を所持しない場合は，当該勘定役が1マールを金6エキュ，1エキュを9旧フラン，1銀マールを6新リーヴル15ソル[19]として徴収する権限（を賦与されているが，それ）については後述する。

　まず本件に関する委任者と徴税役に下された母后の委任状の文面を掲げる。(f.1V°)……（ブルゴーニュ）公，……伯，……領主たる（わが親愛なる）息子殿フィリップ不在中[20]の統治権者として……，わが親愛なるディジョン会計院の面々に，オーソワのバイイに，またディジョン管区のわが息子殿の代訴人たるジラール・ヴィヨンに，ギヨ・ブランダンに，およびオーソワ管区のわが息子殿の代訴人ポワンソ・ペルネィに祝福を。
　先頃，王族方とパリ大諮問会が国王陛下の貨幣に関して意見と勧告を奏上されたところ，善良かつ忠実な僕たる王国三部会員を前にして，陛下ご自身がその御意志を明かにされ，その御要求を下された。すなわち，陛下を始め，臣下一同の公共の利益を鑑み，また陛下の敵と反対者を駆逐するために，まず王国内にて良質かつ強力な金貨・銀貨を製造すること。また現行貨幣は王国内では陛下および臣下一同が利を生むには適した価額で流通してきたが，その価額を往古に復すべしと勅許され，三部会員と然るべき（支払い）能力を有する者とに援助供与の同意を求められた。すると三部会員は自ら，また然るべき者なら，誰であっても（そのような援助供与に）耐えられましょう，と陛下に同意申し上げたので，良質かつ強力な貨幣を製造するために，（各人から）何がしかの銀をマール（単位）で徴収する運びとなった。さて，この決定を受けて，我らもまた同一の理由から，(わが息子殿）のために，また息子殿の名においてブルゴーニュ公領三部会員をオークソヌに召集し (f.2R°)，彼らと汝らが参集する場において，国王陛下の金貨・銀貨と同サイズ，同純度，同価値の貨幣をブルゴーニュ公領・伯領にて製造し，現行の金貨・銀貨を往古の価額に引き戻すこと。またこの機会に，当地方の三部会員ならびに住民が（以前から）耐えてきた不都合を一掃すること（を言明する)。その現行通貨の価額引き戻しは以下に明示するとおりである。すなわち9フランないしそれ以上とされたエキュ金貨は30スー・トゥルノワに。6フランのムトン金貨は20スー・トゥルノワに。グロ銀貨は20ドニエ・トゥルノワから5ドニエ・トゥルノワに。小ブラン銀貨は5ドニエ・トゥルノワから1ドニエ・パリジに改める。またブルゴーニュ公領・伯領ならびにシャロレ伯領で流通するノワール銭は，陛下が王国内にて断行したと同様に，2ドニエ・トゥルノワから半ドニエ・トゥルノワとする。ブルゴーニュ伯領およびソーヌ河以東のわが息子殿の領土で，小ブラン銀貨の3分の1として流通しているアングローニュは半ド

---

19) 新フランは旧フランの8倍の価値を持つ。
20) ブルゴーニュ公フィリップは1421年はパリ以北で活動している。8月はアブヴィル Abbeville 近郊のサン・リキエ Saint Riquier の陣に滞在していた。Van Der LINDEN, Herman éd.; *Itinéraires de Philippe le Bon, duc de Bourgogne (1419-1467)*, Bruxelles, 1940, p.18.

ニエ・エステヴナンとする[21]。

　本件に関して，われらに，つまりわが息子殿と息子殿の名に於てわれらが下命委任した配下の者に，ブルゴーニュとシャロレの三部会員自らが提供し，あるいは貸与ないし引渡に合意もしくは供出・引渡を強いられることに合意した事々の中でも，就中，各人がその地位と能力に応じて負担すると約束した銀を大量かつ迅速にわれらが派遣した委任者に（提供してくれれば），その銀を，われらとわれらの息子殿が当該事由のために着手せんとする良質かつ強力な貨幣の製造に充てることができるので，（われらは）いたく満足するであろう。

　またブルゴーニュとシャロレの公益増進のために，生活必需品をはじめ，あらゆる商品の価格を良心的で適正にするためには，この件はかつてないほどの透明性を要するので，本件に時間を割き，集中し，また良き都市部であれ農村部であれ，上記の三部会員の許に我らの委任官を派遣することが適切かつ必要であり，(f.2V°)……汝らが行く所はどこであれ，四人全員が，あるいは三人で，それもできなければ，一人であっても，我らの息子殿の配下を誰か連れて……。オーソワ・バイイ管区のすべての良き都市と当管区に属し，汝らが適切と考え，また汝らの判断で必要と思う場所はどこであれ，汝らは出向くべし。われらとわれらの息子殿の怒りを買うことになりはしないかと恐れるくらいなら，そのような行動は慎むことが大切であり，また適切なことでもあろう。

　また，本件に関して必要とする銀（徴収）に寄与し得る余力を有し，当該バイイ管区に居住するまたは滞在する者は，いかなる身分であれ，汝らの許に召集させること。そして彼らから可能な限り最善の方法でマール単位の銀を徴収し，良心的かつ誠実な明細を作成し，それにしたがって，われらの息子殿の最寄の造幣所に（その徴収した銀を）納入し，そこでその銀を使用して良質かつ強い貨幣に造り変えること。上記の三部会の場において意見され，決定されたように，上記の理由から，われらとわれらの息子殿から然るべき人々に上記の諫奏と通知を行い，彼らの身分と能力に従って，以下に述べるように上記の銀をマールで要求した。その銀は，オーソワ・バイイ管区にあっては，われらの親愛なるジャコ・エピアールによって徴収され，受領されるように我らは欲す。当該ジャコ・エピアールなる者は本件を執行するべく，本状をもってわれらが委任する者であり，また本状は（エピアールが）銀をマール単位で供出するすべての者に対して受領証を発行し，（その供出者たちが）将来，必要とあらば我らの息子殿に対して告訴することもできるような保証を与えることを（当該エピアールに対して）義務付けていると理解されたい。上述の件に加えて（f.3R°）……汝らの精励に……本状をもって，汝らには本件ならびに付帯する諸案件の遂行権を，また上記ジャコ

　21）エステヴナン estevenant はブルゴーニュ伯領の都市ブザンソン Besançon とその周辺で使用される計算貨幣で，1 franc = 20 sous tournois = 18 sous estevenant である。銀貨は内在価値を4倍（価額は 1/4）にするから，$5/3$ deniers tournois $\times 1/4 \times 18/20 = 3/8$ deniers estevenant となる。これを約 1/2 deniers estevenant にする，と定めたのであろうか。

には当該銀マールの徴発と徴収および受領の権限と権威と特命を与える。またわれらとわれらの息子殿の全司法職，全職員，全家臣が上述の諸条項とその付帯条項を実行するにあたっては，上述のわれらの委任者と徴収勘定役に服し，その言をよく聞き，必要とあらば，また要求があれば，忠告と力添えと援助を与えるように命ず。於オークソヌ，1421年8月18日。

コマリアンのサン・ジョルジュ殿下，ディジョンのバイイ，ギ・ジェリニエ師，ジャン・シュザ，ギヨーム・クルトー，ジャン・ド・ノワダン，他，の列席する諮問会席上にて公妃殿下の署名。G.ル・ボワ記。

10. 銀徴収の指図書（ADCO B11210）

高品位貨幣を製造するため，目下，ブルゴーニュではマール単位で銀の借入・徴収を実施しているが，その勘定統括役ジャン・ド・グレイ，殿下の造幣所長，造幣所保護役，そして検査人が如何にして上記マール銀の受領とその引き渡し，ならびに加工を管理すべきか，という点について，殿下の諮問かつ財務役たるジャン・ド・ノワダンと会計院の面々が取り決めた指図書。

（1）まず，上記ジャン・ド・グレイが上記借入金の特定徴収勘定役たちから上記マール銀を受領するに当っては，ディジョン造幣所検査人との連絡を密にし，上記徴収勘定役たちが彼に引き渡す銀の含有量の如何を把握しておくこと。またその銀を造幣所長に引き渡す際は，同ジャン・ド・グレイから含有量これこれのマール銀をこれこれの分量，確かに受領した，云々の受領証を作成させ，上記グレイはその受領証を対面で受取り，同時にマール数と含有量を明示した検査人証明書を受け取ること。

（2）上記の徴収勘定役たちに対して，彼はこれこれの勘定役から含有量これこれのマール銀をこれこれの量，確かに受領した，云々の内容の受領書を作成し（手交する）こと。

（3）彼は一枚の書面を用意し，上記の勘定役から銀を受領した場合は，時を置かずに記載し，銀のマール数と含有量，記載日を明示すること。

（4）エキュ金貨を受領した場合は，旧貨・新貨の別，同様にエキュの枚数と日付を付したエキュ金貨受領証を作成すること。

（5）銀1マールは金6エキュ，1エキュは弱貨幣9フラン（という評価額）で，上記マール（単位の徴収）に合意した人々から徴収するように特定勘定役は命じられているので，上記ジャン・ド・グレイは（同様の評価額で）上記特定勘定役から受領すること。

（6）受領した旧エキュは全て別扱いとし，そのエキュで公殿下の財務役が命じるところを実施すること。上記造幣所では，これこれの勘定役からこれこれの額の銀を，1フランを12グロ，1グロ貨を20ドニエ・トゥルノワとする弱貨で確かに受領した，云々の受領証を勘定役たちに渡し，（造幣所長は）受領した額と日付を書面に記入しておくこと。

(7) 上記ジャン・ド・グレイは造幣所長に白銀を引き渡す際には、保護役と検査人の立会いの下で行うこと。検査人は上記ジャン・ド・グレイに、その銀の含有量の如何に関する証明書を発行すること。この銀は直ちに造幣所長に手渡され、それと引き換えに造幣所長は、勘定役ジャン・ド・グレイの手を経て、公殿下からの拝領品として、含有量これこれの銀マールをこれこれの量、確かに受領したという受領証を作成し、手交する。所長はこの受領証と検査人証明書に基づいて報告する義務を負い、またその受領証に基づいて銀受領は会計に記入される。

(8) 財務役の下命によれば、エキュ金貨はブルゴーニュ領邦勘定役の受領証によって引き渡されるものとし、それ以外は不可。

(9) 上記ジャン・ド・グレイが特定勘定役から受領した貨幣は、受領後、造幣所保護役の立会いの下で造幣所長に引き渡される。その際、保護役はその貨幣を勘定し、上記グレイの引き渡し量を計量し、加工マールで如何ほどになるか把握すること。またこの貨幣成型前の加工マール量は、保護役が上記グレイに証明書を手交すること。

(10) 造幣所保護役の立会いの下、このようにして上記ジャン・ド・グレイが造幣所長に引き渡した貨幣は、その加工マール換算量が把握された後に、全て細粒化される。その砕片の銀含有量がどの程度かを把握するため、検査人はひとまとめにして、検査を2度行い、その検査証明書を上記ド・グレイに手交する。さらに上記保護役立会いの下、上記造幣所長と上記ジャン・ド・グレイの間で1会計を開設し、このようにして粒状にされた貨幣の加工マール量と、さらにそれを銀マールに換算した量を正確に把握するために記載しておく。この細粒化された貨幣の銀マール換算量については、上記保護役が証明書を、また上記所長は受領証を、それぞれ上記ジャン・ド・グレイに手交するが、その書式は以下の通りとする。

私、何々造幣所長は総額1万フランの弱貨に由来する8千純銀マールを確かに受領したことを明言する。当該弱貨は、検査によれば、純銀2（ドニエ）8グランの含有量があり、全てを細粒化した重量は2万加工マール。そこには上記の額、銀8千マールが含まれているので、この総額8千銀マールに異議はない[22]。

(11) 上記ジャン・ド・グレイによって造幣所長に引き渡された銀すべてが上記造幣所長によって、以後、加工される。その加工にあたって、上記造幣所長が加工品を正しく勘定できるようにするため、上記保護役は、別途、箱を作ること。

(12) 上記のマール銀から製造される貨幣は、その（材料の）マール銀は殿下の名で徴収されたものであり、殿下に帰する造幣主取り分があるから、重量と含有量の不良（の製品）も、すべて上記所長からブルゴーニュ領邦勘定役ジャン・フレニョに引き渡される。それ以外は不可。

---

[22] この一節に含まれる数値は整合性を欠く。あくまでも一例として記載されたと理解する。

本指図書の署名済みの筆写1通はジャン・ド・グレイに，もう1通はディジョン造幣所の所長と保護役に手交された。

11. ブルゴーニュ領邦収入勘定役ジャン・フレニョの訴訟記録（ADCO B1631, 3eme cahier annexe ff.1R°-14R°）

ブルゴーニュ公はリシャール・ド・シャンスィ，ジャック・ド・ヴィリエ，ギヨーム・デュ・ボワ，ジャン・ド・テラン，ギィ・ジェルニエ，エティエンヌ・アルムニエならびにジャン・ボノ，以上7名の諮問を委任判事とし，その許に辞令とともに数件の訴訟と案件を記載した羊皮の記録簿を送付した[23]。それに基づき，ブルゴーニュ公妃イザベルは，一方にブルゴーニュ公代訴人ジラール・ヴィヨンを検事とし，また他方に前ブルゴーニュ領邦勘定役ジャン・フレニョを被告とする訴訟開始を命じた。

さて件の認可状に基づき，また検事たる上記ジラールの要請に従い，上記ジャン・フレニョは1432年4月25日，ディジョンに出頭し，上記検事に対して，上記案件に関して，また上記案件に関連する事項に関して，全般に関して回答するようにと命じられた。そこで（f.1V°）両者は上記の委任判事の許に出頭し，まず検事がその案件を尋問形式で開示した。これに対して上記フレニョは，以前にも殿下の別の委任者の前で，まず口頭で，次いで文書で回答していたが，その時の回答書を改めて提出した。さて上記検事はこの被告弁論に対してさらに再尋問を呈示した。しかしこの尋問，被告弁論，再尋問では，何ら明快な申立ても論告も得られなかったので，殿下の代理判事を務める委任者は，その一連の尋問，被告弁論，再尋問を改めて上訴法廷で行なうよう命じた。そこで来る1432年5月5日に尋問と再尋問を，また当該ジャン・フレニョの被告弁論と主要弁論も法廷で行なうとした。同年5月4日，法廷で，まず双方が訴訟上の対立当事者であると再確認し，双方に対する審問が始められた。執行したのは上記ジャン・ボノ，上記会計院主査ジャン・ゲニョおよび事務ピエール・ゴーティエ，さらに諮問ルニョ・ド・トワジィであった。次いで当事者双方に，来る5月31日，ドール高等法院に出頭し，当委任判事たちが受理した審問調書を公開するので，閲覧するようにと指定した。そこで指定日時に，指定場所に，当事者双方が出頭したところ，当フレニョが所定の書式に則って作成させた被告人弁論書の中に，新たに多くの事実を付け加えていた。当検事は自分の作成済みの再尋問書はそれに対する十二分な回答になっていない，と述べて，さらに（f.2R°）当フレニョの付加した新たな事実関係に関して回答し，駁論するために呈示したい事実と論拠があるので，それを自分の再尋問書に付加することを認めて頂きたい，と要求した。そこで，来る6月8日までに，当検事は駁論せんと欲するすべてを付加した再尋問書を提出するように命じられた。当フレニョもまた被告人再弁論の形式で弁論した

---

23) 具体的にどの訴訟のことか，またその簿冊は現存するか，不詳。

きことあれば，そのすべてを書き加えるようにと命じられた。以前と同様に，すべての点で当委任判事たちによる書類審査が行なわれ，その結果が 6 月 30 日にディジョンで当委任判事たちの許で報告されることになった。同日，同所，当フレニョに対しては，検事請求を拒絶するか受諾するかを表明するように命じ，また被告人再弁論の提出期日を 7 月 3 日とし，双方に（次回の）日時を来る 8 月 17 日と指定し，当日の調書公開とともに本案件ならびに中間判決を当事者双方が受け入れるように命じたので，当検事は付記・補足部分と再尋問書を，当フレニョは被告人再弁論書を，それぞれ法廷に持ち込んだ。同月 8 月 19 日は 17 日の継続で，当フレニョは自身で行なった適法な調査をいろいろと記載した紙製の冊子，彼が領邦勘定役の職に就任した際の殿下の委任状，さらに多くの者たちと共有していた多くの特定税収帳簿も委任会に提出し，開示した。すると当検事も彼の側から本訴訟に関する多くの調査報告書を提出し，双方それぞれが提出物件に反論した。そこで来る 8 月 25 日に彼らが提出し，審査請求した物件に関して判断が下されることになった。しかしその 25 日に予定された審理は，8 月 23 日に当フレニョが延期を申告し，それに検事側も同意したので，来る 9 月 2 日に繰り延べとなった。その 23 日，当検事は，すでに提出済みの文書に加えて，再々尋問書と言う形式で作成した別の文書を，適法的に法廷に提出し，審理にかけた。当フレニョはその文書のコピー作成とそれに対する被告人再々弁論書の提出と受理を請求し，さらにディジョン会計院に保管されている自分の会計書類の閲覧を請求したところ，彼の請求は許諾された。9 月 2 日，当フレニョはその被告人再々弁論書を提出し，またジレ・ルナンとともに作成した或る特定費目会計簿を開示した。この帳簿は彼に有利な内容があるとして受理された。委任会では，ディジョン会計院や然るべき筋から情報を得ることになろうし，また当フレニョがあらかじめ提出，開示した特定会計の扱いには指示が出されるだろう，と述べられていた。そして口頭であれ，文書であれ，当事者双方が作成した審査請求に対しては，それぞれ回答される，とも述べた。9 月 13 日から 16 日までの間に，上記の案件に対する判断を下し，当事者双方があらかじめ作成した審査請求に対する回答を作成するために，両者の訴訟書類が検証された。

　9 月 16 日，当該委任判事たちは当該訴訟と一件書類を閲し，当事者双方が作成した審査請求に回答し，本件に関して中間判決を下した。この日からジャン・フレニョの身柄は拘束され，勾留されたが，その後（f.3R°）彼自身が所定の保証金を預託したので保釈された。この中間判決によれば，ジャン・フレニョの決算終了済み会計のうち，当該判決文で言明された分について，委任判事たちがディジョン会計主査に修正させたところ，当該ジャン・フレニョに負担させる額は，銀 1 マールあたり 6 リーヴル 3 スー・トゥルノワの良貨で勘定して，68,237 リーヴル 12 スー 1 ドニエ・トルノワとされた。会計主査はこのような貨幣の問題は，難しく，重大であり，専門家に意見を求めるべきである，と意見陳述の最後に記載したので，委任者たちの考えもその方向でまとまった。他方，当フレニョは中心案件に関して，なお陳述したきこと，立証したきこと，山積していると述べて

いた。もちろん当フレニョの陳述は今後も十二分に聴聞されるであろうが，他方，検事殿の陳述は万般にわたって理に適っているように思われる，と当委任判事たちは述べ，当事者双方に来る 10 月 18 日を指定した。当 18 日の審議は未了で，同月 20 日に継続。当フレニョは何点かの会計抜粋を提出した。その中で残額清算法の正当性を示しているので，その監査・検証を請求した。当フレニョはすでにディジョン会計院主査たちが監査を終えた会計帳簿や，帳簿に転記済みの請求書，領収書を使用した。彼らはそこで実施したことすべてを適切に報告するであろう。同月 23 日も審議が継続されたが，会計院主査たちが指示した残額評価法に当フレニョは従っていなかった。

また（f.3V°）当フレニョが請負を解約した特定税収会計簿に関しては，12 月 1 日までに会計院主査がすべて監査することになった。また 12 月 8 日にディジョンで被告人権利の言明を行なうこととし，その 8 日から来る 1 月 13 日まで審査が続けられた。ところが，殿下の尚書と他の顧問一同が，殿下のことで非常に重要な案件があるので，と当フレニョをサヴォワの義理の叔父貴殿[24]の許へ派遣したので[25]，審査は 2 月 8 日に持ち越され，さらに 3 月 12 日，同月 21 日，に延期された。その 21 日，当フレニョは，収得利益などがあれば，来る 3 月 24 日に報告するように厳命された。ともかく弱貨が通用していた 1418 年，19 年，20 年，21 年の当フレニョの決算残高に関して，また 1422 年，23 年，24 年，25 年，26 年の当フレニョの会計で，弱貨での支払記載分について意見をまとめることが肝要である。この 5 年間にすでに通用していた良貨による収支には言及しない。もしすべてを考慮するなら，当フレニョに自身の収得利益を報告させて，（f.4R°）それを俎上にのせるのか，看過するのか，何れにしても，検事の理解を受容することになろう。さらに当事者双方の合意に基づき，非公開の最終弁論の日時を指定した。来る 3 月 31 日，双方は当委任判事たちの許へ出頭し，それぞれが係争に締めくくりの言葉を述べ，神に感謝を捧げた。さて，この後，委任判事たちはこの訴訟を丹念に辿り，会計主査なり他の識者なりの見解を聞き，協議し，結論を下した後に，当事者双方に判決を申し渡すことになるが，その日時と場所は改めて知らせるとした。その日から当委任者たちは本訴訟書類をはじめ，本件に関

---

24) サヴォワ Savoie 公アマデウス Amédée（1383 生-1451 没）。サヴォワ伯として 8 世（1391-1416），サヴォワ公として 1 世（1416-1440）。1439 年バーゼル Basel 公会議で教皇に選出され，フェリクス Felix 5 世となる。後にニコラウス Nicolaus 5 世の下で枢機卿（1449-51）に任じられ，在サヴォワ教皇特使を務めた。1401 年ブルゴーニュ公ジャン Jean sans Peur の妹マリー Marie（1380-1422）と婚姻。

25) フレニョは騎士フィリベール・アンドルネ Philibert Andrenet とシャロン市民ユグノ・ガンド Huguenot Gande を伴い，1433 年 1 月シャロンとジュネーヴを往復し，27 日分の出張手当として 54 フランを受領した記録を残している（マイウ・ルニョー Mahieu Regnault 第 7 期ブルゴーニュ領邦勘定簿 ADCO B1651 ff.86V°-87V°）。当該個所には，この出張は軍事費 1.2 万から 1.5 万フランをジュネーヴの年市で調達することを目的としていたと明記されているので，サヴォワ公に金融業者への仲介を依頼したと推測される。

する当事者双方の口頭弁論および提出物件の一切，さらには当検事の尋問，再尋問，補足事項，再々尋問に到るまで，その審理を丹念に重ねた。結局，当フレニョを処罰し，殿下に金銭を支払わせ，返却させる方向で結論を下した。また本訴訟事件および関連事項に含まれる原因のために，彼の会計の収入の部には受領しているがきちんと記載されていない額があり，また支出の部には常軌を逸した高額の記載がある。そのような額の総計も同様に支払わせ，返却させること。さらに当フレニョの会計は収入の部も支出の部も，残額も決算報告概要も，通常会計も特別会計も，すべてにわたって当委任判事たちによって適切に訂正が施され，その修正に見合う課徴金と懲罰を科し，殿下に賠償させることになろう。殿下のディジョン会計院が作成した見解や決定があるにもかかわらず，当フレニョの会計には確かに誤謬と過失がある。しかし理に適った訂正が施されたが，その際に留意したのは，先に身罷られた国王シャルル陛下と（f.4V°）当代殿下の母后であられる故公妃殿下が（それぞれに）作成された法令であり，さらに当代殿下に帰すべき法令や指図書，貨幣の評価と価額算定に関するパリ会計院の正当な方式と慣習であった。この貨幣評価に関しては，当フレニョに駁論すべく提案され，上記の委任者たちに送付された本件訴訟と関連事項の記録の中に言及があった。

またブルゴーニュ公殿下は代々，財源確保のためにブルゴーニュ領内の造幣所で，国王陛下がフランス王立造幣所で製造させる金貨，白銀貨，黒銀貨と同等の重量，含有量，内在価値，通用価格を持つ貨幣を造幣させてきた。そして国王陛下が上記の通貨に関して発したと同等ないし類似の法令を常々作成し，発してきた。ことに1421年には王シャルル6世陛下とブルゴーニュ公殿下は，従来20ドニエ・トゥルノワで通用して来たグロ白銀貨を1枚あたり5ドニエ・トゥルノワに，その後2ドニエ1/2トゥルノワに引き上げた。同時に1枚2ドニエ・トゥルノワの強い貨幣を新造させた。故シャルル6世とブルゴーニュ母后は，弱貨の時代に発生した債権・債務の清算に関して法令を作成させた[26]。爾来，財務重役に限らず，誰もがその法令によって事態に対処してきたし，フランスでもブルゴーニュでもこの法令が判決の際には尊重されてきた。1414年から1421年11月3日（上記の2ドニエ・トゥルノワのドゥブル銀貨が発行され，供用されるようになった日）まで通貨変動が続いたからである。

1414年，15年，16年，17年，18年および19年3月7日までに期末を迎えた会計決算に，国王取得分が発生した場合，その分は次期会計に繰り越すとされた操作はすでに終了している。（f.5R°）しかし19年3月7日までの会計決算残高は，担当者の負債，信用，いずれも次期会計に繰り越されていない。当会計期間中に通用していた貨幣が弱すぎるからである。1419年3月7日から21年11月4日まで通用した弱い貨幣で勘定した決算残高を，11月4日，つまり上記ドゥブルの発行日，以降の会計に繰り越そうとすると，銀価格に応じて通貨価値が目まぐ

---

26) 1421年12月15日パリで発令された2通の王令のうちの1通を指すと思われる。本書の史料12を参照。

るしく変動するので，日々，その残高評価を変更しなければならず，今なお定めることができない。そこで検事はさらに述べた。ディジョン会計院はこれまでは常にパリ国王会計院の発令する諸法令と行政指導に従い，公および公妃の発した両立し得ない内容の法令や通達を保持していない限りは，決算や貨幣に関してはパリ方式に追従してきた。それにもかかわらず，ディジョン会計院はこの度は異なる行動をとった。それと言うのも，1422年7月に，彼らは意見書ないし法令を作成し[27]，それによって1419年12月末日までの殿下の債権と債務，何れの残額もすべてを繰り越し，貨幣のピエ変動に拘わらず，1419年12月末日の通貨で表示した銀価格に応じた現行通貨で評価するとした。また1420年1月1日から21年12月末日までのブルゴーニュ公ないしその税収人の負債残高は，現行通貨1フランはその当時の8フラン相当と評価して，換算する。ただし1421年8月12日から同年12月末日までは，グロが5ドニエ・トゥルノワだったので，(f. 5V°) その期間の5ドニエを20ドニエ，つまり1フランを4フランとして換算すべきである。1420年5月4日までグルニエ（水・森林利用税），商品12ドニエ税，ブドウ酒8分の1税は免除されていたので，やはり換算法を区別し，銀1マールを16リーヴル10スー・トゥルノワとする計算貨幣を適用する。なお実際の銀価格は1418年10月2日から19年4月21日までは銀1マールが9リーヴル10スー・トゥルノワ，4月21日から8月までは15リーヴル，8月から1420年5月4日までは16リーヴル10スー・トゥルノワであった。この20年5月4日からしばらくは22リーヴルで，その後に26リーヴルとなり，これが1422年1月1日まで続いた。この時期，弱い通貨はすでに存在せず，通用していない。それでもディジョン会計院は常に決算残高を9リーヴル10スーで勘定して次期会計に繰り越していたが，当フレニョには銀1マールを16リーヴル10スー・トルノワで算定させたのである。

　さらに検事が言うには，当フレニョが1418年12月末日に終えたブルゴーニュ領邦勘定第2会計によって，179,350リーヴル・トゥルノワを殿下に対する負債（未払）額として残した[28]。会計院主査たちはこの残高を1419年に終えた第3会計に繰り越させ，さらに続く第4会計に繰り越させたが，何れの場合も銀1マールを9リーヴル10スー・トゥルノワとして算定すべきところ，16リーヴル10スー・トゥルノワとして勘定させた。同様に当フレニョが1418年11月と12月，

---

27) ADCO ではその痕跡を確認できず。直後の数行と f.7R°-V° の一節がその内容であろう。なお ADCO B15, f.210R° に収録された会計主査ロベール・ド・バイユー Robert de Bailleux の4項目にわたる意見書は記述日が不明であるが，B15, f.229V° の Memoire に対応するとすれば，1441年から43年にかけて，再び異なる通貨間の清算が問題となり，1421年の王令を参照して意見を取り交わしたということになろう。したがって R.・ド・バイユーの意見書は本書で扱う1432年の J.F. 訴訟にも，問題の1422年7月の指図書にも，直接は関係しない史料と理解すべきであろう。

28) ADCO B1594 f.221V° et Edition par M. MOLLAT, pt. 2 p. 208 article 2469 では179,162 £ としているが，欄外に「訂正すべき」と言う注記がある。

19年1月と2月に受領した借入金は，銀1マール9リーヴル10スー・トゥルノワで，総額19,057リーヴルに達した[29]。この借入は当フレニョがその第1および第2会計期に返済しておくべきであったが，1419年12月末日に終えた第3会計で返済した[30]。この借入額を，会計院主査たちはやはり銀マール16リーヴル10スー・トゥルノワの貨幣で算定させた。さらに当フレニョが1416年末に9リーヴル10スー・トゥルノワの貨幣で700フラン受領し，(f.6R°) 第1および第2会計期に返済しておくべきところ，1421年12月末日に終る第5会計終了後に返済した[31]。会計主査たちは，これも銀マール16リーヴル10スー・トゥルノワで算定してしまった。上記1418年の残額も，上記借入額も，そしてこの700フランも，何れの算定でも殿下の側に損失が発生し，当フレニョの側に利得が発生したから，その分を払い戻すとすると殿下には良貨で総額54,669リーヴル・トゥルノワの収入を予想できる[32]。会計院は，自らの発した法令に準拠して，当フレニョに領邦勘定第5会計終了時に決算報告書概要を作成させた[33]。その決算報告に会計院は当フレニョ第5会計の残高だけでなく，先立つ他の会計の残高も算入させた。この決算報告によれば，当フレニョは，負債と信用を差引すると，グロ1枚を20ドニエとする，あるいは良貨1フランに対して8フランの割合の弱貨で算定して，54,031リーヴル18スー6ドニエ1/2の債務が殿下に対して残っていることになる。会計院はこの額に1421年8月以来，当フレニョが受領した分13,919リーヴル8スー6ドニエも含めたが，この時期にはグロは5ドニエでも，2ドニエ1/2でも通用していたから，この算定方法では殿下に損失が発生し，当フレニョは殿下から計4,474リーヴル1スー9ドニエ・トゥルノワの利を得る[34]。結局，殿下の損失は良貨で59,143リーヴル・トゥルノワに達するが[35]，ここから当フレニョは銀1マールを6リーヴル3スーとして総額5,648

29) ADCO B1594 f.83R° et Edtion par M. MOLLAT pt. 2 pp. 82-83 articles 1901-1904 に明記されるが，これらは全て抹消され，次期会計 ADCO B1598 ff.65R°-74R°et Edtion par M. MOLLAT pt. 2 pp. 282-300 articles 2896-3349 にまとめ，この借入金合計額も記載している。金額は一致する。

30) ADCO B1598 ff.89R°-93V°et Edtion par M. MOLLAT pt. 2 pp. 315 et ss. articles 3430-3448 に記載。

31) ADCO B1611 f.260V° ではジャン・フレニョの負債としてそのまま記載。この決算後に返済された，という意味か。不詳。1422年分を記録したはずのフレニョの第6期ブルゴーニュ領邦勘定記録は散逸した。

32) この計算は不正確。179,350£ + 19,057£ + 700£ = 199,107£である。この額を9£10st/marc で割れば 20,958 marcs（端数切り捨て）となり，16£10st/marc で割れば12,067 marcs となるから，その差は 8,891 marcs である。この銀を6£3st/marc の貨幣で算定すれば，54,683£となるので，14£ほど計算誤差がある。

33) ADCO B1611 ff.261R°-263R°

34) 13,919£を実際に使用した2種の計算貨幣ごとに区分し，良貨で再計算すると 4,474£になる，ということだろうが未確認。

35) この金額は 54,669£ と 4,474£ の合計で得られる。

リーヴル・トゥルノワを請求できる。というのは1419年1月1日から同年4月21日までの第3会計では，彼は65,330リーヴル15スー3ドニエ1/2しか受領していないが，85,899リーヴルを支出している。この支出超過（つまりフレニョの信用残）20,568リーヴルが，銀1マールにつき9リーヴル10スーであったとすれば，これを銀1マールにつき6リーヴル3スーで換算すると13,315リーヴルとなる。上記の支出超過額20,568リーヴルが16リーヴル10スーで算定されたとすれば，それを6リーヴル3スーの貨幣に換算すると，7,666リーヴル5スーにしかならない。(f.6V°) 従って当フレニョは差し引き6リーヴル3スーの貨幣で5,648リーヴルの信用を残しているから，この分を減額し，殿下に対する負債残高は良貨で53,495リーヴルとなる[36]。この額を，当フレニョは自身の会計決算終了時に殿下に支払うべきであるから，この額を当検事は当フレニョに対して請求した。

殿下から委任判事に送付された記録簿の記載のうち，この残額評価の件は第27項までで，その他にも実に多くの訴訟や案件が含まれていた。当検事によってこのように提起され，請求された諸論点に抗して，当ジャン・フレニョは赦免による結審を目指して，当検事の提起した事実関係を取り上げて自ら反対弁論を行ない，次のように述べた。1415年，故ジャン公がその当時財務役かつ財務総監となったジャン・ド・ノワダンの配下に私をおき，ブルゴーニュとシャロレの勘定役に指名した。あの1419年9月10日に父公が逝去されるまで，私はずっとその職にあった。その後もすぐに当代公によって改めて同職に指名され，爾来，1427年2月末日までずっと本職にあり，その間，本職を誠実勤勉に勤め上げた。その間には故国王陛下の欲するままに，(f.7R°) シャロン，トロワ，マコンの王立造幣所の利益，ならびに国王陛下に帰すべき多額の金銭の徴収業務も，またブルゴーニュとシャロレで課された御用金，借入，そのほか特別徴収業務も次々に請負った。そのような金銭の受領と勘定の適切かつ誠実な記録を私フレニョはディジョン会計院に提出したし，私の会計は，業務遂行上の権限を授与されている当会計院主査が正式に勘定を確定し，決算と監査を終えた。この決算によって，私フレニョは殿下に対する徴収業務上のあらゆる義務から，解除され，免訴されたはずである。

ディジョン会計院は会計処理に関して法令，指図，規約を作成する権威と権限を有し，1422年，会計院は多くの人員を召集して討議を重ね，すでに提出された，もしくは提出予定の会計に適用する基準に関する法令を作成した。その内容は以下のごとくである。

1415年から1421年12月末日まで，諸貨幣のピエの度重なる変更にもかかわらず，1419年末までは，その変更への対処法がほとんど知られていなかったので，1419年12月末日までに終了し引き渡された，あるいは引き渡す予定となっていた決算では，ピエ変更の有無に拘わらず，残高は換算せずに，そのまま次期

---

36) この計算は明快で，59,143£から5,648£を差引いた額である。

会計に繰り越していたが，(f.7V°) 1419年12月末日における税収人の負債と信用の残高は，当日の銀のマール単価に対応する通貨で算定することとした。1420年1月1日以降1421年12月末日までの税収人の負債と信用の残高は1421年12月末日に終了する各会計に算入し，その時点の通貨1フランに対して，過去の決算に使用した貨幣は8フランの比で，各残高を再評価・再換算することとした。この換算比は1421年12月末日に，かつては1枚20ドニエ・トゥルノワで通用したグロ銀貨を2ドニエ1/2トゥルノワに評価を変更したことに対応している。しかし1421年8月18日から同年12月末日までの4ヶ月と12日の間，グロは5ドニエ・トゥルノワと評価されていたが，この期間に支払が発生していた場合，その勘定は5ドニエの替わりに20ドニエ，1フランに対して4フランの率で換算し，このようにして上記1421年の12月末日に終了する2年分の会計はすべて弱貨で勘定し決算を終えるように徴収人に命じた。

　ブルゴーニュ公領での塩蔵出し税，ブドウ酒8分の1税および商品12ドニエ税に関しては，塩引渡時に，また他2税は期中に，それぞれ現金で支払われるので，税収人は1420年5月4日までその額を自己負担することになる。この日，銀1マールを16リーヴル10スー・トゥルノワとし，貨幣評価とピエが変更された。1416年1月1日以前に実施された決算の残高は1415年12月末日の銀のマール価格，7リーヴル2スー・トゥルノワ，に応じて算定される。なお1422年1月1日 (f.8R°) ブルゴーニュで良貨が流通に供された日に，銀のマール価格は7リーヴル3スー・トゥルノワに引き上げられた[37]。

　1422年1月1日にドゥブル銀貨が発行され，1423年10月22日まで1枚2ドニエ・トゥルノワで通用するが，翌23日には1枚1ドニエ2/3トゥルノワ，つまり6枚で10ドニエ・トゥルノワ，と評価を変更された。そこで1422年1月1日に始まる会計勘定は10月22日までは1フランを24スー・トゥルノワとして勘定し，記録する。このやり方で1422年1月1日から同年10月22日まで通用した24スーの通貨を，1フラン20スーで通用している時期のフランに換算できる。また上記の法令に従って，その頃すでに決算も，監査も終っていた会計に関しては，そのまま放置された。マールが16リーヴル10スーとされる以前に，税収人が死去もしくはその職を解かれた場合には，彼らの会計終了に伴う負債と信用の残額は，毎年12月末日または彼らの会計が終了する日の銀のマール単価に応じて評価される。この法令には殿下の尚書が正当で適切と言って賛同していた。さて当該法令に従って，当フレニョを始め，ブルゴーニュ地方の多くの人々が各人の決算を修正し，また監査の際には，誰彼の区別なく，その法令に従って指図された。人々はこの法令を冷静に遵守した。当フレニョは1418年12月末日に終了した領邦第2会計では，ブルゴーニュ公に179,301リーヴルの信用残があったが[38]，この残高を検事は銀1マール9リーヴル10スーの分であったと主張した。

---

37) 6リーヴル3スーの誤記か。
38) 注28を参照。

しかし実際には（f.8V°）様々な費目の高額支払を行なったために，当フレニョの手元に残金はなかった。この支払いは確かに銀1マール9リーヴル10スーの時期のことであったが，彼は帳簿上この貨幣を使用せず，もっぱら銀1マール16リーヴル10スーを使用した，と件の委任判事の前で言明し，特に5点を主張した。

まず第1に9リーヴル10スーの時期の日付のある請求書や支払い指図書による支払は若干ある。しかし自分の1419年と20年の会計の支出記載分については，銀1マールあたり16リーヴル10スー以外の貨幣で支払ったものはない。

第2に9リーヴル10スーの時期に先の殿下，故ジャン公とその財務役の下命により，自分は何度も高額の支払を行なったが，（それに見合うほどの）受取は16リーヴル10スーの時期になるまでほとんどなかった，と何冊かの特定会計帳簿，および書付を示して言明した。

第3に1419年5月に9リーヴル10スー（の貨幣）で多数の費目の支払を行なった。当時まだ16リーヴル10スーの貨幣が手元になかったからであるが，このことも既に言明した。

第4に1419年1月，年頭にあたり，自分（＝フレニョ）に支払い義務のある税収役たちの多くに，以後，数期に渡る請負の解約を認めた。彼らの請負（支払い）期日は16リーヴル10スーの貨幣の時期にあたっていた。ともかく自分がその負担を肩代わりしたが，（自分の支払い）貨幣は請負の解約日に通用していた9リーヴル10スーであった。このことも同様に言明したとおりである。

第5に担当者それぞれから自分が徴収する様々な請負を解約して，その負担を解約日に通用していた貨幣で立替えたが，ほとんど埋め合わせることができなかったので，続く期の会計で「還付金および未収金」として支出の部に収録した。そうした会計簿では，この額はその請負負担分の受取時の貨幣でのみ勘定し，記載されているが，このことも既に言明した，と。

さらに当フレニョが述べたところでは，（f.9R°）故ジャン父公没後早々に，自分の決算報告概要を作成し，ディジョン会計院の監査を受けたが，その時点では殿下の預り金のうち，手元には約28,000フラン以上あった。しかし自分の負債はそれ以上であると，検事が主張していることは知っている。冷静に考えて，正当と認めるつもりのないものを負担する必要はなかろう，という考え方は変えていない，と。廃棄銭として造幣所に持ち込んだ屑を熔解させ，一級品の貨幣に作り直すことはできる。確かに何かを生み出すことができたのである。つまり銀1マール9リーヴル10スーの貨幣を使って，殿下は15リーヴルの貨幣を作り出した，ということである。重量や含有量を偽って減らすことが全くなければ，この貨幣の15リーヴル分には銀は1マールしかない。論理的にいって，この貨幣15リーヴルに対して銀1マールしか要求できぬだろうし，すべきでもない。殿下が引き出そうとするものの価値に従って，というのでなければ，以後の他の弱い貨幣の場合も同様。自分に要求されているものは積立金ないし預金と見なすべきであろうし，フランス王令もそのように欲していると考えるべきであろう。もっと

も検事殿は王令や慣習に逆の理解をしているようだが。国王陛下と故母后殿下の法令は契約当事者間のやりとりに係わるものと理解すべきで，領主とその税収人に関するものではない。というのも，既述のように，税収人が受領する金銭は積立金ないし預金と見なされるからである。当事件によって起訴されたフレニョは以上のように反論し，また提出した文書によっても十二分に立証したとして赦免を求め，当検事とは逆の結論を下した。また当フレニョは当検事に対して，当検事の審問，再審問，再々審問および文書によって提起された本件について，訴訟上の適法な主張として，それぞれが受け入れられるか，反論すべきか，言及以前のものか，を同様に述べた。こうして (f.9V°) 双方が代わる代わる陳述した後で，本件に関する審査が行なわれた。そして当検事が当フレニョを起訴し，請求を行なった対象時期の彼のすべての会計記録，つまりディジョン会計院に提出され保管されていた当フレニョの会計簿と関係文書すべてを，双方が，それぞれの意図と見通しに従って，証拠として呈示し開陳した。またこれとともに当検事は，事実認定の復唱でも，記録でも，既に述べたとおりで，訴追はしていないが，貨幣評価が銀のマール値に応じて為されるべきであることを呈示し，正当とするために，故国王の王令と殿下の母君たる前公妃殿下の法令を証拠として提出し開示した。すると当フレニョはサン・ジャングールの法廷で作成され，御璽を捺された公正謄本一部[39]を提示し開示した。そこには弱貨が通用していた時期に発生した債権・債務の算定と清算方法に関する王令を含む国王文書の筆写が含まれていた。さらに当フレニョは既述のように自ら作成した特定税収簿や収支決算概要をブルゴーニュとシャロレの税収役人の記録を添えて，さらには領邦勘定役の職を拝命した際の委任状や，自分の正当化に役立ちそうな書付メモの類まで夥しい文書を提出した。こうして双方がそれぞれに本訴訟の主張を終え，神への謝意を述べると，当委任判事たちは，周知のように，帳簿の抜粋や決算残高だけでなく，当該会計期間の通貨価値やピエの変動に関して，当事者双方が提出した訴訟書類や調書を実に熱心に検討し，白熱した議論を重ねた。彼らはピエの変動に応じた決算報告概要をいろいろと作成させ，最後にはその総計を計算させた。当フレニョがシャロン管区税収人であった時期の当管区税収帳簿も同様に扱った。当フレニョは (f.10R°) 1421年12月末までの彼の領邦勘定の会計と同様に，シャロン管区の帳簿も公開することに同意した。以上の審査が済むと，委任判事たちは，全員で見解をとりまとめ，本訴訟に対して与うべき判決を結し，5月27日付で当事者双方を召喚した。その召喚状は両当事者に本訴訟の判決を聞かせるために，その翌日，朝8時，タランを指定した。当フレニョにはタランで殿下の虜囚に戻るように命じるとともに，彼の契約と保釈の内容に罰則規定を付した上で，契約を取り交わした。当フレニョはこれを聞くと，委任判事たちに言った。あなた方が先の中間判決を下した時，検事殿は，もし上告するなら，足元も見えぬような所に投獄してやる，と言っていたと知らされたので，あなた方の前では敢えて上

---

39) 不詳。

告しなかったが，判決後に公証人と証人の立会いの下で上告した。本件を国王陛下に，つまりフランスの高等法院の法廷なり，あるいはどこか別の所なり，正義が行なわれている所に付託しようとしなかったのは，最初の召喚に拘ったから殿下に上告したのである，と。さらに私の損害を補償すべく召喚したと思っていたが，再び拘束されてタランに収監されるのか，と付け加えた。当フレニョが，保釈を懇願し，審理の決着をもとより望むところ，と言いながら，殿下とわれわれに対して何度も審理請求を送って以来，この召喚を理由として，またこの召喚を尊重して，当委任判事たちは引き続き審理を進め，最終判決を下すに至った。被告人の上告を蔑ろにするつもりはないし，できもしない。きちんと検証しなければならない。被告人は，もちろん，その上告を行なうことができる，と我々は回答した。当フレニョは身内の者と知己，相談相手を通じて，自分は殿下と我々の良識ある判断を信じているので，(f.10V°) 自分の上告を取り下げると我々に伝えてきた。彼は自らの権利すべてを殿下と我々の手に委ねて，その上告を自らの意思で十全に，また完全に取り下げた。この取り下げの後，我々は我々の許に当委員たちを参集させ，また彼らとともに殿下の尚書，サン・トメールのプレヴォ，殿下の礼拝堂つき主任司祭，ディジョン会計院主査，殿下の造幣所統括役，前トロワ勘定役ジャン・ミュエ，殿下の会計院聴聞役ジャン・ゲニオ，会計院事務ピエール・ゴーティエを呼び寄せ，彼らの立会いのもとで，本訴訟全文を読み聞かせた。この訴訟文朗読の後，我々は上記の人々と意見を交わし，その意見交換の後，本件は我々の立会いの許で公明正大に論じられたのである。

　本訴訟を検証し，本件に関して考察すべきことすべてを考察し，また本件に関して本訴訟を判定し，結審するために，殿下によって我らに授与された殿下の権力によって，我等は発見と宣告を行なったし，また行なうことになる。われらの現在の最終的かつ真正な判決によって，当該ジャン・フレニョは，その書状に記載された内容を理由として，逮捕され，現行通貨とピエ，重量，含有量を同じくする銀1マールあたり6リーヴル3スー・トゥルノワの貨幣で勘定して総額57,993リーヴル17ドニエ1/2を殿下に対する負債とする。1421年12月末日まで通用していた弱い貨幣で，殿下に貸付があると判明した場合は，すべてに先立って，当該フレニョのもとで圧縮換算を行なう。すなわち彼が担当した1419年，20年，21年のブルゴーニュ領邦収支勘定の決算残高のうち，また1420年5月まで勘定役を務めたシャロン管区の同時期の収支勘定の決算残高のうち，彼の信用供与（支払超過）分すべて。また1422年，23年，24年，25年，26年，27年2月末日までの同ブルゴーニュ領邦総収支のうち，弱い通貨で彼が勘定した収入総額。1418年以降のブルゴーニュ領邦収支勘定の決算による彼の負債（預かり残高）分が，弱い通貨で勘定してどれほどの額に達しようとも，我らはフレニョに圧縮換算と払い戻しを命じた。(f.11R°) 1418年の会計での彼の負担残額は，銀1マールあたり9リーヴル10スーの通貨で，86,985リーヴル19スー2ドニエ1/4であるが，これを銀1マールあたり6リーヴル3スーの通貨に換算すると，上記の額は56,311リーヴル19スーとなる。さらに1421年12月末日までの金貨とフ

ランドル貨での負担分を同様に換算すると 1,681 リーヴル 2 スー 5 ドニエ 1/2 となる。それゆえ現行通貨でもある銀 1 マールあたり 6 リーヴル 3 スーの良貨に換算すると，当フレニョが殿下に負担する総額は 57,993 リーヴル 17 ドニエ 1/2 となる。この金額を[40]殿下ないしその勘定役に返済し，支払うことが適切であろうと我らは，その旨，本状を持って断罪する。またこの額が完全に支払われるまでは当被告人の逮捕，勾留，収監が適切であろう。ただし殿下の特赦状があれば別である。また殿下が委任者に送付した訴訟記録簿に言明された諸事項に含まれない，つまり本訴訟に関わりのない事々に関しては，検事たる殿下の代訴人も当被告人フレニョも，彼らのもつ諸権利は保全され，当検事が適当とする時まで執行を延期する。また 1422 年 1 月 1 日から 1427 年 2 月末日まで，つまり当フレニョが担当した会計がすべて終了した日まで，既に通用していた良貨による勘定分は，ブルゴーニュ領邦収支勘定にも，シャロン管区収入勘定にも，何れの会計でも言及されているが，もとよりその勘定分はここには含まない。

以下に続けるのは上記委任状の文面である。まず上記委任者たちに権限を委譲した公殿下の認可状の文面を記す。

フィリップ，神の恵みによりブルゴーニュ公，ロタール公，ブラバン公，……(f.11V°) 我らが親愛と信頼を寄せる諮問たち，ドール高等法院総裁リシャール・ド・シャンスィ師，騎士にして我が侍従長ジャック・ド・ヴィリエ殿，従騎士にして我が家政長ならびに我がオーソワ管区バイたるギヨーム・デュ・ボワ殿，我が家内請願審査役ジャン・ド・テラン殿，我がディジョン会計院主査ギィ・ジェルニェ師，エティエンヌ・アルムニェ師，ジャン・ボノ師，ならびにパリ国王会計院事務官ギヨーム・ラヴィ師，各々に栄誉と慈愛を。

本状とともに諸々の案件を記載し，封印した一冊の羊皮の冊子を送る。その各案件と関連事項にまつわる真相を明らかにし，それぞれ適切かつ理性的に対応されるように我らは欲している。汝らの常識と誠実と精勤を十全に信頼しているので，我らは本状により，仮に所用あって，7 名全員が揃わずとも，汝らに切に厳命する。また必要とあれば，ともに会計問題に携わるべく，ディジョン会計院聴聞役ジャン・ゲニョと会計院事務ピエール・ル・ゴーティエを呼び寄せ，あるいはまた事務と記録を委ねるために，我らが信頼を寄せる秘書ジャン・グロを呼び寄せるべし。各案件の内容とその関連する事項に関して，また我らが親愛なる亡父殿，その先代殿の，そして我ら自身の資金の受領と支払に関して濫用と過失があると検事が書面告発するであろう。ディジョンとリールの会計院に，あるいは本件に関与する誰彼の居宅や滞在先に保管されている通常および特別の会計簿，また書類，台帳，証書，書付，その他訓告などを十分にまた誠実に検閲することによって，汝らは知見を得ることになろう。(f.12R°) あるいは必要に応じて当事

---

40) このように判決文では検察の請求額 53,495 £ よりもさらに 4,498 £ も多い。

者双方に，あるいは本件に関して証言や証拠提示ができる他の者に対して，宣誓の上，尋問を実施することもできる。理に適った当然の，しかも最善で最速，明瞭な方法で真相を明らかにし，了解することができたなら，汝らが濫用と軽罪の各々に関して明らかにしたことを順序立てて書面にすべし。当事者双方を，あるいは他の者を召喚して，その主張を聴聞し，当事者双方の間に立って適切で簡潔な判決を下し，正義を成就すること。その濫用と軽罪を犯した者に対して，相応の懲戒，戒告，課徴金あるいは身体刑を科し，訴訟の要請と犯行に応じて，理性的かつ適切な判断によって，その刑罰を通常の方法で執行すべし。本状を受領し閲読した後は，即座に行動するように欲す。我らの取り分として，汝らが決定する金額は債務履行の慣習化した合理的な方法で，遅滞なく我らに支払われるように計らうべし。秘匿，格段の配慮，審理の回避をせずに，必要とあれば諮問会や会計院のメンバーを動員すべし。また秘密裏に入手した書簡に基づいて事実を歪曲し，あるいは逆転させてはならない。ソーヌ対岸のブルゴーニュ伯領においては我らの宗主権下であれば，またソーヌ此岸のフランス王国内では，どれほど瑣末な上告であっても，ともかくその上告が妨げられることはない。

(f.12V°) 上記の件全て及びその付帯条項を遂行するために，我らは汝らに十全なる権限を与う。ディジョンとリールの会計院および会計院の権限が及ぶところに保存されている会計簿，台帳，書簡等々，すべてを汝らの閲覧に供するよう，会計院には命じる。会計院の面々のみならず，司法職，役職者，全臣下が汝ら，もしくは汝らの委任する者に誠実に従うように。また我らの臣下ではない者も，法の下に汝らもしくは汝らの委任する者の指図に従い，その便宜を図るように請い願う。1432年2月26日ディジョン。

神の恵みによりブルゴーニュ公，……たるフィリップから我が心より愛する伴侶たる公妃に栄誉と慈しみを。我らが親愛と信頼を寄せる諮問たち，ドール高等法院総裁リシャール・ド・シャンスィ師，騎士にして我が侍従長ジャック・ド・ヴィリエ殿，従騎士にして我が家政長ならびに我がオーソワ管区バイイたるギヨーム・デュ・ボワ殿，(f.13R°) 我が家内請願審査役ジャン・ド・テラン殿，我がディジョン会計院主査ギィ・ジェルニェ師，エティエンヌ・アルムニェ師，ジャン・ボノ師，ならびにパリ国王会計院事務官ギヨーム・ラヴィ師に対しては，先の委任状により，すでに厳命したことだが，所用あって汝ら全員が揃わずとも，送付済みの封印した冊子に記載された諸案件とその関連事項，特に勘定役から取り立てるべき金銭があると言う件に関しては，真相を明らかにし，速やかに結論を下すように。

元諮問たる故ジャン・シュザの相続に関しても件の冊子で我らの取り分があると言及されている。この件に関しては，真相を知りたいので要約作成を欲するが，すでにドール高等法院にてリシャール・ド・シャンスィ，ジャン・ド・テラン，ギィ・ジェルニェおよびエティエンヌ・アルムニェ諸氏が取り掛かっていると言う。パリ会計院のギヨーム・ラヴィが未だ到着していないので，先の32年2月

26日付の委任状で指名したジャン・ボノ，ジャン・ゲニョ，ピエール・ゴーティエのディジョン会計院の3名をこのジャン・シュザの件に関しても動員するように。我らの取り分については検事が主張しよう。

　先のブルゴーニュ領邦勘定役ジャン・フレニョの件に関しては，その業務遂行上，多くの間違いを犯したとのことなので，これもまた例の冊子に記載しておいたが，亡父の時代まで遡ってその勘定を再計算すべし。(f.13V°) 検事の主張では我らの取り分は相当の額に達すると言う。委任判事は何れの件に関しても，専心し，判決に疑問の余地を残さぬようにすべし。我らは別件，当面の軍事に専念せざるを得ず，検事とフレニョとの訴訟には臨席できないので，委細は要約を作成すること[41]。結審に手間取り，我らに損害をもたらすことなきように。我らの威信を傷つけることなきよう，(f.14R°) 結審後は判決をそのまま速やかに執行するように欲する。執行にあたって必要な全権限を汝らに授与するので，誠実に任務を遂行するように。1433年7月18日シャティヨン・スュル・セーヌ。本状に同33年8月6日付ドールにて証人が署名捺印。

12. トゥルノワ切り上げに伴う諸契約の清算方法　1421年12月15日付王令（ADCO B15）

　弱貨から強貨への通貨変更による支払い方法に関する王令，1421年12月15日作成。

　シャルル，神の恵みによりフランス王，本状を目にする全ての者に祝福を。先ごろ実施された弱貨幣から強貨幣への通貨変更を機に，我らの臣民の間に生じかねない諍いと訴訟を避けるため，かつて同様の場合に我らの祖先が作成した往古の法令をできうる限り詳細に調査させ，我らの大諮問会の助言と決定に基づき，本件に関して下記のごとき王令を作成させたことを公表する。

　(1) 世襲の，終身の，または随意の利子収入，家賃，固定地代，地代引上げ，およびその他，同様の（契約）のうち，最終弱貨幣の供用日たる1420年5月9日から，現行強貨幣の発行日たる1421年11月3日までの間に期日を迎えるすべての契約から発生する負債は，その契約期日に上記弱貨幣が通用しているなら，当該弱貨幣を用いて，当該期日の通貨価格で，もしくは別の等価の通用貨幣で清算すること。ただし過ぎし聖レミの祝日[42]を期日としたパリ市内の家屋を源泉とする収益もしくは賃貸料に関しては，先ごろ我らが行った暫定処置と変更は（この規定から）除く。

　(2) 上記の最終弱貨幣の供用開始日たる5月9日以前に期日を迎える契約から発生する負債は，支払い期日に通用している貨幣で，当該期日の銀マール価格に準じて清算すること。

---

41) これが本史料であろうか。
42) 10月1日

(3) 上記の発行日以降に期日を迎える契約から発生する負債に関しては，当該期日に通用している貨幣で，当該期日の貨幣の通用価格で清算すること。

(4) 実際に適法的に借入れた現金は，借入れた貨幣が返済期日に十分に通用しているなら，同一の貨幣で返済する。さもなければ，金マールもしくは銀マールの価値と価格に準じて，当該返済期日に通用している貨幣で清算する。すなわち，金の受領ならば金マールの価値に準じて。銀の受領ならば銀マールの価値に準じて（清算すること）。（仮に）この点で取り交わした約定もしくは義務（があったとしても）その規定に拘泥する要はない。

(5) 退蔵もしくは預託した金貨・銀貨は，その保有貨幣が商品購入などに使用される場合，上記借入返済方法に準じて支払われ，清算されること。

(6) 相続財産受領から発生した現金は上記借入と同様の方法で支払われること。

(7) 終身もしくは期限付きで相続した年金，あるいは相続（財産）の購入から生じた案件は同様とする。

(8) 婚約ないし結婚を理由として約定した金額は，約定日に通用している貨幣が上記のごとく（支払日に）十分に通用しているならば，（その貨幣で）支払われる。さもなければ，その時々の金マールもしくは銀マールの価格に準じて（支払われる）。ただし当該約定中に，特に金貨・銀貨に関する，あるいは特に価格が明示される条項があるなら，当該条項は尊重されること。約定された，もしくは特定された貨幣が（支払いを）約定した日に通用していない，もしくは約定とは異なる価格で通用している場合，約定された金貨・銀貨が支払い期日には通用していないものとして，借入ならびに相続の場合と同様，金マール・銀マールの価格に準じて，当該期日に通用している貨幣で支払うものとする。

(9) 関税，通行税，印税，登録税，一般料料などは通貨の別を問わず，また日々現金で受け渡す可変請負契約の場合は，刻限もしくは日限で区切って清算される。つまり弱貨幣の通用期であれば弱貨幣で，強貨幣の通用期であれば強貨幣で支払われること。

(10) 上記の現金払い可変請負契約は，弱貨幣もしくは強貨幣の価値と価額に準じて，当該契約額面が上昇あるいは下落，いずれに変動しても，上述のごとくに清算されること。すなわち最終弱貨幣の通用開始日たる1420年5月9日から現行強貨幣の発行日までの間に期日を迎えるすべての契約に関しては，当該契約から発生する負債は最後に通用した弱貨幣で，当該弱貨幣が当該期日に通用しているなら，当該期日の通貨価格で，もしくは別の等価の通用貨幣で清算されること。また5月9日以前に期日を迎えた契約については，爾後，支払い期日の銀マール価格に準じて清算されること。また5月9日以前に約定され，上記（強貨幣）発行日以降に期日を迎える請負契約および同様の契約は銀マールの価格に準じて清算されること。

(11) 上記の最終弱貨幣通用日から現行強貨幣の発行日までの間に約定され，確約された現金払い可変契約は，そのすべての期日もしくは期日のいずれかが現

行強貨幣の通用期に重なる場合でも，それぞれ支払い期日に最終弱貨幣で，当該弱貨幣の当該期日の通用価格で清算されること。また当該発行日以降に期日を迎える契約は，請負人が同意するなら，当該期日に通用している貨幣価格で，当該貨幣を使用して清算されること。さもなければ，また委託人が契約時に通用していた貨幣（での清算）に不満なら，請負人が支払期日に通用している貨幣で清算するとの特約を交わしていなければ，当該請負契約によって徴収および出資した全額を善良かつ誠実に勘定して委託人に返済することで，本王令発布日から15日以内に当該契約を破棄することができる。その場合，当該請負人は当該請負契約により徴収したすべて，あるいは上述のごとく本王令発布日から1か月以内に当該契約により発生したすべての負債を当該委託人に譲り，引き渡し，支払わなければならない。また当該委託人は当該請負人に対して合理的な諸経費すべてを支払わなければならない。

　(12)　請負契約も，その内容が多岐にわたり，複数の人員を擁し，その幾人かは関税や通行税のように雑多な貨幣で支払われる業務に従事し，また別の幾人かは，弱貨幣であれ強貨幣であれ，その価値と価額に等しく追従する場合は，それぞれ上述の方式で各人の力量と取扱い額に応じて清算されること。ともかく委託人は請負人の意に反して誰彼を拘束することも放任することもできない。また同様に委託人の意に反して請負人がなすことも不可。

　(13)　最終弱貨幣の通用開始日たる1420年5月9日から現行の強貨幣の発行日までの間に契約した材木の販売は無期日払いであれ，1回もしくは数回の期日指定払いであれ，当該（強貨幣）発行日までに期日が過ぎ，もしくは発行日に期日を迎えることになり，しかも材木が全て引き渡されているなら，上記の弱貨幣が通用している限りは，その弱貨幣で，または別の等価の貨幣で，契約時の価格で支払われること。

　(14)　上記のように契約された材木販売は，その支払期日すべてが上記の強貨幣発行日以降に規定されているが，材木の伐採は未了で，支払期日が過ぎているにも拘らず，なお（買い取り）商人が材木販売者に対して何らかの未払いを残している場合，通用している貨幣で，その通用価格で支払うこと。すなわち上記発行日における負債は，契約した材木の一部ないし伐採未了分に相当する場合でも，材木商人は，もし欲するならば，契約残の材木伐採を取り消すことができ，また当該商人の負債を市場価格と伐採済みおよび伐採予定の材木の質と価格に従って抹消することを得。またもし伐採未了分の価額を超える負債があれば，当該商人はその残余を弱貨幣で支払うことを得。また逆に伐採未了分の価額の方が負債額を超えているなら，材木販売者は上記の弱貨幣で買い取り，商人に超過分を払い戻さなければならない。

　(15)　上記のように契約された材木販売で，上記の強貨幣発行時にその材木の一部が伐採未了，しかも支払期日を迎えていない契約は，購入者が当該期日に通用している貨幣で，当該貨幣の通用価格で支払うと約定することを欲する場合，販売者の反対があろうとも，さように行為することができる。また購入者がこれ

を欲せず，販売者が通用中の弱貨幣の支払期日に，また契約時の通用価格に，満足する心算がなければ，当該販売契約が当該販売者に負担させた経費として，当該購入者に発生した負債を，販売者に不服がなければ弱貨幣で購入者から受領し，その上で，上記強貨幣発行日に当該販売契約の残余があれば，当該販売者はその販売契約を破棄し，その材木を回収することができる。すなわち当該購入者がその材木を実際に使用する分量についてだけ，当該販売の評価ないし損失が査定される。最高の材木だったのか，それとも最低の材木だったか。また実際に伐採され，利用されたのか。それとも伐採未了，未利用であったのか。このような点は適切に評価されるであろう。

　（16）　上記の最終弱貨幣が通用する以前に約定された材木販売については，その契約された材木が全て伐採済みで，上記の強貨幣発行日には支払い期日が過ぎてしまい，しかも当該最終弱貨幣の通用期に重なる支払い期日に，なお販売者に対して何がしかの支払いが残っている場合，購入者が各支払期日に通用している貨幣で，通用価格で支払うと約定したのなら，当該発行日以前の支払期日に対しては，各期日の通用貨幣で，各通用価値で，もしくは銀マールの価値に準じた新貨幣によって，上記の発行日における負債を清算できる。もし購入者が自身の契約履行期間中に期日の通用貨幣で，通用価格で支払うとは言及せず，単に各期日に何らかの貨幣で支払う義務だけを負っているなら，この場合，当該購入者は良貨で支払わなければならない。すなわち，彼が実際に支払う時点で通用している貨幣と，その時点での通用価格で（清算すること）。もし契約時には，支払い時の通用貨幣より弱い貨幣が通用していたのなら，その場合は，ちょうど可変請負契約に関して言及した場合のように，その時の銀マールの価値に準じて清算される。

　（17）　材木販売が最終弱貨幣の通用以前に契約され，当該契約による材木が上記発行日には全て伐採済みで，支払期日のいずれかを迎える場合は，その支払日に通用している貨幣で，契約時の銀マール価格に準じて支払われる。

　（18）　上述のように契約された材木販売は，その材木が上記の強貨幣発行日には全て伐採済みで，支払期日も過ぎているが，購入者が上記の最終弱貨幣の通用期間に重なる期日に，なお一部未払いを残している場合，当該購入者に異存がなければ，彼が支払う時に通用している貨幣で支払うこととする。さもなければ，その販売とその材木は，上記の強貨幣発行日に到るまで，上記の最終弱貨幣の通用日以降に契約された同様の販売について先に述べた方法にしたがって，中止・回収することができる。

　（19）　上記最終弱貨幣の通用日以前に契約した材木販売は，その支払期日のいずれかを上記の強貨幣発行日に迎えていない，またその材木の全体ないし一部が伐採未了のままである場合，そのような材木販売は上記の発行日以降に迎える支払期日に，それ以降に通用する貨幣で，その時に通用する価格で，契約時の銀マールに準じて支払われる。購入者はこれを拒否できない。

　（20）　上記の最終弱貨幣が通用していた時期に契約を交わしたなら，何らかの

金銭を対価として行う畑作，ブドウ栽培，など，如何なる農作業も，また家づくり，壁づくり，仕切り作りなど，何らかの請負仕事も，無期日払いであれ，一回あるいは複数回の期日払いであれ，その農耕者も職人も，もし欲するならば，契約時に通用していた貨幣で，その時点での価格で，もしくは別の等価の貨幣で，それぞれの仕事によって彼が受領するはずの額を受け取ることで，それぞれの仕事を実行することができる。あるいはまた，当作業者が欲するならば，本王令が公表された日から15日以内にその農作業や請負仕事，あるいは仕掛りを，その期間内に契約相手に，未遂の農作業や請負仕事で受領するはずの全額を返却もしくは支払えば，断ることができる。

(21) 上記の最終弱貨幣が通用していた時期に交わされた通常の契約，あるいは同時期に値上りした商品売買は，無期日払いであれ，既遂・未遂の期日払いであれ，貨幣に関して格別の言及がなく，上記の弱貨幣が支払い時になお通用していれば，その貨幣で，それが通用していた時の価格で清算すること。さもなければ銀マールの価値に準じて，通用している貨幣で清算すること。契約に記載されていても，あるいは負債者が支払期日に通用している貨幣で，通用している価格で，清算するように課されていても，それには捉われることはない。

(22) 上記の弱貨幣の通用日前に交わされた契約もしくは値上りした商品売買で，無期日払い，負債の全額もしくは一部を残している場合は，支払い時に通用している貨幣で，その時点での通用価格で支払われる。もし支払い時に通用している貨幣が契約時に通用していた貨幣より強いものであったなら，その場合は上記のように銀マールの価格に準じて通用中の貨幣で支払うこと。

(23) もし契約が，または値上りした商品売買が，1回もしくは複数回の支払期日を定めて取り交わされたなら，そこから生じる何らかの負債は，来る期日に，その期日に通用している貨幣で，その時点での通用価格で，清算されなければならない。もし支払い時に契約時よりも強い貨幣が通用していたなら，その場合には銀マール価格に準じて清算すること。

(24) 先に多くの箇所で銀マール価格に準じた支払いに言及したので，(最後に) 言明しておくが，(参照するのは) 契約時の銀マール価格ではなく，契約により負債の (発生した) 時点もしくは (その清算の) 期日における銀マールの価値を我らの貨幣で表示した価格である。

パリ代官職の保護委任者に，また我らの全ての法曹家，役職者，およびその代理に，また彼らの各々に相応しいように，法令公布の際に慣習となっている場所で，この我らの法令を厳かに公表し，その形式と内容に従って本王令を維持し尊重するように命ず。この証拠として，本状に我らの印璽を捺す。1421年，我らの治世第42年，12月15日パリで作成。大諮問会の場で王の署名。ボルダ。

史　料（原文）

Les principes de l'édition 校訂の原則

(1) La ponctuation et les paragraphes sont créés par l'éditeur.

(2) Les phrases rayées ne sont pas rétablies. La correction et l'addition faites par le rédacteur dans les lignes et dans les marges sont mises à la position désignée sans ramarque spéciale.

(3) La majuscule suit l'usage moderne pour désigner l'initial du nom propre et le début de la phrase.

(4) La graphie du texte original est respectée. Mais la distinction entre « i » et « j » et celle entre « u » et « v » suivent l'usage moderne. La ligature et la graphie abrégée sont développées comme elles doivent, excepté « & ». Le « fr » dans le texte original est développé comme « fran/frans » sans « c » à la fin du mot.

(5) L'élision est désignée avec l'apostrophe. L'accent aigu est mis seulement à la désinence du participe passé des verbes en « -er » et de l' « être ». Les autres signes orthographiques ne sont pas mis.

(6) Les chiffres romains sont remplacés par ceux arabes.

(7) Dans le cas où le déchiffrement du texte est incertain, les mots sont mis en italique et d'autres solutions sont déposées dans la note à pied.

(8) Les mots éffacés, perdus et difficiles à rétablir sont désignés par des traits successifs, comme----.

(9) Les lettres mises entre [ ] indiquent le supplément par l'éditeur.

1. Lettres patentes adressées à Jean Pucelle pour sa charge de receveur à Autun (le 22 décembre 1421) (B2356)

(f. 1R°) Compte premier de Jehan Pucelle, nouvellement institué et ordonné par monseigneur le duc de Bourgogne, son receveur ordinaire en ses bailliages d'Ostun et de Moncenis pour et ou lieu de Regnault de Thoysi commis par lettres patentes dudit seigneur dont la copie est cy apres en ce present fuillet escripte et collacionnée de mot en mot puet plus a plain apparoir des receptes et despenses faites par ledit Pucelle ou gouvernement d'icelle recepte ordinaire en ung an entier commancant le premier jour de janvier 1421[1] et fenissant

---

1) L'an doit être 1422 selon notre calendrier actuel. 現行方式では 1422 年になる。

le darrenier jour de decembre ensuivant l'an revolu 1422.

S'ensuit la teneur et copie des lettres patentes de monditseigneur de l'institution par lui faite audit Pucelle dudit office de recepte dont dessus est faite mencion. Phellippe, duc de Bourgogne, conte de Flandres, d'Artois et de Bourgogne, Palatin, seigneur de Salins et de Malines, a tous ceulx qui ces presentes lettres verront salut. Comme notre amé et feal conseillier et receveur es bailliages d'Ostun et de Moncenis, Regnault de Thoysi, nous ait fait exposer que, non obstant pluseurs autres ses occupacions pour le fait de notre service et autrement, il ne pourroit doresenavant bonnement vacquer, ne entendre a l'excercice dudit office de recepte, en nous humblement supliant que l'en vuillions depourter et y pourveoir en son lieu selon notre bon plaisir, savoir faisons que pour les bons services que notre bien amé, Jehan Pucelle, a faiz a feu notre tres chier seigneur et pere, dont dieu ait l'ame, et a nous en pluseurs manieres icellui confians a plain de ses sens souffisant loyaulte proudomie et bonne diligence, avons fait, ordonné, commis et institué, (f.1V°) faison, ordonnons, commectons et instituons notre receveur en nosdiz bailliages d'Ostun et de Moncenis et leurs appartenances, pour et en lieu de notredit conseillier Regnault de Thoysi; lequel a sa requeste et pour aussi que le entendons rampper en plus haultes choses pour notre service en avons depourté et depourtons par la teneur de cestes; auquel Jehan Pucelle nous avons donné et donnons povoir de recevoir, cuillir et faire venir enz tous les denierz appartenant a notre dite recepte et pour ce contraindre ou faire contraindre tous ceulx qui pour ce a contraindre feront en la manirere qu'il est accoustumée de faire pour noz propres debtes de iceulx destribuer par vertu de noz lettres et descharges, ou celles de notre receveur general de Bourgogne ainssi qu'il appartient et generalment dudit office tenir, exercer et desservir et faire bien deuement et loyaulment tout ce qui y compete et appartient aux gaiges, droiz, prouffiz et emolumens accoustumés et qui y appartiennent tant comme il nous plaira. Si donnons en mandement a noz améz et feaulx les gens de noz comptes a Dijon que, par eulx receu dudit Jehan Pucelle les serement et caucion ad ce partinens et acoustuméz, ils le mectent & instituent de par nous en possessions et saisine dudit office de recepte et d'icellui ensemble des droiz, prouffiz et emolumens dessudiz; eulx & tous autres qui faire puet ou pourra regarder le facent s'ensserent et laissent plainement et paisiblement joyr et user et a lui en sondit office faisant et exercent obeissent et facent obeir et entendre de tous et en tous les cas qu'il appartient. Et mandons en oultre a nosdiz gens de noz comptes a Dijon que sesdiz gaiges allouent en ses comptes et rabatent de sadite recepte aux termes et en la maniere acoustumée par rapportant vidimus de ces presentes soulz seel autentique ou copie collacionnée par l'un de noz secretaires ou en la chambre de nosdiz comptes pour une et la presente foiz seulement sans y faire aucun contredit ou difficulte non obstant quelxconques restruccions ordonnée, mandemens ou deffense ad ce contraire. En tesmoing de ce, nous avons fait mectre notre seel a ces presentes données en notre ville d'Arras, le 22° jour de decembre l'an de grace 1421. Aussi signé par monseigneur (f.2R°) le duc. C. Bonessiau. Et au doz desdictes lettres est escript ce qui s'ensuit; le darenier jour de janvier 1421, Jehan Pucelle nommé au blanc de ces presentes fit le serment dont audit blanc est faite mencion es mains de messirs des comptes a Dijon qui par vertu de ces presentes ont mis en possession ledit Jehan Pucelle de l'office contenu audit blanc apres ce qu'il ot caucioné icellui office de la somme de mil livres tournois. Par Jehan Pucelle, dit le Bourgoing, Guillaume Resmont, Philippot le Roichet, Jehan de Barennes, Jehan Gauthier et Guiot Picquet escript en la chambre desdits comptes l'an & jour dessusdiz ainsi signz. M. de Capis.

2. Décroissance de la population et ajustement des rentes dans le bailliage d'Autun (le 17 avril 1428) (B2367 ff.3V°-4R°, 18R°-V°)

Des habitans de Charbonneres et de Chailly lesquelx, par certian tratie et convenances pieca faites, devoient a monseigneur de Bourgogne au terme de la Nativite Notreseigneur 30 bichoz avaine mesurés de Couliche et 30 gelines et avec ce charroyer chacun an huit queues de vin de Beaune yceulx charroyer a Pommart ou a Volenay et amener a Ostun ou a la Toison. Et pour lors estoient en yceulx villages de 30 a 40 feux, et devoient ces charges pour l'usage qu'ilz ont es bois des batiz de pleu aise et de Pierre Luziere. Et pour ce que par mortalitez et autrement lesdiz villaiges soient tellement decheuz, amendriz et venus au neant que audit lieu de Chailly (fol.4R°) n'a personne demourant; et audit lieu de Charbonneres, ne a que huit mesnages tenant feu et lieu dont il n'en y a que quatre qui aient pain a menger, et les autres mendians. Pour lesquelles causes, monditseigneur par ses lettres patentes données en sa ville de Dijon le 17° jour d'avril 1428 apres Pasques dont la coppie est rendue sur le compte dudit Goguet d'un an feni au darrenier jour de decembre 1428, et pour les causes en ycelle declairée eu sur ce, bon advis a octroyé de sa grace espacial ausdiz habitans que non obstant la dicte composicion ilz soient et demeurent paisibles et deschargiéz des charges dessusdiz depuis que certaine remission a eulx donner sur ce faite fust expirée qui fut le 21° jour de may 1423.

(B2367 fol.18R°) Cy apres s'ensuit la teneur des lettres de la remission des habitans de Charbonneres et de Chailly

Phelippe duc de Bourgogne, conte de Flandres, d'Artois et de Bourgogne, Palatin, seigneur de Salins et de Malines, A tous ceulx qui ces presente lettres verront, savoir faisons nous avons receue humble suplicacion de noz bien améz escuier, Hugunin de Montjeu, sire de Minlly, et Joffroy de Chigny, escuier, contenant que comme ja pieca les manans et habitans des villaiges de Charbonneres, hommes dudit sire de Minlly, et ceulx de Chailly, hommes dudit Joffroy sire d'Alonne, qui lors estoyent en grant nombre; c'est assavoir de trente a quarente feux en chacun desdiz villaiges pour la grant neccesite qu'ilz avoient de faire pasturer leurs bestes et avoir aucuns autres usaiges en nos boyz de Pierre Lusiere, eussent fait certaine composicion avec les officiers de feu notre tres redoubte seigneur et pere, cui dieu pardoint; par laquelle composicion ilz estoyent et sont tenuz de nous paier chacun an a la cause dessusdit trente bichoz d'aveine mesuré de Couliches et trente gelines et avec ce de charroyer chacune annee huit quehues de vin de Beaunoiz en notre ville d'Ostun. Et il soit ainsi que depuis ladite composicion ainsi faite tant pour mortalite que autrement lesdites villes soyent tellement decheuéz, amandris & venuz au neant que audit lieu de Chailly quelque personne demeurant. Et audit lieu de Charbonnerez n'a que huit mesnaiges tenans feu & lieu dont il n'en y a que quatre qui ayent pain a mangier et les autres sont pouvres gens des marches defiance qui illec se sont retiréz. Et ce non obstant s'efforcent de lever seur iceulx habitans et demeurans audit lieu de Charbonneres ladite composicion, laquelle ilz ne pourroyent en nulle maniere supporter maiz leur convendra laissier le lieu & aler demeurer en autre marche, se sur ce ne leur est par nous importié notre grace. Si cause dient iceulx suplians requerant humblement icelle, pourquoy nous, les choses dessusdit considerées et venans sur icelles certaines informacions qui par notre ordonnance ont esté faictes par notre procureur a Ostun et le clerc du bailli dudit lieu, et eu sur ce, l'advis des gens de notre conseil et de noz comptes a Dijon, et auxi des gens de notre conseil audit lieu d'Ostun, et affin que lesdiz villaiges de Charbonneres et de Chailly se puissent dorresenavant repeupler et habitans qui autrefois y ont fait leur demeurance ou autres ayant cause de retourner & demeurer en iceulx bailliaiges, ausdiz habitans de Charbonnerez & de Chailly, avons, ouctroyons de grace especial et par ces presentes que non obstant ladite composicion par eulx autreffois faicte par la maniere devant dicte, ilz soyent & demeurent paisiblez & dechargiéz depuis que certaine remission a eulx donner sur ce faicte, fut expirée jusques a present et aussi dorresen desdiz trente bichoz d'aveine, trente gelines et du charroy de huit quehues de vin dont devant est faicte mencion. En paiant tant seulement pour & ou lieu d'icelle composicion les charges cy apres declaréez, nous avons moderés & moderons icelle composicion par sesdiz presentes; c'est assavoir que de huit feux et au dessoubz qui ont demeuré depuis le temps dessusdit et doresnavant demeurent esdit villaiges de Charbonneres & et de Chailly, ilz paieront pour feu le fort portant le feible le quart desdit charges selon ladite composicion ja pieca faicte. Et quant ilz seront douze feux, ilz paieront la moitie d'icelle charge. Se ilz sont dix huit feux, ilz paieront les trois quarts. Et se le cas y eschiet qu'ilz soyent jusques a vint & quatre feux ou au dessus, ilz seront tenuz de paier toutes lesdites charges et composicion de trente bichoz d'avene et trente gelines et ledit charroy de huit quehues de vin. Si donnons en mandement ausdit gens de noz comptes a Dijon, a notre bailli d'Ostun et de Moncenis, a notre receveur general de Bourgoingne, et a notre receveur de la gruerie en nos bailliages d'Ostun et de Moncenis, et a tous (fol.18V°) nos autres justiciers et officiers qui se peuvent & pour le temps advenir pourront regarder, toucher, competer et appartenir ou a leurs lieuxtenants & a chacun d'eulx en droit soy et s--re (un mot indéchifrable) a lui appartiendra que de notre presente grace & moderacion selon & par la maniere que dessus est dit, facent, souffrent & laissent lesdits habitans de Charbonneres & de Chailly plainement & paisiblement joir et user sans leur mectre ou donner ne souffrir estre mys ou donné aucuns destorbier ou empeschement *au grant* pour tant de foiz que mestier sera. Et doresen chacun an certiffie de notre bailli d'Ostun ou de son lieutenant sur le nombre de feulx soluables & miserables qui demeurent a present & demeuront le temps advenir esdiz villaiges de Chailly et de Charbonnerez. Nous voulons que notredit receveur de la gruerie qui a present est et ceulx qui pour le temps advenir seront, soyent & demeurent deschargés de ladite composicion, et que tant seulement ilz soyent tenues de rendre compte selon les moderacions et en la maniere cy dessus declarée, et non autrement. Car ainsi nous plaist il & voulons estre fait non obstant quelxconques mandement ou deffense a ce contraire. En tesmoing de ce, nous avons fait mectre notre seel a ces presentes données en notre ville de Dijon, le dix septieme jour d'avril l'an grace 1428 aprez Pasques, par mon seigneur le duc a la relacion du conseil. L. Salvaire.

3. Ordonnance de la levée de l'aide (le 27 juin 1422) (parchemin L 42cm × H 30cm, L de queue 5cm) (B11716)

Ordonnance du duc Philippe, l'imposition en date du 27 juin 1422 (L42cm × H25cm et 5cm de queue en parchemin)

Philippe duc de Bourgogne, conte de Flandres, d'Artois et de Bourgogne, Palatin, seigneur de Salins & de Malines; A nos amez & feaulx conseilliers, le seigneur de Saint Georges & de Sainte Crois, notre cousin, messirs Jehan, seigneur de Cotebrune, notre mareschal, messirs Jehan, seigneur de Toulongeon et de Senecey, messirs Rebert, seigneur de *Maunnes*, chevaliers, nos chambellans, messirs Guy Armenier, docteur es lois, notre bailli d'Aval de notredit conte de Bourgogne, Jehan Chousat et maistre Jehan Bonost et maistre de nos comptes a Dijon, Jehan de Martigny salut. Comme les enemis et adversaires de monseigneur le roy et les notres lesquelx mauvaisement & traictreusement ont fait murturir & occir feu notre tres chier seigneur & pere, cui dieu pardoint, se soient assemblez & dampnablement mis sus a grant puissance et a tres grant nombre de gens d'arme & de trait sur les marches de Lionnois, Masconnois, Charrolois et aussi en pleusers lieux sur la riviere de Lone, garnis de tres grant charroy chargé de canons, bombardes, artilleries & autres habilemens de guerre, pour vouloir entrer en nos pais de Bourgogne domagier, foler & grever de tout leur povoir nous & nos subgez que dieu ne vueille; et pour ce, soit urgente neccessite de tres diligemment jour & nuyt pourveoir a la resistans ad ce appertenant a la confusion & rebontement desdicts enemis, & a la seurte & desfens de nos diz pais & subgiez; laquelle chose ne se peut bonnement faire sanz le bon ayde de nos feaulx & loiaulx vassaulx de notredit pais de Bourgogne, de nos diz pais de Flandres & d'Artois, et d'autres chevaliers & escuiers des pais de Savoye, de Loraingne & autres prouchains de nosdiz pais; devers lesquelx nous avons desia hastivement envoié et les prier & requis de nous tantost venir, servir & accompaignier contre lesdits enemis a tout le plus grant nombre de gens d'arme, de trait & autres gens de guerre que faire pourront; pour lesquelx soudoiers & paier leurs gaiges et mesmement pour avoir artillié a ce neccessere, il nous est besoing d'avoir & finer prestement grande finance; ce que bonnement faire ne pourrions, nos autres affaires considerez, se n'estoit moyenant le secours & ayde de noz bons serviteurs & subgez de nosdiz pais de Bourgogne tant gens d'eglise comme autres ayans facultez de nous aidier; & prester pour le present ce d'argent qu'ilz pourront pour ycellui estre converti & emploié ou paiement desdictes gens d'armes et es autres choses dessus dictes; Pour ce, est il que nous qui en notre personne ne povons vacquer a faire venir devers nous yceulx nos gens, serviteurs, officiers & autres de nosdictes bons subgiez, pour leur requerir ledit prest obstant les grandes occupacions que pour ce avons. En autres & grandes diverses manieres confians a plain de vos sens & bonnes diligences, vous mandons, commandons, enjoignons et par ces presentes commectons ou les six, cinq, quatre, ou trois de vous comme vous vous transpportez tant en nos villes de Salins, Dole & Auxonne, Dijon, Chalon, Ostun, Semur, Montbar, Chastillon & autres lieux de nosdiz duchie & comte de Bourgogne que pour ce verrez estre expediens et tant a nosdiz serviteurs, officiers & autres que nous avons mandéz estre par devers vous comme ceulx que mesmes adviséz; lesquelx pareillement voulons depar nous estre mandéz devers vous requeréz & judisiéz a nous faire prestz tant des sommes de deniers declairées & escriptes en un role de parchemin que nous vous envoions avec ces dictes presentes enclox soubz notre signet comme autre que selon lesdiz affaires et la faculte des personnes de nosdiz serviteurs, officiers & subgez advisiéz estre neccessers; et s'aucun ou aucuns d'eulx estoit ou estoient refusans ou delayans de nous faire ledit prest, nous voulons que consideracion eue a la neccessite si urgente qui est de resister a la mauvaise volente desdiz enemis pour la preservacion seurte & defense de nosdiz pais a quoy un chacun subget d'iceulx est selon droit tenu de faire ayde selon sa faculte & puissance sanz soy en execuser aucunement; actendu aussi que ledit prest leur voulons estre rendu & restitué, vous par toutes voyes que pourrez & saurez mieulx adviser faites tant par devers eulx qu'ilz nous facent ledit prest. Et se ainsi ne le veulent faire qui nous seroit signet desplaisir que plus ne pourroit envoier les ou faire venir devers nous a certainnes & grosses penes ou autrement y pourvez ainsi qu'il vous semblera estre expedient et que les deniers qui en ystront faictes baillir & deliverer au commis ad ce depar nous; lequel en baillera ses lettres de recepte a chacun de ceulx qui nous feront ledit prest pour par le moyen d'icelles en avoir cy apres de nous paiement & satisfaccion de ce faire et les appartenant vous donnons povoir & auctorite & mandement especial. Mandons & commandons a tous nos justiciers & officiers & sugez comme a vous aux six, cinq, quatre ou tois de vous obeissent & entendent diligemment. Donné audit lieu de Dijon, le 27° jour de juing, l'an de grace 1422, par monseigneur le duc Philippe.

4. Préface du registre pour la perception de l'aide (le 11 août et le 28 octobre 1433) (B2378 et B2379)

B2378

(f.1R°) Compte de Jehan Breneaul d'Ostun, receveur particulier es bailliages d'Ostun et de Moncenis de certains empruns levéz esdiz bailliages par l'ordonnance de monseigneur le duc de Bourgogne et par vertu de ces lettres patentes cy apres transcriptes & du consentement des gens des trois estas de sondit duchie tant sur les gens d'eglise, bourgois et habitans de la ville & cite d'Ostun comme sur les habitans ou plat pais esdits baillages, & tant en commun comme en particulier pour les deniers d'iceulx empruns emploier et convertir ou fait de la guerre mesmement pour les paiements & entretenements de l'armee de notredit seigneur qu'il a nouvellement amenée en sesdit pais de Bourgogne pour le rebontement des ennemis du Roy, notreseigneur, & de lui a recouvrer & reprendre lesdiz prestz par ceulx qui les feront de & sur les premiers deniers de l'ayde de 40 mille francs ouctroyé a mondit seigneur pour lesdites causes par les gens des trois estas de sondit duchie ou mois d'aoust 1433. Et est assavoir que combien que ledit Jehan Breneaul eust esté ordonné & commis par les esleuz sur ledit ayde a la recepte particuliere d'icellui ayde et sesdiz empruns esdiz bailliages d'Ostun & de Moncenis, et par leurs lettres patentes cy apres transcriptes. Toutesvoye icellui Jehan Breneaul apres ce qu'il eust fait ladite recepte d'iceulx empruns, et avant ladite recepte oudit ayde escheus est alé de vie a trepassement, pourquoy Jehan Denisot d'Ostun a esté commis a ladite recepte particuliere d'icellui ayde esditz bailliages et chargié de faire les paiemans & restitutions d'iceulx empruns des deniers de sadite recepte. Item est assavoir que combien que mondit seigneur par sesdites lettres patentes eust ordonné & commis ses améz et feaulx conseilliers Jehan de Buxeul, son maistre d'ostel & bailli d'Ostun & de Moncenis, et maistre Guy Gelemer et avec sesdites lettres patentes, leur eust veullu certain role signé de son nom & de sa main ouquel estoient escripts les noms des personnes & habitans & les sommes que veuloit estre requises & leveéz par empruns esdiz bailliages. (f.1V°) Toutesvoyes pour ce que lesdiz sommes n'estoient pas assises si convenablement & selon les faucultes des personnes que besoing estoit & raison, lesdits commis par l'advis des esleuz sur ledit ayde & par leurs lettres closes a eulx sur ce escriptes et aussi par l'advis des gens du conseil de mondit seigneur estans a Ostun, ont precedé ou fait desdit empruns en faisant autre impost & assiete d'iceulx empruns selon les faucultes & des personnes & habitans ate contribuables comm'il appartient par le quahier des prestz et assietes desdit empruns contenans six fuilles de papier signé en la fin des saing manuels desdit commissaires lequel quahier est rendu en ce present compte. Et selon lequel la recepte de sesdits empruns est cy apres escripts en la maniere qui s'ensuit;

S'ensuit la teneur des lettres patentes desdiz esleuz
 Les esleuz sur l'ayde de 40 mille francs ouctroyéz a monseigneur le duc par les gens des trois estas de son duchie de Bourgogne ou present mois d'aoust, a tous ceulx qui ces presentes lettres verront salut; savoir faisons que nous, consians a plan des sens, (2R°) loyalte, proudomie & bonne diligence de Jehan Breneaul d'Ostun, d'icellui, par vertu du povoir a nous sur ce donné par notredit seigneur, avons institué & ordonné, instituons & ordonnons par ces presentes, receveur particulier oudit ayde ou bailliages d'Ostun & de Moncenis; lequel ayde se doit paier a deux termes: c'est assavoir a Noel prouchain venant et a la Saint Jehan Baptiste ce suigvant par moitie. Et en oultre, l'avons commis par vertu que dessus a recevoir les empruns oudit bailliage tant sur les gens d'eglise, bourgois & habitans de la ville d'Ostun comme sur les habitans du plat pais dudit bailliage nomméz et declariés en ung quahier de papier signé en la fin de nom de notredit seigneur escript de sa main & de l'ung de ses secretaires; desquelx empruns ledit Jehan Breneaul sera tenu de baillier ses lettres de recepte a ceulx qui les presteront pour les recouvrer sur ledit premier terme dudit ayde ainse que

notredit seigneur l'a voulu & experssement ordonné en parole de prime. Et par ses lettres patentes estans en la chambre de ses comptes a Dijon, auquel Jehan Breneaul nous avons donné povoir auctorite & mandement espacial de faire ce que dit est. Et que bon & loyal receveur peut & doit faire aux gaiges telz que par noz autres lettres lui seront ordonnéz & tauxéz dont il sera tenu de rendre bon et loyal compte & reliqua. Et de ce, avons receu le serment de lui a ce appartenu. Si donnons en mandement a tous les justiciers officiers et subgez de notredit seigneur requerrans autres que audit Jehan Breneaul en ce faisans obeissent et entendent diligemment. (2V°) Donné a Dijon soubz noz signéz, le 12° jour dudit mois d'aoust l'an 1433. Ainsi signé. L. Ducret.

S'ensuit la teneur des lettres patentes de mondit seigneur;
Philippe, par la grace de Dieu, duc de Bourgogne, de Lother, de Brabant & de Lembourg, comte de Flandres, d'Artois, de Bourgogne, Palatin, de Haynaut, de Hollande, de Zellande, & de Namur, marquis du Saint Empire, seigneur de Frise, de Salins & de Malines, A noz améz & feaulx conseilliers, Jehan de Buxeuel, maistre d'ostel & bailli d'Ostun & maistre Guy Gelmer, salut. Comme pour l'entretenement & conduite de notre armée & emprise qui est tant neccessaire pour le relievement du povre & desole peuple de ce royaulme, et mesmement de noz paiz et subgez des marches de pardeca nous soit besoing et conviegne avoir & finer grosses finances, desquelles finet obstans les tres grandes sommes de deniers que desia tant pour notre vennee par deca a tout tres grant nombre de gens d'armes & de trait que pour avoir tenu siege reduit & recouvre par force les ville chastel et dongeon (f.3R°) de Pacy[2] & autres places, nous a convenu fraier & despendre aayons de present la possibilite de nous mesmes, ains estoit neccessaire de nous aidier de nos officiers et autres bonnes gens & subgez de noz pays tant d'eglise comme secuillers, comme il a esté dit & remonstré par notre tres chiere et tres amée compaigne aux gens des trois estas de notredit duchie d'autre assembléz en ceste ville devant notredite compaigne. Et a ceste fin, avons ordonné & fait faire certains roles signéz de notre main des noms des personnes et habitans du plat pais, par lesquelx requerons a nous estre faiz lesdits empruns, et des sommes de deniers qui nous presteront; desquelles sommes, les voulons estre assigniées bien & seinement & restitucion leur en estre fait comme raison est, sur les premiers & plus beaulx & apparans deniers de l'ayde a nous nouvellement accordée en notredit duchie. Et pour ce, est il que nous veans[3] la neccesite en quoy nous sommes a laquelle ne povons ne savons aucunement pourvoir, sinon par la maniere que dit est cy dessus; vous mandons, commectons & donnons povoir auctorite & mandement espacial par la teneur de ces presentes de bons transporter en notre ville d'Ostun & es villes et villaiges du plat pais d'environ devers les personnes contenues en role sur ce fait; ou les faire venir devers vous ou bon vous semblera; es mectes de notre bailliage dudit Ostun, les prier et

2) Château de Passy-les-Tours.
3) voyant の古形

requerir tres instamment, & se mestier est, mander & commander tres espressement depar nous appeler a ce notre receveur dudit ayde au lieu & autres noz officiers, se bon vous semble que chacun d'eulx des sommes de deniers sur lui assises & contennees oudit role nous vueillent incontinant & promptement sans aucun delay faire prest ayde & secours pour nous aidier a (f.3V°) subvenir a noz affaire dessusdiz a l'entretenement de notredite armee, en leur faisant baillir lettres bonnes et souffisans par notredit receveur particulier dudit de l'ayde pour par vertu d'icelle recouvrer les sommes par eulx a nous ainsi prestées, et sur le premier terme dudit ayde et de ce faire les requerir depar nous le plus acertéz que pourrez, en leur remonstrant bien au long nosdiz affaires. Et ou cas que aucuns d'eulx seront suffiz de nous faire les prestz dessusdit et de nous aidier a cest notre tres grant besoing et pour le bien et prouffit d'eulx mesmes en la conservacion de noz seigneur de par deca, actendu que les gens des trois estas ont consenti a faire lesdits empruns et estre a ce contrains les reffusans, nous voulons & vous mandons comme dessus que les secuillers y contraignent realment et de fait par prinse & arrest de leurs corps et *detempcion*[4] de leurs biens biens meubres et heritaiges quelxconques qu'ilz ont soubz noms, en mectant avec l'emprisonnement de leursdit corps tous leurs biens dessusdit en notre main & garinson de gens en leurs maisons. Et commectant au gouvernement d'iceulx biens gens proudommes notables souffisans qu'il saichent et puissent rendre bon compte et reliqua la et ainse que appartiendra. Et quant aux gens d'eglise, contraignez les et faites contraindre par la prinse de leur temporel en mectant garnison de gens en leurs maisons jusques a plaint satisfacion des sommes que leur requerréz declaréz oudit role. Et (f.4R°) les autres par toutes autres voyes données en telle maniere que la chose sortisse plain & prest effet. Et sans des biens qui ainse seront mis en notre main, faire relaiche joyssement ou delivrance quelxconques se n'est par notre propot et expres commandement et ordonnance de bouche ou par noz lettres patentes. Et se vees que mestier et expediant soit mectéz et exposéz en vente leursdit biens jusques au paiement desdites sommes sur eulx assises, de ses choses faire et de chacune d'icelle vous donnons plain povoir auctorite et mandement espacial. Mandons et commandons a tous noz subgez que a vous, et voz commis et deputez en ceste partie, obeissent et entendent diligemment et vous prestent et baillent conseil consert et ayde se mestier est et requis en sont. Donné en notre ville de Dijon le 11° jour d'aoust l'an de grace 1433. Ainse signé par monseigneur le duc.　J. Chapins.

B2379

(f.1R°) Compte de Jehan Denisot, receveur particulier ou bailliage d'Ostun et de Moncenis de l'ayde de 40 mille francs ouctroyéz a monseigneur le duc par les gens des trois estas de son duchie de Bourgogne ou mois d'aoust 1433 pour tourner & convertir ou paiement des gens d'armes & de traits lors mis sus par mondit seigneur tant pour resistence a ses ennemis comme pour la prinse des fortresses de *Paissy lesmes* & autres estans es bailliages d'Auxois & de

---

4)　detention?

la Montaigne, et aussi pour le siege que mondit seigneur avoit lors fait mectre devant sa ville d'Avalon occupée par ses ennemis. Des receptes & missions sur ce faicts par ledit receveur en la maniere cy apres escripte; et jay soit ce que ledit ayde par l'octroy qui en fut fait eust esté accordé estre paié a deux termes par moitie; c'est assavoir a Noel 1433 & a la Saint Jehan Baptiste et ensuigvant; Toutesvoye pour l'entretenement desdit gens d'armes & de trait & affin que ledit siege ne se desemparast par l'ordonnance de mondit seigneur, lesdits gens des trois estats furent depuis mandéz par devant ma dame la duchesse oudit mois d'octobre ausquelx fut requis par madicte dame que les deux termes d'icellui ayde voulsissent consentir estre anticipéz & ledit ayde estre paié et levé tout a une fois; c'est assavoir au terme de Toussans oudit an, a laquelle requeste lesdits des trois estas apres pluseurs remonstrances (f. 1V°) a eulx faites consentirent ladite anticipacion. Et de ce a fait & bailli mondit seigneur ses lettres patentes adraceans a messeigneurs les esleuz sur ledit ayde; Et combien que feu Jehan Breneaul d'Ostun a son vivant eust esté par lesdits esleuz ordonné & commis a la recepte particuliere dudit ayde et des empruns lors redonnéz estoit levéz sur icellui oudit bailliage. Toutesvoye pour ce que apres ce qu'il eust faict la recepte desdits empruns et avant la recepte particuliere d'icellui ayde oudit bailliage, icellui Jehan Breneaul a ladite vie a trespassement, ledit Jehan Denisot receveur que dessus fut, par Lancelot de la Viezville, escuier, conseillier et chambellan, & maistre Jehan de Terrant licenceié en lois conseillier et maistre des requestes de mondit seigneur, ordonné et commis de par lui a l'avancement du relievement des deniers dudit ayde, appellé avec eulx, Jehan de Buxeul escuier bailli desdiz lieux d'Ostun & de Moncenis, Regnaud de Toysy, son lieutenant general, maistre Henry de Clugny licencié en lois, Guillaume Boisserant et Perrin Bertier, conseilliers de mondit seigneur; et par leurs lettres patentes cy apres transcriptes;

S'ensuit la teneur desdictes lettres;
(2R°) Lancelot de la Viesville, escuier chambellant, & Jehan de Terrant, licencié en lois, conseillier (de) monseigneur le duc de Bourgogne, et commis a l'avancement de ses finances de l'ayde de 40 mille francs a lui ouctroyé par les gens des trois estas de son duchie de Bourgogne, ou mois d'aoust dernierement passé; savoir faisons a tous que nous arriviez en ceste ville d'Ostun pour ledit avancement, avons trouvé Jehan Breneaul trespassé, receveur particulier es bailliages d'Ostun & de Moncenis dudit ayde, et nous convenu promptement pouveoir a ung autre receveur particulier souffisant esdiz bailliages; pourquoy appellé avec nous, Jehan de Buxeul, escuier, bailli desdits lieux d'Ostun & de Moncenis, Regnault de Toysy, son lietnent general, maistre Henry de Clugny, licencié en lois, Guillaume Boisserant & Perrein Barbier, conseilliers de mondit seigneur, avons commis & ordonné, commectons et ordonnons par cestes mesmes, Jehan Denisot, demourant a Ostun, receveur particulier esdiz bailliages dudit ayde pour & en lieu dudit feu Jehan Breceaul; duquel Jehan Denisot en la presence que dessus avons receu le serment de bien & loyalement exercer ledit office de recepte et d'en rendre bon & loyal compte et reliqua a notredit seigneur comme il appartient

en tel cas. Si donnons en mandement depar notredit seigneur, prions et requerrons depar nous a tous les justicierz officiers et subjez d'icellui seigneur que audit Jehan Denisot & a ses commis et sergents, en exerçant sondit office, obeissent et entendent diligemment et lui prestent et baillent (2V°) conseil consert & ayde, se mestier en ont & requis en sont. Prions aussy a noz segneurs les esleuz dudit ayde qu'il leur plaise mectre leur placet a ces presentes lettres. Donné audit lieu d'Ostun soubz le seel du bailli d'Ostun, le jour de la feste Saint Symon & Saint Jude apostres, 28° jour du mois d'octobre l'an 1433. Ainsi signé par le commandement de mesdiz seigneurs les commissaires. J..

5. Mémoires de la monnaie de Dijon (sans date, vers 1436) (B11202) Cahier de 14 feuillets en papier dont 7 seuls portent le texte. (L22.5cm × H29.5cm)

(1R°) Advis pour le fait de la monnaie de Dijon (et en crayon par l'écriture moderne) pour Philippe le Bon vers 1420.[5]
(1V°) blanc.
(2R°) Memoire de la monnaie de Dijon qui de toute ancienete a appartenu & appartient aux dux de Bourgogne a cause dudit duchie comme il appert par pluseurs titres & lettres estans ou tresor de monseigneur le duc a Dijon desquelx les aucuns soit cy appres transcripts de mot a mot.

Et pour respondre ad ce que l'on voudroit dire que du temps du roy Charles[6] darrenierement trespassé l'en y a faite & forgiée pour et ou nom & au prouffit dudit roy et a ses armes senz ce que depuis les dux de Bourgogne y aient fait forger monnaie en leur nom & a leurs armes etc.

(1) Il est vray que de toute anciennete & continuelement les dux de Bourgogne y ont fait forgier batre & monnoyer leur monnaie en leurs noms & a leurs armes. Et mesmement feu le duc Eudes[7] jadix duc de Bourgogne a son vivant et jusques a son trespassement faisoit forgier & monnoyer en sa dite monnaie de Dijon sa monnaie d'or & d'argent en son nom a ses armes & karactaire; la quelle monnaie l'on nommoit volgairement monnaie dijonois qui pour son pais avoit son plain cours par tout le realme de France. Et ad ce temps & par avant l'on les nommoit le bons digenois et dont encores les coings & habillement sont ou tresor de monseigneur a Dijon. Et aussi les poix estans en l'ostel de la monnaie audit Dijon sont signez aux armes plaines du duchie de Bourgogne.

(2V°) (2) Item que ledit duc Eudes qui avoit espousé la fille du roy Philippe de Valois, suer du roy Jehan,[8] de la quelle il ot ung filz nommé Phelippe de Bourgogne qui espousa

---

5) La rédaction de ce document doit être datée en 1436 par Fr. Dumas-Dubourg.
6) Charles VI (roi, 1380-1422). Voir la première ligne du folio 4 au verso.
7) Eudes IV, duc de Bourgogne (duc, 1315-49)
8) Le rédacteur fait un quiproquo; Eudes IV épousa Jeanne, fille de Philippe V capétien (roi, 1316-22), et non de Philippe VI de Valois (roi, 1328-50).

Jehanne, contesse de Bouloingne[9]; lequel Philippe, par male fortuné, lui estant en la compaignes dudit duc Eudes qui lors tenoit le siege contre les Englois devant Aguillon, fut mort par la cheoite qu'il fist de dessus ung grant cheval sauvaige. Et demoura la dicte Jehanne de Bouloingne, sa femme, encainte de ung filz nommé Phelippe[10] duquel elle delivra par avant le trespassement dudit duc Eudes, ayeul d'icellui darrnier Philippe; lequel darrenier Philippe appres le trespassement dudit duc Eudes, son ayeul, lui succeda oudit duche & l'appelloit on vulgairement le jeune duc. Et a son temps fut forgée sa monnoie en son nom & a ses armes en sa dicte monnoie de Dijon; duquel jeune duc la dicte Jehanne sa mere avoit le gouvernement et gouvernoit ou nom de sondit filz sondite duchie & ses autres seignories.

(3) Item que lors le roy Jehan[11] appres le trespassement de la royne Jehanne de Boeme[12], sa femme, espousa la dicte Jehanne de Bouloingne lors vesve dudit feu Phelippe de Bourgogne, cousin germain[13] dudit Roy Jehan, et mere dudit jeune duc Phelippe et des lors en avant ledit roy Jehan fut baillistre d'icellui jeune duc (3R°) et comme baillistre & pour et ou nom dudit jeune duc, fist forgier & monnoyer en la dicte monnoie de Dijon et bailla ses letres afin que ce ne tournast a consequence ou prendres dudit jeunes duc ne de ses successeurs dux de Bourgogne en la forme qu'elles sont transcriptes en la fin de ces presentes memoires.

(4) Item que appres le trespassement dudit jeune duc Phelippe, ledit roy Jehan & Loys son frere lors duc d'Orliens, comme plus prouchains parens dudit feu jeune duc Phelippe, ly succederoit oudit duchie de Bourgogne; lequel duchie icellui roy tint & posseda par certain temps & jusques ad ce que ledit roy Jehan le donna a monseigneur le duc Phelippe, son mainsnefilz, pour lui & pour ses hoirs masles ou fumelles descendans de son corps en tous droiz et appartenances quelconques pareillement que l'avoient tenuz et possedéz ses predecesseurs sans riens excepter. Et en ceste part se fist fors dudit Loys duc d'Orleans son frere en telle manieres que ou cas que icellui Loys y vouldroit mectre empeschement, il le recompenseroit autre part moyennant ce que icellui monseigneur Phelippe delaissa & rennonca a la duchie de Thouraine qu'il tenoit par avant.

(5) Item que depuis ledit don ainsi fait par ledit roy Jehan, le roy Charles[14] son filz conferma icellui don fait audit feu monseigneur le duc Phelippe qui ad ce titre en a joy a use & appres luy messeigneurs ses enfans.

(3V°) (6) Item que en ce temps que ledit roy Jehan estoit prisonnier en Angleterre, ledit roy Charles le quint, son filz, lors regent le reaulme, et depuis le coronnement d'icellui roy

---

9) Et elle était également comtesse d'Auvergne.
10) Philippe de Rouvres (né1346, duc, 1349-61)
11) Jean II de Valois (roi, 1350-64)
12) Quiproquo par le rédacteur. Il s'agit de Bonne, fille de Jean Ier de Bohême et de Luxembourg.
13) Jeanne de Bourgogne, mère de Jean, était soeur d'Eude IV.
14) Charles V (roi, 1364-80)

Charles, fut ordonnée estre faite certaine bonne & forte monnoie d'or & d'argent au plaisir de luy & de son peuple de certain pie poix & loy en quoy le roy ne provoit aucun prouffit pour son seignorage fors que les escharcetez[15] de pois & de loy s'elles y escheoient selon les remedes sur ce ordonné et pour ceste cause fut ouctroys & levé certain groz ayde pour convertir en la reempcion[16] dudit roy Jehan et de ce bailla ledit roy Charles ses lettres que l'en dit estre ou tresor de Notre Dame de Paris et la quelle monnoie de tel pois et loy qu'elle fut lors ordonnée s'est maintenue durant la vie dudit roy Charles et appres son trespassement jusques en l'an 1389 que le roy Charles 6° son filz fist desterioer la dicte monnoie et en fist de la nouvelle tant d'or comme d'argent qui a eu cours par certain temps & de certain poix & loy assez piez de la valeur de la monnoie precedent jusques envion l'an 1411 que l'on commenca a la diminuer.

(7) Item que ledit feu monseigneur le duc Philippe, filz dudit roy Jehan, appres ce qu'il fut duc de Bourgogne se tint pou en sondit duchie et sens y avoir establissement de gens de conseil & de comptes mais estoit lieutenant du roy es parties de lyonnois et autre partie ou il ot pluseurs comissions du roy au reboutement de ses ennemis (4R°) et autrement sens ce qu'il peust entendre ou fait de ses drois a lui appartenans a cause de sondit duchie de Bourgogne jusques ad ce qu'il fut maris en feu madame Marguerite, fille au conte de Flandres, par avant femme dudit feu le jeune duc Phelippe.

(8) Item & mesmement appres le trespassement de feu madame d'Artois et feu ledicte conte de Flandres son filz, il estably sa chambre de conseil et la chambre de ses comptes en sa ville de Dijon et ordonna certains commis pour veoir & viseter ses chartes & lettres qui estoient escriptes en pluseurs lieux en son chastel de Talent a Dijon & autrepart desquelles lettres & chartes furent faiz certain inventoires et les originaulx fit mectre & demourer en son tresor ad ce ordonné a Dijon desquelz inventoires furent apportéz le double en sa dicte chambre des comptes a Dijon.

(9) Item que appres ce que par la vision desdiz inventoires et des lettres contenus en iceulx inventoires fut venu a la congnoissance des gens du conseil et des comptes de feu mondit seigneur le duc que ladicte monnoie de Dijon estoit sienne, ilz le firent savoir a icellui seigneur et aux gens de son grant conseil estans lez lui dont l'en tint pou de compte lors pour ce que comme sus est dit le seigneur prevoit tres pou ou neant de prouffit en la dicte monnoie et ne pouvoit valoir ledict prouffit les gaiges des officiers d'icelle monnoie.

(4V°) (10) Item que au vivant de feu monseigneur le duc Jehan, fut remonstré au roy Charles VIe darrain trespassé et aux gens de son grant conseil et de ses comptes le droit que ledit feu monseigneur le duc avoit a cause de sondit duchie de Bourgogne avoit en la dicte monnaie de Dijon qui estoit largement audit monseigneur le duc. Et y povoit & devoit

---

15) faiblesse en titre. BOMPAIRE, M. & DUMAS, F.; *Numismatique Médiévale*, Turnhout, 2000. p. 548.

16) re-emprice?

faire forgier & monnoier toute maniere de monnaie d'or & d'argent affine alie ou non alie ainsi comme bon lui sembloit en son nom & a ses armes et a karactaire senz ce que le roy ne autre y peust ou deust reclamer aucun droit pour y faire forgier & monnoier aucune monnaie fors que ledit duc de Bourgogne a cui seul & pour le tout appartenoit icelle monnoie de Dijon. En la quelle anciennement avoient eues certaines porcions aucuns seigneurs venuz et yssus de la maison dudit duchie de Bourgogne lesquelle porcions les ducs de Bourgogne avoient acompries ainsi que comme toutes ces choses & autres icellui monseigneur le duc estoit prest de monstrer & veriffier par lettres enseignements.

(11) Item que combien que aucune fois les roys de France pour aucune neccessites eussent empruntés la dicte monnoie pour y faire forgier battre monnoier leur monnoie jusques a certain temps, toutesvoies iceulx rois bailloient leurs lettres narrant & confessant icelle monnoie appartenir audit duc. Et pour ce n'y vouloit ledit roy acquerir aucun droit & ne vouloit tourner a consequence ou *prendice* du duc. Ce que icellui roy l'avoit emprunté & y fait faire pour celle foiz sa dicte monnoie bonne plus au long & applain est contenu esdictes lettres.

(5R°) (12) Item et mesmement que, par le roy Jehan comme baillistre et pour et ou nom dudit feu Phelippe le jeune duc de Bourgogne, fut faicte et forgée monnoie en ladicte monnoie de Dijon, & bailla ses lettres narrant & confessant comme dessus et ne tournast a consequence ou prendice dudit duc de Bourgogne ne de ses successeurs &c. Comme de tout ce appert par les lettres cy appres transcriptes desquelles les vidimus faiz soubz seel autentique furent exhibéz en la chambre des comptes a Paris. Et fut requis au roy en faire & laissier joir ledit feu monseigneur le duc.

(13) Item que appres certains grant intervale de temps, c'est assavoir mois d'avril 1418 appres Pasques ou quel temps le roy faisoit faire battre & monnoier en ses monnoies certaine feible monnoie, icellui roy vueillant aucunement pourveoir pour celle fois audit feu monseigneur le duc sur le fait de sa dicte requeste jusques ad ce que plus amplement il ly seroit pourveu, octroya a icellui feu monseigneur le duc ses lettres patentes faisans narracion de pluseurs grans & notables services faiz par ledit feu monseigneur le duc Jehan en quoy il avoit fait pluseurs & grans missions montans plus de 600 mil frans. Et en recognoissance d'iceulx a icellui monseigneur le duc qui adez avoit maintenu la monnoie de ses villes de Dijon et de Chalon a lui appartenir pour les causes & par la maniere que cy devant est declairré et que bien au long est contenu esdictes lettres; et dont icelui monseigneur le duc avoit fait & fait faire de grans poursuites devers le roy et ceulx de son grant conseil, en quoy obstant les grans charges et affaires que le roy avoit euz & encores avoit &c. ledit roy par maniere de provision et en recompensacion desdiz services (5V°) donne & octroye audit monseigneur le duc tous les prouffiz et revenues que en icelle monnoie de Dijon & de Chalon povoient appartenir en quelque maniere que ce soit au roy pour iceulx prouffiz et revenues est des lors en avant levéz prins & receuz pour et au prouffit dudit feu monseigneur le duc par les mains de ses gens & officiers telz qu'il lui plairoit et bon lui

sembleroit. Et y commettre ordonner & instituer gardes, tailleurs, essayeurs et autres officiers y neccessers et appartenant et de y faire ouvrer forgier & monnoier aux coings de roy a telz poix loy caractere & remedes comme l'on ouvroit en ses autres monnoies ou en l'une d'icelles plus prouchaine de celle dudit Dijon selonc les instructions que faictes seroyent par les generaulx maistres d'icellui feu monseigneur le duc et les comptes d'icelles monnoie de Dijon et de Chalon veuz & oyz par les gens des comptes d'icellui monseigneur le duc a Dijon ou autre ses commis & deputéz ad ce jusques ad ce que ledit roy peust avoir temps & termes convenable de faire veoir & viseter bien diligemment & applain lesdicte lettres & chartes que icellui feu monseigneur le duc disoit et affermoit avoir sur le fait de la dicte monnoie et en faire par bon advis & meure deliberacion souffisant & deus declaracion en la maniere que de raison appartiendra et jusques ad ce que ledit roy y soit autrement ordonné. Et que avant toute euvre il ait autrement recompensé ledit monseigneur le duc de services & despens dessus diz. Actendu que lors pour les autres charges & affaires et pour parvenir a iceulx, icellui roy n'avoit de quoy pourveoir autrement audit feu monseigneur le duc si comme plus au long ces choses sont contenues esdictes lettres du roy.

(6R°) (14) Item que par vertu desdicte lettres & selon leur contenu ledict feu monseigneur le duc Jehan depuis la date d'icelles lettres jusques a son trespassement et appres icelui trespassement, monseigneur le duc Philippe son filz qui est a present, eut tenues lesdicte monnoies de Dijon et de Chalon et y fait forgier battre & monnoier monnoie aux armes & caractaire du roy et de telz poix loy remede & autres ordonnance et prareillement que le roy a fait battre & monnoyer en ses autres monnoies jusques a present que l'on cesse a y monnoyer pour les causes qui s'ensuient;

Premierement que ja soit ce que nagueres le roy par bons & grans advis & deliberacion et du gre & consentement de son peuple qui pour ce ly eust consenti lever les aydes & eust ordonné estre fait en ses monnoies certaine bonne monnoie d'or & d'argent de certain poix & loy et promis de la non muer en plus bas prix sans le consentement de sondit peuple et mesmement sans le faire savoir audit monseigneur le duc. Neansmoins il est nouvellement venu a la cognoissance des gens du conseil et des comptes et du general maistre des monnoie de monseigneur et autres ses officiers, que depuis certains temps en ca l'on a fait et encores fait ou certiane feible monnoie d'or et d'argent allie que l'on dit avoir esté faite en aucune des monnoies du roy a ses armes & karactaire, et laquelle monnoie l'on s'efforce de donner cours par tout le royalme pareillement que la bonne monnoie ordonnée estre faictes es monnoies du roy et en la monnoie de Dijon. Et pour icelle feible monnoie faire l'en recueille le billon et en donne en plus grant prix d'icelle feible monnoie que l'en ne pourroit donner de la dicte bonne monnoie et mesmement que pour (6V°) faire la dicte feible monnoie l'on refont icelle bonne monnoie. Et dit on que la dicte feible monnoie a esté faite et se fait du consentement du roy qui pour le paiement d'aucuns cappitaines et gens de guerre qui l'ont servi leur a donné licence de faire faire en aucunes de ses monnoies certaine quantite de monnoie qu'ilz y font faire feible de poix & de loy. Et y en a de si tres feible qu'elle ne reivent que a 2 deniers 12 grains d'alloy qui est chose bien merveilleuse & dempnable, et semblablement ont diminuéz de poix & de loy les bons escuz d'or que le roy faisoit forgier en sesdicte monnoies.

Pour lesquelles causes le maistre particulier de ladicte monnoie de Dijon qui avoit prinse icelle monnoie jusques a certain temps pour y faire battre & monnoier pour mondit seigneur le duc monnoie d'or & d'argent aux armes & karactaire du roy et des pareilz poix & loy que l'on la faisoit es aucunes monnoies du roy. Ny pourroit plus faire battre & monnoier la dicte bonne monnoie senz sa totale destruction. Mesmement car pour riens mondit seigneur, ny vouldroit consentir y faire aucune empirance[17].

Item & en parlant de ceste matiere entre les gens du conseil et des comptes de mondit seigneur le duc a Dijon avec le general maistre de ses monnaies & les gardes et autre officiers d'iclles; pour avoir advis de y trouver aucune provision pour resister & pourveoir au mieulx que faire se pourroit au tres grans inconveniens pertes et (7R°) domaiges qui s'en peuent enfuir a tout le bien publique mesmement du duchie de Bourgogne en maintes manieres aucuns estoient d'oppinion que monseigneur feroit bien sy lui plaisoit de faire forgier et monnoier en ses monnoies de Dijon & de Chalon sa monnoie a son nom & a ses armes & karactaire telle & de tel poix et loy qui seroit advisié pour reprendre sa possession de son droit demainne d'icelle monnoie a lui appartenans par les titres et mores dont dessus est faicte mencions. Et aucuns autres y faisoient doubte. Et finablement fut conclud d'en escripre a monseigneur pour en avoir l'advis de son grant conseil estans lez luy et pour y estre par lui ordonné & mandé selon son bon plaisir. Et pour ce l'en ly envoye ces presentes memoires avec les copies des lettres servans ad ce qui cy appres s'en suivent;

Phelippe dei gratia Francorum Rex, notum facimus universis tam presentibus quam futures, quod cum dilectus et fidelis noster Robertus Dux Burgundiae, ad requisitonem nostram de speciali gratia nobis facere voluerit, quod in suis ducatu Burgundiae et comitatu Cabilonensi, necnon in toto districtu suo quaecumque denariatae seu res venales taillentur et vendantur ad monetam nostram turonensem et non ad suam Divionensem usque ad triennium, ab instanti festo beatorum Philippi et Jacobi[18] inchoandum et continue subsequedum, nos pro nobis et nostris heredibus ac succesoribus nolentes quod eidem duci aut eius heredibus et successoribus ex hoc prejudicium aliquod generetur, volumus quod idem dux aut eius heredes et successores, elapso dicto triennio, propria eorum auctoritate, mandato nostro super hoc minime requisito, dictas denariatas et res venales quaslibet in suis ducatu

---

17) la proportion du métal non-précieux. Cf. BOMPAIRE, M. & DUMAS, F.; *Numismatique Médiévale*, Turnhout, 2000. p. 548.

18) Le 1er mai.

comitatu & districtu predictis ad monetam suam divionensem predictam taillari, emi et vendi faciat, nulla possessione vel quasi nobis aut heredibus & successoribus (7V°) nostris in hac parte contra ipsum ducem aut eius successore aliquatenus valitura. In cuius rei testimonium presentibus litteris nostrum fecimus apponi sigillum. Actum Parisiis anno domini millesimo tricentisimo (1300) mense aprili. (Dom Plancher; *Histoire*, t.II preuves CLIII)

 Johannes dei gratia Francorum Rex, ad perpetuae rei memoriam. Maiestatis regiae prudentia merito commendatur, dum sic justitia moderatur, quod in suis actibus et commodis, suorum status et jura servantur illesa subditorum. Sane cum nos baillum ducatus Burgundiae tenentes ad praesens, in villa de Divione praedicti ducatus, non in vel sub nomine dicti bailli, sed nostro regio nomine, monetam cudi faciamus pro nostre libito voluntatis, tenore praesentis nostrae paginae, decernimus et notum facimus universis tam praesentibus quam futuris, quod non est intentionis nostrae nec volumus quod per hoc nobis aut successoribus nostris Franciae regibus, in dicto ducatu aut super dicto duce vel alia quavis persona sui ducatus, in jure monetagii seu monetam cudendi vel aliter quomodolibet, saisina vel novum jus aliud acquiratur, aut quod eidem duci vel alteri cuiquam de suo ducatu, vel juribus eiusdem ducatus per hoc aliquod prejudicium generatur, seu quod hoc per nos aut aliquem successorum nostrorum trahi possit ad consequentiam, vel aliam quamvis occasionem monetandi seu monetam cudendi regio nomine deinceps in praedicta villa vel ducatu, temporibus successivis. Quod ut perpetuo cunctis praebeat firmam fidem, nostrum praesentibus litteris fecimus apponi sigillum. Datum Parisius, anno domini millesimo CCC quinquagesimo (1350) mense martij. Sic signatum per regem in consilio suo, vobis et domino Ludunen. Praesentibus. Y. Symon. (*Ordonnances des rois de France de la 3eme race par ordre chronologique*, t. IV p. 60.)

 Johannes Dei gratia Francorum Rex universis presentes litteras inspecturis salutem. Notum facimus quod licet nos apud Dvionem Ducatus Burgundie, cuius baillum ad presens habemus, monetam nostram propriam cudere incepimus a tempore quo baillum predictum habuimus, (8R°) et eodem ballo durante cudi[19] facere intendamus, intentionis nostris non extitit[20], quod finito dicto ballo dictam monetam in dicto loco cudere amplius faciamus, nec quod per huiusmodi actum cudendi, carissimo filio nostro Philippo duci Burgundie vel eius successoribus aliquod prejudicium generetur, aut nobis vel successoribus nostris regibus Francie jus novum acquiratur. In cuius rei testimonium presentibus litteris nostrum facimus[21] apponi sigillum. Datum Parisius secunda die junii, anno domini millesimo CCC quinquagesimo quarto (1354) (Dom Plancher; *Histoire*, t.II, preuves CCLXXXIX) Sic

---

 19) « cudere » dans l'édition de Dom Plancher.
 20) extetit?< exsto (exto), exsteti (exteti), -are. Mais « exestit » dans l'édition de Dom Plancher.
 21) « fecimus » par Dom Plancher.

signatum per regem ad relacionem conseilli in quo[22] erant dominus Cardi, epistrarius Bernartem, Comes Roussiati et G de Charneyo, Seris.

6. **Compte de la monnaie de Dijon** (du 6 novembre 1419 au 1er février 1420) (B11215 f.38V°)

C'est le compte d'une boite de la monnoye de Dijon des deniers appeléz gros qui ont cours pour 20 deniers tournois la piece a 3 deniers 8 grains d'aloy argent le roy et de 6 sols 8 deniers de pois au marc de Paris; lequel ouvraige a esté fait par Pierre Viart, maistre particulier de la dicte monnoye, depuis le 6° jour de novembre 1419 que la presente deliverance fut faite jusques au premier jour de fevrier ensivant, par tel condicion que ledit Pierre Viart doit avoir pour ouvraige & monnoyage tous dechargiéz & missions de chacun marc d'euvre 4 sols 2 deniers tournois, et pour chaucn 1000 gros l'on met 1 gros denier en la boite. Et avoit en la dicte boite 43 sols 10 deniers desdiz gros qui font 526 000 deniers desdiz gros valent 2191 £ 13s 4d desdiz gros. Et poisent 6575 mars d'euvre, ou il a 1826 marcs 3 onces 2 deniers 16 grains d'argent; acheté argent au pirx de 16 £ 10st.

7. **Lettre rapportant les tendances du marché de l'argent et des monnaies en plusieurs lieux de l'été 1420**[23] (le 10 décembre 1420) (B11210)

Tres cher seigneur, nous nous recommandons a vous et vous plaise savoir que nous avons veues voz lettres que escriptes nous avez, touchant le fait des monnoies de monseigneur et des grandes charges que l'en donne aux maistres desdictes monnoyes & a ceulz qui s'en meslent; lesquelles charges vous escresez avoir esté rapportées au roy d'Engleterre & aux gouverneur & officiers du roy notreseigneur.

Et premierement que lesdictes monnoyes dont l'essay a esté fait a Auxerre ont esté trouvées feibles de poix & d'aloy & en especial d'aloy de deux grains & demi. Item qu'elle ne sont point forgiéez monnoyéez ne blanchées ainsi qu'elles deussent estre. Item que les maistres donnent presentement & ont donné de pieca pour marc d'argent 30 frans demi & le roy n'en donne en toutes ses monnoies que 26 frans. Item se monseigneur n'en donne que 26 frans & les maistres 30 frans demi, il fault qu'il y ait mauvaistie ou qu'ilz se destruisent evidemment. Item que ceulz de par dela sont bien acertennéz que lesdiz maistres donnent dudit marc d'argent 30 frans demi pour ce que l'un d'iceulx maistres en a autant donné a Francois de la Gremoise, maistre de la monnoie de Troyes, de 300 mars qu'il en a delivré; & que ainsi l'a rapporté & affermé ledict Francoiz en la Chambre des Comptes du roy a Paris. Item que l'un desdiz maistres a rescript a pluseurs marchans de Troyes & d'Auxerre par ses lettres que de tout le billon qu'ilz lui pourroient finer & delivrer, il leur bailleroit 30 frans demi; lesquelles lettres les gardes desdictes monnoies de Troyes & d'Auxerre ont recouvrées desdicts marchans

---

22) « magno » au lieu d'« in quo » par Dom Plancher.

23) Le texte est établi à l'aide et sur le conseil de Monsieur Moyse, directeur des ADCO.

& ycelle ont envoyéz a messeigneurs des Comptes a Paris; lesquelz cognoissant en ce la destrucion des monnoies du roy ont envoyé lesdicte lettres au roy d'Angleterre au siege devant Melun pour y advisier & y mectre provision.

Et nous escrisons que sur ce ayons bon adviz au bien de notredit seigneur de ses dictes monnoyes & de tous ceulz a cuy ce puet toucher et s'il y fault point de provision par mandement de notredit seigneur, ou autrement le vous faisons savoir, pour le nous faire avoir desquelles chouses nous avons esté molt merveilliez, car nous faisons faire chacun jour bonne diligence sur la visitacion desdit monnoyes.

Et pour sur ce savoir plus avant la verite, nous avons mandé & fait venir ce jourd'ui en la Chambre des Comptes de notredit seigneur a Dijon tous les maistres particuliers, gardes, essayeurs, tailleurs, blanchisseur & les prevostz des ouvriers & monnoyers de toutes les monnoies de notredit seigneur; & a yceulz en la dicte Chambre leur avons remonstré tous les articles dessusdiz et apres ce ont requis faire *reponse* en la maniere qui s'ensuit.

Premierement que a ce que ladicte monnoie de monseigneur dont l'essay a esté fait a Auxerre a esté feible de poix & d'aloy, en espacial d'aloy de 2 grains demi; les dessus diz n'en puent riens croire & n'en y a nesnulz d'eulx qui ne s'en excuse, en espacial les maistres, gardes & esssayeurs; et disent que, saulve la grace de tous, il n'en est reveti; & que s'il y a poins default ou mauvaistie, ce qu'ilz ne puent croire ne procede[r] par oultre les essayeurs, qu'ilz vuelent perdre corp & chavances, se tous les essays qu'ilz ont faiz ne sont bons & bien d'eulx revenans deans tous leurs remedes & mieulx; et que ce n'est que envye que l'en a sur notredit seigneur & sesdictes monnoyers; & n'avons peu savoir dont vient & procede la monnoie que l'en dit avoir essayé audit Auxerre & avons entencion quant a leur monnoies d'en savoir & enquerir la verite, & dont il procede, se elle n'est si bien faite de rondeur, de largeur, de poix & bien blanchee & freppee en coings; nous n'avons autre debat chacun jour aux ouvriers & monnoyers; & vous savez assez comment l'en chevit d'eulx, car ung neant & qui ne leur souffre faire a leurs plaisirs, il cesse tout, et qu'il n'eust si necesserement a faire d'eulx comme l'en a, l'en y pourveust bien; toutesfoiz ilz nous ont promiz qu'ilz s'amenderont tres bien doresenavant. Aussi vous savez les assaulz des mortalitez qu'ilz ont euz a Cuserey, a Chalon, a Saint Laurent, a Auxonne & en cest ville, et a convenuz que pluseurs d'eulx se soient absentéz desdit lieux & maintenant retournés[24], & les fault traicter doubcement le mieulx que l'en puet.

Item quant a ce que les maistres desdites monnoies de monseigneur donnent 31 frans demi[25] pour marc d'argent & que le roy ne monseigneur n'en donnent que 26 frans, yceulz maistres le confessent assez, disans que la plus grant partie du billon qui leur convient

---

24) Par une lettre rédigée en date du 11 octobre 1420 (ADCO B11204), le duc Philippe ordonna à Jehan de Noident et aux membres de la Chambre des comptes de Dijon le déplacement de l'atelier monétaire de Chalon et de St. Laurent à cause de l'épidémie propagée dans ces villes.

25) Une erreur de *30 frans demi*?

journelment acheter des marchans d'Alemaigne & autres estrangers pays, ilz l'achetent a escus d'or ou autres monnoie d'or a la valeur, autrement ilz n'en auroient point; & si donnent pour marc d'argent six escus d'or & 1 tiers; et l'encommencement du pie des monnoies qui est a present, l'escu d'or ne leur costoit que 3 frans 9 gros & 4 frans; ainsi n'y perdoient riens maiz gaignoient assez. Et depuis le mois d'aoust darniers passé, pour le tres grant multitude de chancheurs qui sont a present en toutes les marches depar deca, lesdit escuz sont encheriz & venuz a 5 frans, 5 frans 2 gros, 5 frans 1 gros, & maintenant a 5 frans demi qui est la cause que ledit mars d'argent leur coste 31 frans demi & 32 frans ou 33 frans; & en ce cognoissent bien lesdiz maistres leurs tres grant pertes maiz ilz la pourtent paciement tout pour parfaire l'ouvraige de notredit seigeur dont ilz sont obligié de faire de cy a la chandeleur comme souabz & en esperance que notredit seigneur leur face sur ce aucune recompensacion de dons ou autrement. Et n'y a autre mauvaistie d'autre part, ilz n'ont pas tousjours perduz et si ont aucune foiz marc d'argent pour mains de 26 frans et respondent, a ce que le roy n'en donne en ses monnoies que 26 frans, ceste raison qui est telle que es monnoie[s] de Paris, de Troyes, de Chaalon, de Auxerre & de Nevers, tout le billon que l'en y apporte n'est acheté que a monnoye telle que l'en y forge, & n'y fault nuulz escus ne autre monnoie d'or. Et se ainsi se peust faire es dictes monnoies de monseigneur, marc d'argent ne costast mie 25 frans & au plus hault 26 frans; & fussent les maistres comptés de leur bressaige, & leur desplait de ce qui le leur convient acheter a escuz.

Et pour pourveoir a cest article, il ne fauldroit pas qu'il eust par deca si grant multitude de changeurs qu'il y a, car chacun le vuelt estre; et sur ce aurons advisés certaines provisions & instruccions a ce neccessaire mises sus par l'advis desdit maistres & autres notables gens a ce congnoissans, que bien brief vous seront envoyés pour les monstrer a notredit seigneur & a son conseil pour en ordonner a son bon plaisir.

Quant a Francois de la Gremoise qui de son bien a rapporté de par dela que l'un desdits maistres [*à la seconde feuille cousue*] lui avoit donné par deca pour marc d'argent 30 frans demi, nous avons volu savoir que estoit cellui d'eulx, adoncques Jehan Martin & Perrin de Ramnedelle a ce present ont repponduz que c'estoient ilz; et que ledit Francoiz avoit traictié & promis feablement audit Jehan Martin que il lui delivrer certainne quantite de mars d'argent pour faire l'ouvraige de monseigneur de Saint Georges en la monnoie de Saint Laurent le marc pour ledit prix de 30 frans demi; autrement ilz dient qu'ilz ne savoient de quoy ouvrer, & ne faisoient riens en ladicte monnoie pour deffaut de billon, ne ne povoient faire d'escus pour en acheter qu'il ne fust a grant meschief; & ledit François, qui feablement avoit cedit traictie fait avec ledit Jehan Martin, se fust bien s'il lui eust pleu de payer d'en faire rapport par dela; notredit seigneur & monseigneur de Saint Georges en sont bien tenuz a lui; et encore nous a rapporté, *avons telle verite*[26] que ledit Francois par ses facteurs lui fit presenter ledit billon pour 31 frans le marc qui le reffusa plainnement.

---

26) Ce déchiffrement est incertain en raison de l'écriture minime et déformée.

Item que aux diz maistres qu'ilz ont escripz a pluseurs marchans de Troyes & d'Auxerre par leurs lettres que de tout le billon qu'ils pourront finer, ilz leurs bailleront 30 frans demi pour marc &c., tous lesdit maistres excepte lesdicts Jehan Martin & de Ramnedelle nous ont affirméz qu'ilz ne scerent que c'est; maiz yceulx Jehan Martin & Perrin nous ont confessé qu'ilz l'avoient escript a aucuns marchans, leurs cognoissance & amis, affin qu'ilz peussent[27] du billon pour avancer l'ouvraige dudit monseigneur de Saint Georges; & dient les autres maistres qu'il est bien vray qu'ilz en donnent 30 frans demi comme dessus est touché, aussi ilz advisent la fin de leur ferme qui est brieve et voudroient ja estre tous deschargiéz & desobligiéz.

Et quant a messeigneurs des Comptes a Paris qui ont envoyés lesdites lettres au roy d'Angleterre au siege devant Melun, nous tenons que quant monseigneur lui aura fait remonstrer ses affaires avecques les chouses dessus dictes, et ses dictes monnoies sont aussi bonne & bien forgées que quelxconques autres monnoie, il en devra estre content & tous autres qui ayment ses fais.

Car en verite nous faisons entretenir les monnoies de notredit seigneur du mieulx que l'en puet, & vous certiffions que l'en la fait mieulx que oncques maiz tres chiers seigneurs; nous avons oy parler maistre Reubin Gauthier, tres chier seigneur, qui nagaire est passé par ceste ville & vient, comm'il nous a dit, de viseter les monnoies de Troyes, d'Aucere, de Nevers & de Mascon, maiz il dit que audit Troyes l'en y fait & forgé la plus layde monnoie qu'il vit oncques toute cornée mal forgée, mal monnoyé & blanchie, elle est assez bien revenant de poix & d'aloy; dit oultre qu'il n'y a peu mectre remede pour les ouvriers & monnoyers qui sont si fiers & orgueilleux, car qui leur use d'aucune mal gracieuse parolle ou qui fait desplaisir a aucuns d'eulz, ilz delaissent tout; quant a celle d'Auxerre & de Nevers, ledit maistre Robin en fait assez bon rapport; quant a Mascon comme de celle de Troyes, & si dit que le maistre donne pour marc d'argent 31 frans demi, autrefoiz 32 [frans], & procede des escus qui ainsi sont encheriz & enchierent chacun jour. Et aussi nous avons examinéz deux marchans d'Alemaigne qui ont deposé que ledit maistre de la monnoie de Mascon leur donne pour marc d'argent six escuz & 1 tiers pour chacun escu 5 frans 1 tiers.

Finablement nous avons ordonnéz bien expressement a tous lesdits maistres, gardes, essayeurs, tailleurs, blanchisseurs & auxdiz prevostz des ouvriers & monnoyers, que doresenavant ilz facent tant que notredit seigneur ait honneur en ses dictes monnoyes & que l'en n'ait cause de parler sur ycelles; & qu'ilz la forgent & la facent des poix & d'aloy ronde, bien blanchée & bien taillée comm'il appert tellement que chacun en doye estre contens; et en oultre leur avons a tous faiz faire expres serement sur Sains Evengiles de Dieu que ainsi le feront. Si pourrez ces chouses remonstrer a notredit seigneur, a mon seigneur son chancelier pour y avoir adviz & en ordonner a son bon plaisir. Tres chier seigneur Notre Seigneur, etc. Escript a Dijon en la Chambre desdit Comptes, le 10° jour de decembre 1420.

---

27)　Un mot semble omis ici.

Les gens des Comptes de monseigneur le duc de Bourgogne &
Jehan de Noident, tresorier dudit seigneur, tous votres.
A notre tres chier seigneur Jehan Chousat, conseiller de monseigneur de Bourgogne.

[un autre feuillet épinglé]
[recto] Tres chier seigneur la cause principale pourquoy le marc d'argent a esté & est si cher pour ce----/ [28] que dieu pardoint a pluseurs personnes & villes lesquelz par le contenu des lettres devoient bailler----/manieres qui n'ont pas fait maiz les ont livréz les maistres pour les prouffiz qu'ilz en----/pourrent bien donner bon prix pour marc d'argent & si faisoient service ainsdit personne & villes-----/que monseigneur a fais en Flandres & Artois depuis qu'il est arrivé a Troyes & pluseurs seigneurs comme vous savez que----/grans seigneurs es pays depar deca & a pluseurs villes vous devez savoir qu'ilz se sont tellement acointiéz desdit maistres que yceulz maistres ont prins la charge de faire leurs ouvraige maiz ilz sceuent bien content. Car de cent mars d'argent qui deussent valoir de ce pie mil escus & mieulx ilz n'en doivent mie 600 frans & par ainsi lesdiz maistres puent bien donner 31 frans demi ou plus pour marc d'argent sens perte ainsi que eulx mesmes le nous ont conseillé & affermé en leurs conscience, combien qu'ilz dient qu'ilz amassent plus cher que monseigneur se depourtast de faire telz deus & qu'ilz n'en eussent point de charge ne de prouffit et s'ont contrains de faire l'ouvraige d'iceulz seigneurs & villes tant pour les prouffiz qu'ilz y ont & qu'ilz n'y perdent riens comme pour d'oultre d'encourir & d'estre en leur indignacion, & aussi que l'en y a aucune fois procedé par menassie &c. et par ces causes l'ouvraige qu'ilz *deurent* [29] faire pour notredict seigneurs en est retardé & retarde & ne puvent lesdiz maistres faire tant dommaiges a quoy ilz sont tenuz. Et leur semble que se notredit seigneur se departoit de faire mielz telz deus que ses monnoyes s'en maintiendroient mieulx en toutes chouses, & si auroit l'en meilleur compte de marc d'argent et a ceste cause mise, nous ont dit lesdiz maistres que la cherte desdit escus & dudit marc d'argent procede. Pourveu aussi qu'il eust aucune bonne provision & rapport sur si grant nombre de changeurs qui sont partout les marcher de par deca, nous vous escripsons ces chouses a part pour les monstre a monseigneur a monseigneur son chancelier & ailleurs ou vous venez que besoing & expediant sera et y prevenir.

[verso] Et doubtons fort que qu'il ne mectra provision ou pris du mars d'argent & aussi ou pris des escus d'or que lesdiz maistres ne desemparent du tout lesdites monnoies pour occasion de la grant chierte & qu'il ne pevent trouver ne finer billon fors des marchans alemans dont les aucuns desdiz marchans ont esté prins & detenus nagaire avec leur billon qu'il apportoient es monnoies de monseigneur par les officiers du prince d'Orenges & en la ville de Salins pour la quelle cause nous les avons fait adjoing de main & en propore personne

---

28) « ---- » désigne le texte perdu à cause de la déchilure; et « / » désigne la fin de la ligne.

29) « *doivent* » est un autre déchiffrement possible.

par devant nous a rendre au procureur de notredit seigneur ou nous ferons le mieulx que nous pourrons. Et si avons veues lettres escriptes depar ledit prince au bailli de Dijon par lesquelles il menasse lesdiz marchans pour la provision qu'ilz ont quise en justice devers ma dame la duchesse & la quelle leur a esté octroyé pour lesquelles menasses qui sont venues a la notesse desdiz marchans; yceulx marchans dient que ne frequentant ne oseroient *scecompter* lesdiz monnoies ne les pays de mondit seigneur. Et pour occasion de telles chouses, est en aventure que tout ne vienne a grant confusion, tout au dommaige de notredit seigneur, destruccion de ses monnoies & de son pays & subgez. Item encore depuis ou content de ce que dit est venoit ung marchant de Nuremberg appellé Chambaut qui apportoit bien pour 4000 frans de billon esdictes monnoies mais les gens dudit prince le sont alé querir sur les champs & maugre lui l'ont fait venir par joingne ou il comment qu'il ait payé, vueille ou non, le paiage & par ainsi tous marchans nous fuiront. Dieu y mecte remede.

8. Instruction et ordonnance du contrôle des changes en Bourgogne (le 10 janvier 1421 et le 27 février 1423) (B11202, B11211)

Instruction de l'establissement du changeur en date du 10 janvier 1421 (n. s.) (parchemin 43cm × 60cm) (B11211)

Instruction et ordonnance faicte par monseigneur le duc de Bourgogne en son grans conseil et par l'advis & deliberacion de pluseurs personnes ayans en ce congnoissance pour le soustenement et mantenement de ses monnoies et afin de pourveoir que marc d'or d'argent ou billon n'exede point le pris qu'il donne ou ordonnera estre donné en ses monnoyes pour le bien & conservacion de tous ses pays et subgiez.

(1) Premierement monditseigneur vuelt & ordonne en desendant a (-1) tous ses subgiez et autres personnes quelconques demourans residans ou frequentans en ses pays & seigneuries, tant marchans que autres quelconques de quelconque estat ou permanence qu'ilz soient, qu'ilz ne s'entremectent de acheter or argent ou billon au marc pour revendre de tenir fait ou faire tenir fait de change pour eulx ne en leurs noms en quelque maniere que ce soit contretenant ou en appert, excepte seulement ceulx qui a ce seront par mondit seigneur ou ses commis & deputes a ce ordonné selon ce que cy apres plusaplain sera declairé; (-2) non obstant quelzconques lettres de charge obtenues par feu mondit seigneur, son pere, cui dieu pardoint de ma dame sa mere ou de lui lesquelles mondit seigneur a revoquées & par ces presentes revoque, et icelles mect du tout au neant.

(2) Item les defenses contenues en l'article precedent seront faictes a cry solennel par toutes les villes des duchie & conte de Bourgogne & de Charroloiz ou l'en a acoustumé de faire cry sur peine d'amende arbitraire et de perdre le billon pour la premiere foiz, pour la seconde sur peine de confiscacion de la moitie de tous les biens des transgresseurs, et pour la tierce foiz de banissement et de confiscacion de tous leurs biens.

(3) Item (-1) nulz maistres de monnoye ne pourront feront ou feront faire par leurs gens sauliers commis ou deputez fait de change en quelques maniere que ce soit sur les peines

declairées en la partie precedent; mais (-2) l'or argent et billon qu'ilz feront ouvre esdictes monnoyes ilz prendront & recevront par les mains des changeurs a ce commis et deputez par mondit seigneur et pour le pris que mondit seigneur ordonnera estre donné en ses monnoies et non autrement; (-3) excepte toutesvoyes que se aucuns marchans estrangiers non estans des pays de mondit seigneur apportent ou envoyent esdidctes monnoies or argent ou billon, les maistres le pourront acheter en la presence des gardes et contregardes qui en feront faire essay et l'enregistreront en leurs papiers et feront paier en leurs presences ausdit marchans le pris ordonné en ladicte monnoye.

(4) Item (-1) en chacune bonne ville fermée desdiz pays de Bourgogne & de Charroloiz seront esleuz par les gens des comptes de mondit seigneur a Dijon, son tresorier s'il est au pays et le general maistre de ses monoyes appellez avec eulx, le bailli de Dijon, gens expers a ce propices de bonne vie & honneste conversacion en tel nombre qu'ilz adviseront ayans chevance de mille escuz d'or et au dessous pour tenir & excercer le fait de change, et ne s'en pourront esdictes villes aucuns autres entremectre sur les peines avant dictes; et (-2) s'obligeront un chacun a livrer certaine quantite de billon par moys a la plus prouchaine monnoye d'iceulx et tels quantite que par les dessusdiz sera advisé.

(5) Item (-1) apres ce que lesdiz changeurs auront ainsi esté advisez, et pour ce que se mondit seigneur estoit en ses pays de Flandres ou d'Artois ou en France qui seroit somptueuse chose aux partes de aler en envoyer querir leurs lettres devers mondit seigneur actendu mesmement le peril qui est de present sur les chemins, mondit seigneur vuelt & ordonne que les dessusdiz y advisent. Et pour le bien d'icellui seigneur y eslisent personne souffisent a ce faire et l'escrisent a mondit seigneur pour en avoir lettres a ce convenable. Et (-2) ce pendent les y comectent par maniere de provision afin qu'il n'y ait aucune faulte.

(6) Item que (-1) apres ce que lesdiz changeurs auront sur ce les lettres des dessusdiz par maniere de provision ou les *vivres*, ilz ne s'en pourront entremectre jusques a ce qu'ilz aient fait le serment es mains des gens des comptes de monditseigneur et du general maistre de ses monnoyes de bien & loyalement execer le fait de change; et que (-2) tout l'or argent et billon qu'ilz auront ne pourront finer ilz bailleront & livreront en la fin d'un chacun mois es monnoyes de mondit seigneur sans en baillier vendre ou distribuer ailleurs, ne en autres usages fors seulement pour faire vaisselle ou joyaulx; et (-3) au pris ordonné par mondit seigneur estre donné pour marc d'argent en sesdit monnoies et non contrairement.

(7) Item apres ce qu'ilz auront fait ledit serment, ilz bailleront caucion chacun de mille frans et se obligeront de faire & accomplir le contenu en l'article precedent et seront lesdiz changeurs par nous & seurvoins enregistréz en la chambre desdiz comptes en un livre qui pour ce sera fait a part.

(8) Item ou cas qu'il sera trouvé que lesdiz changeurs ou aucuns d'eulx bailleront vendront ou delivreront ou feront vendre baillier et delivrer par leurs gens commis & deputéz aucun or argent ou billon ailleurs que es monnoies de mondit seigneurs pour la premiere foiz il l'admendront de deux cens frans, pour la seconde de cinq cens frans, et pour la tiers de

mille frans et seront privéz dudit fait de change a tousjours.

(9) Item en-------villes fermées se-- --es places convenables ou lesdiz changeurs tendront leursdiz---ne peurront sur les peines avant dites faire--tenu f----fors esdictes places---[30]

(10) Item que iceulx changeurs tendront fait de change un seul aux jours de festes accoustumées pour secourir au peuple excepte es quatre festes annuelz.

(11) Item nulz orfevres quelzconques ne pourront acheter or ne argent pour faire vaisselle ne autrement de marchans quelconques estrangers, ne autres sur les peines contenues en second article cy dessus, mais prendront tout l'argent qui leur sera besoing par la main dediz changeurs pour le pris a ce ordonné.

(12) Item que lesdiz gardes d'une part et ladicte contregarde d'autre et chacun d'eulx enregistreront en un papier apart le pris que le seigneur aura ordonné estre donné a ses monnoyes pour marc d'or ou d'argent.

(13) Item enregistreront lesdiz gardes & contregarde semblablement le jour *comme par* lesdiz changeurs or argent & billon sera par eulx livré esdiz monnoies, le nom d'iceulx changeurs, le nombre quantite des mars qu'ilz delivreront, et le prix sur ce ordonné par lesdiz maistres feront paier a iceulx changeurs a tout de papier.

(14) Item vuelt & ordonne mondit seigneur que les denonceurs des transgresseurs de ceste presente ordonnance et qui seront trouvez et prouvez pardevant les bailliz des pais de mondit seigneur, et lesquelz monditseigneur *tournera* ce chacun en son baillage ayant a leurs proufiz le tiers des admendes dessusdiz.

(15) Item lesdiz bailliz seront tenuz chacun en son bailliage de faire contreole des amendes et confiscacions dessusdit qu'ilz feront lever & recevoir au prouffit de mondit seigneur par les receveurs ou tresoriers ordinaire desdiz bailliages et iceulx contreole envoyeront deux foiz en an lesdiz bailliz en la chambre desdiz comptes.

(16) Item vuelt & ordonne mondit seigneur que ausdiz bailliz afin qu'ilz ne puissent ignorer le contraire, soit envoyé le vidimus de ces presentes fait soubz le seel de sa chanceliler de Bourgogne pour cestre presente ordonnance par eulx incontinent fait publier chacun en son bailliage, et icelle faire entretenir garde et mantenir selon et par la mains cy devant declairee sans la souffrir enfrandre aucunement sur la foy qu'ilz doivent a mondit seigneur et le serment qu'ilz ont a lui et a peine de privacion de leurs offices et de estre repute pour desobeissans, et l'original vuelt demourer en la chambre de sesdit comptes pour en avoir memoire perpetuelle.

 Philippe duc de Bourgogne, conte de Flandres, d'Artois & de Bourgogne, palatin, segneur de Salins & de Malines, a tous les baillis de nosdiz duchie & conte de Bourgogne ou a leurs lieuxtenant salut. Il est venu a notre congnoissance que pour deffault de bonne police & gouvernement marc d'argent est telement enchier----(*3 à 4 mots illisibles*)----

---

30) Cet article est difficile à rétablir; la plupart de texte est éffacée sur la surface rude que plusieurs fois de plis ont rendu.

chascun jour et aussi le pris des escuz d'or telement haulcié et a ceste cause les vivres et toutes autres denrees sont en si grandes chiertez que *a plus en plain* l'en faire le tout a la descercion du povre peuple et--- ---*rveu* ny estoit pourroit venir a la totale destruction de nosdiz pays et de noz subgiez estans en iceulx; pourquoy nous desirans de tout notre cuer nosdiz pays et subgiz estre bien gouverné et en bonne police et pourveoir a notre povoir aux---*iertez* et autres choses dessusdictes et aux grans inconveniences qui s'en pourroient ensuir aucuns par l'advis & deliberacion des gens de notre grans conseil et autres noz officiers ayans en ce bonne & grande congnoissance faites les ordonnances & instructions cy dessus declairées. Et pour ce que icelles nous voulons nous plaist & ordonnons estre gardées entremées et observées, nous voulons et vous mandons que incontinent apres la reception de ces presentes vous faites crier et publier solemnelement par tous les lieux de votre bailliage ou l'en a accustuméz de faire cryer les ordonnances par nous faictes en devant declairées. En desendant de par nous a tous les subgiez de nosdiz pays et autres residans demourans ou frequentans iceulx noz pays et sia les peines declairées es articles desdicts ordonnances et sur tant qu'ilz doubtent mesprendre envers nous que nosdictes ordonnans ilz gardent maintiennent & observent selon leur forme et teneur sans les enfraindre aucunement. Et tous ceulx que trouverez faisans le contraire punissez selon les peines contenues et declarées esdictes ordonnances sans aucune faveur ou deport se en ce faites tele et si bonne diligence chacun en votre bailliage que non dovez estre reprins; mandons en oultre par ces mesmes presentes a noz améz et feaulx les gens de noz comptes a Dijon et a notre tresorier et general gouverneur de toutes noz finances present et avenir que par vous nosdiz bailliz facent diligemment notre presente ordonnans deuement mectre a planiere execucion et vous en solicitent tres diligemment. En nous certiffiant de la diligence que yserez de ce faire & les circonstances & *dependens*. Avons a eulx et a vous & a chacun de vous, si comme a lui appartient, donné & donnons plain povoir puissance auctorite & mandement & commandement especialx----mandons a tous noz justiciers officiers & subgiez que a vous & voz commis et deputez obeissent diligemment. Donné a Saint Denis le 10° jour de janvier l'an de grance 1420 (a.s.).

Ordonnance de Philippe, en date du 27 fev. 1423 (n.s.), sur les changeurs et la fabrication de la monnoie (L58cm × H55cm + 8cm) (B11202)

    Philippe duc de Bourgogne, comte de Flandre, d'Artois & de Bourgogne, Palatin, seigneur de Salins & de Malines, A tous ceulx qui ces lettres veront salut. Savoir faisons que pour ce qu'il nous a esté rapporté pre---duchie et conte de Bourgogne et en la conte de Charrolois a tresgrante quantite de changeurs par le moyen desquelz les escuz & autres monnoyes d'or d'argent & billon sont tellement enchieriz que l'en n'en puet finer-------Et mis---le billon qu'ilz achetent lequel ilz deussent porter ou envoier de mois en mois se plus tost non en noz monnoyes le portent & font porter ailleurs ou le detiennent---ment par devers *iceulx Ainsi que bon leur semble aussi que* pluseurs se sont entremis et entremettent de jour en jour de fait de change sans avoir sur ce noz lettres aveque ce que les gardes de noz monnoyes par importante requerance ont impetu de noz lettres de change, *ce que faire* ne se deust mesmement que lesdiz office sont incompatibles et ne se fait point es monnoyes de monseigneur le roy. Et que toutes marchandises qui se souloient vendre a solz et a livres---deut a present----pluseurs---a or. Et que plus est pluseurs marchans vendent et baillent leurs denrees a eschange de billon en oultre que les orfevres demourans & residans en nosdiz pais de Bourgogne--- ---*eurs* le temps passé---eurs de jour en jour de acheter billon d'or & d'argent et aussi que la plus grant partie d'iceulx orfevres ont ouvré & fait ouvrer en leurs hostelz vaisselles sainteures couroyes et autres---or & joyeaulx a--basse aloy et sans les signer et que pluseurs tant lesdiz orfevres que autres se sont entremis & entremettent de fondre & faire fondre en leurs hostelz billon avec pluseurs autres faulte----ou prendre de nous et de la choses publique de nosdiz pays. Pour pourvoir a toutes lesquelles choses nous pour le bien de la chose publique par bonne & grande delibacion sur ce eue avons ordonné et ordonnons par ces presentes les choses qui s'ensuiguent;

(1) Premierement nous des maintenant avons revoqué & revoquons tous offices de changeurs par nous ou autres en nom de nous creés instituéz et ordonnéz en nosdiz duchie & conte de Bourgogne et en la conte de Charroloys et ailleurs ou que ce soit en nosdiz pays, ensemble toutes lettres de charge que sur ce ont esté obtenues de nous & de noz officiers lesquelles lettres nous metons du tout au neant, en leur deffendant sur quanque ilz le pevent mesfaire envers nous et d'estre amendables arbitrairement que doresenavant ne s'en entremettent sans avoir sur ce noz lettres patentes passées en notre chancellerie et seellées de notre grant seel.

(2) Item voulons & ordonnons que doresenavant seront ordonnéz et instituéz le nombre de changeurs cy apres declairé; c'est assavoir en notre ville de Dijon quatre changeurs, en notre ville de Beaulne trois changeurs, en notre ville de Chalon trois changeurs, en notre ville d'Ostun trois changeurs, en notre ville de Semur deux changeurs, en notre ville d'Avalon ung changeur, en notre ville de Montbar ung changeur, en notre ville de Chastillon deux changeurs, en notre ville de Nuys ung changeur, a Paroy le Monial ung changeur, a Mont Saint Vincent deux changeurs, a Auxonne trois changeurs, a Verdun ung changeur, a Cuisery ung changeur, a Chaucins ung changeur, a Dole deux changeurs, a Arbois ung changeur, a Poligny deux changeurs, a Salins quatre changeurs, a Vesoul ung changeur, a Guey ung changeur, a Facoingni ung changeur, a Montjustin ung changeur, a Pontaillie ung changeur, a Bauliues ung changeur, a Jussey ung changeur et a Quingey ung changeur. Et reservons a nous de ordonner & instituer nombre raisonnable de changeurs es autres bonnes villes de nosdiz pays se mestier est et quant bon nous semblera.

(3) Item ordonnons que (-1) lesdiz changeurs soient tenuz doresenavant de tenir change esditez villes et--esdites places publiques qui seront sur ce divisées & ordonnée par noz gens & officiers et non ailleurs esdicte villes, et que (-2) pour ledit change et pour avoir *cense* et permission de nous de exercer icellui fait de change ilz seront tenuz de nous paier chascun

an chascun changeur dix livres tournois a deux termes de Saint Jehan & de Noel par moities a *moities* le premier terme a la Saint Jehan prouchain venans; et ne pourront tenir faire ne exercer fait de change esdictes villes ailleurs que esdictes places, et sur la paine de deux livres tournois apliquer a nous pour chacune foiz qu'ilz feront le contraire et desquelles places ilz seront tenuz de paier louyer raisonnable par chacun an a ceulz a qui icelles places appartendront en propriete. Et (−3) en oultre pourront aler iceulx changeurs es foires & marchiez qui se tendront es mectes du bailliage ou ilz seront demourans et non ailleurs exceptes en noz foires de Chalon ou chacun changeur pourra aler.

(4) Item ordonnons que (−1) iceulx changeurs seront tenuz sur paine d'amende arbitraire de porter & livrer de mois en mois tout leur billon or & argent qui se doit billoner en la plus prouchaine de noz monnoies de lieux de leurs demourances, et icellui billon delivrer au maistre particulier de ladicte monnoie en la presence des gardes; (−2) desquelles enregistreront en leur papier le jour de la delivrance dudit billon et la quantite d'icellui afin que iceulz changeurs puissent estre paiéz par ledit maistre a tour de papier, et sur ce seront bailliéz a icelles gardes instruccions ad ce appartenant par le general maistre de noz monnoies.

(5) Item ordonnons & deffendons a tous sur paine d'amende arbitraire que nul de quelque estat qu'il soit ne face ou face faire fait de change en nosdiz pays de Bourgogne en quelque ville ou lieu que ce soit occultement ou en appert excepte les changeurs que ad ce seront commis & ordonnéz de par nous et par noz lettres patentes passées en notre chancellerie et seelées de notre grant seel.

(6) Item ordonnons & deffendons par ces presentes aux gardes de nosdictes monnoies tant de Dijon, d'Auxonne, Saint Laurens, Cuisery & Chaucins, presens & advenir que doresenavant ne s'entremectent de tenir faire & excercer fait de change ne faire tenir & excercer en leurs hostelz publiquement ou ocultement ne ailleurs par leurs fermes familliers & serviteurs ou par autres personnes en quelque maniere que ce soit. Et ou cas qu'ilz feront le contraire ilz seront amendables arbitrairement envers nous et seront privéz de leurs offices laquelle amende sera arbitraire jusques a la somme de cent mars d'argent a notre prouffit.

(7) Item voulons & ordonnons que icelles gardes facent doresenavant continuelle residence en leurs offices et que par chacun jour le bon matin et aux autres heures ad ce ordonné selon l'instruccion qui leur sera baillée par le general maistre de noz monnoiez sans y faillir sur paine de perdre leur gaige d'une annee pour la premiere foiz qu'ilz y fauldront et pour la seconde foiz de perdre leurs offices et de l'amender arbitrairement.

(8) Item ordonnons que lesdiz changeurs ou autres personnes quelxconques ne donnent ou puissent donner doresenavant d'un escu d'or des grans blans ayans presentement cours pour 10 deniers tournois ne aussi des deniers doubles ayans cours pour 2 deniers tournois plus hault de quatorze gros, sur paine d'estre amendables arbitrairement envers nous pour chacune foiz qu'ilz feront le contraire.

(9) Item & que lesdiz changeurs pourront remendre iceulz escuz a toutes manieres de gens pour le pris declairé en l'article precedante excepté qu'ilz pourront demander pour prouffit cinq deniers tournois pour piece pour leurs paines & labours & non plus sur la peine contenue en l'article precedente et d'estre privéz de l'office de changeur.

(10) Item et ou cas que ceulx qui apporteront lesdiz escuz au change ne seront contenus du pris dessus declairé, nous donnons licence a iceulx changeurs qu'ilz les puissent retenir par devers eulx pour ledit pris de 14 gros.

(11) Item ordonnons en oultre ausdiz changeurs que toutes pieces d'or non ayans cours ou royaume de France ne en notredite conte de Bourgogne, si tost qu'elles viendront en leurs mains, ilz les coppent & puissent copper par le milieu en payant aux parties le pris qu'elles vauldront loyalement & raisonnablement sans fraude ou manaiz *engin* et se icelles parties sont contens, lesdiz changeurs leur pourront & devront rendre les pieces toutes copées comme dit est.

(12) Item ordonnons & deffendons ausdiz changeurs et a tous autres qu'il appartiendra (-1) qu'ilz ne puissent donner ou--plus hault pris de marc d'or ou d'argent que le pris que avons ordonné estre donné ou ordonnerons estre donné en nosdites monnoiez sur paine d'estre pour ce amendables arbitrairement envers nous & privés dudit office de changeur--; (-2) lesdiz changeurs savent que autres facent le contraires, ilz seront tenuz de le venir rapporter a noz bailliz & *premiers ou le estous* le faire savoir aux gens de noz compte a Dijon ou au general maistre de noz monnoiez pour en--pugnir & corrigier tous ceulx qui feront le contraire.

(13) Item ordonnons que lesdiz changeurs ne pourront vendre l'un a l'autre aucun billon d'or ou d'argent mais seront tenus de le porter a la plus prouchaine monnoie d'icelles noz monnoies sur paine de confisquer ledit billon et d'estre amendables arbitrairement envers nous.

(14) Item semblablement ni peuvent lesdiz changeurs ni autres personnes de quelxconques estat qu'ilz soient, transporter ou faire transporter hors nosdiz pays de Bourgogne et de la conte de Charrolois *aucun* billon d'or ou d'argent en forvoyant nosdiz monnoies sur paine de confiscacion dudit billon et d'estre amendables arbitrairement envers nous.

(15) Item semblablement ordonnons & deffendons a toutes personnes quelxconques tant changeurs orfevres marchans ouvriers comme autres personnes quelxconques de quelque estat qu'il soient, qu'ilz ne s'entremeslent ocultement ou en appert de fondre ou faire fondre en leurs hostelz & domicilles ou ailleurs aucuns billon d'or ou d'argent mais icelui portent en nosdictes monnoiez pour le y fondre & affiner et ceulx qui feront le contraire voulons estre pugniz par la prise & detencion de leurs corps estre mis en prison fermé et le billon d'or ou d'argent estre acquis et confisquéz a tout et de l'amende arbitrairement selon la faculte de leurs chevances.

(16) Item avons ordonné et ordonons en deffendant expressement a tous marchans et personnes quelzconques que nuls d'iceulx ne portent ou envoient ne facent porter ou

envoier pour fait de marchandise ne autrement hors de noz pays sans notre congie & licence aucun or pour le porter en l'Empire sur paine de le confisquer et de pour ce estre amendables arbitrairement envers nous.

(17) Item voulons & ordonnons que nulz marchans ne autres personnes de quelque estat qu'ilz soient, ne vendent ou achetent ou facent quelconques traitiez ou marchandises a or fors tant seulement a solz & a livres tournois excepte tant seulement en achat ou vendaige de heritaiges ou en traictre de mariaige, et ou cas qu'ilz feront le contraire qu'ilz soient pugnie pour la peine forz de perdre a notre prouffit la moitie de leurs denrees de toutes les marchandises & denrees qu'ilz auront et pour toutes les autres foiz de toutes icelles denrees & marchandises et d'estre amendables arbitrairement envers nous.

(18) Item ordonnons que doresenavant tous orfevres demourans en nosdiz pays et seigneuries et oudit conte de Charrolois euvrent doresenavant d'or & d'argent en la maniere qui s'ensuit; c'est assavoir que or fin se doit revenir a vint quatre karas et pourront ouvrer iceulx orfevres au dessoubz jusques a 19 karas et ung quart lequel or qui est de 19 karas & ung quart est or de touche et ne se doit pour revenir a moins, et en puet l'en ouvrer en toutes manieres que l'en vuelt et ne mettront lesdiz orfevres ne autres pierres en or se elles ne sont fines.

(19) Item que (-1) argent de tendree de Paris doit revenir a 11deniers 18 grains et se puet changier pour marc de cinq esterlins de cuivre fin et non plus, et par ainsi ledit argent qui sera au pris de 11deniers 9 grains sera bon pour ouvrer; et ne pourront lesdiz orfevres mettre en euvre aucun autre pour faire vaisselle ou autres joyaulx, se ce n'est argent audit pris de 11deniers 9 grains fin et au dessus sur paine d'estre amendables arbitrairement envers nous; (-2) laquelle vaisselle nous voulons estre signée & marquée comme fine a noz armes; et aura chacun orfevre ung poincon desdictes armes et au bout de l'escu, sera frappé le contresaing de l'orfevre qui aura fait ladicte vaisselle ou autres joyaulx; et seront tous les contresigne d'iceulx orfevre apportéz en la chambre de nosdiz comptes a Dijon et illecques enregistréz & marquéz en une table de plomb afin qu'ilz ne puissent ygnorer leur diz contresignez et sur les paines que dessus, et aussi de estre forclox de plus ouvrer de leur mestier en nosdiz pays; et pareillement l'argent a ouvrer saintures & autres menuz ouvraiges donne coliers escharpes agneaulx signez et autres telz menuz ouvraiges se doit revenir au pris que dessus de 11deniers 9 grains et sur la paine dessusdicte; et est a entendre que se l'argent valoit une foiz plus l'autre moins tousjours se doit revenir l'argent au pris que dessus.

(20) Item que l'argent ja donc ne se doit point color en colent d'or qui se fait de vert-de-griz de *samoinacle* ou de soffre sur paine d'amende arbitrare comme dessus maiz l'or le puet bien redorer tant de foiz comme l'en vuelt.

(21) Item que l'en ne puet ne doit dorer lotton ne donner coleur en facon d'or ne esmaillie de mastie et aussi ne puet l'en---ne ne doit dorer cuyvre si non que chascun y puisse avoir congnoissance de veoir se cest cuivre sur la paine arbitraie dessusdit.

(22) Item que toutes gens ouvrans d'or & d'argent et des matieres dessus dictes et aussi merciers & toutes autres manieres de gens ne puissent ouvrer ne faire ouvrer doresenavant en leurs hostelz ne ailleurs se non de la loy et ordonnance dessus dicte sur paine de l'amender arbitrairement come dessus.

(23) Item voulons & ordonnons nosdiz bailliz estre tenus *chascun* en son bailliaige de faire controle des amendes & confiscacions dessus dictes qu'ilz feront leur recevoir a notre prouffit par leurs receveurs & tresoriers ordinaires estans leursdiz bailliaige lesquelx controles iceulx bailliz seront tenus de envoier deux foiz en l'an la chambre des noz comptes a Dijon.

(24) Item voulons & ordonnons que a tous ceulx qui rapporteront & trouveront les dessus nomméz faisans le contraire de ceste notre presente ordonnance et qui transgresseront icelle ou autre desdiz articles circonstans & dependens d'iceulx, aient sur les delinquans & transgresseurs pour chacune foiz qu'ilz le rapporteront et qu'il sera *crime estre luy* dix livres tournois et au dessoubz selon l'exigens du cas et la faulte des delinquans.

(25) Item voulons & ordonnons a tous noz bailliz et autres officiers de justice qu'ilz facent chacun es mectes de son office garder obstiner & entrener noz presentes ordonnance et pugnissement les transgressions selon le contenu d'icelles. Et s'ilz en sont deffaillans & negligens apres ce qu'il sera venu a leur congnoissance pour chacune foiz qu'ilz commectront faulte ou negligence en ceste partie ilz nous paieront vint livres tournois d'amende.

(26) Item voulons que au vidimus de ces presentes fais soubz le seel de notre chancellier ou a la copie collacionnée en la chambre de nozdiz comptes a Dijon soit adjoustée pleine foy comme au vray original lequel original voulons estre & demourans en la dicte chambre afin de continuelle memoire. Si donnons en mandement a touz noz bailliz de nozdiz duchie & conte de Bourgogne au bailli de Charroloys et a tous noz autres justiciers & officiers leurs lieutenans et a chascun d'eulx si comme a lui appartendra que ceste notre present ordonnance ilz facent crier & publier en et par toutes les bonnes villes es mectes de leursdiz bailliaiges ou l'en a acoustumé de faire cry. En deffendant a tous les subgiez d'iceulx noz pays et a autres residans demourans & frequantans iceulx et sur les paines dessus declairées en chacun article que icelles ordonnances gardent maintiennent & observent selon leur forme & teneur sans les enfraindre aucunement. Et tous ceulx qu'ilz tienneront faisans le contraire, voulons par eulz estre corrigiéz & pugniz selon les paines dessus dictes en chascun des articles sans aucun faveur ou deport en faisans en ce si bonne deligens que reprins n'en soient de negligens de ce faire leur donnons povoir auctorite mandement & commandement especial. Mandons & commandons a tous a qui il appartendra que a eulz & a chacun d'eulx en ce faisans obeissans & entendent diligemment. En tesmoing de ce nous avons fait mectre notre seel a ces presentes données a Dijon le vin-septyesme jour de fevrier l'an de grace mil quatre cens vent & deux.

9. Préface du registre pour la levée d'argent à Auxois (le 18 août 1421) (B2788)

(f.1R°)------es mois d'octobre et de novembre 1421 pour faire monnoye, lesquelx marcs ont estéz requiert par maistre Jehan Bonost conseillier & maistre des comptes de mondit seigneur, maistre Girart Vyon procureur de mondit seigneur ou bailliaige de Dijon, Guiot Brandin lieutenant du bailli d'Auxois et Poinsot Peylleney procureur d'icellui seigneur oudit bailliaige d'Auxois ad ce commis par madicte dame; lesquelx commis ont bailliz audit receveur les menues parties desdiz empruns a eulx accordéz ou par eulx imposéz aux villes et personnes declaréz esdites parties lesquelles ont esté levées et receus par ledit receveur en la maniere cy apres escripte et s'ensuit cy apres la puissance dudit receveur au quel a esté ordonné que des personnes qu'ilz n'avoient argent blanc y prent pour chacun marc 6 escus d'or et pour chacun escu d'or 9 francs feible monnoie qui est pour marc d'argent 6£ 15st nouvelle monnoie.

Et premierement s'ensuit la teneur des lettres de la comission de madite dame du povoir sur ce donne a ses diz commis et audit receveur contenant la forme qui s'ensuit;

(f.1V°)-----le gouvernement en l'abscence/-----filz Phelippe duc conte et seigneur des pais/ ----dessus dit, a nos chers et bien amés les gens des comptes de notre dit filz a Dijon ou l'un d'eulx, le bailli d'Auxois, maistre Girart Vion, procureur d'icellui notre filz ou bailliaige de Dijon, Guiot Brandin & Poinssot Poilleney, procureur de notre dit filz ou bailliaige d'Auxois, salut.

Comme en ensuivant les bons plaisir, voulentes, mandement et ordonnance de mon seigneur le roy par lui darriennement et nagaires fais sur le fait de ses monnoies par l'advis & conseil de pluseurs de son sang & lignaige, de ceulx de son grant conseil a Paris, et en la presence de gens des trois estas de son royaulme, ses bons subgiez & obeissans, pour pourveoir au bien de la chose publique de lui & de ses subgiez et au reboutement de ses ennemis & adversaires, il ait ordonné estre mise sus et forgée en son dit royaulme bonne et forte monnoie d'or et d'argent et ramenées les monnoyes presentes lesquelles depuis certain temps en ca ont eu cours en son dit royaulme acertain et compectant cours et valeur prouffitable a lui & a ses diz subgiez jusques ad ce que, par l'ayde desdiz des trois estas qui pour ce lui ont accordé de faire baillier et souffrir sur eulx et tous aultres ayans puissance et faculte de le faire, soit levé et cuilly certain nombre & quantite de marc d'argent pour faire et forger ladite bonne et forte monnoie, nous pour ceste mesme cause avons mandé fait venir et assembler devers nous en ceste ville d'Auxonne les gens des trois estas desdiz duchie et/ (f.2R°)--------pour & ou nom de *notredit filz*----/pour relever eulx & tout le peuple desdiz pais------/et incoveniens qu'ilz ont eus & supportéz depuis *certain temps*/en ca, pour occasion des monnoie d'or & d'argent qui es *duche*/& conte de Bourgogne, ont esté forgées & eu cours de samblable *pois*/& aloy et en telles valeur que celles de mon seigneur le roy et icelles *monnoie*/d'or & d'argent mises et ramenées en leur presence, eux & *vous*, cy apres declarés; c'est assavoir l'escu d'or qui avoit cours pour neuf frans et plus a trente soulz tournois; le mouton d'or qui avoit cours pour six frans a vint soulz tournois; le gros de vint *deniers* tournois a cinq deniers tournois; et le petit blanc de cinq deniers tournois a ung denier parisis; et la monnoie noire qui avoit cours esdits duchie & contez de Bourgogne et de Charolois pour deux deniers tournois a une maille tournois, samblablement que mondit seigneur la fait & ordonné en son dit royaulme; et l'autre monnoie noire appellée engroignes qui oudit conte de Bourgogne et es terre de notredit filz oultre la Soone avoit cours pour la tierce partie d'un petit blanc, avons remise a une maille estevenant.

 Seulement parmi ce que lesdiz des trois estas desdiz pais de Bourgogne & de Charolois ad ce present nous ont libralement octroyé & accordé & de prester & finer & faire baillier deliverer aux gens de notre dit filz ad ce ordonnés & commis de par nous pour & ou nom de lui, tel nombre & quantite de marc d'argent que ung chacun d'eulx pourra soubstenir bonnement & faire selon son estat & faculte, et tant & si avant que par le moien de nos commissaires que envoierons par devers eulx pour ceste cause, nous & notre dit filz en devrons estre bien contans pour d'iceulx mars d'argent faire & forger la dicte bonne et forte monnoie ainsi & par la maniere que mondit seigneur la fait ou fera faire. Et pource que ceste matiere, pour l'auguementacion du bien publique desdiz pais de Bourgogne & de Charolois & pour avoir bon & raisonnable pris de tous vivres danrees & aultres marchandises quelxconques, requiert grant serelite tant que plus ne pourroit, est expedient & neccessaire de tantost vaquer & entendre oudit fait & envoier nos commissaires devers lesdites gens desdis trois estas tant es bonnes villes comme es plat/ (f. 2V°) (*la première ligne illisible*) ----/---- presentes & a ung chacun de vous & en/-----est que vous les quatre ou vous les trois de/----- avec vous selon vous samble des officiers de notre/---filz et aultre sur les lieux ou vous ires en tel nombre que/--expediant vous semblera tantost & incontinent/*estre* veues toutes excusacions cessans et arrieres mises/*et* sur tant que vous doubtes incourir l'indignacion de nous et de notre dit filz, vous transportes en toutes les bonnes villes & aultes lieux dudit balliaige d'Auxois & appartenant d'icellui tel que bon vous samblera & que besoing sera selon votre advis et discreccions. Et en iceulx lieux faites venir devers vous les habitans & demourans en icellui bailliaige de quelque estat qu'ilz soient aiens puissance et faculte de contribuer ad ce que dit est en tel nombre que mestier sera et sur iceulx leves et faites venir ens et par toutes les meilleurs manieres que faire se pourra lesdis mars d'argent pour lez mettre en depost par bon et loial inventoire en la plus prochainne monnoie d'icellui notre dit filz et iceulx convertir & employer en la dite bonne et forte monnoie & non ailleurs. Ainsi que advisé a esté et conclud en la presence des diz trois estas pour les causes dessus dites, en faisant de par nous & notre dit filz a ceulx qu'il appartiendra les remonstrances & communicacions dessus dites et leur requerant lesdis mars d'argent selon leur estat et faculte comme dit est cy dessus; lesquelx mars d'argent nous voulons estre levés cuillis et receus oudit bailliage d'Auxois par notre chier et bien amé Jacot Espiart; lequel ad ce faire nous avons commis & commettons par ses mesmes presantes qui en sera tenu de baillier sa lettre de recepte a tous qui bailleront iceulx mars d'argent pour leur seurte & leur recourer ou temps advenir sur notre dit filz comme raison est. En faisant en oultre sur les choses dessus/ (f.3R°)---et telle---que-------/et de bonne diligence de votre coste ladite bonne----/puisse estre delaiée ou empeschée au remaige de-----/de ce faire & les appartenant vous avons donné & dennons *par ces*/presentes & audit Jacot de levee cuillette & receptcion desdis *marcs d'argent*/povoir, auctorite & mandement espacial. Mandons & commandons *a tous*/les justiciers, officiers & subgiez de nous & de notre dit filz que a vous, nos dessus dis comissaires & receveur, en faisant les choses dessus dites & les deppendences d'icelles, obeissent & entandent diligemment et vous baillent conseil, confort & aide, se mestier en avez & requis en sont. Donné a Auxonne le 18° jour d'aoust l'an de grace 1421. Ainsi signé par madame la duchesse en son conseil ouquel les seigneur de Saint George de Commarrien, le bailli de Dijon, maistre Guy Gelinier, Jehan Chousat, maistre Guillaume Courtot, Jean de Noident & pluseurs autres estoient. G le Bois.

10. Instruction de la levée d'argent (octobre 1421) (B11210)

(fol. 1R°) Instruction avisées par messeigneurs des comptes et Jehan de Noident, conseillier et tresorier de monseigneur, comment et par quelle maniere Jehan de Gray, receveur general des mars d'argent qui se lievent presentement en Bourgogne par emprunt pour faire bonne monnoye, les maistres des monnoyes de monseigneur, les gardes & essayeurs d'icelles monnoyes se devront gouverner tant en la recette desdiz mars comme en la delivrance & ouvraige d'iceulx.

(1) Premierement ledit Jehan de Gray recevra des receveurs particuliers desdict empruns lesdiz mars d'argent, et soit avisié que il sache, par le rapport de l'essaieur de la monnoie de Dijon, a quel loy sera l'argent que lesdits receveurs lui deliveront et icellui receu qu'il le delivre au maistre en prenant sa lettre de recepte par laquelle il confessera avoir eu dudit Jehan de Gray telle somme de mars d'argent a telle loy et rapportera avec ladicte lectre certifficacion dudit essayeur contenant la declaracion desdiz mars & a quelle loy.

(2) Item que aux diz receveurs il face sa lettre de recepte contenant: je[31] confesse avoir eu & receu de tel receveur telle quantite de mars d'argent a telle loy etc.

(3) Item qu'il ait un papier ouquel incontinent il enregistre la recette qu'il fera desdiz receveurs a cause desdiz mars d'argent en y declairent le nombre d'iceulx mars laquelle loy ilz seront la date de sa lettre qu'il en fera.

(4) Item se il recoit escus d'or qu'il face sa lettre de recepte d'escus d'or telz qu'ilz seront vielz ou nouveaulx et icelle enregistre semblablement avec la somme desdiz escus la date de sa dicte lettre.

(5) Item pour ce qu'il a esté ordonné aux receveurs particuliers de recevoir de ceulx qui auront accordé lesdiz mars 6 escus d'or pour le marc d'argent ou 9 frans feible monnoie

---

31) L'écriture du texte fait hésiter à lire ce mot pour « il » à la place de « je »; par conséquent, les deux -points sont mis just devant pour indiquer l'usage du discours direct. Voir aussi paragraphes (6) et (10).

pour un escu ledit Jehan de Gray recevera desdiz receveurs particuliers.

(6) Item que tous les viez escus que recevera, il garde a part pour d'iceulx escus estre fait ce que par le tresorier de mondit seigneur lui sera ordonné. (fol.1V°) La dicte monnoye en eulx baillant sa lettre de recepte contenant: j'ay receu de tel receveur & telle somme d'argent feible monnoie a compter 12 gros pour 1 frans et le gros piece pour 20 deniers tournois, et enregistra en son dit papier la somme qu'il recevra et la date de ses lettres.

(7) Item quant ledit Jehan de Gray baillera & delivra argent blanc aux maistres des monnoyes ou a aucun d'eulx, il fera la dicte delivrance en la presence des gardes & de l'essayeur; lequel essayeur baillera sa certiffciacion audit Jehan de Gray dela loy a quoy sera ledit argent. Et icellui argent delivera incontinent au maistre de la monnoye, en prenant sa lettre de recepte par laquelle il confessera avoir receu de monseigneur le duc par la main dudit Jehan de Gray receveur &c. telle somme de mars d'argent a tell loy; par vertu de laquelle lettre de recepte et de la certifficacion dudit essayeur, qu'il sera tenu de rapporter; avec icelle lettre de recepte, lesdiz mars d'argent lui seront allouéz en ses comptes etc.

(8) Item quant aux escus d'or il en fera delivrance par les lettres de recepte du receveur general de Bourgogne & non autrement selon que par le tresorier lui sera ordonné.

(9) Item quant a la monnoie qu'il recevra desdiz receveurs particuliers, icelle monnoie apres ce qu'il l'aura receu sera par lui delivrée au maistre de la monnoie, en la presence des gardes qui compteront icelle monnoie & apres la poiseront pour savoir combien en la somme que il delivre audit maistre aura de mars d'euvre; et de la somme desdiz mars d'euvre auxquels lesdiz deniers revendront, lesdiz gardes bailleront leur certifficacion audit Jehan de Gray.

(fol.2R°) (10) Item apres que le compte & nombre des mars d'euvre cy devant sera sceu de la monnoye qui sera ainsi delivrée au maistre par ledit Jehan de Gray, en la presence desdiz gardes d'icelle monnoye, d'iceulx deniers tout sera faict grenaille, ensemble de laquelle grenaille l'essayeur fera deux essaiz pour savoir a combien de loy ladicte grenaille se revendra, dont il baillera sa certifficacion audit de Gray; et sur ce sera fait un compte entre ledit maistre & Jehan de Gray en la presence desdiz gardes ou delivre d'icelles pour savoir au juste a combien la dicte monnoye ainsi mise en grenaille montant a telle somme de mars d'euvre revendra a mars d'argent. Et de la quantite de mars d'argent a la quelle ladite grenaille reviendra, ycelles gardes bailleront leur certifficacion et ledit masitre baillera sa lettre audit Jehan de Gray contenant la forme qui s'ensuit: Je tel maistre etc. confesse avoir eu & receu de tel etc la somme de 8000 mars d'argent fin venans de la somme de 10 mille frans feible monnoie, pesant 20 mille mars d'euvre tout mis en grenaille revenant a l'essayeur a 2 (deniers)[32] 8 grains fin, ou ont esté trouvez la dicte somme de 8000 mars d'argent; de la quelle somme de 8000 mars d'argent, je me tien pour bien content cesdiz etc.

---

32) Dans le texte original, "2" en chiffre romain ne s'accompagne d'aucun mot unitaire.

(11) Item de tout l'argent que par ledit Jehan de Gray sera baillié & delivré audit maistre sera fait ouvrage a present par ledit maistre; du quel ouvraige lesdiz gardes feront boite a part pour en rendre le compte par ledit maistre comm'il appert.

(12) Item tous les deniers qui ystront desdiz mars d'argent, tant a cause d'iceulx mars comme du seignourage appartenant a monseigneur, et aussi pour faulte de poix & de loy, seront bailliéz & delivréz par ledit maistre a Jehan Fraignot, receveur general de Bourgogne, par ses *desc'g--*[33] & non autrement.

Des instructions cy devant a esté baillé une copie signé a Jehan de Gray et une autre copie aux maistre & gardes de la monnoye de Dijon.

11. Procès de Jean Fraignot, receveur général de Bourgogne (du 25 avril 1432 au 27 mai 1433) (B1631, 3ème cahier annexe ff.1R°-14R°)

(f.1R°) Copie de la sentence contre Jehan Fraignot par laquelle il est comdempnéz de paier a monseigneur la somme de deniers et pour les causes contenues en la dicte sentence de laquelle la teneur s'ensuit.

Ysabel, fille de Roy de Portugal par la grace de Dieu duchesse de Bourgogne, de Lother, de Brabant, et de Lembourg, contesse de Flandres, d'Artois, de Bourgogne, Palatine, de Haynnau, de Hollande, de Zellande, et de Namur, marquise du Saint Empire, seigneure de Frise, de Salins et de Malines, commise et ordonnée par monseigneur en ceste partie par ses lettres patentes dont la teneur est cy dessoubz inserée; savoir faisons a tous present et advenir que comme plait et proces ait esté meu et demeue jusques a jugier, par devant noz bien améz maistre Richart de Chancey, messire Jaques de Villers, Gillaume du Bois, maistre Jehan de Terran, maistre Guy Gelenier, maistre Estienne Armenier, et maistre Jehan Bonost, tous conseilliers de monseigneur et ses commissaires par lui ordonnéz et deputéz et par ses lettres patentes dont la teneur est aussi cy dessoubz insérée, entre notre bien amé maistre Girard Vion, procureur et par nom de procureur de mondit seigneur, demandeur d'une part, et Jehan Fraignot, nagaires receveur general de mondit seigneur en ses païs de Bourgogne, deffendeur d'autre part, sur certians cas & articles contenuz en ung roole de parchemin envoié par mondit seigneur a sesdiz comissaires avec sesdictes lettres patentes. Par lesquelles il leur avoit mandé et commis sur lesdiz cas et articles leurs circonstances & deppendent eulx informer bien et deligemment tant par la vision des comptes ordinaires, extraordinaires ou particuliers, papiers, registres, lettes et autres enseignements estans es chambres de ses comptes a Dijon et a Lille ou autres lieux, et mesmement es hostelz et demourances dudit Fraignot et d'autres ses receveurs, et par interrogatoires et examinacions faites par serment et autrement selon que bon leur sembleroit & que les cas le requeroient et par examinacion de toutes autres personnes qui en pourroient savoir parler et deposer.

---

33) La ligature non soluble.

Et sur tout parties appellées et oyes faire et administrer entre icelles bon et brief droit et acomplissement de justice, par vertu desquelles lettres et a la requeste dudit maistre Girart procureur que dessus ait esté advenue ledit Jehan Fraignot a comparoir en sa personne par devant lesditz comissaires les 7, 6, 5, ou 4 d'eulx a Dijon au 25° jour d'avril 1432 apres Pasques [= le 20 avril] pour resoudre audit procureur sur le contenu esdiz articles et a tout ce que ledit procureur lui vouldroit demander et contre lui proposer request touchans les cas contenuz esdiz articles leurs deppendences cy emergences et proceder en oultre selon raison; auquel tout lesdites (f.1V°) parties comparurent devant lesdiz commissaires et exhiba ledit procureur lesdiz articles par maniere de demande; et ledit Fraignot bailla certaines responses a l'encontre par escript lesquelles autreffois il avoit faite de bouche & bailléez par escript par devant certains autres commis de mondit seigneur. Et pareillement ledit procureur bailla certaines repliques a l'encontre desdictes responses. Et pour ce que en icelles demandes, responses & repliques n'avoit aucunes conclusions formelles, fut ordonné et appointié que lesdictes parties seroient et adjousteroient leurs conclusions par conseil et en forme deue a leursdictes demandes, deffenses et repliques, en adrecant ausdiz commissaires comme jugiéz deputéz par mondit seigneur en ceste partie sur les faiz desquellez demandes deffenses et repliques qui furent ordonnées estre mises en court, et lesquelles depuis y furent mises; c'est assavoir icelles demandes et repliques le 5° jour de may suigant oudit an 1432; et aussi furent les responses et deffenses principales dudit Fraignot mises en court. Le dimenche de Misericordia, 4° jour dudit mois de may, lesdictes parties furent litiscontestacion et furent appoinctiés en enquestes qui se seroient pour chacune des dictes parties par ledit maistre Jehan Bonost et par Jehan Gueniot, auditeur, et Pierre le Waultier clerc desdiz comptes, a ce commis et ordonnéz par mondit seigneur, et Regnault de Thoisy, conseillier d'icellui seigneur, adjoint a la requeste dudit Fraignot, se vacquer y povoit ou vouloit; et si non par Symon Paires demourant a Flaigey, present pour scribe, Jehan Gros, secretaire de mondit seigneur, et par lui a ce ordonné & commis. Et fut jour assigné ausdictes parties a comparoir au lieu de Dole par devant lesdiz comissaires, au samedi [= le 31 mai] apres la feste de l'Ascencion [= le 29 mai] notre seigneur lors suigant, pour veoir publier lesdites enquestes lesquelles iceulx commis y devoient rapporter ou envoyer feablement closes et seellées. Auquel jour et lieu lesdictes parties comparurent et pour ce que ledit procureur disoit que ledit Jehan Fraignot avoit mis et adjousté de nouvel es responses et deffenses qu'il avoit fait mectre en forme par l'ordonnance que dessus pluseurs faiz esquelx ledit procureur n'avoit pas a souffisance respondu par sesdictes repliques et requeroit icellui procureur qu'il feust receu (f. 2R°) a adjuster a sesdictes repliques ses faiz et raison que baillier vouloit pour respondre et deffendre lesdiz nouveaulx faiz dudit Fraignot. Sur quoy fut appoinctié que ledit procureur doivdroit a sesdictes repliques dedans le dimenche de Penthecoste [= le 8 juin] lors suigant tout ce que dire et deffendre vouldroit a la fin que dessus; et aussi ledit Fraignot tout ce qu'il voudroit deffendre es choses ainse joinctes et adjoustéez par maniere de duppliques; et sur tout seroit faicte enqueste comme devant par les commis que devant, lesquelles enquestes seroient rapportées par devers lesdiz comissaires a Dijon au lundi [= le 30 juin] apres la feste de la Nativite Saint Jehan Baptiste [= le 24 juin] lors suigant. Lequels jour et lieu, fut assigné ausdictes parties pour veoir publier lesdictes enquestes et proceder en oultre par raison; auquel jour et lieu, apres ce que ala regection ou admission d'aucuns articles contenuz oudiz roole et demande dudit procureur fut appoincié & ordonné, et que le delay de baillier lesdictes duppliques fut prorongé audit Fraignot jusques au jeudi suigant [= le 3 juillet], et fut appoinctié que lesdictes enquestes seroient faictes comme devant et fut renouvellée la puissance desdiz commis a faire lesdictes enquestes; et jour assigné ausdicts parties au 17° jour d'aoust lors suigant, pour en veoir faire publicacion et appoinctier icelles parties tant sur le principal comme sur l'interlocutoire prinse par les parties. Lesquelles parties depuis baillerent devers la court; c'est assavoir ledit procureur ses adjonctions et sesdites reppliques; et ledit Fraignot sesdictes duppliques. Et au 19° jour dudit mois d'aoust par continuacion d'icellui 17° jour, par ledit Fraignot furent faictes judicialement pluseurs requestes contenuez en ung kaier de papier qu'il bailla ausdiz comissaires, et aussi produit et exhiba les lettres patentes de mondit seigneur de sa retenue oudit office de receveur general et pluseurs comptes particuliers qu'il disoit avoir euz avec pluseurs gens; et aussi que ledit procureur eust faictes pluseurs requestes de son coste estans oudit proces et que chacune partie eust proteste de due contre les choses productes; leur fut dit que le lundi suigant, 25° jour dudit mois d'aoust, leur seroit donné appoinctement sur les choses par eulx dictes et requeste; et ce pendant lesdiz commissaires vacqueroient a la (f.2V°) visuacion des choses produictes et mesmement des comptes dudit Fraignot. Laquelle journée dudit 25° jour par anticipacion d'icellui fut continuée, le 23° jour du mois d'aoust, du consentement desdicte parties jusques au mardi second jour du mois de septembre lors suigant; et fut renouvellée la commission desdiz commis ordonnéz pour faire et parfaire lesdites enquestes. Et audit Jehan Fraignot fut ordonné de produire et exhiber pendant ladicte journee toutes lettres et autres choses que produire et exhiber vouldroit; auquel 23° jour ledit procureur en adjoustant es escriptures ja par lui baillées bailla et mist en court judicialment certaines autres escriptures en maniere de tripliques; desquelles ledit Fraignot quist avoir la copie et estre receu a y quadruppliquer et aussi quist avoir vision de ses lettres rendues par ses comptes estans en ladicte chambre des comptes a Dijon, ce qui lui fut octroié et mesmement lesdites visions de sesdictes lettres par la main dudit Jehan Gros ou de Pierre le Waulthier. Et depuis c'est assavoir le second jour de septembre ledit Fraignot bailla sesdictes quadruppliques, auquel jour aussi se comparurent les parties, et exhiba ledit Fraignot certain compte particulier fait avec Gillet Renain; lequel fut receu pour li valoir ce que valoir li devroit par raison. Et aussi fut dit par lesdiz commissaires que ilz s'informeroient par les gens desdiz comptes a Dijon et autres qu'il appartiendroit, se l'on devroit soy adjouster audit compte particulier et autres par avant exhibéz et produit par ledit Fraignot et le plus brief que faire se pourroit, seroit donné appoinctement sur ce; et aussi seroit faite response aux parties a certaines requestes faictes par lesdicts parties tant par escript comme de bouche; et se continua la chose d'elle-mesme de jour a autre jusques au samedi 13°

jour dudit mois de septembre; et dudit 13° jusques au 16° jour d'icellui mois, pendant laquelle continuacion furent veuz les proces et escriptures desdictes parties pour donner appoinctement sur les choses dessus dictes, et faire response esdites requestes que faites avoient esté par avant par lesdictes parties. Et ledit 16° jour veuz lesdiz proces et escriptures et aussi en responda ausdictes requestes faictes par lesdictes parties, iceulx commissers deisrent & profferent leur sentence interlocutaire telle que contenue est ou proces; et aussi que la personne dudit Fraignot seroit mise en arrest; lequel aussi y fut mis et depuis fut (f.3R°) eslargy sur certaines peines et moiennant certaines caucions par lui sur ce baillées. Et en oultre fut dit par ladicte sentence interlocutoire que combien que, selon la correction que lesdiz commissaires avoient fait faire par les gens desdiz comptes a Dijon des comptes dudit Jehan Fraignot renduz en ladicte Chambre des comptes des années declairées en ladicte sentence interlocutoire, apparut de prime, face ledit Fraignot devoir a mondit seigneur, la somme de soixant-huit mille deux cens trente-sept (68237) livres douze solz ung denier tournois de bonne monnoie de 6£ 3s marc d'argent, selon les advis desdiz gens des comptes qu'ilz avoient bailliéz par escript signé de leurs mains. Toutesffois estoit l'entencion desdiz commissaires, pour ce que lesdictes gens des comptes[34] en la fin de leurdit advis avoient mis et escript que sur l'avaluement des restes desdiz comptes renduz par ledit Fraignot, ilz estoient prestz d'en dire leur advis, toutesfois qu'il plairoit, ou de le baillier par escript, combien que leur sembloit que ladicte matiere estoit moult difficile et de grans pois et que l'on y devroit avoir grant advis a gens expers ayans congnoissance en tel matiere et par especial en fait de monnoie; et aussi que ledit Fraignot disoit que sur le principal en ladicte matiere il avoit encores pluseurs choses a dire et produire et a prouver. Fut dit par lesdiz commisseres que ledit Fraignot seroit oys bien a plain a ce qu'il vouldroit dire ou escrire avec ce que dit et escript avoit, et aussi ledit procureur de monseigneur, au contraire et sur tout, leur seroit faicte raison. Et fut l'appoinctement de ladicte commission renouvelle & jour assigné aux parties au 18° jour d'octobre ensuivant. Et le 20° jour d'icellui mois d'octobre par continuacion dudit 18°, fut requis par ledit Fraignot que les parties contenues et declairées en certains extrais par lui bailliéz, lesquelles il disoit lui devoir tenir lieu a sa descharge et diminuacion des restes de sesdiz comptes, seroient veues et veriffiées. Icellui Fraignot print sur lesdiz comptes et sur les lettres rendues par iceulx des comptes en comptes par lesdictes gens des comptes a Dijon. Lesquelx repporteroient tout ce que fait & trouvé en auroient ensemble leur advis pour y faire au surplus ce qu'il appartiendroit. Et le 23° jour d'icellui mois d'octobre par continuacion de

---

34) «gens» は本来，女性複数名詞であるが，«gens d'armes» あるいは «gens de robe» のように「de＋名詞」で構成される限定形容句を伴うと，一般に男性複数名詞として扱われる。本テキストでは，注記した «lesdictes gens des comptes» ように，指示詞を女性形にした場合も，あるいは直前の行に見られる «lesdiz gens des comptes» のように男性形とした場合も，どちらも同数見られる（各8例）。しかし指示詞 «iceulx» は，限定用法 «iceulx gens des comptes» および実詞としての単独用法 «iceulx» いずれも見られるが（各1例），«icelles» の使用は見られない。ちなみにどちらとも判断できない «les gens des comptes» が1例見られた。

soy mesmes avec l'appoinctement que dessus fut a icellui appoinctement adjouste quant a aucunes desdictes parties que ledit Fraignot n'avoit point accordées estre avaluées en la maniere que lesdiz gens des comptes l'avoient voulu avaluer.

Et aussi (f. 3V°) quant a certaines descharges que ledit Fraignot dit avoir levées a l'encommencement des annees de sesdiz comptes et avec ce les comptes particuliers par lui mis devers lesdiz commissaires, le tout seroit veu par lesdictes gens des comptes pour oir dire et baillier leur advis dedans le premier jour de decembre lors suigant. Pendant lequel temps lesdictes parties pourroient encores faire examiner plus avant, se faire le vouloient, et baillier tout ce que baillier vouldroient d'un coste et d'autre es mains dudit Jehan Gros, scribe, en ceste cause pour sur tout oyr droit au 8° jour dudit mois de decembre; auquel jour fut assigné ausdictes parties a Dijon pour oir ledit droit se dire se povoit bonnement. Et dudit 8° jour fut continuée ladicte journée jusques au 13° jour de janvier ensuivant; et depuis de rechief, pour ce que le chancellier et les autres gens de conseil de mondit seigneur avoient envoié ledit Fraignot par devers beaul oncle de Savoye pour aucunes choses tres neccessaires pour le fait de mondit seigneur, fut continuée ladicte journée jusques au 8° jour de fevrier. Et de rechief jusques au 12° jour de mars lors suigant et apres jusques au 21° jour d'icellui mois qui fut le samedi apres le dimenche que l'on chanta en sainte eglise *oculi*; auquel jour fut enjoint audit Fraignot de apporter tous acquis et autres choses qu'il vouldroit baillier s'aucuns en avoit dans le mardi suigant [= le 24 mars] pour toutes presixions et delays; fut dit en oultre par lesdiz commisseres qu'ilz avroient advis savoir moult se l'on jugeroit tout seulement au regad des restes desdiz comptes dudit Fraignot des années 1418, 1419, 1420 et 1421 que feibles monnoies avoient eu cours et aussi de ce qui a esté rapporté et prins en despense d'icelles feibles monnoies es comptes dudit Fraignot des années 1422, 1423, 1424, 1425, et 1426 sans touchier a icelles cinq derrenieres années en tant qu'il concernoit les bonnes monnoies qui en icelles années avoient eu cours; ou se l'on jugeroit sur le tout aussi sur dit par lesdiz commissaires que se ledit Fraignot bailloit aucunes acquis ou autre chose, ledit procureur en avroit (f.4R°) vision et seroit receu a tout ce qu'il vouldroit dire pour les impugner ou contre dire journelment ledit jour de mardi passé. Et en oultre fut assigné journée aux parties pour conclure et remercier en cause, sans aucune publicacion faire de leur consentement et pour oir droit se dire se povoit bonnement. Au mardi apres le dimenche [= le 29] de *judica me*, dernier jour de mars ensuivant, auquel jour de mardi les parties comparurent devant lesdiz comissaires et de leur consentement sans autre publicacion faire, conclurent & remercierent en cause. Apres lesquelles choses, fut dit ausdites parties par lesdiz commissaires qu'ilz visiteroient leurs proces et y avroient les advis desdictes gens des comptes et d'autres ayans congnoissant en tel matiere, et apres ce que ilz seroient deliberés et concluz de ce que a faire et a dire seroit en ladicte cause, l'on feroit savoir ausdictes parties le jour et le lieu esquelx l'on avroit conclud et deliberé leur dire ledit droit. Depuis lequel jour lesdiz commissaires a grant diligence veisrent et visiterent lesdiz proces et tout ce que par lesdictes parties avoit esté dit escript et produit en ladicte cause, et mesmement les demande, reppliques, adjoncions et trippliques dudit procureur; par lesquelles et pour obtenir a fin que ledit Fraignot fust condepmné et condemne contraint a rendre et paier a mondit seigneur les sommes de deniers, et pour les causes contenues esdiz cas et articles, et les autres sommes qui seroient trouvées estre par lui pou rendues en recepte et trop induement prinses en despense par ses compts, & a l'amander a mondit seigneur et en estre pugnis de telles amendes, pennes et pugnicions que de raison et bonne justice appartendroit que lesdiz comptes d'icellui Fraignot feussent par lesdiz commissaires corrigiéz en recepte et despense tant es restes et estas d'iceulx comme en toutes parties grosses et menues, ordinaires et particuliers; esquelles estoit et seroit trouvée erreur et faulte, non obstant certians advis ou deliberacion, que autres veulent nomer ordonnance, faicte par lesdiz gens des comptes de mondit seigneur a Dijon, et que iceulx advis et deliberacion ne donnent prejudicier a mondit seigneur; mais fut facte d'icelle correction selon raison et entretenant les ordonnances sur ce fait par le roy Charles derrenierement trespassé et feue (f.4V°) madame la duchesse, mere de mondit seigneur, dont dieu ait les ames, et les autres ordonnances et instructions deues et raisonnables de mondit seigneur et les bons stilles et usances de la chambre des comptes de monseigneur le Roy a Paris sur l'apreciacion et avaluemens des monnoies dont font mencion aucuns desdiz cas et articles envoiéz ausdiz commissaires et proposéz contre ledit Fraignot.

Et pour obtenir a ses fins, disoit ledit procureur que les ducs de Bourgogne qui ont esté ca en arriere et aussi monseigneur qui est a present ont tousjours fait faire et forgier en leurs monnoie de Bourgogne telles et semblalbles monnoies d'or et d'argent blanche et noire en pois, loy, valeur et cours, comme monseigneur le roy faisoit faire en ses monnoie de France. Et aussi ont toujours faites et entretenues telles et semblables ordonnances comme monseigneur le roy faisoit ou fait desdictes monnoies. Et par especial en l'an 1421, les deniers blans appelléz gros qui avoient eu cours pour vint deniers tournois furent, par feu monseigneur le roy Charles le VI° qui lors vivoit et semblablement par monseigneur, ramenéz a cinq deniers tournois, et depuis a deux deniers maille tournois piece. Et feisrent lors faire leur forte monnoie de doubles de deniers tournois piece. Et tant par feu ledit monseigneur le roy comme par feu notre belle mere ayans lors le gouvernement des pais de mondit seigneur son filz, furent faites certaines ordonnances comment l'on paieroit toutes manieres de debtes deues du temps de la faibles monnoie. Selon lesquelles ordonnances et ayant regard a tous les poins & articles contenuz en d'icellez, l'on s'est depuis lors gouverné et ont esté entretenues icelles ordonnances tant en France comme en Bourgogne, en jugement et dehors, et par especial en la Chambre des comptes de monseigneur le roy a Paris, pour cause de la mutacion des monnoies qui ont esté depuis l'an 1414 jusques au 3° jour de novembre 1421 que lesdiz doubles de deux deniers tournois furent criéz et mis a prix, l'on a besoigné, et fait l'on encores de jour en jour avec les receveurs et autres officiers des finances de mondit seigneur le roy en la maniere qui s'ensuit.

C'est assavoir se par la fin et reste des comptes des officiers des annees fenissant 1414, 15, 16, 17, et jusques au 7° jour de mars 1418, leur a esté et est aucune somme d'argent deue ou quelz feussent ou soient tenuz a monseigneur le Roy en aucune somme, l'on leur a porté lesdictes restes de compte sur compte sans difficulté; car l'on s'appartenoit tres peu de la diminucion de ladicte (f.5R°) monnoie. Et la reste desdiz comptes jusques au 7° jour de mars fust ores que lesdiz officiers deussent ou qui leur feust deu, ne s'est pas portée sur les comptes ensuivans pour ce que la monnoie courant ou temps desdiz comptes estoit trop feible; et pareillement les restes desdiz comptes de la feible monnoie courant depuis ledit 7° jour de mars 1418 jusques au 4° jour de novembre 1421 ont esté et sont chacun jour avaluées ainsi que la mutacion s'est faite par pluseurs fois au feur du marc d'argent de l'un temps a l'autre quant l'on a voulu porter lesdictes restes sur les comptes apres ensuiguens commencant audit 4° jour de novembre temps de ladicte monnoie de doubles. Et ce des comptes desdictes années et temps precedans fenissans audit 7° jour de mars 1418 a aucunes restes a porter soit pour monditseigneur le roy ou pour lesdiz officiers, elles se sont portées et portent sur les comptes du temps de la dicte monnoie de doubles; et sont avaluées au feur que marc d'argent a valué de l'un temps a l'autre, comme de ladicte usance l'on avoit esté certiffié deuement; disoit en oultre ledit procureur, que non obstant lesdictes ordonnaces et que lesdictes gens des comptes a Dijon aient tousjours eu regard au gouvernement et aux ordonnances des gens de comptes de monseigneur le roy a Paris et les ayent ensuis au plus pres qu'ilz l'ont peu faire en faiz de comptes et des monnoies, s'ilz n'ont eu mandemens ou ordonnances de nosseigneurs les ducs & duchesses au contraire. Neantmoins iceulx gens des comptes a Dijon ont fait autrement. Car ou mois de juillet 1422, ilz feisrent certians advis ou ordonnances par lesquelles toutes restes de comptes deues a monseigneur ou que monseigneur devroit jusques au derrenier jour de decembre 1419 devoient estre portées sans aucune difficulte et avaluées a la monnoie presentement courant, selon que le marc d'argent valoit a la monnoie ledit derrenier jour de decembre 1419, non obstant quelconque mutacion de pie des monnoies; et les restes qui seroient deues par monseigneur ou ses receveurs depuis le premier jour de janvier 1419 jusques au premier jour de janvier 1421 excluz, que les feibles monnoies faillient et n'eurent plus cours, seroient ramenéz et avalués a huit frans pour ung de la monnoie presentement courant. Excepte pour ce que le gros valent 5 dt depuis le 12° jour d'aoust 1421 jusques au (f.5V°) derrnier jour de decembre ensuivant, les receveurs devoient faire de 5 deniers, vint deniers & de ung franc, quatre francs, excepte aussi deniers des greniers et des imposicion & 8° dont les receveurs demourroient deschargiéz jusques au 4° jour de may 1420 que le pie de la monnoie qu'estoit de 16 £ 10st marc d'argent, fut chargié; et que pour entretenir ledit advis ou ordonnance desdiz gens des comptes a Dijon, combien que l'on eust donné du marc d'argent pluseurs maindres pris que 9 £ 10s, et que l'on en donnast des le second jour d'octobre 1418 jusques au 21° jour d'avril 1419 apres pasques, lesdit 9 £ 10st; des cedit 21° jour d'avril jusques ou mois d'aoust suigant, 15 £; et des ledit mois d'aoust jusques au 4° jour de may 1420, 16 £ 10st. Et aussi des ce dit 4° jour de may par aucun temps, 22 £; et tantost apres, 26 £ jusques au premier jour de janvier 1421 que les feibles monnoies faillirent et n'eurent plus aucun cours; neantmoins lesdiz gens des comptes a Dijon ont tousjours pourté les restes de 9 £ 10s sur les comptes suigans, et avaluées audit Fraignot a 16 £ 10st marc d'argent.

　　Disoit oultre ledit procureur que combien que ledit Fraignot par son second compte de ladicte recepe generale feni au derrenier jour de decembre 1418 deust a mondit seigneur de reste 179 350 £ t qui devoient estre avaluées a 9 £ 10st marc d'argent; neantmoins lesdiz gens des comptes li ont portée ladicte reste en son compte feni 1419, et apres sur les autres comptes ensuigant et avaluée au pris de 16 £ 10s marc d'argent; pareillement des empruns que ledit Fraignot avoit receu es mois de novembre, decembre, janvier et fevrier 1418 montans a 19 057 £ de la monnoie de 9 £ 10s t marc d'argent que ledit Fraignot deust avoir renduz en ses premier et second comptes dediz temps. Et il les a renduz en son 3° compte de l'an fini au derrenier jour de decembre 1419. Lesquelles gens des comptes li ont appreciéz et avaluéz a la monnoie de 16 £ 10st marc d'argent; et aussi d'une somme de sept cens frans monnoie de 9 £ 10s marc d'argent que ledit Fraignot receust (f.6R°) en darnier 1416 qu'il deust avoir rendu en sondit premir ou second compte, et il les rend apres la fin de son 5° compte feni au derrenier jour de decembre 1421. Lesdictes gens des comptes lui ont semblablement avaluée seulement audit prix de 16 £ 10s marc d'argent. Esquelx avaluemens tant de ladicte reste de l'an 1418 comme desdiz empruns et aussi desdiz 7 cens frans mondit seigneur a de perte et ledit Fraignot gaignoit et prevoit proffit sur mondit seigneur la somme de 54 mille 6 cens[35] 69 £ t. bonne monnoie. Et toutesvoies lesdictes gens de comptes ont fait estat audit Fraignot en la fin de sondit 5° compte de la dicte recepte generale en entretenant leurdite ordonnance; ouquel estat ilz ont portées toutes les restes tant de sondit 5° compte comme de ses autres comptes precedans; par lequel estat ainsi qu'il est fait ledit Fraignot entre les aucunes parties qu'il doit et qui lui sont deues doit a monseigneur 54 mille 31 £ 18s 6d ob feible monnoie de 20d le gros qui sont illecques avaluéz au feur de 8 fr de ladicte feible monnnoie pour 20 st bonne monnoie; en quoy lesdictes gens des comptes ont comprins 13 mille 9 cent 19 £ 8s 6d qui procedent de la monnoie receu par ledit Fraignot depuis le 18° jour d'aoust 1421, qui depuis ot cours tant de 5d comme de 2d obole le gros; ouquel avaluement mondit seigneur est perdant et ledit Fraignot y prent de prouffit sur mondit seigneur de la somme de 4 474 £ 1s 9dt. Pour tout que mondit seigneur estoit perdant esdiz avaluement faiz par lesdiz gens des comptes de 59 143 £ tournois bonne monnoie; sur quoy ledit Fraignot povoit queller la somme de 5 648 £ tournois de 6 £ 3s marc d'argent; en ce que par son 3° compte depuis le premier jour de janvier 1418 jusques au 21° jour d'avril en suivant appert qu'il n'a receu que 65 330 £ 15s 3d obole t et il a en despense 85 899 £ comme il peut apparoir par les dates de ses lettres et acquis renduz par sondit compte. Ainsi quant a ceste partie avroit plus despense que receu 20 568 £ qui au pris de 9 £ 10s ramené a 6 £ 3s marc d'argent valent 13 315 £. Et audit prix de 16 £ 10s ramenéz a 6 £ 3s valent seulement 7 666 £ (f.6V°) 5st. Ainsi

---

　　35）原テクストは «xvj cens» = 1600 であるが，単純な誤記と理解して «vj cens» = 600 と読む。

servient a desduire audit Fraignot lesdiz 5 648 £ t de 6 £ 3s marc d'argent; reste qui deniers encore a la perte de mondit seigneur la somme de 53 495 £ t bonne monnoie que doit ledit Fraignot a mondit seigneur oultre et pardessus ce qu'il doit par les avaluemens et apretiacions qui lui avoient esté faiz par la cloison de ses comptes. Laquelle somme demande ledit procureur et requiert estre recouvrée au prouffit de mondits seigneur sur ledit Fraignot.

 Et combin que en oultre et apres lesdiz avaluements cy dessus contenuz et escrips oudit role par monseigneur envoié ausdiz comissaires jusques au 27° article soient oudit roole contenuz pluseurs autres cas et articles, toutesffois disoit ledit procureur que bonnement ne povoit encore proceder a faire son informacion et enqueste jusques a ce que sur les cas desdiz avaluements fust decidé; en protestant de, au surplus desdiz autres cas et articles contenuz oudit roole, povoir requerir, demander et recouvrer le droit de mondit seigneur, quant faire le pourroit bonnement. Et pluseurs autres causes et raisons disoit et proposoit ledit procureur. Par lesquelles et les autres dessus recitées, il tendoit et concluoit a ses fins et conclusions cy devant touchées et escriptes et a une chacune d'icelles. A l'encontre desquelles choses ainsi proposées et demandées par ledit procureur, ledit Jehan Fraignot, tendant a fin d'absolucion et en mectant en *my* les faiz dudit procureur, disoit et proposoit, par ses deffenses apres certaines protestacions par lui faictes, que feu monseigneur et pere, monseigneur le duc Jehan en l'an 1415 le institua son receveur general de ses pais de Bourgogne & de Charrolois soubz la conduicte et obeissance de Jehan de Noident, lors ou assez tost apres tresorier et gouverneur general des finances de mondit seigneur. Ouquel office il a tousjours demouré jusques au trespas de feu mondit seigneur et pere qui fut le 10° jour de septembre 1419. Et depuis tantost apres par monseigneur a esté de rechief institué oudit office ou il a tousjours demouré jusques au derrnier jour de fevrier 1426, et durant ledit temps de sondit office, s'est loyaulment, diligemment et honnestement gouverné en icellui au bien et prouffit de mondit seigneur, et pendant ledit temps par le bon plaisir de feu monseigneur le roy et de madame la royne sa compaigne, a eu charge ordinaire dudit office de recevoir (f.7R°) les prouffiz et emolumens des monnoies de Charlons, Troyes et Mascon et aussi de pluseurs grans autres sommes de deniers des receptes apparetenans a mondit seigneur le roy, et pluseurs aides, empruns et autres deniers extraordinaires qui ont esté levéz esdiz pais de Bourgogne et de Charroloiz; desquelles receptes et sommes ledit Fraignot a rendu bon et loyal compte en ladicte chambre des compts a Dijon; et ont esté ses comptes sur ce renduz deuement clox et affinéz par lesdiz gens desdiz comptes, qui de ce avoient puissance par auctorite de leurs offices ordinaires. Et laquelle cloison emporte force et vigueur de sentence donnée par juge competant. Et est demouré ledit Fraignot par ladicte cloison quicte & absolz envers mondit seigneur de toutes obligacions esquelles il povoit estre tenu a lui a cause desdictes receptes.

 Et ja soit ce que lesdiz comptes fussent affiniéz et deuement clox, aucuns malvueillans dudit Fraignot pour le dommaigier et retraicter lesdiz comptes, ont donné a entendre a monseigneur pluseurs choses contre verite et icelles fait mectre par escript sur lesquelles est formée la demande dudit procureur. Et quelque chose que *ire* ledit procureur en sa demande.

Ledit Fraignot ne scet riens, comme il dit, de la maniere qui a este tenue en France, en la chambre des comptes a Paris, ou fait des monnoie et finances du roy et n'a eu aucune cognoissance du prouffit ou dommaige qui estoit a la recepte mise ou cours desdictes monnoies. Disoit aussi que lesdiz gens des comptes a Dijon ont auctorite et puissance de faire ordonnance et constitutions & status es choses qui concernent le fait des comptes et que iceulx tous assembléz en grant et notable nombre a grande et menue deliberacion en l'an 1422 feisrent une ordonnance sur la maniere a garder ou fait des comptes renduz et a rendre en ladicte chambre des comptes a Dijon en la maniere qui s'ensuit.

C'est assavoir que non obstant la mutacion des piez des monnoies qui ont esté faiz depuis l'an 1415 jusques au derrenier jour de decembre 1421, actendu que de ladicte mutacion le peuple ne s'est point prins garde ou tres peu jusques environ Noel 1419, que toutes restes de comptes deues a monseigneur par les gens de ses receptes ou qui deues leur seront par la fin de leurs comptes renduz ou a rendre jusques au derrenier jour de decembre 1419, seront portées de compte sur autre sans faire ou mectre aucune difficulté non obstant ladicte mutacion. (f.7V°) Et auquel dernier jour de decembre, les restes par eulx deues ou que l'on leur devroit seront avaluées a la monnoie courant au temps de ladicte ordonnance, eu regard a ce que marc d'argent valoit au dernier jour de decembre 1419. Et les restes qu'ilz devroient ou leur seroient deues depuis le premier jour de janvier 1419 jusques au premier jour de janvier 1421 excluz, auquel jour le gros qui avoit cours pour 5dt piece et par avant avoit eu cours pour 20dt piece, fut mis a 2d obole t, leur seroient portées sur leursdiz comptes finiz au derrenier jour de decembre 1421. Et icelles restes ravaluéez et ramenées a la monnoie lors courant; c'est assavoir 8 frans de ladicte monnoie pour 1 fran dicte monnoie lors courant; non obstant que par environ quatre mois et 12 jours le gros ait valu 5dt, pour ce que, en rendant lesdiz comptes, ordonné est ausdiz receveurs des rentes qui seroient escheues durans lesdiz quatre mois et 12 jours commencant le 18° jour d'aoust 1421 et fenissans le derenier jour de decembre suigant, en lieu de 5 dt pour 20 dt, et pour 1 fran, 4 frans, et par ainsi seroient lesdiz comptes faiz et renduz tout a feible monnoie pour les deux années finis audit derrenier jour de decembre 1421.

Item en tant qu'il touche les deniers de la revenue des grenier a sel et aussi des 8° et imposicion du duchie de Bourgogne, attendu que les paiemens d'iceulx se sont faiz comptans tant en delivrant le sel comme durant les termes desdictes imposicion & 8°, que les receveurs ordinaires et lesdiz grenetiers seront et demourront chargiéz d'iceulx deniers jusques au 4° jour de may 1420; auquel jour fut faicte la mutacion de la monnoie et le pie changié audit pris de 16 £ 10st marc d'argent. Et en tant qu'il touche les comptes renduz ou a rendre du temps passé precedent premier jour de janvier 1415, et ce qui est ou sera deu par la fin d'iceulx comptes a monseigneur ou aux officiers de recepte sera avalué au feur que marc d'argent valoit au derrenier jour de decembre 1415 qui est de 7 £ 2st; et ledit marc d'argent ramené au feur de 7 £ 3st qui est le pris que marc d'argent valoit es monnoies de monseigneur le premier jour de janvier 1421; (f. 8R°) auquel jour la bonne monnoie commanca a avoir son cours en Bourgogne.

　Item que les comptes commencans le premier jour de janvier 1421, que les doubles furent mis sus et eurent cours pour deux deniers tournois piece jusques au 23° jour d'octobre 1423 excluz, auquel jour lesdiz doubles furent revus pour avoir cours la piece pour ung denier deux tiers tournois piece qui sont les six, dix deniers tournois, seront renduz et prins en despense jusques au 23° jour d'octobre excluz au pris de 24st pour frans; lesquelx 24st vauldront vint solz tournois. Et par ainsi toutes restes deues de ladicte monnoie de 24st qui a eu cours depuis ledit premier jour de janvier 1421 jusques audit 23 jour d'octobre suigant escluz, seront semblablement ramenéz a ladite monnoie de 20st le franc ayant cours au temps d'icelle. Et en tant qu'il touche les comptes lors desia oys et clox selon ladicte ordonnance cy dessus, ilz demourront en leurs estas. Et ou cas que aucuns des officiers de recepte seroient aléz de vie a trespassement ou deschargiéz de leurs offices avant ce que marc d'argent feust mis a 16£ 10st, en ce cas, les restes qu'ilz devroient ou qui leur seroient deues par la fin de leurs comptes seront avaluées au prix que marc d'argent auroit valu chacun an au dernier jour de decembre ou a tel autre jour que leurs comptes finiroient. Laquelle ordonnance le chancellier de monseigneur avoit approuvée disant qu'elle estoit bonne et raisonnable. Et selon laquelle qui emporte force de loy et de chose advigée, ledit Fraignot s'est resglé et a besoingnié a pluseurs et diverses personnes indifferamment. Et semblablement les barons, chevaliers et autres desdiz pais de Bourgogne se sont reglez et gouvernéz indifferamment selon ladicte ordonnance en l'audicion de leurs comptes. Et ne la peut l'on, selon raison, revoquer ou prejudice dudit Fraignot. Disoit oultre que combien que par second compte fini au derrenier jour de decembre 1418, il est deu de reste a monseigneur 179 301£ que ledit procureur maintient estre de 9£ 10s marc d'argent. Neantmoins n'avoit il pas en ses mains ladicte reste mais l'avoit paiée pour les faiz et besoingnes de mondit seigneur en telle monnoie que receue l'avoit. Et (f.8V°) aussi disoit avoir paiées pluseurs grans sommes de deniers en pluseurs et diverses parties; manieres ou temps de ladicte monnoie de 9£ 10s marc d'argent qui ne li tenoient lieu en ses comptes que au prix de 16£ 10s marc d'argent dont il a bailléez les declaracions pardevers lesdiz commissaires et par especial en cinq manieres.

　La premiere qu'il dit qu'il y a aucunes d'icelles parties qu'il a paiées par lettres de dates du temps de ladicte monnoie de 9£ 10s. Et pour ce qui les prent en despense par ses comptes des années 1419 et 1420 elles ne li tiennent lieu fors que a la monnoie de 16£ 10s marc d'argent.

　La seconde manierre qu'il dit qu'il y a pluseurs grosses parties par lui paiées au temps et de la monnoie de 9£ 10s par le commandement de feu mondit seigneur & pere, le duc Jehan, & de son tresorier dont il n'a peu avoir ses acquis jusques au temps et de la date de ladicte monnoie de 16£ 10s dont il a baillié la declaracion avec certains comptes particuliers et autres escrips.

　La tiers maniere qu'il dit avoir paié pluseurs parties ou mois de may 1419 de ladicte monnoie de 9£ 10s. Car lors il n'avoit point encores de la monnoie de 16£ 10s; desquelles parties il a aussi bailliée la declaracion.

La quarte maniere qu'il dit que au commencant de l'année commencant en janvier 1418 il bailla pluseurs ses descharges aux officiers de recepte de mondit seigneur qui se obligoient a lui paier les sommes dedans contenues a certians termes ensuivans; les dates de leursdictes obligacions qui estoient escheuez ou temps de la monnoie de 16 £ 10s. Et toutesvoies il en est chargié a telle monnoie qui couroit au jour de la date desdictes descharges qui est de 9 £ 10s dont semblablement il a baillées les parties par declaracion.

Et la quinte maniere qu'il dit avoir levéez pluseurs descharges sur aucuns officiers de pluseurs sommes desquelles il a faicte recepte et en est chargié a la monnoie courant au temps de la date desdicte descharges dont il n'a peu riens recouvrés, et pour ce les reprent en despense pour « Deniers renduz & Non receuz » en ses comptes ensuiguens; esquelx comptes icelles sommes ne li tiennent lieu que a la monnoie que celle qui rend en faisant recepte des sommes contenues esdit charges et dont il a baillées les parties par declaracion comme dessus.

Disoit aussi ledit Fraignot que tantost apres la mort (f.9R°) de mondit feu seigneur et pere le duc Jehan, son estat fut fait et veu en la chambre des comptes a Dijon; par lequel estat fut trouvé qu'il ne povoit avoir en ses mains des deniers de monseigneurs plus avant de 28 000 frans ou environ. En oultre disoit ledit Fraignot que suppose qu'il fust dit et prononcié lui estre tenu envers mondit seigneur en aucune somme ou partie des monnoie que l'on lui demande selon l'entendement dudit procureur. Toutesvoies met il, de fait, dit et maintient que selon raison il ne devroit estre, au pis venir, chargié de ce que l'on[36] lui veult demander ou de ce qu'il ne justiffieroit point fors que a la traicte; c'est assavoir ce que l'on eust peu tirer de la monnoie que l'on lui demande qu'il l'eust pourtée comme billon et fait reffondre et refforgier a la monnoie du premier pie ensuiguent; et par autre maniere disoit que de la monnoie de 9 £ 10s marc d'argent, monseigneur en tiroit 15 £; et par ainsi fault dire que esdictes quinze livres d'icelle monnoie, n'avoit que ung marc d'argent sans riens desduire pour faulte de poix et d'aloy; parquoy de raison ou ne lui pourroit ne devroit demander pour 15 £ de ladicte monnoie que ung marc d'argent; ne pareillement des autres feibles monnoies ensuiguens, se non selon la valeur de ce que le seigneur en tiroit, consideré que ce que l'on lui demande seroit et devroit estre reputé argent de garde & de depost et que les ordonnances de France le veulent ainsi, non obstant les ordonnances, usances et autres choses que ledit procureur maintient au contraire. Disoit aussi que lesdictes ordonnances de monseigneur le roy et de feu madicte belle mere se devoient entendre de partie a partie, & non pas de seigneur au receveur. Car comme dit est, l'argent que le receveur auroit en ses mains seroit comme argent de garde et de despost. Pour lesquelles causes et autres, bien a plain contenues et declairées tant esdictes deffenses comme es duppliques quadruppliques et autres escriptures dudit Fraignot, tendoit et concluoit icellui Fraignot, a l'encontre dudit procureur, affin d'absolucion comme dessus offrant de prouver ses faiz a souffisant; lesquelx faiz ledit

---

36) « lon » répété est supprimé.

procureur lui mist en vy; et pareillement ledit Fraignot audit procureur les siens contenuz tant en la demande comme es repliques tripliques et autres escriptures d'icellui procureur si et en tant comme ilz sont recevables contraires et preindiciables les ungs aux autres en faisant litiscontestacion en ladicte cause; sur lesquelx faiz enquestes ont esté faictes d'un coste & d'autre (f.9V°) apres ce que les parties ont respondu par siement aux articles l'un de l'autre. Et aussi lesdictes parties une chacune a son entencion ont produit et exhibé, en maniere de prevue, les comptes dudit Fraignot des temps et annees dont ledit procureur faisoit et fait querelle & demande audit Fraignot, et toutes lettres rendu par iceulx comptes renduz par ledit Fraignot et estans en ladite chambre des comptes a Dijon. Et avec ce, ledit procureur a produit et exhibé en maniere de prevue, pour monstrer et justiffier que lesdiz avaluemens se doivent faire au feur et valeur du marc d'argent selon que ja dit est cy devant ou recité de sesdiz faiz et escriptures et non pas a la traitie, lesdites ordonnances de feu monseigneur le roy et de feue ma dame et mere la duchesse mere de monseigneur. Et pareillement ledit Fraignot a produit et exhibé ung vidimus seellé du seel royal de la court de Saint Gengoul ouquel sont transcriptes les lettres dudit feu monseigneur le roy contenans lesdictes ordonnances royales sur la maniere comment l'on devoit et doit avaluer et paier toutes debtes deues des temps & annees que les feibles monnoies ont eu cours; et aussi a produit icellui Fraignot pluseurs comptes particuliers et estas par lui faiz, comme il disoit, avec pluseurs des officiers de recepte desdiz pais de Bourgogne et de Charroloiz ensemble, les lettres de son institucion oudit office de receveur general et pluseurs autres escripts et memoires servans et faisans, comme il disoit, a sa justifficacion. Et apres ce que les parties eurent conclud et *remercié* en cause comme dit est, iceulx commissaires veisrent a grant diligence et a grant et meinte deliberacion, comme avons bien sceu, ledit proces et mesmement les memoires baillées par les parties tant sur l'extrait & restes desdiz comptes comme sur les mutacions des piez et valeurs des monnoies de tous les temps d'iceulx comptes; selon lesquelles mutacions de pie, ilz feisrent faire pluseurs estas desdictes restes, et apres tous iceulx estas les reduire a une somme, et pareillement des autres comptes dudit Fraignot de la recepte de Chalon des temps qu'il en a esté receveur pour mondit seigneur. Du fait desquelx comptes de Chalon, ledit Fraignot a (f.10R°) consentu que l'on en peust congnoistre comme de sesdiz autres comptes de ladicte recepte generale et aussi des monnoies d'or et de Flandres jusques au derenier jour de decembrre 1421 inclux dont en sesdiz comptes de la recpte generale est faite mencion. Apres lesquelles choses ainsi faictes, lesdiz commissaires qui tous d'un accord avoient advisié et conclud la sentence telle que donner vouloient sur ledit proces, manderent lesdictes parties par devant eulx au 27° jour de may derenierement passé, et icelles presentes leur assignerent jour au landemain heure de huit heures devers matin au lieu de Talent pour oyr droit en ladicte cause; et ordonnerent audit Fraignot de retourner prisonnier de monseigneur audit Talant ainsi que promis l'avoit et sur les peines contenues en l'appoinctement de sadicte promesse et de son eslargissement. Lequel Fraignot ce oy, dist esdiz comissaires que au temps qu'ilz avoient donné et proferé leur sentence interlocutoire dont desus est faicte mencion, combien qu'il n'eust pas appellé devant eulx pour ce que l'on lui avoit rapporté que le procureur avoit dit que s'il appelloit il le feroit mectre en prison en tel lieu qu'il ne verroit ses piez. Toutesffoiz il avoit appellé d'icelle interlocutoire en presence de notaire & de tesmoigns. Et encores en adherant a sadicte premiere appellacion, appella a monseigneur et se on ny vouloit defferer a monseigneur le roy et a la court de son parlement de France et autre part ou droit le mectoit. Et dist oultre que non obstans sesdictes appellacions pour garder ses caucions de dommaige, il retourneroit en arrest et tenir prison audit Talant comme il estoit et avoit fait par avant. Pour raison desquelles appellacions et pour reverence d'icelles, lesdiz commissaires surceerent de proceder plus avant et de donner leur sentence diffiitive. Depuis lequel temps ledit Fraignot a envoié pluseurs requestes par devers mondit seigneurs et nous, en supliant de sa deliverance et querant que l'on lui mist fin oudit proces, disant que c'estoit la chose qu'il desiroit plus. Sur quoy li feismes response que obstans sesdictes appellacions par lui emises et que ne voulions attempter a icelles, ne le povions ou devions pourveoir et que il povoit poursuir sesdicte appellacions se bon lui sembloit. Lequel Fraignot nous fist dire et exposer par ses parens et amis et autres ses conseilliers que lui confiant de la bonne justice de monseigneur (f.10V°) et de nous, vouloit renoncier a sesdictes appellacions. Esquelles depuis il renonca de son bon gre plainement et absolument en mectant tout son droit es mains de mondit seigneur et de nous; apres lesquelles renonciacions, nous avons fait venir par devant nous lesdiz commissaires et appellé avec eulx le chancellier de monseigneur, le prevost de Saint Omer, le doyen de la chappelle de monseigneur, les gens des comptes a Dijon, le general maistre des monnoies de mondit seigneur, Jehan le Muet, nagaires receveur de Troyes, Jehan Gueniot, auditeur des comptes de mondit seigneur, et Pierre le Waultier, clerc d'iceulx comptes; es presentes desquelx, avons fait lire tout ledit proces, apres la lecture duquel proces, avons eu advis avecques les dessusdit; par lesquelx ladicte matiere a esté tres grandement ouverte de batue et discutée en notre presence.

  Veu lequel proces, considéré tout ce qui fait a considerer en ceste matiere, et par le povoir a nous donné par mondit seigneur qui sur ce nous a donné sa puissance pour jugier & determiner ledit proces, avons trouvé, declairé, trouvons et declarons par notre presente sentence diffinitive & a droit, ledit Fraignot estre tenu et devoir a mondit seigneur pour les causes dessusdites contenues oudit pies la somme de cinquante-sept mille neuf cens quatre-vins treze (57 993) livres dix-sept deniers maille tournois bonne monnoie de six livres trois solz marc d'argent qui est semblable monnoie de pie pois et loy qu'est la monnoie presentement courant. Toutes deducion faicte audit Fraignot avant toute euvre de tout ce qui a esté trouvé a lui estre deu par mondit seigneur desdictes feible monnoies qui eurent cours jusques au derrenier jour de decembre 1421 incluz en telle maniere; c'est assavoir que tout ce qui est deu audit Fraignot des restes de sesdiz comptes de ladicte recepte generale des années 1419, 1420, 1421; et aussi a cause de la recepte de Chalon de tout le temps qu'il en a esté receveur jusques au 10° jour de may 1420; et des sommes desdictes feibles monnoies qu'il rend et prent en ses autres comptes de ladicte recepte generale des annees fenies au derrenier jour de decembre 1422, 1423, 1424, 1425 et jusques au derrenier jour de fevrier 1426. Combien que ce soit de plus feibles & petites monnoies que la reste qu'il doit par la fin de son compte de ladicte recepte generale de l'an 1418 sera, et avons ordonné estre desduites et rabatues audit Fraignot et lui (f.11R°) deduisons & rabatons monnoie pour[37] aucunes causes qui a ce nous viennent de ladicte reste qu'il doit de sondit compte de l'an 1418, montant icelle reste 85 985 £[38] 19s 2d point tournois qui est monnoie de 9 £ 10s marc d'argent. Et le surplus qui demeure d'icelle reste toute deduction faite audit Fraignot de ce qui lui estoit deu comme dit est, avons ordonné estre ramené et avalué audit Fraignot a la monnoie de 6 £ 3s marc d'argent ; selon lequel avaluement monte ce que doit ledit Fraignot du demourant de ladicte reste de l'an 1418, 56 311 £ 19st dicte bonne monnoie. Et aussi doit a cause desdites monnoies d'or et de Flandres jusques audit derrenier jour de decembre 1421 incluz 1681 £ 2s 5d ob t dicte bonne monnoie de 6 £ 3s marc d'argent. Ainsi pour tout doit ledit Fraignot a mondit seigneur pour lesdictes causes ladicte somme de cinquant-sept mille neuf cens quatre-vins-treize (57 993) £ 17 deniers obole t dicte bonne monnoie de 6 £ 3s marc d'argent, semblable monnoie de pie poix et loy qu'est la monnoie presentement courant. A laquelle somme rendre et paier a mondit seigneur ou a son receveur qu'il appartiendra, l'avons comdempné et comdempnons par ces presentes et a tenir arrest et prison jusques a plenne et entiere satisfaction d'icelle somme. Sauf et reserve en tout la grace et bon plaisir de mondit seigneur. Et sauf et reserve aussi audit procureur de monseigneur et audit Fraignot leurs droiz en toutes autres choses non comprinses oudit proces et ou contenu des articles declairéz oudit roole envoié par mondit seigneur ausdiz commissaires, que ledit procureur a surceu de proceder jusques a ce que bon lui semblast. Et sans comprendre en ce les bonnes monnoies qui ont eu cours depuis le premier jour de janvier 1421 jusques audit derrenier jour de fevrier 1426, fin de tous les comptes dudit Fraignot et dont mencion est faicte en iceulx comptes tant de ladicte recepte generale comme de ladicte recepte de Chalon.

Cy apres s'en suivent les teneurs des commissions dessusdictes. Et premierement s'ensuit la teneur des lettres patentes de mondit seigneur du povoir donné a sesdiz commissaires contenans ceste forme.

Phelippe, par la grace de dieu, duc de Bourgogne, de Lother, de Brabant et de Lembourg, comte de Flandtres, d'Artois, de Bourgogne, (f.11V°) Palatin, et de Namur, marquis de Saint Empire, seigneur de Frise, de Salins et de Maline, A noz améz et fealx conseilliers, maistre Richart de Chancey, president de notre parlement de Dole, messire Jaques de Villers, chevalier, notre chambellain, Guillaume du Bois, escuier, maistre de notre hostel et notre bailli d'Auxois, maistre Jehan de Terrant, maistre des requestes de notre hostel, maistre Guy Gelenier, Estienne Armenier, Jehan Bonost, maistre de noz comptes a Dijon et

---

37) La phrase « monnoie pour » répétée est supprimée.
38) erreur: doit être 86 985?

Guillaume Laviz, clerc des comptes de monseigneur le Roy a Paris, salut et dileccion. Nous vous envoions avec ces presentes ung qaiayer de perchemin encloz soubz notre contreseel ouquel sont escrips certains cas et articles; sur chacun desquelx et de leurs circonstances et deppendences, nous voulons estre sceue la verite et y estre pourveu ainsi que par raison et bonne justice selon l'exigence de chacun cas appartiendra. Pourquoy nous confians a plain de voz senz, loyaultez et bonnes diligences, vous mandons commectons et expressement enjoingnons par ces presentes, ou aux 7, 6, 5 ou 4 de vous en absens des autres qui vacquer n'y pourront; et que appellez avec vous en ce qui touchera fait de comptes, se mestier est et bon vous semble, noz bien améz Jehan Gueniot, auditeur de noz comptes a Dijon, et Pierre le Waultier, clerc d'iceulx comptes, et aussi appellé et present avec vous pour clerc et scribe, notre amé et feal secretaire Jehan Gros, sur le contenu de chacun desdiz articles leursdits circonstances et deppendences et sur tous autres cas abuz et deliz qui par notre procureur vous seront denonciéz et bailliéz par escript sur le fait des receptes et despenses des finances de nous et de feuz noz tres chiers seigneurs ayeul et pere dont dieu ait les ames, pourroient avoir esté ou seroient faiz et perpetréz; vous vous informez bien et diligemment tant par la vision des comptes ordinaires et extraordinaires ou particuliers, papiers, registres, lettres & escripts et autres enseignemens estans en noz chambre des comptes a Dijon ou a Lille ou en aucuns autres lieux des hostelz et demourantes des personnes a cui ce touche et appartient en quelques lieu que savoir le pourrez. Et aussi par l'interogatoire et examinacion et deposicion faictes par sermens ou autrement selon que vous verrez que l'exigence (f.12R°) du cas le requerra des parties a cui ce touchera et de toutes autres personnes qui en pourront savoir parler et deposer. Comme par toutes autres voyes et manieres deues et raisonnables que mieulx et plus tost et clerement, en pourrez trouver et savoir la verite et tout ce que fait & trouvé aurez de et sur chacun desdiz cas abuz et deliz, mectez ou faittes mectre par escript en bonne ordonnance. Et sur tout appellez et oyes les parties ausquelles la chose pourra touchier et aussi appellez et oyz notre procureur et autres qui pour ce feront a appeller et oyr sur chacun cas abuz et delit faictes & administréz entre les parties d'icelles oyes bon et brief droit & accomplissement de justice. En pugnissant les delinquans et malfaicteurs qui vous apperront avoir delinqué ou meffait esdiz cas & abuz de telles pugnicions corrections amendes et peinies & y procedant ordinarement ainsi et par la maniere que par raison et bonne justice faire se pourra et devra selon l'exigence des cas et mesfaiz; et que en ces choses vous procedez et entendez tantost ces lettres veues solennerement et de plain de jour a autre les mieulx et le plus diligemment que faire se pourra. Et des sommes de deniers qui par vous seront advigées a notre proffit contraignez et faictes contraindre ceulx qu'il appartiendra a les nous paier ou a cellui de noz receveurs pour nous qui ce regardera par toutes voyez deues et raisonnables et ainsi qu'il est accoustumé de faire pour noz propres debtes. Sans quelxconques dissimulacions faveurs ou depors euz sur ce se mestier est, et il vous semble expedient les advis & deliberacions des autres gens de notre conseil et de noz comptes et autres de noz officiers telz et en nombre que bon vous semblera. Et sans obtemperer a quelxconques lettres subreptices impetrées ou a impetrer de nous ou d'autres a ce contraires. Et au regard des choses et parties estans en notre conte de Bourgogne et de la riviere de Soone en notre souverainete y procedant, non obstant quelxconques appellacions frivoles que sur ce frivolement l'en pourroit intergetter pour diffuir empeschier et retarder justice y estre faicte et accomplie. Et au regard des choses et parties estans ou royaulme de ca la riviere de Soone non obstant quelxconques frivoles appellacions faictes ou a faire a nous ou (f.12V°) a noz officiers et toutesvois sans prejudice desdictes appellacions. Et tant y faictes que vous n'en doyez estre reprins de negligence et que pour voz bons pors et diligence en doyez estre de plus en plus recommandéz envers nous. De toutes lesquelles choses dessusdites leurs circonstances et deppendences et chacune d'icelles faire et accomplir, donnons povoir auctorite et mandement especial par ces presents de vous ou aux 7, 6, 5 ou 4 de vous par ces mesmes presentes; par lesquelles donnons en mandement a noz améz et fealx les gens de noz comptes a Dijon et a Lille que tous comptes registres lettres et enseignemens estans en noz chambres desdiz compts ou autres part en leurs puissances que vous leur requerrez a veoir et avoir. Ilz vous monstrent & baillent en prenant de ce qu'ilz vous bailleront lettres de les avoir receues. Mandons aussi a iceulx gens de noz comptes et a tous noz autres justiciers officiers et subgez a cui il appartiendra que a vous et a voz commis et deputéz en ce faisant obeissent et entendent diligemment. Prions aussi et requerons par ces mesmes presentes en ayde de droit tous autres non noz subgez que a vous et a vosdiz commis et deputéz facent obeir et vous prestent & baillent conseil confort aide et prisons se mestier en avez et requis en sont. Et tant y facent les non a nous subgez comme ilz vouldroient que feissions pour eulx en cas semblable ou en plus grant laquelle chose nous ferions voulentiers se requis en estions. Donné en notre ville de Dijon le 26° jour de fevrier l'an de grace 1431, ainsi signé par monseigneur le duc, pluseurs du conseil presens. E. de Lamendre.

Cy apres s'ensuit la teneur des lettres de mondit seigneur du povoir par lui a nous donné contenans ceste forme.

Philippe par la grace de dieu duc de Bourgogne, ... A notre tres chiere et tres amée compaigne la duchesse salut et entiere dileccion. Comme par noz autres lettres patentes, nous eussions desia pieca mandé et commis a noz améz et feaulx conseilliers: maistres Richart de Chancey, chef de notre conseil en noz pais de Bourgogne, messire Jaques de Villers, chevalier, notre chambellain, Guillaume du Bois, escuier, notre maistre d'ostel & bailli d'Auxois, maistre Jehan de Terrant, maistre des requestes de notre dit (f.13R°) hostel, maistre Guy Gelnier, Estienne Armenier, Jehan Bonost, maistre de noz comptes a Dijon, et Guillaume Lavis, clerc de la chambre des comptes de Monseigneur le roy a Paris, les 7, les 6, les 5, ou les 4 d'eulx en absence des autres qui vacuer n'y pourroient, pour eulx informer, congnoistre, jugier, decider et determiner de et sur certains cas et articles contenuz et declaréz en ung quayer de perchemin que leur envoiasmes encloz soubz notre seel touchans certains deniers que avons a recouvrer sur aucuns des officiers de recepte tant de feux noz treschiers seigneurs ayeul & pere, cui dieu pardoint, comme de nous, pour les causes escriptes oudit quayer; et aussi touchans la succession de feu Jehan Chousat, jadiz notre conseillier, laquelle l'en nous a rapporté a nous devoir appartenir par certains moiens declairéz en ung article oudit quayer de ce faisant mencion. Et depuis pour ce que desirons savoir la verite desdiz cas et l'abreviacion de ceste matiere, et que lors lesdiz maistres Richart de Chancey, Jehan de Terrant, Guy Gelenier et Estienne Armenier estoient occupéz en notre parlement de Dole qui adonc seoit parquoy ilz ne povoient vacquer ou fait de leurdicte commission; et semblablement ledit Guillaume du Bois en sondit office de maistre d'ostel; et que ledit maistre Guillaume Lavis n'estoit point encores venu, eussions commis, par noz autres lettres patentes données en notre ville de Dijon le 26° jour de fevrier 1431, ledit masitre Jehan Bonost, Jehan Gueniot, auditeur, et Pierre Watier, clerc de nosdit comptes a Dijon, appellé avec eulx pour clerc et scribe, Jehan Gros, notre secretaire demourant audit Dijon, pour instruire jusques a diffinitive exclusivement et rapporter tous instruiz a nosdiz commissaires pour determiner les causes et proces meuz et encomanciéz par devant nodiz commissaires sur le fait de la successions dudit feu Jehan Chousat que notre procureur dit & maintient a nous apartenir a l'encontre d'icellui deffunt. Et aussi contre Jehan Fraignot, notre conseillier et nagaires notre receveur general de Bourgogne, touchans pluseurs erreurs que l'en dit avoir esté faictes et avaluements des monnoies des comptes par lui renduz de ladicte recepte generale de Bourgogne tant du temps de notre dit feu seigneur et pere que du notre apres son deces et autrement comme contenu est es articles dudit cayer, (f. 13V°) faisans mencion dudit Fraignot et de son fait dont notredit procureur mantient ledit Fraignot nous estre tenuz en grans et diverses sommes de deniers. Esquelles causes et proces, nosdiz commis tant les ungs que les autres ayent vacqué et tant procedé mesmement en celle dudit Fraignot qu'elle est de tous poins instruitte et concluté en droit et qu'il n'y reste que a dire ledit droit lequel et la sentence et jugement sur ce nosdiz commis pour oster toute suspicion. Et afin qu'ilz soient tousjours de plus grant auctorite, desirent estre par nous prononciéz. Et il soit ainsi que de present pour autres noz affaires et l'occupacion qu'il nous convient et conviendra avoir en l'exercice de notre presente armee, ne puissions vacquer en ce que dit est parquoy la chose cheroit en retardement et dilacion qui pourroit estre en notre prejudice et dommaige, se par nous convenablement remedié n'y estoit pour ce, est il que nous qui desirons l'abreviacion de ladicte matiere bien ad certenez que en ceste partie n'aurez quelque regard fors directement au bien de justice et a determiner ladicte cause et proces selon droit raison et bonne equite et autres personnes en notre absence n'y pourrions commectre de cui eussions si par faicte confiance vous subrogons en notre lieu deputons et commectons par ces presente pour savoir l'estat dudit proces meu entre notredit procureur et ledit Fraignot par devant nosdiz commis sur les cas contenuz oudit cayer de parchemin dont le poursuit d'icellui notre procureur touchant les erreurs et les corrections & refformacion de sesdiz comptes et autrement; et par le conseil et advis de ceulx de nosdiz commis et autres que bons vous semblera et que y vouldrez appeller et aussi appellez et oys se mestiers est notredit procureur et ledit Fraignot en congoistre decider et determiner a fin deue. Et votre sentence arrest et jugement sur ce dire et prononcier ou faire dire et prononcier par devant vous et ledit Fraignot a ce present en tel lieu et place de noz pais de nosdiz duchie ou conte de Bourgogne que adviserez estre expedié lesquelx voz sentence arrest et jugement et tout ce que par vous sera fait touchant ledit proces dudit Fraignot et ses deppendences et emergences, voulons et nous plaist estre et demourer inviolablement d'autel auctorite vertu efficace (f.14R°) et valeur et le voulons estre mis a execucion tout ainsi comme se par nous mesmes en notre propre personne fait cogneu prononcié jugié et sentencié avoit esté; de ce faire et aussi de faire mectre a execucion votredite sentence arrest et jugement et de donner toutes provisions et execucions expediens pour l'accomplissement et enterrement d'iceulx vous avons donné et donnons plain povoir et auctorite. Et mandons et commandons a vous vos lettres et mandement et a voz commis et deputéz sur ce estre entendu et obey diligemment. Donné en notre ville de Chastillon sur Seine le 18° jour de juillet l'an de grace 1433. Ainsi signé par monseigneur le duc. T. Bouesseau. En temoing de ce, nous avonz fait mectre notre seel a ces presentes lettres données en la ville de Dole le 6° jour d'aoust l'an de grace 1433. Ainsi signé par ma dame la duchesse. P. Deschamps.

12. Règlement du contrat correspondant à la réévaluation de la livre tournois
(le 15 décembre 1421) (B15 ff.207R°-209R°)

cf. *Ordonnances des roys de France de la Troisième race, ...* vol. 11. pp.146-150.

(f.207R°) Ordonnances du Roy faictes sur la maniere des paiemens pour cause de la mutacion de la monnaie facite de feible a forte & furent faictes lesdictes ordonnance le 15° jour de decembre l'an 1421.

 Charles par la grace de dieu roy de France A tous ceaulx qui ces presentes lettres verront salut. Savoir faisons que, pour evicter les debas & proces qui, pour occasion de la mutacion de la monnoie nagueres faicte de foible a forte, pourroient naistre entre noz subgiez, nous avons fait veoir et visiter les ordonnances enciennes faictes par noz predecesseurs en pareil cas et en ensiennete icelles au plus prez que nous povons par l'advis et deliberacion de notre grant conseil, avons fait & faisons sur ce lez ordonnances qui s'ensuivent;

(1) Premierement que toutes debites deues pour cause de rentes a heritage a vie ou a voulente, de loyers de maisons, de cens, de croiz de cens & de toutes samblables choses des termes escheus depuis le 9° jour de may l'an 1420 que la derreniere foible monnoie eust cours jusques a la publicacion de ceste presente forte monnoie facite le 3° jour du mois de novembre darrenierement passé, se paieront a ladicte foible monnoye tant comme elle aura aucun cours et pour le pris qu'elle couroit ausdicte termes, ou en autres monnoie courant a l'equivalant, sauf la provision ou modifficacion par nous nagueres faicte au regard de louages & rentes des maisons de notre bonne ville de Paris pour le terme de Saint Remi darrenierement passé.

(2) Item que ce qui en est deu pour les termes precedent ledit 9° jour de may que ladicte darreniere foible monnoie commanca a courir, se paiera a la monnoie qui courra au temps du paiement au feur du marc d'argent de l'un temps a l'autre.

(3) Item que ce qui en est ou sera deu pour les termes escheuz & a escheoir depuis ladicte publicacion, se paiera a la monnoie courant aux termes & pour le pris que elle courra.

(4) Item que tous vraiz empruns faiz en deniers sens fraude, se paieront en telle monnoye comme l'en aura emprunte se elle a plain cours au temps du paiement; et se non, il se paieront en monnoie coursable lors selon la value et le pris du marc d'or ou d'argent; c'est assavoir selon la value du marc d'or qui aura receu or ou du marc d'argent qui aura receu argent. Non obstant quelque maniere de promesses ou obligacions faicte sur ce.

(5) Item que tous deniers d'or ou d'argent mis en garde ou en depost de quoy la garde se sera aidiée a son besoing en marchandise ou autrement, se paieront et rendront par la maniere que les empruns dessusdiz.

(6) Item que tous deniers deuz a cause du retrais de heritaige se paieront semblablement comme lesdiz empruns.

(7) Item & pareillement sera fait de ce quy est & sera deu pour cause de l'achat de heritaiges de rente a heritaige a vie ou a temps.

(8) Item toutes sommes promises en seurete de mariaiges et pour cause de mariages se paieront en monnoie courant au temps du contrat, se elle a plain cours comme dessus; & se non au pris du marc d'or ou d'argent de l'un temps a l'autre, se ainsi n'estoit que en ladicte promesse ait eue convenance de certaine monnoie d'or ou d'argent (f.207V°) ou pour certain et exprimé pris lesquelles convenances seroient gardées. Non obstant que la monnoie promise ou specifiée n'ait ou n'eust point de cours au temps de la promesse ou eust cours pour autre pris que promis n'auroit esté, par telle maniere toutesvoies que se au temps du paiement la monnoie promise d'or ou d'argent n'avoit cours, l'en paiera pour la monnoie non coursable la monnoie coursable selon le pris du marc d'or ou d'argent ainsi que des empruns ou retraiza de heritaiges.

(9) Item les fermes muables qui se lievent en deniers chacun jour autant a une monnoie comme a une autrement comme peages, travers, seaulx, escriptures, amendes ordinaires et autres revenues samblables, se paieront par porcion de temps et de jours. C'est assavoir pour le temps qui sera escheu a foible monnoie, en foible monnoie; et pour le temps escheu ou a escheoir a forte monnoie, en forte monnoie.

(10) Item les fermes muables en deniers comme dit est, dont le pris croist et descroist communement selon la valeur & le cours de la monnoie foible ou forte, se paieront par la maniere que dessus; c'est assavoir ce qui en est deu pour termes escheuz depuis ledit 9° jour de may l'an 1420 que ladite darreniere foible monnoie eust cours jusques a la publicacion de ceste presente forte monnoie, se paiera a la foible monnoie qui darrenierement a couru et pour le pris que elle aura couru tant comme elle aura aucun cours ou en autre monnoie coursable a l'equivalant. Et pour les termes precedents ledit 9° jour de may, l'en se paiera ou temps advenir au pris du marc d'argent de l'un temps a l'autre. Et pour les termes escheuz ou a escheoir depuis ladicte publicacion, lesdiz fermes qui ont esté prinses par avant ledit 9° jour de may, se paieront au pris du marc d'argent et les fermes semblables.

(11) Item les fermes muables a paier en deniers prinses & affermées depuis que ladicte darreniere foible monnoie prinst a avoir cours et avant ladicte publicacion de ceste presente forte monnoie dont les termes ou aucuns des termes estoient escheuz au temps de ladicte publicacion de ceste presente forte monnoie, se paieront pour lesdicte termes a ladicte foible monnoie qui darrenierement a couru et pour le pris que elle a couru. Et pour les termes escheuz et a escheoir depuis ladite publicacion, se paieront en la monnoie qui courra et pour le pris que elle courra ausdicz termes, se il plaist aux fermiers; et se non & le bailleur ne veult estre content de la monnoie courant au temps du contract, le fermier, s'il n'a especialement promis paier en la monnoie qui couroit aux termes, pourra renoncier a sa ferme dedans 15 jours apres la publicacion de ces presentes ordonnances en rendant toutesvoies au bailleur bon & loial compte de tout ce qu'il aurra levé & mis a cause de ladicte ferme; et en ce cas icellui fermier sera tenu de baillier et deliverer & paier audit bailleur tout ce qu'il aura levé de ladicte ferme ou que il en deura dedans ung mois apres icelle publicacion qui sera facite comme dit est. Et sera tenu le bailleur de paier au fermier tous cousts, fraiz, missions & despens raisonnables.

(12) Item les fermes qui sont de chose de diverses natures et ont divers membres dont les aucuns sont sur choses qui paient au tant a une monnoie comme a autre comme peages, travers comme dessus est dit, et les autres membres suivent communement la valeur & le cours de la monnoie foible ou forte, se paieront proporcionnellement selon la qualite & value d'iceulx membres par la maniere que cy dessus est dit des membres singuliers. Toutesvois le bailleur ne pourra pas s'il ne plaist au fermier retenir ung membre & laissier l'autre, ne le fermier aussi s'il ne plaist au bailleur.

(f.208R°) (13) Item les ventes de bois prinses depuis ledit 9° jour de may que ladicte darrenier foible monnoie a eu cours et avant ladicte publicacion de ceste presente forte monnoie a paier a une fois ou a termes ung ou pluseurs, feussent les termes passéz ou advenir au temps de ladicte publicacion. Mais le bois estoit tout levé, se paieront a ladicte foible monnoie et pour le pris que elle couroit au temps de la prinse tant comme elle aura cours ou en autre monnoie coursable a l'equivalant.

(14) Item les vente de bois pris comme dit est, dequoy les termes des paiemens estoient tous passéz au temps de ladicte publicacion de ceste forte monnoie mais le bois n'estoit pas tout couppé et si en devoit encore le marchant au vendeur certaine somme d'argent pour aucuns termes lors passéz, se paieront a la monnoie qui queurt et pour le pris qu'elle a cours; c'est assavoir ce qui estoit deu au temps de ladicte publicacion pour tant de porcion de bois comme il y avoit copper ou se ledit marchant de bois veult, il pourra renoncier a la coppe dudit demourant de bois & lui sera descompte de sa debte a la value & selon le pris du marchie et la qualite et value du bois coppé & a coupper. Et se il devoit plus que ladicte porcion de bois a copper ne montoit il paiera le demourant a ladicte foible monnoie et se ledit bois a copper monte plus que la somme d'argent qui estoit deus le vendeur sera tenu de paier le surplus a son marchant a ladicte foible monnoie.

(15) Item les ventes de bois prinses comme dit est, dequoy partie du bois estoit a copper au temps de ladicte publicacion et les termes des paiemens estoient aussi a venir ou cas que l'acheteur vouldra tenir son marchie pour paier telle monnoie & pour tel pris comme il courra ausdiz termes faire le pourra sens contredit du vendeur. Et ou cas qu'il ne vouldra ce faire, se le vendeur ne veult estre content pour lesdiz termes de la foible monnoie qui couroit & pour le pris qu'elle couroit au temps du marchie, il pourra sa vente & son bois reprandre ou point ou elle estoit au temps de ladicte publicacion, s'il lui plaist, en recevant de l'acheteur au pris que ladicte vente lui cousta ce que il lui pourra devoir en ladicte foibe monnoie comme dessus; c'est assavoir de & pourtant comme ledit acheteur auroit exploittié dudit bois et sera regardé l'afforement ou l'empirement de la vente ou se le meilleur bois ou le pire est coppé ou exploittié ou a copper ou exploictier et de ce sera faicte compectant extimacion.

(16) Item des ventes de bois prinses avant le cours de ladicte derrniere foible monnoie, dequoy le bois estoit tout couppé & les termes des paiemens passéz au temps de ladicte publicacion, mais l'en en devoit encore au vendeur certaine somme d'argent pour terme escheu au temps de ladicte darreniere foible monnoie, se l'acheteur a promis paier a termes & en telle monnoie & pour tel pris comme elle auroit cours aux termes, il sera quictéz par paieant ce que il devoit au temps du ladicte publicacion pour termes escheus avant icelle a telle monnoie comme il couroit aux termes & pour le pris que elle avoit cours ou a la monnoie nouvelle a la value du marc d'argent. Et se l'acheteur, ou couran de son marchie, ne fit point de mencion a paier a la monnoie courant aux termes & pour le pris que elle y couroit, mais promist ou se obligea simplement a paier certaine somme d'argent a chacun de certains termes, il sera tenu en ce cas de paier bonne monoie; c'est assavoir celle qui court ou courra au temps qu'il paiera & pour le pris qu'elle court ou courra lors, se ainsi n'estoit que au temps du marchie il eust couru plus foible monnoie que celle qui court ou courra au temps du paiement, ouquel cas l'en paiera selon la value du marc d'argent si comme cy dessus est dit des fermes muables.

(f.208V°) (17) Item les ventes de bois promise avant le cours de la dict darreniere foible monnoie, dequoy le bois estoit tout couppé au temps de ladicte publicacion et aucuns des termes des paiemens estoient advenir, se paieront a la monnoie courant aux termes des paiemens au feur du marc d'argent du temps de la prinse.

(18) Item ventes de bois prinses comme dit est, dequoy le bois n'estoit pas tout couppé au temps de ladicte publicacion & les termes des paiemens estoient passéz mais l'acheteur en devoit encore partie de l'argent pour termes escheuz au temps de ladicte darreniere foible monnoie, se paieront a telle monnoie comme il court ou courra que l'acheteur paiera se il lui plaist; et se non & le vendeur ne veult estre content de la monnoie qui couroit au terme du paiement deu il pourra reprandre sa vente et son bois ou point ou il estoit au temps de ladicte publicacion par la maniere que il devise cy dessus des ventes samblables prinses depuis le cours de ladicte derreniere foible monnoie.

(19) Item les bois prins avant le cours de ladicte darreniere foible monnoie, dequoy aucuns termes des paiemens estoient advenir au temps de ladicte publicacion et aussi le bois ou partie du bois estoit a copper, se paieront pour les termes escheuz et a escheoir depuis le temps de ladicte publicacion a la monnoie qui depuis a couru & courra et pour le pris qu'elle a couru & courra ausdites termes au feur du marc d'argent au temps de la prinse, sans ce que l'acheteur y puisse renoncier.

(20) Item se aucun a prins au temp que ladicte darreniere foible monnoie avoit cours, aucuns labourages a faire pour aucunes sommes d'argent aussi comme terres vignes et autres semblables labourages ou aussi aucuns ouvrages si comme maisons, murailles, cloisons ou autres ouvrages quelxconques a estre paié a une fois ou pluseurs sans terme ou a terme ung ou pluseurs, le laboureur ou ouvrier pourra faire ou parfaire son labourage ou ouvrage en recevant ce qui lui en est ou sera deu a la monnoie courant et pour le pris que elle couroit au temps du marchie ou en autre monnoie coursable a l'equivalant, se il lui plaist; ou se il veult, il pourra renoncier dedans quinze jours apres la publicacion de ces presentes ordonnances a sondit labourage ou ouvrage ou tache ou au demourant qui a faire en est ou sera, en rendant & paiant toutesvois au bailleur dedans ledit temps tout ce qu'il en auroit receu oultre le labourage ou ouvrage que il auroit fait.

(21) Item que tous autres contraulx communs faiz ou denrees acreues au temps que la dicte darreniere foible monnoie avoit son cours a paier sans termes *ou a termes*[39] passéz ou advenir, sens faire mencion d'aucune monnoie en espacial, se paieront a ladicte foible monnoie et pour le pris que elle a couru, se elle a cours au temps du paiement, et si non a la monnoie courant selon la valeur du marc d'argent; non obstant que au contrau eust esté dit ou feust obligié le debteur a paier telle monnoie comme il courra aux termes & pour le pris que elle y courra.

(f.209R°) (22) Item que tous contraulx faiz ou danrees acreues avant le cours de ladicte foible monnoie a paier sens termes et en est encore deue tout ou partie, se paieront a la monnoie qui courra au temps du paiement & pour le pris que elle courra lors, se ainsi n'estoit que la monnoie qui queurt ou courra au temps du paiement feust plus forte que celle qui couroit au temps du contrau ouquel cas l'en paiera a la monnoie coursable selon le pris du marc d'argent comme dessus.

(23) Item & se lesdiz contraulx furent faiz ou les danrees acreues comme dit est en baillant terme ou termes de paier la somme d'argent dudit contrat, s'aucune chose en est deue pour les termes advenir, le debteur sera tenu de paier pour les termes advenir la monnoie qui courra aux termes & pour le pris que elle courra, se ainsi n'estoit que au temps du paiement courut plus forte monnoie que au temps du contrat; ouquel cas l'en paiera au pris du marc d'argent.

(24) Item & pour ce que cy dessus est faicte mencion en pluseurs lieux de paier a la value

---

39) Les trois mots sont suppléés par *Ordonnances des roys de France*, vol.11 p. 150.

du marc d'argent, nous declairons que l'en aura regart a la value du marc d'argent que l'en en donne en noz monnoie ou donnoit au temps de la debte contract ou terme, & non pas a la valeur de la traicte.

Si donnons en mandement au commis a la garde de la prevoste de Paris et a tous noz autres justiciers & officiers ou a leurs lieuxtenants & a chacun d'eulx si comme a lui appartendra que nosdictes ordonnances ilz facent publier solempnelement es lieux acoustuméz a faire cas & publicacion et les facent entretenir & garder selon leur forme & teneur. En tesmoing de ce, nous avons fait mectre notre seel a ces presentes. Donné a Paris le 15° jour du mois de decembre l'an de grace 1421. Et de notre regne le 42°. Ainsi signé par le Roy a la relacion de son grant conseil. Bordes.

ブルゴーニュ公領とその周辺

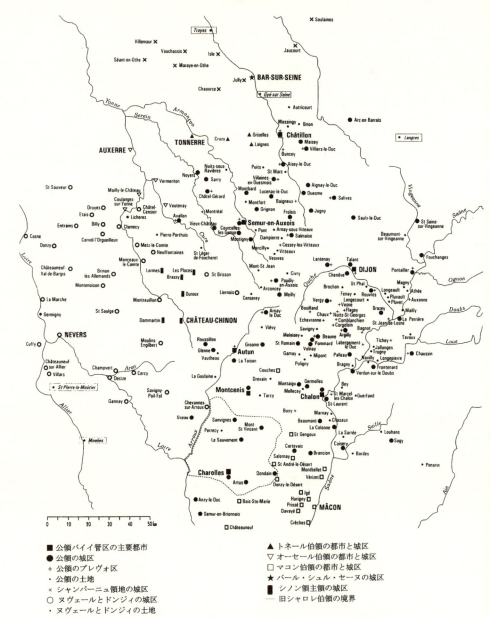

Source : BAUTIER, Robert-Henri & SORNAY, Janine éds. ; *Les sources de l'histoire économique et sociale du Moyen Age. Les Etats de la Maison de Bourgogne*, vol.1 : *Archives centrales de l'Etat bourguignon (1384-1500)* Paris, 2001. p.145.

原語対照表

─────────

　(1)　役職名の翻訳にあたっては，一字一句を対応させる逐語訳方式をとっていない。出来上がった言葉が惹起するイメージを重視した。数十名から百名程度の組織の中で，どのような役割を果たす人間なのか。そのニュアンスが日本語で伝わるような配慮をした。

　(2)　本書で取り上げる人々は，現代社会であれば，県レベルの財務行政担当者に相当するだろう。が，15世紀にはフランスという国家の枠組みそのものが不安定であり，ブルゴーニュ公領が「フランス」の「中に」位置する地方行政単位と規定できるか否か，それ自体が論争を呼ぶと思う。しかも度々繰り返したように，彼ら財務担当者たちは請負契約であったから，そのような人々に「○○官」という訳語を与え，官僚と見なすことに強い違和感を覚えた。「○○役」，「○○係」，「○○担当」など，幾つか検討したが，結局，「○○役」という表現を選ぶことにした。

　「グリュイエ」は，あえて訳せば「水・森林資源利用料徴収役」になろうが，あまりに冗長と思われたので，そのまま表音カタカナ表記にした。また「バイイ」は周知の役職であり，カタカナ表記が定着していると思われるので，やはり，そのまま表音標記にした。

財務役　trésorier
ブルゴーニュ公収入勘定統括役　Receveur général de Toutes les Finances du duc de Bourgogne
ブルゴーニュ領邦収入勘定役　Receveur général du Duché et du Comté de Bourgogne
ディジョン（バイイ）管区収入勘定役　Receveur particulier au Bailliage de Dijon
シャロン（バイイ）管区収入勘定役　Receveur particulier au Bailliage de Chalon sur Saône
オータン（バイイ）管区収入勘定役　Receveur particulier au Bailliage d'Autun
シャティヨン（・ド・ラ・モンターニュ）（バイイ）管区収入勘定役　Receveur particulier au Bailliage de Chatillon sur Seine（de la Montagne）
オーソワ（バイイ）管区収入勘定役　Receveur particulier au Bailliage d'Auxois
シャロレ（バイイ）管区収入勘定役　Receveur particulier au Bailliage de Charolais
　以上の「○○収入勘定役」は，文脈上，混同する恐れがない場合，簡単に「勘定役」あるいは「収入役」と表記した場合がある。

グリュイエ（水・森林資源利用料徴収役）　gruyer
御用金特定徴収役　Receveur particulier d'Aide
御用金徴収統括役　Receveur général de l'Aide
ディジョン会計院主査　maître (de la Chambre) des comptes du Duc à Dijon あるいは gens des comptes
ブルゴーニュ公主計役　maître (de la Chambre) aux Deniers du Duc de Bourgogne
ブルゴーニュ公主計局　Chambre aux Deniers du Duc de Bourgogne
ブルゴーニュ公妃主計役　maître (de la Chambre) aux Deniers de la Duchesse de Bourgogne
ヌヴェール伯主計役　maître (de la Chambre) aux Deniers du Comte de Nevers
家政長　maître d'hôtel
家政団　hôtel
造幣所長　maître de la monnaie
造幣所統括役　maître général de la monnaie
（造幣所）保護役　garde de la monnaie
検査人　essayeur
分割人　tailleur
研磨人　blanchisseur
製造人　monnoyer
伐採権　affouage
放牧（権）　pesnage
小枝，痩せ木（取得料）　paisson
保有者変更（料）　remuage
承認・許諾（料）　loux（＝louange）
転貸（耕地，採掘権などの），請負（契約）　a(d)modiation
法定手続料　emolument
公正証書登録請負　tabellionage
地代・賃料　cens（ブルゴーニュの財務史料では，農地に限らず，都市内部の建造物を含めて不動産全般の賃貸料の意味で使用する。支払い形態に関しても，穀物など現物と金銭と，特に区別していない。さらにまた，その額が固定されている場合，いない場合，どちらも表現可能）
定期金　rente（上記の cens では表現されない，定期的に支払う，あるいは受け取る，金銭のこと）

文 献 目 録

1. 未刊行史料

　以下に提示する史料は，筆者が実際に閲覧し，調査・分析を行い，そして本書に関係するものに限定した。したがって年代の上限は 1419 年前後，下限は 1443 年前後であり，ごく僅かな例外を除き，ほぼ全てがコート・ドール県立公文書館 Archives Départementales de la Côte-d'Or 系列 B に収録されている。リール Lille のノール県立公文書館 AD du Nord やブリュッセル Bruxelles のベルギー王立公文書館 AGR に副本がある場合にも特に言及していない。

Cote B	Date(n.s.)	Folios	Redacteur/type de doc.	Nature du document	Remarque
Recettes générales de Bourgogne					
1588	1415-17	323	Jean Fraignot	1er Recettes générales de Bourgogne	
1594	1418	223	Jean Fraignot	2° Recettes générales de Bourgogne	éd. et pub. par M.Mollat
1598	1419	348	Jean Fraignot	3° Recettes générales de Bourgogne	éd. et pub. par M.Mollat
1606	1420	244	Jean Fraignot	4° Recettes générales de Bourgogne	éd. et pub. par M.Mollat
1611	1421	267	Jean Fraignot	5° Recettes générales de Bourgogne	261-263 etat abregie
1623	1423	240	Jean Fraignot	7° Recettes générales de Bourgogne	
1625	1424	275	Jean Fraignot	8° Recettes générales de Bourgogne	
1628	1425	264	Jean Fraignot	9° Recettes générales de Bourgogne	etat abregie
1631	1426	260	Jean Fraignot	10° Recettes générales de Bourgogne	copie de la sentence contre J.Fraignot
1635	1427	131	Mahieu Regnault	1° Recettes générales de Bourgogne	
1639	1428	143	Mahieu Regnault	2° Recettes générales de Bourgogne	
1643	1429	120	Mahieu Regnault	3° Recettes générales de Bourgogne	
1645	1430	148	Mahieu Regnault	4° Recettes générales de Bourgogne	
1647	1431	141	Mahieu Regnault	5° Recettes générales de Bourgogne	
1649	1432	146	Mahieu Regnault	6° Recettes générales de Bourgogne	Concile de Bâle et procès de Jehan Fraignot
1651	1433	145	Mahieu Regnault	7° Recettes générales de Bourgogne	
1653	1434	110	Mahieu Regnault	8° Recettes générales de Bourgogne	
1655	1435	137	Mahieu Regnault	9° Recettes générales de Bourgogne	

1659	1436	199	Mahieu Regnault	10° Recettes générales de Bourgogne	
1660	1435-42	35	Jean de Visen	aide 1435, 1436 et 1442	
1663	1437	103	Mahieu Regnault	11° Recettes générales de Bourgogne	
1665	1438	120	Mahieu Regnault	12° Recettes générales de Bourgogne	sur Girard de Vion, conseil. duc.
1669	1439	94	Louis de Visen	1° Recettes générales de Bourgogne	
1673	1440	148	Louis de Visen	2° Recettes générales de Bourgogne	Jean et Louis, frere Visen
1677	1441	126	Jean de Visen	1° Recettes générales de Bourgogne	B1678: duplic. du 1677
1681	1442	112	Jean de Visen	2° Recettes générales de Bourgogne	B1680: duplic. du 1681
1684	1443	135	Jean de Visen	3° Recettes générales de Bourgogne	B1686: duplic. du 1684

Autun

2350-1	1418	30	Regnault de Thoisy	revenue ord. de chatellenies	6 mois du 1418/6/14 au 12/31
2350-2	1419	35	Regnault de Thoisy	revenue ord. de chatellenies	1 an entier
2351-1	1419	21	Guillaume Viot	vierie	3.5 mois du 1419/5/8 au SJB
2351-2	1419-20	35	Guillaume Viot	vierie	1 an entier
2351-3	1420-21	33	Guillaume Viot	vierie	1 an entier
2352	1419	24	Pierre de Lacoudre	gruerie	
2352-2	1420	4	Pierre de Lacoudre	gruerie	4 mois
2352-3	1420	16	Guillaume Lavisey	gruerie	8 mois
2353-1	1420	42	Regnault de Thoisy	revenue ord. de chatellenies	
2353-2	1421	42	Regnault de Thoisy	revenue ord. de chatellenies	
2353-3	1421	44	Regnault de Thoisy	revenue ord. de chatellenies	duplicata du B2353bis
2354	1421	21	Guillaume Lavisey	gruerie	
2355	1422	18	Jean Rolin	aides 36 mille	
2356	1422	57	Jean Pucelle	1° revenue ord. de chatellenies	
2357	1422	40	Guillaume Viot	vierie	
2358	1421-35	114	Jean Pucelle	1/8 du vin	14 comptes du 1421/10/1 au 1435/9/30
2359	1423	78	Jean Pucelle	2° revenue ord. de chatellenies	
2360	1422-23	29	Guillaume Viot	vierie	
2361	1424	13	Jean Brencal	aide 20 000 francs	
2362-1	1424	48	Jean Pucelle	3° revenue ord. de chatellenies	
2362-2	1424	12	Jean Pucelle	12 d/livre	
2363	1423	12	Jean Rolin	aide 20 000 francs	
2364	1424	20	Guillaume Boisserant	aide 20 000 francs	
2365	1425	68	Jean Pucelle	4° revenue ord. de chatellenies	

2365bis	1425	14	Jean Pucelle	12 d/livre	
2365ter	1425	12	Jean Pucelle	gruerie	9 mois du 1/1 au 9/30
2366	1426	62	Jean Pucelle	5° revenue ord. de chatellenies	
2366bis	1426	10	Jean Pucelle	12 d/livre	
2367	1423-26	67	Guillaume Pierre	gruerie	4 comptes successifs du 1425/10/01
2368	1426-27	82	Jean Pucelle	6° et 7° revenue ord. de chatellenies	2 comptes successifs
2369	1427-37	137	Jean Pucelle	impot 12d./Liv.	11 comptes successifs
2370	1427-30	76	Guillaume Boisserant	vierie	3 comptes successifs du SJB au SJB
2371	1429-30	67	Jean Pucelle	8° et 9° revenue ord. De bailliages	2 comptes successifs
2372	1429-30	34	Guillaume Pierre et Guillaume Lusy	gruerie	2 comptes successifs
2373	1430	37	Guillaume Boisserant	aide 30 000 francs	
2374	1431-32	88	Jean Pucelle	10° et 11° revenue ord. De bailliages	2 comptes successifs
2375	1431-33	54	Guillaume Curé	gruerie	3 comptes successifs
2376	1431	43	Jehan Brenaul	aide 30 000 francs	
2377	1433-34	99	Jean Pucelle	12° et 13° rev. ord. des chatellenies	2 comptes successifs
2378	1433	9	Jean Breneaul	aide 40 000 francs	aout
2379	1433	32	Jean Denizot	aide 40 000 francs	aout
2380	1433	12	Jean Maire	Rec. 2/3 de 4 s. trn. du sel de Salins	
2381	1434	4	Jean Denizot	portion de l'aide de 40 000 francs	
2382	1434	12	Jean Denizot	Portion de l'aide de 13 000 francs	
2383	1434	30	Jean Denizot	Portion de l'aide de 20 000 francs	
2384	1435	43	Jean Pucelle	14° revenue ord. des chatellenies	
2385	1435	14	Jean Denizot	Portion de l'aide de 10 000 francs	
2386-1	1436	46	Jean Pucelle	15° revenue ord. des chatellenies	Etat aux 44V°-45R°
2386-2	1435-36	8	Jean Pucelle	1/8 du vin	du 10/1/1435 au 9/30/1436, suit.de B2358
2386-3	1436-37	7	Jean Pucelle	1/8 du vin	du 10/1/1436 au 9/30/1437
2387	1437	49	Jean Pucelle	16° et dern. rev. ord. des chatellenies	
2388-1	1438	46	Guillaume Charvot	1er revenue ord. des chatellenies	
2388-2	1438	14	Guillaume Charvot	12d/livre	
2388-3	1437-38	8	Guillaume Charvot	1/8 du vin	
2389	1438	8	Guillaume Charvot	2000 Saluts = 2750 frcs à lever pour l'aide 6000 saluts.	
2390	1438	6	Jean Maire	aide 100 livres tournois	

2391	1438	9	Jean Denizot	aide de 4300 saluts d'or, i.e.5912 francs	
2392-1	1439	44	Guillaume Charvot	2° revenue ord. des chatellenies	
2392-2	1439	14	Guillaume Charvot	12d/livre	
2392-3	1438-39	8	Guillaume Charvot	1/8 du vin	
2393	1439	20	Huguenin Charbonnier, et Etienne Micheletot	gruerie	ff.15V°-16R°: Etat final de Guillaume Dure
2394	1439-40	33	Jean Pucelle	1er recettes de vierie	1 an de la St. Jehan Baptiste 1439 a la SJB 1440
2395-1	1440	39	Guillaume Charvot	3° revenue ord. des chatellenies	dont ff. 9-24 sont mis entre le 2394 et le 2395
2395-2	1440	12	Guillaume Charvot	3° 12d/livre	
2395-3	1439-40	8	Guillaume Charvot	3° 1/8 du vin	
2396-1	1440	8	Guillaume Charvot	portion de l'aide de 4800 francs	
2396-2	1440	6	Jehan Maire	recette de l'aide de 120 £	de B2388 à B2396 dans un registre.
2397-1	1441	38	Guillaume Charvot	4° revenue ord. des chatellenies	
2397-2	1441	11	Guillaume Charvot	4° 12d/livre	
2397-3	1440-41	7	Guillaume Charvot	4° 1/8 du vin	
2398	1441	19	Huguenin Charbonnier	gruerie	
2399-1	1440-41	28	Jean Pucelle	2° recettes de vierie	1 an de la SJB 1440 à la SJB 1441
2399-2	1441-42	28	Jean Pucelle	3° recettes de vierie	1 an de la SJB 1441 à la SJB 1442
2400-1	1442	37	Guillaume Charvot	5° revenue ord. des chatellenies	
2400-2	1442	12	Guillaume Charvot	5° 12d/livre	
2400-3	1441-42	8	Guillaume Charvot	5° 1/8 du vin	
2401	1441	6	Jean Maire	aide de 80 livres	
2402	1441	6	Jean Maire	aide de 130 livres tournois	
2403-1	1442	10	Guillaume Charvot	gruerie	B2403 de 1442 à 1456.
2403-2	1443	20	Guillaume Charvot	gruerie	
2403-3	1444	20	Guillaume Charvot	gruerie	hors usg : ff. 9-20 découpés et prsq tous les textes perdus.
2404	1442	8	Guillaume Charvot	aide de 20 000 frs	pour l'expulsion des Ecorcheurs
2405	1442	10	Guillaume Charvot	aide de 10 000 frs	
2406	1442	6	Jean Maire	aides de 450 livs et de 45 livs tourn.	
2407-1	1443	42	Guillaume Charvot	6° revenue ord. des chatellenies	

文 献 目 録　　　　　　　　　　　　　　　　491

2407-2	1443	11	Guillaume Charvot	6° 12d/livre	
2407-3	1442-43	6	Guillaume Charvot	6° 1/8 du vin	
2408	1443	30	Jean Pucelle	4° vierie	de B2397 à B2408 dans un registre
2409	1444	62	Guillaume Charvot	revenue ord. des chatellenies	
2410	1443-44	31	Jean Maire	aides ordinaires	6 comptes successifs
2411-1	1443-44	53	Jean Pucelle	5° vierie	
2411-2	1444-45		Jean Pucelle	6° vierie	

Auxois

2784	1418-19	54	Jacquot Espiard	bailliage	2 comptes successifs
2785	1418-22	69	Droyn Malvoisin	gruerie	5 comptes successifs
2786	1419-1420	27	Jacquot Espiard	bailliage	
2787	1420-21	26	Jacquot Espiard	bailliage	
2788	1420-21	58	Jacquot Espiard	lever les marcs empruntes	
2789	1422-23	60	Jacquot Espiard	bailliage	2 comptes successifs
2790	1424-25	36	Jacquot Espiard	bailliage	2 cmpts sucfs. son etat.
2791	1425-26	59	Thibaut Philibert	gruerie	2 cmpts sucfs.
2792	1426-27	38	Jacquot Espiard	bailliage	2 cmpts sucfs. son etat.
2793	1427-28	37	Thibaut Philibert	gruerie	2 cmpts sucfs.
2794	1428	33	Perrin Ravieres	bailliage	
2794-2	1429		Jacquot Espiard	bailliage	
2795	1429-30	32	Thibaut Philibert	gruerie	2 cmpts sucfs.
2796-1	1430	43	Jacquot Espiard	bailliage	
2796-2	1431		Jacquot Espiard Jn.	impot 12d/Liv.	
2796-3	1431		Jacquot Espiard Jn.	bailliage	
2797	1431-34	72	Thiebaut Philibert	gruerie	4 comptes successifs
2797-bis	1431		Jehan Roussel	aide 26700fr.	
2798-1	1432	41	Jacquot Espiard	bailliage	
2798-2	1432		Jacquot Espiard	impot 12d/Liv.	
2798-3	1433		Jacquot Espiard	bailliage	
2799-1	1433	14	Jacquot Espiard	impot 12d/Liv.	
2799-2	1434	16	Jacquot Espiard	impot 12d/Liv.	
2799-3	1434	19	Jacquot Espiard	bailliage	son Etat final
2800-1	1435	16	Thibaut Philibert	gruerie	
2800-2	1436	16	Thibaut Philibert	gruerie	
2801-1	1435	23	Jacquot Espiard	bailliage	
2801-2	1435	12	Jacquot Espiard	impot 12d/Liv.	

2801-3	1436	18	Jacquot Espiard	bailliage	
2802-1	1435	58	Jacquot Espiard	aide de 20 000 francs	
2802-2	1436	12	Jacquot Espiard	impot 12d/Liv.	le bilan manque. Entre ff.42 & 43, existe B2802-1
2803-1	1437	12	Thibaut Philibert	gruerie	
2803-2	1438	8	Thibaut Philibert	gruerie	5.5 mois du 1438/1/1 au 5/15
2804-1	1437	19	Jacquot Espiard	bailliage	
2804-2	1437	14	Jacquot Espiard	impot 12d/Liv.	ci-apres aucun compte de l'impt 12d/ £
2805-1	1438	18	Jacquot Espiard	bailliage	
2805-2	1439	19	vesve de feu Jacquot Espiart	bailliage	son Etat inclut les restes des aides de 1434-38.
2806-1	1438	18	Robin de Tournay	gruerie	7.5 mois du 1438/5/16 au 12/31, suivant le feu Thibault de Philibert
2806-2	1439	19	Robin de Tournay	gruerie	
2806-3	1440	20	Robin de Tournay	gruerie	
2806-4	1441	18	Robin de Tournay	gruerie	mauvais etat: du f.9 au dernier f., un grand trou au milieu du folio.
2807-1	1440	125	Regnault d'Aubenton	bailliage	7 comptes successifs des recettes ord. du bailliage
2807-2	1441		Regnault d'Aubenton	bailliage	
2807-3	1442		Regnault d'Aubenton	bailliage	
2807-4	1443		Regnault d'Aubenton	bailliage	
2807-5	1444		Regnault d'Aubenton	bailliage	

Beaune, Pommard et Volenay

3199	1419	34	Adam Canet	revenue ordin. de la chast.	1 an
3200	1420	42	Adam Canet	reve nueordin. de la chast.	1 an
3201	1421	54	Adam Canet	revenue ordin. de la chast.	1 an. état abrégé à la fin.
3202	1422	52	Adam Canet	revenue ordin. de la chast.	1 an
3203	1423	50	Adam Canet	revenue ordin. de la chast.	1 an
3204	1424	48	Adam Canet	revenue ordin. de la chast.	1 an
3205	1425	46	Adam Canet	revenue ordin. de la chast.	1 an
3206	1426	61	Adam Canet	revenue ordin. de la chast.	1 an. état abrégé à la fin.

文 献 目 録

3207-1	1425-26	24	Adam Canet	recette de la terre Monnestey, receu de Guiot Mipont	1 an du 1425/7/5 au 1426/7/5
3207-2	1424-25	20	Adam Canet	recette de la terre Monnestey, receue de Agnes	8.5 mois du 1424/10/13 au 25/7/5, les depenses manquent.
3207-3	1425-26	26	Adam Canet	Recet. de la terre Monnestey, receue de Agnes	1 an du 1425/7/5 au 1426/7/5
3208	1427	52	Adam Canet	revenue ordin. de la chast.	1 an
3209	1428	50	Adam Canet	revenue ordin. de la chast.	1 an
3210-1	1429	53	Adam Canet	revenue ordin. de la chast.	1 an
3210-2	1420	32	Jehan Lavisie	Invent. de feu Guiot Mipont	un cahier en papier
3210-3	1420	6	Jehan Lavisie et Symon Panez	recepice de procureur	diverses pieces isolées
3210-4	1420	7	Jehan Lavisie	cense et rente a Monestoy	un cahier en papier
3211	1430	44	Adam Canet	revenue ordin. de la chast.	1 an. état a la fin
3212	1431	46	Adam Canet	revenue ordin. de la chast.	1 an
3213	1432	48	Adam Canet	revenue ordin. de la chast.	1 an
3214	1433	43	Adam Canet	revenue ordin. de la chast.	
3215	1434	45	Adam Canet	revenue ordin. de la chast.	
3216	1435	43	Adam Canet	revenue ordin. de la chast.	
3217	1435	32	Berthelot Lambin	exploit et amendes des Parlement de Beaune et de St. Laurent	
3218	1436	43	Adam Canet	revenue ordin. de la chast.	son Etat a la fin
3219	1437	45	Adam Canet	revenue ordin. de la chast.	
3220	1438	46	Adam Canet	revenue ordin. de la chast.	son Etat final a la fin
3221	1439	68	Milot de Faultrey	revenue ordin. de la chast.	
3222	1440	65	Milot de Faultrey	revenue ordin. de la chast.	
3223	1441	44	Milot de Faultrey	revenue ordin. de la chast.	
3224	1442	40	Milot de Faultrey	revenue ordin. de la chast.	
3225	1443	44	Milot de Faultrey	revenue ordin. de la chast.	son etat

Chalon

3626	1415	18	Jean Fraignot	impot des denrees	
3627	1415-16	82	Jean Fraignot	bailliage 1°	15 mois du 1415/10/1 au 1416/12/31
3628	1416	43	Pierre de la Couldre	gruerie	
3628-2	1417	42	Pierre de la Couldre	gruerie	
3629	1417	73	Jean Fraignot	bailliage 2°	1 an entier
3630	1418	109	Jean Fraignot	bailliage 3°	1 an entier
3631	1418-19	40	Jean Fraignot	impot de 1/8 de vin	1 an entier

付　録

3631-2	1417-18	8	Jean Fraignot	impot de 1/8 de vin	1 an entier
3632	1418	52	Pierre de La Couldre	gruerie	
3633	1419	82	Jean Fraignot	bailliage 4°	
3634	1419	60	Pierre de La Couldre	gruerie	
3635-1	1419-20	27	Jean Fraignot	impot des denrees 4°	1 an de 1419/3/1 a 1420/2/28
3635-2	1418-19	5	Jean Fraignot	impot de 1/8 de vin	1 an de 1418/10/1 a 1419/9/30
3635-3	1419-20	4	Jean Fraignot	impot de 1/8 de vin	6 mois de 1419/10/1 a 1420/3/31
3636-1	1420	41	Jean Fraignot	bailliage 5°	4 mois de 1420/1/1 a 5/10
3636-2	1420		Jean Fraignot	impot des denre. 5° et fin	2 mois de 1420/3/1 a 5/1
3637-1	1420	25	Pierre de La Couldre	gruerie	1 an
3637-2	1421	28	Pierre de La Couldre	gruerie	1 an
3638-1	1420	4	Philippe Freppier	impot de 1/8 de vin	6 mois de 1420/4/1 a 1420/9/30
3638-2	1420-21	18	Philippe Freppier	impot des denrees	10 mois de 1420/5/1 a 1421/2/28
3638-3	1420-21	6	Philippe Freppier	impot de 1/8 de vin	1 an de 1420/10/1 a 1421/9/30
3639	1421	32	Philippe Freppier	impot des denrees	10 mois de 1421/3/1 a 1421/12/31
3640	1422	24	Pierre de La Couldre	gruerie	1 an
3641-1	1422	18	Philippe Freppier	impot des denrees	1 an
3641-2	1421-22	6	Philippe Freppier	impot de 1/8 de vin	1 an du 1421/10/1 au 1422/9/30
3641-3	1422-23	7	Philippe Freppier	impot de 1/8 de vin	4 mois du 1422/10/1 au 1423/1/31
3642-1	1423	12	Jean Fraignot	impot des denrees	1 an du 1423/1/1 au 12/31
3642-2	1423	4	Jean Fraignot	impot de 1/8 de vin	8 mois du 1423/2/17 au 9/30
3642-3	1424	8	Jean Fraignot	impot des denrees	1 an
3642-4	1423-24	4	Jean Fraignot	impot de 1/8 de vin	1 an du 1423/10/1 au 1424/9/30
3642-5	1425	8	Jean Fraignot	impot des denrees	1 an

3642-6	1424-25	4	Jean Fraignot	impot de 1/8 de vin	1 an au 1425/9/30
3642-7	1425 ?	1	Pierre de La Couldre ?	gruerie ?	?
3643	1426	90	Jean Fraignot	bailliage	1 an du 1426/1/1 au 12/31
3644-1	1426	10	Jean Fraignot	impot des denrees	1 an
3644-2	1425-26	6	Jean Fraignot	impot de 1/8 de vin	1 an du 1425/10/1 au 1426/9/30
3644-3	1427	11	Jean Fraignot	impot des denrees	1 an
3644-4	1426-27	5	Jean Fraignot	impot de 1/8 de vin	1 an au 1427/9/30
3645	1427	81	Jean Fraignot	bailliage	1 an
3646	1428	80	Jean Girard	bailliage	1 an
3647-1	1428	10	Jean Girard	impot des denrees	1 an
3647-2	1427-28	8	Jean Girard	impot de 1/8 de vin	10 mois du 1427/12/1 au 1428/9/30
3648	1428	33	Jean Bussul	controle de la gruerie	1 an
3649	1429	76	Jean Girard	bailliage	1 an
3650-1	1429	25	Jean Girard	2° impot des denrees	1 an
3650-2	1429	8	Jean Girard	2° grenier a sel	1 an
3650-3	1428-29	6	Jean Girard	2° impot de 1/8 de vin	1 an du 1428/10/1 au 1429/9/30
3651	1428-29	41	Oudot Molain	chatellenie de Chalon	1 an du 1428 St.J.B au 1429 St.J.B.
3652	1429	28	Pierre de La Couldre	gruerie	1 an
3653	1430	79	Jean Girard	bailliage	1 an
3654	1430	30	Pierre de La Couldre	gruerie	1 an
3655-1	1429-30	4	Jean Girard	3° impot de 1/8 de vin	1 an au 1430/9/30
3655-2	1430	16	Jean Girard	3° impot des denrees	1 an
3655-3	1430-31	3	Jean Girard	4° impot de 1/8 de vin	1 an au 1431/9/30
3655-4	1431	12	Jean Girard	4° impot des denrees	1 an
3656	1430	40	Ame Lenoble	aide de 30,000 francs	2 termes
3657	1431	24	Pierre de La Couldre	gruerie	1 an
3658	1430-31	71	Jean Girard	bailliage	1 an
3659	1431	31	Ame Lenoble	aides de 26,000 francs	2 termes
3660	1432	77	Jean Girard	bailliage	1 an
3661	1432	30	Pierre de La Couldre	gruerie	1 an

3662	1431-32	32	Oudot Molain	chatellenie	1 an du 1431 St.J.B au 1432 St.J.B.
3663-1	1432	11	Jean Girard	Impot des denrees	1 an
3663-2	1431-32	3	Jean Girard	impot de 1/8 de vin	1 an du1431/10/1 au 1432/9/30
3664	1433	66	Jean Girard de Genlis	bailliage	
3665	1432-33	75	Mathe Paisseau	chatellenie	
3666	1433	37	Pierre de La Couldre	gruerie	
3667-1	1432-33	3	Jean Girard de Genlis	6° 1/8 du vin	1 an entier du 1/oct. 1432 au 31/sept.1433
3667-2	1433	8	Jean Girard de Genlis	6° 12d/livre	1 an entier
3668	1432-143	417	Etienne Boudot	chatellenie	2 ans
3669	1433	24	Jean Girard de Genlis	aide de 40 mille francs	octroyé par 3 Etats au mois d'août et payés à la Toussaints 1433.
3670	1434	62	Jean Girard de Genlis	bailliage	
3671	1433-34	35	Mathe Paisseau	chatellenie	
3672-1	1433-34	3	Jean Girard de Genlis	1/8 du vin	
3672-2	1434	7	Jean Girard de Genlis	12d/livre	
3673	1433-34	30	Pierre de La Couldre	gruerie	
3674-1	1434	20	Jean Girard de Genlis	aide de 13,000 francs	
3674-2	1434		Jean Girard de Genlis	aide de 4,000 francs	
3675	1434	26	Jean Girard de Genlis	aide de 20,000 francs	
3676	1435	63	Jean Girard de Genlis	bailliage	
3677-1	1435	8	Jean Girard de Genly	8° 12d/livre	
3677-2	1434-35	3	Jean Girard de Genly	8° 1/8 du vin	
3678-1	1436	12	Jean Girard de Genly	aide de 8,000 francs au 1436/3	
3678-2	1435	16	Jean Girard de Genly	aide de 10,000 francs au 1435/5	

文 献 目 録

3678-3	1435	8	Jean Girard de Genly	aide de 4,000 francs au 1435/8	
3679	1435-36	29	Pierre de La Bruyere	gruerie	14 mois du 1435/10 au 1436/12
3680	1435-36	75	Jean Girard de Genly	bailliage	
3681	1435-36	17	Jean Gaudey	cartulaire du port de Chalon	
3682-1	1436	8	Jean Girard de Genlis	9° 12d/livre	
3682-2	1435-36	4	Jean Girard de Genlis	9° 1/8 du vin	
3682-3	1437	8	Jean Girard de Genlis	10° 12d/livre	
3682-4	1436-37	4	Jean Girard de Genlis	10° 1/8 du vin	
3683	1437	69	Jean Girard de Genlis	bailliage	
3684	1437	28	Pierre de La Bruyere	gruerie	
3685	1437	12	Jean Girard de Genlis	aide de 18,500 francs	
3686	1438	83	Jean Girard de Genlis	bailliage	
3687	1438	32	Pierre de La Bruyere	gruerie	
3688-1	1438	8	Jean Girard de Genlis	12d/livre	
3688-2	1437-38	4	Jean Girard de Genlis	1/8 du vin	
3688-3	1439	8	Jean Girard de Genlis	12d/livre	
3688-4	1438-3	94	Jean Girard de Genlis	1/8 du vin	
3689-1	1438	17	Jean Girard de Genlis	aide de 3,000 francs	
3689-2	1438		Jean Girard de Genlis	aide	pour les escorcheurs
3690	1439	92	Jean Girard de Genlis	12° bailliage	
3691	1440	75	Jean Girard de Genlis	13° bailliage	
3692	1439-40	12	Jean Girard de Genlis	1/8 du vin et 12d/livre	

3693-1	1440	56	Pierre de La Bruyere	gruerie	
3693-2	1439		Pierre de La Bruyere	gruerie	ff.1-16 sont perdus.
3694	1440	10	Jean Girard de Genlis	aide de 3,000 francs	
3695	1441	80	Jean Girard de Genlis	bailliage	
3696	1441	50	Pierre de La Bruyere	gruerie	
3697	1440-41	16	Jean Girard de Genlis	1/8 du vin et 12d/livre	
3698	1441	8	Jean Girard de Genlis	impot de 2,000 saluts qui restaient a lever de 6,000	
3699	1441	12	Jean Girard de Genlis	aide de 4,800 francs	
3700-1	1442	8	Jean Girard de Genlis	12d/livre	
3700-2	1441-42	4	Jean Girard de Genlis	1/8 du vin	
3701	1441-42	52	Jean Girard de Genlis	bailliage	
3702-1	1442	28	Jean Girard de Genlis	aide de 10,000 francs	
3702-2			Jean Girard de Genlis	aide	
3703-1	1443	8	Jean Girard de Genlis	12d/livre	
3703-2	1442-43	4	Jean Girard de Genlis	1/8 du vin	15 mois du 1442/10 au 1443/12

Charolais

3921-1	1419	190	Jean Pucelle	revenue ord. du comte	1 an
3921-2	1419-20	22	Jean Pucelle	compte pour le paiement aux gens d'armes et de trait soubdoyers	7 mois du 1419/10/1 au 1420/5/1
3922-1	1419	7	Jean Pucelle	1° impot 12d/£ et de 1/8 vin	10 mois du 1419/1/1 au 10/31
3922-2	1419-20	10	Jean Pucelle	2° impot 12d/£ et de 1/8 vin	6 mois du 1419/11/1 au 1420/4/30
3922-3	1420	10	Jean Pucelle	3° impot 12d/£ et de 1/8 vin	6 mois du 1420/5/1 au 10/31
3922-4	1420-21	10	Jean Pucelle	4° impot 12d/£ et de 1/8 vin	10 mois du 1420/11/1 au 1421/8/31
3923	1420	39	Jean Pucelle	revenue ord. du comte	5 mois du 14201/1 au 5/31

文 献 目 録

3924	1420	154	Jean Pucelle	revenue ord. du comte	7 mois du 1420/6/1 au 12/31
3925	1421	121	Guyot Girard	1° revenue ord. du comte	3 mois du 1421/10/1 au 12/31
3926-1	1421	10	Guyot Girard	1° impot 12d/£ et de 1/8 vin	2 mois du 1421/9/1 au 10/31: suite et fin du B3922-4
3926-2	1421-22	8	Guyot Girard	2° impot 12d/£ et de 1/8 vin	1 an du 1421/11/1 au 1422/10/31
3926-3	1422-23	8	Guyot Girard	3° impot 12d/£ et de 1/8 vin	1 an au 1423/10/31
3926-4	1423-24	8	Guyot Girard	4° impot 12d/£ et de 1/8 vin	1 an au 1424/10/31
3926-5	1424-25	14	Guyot Girard	5° impot 12d/£ et de 1/8 vin	1 an au 1425/10/31
3927-1	1426	16	Girard Pellicennier	gruerie	1 an
3927-2	1428	20	Girard Pellicennier	gruerie	1 an
3927-3	1429	14	Girard Pellicennier	gruerie	1 an. ff.12-13 manquent.
3927-4	1430	16	Girard Pellicennier	gruerie	1 an
3928-1	1426-27	8	Jacquot Touillon	impot 12d/£ et de 1/8 vin	1 an au 1427/10/31
3928-2	1427-28	8	Jacquot Touillon	impot 12d/£ et de 1/8 vin	1 an au 1428/10/31
3928-3	1428-29	6	Jacquot Touillon	impot 12d/£ et de 1/8 vin	1 an au 1429/10/31
3928-4	1429-30	8	Jacquot Touillon	impot 12d/£ et de 1/8 vin	1 an au 1430/10/31
3928-5	1430-31	6	Jacquot Touillon	impot 12d/£ et de 1/8 vin	1 an au 1431/10/31
3928-6	1431-32	6	Jacquot Touillon	impot 12d/£ et de 1/8 vin	1 an au 1432/10/31
3928-7	1432-33	8	Jacquot Touillon	impot 12d/£ et de 1/8 vin	1 an au 1433/10/31
3928-8	1433-34	8	Jacquot Touillon	impot 12d/£ et de 1/8 vin	1 an au 1434/10/31
3928-9	1434-3	57	Jacquot Touillon	impot 12d/£ et de 1/8 vin	1 an au 1435/10/31
3929	1429	98	Jacquot Touillon	revenue ord. du comte	1 an (apres B3925, les comptes ordin. de 1422 à 1428 sont perdus)
3930-1	1431	13	Girard Pellicennier	gruerie	1 an
3930-2	1432	15	Girard Pellicennier	gruerie	1 an
3930-3	1433	12	Girard Pellicennier	gruerie	1 an
3931	1434	74	Jacquot Touillon	revenue ord. du comte	1 an horriblement abimé
3932	1435	88	Jacquot Touillon	revenue ord. du comte	1 an. ff.79-88 sont l'etat du receveur.
3933-1	1434	12	Jean Durand	gruerie	9 mois du 1434/4 au 1434/12
3933-2	1435	14	Jean Durand	gruerie	1 an

3933-3	1436	16	Jean Durand	gruerie	
3933-4	1437	8	Jean Durand	gruerie	4 comptes dans un fichier B3933
3934	1436	68	Antoine de Beaulieu	1° revenue ord. du comte	abimé, surtout partie de recettes.
3935-1	1436	6	Antoine de Beaulieu	1/8 du vin et 12d/livre	
3935-2	1437	4	Antoine de Beaulieu	1/8 du vin et 12d/livre	
3935-3	1438	6	Antoine de Beaulieu	1/8 du vin et 12d/livre	
3936-1	1437	8	Antoine de Beaulieu	2° revenue ord. du comte	
3936-2	1438	71	Antoine de Beaulieu	3° revenue ord. du comte	les feuillets après f. 30 abimés.
3937-1	1438	39	Jean Durand	gruerie	
3937-2	1439		Jean Durand	gruerie	
3937-3	1440		Jean Durand	gruerie	
3937-4	1441		Jean Durand	gruerie	
3938-1	1439	85	Antoine de Beaulieu	4° revenue ord. du comte	
3938-2	1440	24	Antoine de Beaulieu	5° revenue ord. du comte	8 mois du 1440/1/1 au 8/31
3939-1	1439	5	Antoine de Beaulieu	1/8 du vin et 12d/livre	
3939-2	1440	5	Antoine de Beaulieu	1/8 du vin et 12d/livre	8 mois du 1439/11/1 au 1440/6/30
3939-3	1440	8	Jean Conroy	1/8 du vin et 12d/livre	4 mois du 1440/7/1 au 10/31
3939-4	1441	8	Jean Conroy	1/8 du vin et 12d/livre	1 an du 1440/11/1 au 1441/10/31
3940	1440	105	Jean Conroy	revenue ord. du comte	4 mois du 1440/9/1 au 12/31
3941	1441	109	Jean Conroy	revenue ord. du comte	1 an
3942	1442	98	Jean Conroy	revenue ord. du comte	
3943	1441-48	75	Jean Conroy	1/8 du vin et 12d/livre	7 comptes sccessifs
3944	1442-50	118	Jean Conroy	gruerie	9 compte successifs
3945	1442-43	93	Jean Conroy	revenue ord. du comte	

Chatillon de la Montagne

4043	1414-16	41	Jean de Villecessey	1° revenue ord. du bailliage	

4044	1416-17	16	Jean de Villecessey	2° revenue ord. du bailliage	
4045	1417	12	Jean de Villecessey	aide	
4046	1417-18	18	Jean de Villecessey	3° revenue ord. du bailliage	
4047	1419	46	Jean de Villecessey	4° revenue ord. du bailliage	1 an. réparation du château de Chatillon-s-Seine.
4048	1420	49	Jean de Villecessey	5° revenue ord. du bailliage	1 an. ff.36-49 un cahier de menu paiement sur la peche.
4049	1421	50	Jean de Villecessey	6° revenue ord. du bailliage	1 an
4050	1421	12	Jean de Villecessey	7° compte, aide de 36 000 francs	
4051	1422	44	Jean de Villecessey	8° revenue ord. du bailliage	1 an
4051bis	1422	27	Philippot le Roichet	gruerie	1 an. abimé. Id. B1618
4052	1423	38	Jean de Villecessey	9° revenue ord. du bailliage	1 an. son etat a la fin
4052bis	1418	28	Philippot le Roichet	gruerie	1 an. Id. B1621
4053	1423	18	Jean de Villecessey	aide de 20,000 francs	
4054-1	1424	10	Jean de Villecessey	aide de 20,000 francs	
4054-2	1425-26	13	Jean de Villecessey	aide de 20,000 francs	
4055	1424	31	Jean de Villecessey	10° revenue ord. du bailliage	1 an
4056	1425	22	Jean de Villecessey	11° revenue ord. du bailliage	1 an
4057	1426	32	Jean de Villecessey	12° revenue ord. du bailliage	1 an
4057bis	1426	31	Philippot le Roichet	gruerie	1 an. Id. B1630. ff.30-31 portant l'etat du receveur très abimé.
4058	1427	32	Jean de Villecessey	13° revenue ord. du bailliage	1 an
4058bis	1427	21	Philippot le Roichet	gruerie	1 an. Id. B1633.
4059-1	1428	19	Jean de Villecessey	14° revenue ord. du bailliage	1 an
4059-2	1429	50	Jean de Villecessey	15° revenue ord. du bailliage	1 an. un 22 fos. cahier papier cousu a la fin.

4059bis	1428	20	Philippot le Roichet	gruerie	1 an. Id. B1638.
4060	1430	13	Euvrart d'Aignay	aide de 30,000 francs	
4061	1431	17	Jean de Villecessey	revenue ord. du bailliage	1 an. un 4 fos-cahier papier pour les travaux du chastel. Chastillon
4062	1432	55	Jean de Villecessey	revenue ord. du bailliage	1 an. un 14 fos. compte pour les travaux du chateau Chastillon
1608	1420	31	Philippot le Roichet	gruerie	1 an
1609	1421	34	Philippot le Roichet	gruerie	1 an
1618	1422	27	Philippot le Roichet	gruerie	B4051 bis
1621	1418	28	Philippot le Roichet	gruerie	B4052 bis
1630	1426	30	Philippot le Roichet	gruerie	B4057 bis
1633	1427	21	Philippot le Roichet	gruerie	B4058 bis
1638	1428	20	Philippot le Roichet	gruerie	B4059 bis
4063	1433	42	Jean de Villecessey	revenue ord. du bailliage	
4064	1433	22	Jean Roquant	aide de 40,000 francs	
4065	1434	12	Guillaume Roquant	aide de 20,000 francs	
4066	1434	63	Jean de Villecessey	revenue ord. du bailliage	
4067	1434-35	18	Jean de Villecessey	revenue ord. du bailliage	
4068	1435	9	Guillaume Roquant	aide de 8,000 francs	
4069	1435	11	Guillaume Roquant	aide de 10,000 francs	
4070	1435	6	Guillaume Roquant	aide de 4,000 francs	
4071	1436	19	Jean de Villecessey	revenue ord. du bailliage	
4072-1	1437	32	Jean de Villecessey	revenue ord. du bailliage	
4072-2	1437	15	Guillaume Roquant	1° gruerie de La Montagne	B1662
4073	1437	8	Guiot Jacquin	aide de 7,500 francs	
4074-1	1438	23	Guiot Jacquin	revenue ord. du bailliage	

文 献 目 録

503

4074-2	1438	14	Guillaume Roquant	2°gruerie de La Montagne	B1666
4075	1438	9	Guiot Jacquin	aide de 43 saluts i.e. 5912 francs	
4076	1438	8	Guiot Jacquin	aide	
4077	1438	8	Guiot Jacquin	aide de 3,600 francs	
4078-1	1439	18	Guiot Jacquin	2° revenue ord. du bailliage	
4078-2	1439		Guillaume Roquant	3°gruerie de La Montagne	B1670
4079-1	1440	24	Guiot Jacquin	3° revenue ord. du bailliage	
4079-2	1440	44	Jean de Cinqfonds	gruerie de La Montagne	B1674
4079-2-2	1441		Jean de Cinqfonds	gruerie de La Montagne	
4080	1440	8	Guiot Jacquin	aide de 4,800 francs	
4081	1440	10	Guiot Jacquin	aide de 3,000 francs	
4082	1441	22	Guiot Jacquin	revenue ord. du bailliage	
4083	1442	20	Guiot Jacquin	revenue ord. du bailliage	
4084	1442	17	Guiot Jacquin	aide de 20,000 francs	
4085-1	1443	42	Guiot Jacquin	revenue ord. du bailliage	
4085-2	1444		Guiot Jacquin	revenue ord. du bailliage	son état final à la fin du compte

Dijon

BN Fr. 8259   fragments de 4 comptes, du rec du bailliage de Dijon 1413, 1419, 1420, 1421.

4471	1416-17	160	Jean Moisson	bailliage	
4472	1416-18	119	Guillaume Ranvial	gruerie	
4473-1	1419	53	Guillaume Ranvial	gruerie	1 an
4473-2	1420	73	Guillaume Ranvial	gruerie	1 an
4474-1	1421	35	Guillaume Ranvial	gruerie	1 an, ff.1-40 manquent
4474-2	1422	68	Guillaume Ranvial	gruerie	1 an, 4 feuillets manquent apres f.68°.
4474bis	1419-25	12	Guillaume Ranvial	debris de plusieurs comptes; feuillets isolés et variés	
4475	1425-26	86	Guillaume Ranvial	gruerie	13 mois du 1425/10/1 au 1426/11/11
4476	1426	90	Jean Moisson	bailliage	1 an
4477	1427	67	Jean Moisson	bailliage	1 an
4478	1428	80	Jean Moisson	bailliage	10.5 mois du 1428/1/1 au 1428/11/15
4479	1429	66	Perrenot d'Oranges	gruerie	1 an

4480	1428-29	82	Jean de Visen	1er compte du bailliage	13.5 mois du 1428/11/16 au 1429/12/31. avec son double.
4481	1430	84	Jean de Visen	2°bailliage	1 an
4482	1431	70	Jean de Visen	3°bailliage	1 an. avec son double B4482bis
4483	1432	78	Jean de Visen	4°bailliage	1 an. un estat de Jehan Fraignot inscrit a la fin du compte.
4484	1433	100	Jean de Visen	5°bailliage	1 an
4484bis	1433	28	non identifié	gruerie	1 an. ff.37-48 et 61-76 existent. voir Invent. t.V.p.249
4485	1434	72	Jean de Visen	6°bailliage	1an
4486	1434	75	Guiot Renevier	2°gruerie	1an
4487-1	1435	83	Jean de Visen	7°bailliage	1 an. f.79 Etat du receveur
4487-2	1435	10	Jean de Visen	aide de 10 mille francs	
4488-1	1435	70	Guiot Renevier	3°gruerie	1an
4488-2	1436	64	Guiot Renevier	4°gruerie	1an
4489	1436	75	Jean de Visen	8°bailliage	1 an. ff.70V-75V sont Etat du receveur.
4490	1436-38	84	Pasquier Hennyart	bailliage	
4491	1438	46	Loys de Visen	bailliage	
4491bis	1438	22	Nicolas Bi...?	aides	
4492	1439	72	? Indechifrable	gruerie	1 an. De nombreux fuillets dechirés.
4493	1441	66	? Indechifrable	gruerie	1 an. De nombreux fuillets dechirés.
4494	1444	47	Oudot le Bediet	6°bailliage	

Monnaie

11200	1275-1354	22	liasse	Monnaies
11201	1418-1511	18	liasse	
11202	1251-1436	25	liasse	11 pieces en date de 1420, 1421, 1422, 1423, 1424 & 1427.
11204	1198-1654	21	liasse	8 pieces
11207	1346-1456	28	liasse	8 pieces, dont 1 en 1418, 5 en 1420 et 2 en 1422.
11208	1416-1596	21	liasse	3 cahiers des copies des lettres et 7 pieces dont 3 en 1419, 3 en 1420 et l'autre en 1422.
11209	1411-41	47	liasse	10 pieces
11210	1282-1564	61	liasse	34 pieces

文 献 目 録

11211	1417-1560	92	liasse	8 groupes dont le 5eme a 46 pieces identiques.	
11213	1421-25	14	Adriet Veely	5 compte de la boite de monnoie de Dijon et de Chalon	
11214-1	1426	8	Jaques de Helleines & Adame Rainez Raviez	compte pour la monnoie de Namur	4 mois du 1426/7/28 au/11/28
11214-2	1426	4	Jaques de Helleines & Adame Rainez Raviez	2 compts de la monnoie de Namur	du 1426/4/1 au /5/18 & du 7/24 au 11/30
11215	1417-60	145	Pierre et Humbert Viars, Girart Robot, Oudot Douay et alt.	plusieurs compte de la boite de la monnoie de Dijon	
A.N. J252 no.66	1422-23	30	Pierre et Humbert Viars	compte monn. à Dijon, Auxonne, St. Laurent.	du 1422/5/14 au 1423/9/30

Conseil ducal

11403	1422-1424	315	Conseil ducal
11404	1438-1442	192	Conseil ducal
11405	1442	80	Conseil ducal

Chambre des comptes et du conseil à Dijon

8	1408-1626	106	liasse	Conflits de la Chambre des Comptes, etc.
15	1386-1446	239	registre	Transcription des lettres patentes et d'ordonnances, etc.
16	1446-1473	265	registre	Arrets et enregistrements d'edits, lettres patents, relatifs aux monnaies et changeurs, etc.
17	1473-1513	289	registre	Enregistrement de lettres et recommandations, Ordonnance du duc Jean etc.
84	1448-1777	334	registre	Extraits des registres du Conseil d'Etat, tous reltifs à la Chambres des comptes de Dijon.
89	1386-1607	344	registre	Table des prestations de serment par les divers officiers
94	1398-1437	350	registre	Journal des causes de la Chambre des comptes
94bis	1426-1427	90	registre	Journal des causes de la Chambre des comptes
94ter	1456-1459	48	cahier	Journal des causes de la Chambre des comptes
285	1440-1773	25	liasse	Question de les enclaves, Memoire destine a prouver que le duc a joui depuis le traite d'Arras, des villages de Sainte-Pelage, Pregilbert, etc.
289	1372-1640	42	liasse	Memoirs pour les Etats de Bourgogne.
294	1385-92	36	liasse	Contrat de mariage du duc Jean avec Marguerite de Baviere. Antoine de Bourgogne et Jeanne, fille du comte de Saint-Pol. etc.
298	1423-39	182	registre	Livre de l'assiette des 6000 livres de rentes en terres que le duc de Bourgogne a donnees en apanage a Mme de Guyenne, sa soeur.
337	1423	199		Controle des depenses de l'hotel de Philippe le Bon
1383	1426-1630	25	cahier en papier	Etat general sommaire de recettes dans les differents bailliages de Bourgogne 1426

1386	1413-1575	100		Noms des receveurs en Bourgogne, donnes par des recepisses ou des lettres de provision.

Enquetes

11482	1284-1571	17	Imposition.	2 feuillets datés dans les années 1420.
11490	1400-1403	362	marcs de Dijon	
11491	1404-1406	279	marcs de Dijon	
11492	1419-23	317	marcs de Dijon	6 registrs de 1420, à 1425. Compter par sol/denier, non par marc/once. Sans total à la fin.
11493	1426-28	378	marcs de Dijon	3 registres de 1426, 27 et 28
11514	1413	84	Auxois	Cherches des feux du bailliage.
11515	1442	169	Auxois	Cherches des feux du bailliage.
11516	1460	208	Auxois	Cherches des feux du bailliage.
11544	1423	193	Chalon	Cherches des feux du bailliage.
11545	1424	97	Chalon	Cherches des feux du bailliage.
11546	1430	86	Chalon	Cherches des feux du bailliage.
11547	1431	87	Chalon	Cherches des feux du bailliage.
11548	1433	93	Chalon	Cherches des feux du bailliage.
11549	1435-36	44	Chalon	Cherches des feux du bailliage.
11568	1421	215	Chatillonnais	Cherches des feux du bailliage.
11569	1423	175	Chatillonnais	Cherches des feux du bailliage.
11581	1423	152	Dijon	Cherche des feux du bailliage.
11582	1424	214	Dijon	Cherche des feux du bailliage.
11583	1430	209	Dijon	Cherche des feux du bailliage.
11584	1431	212	Dijon	Cherche des feux du bailliage.
11585	1433	205	Dijon	Cherche des feux du bailliage.
11586	1436	183	Dijon	Cherche des feux du bailliage.

Guerre

11716	1410-44	21	imposition	1422 Commission de Philippe le Bon pour emprunter les deniers
11740	1419-44	46	Solde et engagement de gens de guerre	
11880	1420-44	17	Faits de guerre	1426 ? Solde des compagnons par le sire de Chastellux

2. 刊行史料

1) BONNENFANT, Paul dir. BARTIER, John et Van NIEUWENHUYSEN, Andree eds. [1965-1974] *Ordonnances de Philippe le Hardi, de Marguerite de Male et de Jean sans Peur*

文 献 目 録　　　　　　　　　　　　　　　507

1381-1419, 2 tomes, Bruxelles.
2) CHAMPEAUX, Ernest [1908] et [1978] *Les Ordonnances des Ducs de Bourgogne sur l'administration de la justice du Duché. Avec une introduction sur les origines du Parlement de Bourgogne*, Dijon et Réimp. à Genève.
3) MOLLAT, Michel et FAUREAU, Robert. éd. [1965-1976] *Comptes généraux de l'Etat Bourguignon entre 1416 et 1420*, 5 vols, Paris, Recueil de huit comptes inédits:
　・les 7° et 8° comptes de Jean de Noident (Archives Départementales de la Côte-d'Or B. 1601 et B.1603), le 1° compte de Guy Guilbaut (A.D. du Nord B.1920),
　・les 2°, 3° et 4° comptes de Jean Fraignot (A.D. de la Côte-d'Or B.1594, B.1598 et B. 1606) et
　・les 1° et 2° comptes de Berthelemi le Vooght (A.D. du Nord, B.4090 et B.4091).
4) PARAVICINI, Werner dir., GREVE, Anke et LEBAILLY, Émilie eds. [2001-2009] *Comptes de l'argentier de Charles le Téméraire duc de Bourgogne*, 4 vols, Paris.
　・v. 1： Année 1468, B.2068 des Archives départementales du Nord à Lille.
　・v. 2： Année 1469, CC. 1924 des Archeives Générales du Royaume à Bruxelles.
　・v. 3： Année 1470, CC. 1925 des AGR, eds. par Valérie BESSEY, Véronique FLAMMANG et Émilie LEBAILLY.
　・v. 4： Rôles mensuels et fragments des années 1471-1475 conservés aux ADN, éds. par Sébastien HAMEL et Valérie BESSEY.

3. 研究書（著者・監修者アルファベット順）

　網羅的な目録ではない。「ブルゴーニュ」「中・近世」「領邦統治（経営）」「財政」「税」「貨幣」を本書のキー・ワード（コンセプト）とし，1990年を目安に，それ以前に刊行された論文や著作は本書に関連する内容を含む主要作品に限定した。逆に，それ以降に刊行された研究書は，本書を執筆する上で直接に参考にしていなくとも，収録するように心がけた。同一著者の作品は刊行年逆順とし，近作を優先した。ただし北方領域を主題とし，南方に言及がない研究と文化や芸術を主題とする研究は収録していない。網羅的な文献案内は以下に収録した〔148〕に譲る。

〔1〕 ANCELET-NETTER, Dominique [2010] *La Dette, la dime et le denier. Une analyse sémantique du vocabulaire économique et financier au Moyen Age*, PU du Septentrion, Villeneuve d'Ascq.
〔2〕 ANDT, Edouard [1924] *La Chambre des Compte de Dijon à l'époque des ducs Valois*, Paris.
〔3〕 ARNOULD, Maurice A. [1974] Une estimation des revenue et des dépenses de Philippe le Bon en 1445, *Recherches sur l'histoire des finances publiques en Belgique*, t. III, Bruxelles. pp. 131-219.
〔4〕 ARNOUX, Mathieu & GUYOTJEANNIN, Olivier éds. [2011] *Tabellions et*

Tabellionages de la France médiévale et moderne, Paris.
〔5〕 AUTRAND, Françoise, GAUVARD, Claude & MOEGLIN, Jean-Marie éds. [1999] *Saint-Denis et la Royauté. Etudes offertes à Bernard Guenée*, Paris.
〔6〕 BARTIER, John [1955] *Légistes et gens de finances au XV° siècle. Les conseilliers des ducs de Bourgogne Philippe le Bon et Charles le Téméraire*, Bruxelles.
〔7〕 BAUTIER, Henri-Robert [1992] *Commerce méditerranéen et banquiers italiens au Moyen Age*, Variorum, CS362.
〔8〕 BAYARD, Françoise, FRIDENSON, Patrick et RIGAUDIERE, Albert dir. [2015] *Genèse des marchés*, Paris.
〔9〕 BECK, Patrice [2006] *Archéologie d'un document d'archives. Apporche codicologique et diplomatique des cherches des feux bourguignonnes (1285-1543)*, Paris.
〔10〕 BELAUBRE, Jean [1986] *Histoire numismatique et monétaire de la France médiévale (de la période carolingienne à Charles VIII)*, Paris.
〔11〕 BIEL, Gabriel [1574] *Tractatus varii atque utiles de monetis, earumque mutatione ac falsitate in gratiam studiosorum ac practicorum collecti*, Cologne.
〔12〕 BIZAGUET, Armand [1974] Les origines des institutions et des mecanismes bancaires en Europe Occidentale: de la banque romaine à l'empire napoléonien. *Revue internationale d'Histoire de la Banque* t. 9, pp. 17-79.
〔13〕 BLOMQUIST, Thomas W. [2005] *Merchant families, banking and money in medieval Lucca*, Variorum, CS828.
〔14〕 BLOMQUIST, Thomas W. [1973] Administration of a 13th century Mercantil-banking partnership: an episode in the history of the *Ricciardi of Lucca, Revue internationale d'Histoire de la Banque* t. 7, pp. 1-9.
〔15〕 BOMPAIRE, Marc & DUMAS, Françoise [2000] *Numismatique médiévale*, Turnhout.
〔16〕 BONNEVIOT, Maurice [1998] Les changeurs de la Rue au Change [à Chalon sur Saône] *Mémoire de la Société d'histoire et d'Archéologie de Chalon-sur-Saône*, t. 67, pp. 81-90.
〔17〕 BONNEY, Richard ed. [1999] *The rise of the fiscal state in Europe, c.1200-1815*, Oxford.
〔18〕 BONNEY, Richard [1995] *Economic Systems and State Finance*, series: BLOCKMANS, W. & GENET, Jean-Philippe general editors: *The Origins of the modern state in Europe 13th to 18th centuries, Theme B*, Oxford.
〔19〕 BOONE, Marc [1998] Stratégie fisacales et financières des élites urbaines et de l'Etat bourguignon naissant dans l'ancin Comté de Flandre, XIVe-XVIe siècles, *L'argent au Moyen Age*, Paris, pp. 235-54.
〔20〕 BOONE, M., DAVIDS, K., & JANSSENS, P. éds. [2003] *Urban public debts. Urban gouvernment and the market for annuities in Western Europe (XIV°-XVIII° centuries), Studies in European Urban History 3*, Turnhout.
〔21〕 BOONE, Marc, DUMOLYN, Jan [1999] Les officiers-Créditeurs des ducs de Bourgogne dans l'ancien comté de Flandre: aspects financiers, politiques et sociaux, *Crédit et société: les sources les téchniques et les hommes, XIVe-XVIe siècles, Publiction du Centre*

Européen d'Etudes bourguignonnes, no.39, Neufchâtel, pp. 225-241.
〔22〕 BOUDREAU, Claire, FIANU, Kouky, GAUVARD, Claude & HEBERT, Michel éds. [2004] *Information et société en Occident à la fin du Moyen Âge*, Paris.
〔23〕 BOUTET, Dominique & VERGER, Jacques éds. [2000] *Penser le pouvoir au Moyen Âge (VIII°-XV°siècle)*, Paris.
〔24〕 BRUAND, Olivier [2009] *Les Origines de la société féodale. L'exemple de l'Autunois (France, Bourgogne)*, Dijon.
〔25〕 BUDEL, René [1591] *De Monetis, et re numaria libri duo: quorum primus artem cudendae monetae, secundus vero quaestionum monetariarum decisiones continet*, Cologne.
〔26〕 CARTHIEUX, Simone [2001] Aspect financier de la châtellenie de Cuisery à la fin du XVe siècle, *Bulletin de L'Association des Amis du Vieux Cuisery et de sa châtellenie*, Cuisery, No. 54, pp. 7-12.
〔27〕 CASSARD, Jean-Christophe, COATIVY, Yves, GALLICE, Alain & LE PAGE, Dominique dir. [2008] *Le Prince, l'argent, les hommes au Moyen Age. Mélanges offerts à Jean Kerhervé*, PU de Rennes.
〔28〕 CASTELNUOVO, Guido [2001] Service de l'Etat et identité sociale. Les Chambres des comptes princières à la fin du Moyen *Age, Revue Historique*, année.125, t. 303/2 no. 618, pp. 489-570.
〔29〕 CAUCHIES, Jean-Marie éd. [2004] *Finances et financiers des princes et des villes à l'époque bourguignonne, Burgundica VIII*, Turnhout.
〔30〕 CLAMAGERAN, J. J. [1867-76 1980] *Histoire de l'impôt en France*, 3 vols, Paris, réimp. Genève.
〔31〕 CONTAMINE, Philippe [2011] La crise fiscale et monétaire des années 1419-1422 vue de l'obédience de Charles, dauphin de Viennois et régent du Royaume de France, LEVELEUX-TEIXEIRA, C., ROUSSELET-PIMONT, A., BONIN, P., & GARNIER, F. dir. *Le Gouvernement des communautés politiques à l fin du Moyen Age. Entre puissance et négociation: Villes, Finances, Etat. Actes du colloque en l'honneur d'Albert Rigaudière, les 6, 7 & 8 novembre 2008*, Paris. pp. 267-277.
〔32〕 CONTAMINE, Philippe, KERHERVE, Jean & RIGAUDIERE, Albert dir. [2007] *Monnaie, fiscalité et finances au temps de Philippe le Bel. Journée d'études du 14 mai 2004*, Paris.
〔33〕 CONTAMINE, Philippe KERHERVE, Jean et RIGAUDIERE, Arbert éds. [2002] *L'Impôt au Moyen Age. L'impôt public et le prélèvement seigneurial, finXIIe-début XVIe siècle. Colloque tenu à Bercy, les 14, 15 et 16 juin 2000, t. I: Le droit d'imposer, t. II: Les espaces fiscaux, t. III: Les techniques*, Paris.
〔34〕 CONTAMINE, Philippe [2002] Lever l'impot en terre de guerre: rançons, appatis et souffrances de guerre dans la France des XIV° et XV° siècles, CONTAMINE, Ph. KERHERVE, J. et RIGAUDIERE, A. éds. *L'Impôt au Moyen Age*, t. I, pp. 11-40.
〔35〕 COULON, Laurent [1997] un emprunt « forcé » à Arras en 1433, *Revue du Nord*, t. 79, no. 322, Etudes offertes à Gérard Sivéry, pp. 939-48.

〔36〕 RIGAUDIERE, Albert [2002] Les origines médiévales de l'impôt sur la fortune, CONTAMINE, Ph. KERHERVE, J. et RIGAUDIERE, A. éds. *L'Impôt au Moyen Age*, t. I, pp. 227-288.

〔37〕 BOONE, Marc [2002] Les ducs, les villes et l'argent des contribuables. Le rêve d'un impôt princier permanent en Flandre à l'époque bourguignonne, CONTAMINE, Ph. KERHERVE, J. et RIGAUDIERE, A. éds. *L'Impôt au Moyen Age*, t. II, pp. 323-342.

〔38〕 LE PAGE, Dominique [2002] Etude comparée de deux politiques financières d'intégration au royaume de France, les cas de la Bretagne et de la Bourgogne (fin XV° siècle, première moitié du XVI° siècle), CONTAMINE, Ph. KERHERVE, J. et RIGAUDIERE, A. éds. *L'Impôt au Moyen Age*, t. II, pp. 483-500.

〔39〕 PEPKE-DURIX, Hannelore [2002] La fiscalité, miroir d'une économie régionale à la fin du Moyen Age: Dijon et la région dijonnaise aux XIV° et XV° siècles, CONTAMINE, Ph. KERHERVE, J. et RIGAUDIERE, A. éds. *L'Impôt au Moyen Age*, t. II, pp. 599-620.

〔40〕 DUBOIS, Henri [2002] Fouage royal français et fouage ducal bourguignon au XIV° siècle. CONTAMINE, Ph. KERHERVE, J. et RIGAUDIERE, A. éds. *L'Impôt au Moyen Age*, t. III, pp. 673-702.

〔41〕 TELLIEZ, Romain [2002] Officiers et fermiers des aides devant la justice royale (fin du XIVe siècle-début du XV° siècle), CONTAMINE, Ph. KERHERVE, J. et RIGAUDIERE, A. éds. *L'Impôt au Moyen Age*; t. III, pp. 827-860.

〔42〕 WEIDENFELD, Katia [2002] Le contentieux de la taille royale au XV° siècle, CONTAMINE, Ph. KERHERVE, J. et RIGAUDIERE, A. éds. *L'Impôt au Moyen Age*, t. III, pp. 861-888.

〔43〕 CONTAMINE, Philippe, BOMPAIRE, Marc, LEBECQ, Stéphane & SARRAZIN, Jean-Luc [1993] *L'économie médiévale*, Paris.

〔44〕 DAY, John [1994] *Monnaies et Marchés au Moyen Age*, Paris.

〔45〕 DEPEYROT, Georges, HACKENS, Tony & MOUCHARTE, Ghislaine éds. [1987] *Rythmes de la production monétaire de l'Antiquité à nos jours. Actes du Colloque international organisé à Paris, du 10 au 12 janvier 1986*, Numismatica Lovaniensia vol. 7, Louvain-la-Neuve.

〔46〕 De ROOVER, Raymond [1963] *The Rise and Decline of the Medici Bank 1394-1494*, Cambridge.

〔47〕 De ROOVER, Raymond [1948] *Money, banking, and credit in Medieval Bruges*, Cambridge.

〔48〕 DERVILLE, A. [1994] La finance arrageoise: Usure et banque, Castellani, M.-M., et Martin, J.-P., éds. *Arras au Moyen Age, Histoire et Littérature*, Arras, pp. 37-52.

〔49〕 DESBARBIEUX, F. [1985] *L'administration des finances en Flandre sous Philippe le Bon*. Mémoire de Maîtrise non publié, Lille III.

〔50〕 Dom PLANCHER, Urban [1974] *Histoire générale et particulière de Bourgogne, avec des notes, des dissertations et les preuves justificatives*, 4 tomes, Dijon, 1739. Et Réimp., Paris.

〔51〕 DOUCET, Roger [1926] Les Finances anglaises en France à la fin de la Guerre de Cent

Ans, 1413-1435, *Moyen Age*, t. XXXVI, pp. 265-332.

〔52〕 DUBET, Anne & LEGAY, Marie-Laure éds. [2011] *La Comptabilité publique en Europe 1500-1850*, Rennes.

〔53〕 DUBOIS, Henri [2008] Soixante-huit Chalonnais en 1411, *Annales de Bourgogne*, t. 80, pp. 21-38.

〔54〕 DUBOIS, Henri [2007] Monnaie, frontière et impôt: Le duc et le roi en Bourgogne à la fin du XIII° siècle, CONTAMINE, Ph., KERHERVE, J. & RIGAUDIERE, A. dir. *Monnaie, fiscalité et finances au temps de Philippe le Bel. Journée d'études du 14 mai 2004*, Paris.

〔55〕 DUBOIS, H. [1999] Quatre rôles d'impôt normands à la Bibliothèque nationale, KERHERVE, J. et RIGAUDIERE, A. dir. *Finances, pouvoirs et mémoire*, Paris. pp. 372-387.

〔56〕 DUBOIS, H. [1998] Les fermes du vingtième à Dijon à la fin du XIVe siècle. Fiscalité, économie, société, *L'Argent au Moyen Age, Actes du 28e Congrès de la Société des Historiens madiévistes de l'Enseignement supérieur public*, Clermont-Ferrand, 1997, Paris. pp. 159-171.

〔57〕 DUBOIS, H. [1976] *Les Foires de Chalon et le commerce dans la vallée de la Saône à la fin du Moyen Age (vers 1280-vers 1430)*, Paris.

〔58〕 DUMAS-DUBOURG, Françoise [1988] *Le Monnayage des Ducs de Bourgogne*, Louvain-la-Neuve.

〔59〕 DUPARC, P. [1971] La conclusion du traité de Troyes, *Revue historique de droit français et etranger*, vol. 49, pp. 50-64.

〔60〕 DUPONT-FERRIER, Gustave [1930-1932] *Etudes sur les Institutions Financières de la France à la fin du moyen âge, t. 1: Les Elections et leur Personnel, t. 2: Les Finances extraordinaires et leur mécanisme*, Paris.

〔61〕 DUTOUR, Th. [1999] Crédit et rapports sociaux dans une société urbaine à la fin du Moyen Age. L'exemple de Dijon au XIV° siècle, *PCEEB* 39, Neuchâtel, pp. 67-80.

〔62〕 DUTOUR, Th. [1998] *Une société de l'honneur. Les notables et leur monde à Dijon à la fin du Moyen Age*, Paris.

〔63〕 DUTOUR, Th. [1993] Les relations de Dijon et du duc de Bourgogne au XIV° siècle, *PCEEB*, 33, pp. 5-19.

〔64〕 EPSTEIN, Steven [2009] *An Economic and social history of later medieval Europe, 1000-1500*, Cambridge.

〔65〕 FAVIER, Jean [2008] Confusion monétaire et exécution des contrats en 1421, CASSARD, Jean-Christophe, COATIVY, Yves, GALLICE, Alain & LE PAGE, Dominique dir. *Le Prince, l'argent, les hommes au Moyen Age. Mélanges offerts à Jean Kerhervé*, PU de Rennes. pp. 353-363.

〔66〕 FAVIER, Jean [1970] *Les Contribuables parisiens à la fin de la Guerre de Cent Ans. Les rôles d'impôt de 1421, 1423 et 1438*, Genève.

〔67〕 FELLER, Laurent dir. [2009] *Calculs et rationalités dans la seigneurie médiévale: les *conversions de redevances entre XI° et XV° siècles. Actes de la table ronde organisée par le LAMOP à Auxerre les 26 et 27 octobre 2006*, Paris.

〔68〕 GARNIER, Florent 〔2006〕 *Un consulat et ses finances Millau (1187-1461)*, Paris.

〔69〕 GAUTHIER, Léon 〔1908〕 *Les Lombards dans les deux Bourgognes*, Paris.

〔70〕 GOLDEMAN, Philippe 〔1998〕 Les changeurs de Bourgogne au XV° siècle. Groupe social ou équipe professionnelle? Actes du 57e Congrès annuel de la Fédération des Société savantes du Centre de la France, *Bulletin de la Société scientifique, historique et archéologique de la Corrèze*. (Brive) t. 120, livraison 164, pp. 139-143.

〔71〕 GRESSER, Pierre 〔2004〕 *La Gruerie du Comté de Bourgogne aux XIVe et XVe siècles, Burgundica IX*, Turnhout.

〔72〕 GRESSER, P. 〔1999〕 Les conséquences financières, pour le domaine comtal de la conquête du comté de Bourgogne par Louis XI, KERHERVE, Jean & RIGAUDIERE, Albert dir. *Finances, pouvoirs et mémoire*, Paris. pp. 397-411.

〔73〕 GRENIER, Jean-Yves 〔2007〕 *Histoire de la pensée économique et politique de la France d'Ancien Régime*, Paris.

〔74〕 GUERY, Alain 〔1978〕 Les finances de la monarchie française sous l'ancien régime, *Annales*, 33, pp. 216-39.

〔75〕 HAEMERS, Jelle et LAMBERT, Bart 〔2009〕 Pouvoir et argent. La fiscalité d'Etat et la consommation du crédit des ducs de Bourgogne (1384-1506), *Revue du Nord*, t. 91, no. 379, pp. 35-59.

〔76〕 HENNEMAN, J.B. 〔1983〕 Nobility, Privilege and Fiscal Politics in late medieval France, *French Historical Studies*, 13, pp. 1-17.

〔77〕 HENNEMAN, J.B. 〔1976〕 *Royal Taxation in Fourteenth-Century France: The Captivity and Ransom of John II, 1356-1370*, Philadelphia.

〔78〕 HENNEMAN, John Bell 〔1971〕 *Royal Taxation in Fourteenth-Century France: The Development of War Financing, 1322-1356*, Princeton.

〔79〕 HOFFMAN, P.T. 〔1986〕 Taxes and Agrarian Life in Early Modern France: Land Sales, 1550-1730, *Journal of Economic History*, 46, pp. 37-55.

〔80〕 KANAO, Takemi 〔2007〕 Monnaie et politique monétaire dans les lettres rédigées à Dijon en 1420. SATO, Shoichi ed. *Genesis of Historical Text and Map: Text/Context 2*, Nagoya, pp. 49-59. et sa version japonaise, pp. 101-109. 佐藤彰一 編 『歴史・地図テクストの生成テクスト／コンテクスト 2』所収.

〔81〕 KANAO, T. 〔2004〕 Introduction aux finances et à la fiscalité de Philippe le Bon dans les années 1420, *Etudes & Travaux, Bulletin du Centre d'études médiévales - Auxerre*, t. 8, UMR 5594, vol. 8, pp. 153-159.

〔82〕 KANAO, T. 〔1995〕 Les Messagers du Duc de Bourgogne au début du XVe siècle, *Journal of Medieval History*, vol. 21, pp. 195-226.

〔83〕 KANAO, T. 〔1994〕 L'Organisation et l'enregistrement des messageries du Duc de Bourgogne dans les années 1420, *Revue du Nord*, t. 76, pp. 275-298.

〔84〕 KANAO, T. 〔1992〕 *Le Messager à la Cour de Bourgogne à la fin du Moyen Age*, Thèse de

Doctorat à Uniersité de Paris IV-Sorbonne.
[85]　KERHERVE, Jean & RIGAUDIERE, Albert dir. [1999] *Finances, pouvoirs et mémoire. Hommages à Jean Favier*, Paris.
[86]　LAMBERT, Bart [2006] *The City, the duke and their banker. The Rapondi family and the formation of the Burgundian State (1384–1430), Studies in European Urban History* 7, Turnhout.
[87]　LAMBERTINI, Roberto & SILEO, Leonardo dirs. [2010] *I Beni di Questo Mondo. Teorie etico-economiche el laboratorio dell'Europa medieval, Atti del convegno della società itatiana per lo studio del pensiero medievale. Roma, 19–21 settembre 2005*, Porto.
[88]　LANGHOLM, Odd [1992] *Economics in the medieval Schools. Wealth, exchange, value, money and usury according to the Paris Theological Tradition 1200–1350*, Leiden.
[89]　LAPEYRE, Henri [1969] Une lettre de change castillane du début du XVe siècle, *Revue internationale d'Histoire de la Banque*, t. 2, pp. 245–246 et 2 pages de photos.
[90]　LARDIN, Philippe [1998] La Crise monétaire de 1420–22 en Normandie, *L'argent au Moyen Age, Actes du 28e Congrès*, Paris. pp. 101–143.
[91]　LASSALMONIE, Jean-François [2013] Le plus riche prince d'Occident? in PARAVICINI, Wener dir.; *La cour de Bourgogne et l'Europe*, Ostfildern, pp. 63–82.
[92]　LASSALMONIE, J.-Fr. [2002] *La boîte à l'enchanteur. Politique financière de Louis XI*, Paris.
[93]　LASSALMONIE, J.-Fr. [1998] La politique fiscale de Louis XI (1461–1483), *L'Argent au Moyen Age, Actes du 28e Congrès*… pp. 255–265.
[94]　LE GOFF, Jacques [2010] *Le Moyen Age et l'argent*, Paris.
[95]　LEGUAI, André [1970] Démographie médiévale dans le duché de Bourgogne: sources et méthodes. *Actes des Congrès de la Société des historiens médiévistes de l'enseigneument supérieur public. 1er congrès, Nice 1970*, pp. 73–88.
[96]　MAGNOU-NORTIER, Elisabeth [2012] *Aux origines de la fiscalité moderne. Le système fiscal et sa gestion dans le royaume de Francs à l'épreuve des sources (Ve–XIe siècles)*, Paris.
[97]　MALLET, J.R. [1789] *Comptes rendus de l'administration financière de la France*, London-Paris.
[98]　MARCHANDISSE, Alain & KUPPER, Jean-Louis éds. [2003] *A l'Ombre du pouvoir. Les Entourages princiers au Moyen Âge*, Liège.
[99]　MATTEONI, Olivier [2010] *Institutions et pouvoirs en France, XIVe–XVe siècles*, Paris.
[100]　MISKIMIN, Harry A. [1984] *Money and Power in Fifteenth-Century France*, New Haven.
[101]　MIROT, Léon [1927–38] Etudes lucquoises, *Bibliothèque de l'Ecole des Chartes*, t. 88 (1927) pp. 50–86 et pp. 275–314, t. 89 (1928) pp. 299–389, t. 91 (1930) pp. 100–168, t. 96 (1935) pp. 301–377 et t. 99 (1938) pp. 67–81.
[102]　MOLLAT, Michel [1958] Recherche sur les finances des ducs Valois de Bourgogne, *Revue Historique*, t. 219, pp. 285–321.
[103]　PARAVICINI, Werner dir. [2013] *La cour de Bourgogne et l'Europe*, Ostfildern.

[104] PARAVICINI, W. & SCHNERB, Bertrand dir. [2007] *Paris, capitale des Ducs de Bourgogne. Beihefte des Francia*, Ostfildern.

[105] PARAVICINI, W. [1996] L'embarras de richesses: comment rendre accessibles les archives financières de la maison de Bourgogne-Valois? Académie royale de Belgique; *Bulletin de la classe des lettres, 6e série*, 7, pp. 21-68.

[106] PAVIOT, Jacques & VERGER, Jacques éds. [2000] *Guerre, pouvoir et noblesse au Moyen Âge. Mélanges en l'honneur de Philippe Contamine*, Paris.

[107] PIQUET-MARCHAL, Marie-Odile [1971] Doctrines monétaires et conjoncture aux XIV° et XV° siècles, *Revue internationale d'Histoire de la Banque*, t. 4, pp. 327-405.

[108] RAUZIER, Jean [2009] *La Bourgogne au XIV° siècle. Fiscalité, population, économie*, Dijon.

[109] RAUZIER, J. [1996] *Finances et gestion d'une principauté au XIV°siècle. Le duché de Bourgogne de Philippe le Hardi (1364-1384)*, Paris.

[110] REY, Maurice [1965] *Le Domaine du roi et les finances extraordinaires sous Charles VI, 1388-1413*, Paris.

[111] REY, M. [1965] *Les finances royales sous Charles VI. Les causes du déficit, 1388-1413*, Paris.

[112] RIGAUDIERE, Albert dir. [2006] *De l'estime au cadastre en Europe. Le Moyen Age. Colloque des 11, 12 et 13 juin 2003*, Paris.

[113] RICHARDS, J.F. ed. [1983] *Precious metals in the later medieval and early modern worlds*, Durham.

[114] ROLNICK, Arthur J., VELDE, François, R. & WEBER, Warren E. [1996] The debasement Puzzle; An Essay on medieval monetary history, *The Journal of Econmic History*, vol. 56-4, pp. 789-808.

[115] SANTAMARIA, Jean-Baptiste [2012] *La Chambre des Commptes de Lille de 1386 à 1419. Essor, organisation et fonctionnement d'une institution princière, Burgundica XX*, Turnhout.

[116] SANTIANO, Benoît [2010] *La Monnaie, le prince et le marchand: une analyse économique des phénomènes monétaires au Moyen Age*, Paris.

[117] SANZ, Arcadio Garcia [1973] Una lettra de cambio de 1438 con cesiones parciales de su importe, *Revue internationale d'Histoire de la Banque* t. 7, pp. 185-190.

[118] SCHNERB, Bertrand [2005] *Jean Sans Peur*, Paris.

[119] SCHNERB, B. [1999] *L'Etat bourguignon*, Paris.

[120] SCHNERB, B. [1988] *Les Armagnacs et les Bourguignons. La Maudite guerre*, Paris.

[121] SCHUMPETER, Joseph [1914] *Die Krise des Steuerstaates*, 木村元一・小谷意次 訳 『租税国家の危機』岩波文庫 1983.

[122] SCORDIA, Lydwine [2005] *« Le roi doit vivre du sien » La théorie de l'impôt en France (XIIIe-XVe siècles)*, Paris.

[123] SOCIETA ligure di storia patria ed. [1991] *Banchi pubblici, banchi privati e monti di pieta nell'Europa preindustriale: amministrazione, tecniche operative e ruoli economici : atti del*

convegno, Genova, 1-6 ottobre 1990, 2 vols, Genova.

[124]   SOMME, M. [1999] Que représente un gage journalier de 3 sous pour l'oficier d'un hôtel ducal à la cour de Bourgogne au XVe siècle? J.P. SOSSON éd. *Les niveaux de vie au Moyen Age*, Louvain-la-Neuve.

[125]   SORNAY, Janine [1987] Les Etats prévisionnels des finances ducales au temps de Philippe le Bon, *109° Congrès national des Sociétés Savantes, Dijon 1984, tome II: Etudes Bourguignonnes. Finance et vie économique dans la Bourgogne médiévale*, Paris. pp. 35-94.

[126]   SOSSON, J.P. [1996] les finances urbaines, NYS, L., et SALAMAGNE, A., dir. *Valenciennes aux XIVe et XVe siècles. Art et Histoire*, Valenciennes. pp. 55-66.

[127]   SPUFFORD, Peter [1988] *Money and its use in medieval Europe*, Cambridge.

[128]   SPUFFORD, P. [1986] *Handbook of Medieval Exchange. Royal historical society Guides & Handbooks 13*, London.

[129]   SPUFFORD, P. [1970] *Monetary Problems and Policies in the Burgundian Netherlands 1433-1496*, Leiden.

[130]   STEIN, Robert éd. [2001] *Les Courtiers du pouvoir au bas Moyen Âge, Burgundica IV*, Turnhout.

[131]   THOMPSON, G. [1991] *Paris and its people under English rule: the Anglo-burgundian regime 1420-1436*, Oxford.

[132]   Van NIEUWENHUYSEN, Andrée [1990] *Les Finances du Duc de Bourgogne, Philippe le Hardi (1384-1404). Le montant des ressources*, Bruxelles.

[133]   Van NIEUWENHUYSEN, Andrée [1984] *Les Finances du Duc de Bourgogne Philippe le Hardi (1384-1404). Economie et Politique*, Bruxelles.

[134]   VAUGHAN, Richard [2002] *Charles the Bold*, London, 1973. New ed.

[135]   VAUGHAN, R. [2002] *Philip the Good*, London, 1970. New ed.

[136]   VAUGHAN, R. [2002] *John the Fearless*, London, 1966. New ed.

[137]   VAUGHAN, R. [2002] *Philip the Bold*, London, 1962. New ed.

[138]   VELDE, François & SARGENT, Thomas [2002] *The Big Problem of small change*, Princeton.

[139]   VELDE, François & WEBER, Warren E. [2000] A model of bimetallism, *Journal of Political Economy*, vol. 108-6. pp. 1210-34.

[140]   VELDE, François, WEBER, Warren E. & WEIGHT, Randall [1999] A model of commodity, money with application to Gresham's Law and the debasement Puzzle, *Review of Economic Dynamics*, vol. 2-1, pp. 291-323.

[141]   VELDE, François [1998] Lessons from history of money, *Economic perspectives: a business and financial review by the Federal Reserve Bank of Chicago*, no. 22 pp. 2-16.

[142]   VIAUX, D. [1994] Fortunes immobilières à Dijon au commencement du 15e siècle, *Annales de Bourgogne*, t. 66, pp. 65-80.

[143]   VILAR, P. [1991] *A History of gold and money 1450 to 1920*, London.

[144]   VITULLO, Juliann & WOLFTHAL, Diane [2010] *Money, Morality and Culture in late Medieval and Early Modern Europe*, Burlington.

〔145〕 WARNER, M.［1997］The Anglo-French ducal monarchy and the house of Burgundy: the survival of an alliance, *French History*, vol. 11, pp. 103-30.
〔146〕 WEISS, Valentine［2009］ *Cens et rentes à Paris au Moyen Age. Documents et méthodes de gestion domaniale*, 2 vols, Paris.
〔147〕 藤井美男〔2007〕『ブルゴーニュ国家とブリュッセル』ミネルヴァ書房。
〔148〕 花田洋一郎〔2014〕「フランス中世財政史研究の動向（文献目録）2000年〜2013年のフランス学界」『西南学院大学経済学論集』第48巻第3・4号，pp. 275-318.
〔149〕 花田洋一郎〔2002〕『フランス中世都市制度と都市住民』九州大学出版会。
〔150〕 堀越宏一〔2011〕「中世後期フランスの三部会における課税合意の形成と課税放棄」，渡辺節夫編『ヨーロッパ中世社会における統合と調整』所収。
〔151〕 堀越宏一〔2003〕「14世紀後半のフランス王国における租税制度の成立」，渡辺節夫編『ヨーロッパ中世の権力編成と展開』所収。
〔152〕 堀越宏一〔2002〕「14世紀フランスにおける会計院と国王財政」，高山博・池上俊一編『宮廷と広場』所収。
〔153〕 城戸毅〔2010〕『百年戦争』刀水書房。
〔154〕 中堀博司〔2008〕「中世後期フランスにおける領邦会計院の成立——ディジョン会計院を中心に」，『西洋史学論集』46，pp. 59-80.
〔155〕 佐藤猛〔2012〕『百年戦争期フランス国制史研究』北海道大学出版会。

補遺

〔156〕 LE PAGE, Dominique dir.［2011］*Contrôler les finances sous l'Ancien Régime. Regards d'aujourd'hui sur les Chambres des comptes. Colloque des 28, 29 et 30 novembre 2007*, Paris.
〔157〕 BEPOIX, Sylvie［2014］*Gestion et administration d'une principauté à la fin du Moyen Age. Le Comté de Bourgogne sous Jean sans Peur (1404-1419)*, Turnhout.
〔158〕 BEGUIN, Katia dir.［2015］*Ressources publiques et construction étatique en Europe XIII°-XVIII° siècle*. Paris.

固有名索引

あ 行

アヴァロン Avalon（オーソワ城区）　　89, 92, 96-97, 193, 206, 288-95, 383, 399
アリクサン，ペラン Perrin Alixant（タラン城主）　200
アルジリィ Argilly（ディジョン城区）　　64-66, 192, 206
アルテュ Arthus（シャロレ城区）　　37-38, 42-43, 47-48, 52-53
アルネィ Arnay（オーソワ農村部）　　89, 92, 96, 206, 289, 291-94
アルノー，アミヨ Amiot Arnaut（勘定統括役）　　331
アルマニャック Armagnac 派　　14, 216, 221, 256, 318
アントワーヌ Anthoine（フィリップ・ル・アルディ息, ブラバン公）　12, 13, 275
ウード Eudes 4 世（カペ・ブルゴーニュ公）　　9, 216, 218-19, 384-85
ヴァイィ，オードリィ・ド Audry de Vailly（ディジョン造幣所長）　　233
ヴァロワ Valois 家　　9, 17, 19
ヴィアール，アミヨ Amiot Viard（オークソヌ造幣所長候補）　　216
ヴィアール，アンベール Humbert Viard（ディジョン造幣所長）　　233-39, 246
ヴィアール，ピエール Pierre Viard（ディジョン造幣所長）　　227, 233-39, 245, 390
ヴィエンヌ，ギヨーム・ド Guillaume de Vienne（ジャン・サン・プールの諮問）　253, 255-56
ヴィオ，ギヨーム Guillaume Viot（ヴィエ）　　79
ヴィザン，ルイ・ド Louis de Visen（領邦勘定役）　　31, 153-54, 157-59, 162, 187, 190, 193
ヴィザン，ジャン・ド Jehan de Visen（ディジョン管区勘定役・領邦勘定役）　　31, 147, 150, 157, 162, 174, 187, 190, 200, 202
ヴィジュレ，ジャン Jehan Vigellet（シャティヨン公正証書登録請負人）　　73-74
ヴィヨン，ジラール Girart Vion, Vyon（検事，ディジョン代訴人）　　287, 298, 306, 308-10, 314-16, 402-03, 407
ヴィリエ Villiers（シャティヨン城区）　　72-73, 75, 207
ヴィルセシィ，ジャン・ド Jehan de Villecessey（シャティヨン管区勘定役）　　155, 353, 355, 357
ヴェリィ，オードリエ Audrier Veely（ディジョン造幣所長）　　236-37
ヴォルネィ Volenay（ボーヌ城区）　　89, 112-17, 377
ヴュリィ，ジャコ Jacot Vurry（ブルゴーニュ伯領グリュイエ）　　173, 299

エゼイ・ル・デュック Aisey le Duc（シャティヨン城区）　72-73, 75
エノー Hainaut 伯（領）　12, 15, 318, 350, 381
エピアール，ジャコ Jacot Espiart（オーソワ管区勘定役）　287-88, 297-98, 300-01, 303, 353-54, 357, 402, 404
オーソワ Auxois（バイイ管区）　33-35, 41, 65, 76, 89-97, 100, 119-23, 133-35, 142-43, 147, 149-51, 153-54, 156, 159-60, 162-63, 175-76, 179, 189-90, 192-95, 201, 205-06, 209-10, 282, 285, 287-303, 307, 353-54, 357, 362, 383, 402-05, 418-19
オータン Autun（バイイ管区，都市）　8, 33-35, 41, 76-89, 92-94, 100, 103, 111, 119-29, 132-35, 142-43, 145-53, 156, 158, 160, 162-63, 165, 171, 175-76, 179-81, 191, 193-95, 198, 202, 205-10, 267, 271, 353-54, 357-58, 362, 375-76, 377-78, 379-84, 399
オーブレィ，ギヨ Guiot Aubry（1422年借入金受領役）　173
オレスム，ニコラ Nicolas Oresme（神学者）　277-78

か　行

カネ，アダム Adam Canet（ボーヌ城主）　111, 118, 180, 193
カペ Capet 家　4-5, 8-10, 19, 137, 216-18, 224, 248, 256, 308, 326, 330, 364
カルボニエ，ピエール・ル Pierre le Carbonnier（領邦勘定役）　31, 187
キュイズリィ Cuiserey（シャロン城区）　108-10, 399
ギヨーム Guillaume 4世（エノー伯），同6世（ホーラント伯，ゼーラント伯）　12-13, 15
ギルボー，ギー Guy Guilbaut（勘定統括役）　204, 317-18, 345, 347-49, 351, 354
クードル，ピエール・ド・ラ Pierre de la Couldre（シャロン管区グリュイエ）　108-09, 353
クヴェール，ニコラ・ル Nicolas le Couvert（宮廷主計）　333
グディエ・ギヨーム Guillaume Goudier（グリュイエ）　65-66
クルテ，ジャン Jehan Creté（パリ国王会計院主査）　328
グレイ，ジャン・ド Jehan de Gray（銀徴収統括勘定役）　299-301, 405-07
グレモワーズ，フランソワ・ド・ラ François de la Gremoise（トロワ造幣所長）　252, 390, 392
クレルヴォー，ニコラ Nicolas Clervaux（シャティヨン公正証書登録請負人）　73-74
ゲデリック，エヴラール Evrard Goederic（ブリュージュの両替）　278-79
ゲルボード，ティエリー Thierry Gherbode（公文書管理人）　276
ゴケ，ギヨーム・ピエール・アル Guillaume Pierre al Goguet（オータン管区グリュイエ）　89, 377

さ　行

サルメーズ Salmaise（シャティヨン城区）　73, 75
サン・ヴィーニュ Sans-Vigne（シャロレ城区）　38-40, 43, 47, 52-54

固有名索引　　　　　　　　　　　　　519

サン・ジャン・ド・ローヌ Saint Jehan de Losne（都市）　　176, 206
サンフォン, ジャン Jehan Cinqfons（シャティヨン管区グリュイエ）　　75
サン・ローラン Saint Laurent（シャロン城区）　　100-01
ジェルモル Germoles（シャロン城区）　　108-10
ジャクリーヌ Jacqueline（エノー伯ギヨーム4世息女, ブラバン公ジャン4世妃）
　　13, 15, 318, 350, 352
シャティヨン Chatillon-sur-Seine・ラ・モンターニュ La Montagne（バイイ管区, 都市）　　33-35, 66-76, 119-23, 133-35, 142-43, 145-50, 153-55, 157-60, 162-65, 172, 176, 179, 181, 191, 193-94, 199-200, 205-10, 353, 355-57, 379, 399
シャルル Charles 5世（フランス王）　　10, 12-13, 220, 385
シャルル Charles 6世（フランス王）　　13, 17, 221-25, 255, 282, 385-86, 410
シャルル Charles 7世（フランス王）　　14, 189, 225, 308
シャルル・ル・テメレール Charles le Téméraire（第4代ヴァロワ・ブルゴーニュ公）
　　17, 368
シャロル Charroles（シャロレ城区）　　37-40, 42-43, 45-48, 51-53, 208, 379
シャロレ Charolais（バイイ管区）　　32, 34-55, 59, 61-63, 79-80, 87, 120-25, 132-33, 135, 147, 157, 175-77, 191, 193-95, 205-09, 263, 337, 353, 355, 357-58, 396, 399-404, 413-16
シャロン Chalon-sur-Saône（バイイ管区, 都市, 城区）　　5, 33-35, 41, 60, 87, 97-111, 119-35, 142-43, 145, 147-55, 157-68, 173-76, 179, 181, 192-95, 205-10, 216, 262, 264, 271, 309, 353-57, 362, 379, 399-400, 409, 416-18
ジャン Jean, Jehan 2世（フランス王）　　9-10,137, 216, 219-20, 223-24, 326-29
ジャン Jean, Jehan 4世（アントワーヌ息, ブラバン公）　　13-15, 350
ジャン・サン・プール Jean, Jehan sans Peur（第2代ヴァロワ・ブルゴーニュ公）
　　13, 15, 216, 221-22, 224, 255-56, 275-76, 358
シャンスィ, リシャール・ド Richart de Chancey（ドール高等法院総裁）　　115, 307, 407, 418-19
ジャンヌ・ドーヴェルニュ Jeanne d'Auvergne（フィリップ・ド・ルーヴル母）　　9-10, 219-20, 326, 384-85
シャンベラン, ギヨーム Guillaume Chambellant（公正証書登録請負人）　　56, 61
ジャンリ, ジャン・ジラール・ド Jehan Girard de Genlis（シャロン管区勘定役, 御用金徴収役）　　155, 181
シュザ, ジャン Jehan Chousat（財務諮問）　　203, 252,275-76, 310, 315-16, 353-57, 379, 394, 405, 419-20
ショーサン Chaussin（ディジョン城区）　　64, 111, 208, 399
ジョン John（フランス摂政ベッドフォード Bedford 公）　　318, 349-52
ジラール, ギヨ Guiot Girard（シャロレ管区勘定役）　　36-37, 52-53, 353
スミュール Semur（オーソワ城区）　　89, 92-97, 192, 206, 271, 288-95, 379, 399
スリエ, ピエール・デュ Pierre du Celier（財務役, 勘定統括役）　　332
ゼーラント Zélande 伯（領）　　12, 15, 318, 350, 381

520　　　　　　　　　　　付　録

ソーヴマン Saulvement（シャロレ城区）　　37-39, 42-43, 46-47, 52-53

た　行

タラン Talant（ディジョン城区）　　64, 66, 111, 176, 191, 200, 208, 220, 309, 327, 386, 416-17

ディジョン Dijon（バイイ管区，都市）　　5, 17, 34-35, 56-66, 71, 75, 83, 96, 120-34, 153-54, 159-70, 175-77, 191-96, 199, 205-10, 216-226, 326-30, 335, 353-57, 379, 384-89, 396, 399, 402, 407-08

テズー，ジャン・ド Jehan de Thesult（シャロレの商人）　　51-53

トゥイヨン，ジャコ Jacquot Touillon（シャロレ管区勘定役）　　36, 38, 43-45, 53, 353

ドゥエ，ウード Eudot（Oudot）Douai（ディジョン造幣所長）　　232, 236-39

ドニゾ，ジャン Jean Donizot（オータン御用金徴収役）　　147, 180-81, 382, 384-86

ドランジュ，ペレネ Perrenet d'Oranges（公妃主計役，ディジョン管区グリュイエ）　　54

トリニィ，ウダール・ド Oudart de Trigny（パリ国王会計院主査）　　328

ドリュエ，ジャン Jehan Druet（領邦勘定役）　　31, 187

トワジィ，ルニョー・ド Regnaut de Thoisy（オータン勘定役）　　80, 186, 375-76, 383, 407

トワジィ，ローラン・ド Laurent de Thoisy（オーソワ管区グリュイエ）　　65

ドンデン Dondain（シャロレ城区）　　37-39, 42-43, 47-48, 52-53

な　行

ノワゾー，ベルナール Bernart Noiseux（ソヌリー勘定役）　　173

ノワダン，ジャン・ド Jehan de Noident（財務役）　　209, 252, 300-01, 353-57, 394, 405, 413

は　行

パロワ・ル・モニアル Parroy le Monial（シャロレ城区，都市）　　51-53, 265, 401

ハンフリー Humphrey（グロスター Glouceter 公）　　15, 350, 352

ビュクスィ Buxy（シャロンのプレヴォ区）　　100-01, 108-10

ピュッセル，ジャン Jehan Pucelle（シャロレ，オータン管区勘定役，ヴィエ）　　36, 80, 180, 353, 357-58, 375-76

ファルタン，ユグナン・ド Huguenin de Faletans（領邦勘定役）　　31, 187

フィリップ・ド・ルーヴル Philippe de Rouvres（カペ・ブルゴーニュ公）　　9-10, 12, 219-220, 224, 326, 329

フィリップ Philippe 6 世（フランス王）　　9, 19-21, 386

フィリップ・ド・サン・ポル Philippe de St. Pol（ブラバン公）　　15, 352

固有名索引　　　　　　　　　　　　521

フィリップ・ル・アルディ Philippe le Hardi（初代ヴァロワ・ブルゴーニュ公）　10-13, 16, 23, 204, 220-21, 273, 275-76, 278, 326, 328-30, 358

フィリップ・ル・ボン Philippe le Bon（第3代ヴァロワ・ブルゴーニュ公）　3, 14-17, 23-24, 26, 31, 34, 140, 204, 217, 223-26, 252, 275, 307, 337, 347, 358-59, 361, 367, 369

フィリベール，チボー Thibault Philibert（オーソワ管区グリュイエ）　96, 353

フォートレィ，ミロ・ド Milot de Faultrey（ボーヌ城主）　111

フォントネィ，ニコラ・ド Nicolas de Fontenay（財務役）　332

フランドル Flandre 伯（領）　10-17, 140, 171, 179, 220, 269, 271-78, 307, 334-37, 346, 348, 352, 358, 379, 386, 394, 396, 398, 417

ブラバン Brabant 公（領）　13-17, 140, 275, 307, 318, 336, 350, 358, 367

ブランシオン Brancion（シャロン城区）　108-10

ブランダン，ギヨ Guiot Brandin（オーソワ・バイイ代理）　287, 298, 402-03

ブレニィ Braigny（シャロン城区）　108-10, 207

ベルナール，ジャン Jehan Bernard（公正証書登録請負人）　56, 61

ブレゼィ Braisey（ディジョン城区）　64, 192-93, 206

フレニョ，ジャン Jehan Fraignot（シャロン，領邦勘定役）　31, 54, 67-69, 75-76, 97, 102, 108, 145, 173, 186-87, 191-93, 200-01, 203-10, 299-300, 304-21, 353-57, 367, 406, 407-20

ブレノール，ジャン Jehan Brenaul（オータン御用金徴収役）　147, 380-83

フロントネィ Frontenay（シャロン城区）　100-01

ラ・ペリエール La Periere（ディジョン城区）　64-65

ペリスニエ，ジラール Girard Pellicennier（シャロレ管区グリュイエ）　353, 355, 357

ベルナール Bernard（アルマニャック伯，フランス元帥）　221

ベルネィ，ピエール Pierre Berney（モンスニ城主）　79

ペルネィ，ポワンソ Poinsot Peylleney（オーソワ代訴人）　287, 298, 402-03

ベルビジィ，エチエンヌ Estienne Berbisey（ディジョン市民）　175

ヘンリー Henry 5世（イングランド王）　15, 221

ホーラント Hollande 伯（領）　12, 15, 307

ボーヌ Beaune（城区，都市）　59, 64, 89, 103, 111-19, 132, 142-50, 153-54, 157, 159-64, 176-77, 180, 191-95, 199-200, 206, 208, 327, 354, 377, 399

ボノ，リシャール Richard Bonost（諮問役）　327, 329

ボノ，ジャン Jehan Bonost（ディジョン会計院主査）　175, 203, 287, 298, 307, 316, 379, 402, 407, 418-19

ボビニィ，ジャン・ド Jehan de Baubigny（監査役）　327, 329

ポマール Pommard（ボーヌ城区）　89, 112-17, 191, 193, 377

ボーモン Beaumon（シャロン城区）　108-09

ボワ，ギヨーム・デュ Guillaume du Bois（家政長）　307, 342, 344, 407, 418-19

ボワジエ，エチエンヌ Estienne Boinsier（ディジョン造幣所長）　232-37

ポワリ Poilly（オーソワ農村部）　192, 206, 289, 291-95

ポンタィエ，ギィ・ド Guy de Pontailler（ブルゴーニュ総督） 326
ポンタィエ Pontailler（ディジョン城区） 64, 66, 111, 118, 192, 206, 399

ま 行

マリー・ド・ブルゴーニュ Marie de Bourgogne（シャルル・ル・テメレール息女，マクシミリアン妃） 17
マルヴォワザン，ドロワン Droyn Malvoisin（オーソワ管区グリュイエ） 96, 201
マルク，コラール・ド Collard de Marke（ブリュージュの両替） 269-70
マルグリット Marguerite（ルイ・ド・マール息女，フィリップ・ル・アルディ妃） 10-12, 220, 278, 330, 333, 386
マルグリット Marguerite（フィリップ・ル・アルディ息女，エノー伯ギヨーム妃） 12-13
マルタン，ジャン Jehan Martin（サン・ローラン造幣所長） 253, 392-93
メルソン Moillecon（シャロン城区） 108-09
モワッソン，ジャン Jehan Moisson（ディジョン勘定役） 19-93, 200, 299, 353, 356
モン・サン・ヴァンサン Mont-Saint-Vincent（シャロレ城区） 37-48, 51-53, 208, 355, 399
モンスニ Moncenis（オータン城区） 79-80, 82, 84-85, 88, 94, 198, 202, 375-76, 378, 380-83
モンバール Montbart（オーソワ城区） 92, 96, 193, 288-94, 379, 399
モンベルト，ピエール・ド Pierre de Montbertaut（財務役，勘定統括役） 333
モンレアル Montreal（オーソワ城区） 89, 92, 96-97, 206, 288-93

ら 行

ラ・コロヌ La Colonne（シャロン城区） 108-09
ラビィ，ギィ・ド Guy de Rabby（監査役） 327, 329
ランヴィアル，ギヨーム Guillaume Ranvial（ディジョン管区グリュイエ） 65, 75, 96, 201, 353-56
ランデル，ペラン・ド Perrin de Ramndelle（造幣所長） 253, 392-93
リュ，ギヨーム・ド Guillaume de Luz（グリュイエ） 202
リュイエル，ギヨーム Guillaume Ruyelle（ブリュージュの両替） 270
ルイ Louis 11 世（フランス王） 17
ルイ・ド・マール Louis de Male（フランドル伯） 10, 16, 220, 276, 334
ルニョー，マイウ Mahieu Regnault（領邦勘定役） 31, 45, 80, 150, 155, 157, 159, 173, 175, 178, 187, 189-90, 193, 201, 354, 409
ルーヴル Rouvres（ディジョン城区） 60-61, 64-65, 111, 118, 176, 191, 206
ロカン，ギヨーム Guillaume Roquant（シャティヨン管区グリュイエ） 75, 155
ロカン，ジャン Jehan Roquant（シャティヨン勘定役） 181

ロラン，ニコラ Nicolas Rolin（尚書長）　173, 180
ロボ，ジラール Girart Robot（ディジョン造幣所長）　233-37, 241, 245
ロワッシュ，フィリップ・ル Philippe le Roiche（シャティヨン管区グリュイエ）
　　353, 355, 376

事項索引

あ 行

アラス Arras 条約（1435年）　17, 189, 225, 335

ヴィエリ vierie（オータン管区の税収区）　77-78, 82-84, 94, 111, 198, 353, 358

ヴィエンヌ Viennois 貨(実体・計算貨幣)　217

エキュ（金貨）　14, 59, 188, 226, 232-33, 236-38, 246-47, 254-56, 262-64, 266-67, 279, 284, 287, 295-96, 298, 299-303, 346, 388, 392-95, 396, 398-400, 403, 405-06

か 行

会計院　9, 61, 62, 89, 140, 147, 165, 175, 177-78, 197, 203-04, 209, 216, 220, 222-23, 225-26, 232, 252-53, 258-59, 262-64, 268-69, 273, 276-80, 300-08, 310-12, 315-17, 320, 326-331, 335-37, 352-56, 358, 366-68, 376, 378-79, 381, 386-88, 390-94, 397-98, 401, 403, 405, 408, 410-13, 415-16, 418, 420

――主査　144, 203, 205, 307, 407

――聴聞役　309, 417-18

家政長　307, 331, 333, 337, 339-40, 342, 346, 380-81, 418-19

――団　331-33

――団規定令　337-46, 348, 351-52

貨幣の金・銀含有量，重量，純度　141, 161, 224, 226, 228, 238-43, 245-46, 258, 260, 263, 266, 268, 280, 282-83, 285, 296, 321, 365, 385, 387-88, 390-91, 401, 403, 405-06, 410, 415, 417

――の分割数（タイユ），重量　141, 227, 229, 232, 234-40, 246, 255, 260, 296

――の額面（通用価値）　241-43, 246

――のピエ（品位の指標）　232, 258, 282, 385, 392-94, 411, 413-14, 416-17

カラット　161, 177, 228, 255, 263, 268, 401

科料・罰金　20, 42-43, 48-49, 56, 59, 64, 66, 71-74, 79-80, 92-93, 97, 107, 115, 118, 191

借入，――金　118, 137, 139, 141-44, 146-52, 155, 157, 172-83, 187-89, 209, 231, 251, 285, 310-11, 315, 319, 325, 363, 380-83, 405, 412-13, 421

――の返済　118, 139, 142-43, 148-49, 151-53, 173-74, 177-83, 186, 201, 209, 303, 363, 380-83, 412, 418, 421-22

監査，――業務　54, 203-04, 210, 222-23, 301, 303-04, 309, 317, 327-29, 364, 387, 409, 413-15

間接税　31-32, 51, 54-55, 62-63, 76, 86-87, 95, 100, 124-25, 133-35, 138, 155, 165, 185, 187, 191-92, 196, 199, 231, 245, 251, 325, 330

勘定統括役　204, 275, 317-18, 331-34, 337, 347, 400, 407

勘定役訴訟　145, 204, 281, 304-21, 407-20

宮廷主計局，――役　317, 331-34, 339, 345, 347-48

事項索引

競争入札（間接税の）　32, 51, 54, 87, 132, 199, 365
銀徴収　140, 144, 146, 281-304, 402-07
銀市場　248, 251-59, 279, 390-95
銀価格　46, 234-37, 240, 242-43, 246-48, 252-60, 280-81, 310, 313-15, 401, 410-11
グリュエリー　33, 36-37, 54-58, 63-69, 74-78, 86-91, 95-96, 98-100, 108-10, 117, 155, 173, 192, 201-02, 244, 353, 378
グロ（銀貨）　42, 49, 59, 218, 227-31, 233-43, 263, 266, 273, 282, 296-97, 298, 314, 403, 405, 410-12
公正証書登録請負（料）　42-43, 56, 61, 71, 73-74, 79, 81, 92-93, 107, 118, 182
御用金　137-83, 185, 189-91, 195-96, 231, 282, 286-88, 295, 319, 380-84, 385-87, 413
——配分　159-63
——徴収, ——役　146-59
——還付　181-82

さ　行

財務管理　35, 302, 325-34
財務役　144, 252, 262, 269, 300-01, 321, 332-33, 353-54, 394, 396-402, 405-06, 413-15
サリュ Salut（金貨）　141, 158, 191, 233, 238-39, 246
サンス保持者変更承認料　66
三部会　14-15, 137-38, 141, 144-45, 147, 149-53, 158, 160-61, 164-65, 170-72, 177, 179-80, 195, 280-82, 285, 287-88, 294-95, 299-301, 319, 380-84, 403-04
塩蔵出し税　32, 49, 56, 61-63, 135, 414
諮問会　61, 144, 172, 219, 225, 258-59, 287, 303, 308-10, 327-37, 358-59, 367, 378, 386-90, 392, 396, 403-05, 419, 420, 424

シャテルニー（または城区）　31, 45, 59-61, 100, 111-19, 132-34, 138, 144, 174, 185, 187, 191-93, 197-202, 205, 231
商品12ドニエ税　32, 36-37, 51-54, 57-58, 61-63, 67-68, 74, 77-78, 86-88, 90-91, 94-95, 98-100, 107-08, 119-34
世帯調査　142-43, 163-70, 174, 183, 195, 365
造幣権　217-24, 246, 256, 364, 366, 389
造幣所　188-89, 216-26, 232, 252-53, 259, 261-65, 269, 273, 288, 300, 303, 317, 331, 334
　ディジョン Dijon（王立）　188, 216, 222-49, 251, 256-57, 300, 365, 384-88, 390-402, 404-07, 410, 413, 415, 417
　シャロン Chalon（王立）　188, 216, 222-25, 232-33, 245, 300, 387-88, 391-92, 413
　マコン Mâcon, Mascon（王立）　216, 253, 393, 413
　オークソヌ Auxonne　216, 257, 317, 393, 400
　サン・ローラン Saint-Laurent　188, 216, 253, 257, 317, 394, 400
　キュイズリィ Cuisery　188, 216, 245, 257, 317, 393, 400
　ショーサン Chocin, Chaussin　216, 245, 400
　——統括役　222, 232, 259, 262-65, 269, 387-88, 396-97, 400-01, 417
　——長　188, 222, 231, 244, 247, 251-55, 261-300, 390-97, 400, 405-06
　——会計　232
　——保護役　261, 264-65, 387, 393, 396-400, 405-06
　——監督役　261-63, 265, 269, 396-97
　——検査人 essayeur　237, 387, 393, 405-06

――分割人 tailleur　　237, 387, 391, 393
――研磨人 blanchisseur　　237, 391, 393
――製造人 monnoyer　　237, 391, 393
――勘定箱　　227, 229-30, 234-39, 241, 244, 406

た　行

地代
　現物――，物納　　37, 40-45, 47-50, 55, 59, 65, 79-83, 92, 108, 110-15, 135, 161, 185
　　――麦（フロモン，セーグル，オート）　37-55, 59, 64-65, 79-81, 83, 85, 88-89, 92, 97, 108, 110-15, 297-98, 377-78
　　――鶏　　39-44, 47-50, 59, 79-81, 84, 89, 92, 108-09, 111-14, 161, 297, 379-80
　　――羊　　39-41, 44, 47-50, 140, 172
　　――油　　41, 47, 50-53
　　――蝋　　41, 55-56, 59-60, 71-73, 79-81, 83, 92-93, 97, 100-03, 112-14
　　――ブドウ酒　　39, 41-44, 47-48, 50, 83, 89, 112-14, 117-18, 159, 200
　　――銭，貨幣，金納　　42, 44-45, 48, 55-56, 59-60, 65, 71, 82, 102, 106, 111-14, 185
　　――運搬賦役　　39, 41-44, 47-50
通貨改革　　282, 304, 321
転貸料　　66
ディジョン貨（実体・計算貨幣，ディジェノワ）　　96, 217-18, 224, 364, 384, 389
トゥール貨（計算貨幣，トゥルノワ）　　42-44, 46, 59, 73, 103, 115-16, 140, 157, 188, 217-18, 220, 232, 314, 329, 411-15
ドゥブル（銀貨）　　229, 234-37, 240-43, 400, 410, 414
ドニエ（銀貨，通貨・計量単位）　　42,

44, 49, 227-32, 234-43, 258, 263, 268, 296, 314, 400-01, 403
トロワ Troyes 条約　　14, 171, 256

な　行

年市　　35, 216, 262, 319, 331, 334, 400, 409
　シャロンの――　　97-99, 102-07, 122-23, 135, 162, 206, 216, 262, 264, 271, 362, 400
　ボーヌの――　　114-15

は　行

バイイ管区　　26, 31-34, 48, 61, 69, 80, 82, 111, 114-15, 117-19, 132, 134, 138, 140, 142-45, 148-49, 160, 163, 175-76, 183, 185, 187, 191-95, 197-98, 200-02, 205-09, 231, 262, 264-65, 282, 285-88, 299, 331, 334, 361, 378, 380-83, 397-402, 404
　――勘定（役）　　31-35, 54, 56, 66, 70-71 76, 83-84, 89, 97, 102, 110, 118-19, 135, 140-159, 185, 191-92, 198-99, 200, 202, 204-10, 298, 303, 309, 352-57, 375-76
伐採権　　66, 88, 313, 422-23
バン領主権　　85
ブドウ酒8分の1税　　32, 36-37, 51-54, 57-58, 61-63, 67-68, 74, 77-78, 86-88, 90-91, 94-95, 98-100, 107-08, 119-34
ブラン（銀貨）　　49, 79, 162, 229, 232-33, 240-43, 245-46, 400, 403
ブルゴーニュ総督（臨時代理権者）Gouverneur de Bourgogne　　9, 326
（豚）放牧料　　66, 88
ボージェ Baugé の戦い　　172-73

ま 行

マール（マルク）（重量単位 244.75 グラム）　46, 70, 140-41, 146, 187, 227, 229-32, 234-37, 238-40, 242-47, 252-58, 265-67, 273, 282-85, 287-303, 313-17, 390-95, 397-408, 411-18, 420-24
身代金　137, 256-59

や 行

痩せ木売却　55, 66, 75, 88, 96
予算　21, 23, 186, 203-11, 352, 364

ら 行

両替　102-05, 176, 188, 247, 252-53, 270, 277-79, 328, 392, 394
──規制　259-69, 272-75, 395-402
領邦, 領邦統治, 領邦運営　17, 32, 326-30, 334-37, 358-59, 370
領邦経営, 領邦（収入）勘定 Recettes générales du Duché et du Comté de Bourgogne　24, 32-33, 36-37, 54-55, 57-58, 61, 63, 66-71, 75, 77-79, 86, 90-91, 95, 97-99, 110, 112-14, 117-18, 135, 138, 140, 142-44, 150, 153-59, 173-83, 186-95, 197-201, 203-10, 231, 233, 244-45, 299-300, 304, 315-16, 330-34, 353-56, 362, 364, 376, 412

Finances de la Bourgogne au XVe siècle

— Source financière, politique monétaire et organisation administrative —

Mots clefs : Bourgogne, principauté, finances, monnaie, Chambre des Comptes.

L'histoire des Ducs de Valois-Bourgogne est reconnue, surtout au Japon, à la fois pour la conquête des Pays du Nord par un pair de France à la fin du Moyen Âge et pour la préparation de la prospérité de la maison de Habsbourg à l'époque moderne. En conséquence, de nombreux chercheurs ont concentré leur énergie sur l'étude de la politique expansionniste des ducs vers le Nord et de celle financière qui supportait cette dernière. La monographie sur le Duché et le Comté de Bourgogne, est-elle une historiographie de l'amateur local? Si nous réussissons à décrire précisément la pratique de la fiscalité et l'administration financière de la Bourgogne et à nous assurer que celle-ci représente une part importante du financement au duc, un tel résultat acquis par des recherches sincères, n'apportera-t-il donc pas beaucoup à l'histoire des ducs conquérants? C'est la question essentielle qui a exhorté l'auteur aux recherches archivistiques pendant plus de dix ans avant la rédaction de cette œuvre.

Les recherches ont été faites d'une manière systématique sur les documents comptables conservés dans l'ancienne Chambre des Comptes de Dijon, par conséquent, actuellement recueillis et cotés dans la Série B des Archives Départementales de la Côte-d'Or à Dijon. Entre autres, les examens détaillés ont été effectués concernant les documents rédigés à plusieurs lieux dans la limite du Duché de Bourgogne durant la première moitié du règne de Philippe le Bon, le troisième duc de Valois, ou durant le quart de siècle entre la fin des années 1410 et le début des années 1440. Le chercheur a choisi et analysé les registres des «Recettes générales» du Duché et du Comté de Bourgogne, ceux des recettes ordinaires, des recettes du huitième du vin et de 12 deniers la livre et ceux des recettes de la gruerie dans six bailliages du duché; et ceux des recettes de l'aide extraordinaire; et examiné également les ordonnances, mandements, lettres patentes sur l'imposition, sur le monnayage et sur la politique monétaire de cette période.

    Le chapitre 1 est consacré aux analyses des revenus de plusieurs sortes: cens, émolument, tabellionage, huitième du vin et 12 deniers la livre, ainsi que recettes de la gruerie, ou redevances de l'usage pour l'eau et la forêt, perçus dans chacun des six bailliages de Bourgogne. Cette analyse permet d'établir les conditions particulières des finances du duc. Tout d'abord, nous avons mis à l'examen, en tant que type agricole, les recettes du bailliage de Charolais, ancien comté limitrophe du Duché au Sud-ouest. Selon la description détaillée d'une série des comptes établis par le receveur qui s'en était chargé, nous avons dressé plusieurs tableaux pour rétablir la pratique des redevances. Le cens était défini soit en nature: une quantité de blé, de nombreux moutons et poules, quelques pots de vin, plusieurs livres de cire, et un pain symboliqu; soit par une corvée de transport, soit par la monnaie: un grand nombre de deniers et de gros. Tout cela se révélait évidemment être un vestige du passé mais remplaçables par la monnaie. En réalité, la vente des cens aux enchères: la quantité du stock à vendre, le prix unitaire, le montant ainsi que l'acheteur, étaient entièrement inscrites dans le registre du compte. Les impôts indirects occupaient ainsi environ 40% de l'ensemble des revenus du bailliage.

    Pour la comparaison avec le Charolais, nous avons examiné ensuite les recettes de Dijon, bailliage construit aux alentours d'une grande ville administrative. Les dépenses de Dijon excédaient presque annuellement et de manière importante ses recettes ordinaires; et sans les impôts indirects tels que huitième du vin et 12 deniers la livre, le déficit accumulé n'était jamais comblé d'aucune manière. En effet, les impôts surpassaient le montant des recettes ordinaires du bailliage.

    L'examen est apporté au bailliage de Chatillon-sur-Seine ou de la Montagne, dont la nature est évidemment militaire puisqu'il se situait à la limite septentrionale de la Bourgogne. Durant les années 1420, il était financé annuellement par le receveur général de Bourgogne pour la réparation du château fort; la somme versée représentait alors plus de la moitié de la recette totale du bailliage. Ceci est une preuve mineure du courant bilatéral de la monnaie et non unilatéral du receveur du bailliage à son supérieur.

Le bailliage d'Autun est distingué par plusieurs séries bien complètes de documents comptables. Étendu autour de l'évêché, le bailliage se compose de deux corps sociaux subordonnés: l'un est la châtellenie et l'autre est la *viérie*, régie ou ferme fiscale. Par celle-ci, résidu du vieux système administratif, un tiers ou plus contribuait aux recettes totales du bailliage. Une ancienne tradition restait également à Montcenis où les habitants se chargeaient de la redevance du four banal. Autun se fait ainsi remarquer pour les vieilles coutumes.

Au bailliage d'Auxois, sans stricte construction interne, parsemé de châtellenies et de villages, l'enregistrement comptable, monotone mais abondant, atteste d'abord l'importance des impôts indirects; ils atteignaient 73% de la totalité des revenus du bailliage. Ce pourcentage était le plus haut dans le duché. Les données comptables permettent également les analyses du mouvement chronologique. La courbe du graphique descend légèrement durant les dernières années 1420 jusqu'au milieu des années 1430, puis, elle stagne avec légère ondulation. D'ailleurs, cette tendance est retracée de manière approximative par celle d'Autun.

L'activité économique était vive au bailliage de Chalon-sur-Saône, dont la foire connue pour le grand commerce de draps, était alors même en déclin au début des années 1430 réduisant ainsi la contribution fiscale. Trois châtellenies et une prévôté subordonnées y apportaient des revenus stables provenant des rentes fixées. Le tabellionage, droit de l'acte notarié, ne décroissait pas même après la disparition de la foire. Ceci suggère que plusieurs lieux, autre que la foire, permettent d'assurer les affaires commerciales. Chalon déploie son activité virtuelle par une courbe ascendante des recettes des impôts dans la seconde moitié des années 1430.

A l'époque des ducs de Valois, on dénombre environ cinquante châtellenies dans le duché. Parmi elles, Beaune, grande et indépendante à l'image d'un bailliage, est choisie pour être mise à l'examen de la même manière que nous avons fait jusqu'ici. Sans receveur particulier, le châtelain recevait en personne les redevances des habitants; du froment, de l'avoine, du cire, du *geline* ou poule, et, bien entendu, du vin et de la monnaie. La quantité de vin reçue variait d'une année à l'autre; moins de 80 queues pour 10 années, entre 80 et 120 queues pour 8 années, et plus de 120 queues puor 7 années, sur un quart de siècle. Lors de la revente, le prix unitaire pouvait varier de quelques francs à une vingtaine de francs la queue, ce qui signifie qu'il existait une grande variété de qualité, de première à moyenne. Or, le châtelain recevait annuellement quelques centaines de francs de subside, somme correspondant à un tiers de l'ensemble des recettes de la châtellenie, de la part du receveur général du duché pour réparer et entretenir le château et le clos de vigne, et il en rendait avant la fin de la même année. Ceci signifie qu'il était financé habituellement à court terme. Certains habitants se chargeaient des redevances directement au receveur du bailliage de Dijon mais ils n'en payaient pas doublement au châtelain; sans doute à cause de leur contrat. Ici, encore, on retrouve la variété et diversité sociale.

La remarque finale concerne la fluctuation chronologique des recettes ordinaires composées par les rentes et par deux types d'impôt: celui de 12 deniers la livre et du huitième du vin. Si nous faisons la moyenne mouvante de trois années des recettes totales de six bailliages bourguignons, elle dessine une courbe descendante. Si l'on suppose que l'indice du montant soit 100 en 1427, il descend jusqu'à 79 en 1434 et il remonte l'année suivante pour atteindre 92 en 1437. Par la suite, il stagne entre 80 et 90 et il ne remonte jamais au niveau de 1427.

La recette extraordinaire est mise à l'examen dans le chapitre 2. L'«aide» et l'«emprunt», expédients financiers pour les affaires principalement militaires du duc, furent demandés aux habitants de Bourgogne cinq fois dans les années 1420 et presque annuellement à partir de 1430. En suivant la description des comptes pour l'an 1433 et 1435, 30 mille francs d'aide semblait être le montant maximum de la levée annuelle dans le Duché de Bourgogne. Leur somme fut déclarée après l'accord avec les Trois États pour le Duché de Bourgogne, tandis que la répartition pour chacun de six bailliages du Duché n'en fut pas précisée. Sans doute, serait-elle faite d'après l'enquête démographique appelée «Cherche des feux» juste avant la perception pour s'informer du nombre et de la solvabilité des feux dans le bailliage.

Si exprimée en *carat*, ou un 24ème du tout, la répartition pour l'aide accordée au mois de février 1435, était comme suite: 3 carats 3/4, ou 15% pour le bailliage de Dijon, 4 carats 3/4, ou 20%pour les châtellenies de Beaune et Nuit, 4 carats 1/3, ou 18% pour Chalon, 5 carats, ou 21% pour Auxois, 3 carats 1/3, ou 14% pour Autun, un demi carat, ou 2% pour Chatillon La Montagne et 2 carats 1/3, ou 10% pour les territoires royaux sous mandat du duc. Les receveurs désignés particulièrement pour remplir cet office réussirent souvent à lever une somme plus grande que celle du revenu annuel des cens et impôts ordinaires. D'ailleurs, ils le versèrent promptement, seulement quelques mois après la déclaration, au receveur général de l'aide. Ils lui effectuaient le paiement d'avance juste après l'emprunt aux habitants aisés et leur faisaient le rembourser ultérieurement; quoi qu'il soit les paysans et les citadins devaient contribuer et préparer dans un délai très bref. Les faits témoignent, d'une part, qu'ils réservaient un stock dont ils n'avaient pas besoin quotidiennement et, d'autre part, qu'ils contribuaient sans doute volontiers à la demande pécuniaire du duc comme s'ils avaient répondu à l'appel de la collecte, et non qu'ils fussent forcés à la régler involontairement. De plus, les receveurs particuliers restituaient le fonds aux contribuables, s'il en restait encore, même infime, une fois le versement au receveur général effectué. Les habitants ne semblaient pas hostiles au duc et à ses agents, et vice versa; ils ne doutèrent pas que la victoire de la guerre leur remportât le bien public.

Dans le chapitre 3, les «Recettes générales», récoltées pendant un quart de siècle, par le Duché et le Comté de Bourgogne sont mises à l'examen pour en analyser le développement chronologique et rétablir la contribution par les bailliages. Depuis 1422 où la livre tournois a été évaluée et stabilisée, la somme perçue varie entre 26 et 46 mille livres tournois pour le Duché et 20 et 38 mille livres pour le Comté; le total atteint, en moyenne, 65 mille livres. Le premier contribuable est toujours le bailliage de Dijon; son versement surpasse souvent la moitié de la recette totale du Duché. Le deuxième est réalisé par Chalon qui offre parfois un tiers de la recette générale.

Les receveurs semblaient organiser un réseau dans lequel des fonds considérables circulaient de la main d'un receveur à la main d'un autre pour se financer mutuellement, plutôt que construire une hiérarchie bureaucratique verticale prélevant l'argent du bas au sommet par leurs mains.

Durant un quart de siècle embrassé par nos recherches documentaires, un seul budget est retrouvé pour l'an 1426, sans doute élaboré par le receveur général pour son mémorandum. D'après ce dernier, les revenus prévus étaient de 34,7 mille livres tournois pour le Duché de Bourgogne, de 28,2 mille livres pour le Comté, et de 10,8 mille livres pour les autres terres; le total était donc de 73,7 mille livres; tandis que les dépenses prévues s'élevaient à un total de 73,8 mille livres. En comparaison avec le bilan de l'année précédente, le budget se faisait remarquer par une réduction de 3,5 mille livres à la contribution apportée de la part du bailliage de Dijon et une augmentation d'1, 5 mille livres pour Chalon, avec peu de différence pour les autres bailliages. Le but du budget serait donc d'élaborer un programme permettant d'alléger le fardeau de Dijon et de le répartir entre chacun des autres bailliages.

Le chapitre 4 développe, d'abord, le problème de la dévolution du droit de monnayage à Dijon. Durant 3 ans à partir de 1300, le roi Philippe IV fit circuler uniquement la tournois au duc Robert II de Bourgogne, sans doute dans l'objectif à terme d'abroger la livre *digénois*; en compensation de la perte probable subie par le duc en raison de ces mesures, en 1303, le roi autorisa la fabrication de 60 mille pièces de gros à deux monnayeurs de Paris et il lui en assura le seigneuriage. En 1350 et 1354, le roi Jean II confirma au jeune duc Philippe de Rouvre le profit sur le monnayage sous le nom du roi seulement durant sa régence. Le premier duc de Valois, Philippe le Hardi fut permis de produire des pièces royales à l'atelier monétaire de Dijon, lorsqu'il fut investi de la Bourgogne comme apanagiste en 1363. Le duc Jean, son fils, et Philippe le Bon, son petit-fils, persistèrent tous les deux dans la négociation pour l'acquisition de l'atelier en leur possession et du droit complet du monnayage, mais en vain.

Par la suite, le vocabulaire et la pratique du monnayage sont commentés d'après le registre de la *monnaie*, ou l'atelier monétaire, de Dijon au début du XVe siècle. Pour son approvisionnement en matières premières, il n'existait aucun prioritaire et l'achat était effectué en concurrence au sein du marché libre de métaux précieux. Le registre de la monnaie de Dijon atteste que le monnayage générait en un temps très court un profit plus important que la production agricole, de sorte qu'il apparaissait séduisant au duc pour sa politique financière puisqu'il était réalisable sans demander l'accord des Trois États. Néanmoins, son usage excessif se révélait un piège conduisant à un trouble économique.

Le chapitre 5 décrit la fluctuation du prix des métaux précieux et son contrôle par le trésorier et les maîtres de la chambre des comptes du duc. Le maître de l'atelier monétaire, ne possédant aucun privilège lui accordant une quelconque priorité, devait se procurer de l'argent et de l'or au sein du marché ouvert à tous pour la fabrication de la monnaie. Durant l'été 1420, Philippe le Bon, duc de Bourgogne, ordonna la fabrication de monnaie d'un montant des 80 mille marcs d'argent dont une grande partie serait affectée à l'acquittement de la rançon de Guillaume de Vienne retenu en otage, fidèle conseiller du duc assassiné, Jean sans Peur. Ainsi, les demandes d'achat de différents maîtres particuliers de la monnaie étaient anormalement fortes et le prix de l'argent en ébullition surpassait le prix officiel, 26 francs le marc, pour s'approcher de 32 francs.

Pour apaiser la perturbation du marché et y stabiliser le prix, deux lois furent promulguées sous le nom du duc: l'une fut rédigée le 10 janvier 1421 (n.s.) et intitulée *Instruction de l'établissement du changeur*. Cette *Instruction* réclama l'inscription obligatoire et des charges avec clauses pénales aux changeurs qui dominaient effectivement les fluctuations du marché monétaire. La seconde, *Ordonnance sur les changeurs et la fabrication de la monnaie* du 27 février 1423 (n.s.), ayant l'intention continuelle de contrôler la circulation monétaire, définit, d'une part, le nombre de changeurs et leur poste dans les villes bourguignonnes et, d'autre part, fixa les prix des pièces monétaires et les frais de change. L'objectif final de cette *Ordonnance* se trouve dans l'établissement d'un régime où un strict contrôle est exercé par la Chambre des comptes de Dijon pour freiner l'activité des spéculateurs sur le marché et pour les assujettir, le changeur et l'orfèvre, au ressort de la Chambre sous le nom du Duc de Bourgogne.

Le chapitre 6 analyse la politique monétaire du duc et sa transformation au début des années 1420. A la suite de l'accord des Trois États du royaume, le duc de Bourgogne, avec le consentement des représentants du Duché, appela les habitant bourguignons aux aides financières comptées en marc d'argent au mois d'août 1421 pour fabriquer une forte et nouvelle monnaie. De très rare nombreux enregistrements de cette imposition, dont un registre dressé par Jacot Espiart, receveur attaché au bailliage d'Auxois, nous permet d'en analyser la pratique. Le registre d'Auxois atteste une répartition de 547 marcs parmi 1450 habitants du bailliage; après avoir exempté environ 100 marcs pour 270 personnes, le gouvernement imposa 447 marcs à 1180 habitants; ce qui signifie que, bien souvent, chaque personne était demandée de payer un demi marc d'argent.

Le receveur délivra, enfin, 7199 francs de faible monnaie, 85 francs de forte monnaie, quelques centaines de pièces d'or de plusieurs sortes et 5 marcs 6 onces d'argent à Jean de Gray, receveur général d'*emprunt* ou des aides, et 956 francs de faible monnaie à Jehan Fraignot, receveur général de Bourgogne. L'état final de ses comptes permet de comprendre que le receveur perçut, au fond, une grande variété de pièces d'or et d'argent plutôt que du billon et du fretin d'argent. De sorte que le but initial de collecter de l'argent brut pour en fabriquer de nouvelles pièces se transforme graduellement en perception des pièces monétaires et que l'emprunt de marcs d'argent s'identifie finalement à une imposition directe sur les habitants.

La politique monétaire du duc pouvait parfois être bouleversée sans annonce préalable puisqu'elle n'avait pas pour objectif de contrôler la circulation économique mais d'assurer au duc la flexibilité des moyens financiers au début des années 1420.

Le procès contre Jehan Fraignot, ancien receveur général de Bourgogne, fut inauguré à Dijon en avril 1432 et se poursuivit jusqu'à l'année suivante. Girard Vion, procureur, l'accusa d'avoir commis une prévarication pendant qu'il tenait son office des recettes générales. Il se servait d'une monnaie de compte de 16 livres 10 sous tournois le marc d'argent, à la place de celle de 9 livres 10 sous tournois, pour estimer le total de ses dettes non réglées. Ce choix de la monnaie lui permit, par conséquent, d'économiser une somme considérable. Le procureur prétendit que cette opération arbitraire satisfaisait aux conditions pour la déprédation et que l'ancien receveur devait rembourser son profit injuste puisqu'il négligeait la formule du règlement définie par l'ordonnance royale publiée le 15 décembre 1421.

Jehan Fraignot, accusé, répliqua, pour sa part, qu'il n'avait pas d'argent liquide en quantité suffisante pour régler ses dettes selon la manière définie par l'ordonnance royale, de sorte qu'il en laissa une part non remboursée. En exposant de nombreux documents pour établir son innocence, il affirma que la Chambre des comptes de Dijon lui avait permis de réaliser un tel règlement. Néanmoins, le jury dirigé par Richard de Chancey, président du Parlement de Dôle, condamna l'accusé à un remboursement, ou amende, de 58 mille livres tournois, suivant, en grande partie, la demande du procureur. L'accusé abandonna le droit de pourvoi et accepta finalement ce jugement.

Le chapitre 7 réexamine, tout d'abord, la formation de la Chambre des comptes et du Conseil de Dijon, en tant que centre administratif du Duché de Bourgogne, durant les dernières années de l'époque Capétienne. Ensuite, l'examen est fait sur la transformation de l'institution administrative des finances dans les années 1370 et 1380; l'établissement de la Chambre aux deniers en 1377 facilita le contrôle des revenus et dépenses de l'hôtel du duc. La séparation du trésorier et du receveur général de «toutes les finances» en 1379 signifie la distinction des deux fonctions: celle de la pratique comptable, d'une part, et celle du contrôle et de la planification, d'autre part. Enfin la troisième et finale séparation du receveur général des «toutes les finances» et de celui de la principauté en 1386 après l'héritage du comté de Flandre, éclaircit la fonction «centrale» des financements au duc et avec celle «locale». L'analyse qui s'en suit est destinée au gouvernement «central» composé par le duc en personne, son conseil, son receveur général et son hôtel, ensemble de multiples sujets et serviteurs, qui allait et venait sans cesse dans un vaste espace s'étendant de Bourgogne, via Paris, vers les Pays-Bas. L'examen finit par retracer des hommes des finances qui effectuaient régulièrement des petits voyages pour accomplir leur office de financement au sein de l'espace local.

En guise de conclusion à nos recherches, nous soulignons deux points. Premièrement, le duc et son gouvernement central, sans avoir aucun siège fixe, se déplaçaient souvent d'un endroit à un autre et étaient naturellement en mouvement durant de longues périodes. Il était donc nécessaire d'avoir plusieurs demeures, dans les villes importantes afin d'effectuer des séjours temporaires ou réguliers. Les villes, lieux de leur séjour, étaient les points qui soutenaient et nouaient le gouvernement central et ambulant à celui local et fixé dans un espace géographique. Là aussi, dans une ville principale comme Dijon, le duc avait établi la Chambre des comptes et du Conseil, bureau central de l'administration de la principauté. Notre second accent porte sur l'autonomie et l'indépendance relatives de l'administration locale surtout dans l'aspect de la gestion et du financement. Nous avons attesté, par les analyses de plusieurs sources comptables, que les receveurs et autres officiers ne constituaient pas de hiérarchie dont le sommet était occupé par le trésorier et les maîtres de la Chambre des comptes, mais plutôt un réseau tissé par plusieurs receveurs de plusieurs positions sans aucune supériorité ni infériorité l'une à l'autre dans lequel les fonds et les messages circulaient d'un poste à un autre pour financer et enrichir la politique que le duc voulait réaliser.

Le duché de Bourgogne se faisait remarquer suffisamment pour l'aspect quantitatif de sa contribution financière en comparaison avec celle des Pays du Nord. Enfin le système administratif, existant depuis le temps Capétien et réorganisé après le début de la dynastie du duc de Valois-Bourgogne, était si réussi qu'il fut appliqué aux autres principautés à mesure que le duc les conquérait l'une après l'autre.

Table des Matières

Préface ·· v

Introduction ··· 3

1ère Partie: Les sources financières

Chapitre 1: Le cens et l'impôt ·· 29
1. Aperçu de la gestion
2. Bailliages: la composition des revenus et leur évolution
    - 1. Charolais: un modèle pour l'analyse
    - 2. Dijon: une ville administrative sous pression
    - 3. Chatillon: l'attraction militaire
    - 4. Autun: un archétype de l'administration financière
    - 5. Auxois: un modèle d'évolution
    - 6. Chalon: l'activité en réserve
3. La châtellenie: la composition des revenus et leur évolution
4. Analyse et description de l'évolution
    - 1. La comparaison entre les bailliages
    - 2. L'analyse des facteurs causaux de l'évolution
    - 3. La description synthétique de l'évolution
5. Conclusion du chapitre

Chapitre 2: Les aides et l'emprunt ·· 137
1. Aperçu de la perception des aides
2. La pratique de la perception des aides et son contrôle
3. Les méthodes de distribution possibles
    - 1. La distribution en 24 partites
    - 2. «Cherche des feux»
    - 3. Le sentiment des contribuables

4. Analyse de l'emprunt
   - 1. L'emprunt par le duc de Bourgogne
   - 2. L'emprunt par les receveurs
   - 3. Le remboursement effectué
5. Conclusion du chapitre

Chapitre 3: Les recettes générales du duché de Bourgogne 185
1. Aperçu des recettes générales
2. Structure de l'organe administratif pour les comptes
   - 1. La hiérarchie
   - 2. Le réseau
3. Le budget et le bilan
4. Conclusion du chapitre

2ème Partie: La monnaie

Chapitre 4: La pratique du monnayage 215
1. La dévolution du droit du monnayage original
2. L'atelier monétaire de Dijon
3. L'approvisionnement en matières premières
4. Conclusion du chapitre

Chapitre 5: Le marché de l'argent et son contrôle 251
1. La demande d'argent et les tendances du marché
2. Le contrôle du change
3. L'histoire du contrôle du change
4. Le statut social du changeur
5. Conclusion du chapitre

Chapitre 6: Le changement de la politique monétaire 281
1. La réquisition d'argent et sa pratique
   - 1. La répartition et la perception à Paris
   - 2. La répartition et la perception en Bourgogne

- 3. La valeur d'un demi marc d'argent
  2. Le détournement de l'argent perçu et le changement de la politique
  3. Les troubles et les procès à l'époque de la crise monétaire
     - 1. Sources
     - 2. Le juge, le procureur et l'accusé
     - 3. L'enjeu du litige
     - 4. L'examen des faits
     - 5. La demande de fonds
  4. Conclusion du chapitre

3ème Partie: Les hommes et les organisations

Chapitre 7: Les organisations de l'administration financière ············· 325
  1. La Chambre des Comptes de Dijon et le gouvernement de la principauté
  2. Le «centre» ambulant
  3. Le mouvement des hommes
  4. Conclusion du chapitre

Conclusion générale ············· 361

Postface ············· 371

Appendice

Sources en version japonaise ············· 375
Sources ············· 375
  1. Lettres patentes adressées à Jean Pucelle pour sa charge de receveur à Autun (le 22 décembre 1421)
  2. Décroissance de la population et ajustement des rentes dans le bailliage d'Autun (le 17 avril 1428)
  3. Ordonnance de la levée de l'aide (le 27 juin 1422)
  4. Préface du registre pour la perception de l'aide (le 11 août et le 28 octobre 1433)

5. Mémoires de la monnaie de Dijon (sans date, vers 1436)
6. Compte de la monnaie de Dijon (du 6 novembre 1419 au 1er février 1420)
7. Lettre rapportant les tendances du marché de l'argent et des monnaies en plusieurs lieux de l'été 1420 (le 10 décembre 1420)
8. Instruction et ordonnance du contrôle des changes en Bourgogne (le 10 janvier 1421 et le 27 février 1423)
9. Préface du registre pour la levée d'argent à Auxois (le 18 août 1421)
10. Instruction de la levée d'argent (octobre 1421)
11. Procès de Jean Fraignot, receveur général de Bourgogne (du 25 avril 1432 au 27 mai 1433)
12. Règlement du contrat correspondant à la réévaluation de la livre tournois (le 15 décembre 1421)

Carte de Bourgogne 484
Table comparative des mots techniques français-japonais 485
Bibliographie 487
Index 517

Sommaire en français 529

金尾 健美（かなお・たけみ）
1954年，東京生まれ．最終学歴1992年パリ第4（ソルボンヌ）大学歴史学研究科博士課程修了．歴史学博士．城西国際大学人文学部非常勤講師，流通経済大学非常勤講師，國學院大學文学部兼任講師などを経て，現在，川村学園女子大学文学部教授．
〔主要業績〕Les Messagers du Duc de Bourgogne au début du XVe siècle, *Journal of Medieval History*, vol. 21, 1995, pp. 195-226．La Levée d'argent dans le Duché de Bourgogne en 1421 d'après le compte du Bailliage d'Auxois. «*Entre texte et histoire. Etudes d'histoire médiévale offertes au professeur Shoichi Sato*» éds. par P. Toubert, D. Barthélemy, J.-L. Lemaitre. De Boccard, 2015, pp. 167-182．「ヴァロワ・ブルゴーニュ公の宮廷とその財源」『西洋中世研究』No. 8（2016）pp. 5-25．

〔15世紀ブルゴーニュの財政〕 ISBN978-4-86285-259-5

2017年7月25日　第1刷印刷
2017年7月31日　第1刷発行

著　者　金　尾　健　美
発行者　小　山　光　夫
印刷者　藤　原　愛　子

発行所　〒113-0033 東京都文京区本郷1-13-2
電話03(3814)6161　振替00120-6-117170
http://www.chisen.co.jp
株式会社　知泉書館

Printed in Japan　　印刷・製本／藤原印刷

カロリング帝国の統一と分割　『ニタルトの歴史四巻』
ニタルト／岩村清太訳　　　　　　　　　　　　　　　四六/134p/1800円

王国・教会・帝国　カール大帝期の王権と国家
五十嵐修著　　　　　　　　　　　　　　　　　　　菊/510p/7500円

文化財の併合　フランス革命とナポレオン
服部春彦著　　　　　　　　　　　　　　　　　　　菊/492p/8000円

中世ヨーロッパ社会の内部構造
O. ブルンナー／山本文彦訳　　　　　　　　　　　　四六/204p/2200円

ヨーロッパ都市文化の創造
E. エネン／佐々木克巳訳　　　　　　　　　　　　　A5/528p/8500円

スウェーデン絶対王政研究　財政・軍事・バルト海帝国
入江幸二著　　　　　　　　　　　　　　　　　　　A5/302p/5400円

　　　　　　　　　　　＊　　＊　　＊

中世後期イタリアの商業と都市
齊藤寛海著　　　　　　　　　　　　　　　　　　　菊/492p/9000円

北方ヨーロッパの商業と経済　1550-1815年
玉木俊明著　　　　　　　　　　　　　　　　　　　菊/434p/6500円

近世貿易の誕生　オランダの「母なる貿易」
M.v. ティールホフ／玉木俊明・山本大丙訳　　　　　菊/416p/6500円

北欧商業史の研究　世界経済の形成とハンザ商業
谷澤　毅著　　　　　　　　　　　　　　　　　　　菊/390p/6500円

情報の世界史　外国との事業情報の伝達　1815-1875
S.R. ラークソ／玉木俊明訳　　　　　　　　　　　　菊/576p/9000円

ロシア綿業発展の契機　ロシア更紗とアジア商人
塩谷昌史著　　　　　　　　　　　　　　　　菊/288p＋口絵8p/4500円